D1719716

W. Kuckertz, R. Perschke, F. Rottenbacher, D. Ziska (Hrsg.)

unter Mitarbeit von
H. Lemcke, Dr. A. Schikora

Praxiswissen
Finanzdienstleistungen

Volkswirtschaft

Betriebswirtschaft

Recht

Steuern

4. Auflage

Bestellnummer 5965

Bildungsverlag EINS
a Wolters Kluwer business

Autorenverzeichnis

1. Volkswirtschaftslehre
– Dr. Andreas Schikora
– Frank Rottenbacher, Fachwirt für Finanzberatung (IHK), Vorstand der GOING PUBLIC!

2. Betriebswirtschaftslehre
– Holger Lemcke, Dipl. Kfm., Landesbank Berlin

3. Recht
– Ronald Perschke, Diplom-Kaufmann (FH) Wirtschaftsjurist, Vorstand der GOING PUBLIC!

4. Steuern
– Daniel Ziska, Dipl. Kfm. (FH), Steuerberater in Berlin, Vorstand der GPC Unternehmer-
und Steuerberatungsgesellschaft AG

www.bildungsverlag1.de

Unter dem Dach des Bildungsverlages EINS sind die Verlage Gehlen, Kieser, Stam,
Dähmlow, Dümmler, Wolf, Dürr + Kessler, Konkordia und Fortis zusammengeführt.

Bildungsverlag EINS
Sieglarer Straße 2, 53842 Troisdorf

ISBN 3-8237-**5965**-5

Vorwort

Ein Buch, das auf die IHK Weiterbildungsprüfung „*Fachberater/-in für Finanzdienstleistungen*" vorbereitet und gleichzeitig „Praxiswissen Finanzdienstleistungen" heißt – widerspricht sich das nicht?

Dieses Buch zeigt, dass dem nicht so ist aus den im Folgenden genannten Gründen:
1. Dieser in der Finanzdienstleistungsbranche etablierte öffentlich-rechtliche Weiterbildungsabschluss „*Fachberater/-in für Finanzdienstleistungen*" ist von vielen Praktikern mitgestaltet worden. Die letzte Aktualisierung fand 2004 statt und so sind die Inhalte äußerst wichtig für jeden, der täglich mit Kunden umgeht und diese berät. Dadurch, dass sich die Inhalte dieses Buches an dem Rahmenlehrplan orientieren, decken sie gleichzeitig sehr viele Themen der Beratungspraxis ab.
2. Dieses Buch ist so geschrieben, dass Sie es sowohl zur gezielten Prüfungsvorbereitung als auch als ständigen Begleiter in der Praxis einsetzen können.
   Aufbauend auf unseren langjährigen Erfahrungen in Schulungen, Seminaren für Banken, Versicherungen und Vertriebsunternehmen von Finanzdienstleistungen, werden Ihnen in den einzelnen Kapiteln nicht nur die Produkte unternehmensunabhängig erläutert, sondern auch rechtliche Grundlagen sowie wertvolle Tipps für die Praxis gegeben. Ein sehr ausführliches Sachwortverzeichnis ermöglicht ein schnelles Auffinden von Themengebieten.
3. Die Herausgeber Wolfgang Kuckertz, Ronald Perschke und Frank Rottenbacher sind Vorstände der Berliner GOING PUBLIC! AG & Co. KG (www.going-public.edu), einem der bundesweit führenden Anbieter von Vorbereitungsstudiengängen zum/-r *Fachberater/-in für Finanzdienstleistungen (IHK) sowie Fachwirt/-in für Finanzberatung (IHK)*. Herr Daniel Ziska ist als Steuerberater Vorstand der Berliner GPC Unternehmer- und Steuerberatungs AG, deren Mandantschaft ebenfalls schwerpunktmäßig aus dem Finanzdienstleistungsbereich kommt.

In dieser vierten Auflage finden Sie **alle Themengebiete aus den bis einschließlich Frühjahr 2005 geschriebenen IHK-Klausuren zum/-r „Fachberater/in"** berücksichtigt. Ergänzend sind die Erfahrungen der Autoren aus mehreren Prüfungsausschüssen eingeflossen.
Selbstverständlich ist der komplette Rahmenlehrstoffplan in beiden Bänden abgedeckt. Teils finden Sie die jeweiligen Inhalte aus didaktischen Gründen hier jedoch in einer anderen Reihenfolge wieder. Insgesamt bestätigt das Feedback zu den erfolgreichen Auflagen diesen Ansatz.

Dieses Buch ist somit kein Vertriebshandbuch mit Verkaufsstrategien. Vielmehr erhalten Sie Wissen bereitgestellt. Ein Finanzberater oder -planer muss heute ein Allfinanzberater sein, der auch über die steuerlichen Konsequenzen Auskunft geben kann, Liquiditätsströme beachtet und seine Beratung auf betriebs- und volkswirtschaftlicher Grundlage durchführt. Umfangreiches Fachwissen schafft Wettbewerbsvorteile in einem Markt, der zurzeit nur geringe Zugangsbeschränkungen kennt. (Studiengänge zu öffentlichen Abschlüssen werden übrigens umso wichtiger, wenn man sich die Entwicklungen zur deutschen Umsetzung der EU-Versicherungsvermittler- sowie Wertpapierdienstleistungsrichtlinie (ISD) betrachtet.)
Bei der Erstellung des Buches sind bei uns einige Dankesschulden entstanden: Allen Co-Autoren für ihre hervorragende Arbeit; Rechtsanwältin Heidrun Stocker, Versicherungskaufmann Stephan Bobeck, Dipl. Kfm. Boris von Chlebowski und Dipl. Kfm. Nils Keller für ihre fachliche Unterstützung. Ihnen allen sei herzlich gedankt!
Wann und wofür Sie dieses Buch auch einsetzen, wir wünschen Ihnen hierbei viel Erfolg. Über kritische Zuschriften sowie Verbesserungsvorschläge freuen wir uns sehr!

Berlin, im Sommer 2005   *Die Herausgeber*

P.S.: Band 1 mit den Themengebieten *Bankprodukte, Versicherungsprodukte, Bausparen und Immobilien sowie Finanzmathematik* ist unter der Bestellnummer Stam 5966 erschienen.

Inhaltsverzeichnis

Unter www.bildungsverlag1.de/rdir/buchplus/5965 können Sie weitere Ausführungen, Ergänzungen und ständige Aktualisierungen zu diesem Titel kostenlos abrufen.

TEIL | 1

VOLKS-
WIRTSCHAFTSLEHRE

1 Wirtschaft als Gegenstand der Volkswirtschaftslehre

Jeder von uns wird tagtäglich mit wirtschaftlichen Aspekten konfrontiert, z.B.:

- Der öffentliche Nahverkehr wird bestreikt.
- Die Mieten steigen.
- Ein Arbeitsbeschaffungsprogramm wird aufgelegt.
- Die Arbeitslosenquote steigt.
- Die Europäische Kommission genehmigt eine Unternehmenssanierung.
- Die Staatsverschuldung erreicht Rekordmarken.

Die ökonomischen Aktivitäten eines Landes setzen sich aus einer unendlichen Vielzahl von Handlungen der ökonomischen Subjekte oder Einzelwirtschaften zusammen. Die Gesamtheit der Aktivitäten von Unternehmen, privaten Haushalten und des Staates sind **Gegenstand** der Volkswirtschaftslehre.

1.1 Aufgaben der Volkswirtschaftslehre

Viele dieser Vorgänge werden mit der spezifischen Fachsprache der Volkswirtschaftslehre beschrieben. Sie erfüllt somit eine **beschreibende (deskriptive) Funktion**. Die zweite Aufgabe der Volkswirtschaftslehre besteht in der **Erklärung** des wirtschaftlichen Geschehens. Dass dies nicht ohne Widersprüche geschieht, soll an einem Beispiel verdeutlicht werden:
Eines der Hauptprobleme in marktwirtschaftlich organisierten Wirtschaftssystemen ist die Arbeitslosigkeit. Sie kann z.B. als Relation zwischen arbeitslosen Personen und der Gesamtheit der erwerbsfähigen Bevölkerung beschrieben werden. Das Auftreten von Arbeitslosigkeit könnte man folgendermaßen erklären:

- Die Gewerkschaften fordern zu hohe Löhne.
- Die Unternehmen investieren zu wenig.
- Die Verbraucher sind gesättigt und haben keine Nachfragewünsche mehr.
- Die Unternehmen ersetzen Arbeitskräfte zu stark durch neue Technologien.
- Das Zinsniveau ist zu hoch.

Das Suchen nach möglichen Erklärungszusammenhängen, also die **Hypothesenbildung**, ist die dritte Aufgabe der Volkswirtschaftslehre. Um eine

Nachprüfung der Hypothesen zu ermöglichen, müssen möglichst die Ursache-Wirkungs-Zusammenhänge benannt und – falls möglich – **quantifiziert** werden. Desweiteren müssen mögliche **Wechselbeziehungen** zwischen den Erklärungsfaktoren berücksichtigt werden. Denn eines wird an dem gewählten Beispiel schon deutlich: Es existiert nicht nur eine Ursachenvariable, sondern ein ganzes Ursachenbündel mit mehr oder weniger starker Gewichtung der Einzelursachen.

Häufig stößt die Volkswirtschaftslehre auf komplexe Vorgänge, die es nötig erscheinen lassen, **andere Wissenschaftsdisziplinen** bei der Analyse zu berücksichtigen. So sind umfassende Zusammenhänge nicht zu erklären, ohne z. B. die Disziplinen der Soziologie, Politologie, Psychologie oder der Geschichtswissenschaften einzubeziehen.

Um ökonomische Probleme besser erörtern zu können werden nebensächliche Einflussfaktoren und Randerscheinungen ausgeklammert und wirtschaftliche Ereignisse mit Hilfe eines **Modells** abgebildet. Diese Vereinfachung der ökonomischen Realität stützt sich auf die vermeintlichen Haupterklärungszusammenhänge. Dass die Auswahl der relevanten Erklärungszusammenhänge und die Vernachlässigung von vermeintlich nicht-relevanten Variablen letztendlich willkürlich ist, zeigt der Streit der verschiedenen Schulen und Theorierichtungen. Bewusste oder unbewusste **Interessensgebundenheit** ist der Regelfall im volkswirtschaftlichen Disput. Eine Erklärung von wirtschaftswissenschaftlichen Vorgängen geschieht immer im Lichte von Theorien: Eine „wertfreie" Betrachtung kann es nicht geben, da äußere Einflüsse wegdefiniert, Hypothesen aufgestellt und verworfen und Inhalte und Vorgehensweisen der Untersuchungen bestimmt werden müssen.

Ausgehend von den möglichst fundierten Erkenntnissen wird nun von der Volkswirtschaftslehre erwartet, dass sie Aussagen über die zukünftige Entwicklung des Wirtschaftsgeschehens leistet. Dabei wird davon ausgegangen, dass diese **Prognosen** im Einklang mit der Erklärung vergangener Entwicklungen stehen, und auf ihnen basieren. Letztendliches Ziel ist es dabei, im Rahmen der Wirtschaftspolitik den **Wirtschaftsprozess** zu **beeinflussen**. Hierbei ist die möglichst umfassende Kenntnis über Ursache-Wirkungs-Zusammenhänge ebenso unerlässlich wie eine realistische Prognose der wirtschaftlichen Entwicklung.

Übersicht 1: Die vier Aufgaben der Volkswirtschaftslehre

1.2 Grundbegriffe

Wäre die Verfügbarkeit über die Produktionsmittel einer Volkswirtschaft unbegrenzt, so könnte von jedem Gut beliebig viel produziert werden, und es ließen sich alle Wünsche der Bewohner eines Landes erfüllen. Da die Menschen in jeder Wirtschaftsgesellschaft aber eine prinzipiell unbegrenzte Menge von Wünschen haben und gleichzeitig die Mittel zur Bedürfnisbefriedigung, nämlich die produzierten Güter, begrenzt sind, existiert ein **Knappheitsproblem**. Diese Diskrepanz zwischen (unbegrenzten) Bedürfnissen und (begrenzten) Gütern zu ihrer Befriedigung versucht man in allen Volkswirtschaften über die Ausdehnung der Produktion zu verringern, wobei die Arbeitsteilung und der technische Fortschritt wichtige Hilfsmittel bilden.

1.2.1 Bedürfnis/Bedarf/Nachfrage

> Unter einem **Bedürfnis** kann allgemein ein Mangelempfinden verstanden werden.

Die wohl bekannteste Unterscheidung von Bedürfnisebenen geht auf *Maslow* zurück. Er unterschied:

5.
Ent-
wicklungs-
bedürfnisse
(Wunsch nach
Selbstverwirklichung
und Bestätigung durch
die Gesellschaft)

4. Wertschätzungsbedürfnisse
(Wunsch nach Anerkennung durch andere)

3. Soziale Bedürfnisse
(ergeben sich aus sozialen Kontakten,
wie Wunsch nach Gemeinschaft und Geselligkeit)

2. Sicherheitsbedürfnisse
(Sicherung der Grundbedürfnisse für die Zukunft)

1. Grundbedürfnisse
(Hunger, Durst, Schlafverlangen, Wohnraum und Sexualität)

*Übersicht 2:
Bedürfnispyramide
nach Maslow*

Diese Bedürfnisse bilden eine Hierarchie: Ist das eine Bedürfnis subjektiv betrachtet befriedigt, wünscht sich das Individuum die Befriedigung der „nächsthöheren" Bedürfnisse. Die skizzierten Eigenschaften der Bedürfnisse sind ein wichtiger Grund für die Dynamik von Volkswirtschaften.

Wenn ein allgemeines Mangelempfinden (Bedürfnis) wie z.B. „Durst" konkretisiert wird, spricht man von **Bedarf**: z.B. das Verlangen nach einem Glas

Orangensaft. Wenn dieser Wunsch am Markt sichtbar wird, kann von **Nachfrage** gesprochen werden: z. B. der Kauf eines Glases Orangensaft in der Cafeteria.

1.2.2 Produktion und Produktionsmöglichkeiten

Güter als Mittel zur Befriedigung der Bedürfnisse müssen produziert werden, da sie nur z. T. von der Natur in ausreichender Menge zur Verfügung gestellt werden. Die Existenz dieser sog. „freien Güter" ist allerdings umstritten, da es kaum noch gelingt, allgemeingültige Beispiele zu finden: Wasser ist längst nicht unbegrenzt verfügbar, selbst bei der (sauberen) Luft kämen Bedenken. Güter, die nicht frei sind, müssen von den Menschen einer Volkswirtschaft produziert werden. Sie werden als wirtschaftliche Güter oder knappe Güter bezeichnet.

Güter					
Freie Güter	**Wirtschaftsgüter** (knappe Güter)				
Sachgüter			Dienstleistungen		Rechte
Produktionsgüter	Konsumgüter		persönliche Dienstleistungen ⑤	sachliche Dienstleistungen ⑥	z. B. Firmenwert, Patente
Ge-brauchs-güter ①	Ver-brauchs-güter ②	Ge-brauchs-güter ③	Ver-brauchs-güter ④	① (z. B. Maschinen) ② (z. B. Kraftstoff) ③ (z. B. Waschmaschinen)	④ (z. B. Nahrungsmittel) ⑤ (z. B. ärztliche Behandlung) ⑥ (z. B. Autowäsche)

Wirtschaftsgüter, die im Produktionsprozess eingesetzt werden, werden als Produktionsmittel oder **Produktionsfaktoren** bezeichnet. Üblicherweise werden die Produktionsfaktoren Arbeit, Kapital und Boden unterschieden:

Übersicht 3: zwei Arten von Gütern

- ■ Boden: Landwirtschaftliche Nutzfläche und Bodenschätze.
- ■ Kapital: Maschinen, Gebäude und das sog. technische Wissen.
- ■ Arbeit: Arbeitskräftepotenzial.

Da die Bestände an Produktionsfaktoren (kurzfristig gesehen) begrenzt sind, kann auch nur eine begrenzte Menge an Gütern hergestellt werden, was durch die **Produktionsmöglichkeitenkurve** grafisch dargestellt werden kann.

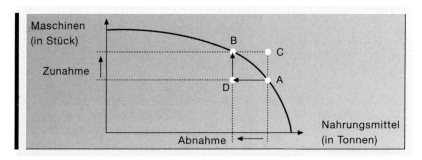

Übersicht 4: Produktions-möglichkeiten-kurve

15

Die Produktionsmöglichkeitenkurve oder Transformationskurve bildet also anhand zweier Güter ab, was mit dem gegebenen Bestand an Produktionsfaktoren in einem Land produziert werden kann. Sie zeigt unterschiedliche Güterbündel, zwischen denen gewählt werden kann: Die Mehrproduktion von einem Gut ist nur möglich, wenn von dem anderen Gut weniger produziert wird (in der Abbildung: mehr Maschinen und weniger Nahrungsmittel). Die Kosten der Mehrproduktion ausgedrückt in dem Verzicht auf das andere Gut werden als **Opportunitätskosten** bezeichnet. So kann auch die gekrümmte Form der Kurve erklärt werden: Die Produktionsfaktoren sind nicht beliebig einsetzbar. Ab einem bestimmten Punkt wird es z. B. schwieriger, auch den letzten Arbeiter zur Produktion eines neuen Gutes umzulernen. Prinzipiell sind drei Fälle denkbar:

1. A und B: mögliche Güterkombinationen „auf" der Kurve.
2. C: ein aktuell nicht erreichbares Güterbündel (kann nur mit technischem Fortschritt oder größerem Bestand an Produktionsfaktoren erreicht werden).
3. D: Unterbeschäftigung der Produktionsfaktoren (es hätte mehr produziert werden können).

2 Märkte und Preisbildung

2.1 Marktformen

Der Markt ist der zentrale Koordinationsmechanismus in der kapitalistischen Marktwirtschaft. „Der" Markt besteht aus einer Vielzahl von Teilmärkten, die sich durch qualitative, räumliche oder zeitliche Charakteristika der gehandelten Güter unterscheiden. Er ist letztendlich ein Gedankenkonstrukt. Auf dem so gefassten Markt treffen das Angebot und die Nachfrage zusammen. Er bietet alle für einen geplanten Austausch notwendigen Informationen, wie Preise, Kauf- und Verkaufsmengen etc.

Die Erscheinungsformen des Marktes haben großen Einfluss auf die Preisbildungsprozesse. Die wichtigsten Einflussgrößen auf die konkrete Ausgestaltung der Marktform sind:

- Zahl der Anbieter und Nachfrager,
- qualitative Rahmenbedingungen.

Je nach der Anbieter- und Nachfragerzahl kann man folgende Marktformen unterscheiden:

		Anzahl der Anbieter		
		viele	wenige	einer
Anzahl der Nachfrager	viele	Polypol	Angebotsoligopol	Angebotsmonopol
	wenige	Nachfrageoligopol	zweiseitiges Oligopol	beschränktes Angebotsmonopol
	einer	Nachfrage-monopol (Monopson)	beschränktes Nachfrage-monopol	zweiseitiges Monopol

- **Polypol:** Die Anbieter und Nachfrager können keinen Einfluss auf den Marktpreis nehmen. Der Marktpreis ist Resultat der Angebots- und Nachfragemenge.
- **(Angebots-)Monopol:** Es existiert auf dem betrachteten Markt nur ein Anbieter. Sein Absatz hängt – da keine anderen Anbieter existieren – nur von seinem gesetzten Preis ab. Er kann also nicht Preis und Menge gleichzeitig bestimmen. Gleichzeitig muss das Monopol, um seine Stellung zu behalten, Preise so wählen, dass keine potentielle Konkurrenz entstehen kann.

Übersicht 5: Marktformen; Quelle: Neubauer, R./Hewel, B. (Hrsg.: Volkswirtschaftslehre, Wiesbaden, 1994, S. 97)

■ **(Angebots-)Oligopol:** Hierbei existieren auf einem Markt relativ wenige große Anbieter. Bei dieser Marktform hängt der Absatz des Anbieters von seinem Preis und vom Preis der Konkurrenten ab. Gerade bei einem Wettbewerb zwischen den Oligopolen ist das einzelne Unternehmen äußerst abhängig von der Preispolitik der Konkurrenten. Bei einem konzertierten Vorgehen der Oligopole spricht man von einem nicht-kompetitiven Monopol (z. B. bei Benzinpreisen). Die oligopolistische Marktform ist die vorherrschende in modernen kapitalistischen Marktwirtschaften.

Wirtschaftliche **Konzentration** ist die Kehrseite einer abnehmenden Anbieterzahl. Dieser Prozess, der auch als Unternehmenskonzentration bezeichnet wird, tritt in zwei Formen auf: Durch internes Wachstum eines Unternehmens (Umsatzvergrößerung) und durch externes Wachstum (Zusammenschluss bereits existierender Unternehmen).

Die **externe Konzentration** hat viele Formen:

Externe Konzentration				
Konzern: Mehrere rechtlich selbstständige und selbstständig bleibende Unternehmen schließen sich unter einheitlicher Leitung zusammen.	**Beteiligung:** Kauf von Geschäftsanteilen (unter 50 % der Kapitalanteile und ohne Konzernbildung)	**Gemeinschafts-unternehmen:** Mehrere Unternehmen schließen sich zusammen, um ein bestehendes Unternehmen zu erwerben oder ein neues zu gründen, mit dem Ziel, es anschließend gemeinsam zu leiten.	**Fusion:** Mehrere vormals selbstständige Unternehmen schließen sich zu einem neuen Unternehmen zusammen.	**Kartell:** Zusammenschluss selbstständiger Unternehmen der gleichen Branche mit dem Ziel, den Wettbewerb zwischen den Kartellmitgliedern zu beschränken. Das **Syndikat** ist eine Sonderform des Kartells. Es ist die gemeinsame Verkaufsstelle des Kartells, also die Form, mit der das Kartell am Markt auftritt.

Übersicht 6: externe Konzentrationen

In der wirtschaftlichen Praxis existieren weitere Formen, in denen der eingeschränkte Wettbewerb zwischen den Unternehmen deutlich wird, wie Kreditverflechtungen, personelle Verflechtungen, Kooperationsverträge etc.
Die Gesetzgebung der Bundesrepublik zum Schutz des Wettbewerbs ist im **„Gesetz gegen Wettbewerbsbeschränkungen"** (GWB) geregelt.

Von dem Modell eines **vollkommenen Marktes** spricht man, wenn neben der Existenz eines Polypols (1. Bedingung) weitere **qualitative Rahmenbedingungen** gegeben sind:

1. **Homogenität der Güter:** die gehandelten Güter werden von allen Marktteilnehmern als sachlich identisch angesehen;
2. **keinerlei Präferenzen:** Kauf und Verkauf erfolgen aufgrund des Preises und nicht aufgrund persönlicher, zeitlicher oder räumlicher Argumente;
3. **vollständige Markttransparenz:** alle Marktteilnehmer haben zu jedem Zeitpunkt eine vollständige Information über Preise und Mengen;
4. **Ökonomisches Prinzip:** die Anbieter haben das Ziel, ihren Gewinn zu maximieren, und die Nachfrager das Ziel, ihren Nutzen zu maximieren;
5. **unendliche Reaktionsgeschwindigkeit:** die Marktteilnehmer reagieren sofort und simultan auf veränderte Marktbedingungen.

2.2 Nachfrage

Die Nachfrage eines Haushaltes oder Konsumenten (q) nach einem Gut (x_1) wird bestimmt:
1. durch den Preis des Gutes (p_1),
2. vom Preis anderer nachgefragter Güter (p_2...n),
3. vom Einkommen (Y) und
4. von subjektiven Nutzenvorstellungen (U).

Um die Änderung der Nachfrage durch die jeweiligen Bestimmungsgründe betrachten zu können, bleiben die jeweils nicht betrachteten Variablen ohne Einfluss **(Ceteris-paribus-Klausel)**.

2.2.1 Nachfrage in Abhängigkeit vom Preis des Gutes

Die Betrachtung der Nachfrage eines Haushaltes nach einem Gut unter der alleinigen Berücksichtigung des Preises dieses Gutes ergibt folgenden Zusammenhang, der auch **Preis-Mengen-Vorstellung** der Nachfrager genannt wird: Je höher der Preis eines Gutes, desto geringer die nachgefragte Menge (unter sonst unveränderten Bedingungen) und umgekehrt.

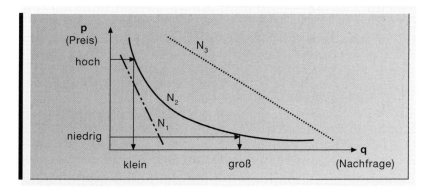

Übersicht 7:
Nachfragekurven

> Die **Preiselastizität** der Nachfrage gibt an, wie stark die Nachfrage auf eine Preisänderung reagiert. Man spricht von einer **elastischen Nachfragereaktion** (s. Kurve N_3), wenn der Haushalt stark reagiert (z. B. den Konsum stark einschränkt, wenn der Preis steigt). Eine **unelastische Reaktion** (s. Kurve N_1) liegt dann vor, wenn die Nachfrage auf Preisänderungen kaum reagiert.

Dass die Nachfragefunktion von links oben nach rechts unten fallend verläuft, oder anders ausgedrückt, die Preisentwicklung umgekehrt zur Nachfrageentwicklung verläuft, hat zwei Ursachen: Der **Substitutionseffekt** beschreibt die Tatsache, dass ein Konsument das teurere Produkt im Normalfall durch ein anderes ersetzen wird (z. B. Butter durch Margarine). Der **Einkommenseffekt** besagt, dass Preissteigerungen zu einer Schmälerung des sonst verfügbaren Einkommens führen, was auch tendenziell zu einer geringeren Nachfrage führt.

2.2.2 Nachfrage in Abhängigkeit vom Preis anderer Güter

Ob die Preissteigerungen anderer Güter ($x_2...x_n$), die der Haushalt nachfragt, zu einer Änderung der Nachfrage nach einem Gut x_1 führen, hängt davon ab, in welcher Beziehung das Gut x_1 zu den anderen Gütern steht. Preissteigerungen bei **komplementären** Gütern würden zu einem Nachfragerückgang bei Gut x_1 führen, weil der Gebrauch des einen Gutes zwangsläufig den Gebrauch des anderen Gutes voraussetzt (z. B. Pfeife und Tabak). Preissteigerungen von **substituierbaren** Gütern führen zur bekannten Reaktion: Das teurere Gut wird durch das billigere Gut ersetzt.

2.2.3 Nachfrage in Abhängigkeit vom Einkommen

Das Einkommen bestimmt über den Betrag, den ein Haushalt insgesamt für Konsumzwecke zur Verfügung hat. Bei sonst gleichen Bedingungen bewirkt eine Einkommenssteigerung eine höhere Konsumsumme und damit eine größere nachgefragte Menge nach Gütern. Grafisch bedeutet das eine Parallelverschiebung der Nachfragekurve (bei einem höheren Einkommen nach „rechts" weg vom Ursprung).

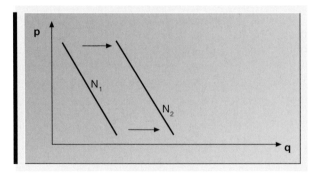

Übersicht 8: Verschiebung der Nachfragekurve

2.2.4 Nachfrage in Abhängigkeit von subjektiven Nutzenvorstellungen

Änderungen in der Bedürfnisstruktur des Haushaltes können dazu führen, dass die bisherigen Zusammenhänge modifiziert werden müssen. So kann es z. B. sogar dazu kommen, dass die Nachfrage nach einem Gut steigt, obwohl der Preis ebenfalls gestiegen ist (und umgekehrt). Die wichtigsten Ursachen hierfür sind:

- **Mitläufer-Effekt:** Ein Haushalt schätzt ein Gut höher ein und fragt mehr davon nach, wenn auch andere es konsumieren, „weil es ja alle haben". Die Nachfragekurve verläuft flacher.
- **Snob-Effekt:** Ist das Gegenstück zum Mitläufer-Effekt. Die Nachfrage eines Snob-Haushaltes nach einem Gut nimmt ab, weil es alle haben und sich dieser Haushalt von der Masse abheben will. Die Nachfragekurve verläuft steiler.
- **Prestigeeffekt** (Veblen-Effekt): Ein Haushalt misst einem Gut einen um so höheren Nutzen bei, je teurer es ist, weil der Besitz positiv von der Gesellschaft honoriert wird. Die Nachfragekurve verläuft steigend.

Änderungen in der Präferenz- oder Bedürfnisstruktur der Haushalte können auch zu einer Parallelverschiebung der Nachfragefunktion führen.

2.3 Angebot

Das hier beschriebene Angebotsverhalten eines Unternehmens gilt nur für die Situation der vollständigen Konkurrenz (unendlich viele Anbieter), also einen Sonderfall der kapitalistischen Marktwirtschaft. Liegt ein Anbieter über dem Preis der anderen Anbieter, dann wird er nichts verkaufen können. Setzt er den Preis dagegen geringer an, würden alle Nachfrager bei ihm kaufen. Da in dem Modell die Produktionsbedingungen ähnlich und die Güter homogen sind, bildet sich der Preis heraus, der den Produktionskosten entspricht.
Der einzelne Anbieter nimmt demnach den Marktpreis als eine gegebene Größe hin und passt sein Angebot dem Marktpreis an: Er ist ein **Mengenanpasser**. Das Angebot eines Unternehmens hängt also im Wesentlichen vom erwarteten Preis ab, der auf dem Markt zu erzielen ist: Bei steigendem Preis oder in Erwartung, einen höheren Preis zu erzielen, würde das Angebot eines Unternehmens zunehmen. Die angebotene Menge steht in einem proportionalen Verhältnis zur Preisentwicklung. Dieser Zusammenhang kann auch wieder grafisch in Form der **Angebotskurve** dargestellt werden:

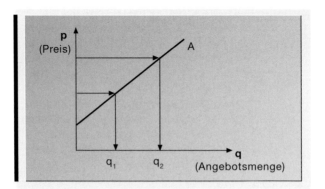

*Übersicht 9: Ange-
botskurve eines
Unternehmens*

Parallelverschiebungen der Angebotsfunktion, die bei unveränderter Nachfrage zu Marktpreisveränderungen führen, sind denkbar, wenn sich das
Gesamtangebot auf dem betreffenden Markt verändert. Das kann dann der
Fall sein, wenn sich der Stand der Technik oder die Kosten der Produktionsfaktoren ändern.

2.4 Preisbildung auf Gütermärkten

Auf dem Markt treffen nun die geplanten Angebots- und Nachfragemengen
aufeinander. Der Preis-Mengen-Mechanismus führt unter den Bedingungen
des vollkommenen Marktes zu einem Ausgleich der Nachfrage- und Ange-
botsvorstellungen und damit zu einem **Marktgleichgewicht**. Grafisch kann
es durch den Schnittpunkt der Angebots- und Nachfragekurve dargestellt
werden:

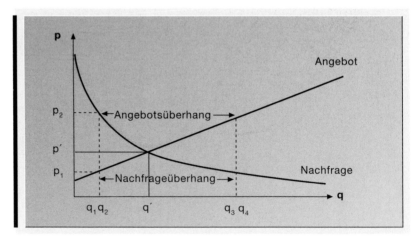

*Übersicht 10:
Marktgleichge-
wicht, Angebots-
und Nachfrage-
überhang*

Zu dem Gleichgewichtspreis p′ ist der Markt „geräumt", die produzierte
Menge wird vollständig nachgefragt. Die Preis-Mengen-Vorstellungen der
Anbieter und Nachfrager stimmen überein, es existieren weder Angebots-
noch Nachfrageüberschüsse. Das **Marktgleichgewicht** auf einem vollkom-
menen Markt ist Ergebnis von Anpassungsprozessen, die durch den **Preis-
Mengen-Mechanismus** herbeigeführt werden.

Existiert z. B. ein **Angebotsüberhang**, dann stimmen die Preis-Mengen-Vorstellungen der Marktparteien kurzfristig nicht überein. Zu dem angenommenen Preis p_2 würden die Anbieter die Menge q_3 anbieten, die Nachfrager aber nur die Menge q_1 nachfragen. Da die Anbieter zu dem Preis p_2 also nicht alle Güter absetzen würden, müssten sie den Preis senken. Das führt zu zwei Entwicklungen: Zum einen steigt die Nachfrage, und zum anderen sinkt das Angebot. Dieser Prozess endet erst, wenn das Marktgleichgewicht erreicht ist.

Ähnlich verläuft der Anpassungsprozess bei einem **Nachfrageüberhang**. Auch hier stimmen zunächst die Preis-Mengen-Vorstellungen der Marktparteien nicht überein. Zu dem Preis p_1 würden die Anbieter nur die Menge q_2 anbieten, die Nachfrager aber die Menge q_4 nachfragen. Da nicht alle Nachfrager zu dem Preis p_1 ihre Nachfrage befriedigen könnten, existiert eine Übernachfrage. Auch diese Situation führt zu zwei Entwicklungen: Zum einen steigt das Angebot, weil ein höherer Preis zu erwarten ist, und zum anderen sinkt die Nachfrage eben aufgrund des höheren Preises. Dieser Prozess endet wiederum, wenn das Marktgleichgewicht erreicht ist (Schnittpunkt der Angebots- und Nachfragekurve).

Die wesentlichen **Funktionen des Preis-Mengen-Mechanismus** sind also:

- **Gleichgewichtsfunktion:** Herbeiführung des Marktgleichgewichts.
- **Informations- und Signalfunktion:** Marktparteien werden über die wesentlichen Determinanten informiert (z. B. Preis-Mengen-Vostellungen, Einkommensänderungen etc.).
- **Allokationsfunktion:** Lenkung der Produktionsfaktoren, z. B. auf die Märkte, in denen eine hohe Nachfrage herrscht.
- **Sanktionsfunktion:** Unternehmen, die sich nicht den veränderten Marktbedingungen unterwerfen, müssen Einkommenseinbußen hinnehmen (z. B. weil sie zuviel produziert haben) oder aus dem Markt ausscheiden.

3 Wirtschaftskreislauf

3.1 Volkswirtschaftlicher Kreislauf

Die Kreislaufbetrachtung in der Volkswirtschaftslehre hat den Sinn, die gesamtwirtschaftlichen Zusammenhänge übersichtlich darzustellen. Dies kann man in unterschiedlichen „Schwierigkeitsgraden" machen.

Im **einfachen Wirtschaftskreislauf** treten die ▌ privaten Haushalte und die ▌ Unternehmen als beteiligte Sektoren auf.

Beim erweiterten Wirtschaftskreislauf kommen noch
 ▌ der Staat   ▌ das Bankensystem   ▌ das Ausland   hinzu.
Dazu wird die Volkswirtschaft in ein **Drei-Sektoren-Modell** (wenn man das Ausland miteinbezieht, in ein Vier-Sektoren-Modell) aufgeteilt: Unternehmen, private Haushalte und Staat.

Der **Sektor Unternehmen** setzt sich aus den güter- und dienstleistungsproduzierenden Unternehmen zusammen. Der **Sektor private Haushalte** umfasst die konsumierenden Mitglieder einer Volkswirtschaft sowie die privaten Organisationen ohne Erwerbszweck (z.B. gemeinnützige Vereine und die Kirchen). Der **Sektor Staat** setzt sich aus den Gebietskörperschaften (Bund, Länder, Gemeinden und Gemeindeverbände) und den Sozialversicherungen zusammen. Selbstverständlich unterhält eine Volkswirtschaft auch wirtschaftliche Beziehungen zum Ausland. Der **Sektor Ausland** umfasst die wirtschaftlichen Einheiten, die ihren Sitz nicht im Inland haben oder nicht integrierter Bestandteil der inländischen Wirtschaft sind.

Übersicht 11: Wirtschaftskreislauf

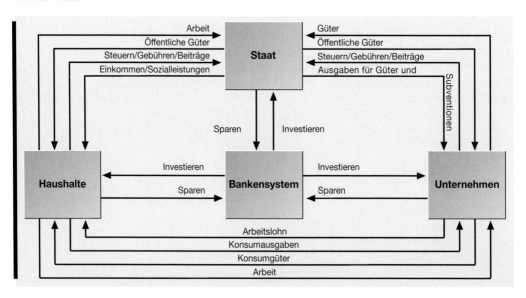

Zwischen diesen gedanklich gebildeten Sektoren bestehen vielfältige Austauschbeziehungen, die auch „Ströme" genannt werden. Man unterscheidet einen Real- (oder Güter-) und einen monetären (oder Geld-) Strom. Real- und Geldstrom entsprechen sich wertmäßig, verlaufen aber in die entgegengesetzte Richtung. Der fünfte **Sektor Vermögensbildung** (Bankensystem) ist nötig, da jede Transaktion zwischen den Sektoren den jeweiligen Vermögensbestand verändert.

Den Banken (Kreditinstituten) kommen somit folgende Aufgaben zu:
1. **Losgrößentransformation**: Kreditinstitute erhalten viele kleine (Spar-) Einlagen. Diese werden zusammengefasst zu betragsmäßig größeren Krediten herausgegeben.
2. **Fristentransformation**: Kreditinstitute erhalten in großem Umfang Einlagen, die im Einzelnen durchaus kürzere Laufzeiten haben können (z. B. 30-Tage-Festgelder, Spareinlagen mit 3-monatiger Kündigungsfrist). Diese werden „aneinander gereiht" als längerfristige Kredite herausgegeben (über die sog. „Bodensatztheorie" möglich).
3. **Risikotransformation**: Kreditinstitute vergeben Kredite an viele verschiedene Kreditnehmer unterschiedlicher Kreditwürdigkeit. Durch die relativ professionelle Bonitätsbewertung und die Streuung über viele Kredite ist das Kreditinstitut mit Einschränkungen abgesichert. Die entstehende Sicherheit dient letztlich der individuellen Absicherung der einzelnen Anleger.
4. **Informationstransformation**: Kreditinstitute sammeln und filtern Informationen und geben diese Informationen an die Endkunden weiter.

Und folgende Funktionen übernimmt der Staat hierbei:
1. **Verteilungsfunktion**: Umverteilung von Transferzahlungen u. a. zur Herstellung von sozialer Gerechtigkeit.
2. **Steuerfunktion**: Der Staat soll eine antizyklische Wirtschaftspolitik betreiben (in konjunkturschwachen Zeiten als Nachfrager/Investor auftreten und sich in Boomphasen zurückhalten und die Steuereinnahmen „sparen").
3. **Investor**: Der Staat investiert in die Infrastruktur (Straßen, Gebäude etc.) des Landes.
4. Funktion als **Nachfrager** von Faktoren: Staatsverbrauch.

3.2 Volkswirtschaftliche Gesamtrechnung

Die monetären Transaktionen zwischen den Sektoren einer Volkswirtschaft werden in der Volkswirtschaftlichen Gesamtrechnung (VGR) zusammengefasst. Das Ziel ist, mit Hilfe der VGR den Wirtschaftsprozess eines Gebietes (z. B. Bundesrepublik Deutschland) und eines zurückliegenden Zeitraumes (z. B. 1 Jahr) zu erfassen. Für jeden Sektor wird eine Bilanz der Zu- und Abgänge (also Stromgrößen) erstellt. Die Erstellung einer VGR dient vor allem den Zwecken:

- Konjunkturdiagnose
- Schätzung der Steuereinnahmen
- Konjunkturprognose
- Analyse der gesamtwirtschaftlichen Situation

3.2.1 Geschlossene Volkswirtschaft

In einer geschlossenen Volkswirtschaft (also ohne Ausland, aber mit Bankensystem) kann man folgende Überlegungen anstellen:

Private Haushalte können ihr Einkommen (Y) entweder in den Konsum (C) stecken oder aber sparen (S). Es gilt also: **Y = C + S**

Unternehmen können ihr „Einkommen" (Y) ebenfalls konsumieren (C) oder aber investieren (I). Bei Unternehmen gilt also: **Y = C + I**

Wenn Y jeweils aus Konsum (C) und Sparen (S) bzw. Investitionen (I) besteht, dann ergibt sich aus diesen beiden Gleichungen also, dass in einer geschlossenen Volkswirtschaft nur soviel investiert werden kann, wie gespart wird, denn **S = I**.

In einer offenen Volkswirtschaft, also einer Volkswirtschaft mit Wirtschaftsbeziehungen ins Ausland, gilt: **S = I + Δ Leistungsbilanzsaldo**.

3.3   Bruttoinlandsprodukt

Das Bruttoinlandsprodukt (BIP) scheint eine komplizierte Angelegenheit zu sein: Heiratet man seine Putzhilfe (unter sonst gleichen Bedingungen), so sinkt das BIP; fährt man ein Auto gegen den Baum und begleicht die Schäden, so steigt das BIP, obwohl sich real kaum etwas verändert hat. Was hat es mit dieser Größe nun auf sich?

> Das **Bruttoinlandsprodukt** ist die zahlenmäßige Erfassung der Wirtschaftsleistung einer Volkswirtschaft für einen bestimmten Zeitraum. Es stellt also die Summe aller produzierten Güter und Dienstleistungen einer Volkswirtschaft innerhalb einer Periode dar. Je nach Betrachtungsebene kann diese Größe verschieden benannt werden:

Übersicht 12: Berechnungsschema BIP

Bruttowertschöpfung[1)] der Unternehmen
+ Bruttowertschöpfung des Staates
+ indirekte Steuern (z.B. Mehrwert- und Mineralölsteuer)
– Subventionen

= Bruttoinlandsprodukt (BIP) zu Marktpreisen
– Abschreibungen

= Nettoinlandsprodukt zu Marktpreisen

Sicherlich haben Sie öfter schon vom Bruttosozialprodukt gehört. Diese Größe ist seit April 1999 in **Bruttonationaleinkommen** umbenannt worden. (ESVG 1995). Wie passt dieser Wert nun in diese Systematik? Ganz einfach: Während das Brutto**inlands**produkt alles erfasst, was – wie der Name schon sagt – im Inland (also innerhalb der Staatsgrenzen und von wem auch immer...) produziert wird, wird beim **Bruttonationaleinkommen** voll auf das **Inländerkonzept** gesetzt: Also wie viel haben alle Inländer, egal ob in Deutschland oder Timbuktu, produziert:

Bruttowertschöpfung[1] der Unternehmen zu Herstellungspreisen
+ Bruttowertschöpfung des Staates
+ indirekte Steuern (z.B. Mehrwert- und Mineralölsteuer)
− Subventionen

= **Bruttoinlandsprodukt (BIP) zu Marktpreisen**
+ empfangene Primäreinkommen[2] aus der übrigen Welt
− geleistete Primäreinkommen[3] in die übrige Welt

= **Bruttonationaleinkommen zu Marktpreisen**
− Abschreibungen

= **Nettonationaleinkommen zu Marktpreisen** (= Pimäreinkommen der
Volkswirtschaft)
− Nettoproduktionsabgaben (Produktions- und Importabgaben)
+ Subventionen

= **Nettonationaleinkommen zu Faktorkosten/Herstellungspreisen**
(= Volkseinkommen)

Übersicht 13:
Berechnungs-
schema Netto-
national-
einkommen

[1] Die Bruttowertschöpfung der Unternehmen zu Herstellungspreisen
errechnet sich aus:

Bruttoproduktionswert (Umsätze der Unternehmen +/− Lagerveränderungen)
− Vorleistungen zu Anschaffungspreisen

= Bruttowertschöpfung der Unternehmen

Die Vorleistungen müssen an dieser Stelle abgezogen werden, da ansonsten
eine Doppelerfassung dieser Produkte/Dienstleistungen stattfinden würde.

[2] Empfangene Primäreinkommen =
- empfangene Erwerbseinkommen
- empfangene Vermögenseinkommen
- empfangene Subventionen (von EU)

[3] Geleistete Primäreinkommen =
- geleistete Erwerbseinkommen
- geleistete Vermögenseinkommen
- geleistete Produktions- und Importabgaben (an EU; insbes. Eigen-
  mittel der EU, z.B. Zolleinnahmen aus Handel mit Drittländern)

Die Daten für die volkswirtschaftliche Gesamtrechnung werden übrigens
ganz überwiegend nicht extra für die VGR erhoben. Vielmehr sind die Quellen
sog. „Sekundärstatistiken", z.B.
- Bereichsspezifische Basisstatistiken
- Umsatzsteuerstatistik
- Einkommens- und Verbrauchsstichprobe
- Statistiken der Sozialversicherungsträger
- Steuerstatistik

Bitte machen Sie sich anhand dieses Berechnungsschemas folgende Sachverhalte deutlich:

- **Inländer** sind sog. Wirtschaftseinheiten mit ständigem Wohnsitz in der Volkswirtschaft, d. h. gebietsansässig.
- Das **BIP** wird somit nach dem **Inlandskonzept** berechnet. Es umfasst die Wirtschaftsleistung, die *innerhalb Deutschlands* erwirtschaftet wurde. Dabei spielt es keine Rolle, ob diese Wirtschaftsleistung von In- oder Ausländern erbracht wurde.
- Das **Bruttonationaleinkommen (BNE)** wird nach dem **Inländerkonzept** ermittelt. Es spiegelt also die Wirtschaftsleistung *aller Inländer* (s.o.) wider, egal ob sie ihre Wirtschaftsleistung im Inland oder Ausland erbracht haben!
- **Abschreibungen** werden subtrahiert, da sie den produktionsbedingten Werteverzehr widerspiegeln. Sie dienen der Re-Investition und damit „nur" der *Erhaltung* des Produktionsmittelbestandes, nicht also dem Wachstum!
- Die Marktpreise werden u. a. durch zwei Faktoren „verzerrt": Dies sind zum einen die **indirekten Steuern**. Diese müssen zur Bruttowertschöpfung der Unternehmen hinzugerechnet werden, da sie die Produkte für den Endverbraucher „verteuern".
- Zum anderen durch **Subventionen**. Diese verbilligen Produkte am Markt, damit diese konkurrenzfähig bleiben (z. B. Schiffsbau). Daher spiegeln die Preise am Markt nicht die eigentliche Wirtschaftsleistung dieser Betriebe wider. Sie müssen also abgezogen werden.

Eine letzte wichtige Unterscheidung ist die in **nominales** und **reales** BIP. Beide Größen unterscheiden sich durch die Berücksichtigung der Preissteigerungsrate. Beim realen BIP wird die Preissteigerung herausgerechnet, indem von einem bestimmten Bezugsjahr an die jeweiligen Geldwertschwankungen abgezogen (bei Inflation) oder hinzugerechnet (bei Deflation) werden. Das ist deshalb sinnvoll, um herauszubekommen, ob das BIP vielleicht nur aufgrund von Inflationsprozessen angewachsen ist, oder ob „real" mehr produziert wurde als im Vergleichszeitraum.

Ebenso wie bei einem einzelwirtschaftlichen Produktionskonto kann das gesamtwirtschaftliche Bruttoinlandsprodukt auf drei Arten berechnet werden: Entstehungs-, Verwendungs- und Verteilungsrechnung.

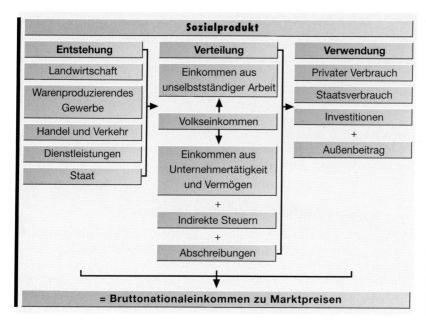

Übersicht 14: Entstehung, Verteilung und Verwendung des Sozialproduktes

■ Die **Verwendungsrechnung** führt zum BIP, indem die Konsum- und Investitionsausgaben zusammengezählt werden. Wenn man einmal vom Ausland absieht, können die produzierten Güter und Dienstleistungen letztendlich nur von den Haushalten und vom Staat konsumiert oder von Unternehmen für investive Zwecke verwandt worden sein.

■ Bei der **Entstehungsrechnung** steht die Frage im Mittelpunkt, in welchen volkswirtschaftlichen Bereichen die gesamtwirtschaftliche Produktion erstellt wurde. Man erhält das BIP durch die Summe der Bruttowertschöpfungen der einzelnen Sektoren.

■ Bei der **Verteilungsrechnung** ist relevant, wie das erwirtschaftete Einkommen (als Dual zu Produktion und Dienstleistungen) auf die Produktionsfaktoren verteilt wird. Es resultiert aus der Addition der Faktoreinkommen und ist mit dem Volkseinkommen identisch (wenn von indirekten Steuern und Abschreibungen abstrahiert wird).

Aussagekraft der Volkswirtschaftlichen Gesamtrechnung bzw. des BIP

Man liest oft, dass das BIP als **Wohlstandsindikator** herangezogen wird: ein Wachstum des BIP, also der Wirtschaftsleistung, ginge einher mit

■ einer Erhöhung des Lebensstandards,

■ der Schaffung neuer Arbeitsplätze,

■ dem „Meistern" des Strukturwandels,

■ sozialer Gerechtigkeit.

Sicherlich möchte man gerne diesen Wohlstandsindikator berechnen. Aber: Ist das BIP dafür die richtige Kennzahl (auch wenn die Berechnung des BIP auf dem System der Volkswirtschaftlichen Gesamtrechnungen der Vereinten Nationen und dem Europäischen System Volkswirtschaftlichen Gesamtrechnungen basiert)? Das reale BIP lag 2004 bei 2 178 Mrd. EUR.

3.4 Lohn- und Gewinnquote

Der Anteil der Einkommen aus unselbstständiger Arbeit am Volkseinkommen (siehe Übersicht 13) wird als **Lohnquote** bezeichnet. Diese Lohnquote lag im Jahr 2004 mit 70,1 % übrigens deutlich unter der des Vorjahres (72,1 %).

Die **Gewinnquote**, also der Anteil der Unternehmens- und Vermögenseinkommen am Volkseinkommen, wird in der öffentlichen Diskussion leider oft missverständlich verwendet. Die Gewinnquote von 29,9 % im Jahre 2004 bedeutet nicht, dass der Anteil der Unternehmensgewinne 29,9 % des Volkseinkommens beträgt. Vielmehr gehören zu der Berechnungsgrundlage auch Zinsen oder die kalkulatorischen Einnahmen aus selbstgenutztem Wohnraum dazu.

3.5 Sparen und Konsum privater Haushalte

Private Haushalte erzielen Einkommen, das von Volkswirten mit dem Buchstaben „Y" eine prägnante Kurzbeschreibung erhalten hat. Aber was machen die privaten Haushalte dann mit diesen Einkommen „Y"? Ganz einfach: Das Einkommen kann man entweder ausgeben („in den Konsum stecken") oder man kann es eben nicht ausgeben, es also sparen. Auch hier haben die Volkswirte schöne Abkürzungen finden können: „C" steht für Konsum und „S" für Sparen. Es gilt also: **Y = C + S**. Oder in Worten ausgedrückt: Der Konsum und die Sparleistung ergeben zusammen das Einkommen. Die **Konsumquote** ist der prozentuale Anteil des Konsums am Einkommen. Ebenso verhält es sich mit der **Sparquote**: Ist die Sparquote 11 %, so werden 11 % des Einkommens gespart und fließen nicht in den Konsum.

Aus einer Pressemeldung des Statistischen Bundesamtes vom 15.09.2004:

Staatliche Leistungen machen ein Viertel des Bruttoeinkommens aus

WIESBADEN – Das Bruttoeinkommen deutscher Privathaushalte betrug im ersten Halbjahr 2003 monatlich 3 454,00 EUR und hat gegenüber der ersten Jahreshälfte 1998 (3 202,00 EUR) um 8 % zugenommen. Jeder vierte Euro des Bruttoeinkommens stammte aus staatlichen Leistungen, in den neuen Ländern und Berlin-Ost war es sogar jeder dritte Euro. **Auf Einkünfte aus Erwerbstätigkeit entfielen rund 2 000,00 EUR bzw. 58 % des Bruttoeinkommens.** Nach Abzug von Steuern und Sozialabgaben verfügten die Privathaushalte im ersten Halbjahr 2003 im Durchschnitt über ein Nettoeinkommen von 2 771,00 EUR monatlich. Für den privaten Konsum gaben die Haushalte in Deutschland im ersten Halbjahr 2003 durchschnittlich 2 126,00 EUR im Monat aus. In Ostdeutschland wurden dafür rund 400,00 EUR weniger aufgewendet als in Westdeutschland. **Der Anteil des ausgabefähigen Einkommens, der für den Konsum verwendet wurde, verringerte sich in den letzten fünf Jahren von 78 % auf 75 %.** Die Wohnkosten erreichten im ersten Halbjahr 2003 691,00 EUR im Monat und zehrten fast ein Drittel des gesamten Konsumbudgets auf. Die Ausgaben für Verkehr umfassten einen Konsumanteil von 14,4 % und lösten Nahrungsmittel, Getränke und Tabakwaren (14 %) als zweithöchsten Ausgabenbereich ab. In der ersten Jahreshälfte 2003 sparten die Haushalte im Durchschnitt 322,00 EUR monatlich. Im Westen waren es 347,00 EUR, im Osten 214,00 EUR. **Die Sparquote sank moderat auf 11,4 % (1998: 11,6 %).** Im Osten (9,5 %) war sie niedriger als im Westen (11,8 %). Die Ausgaben für Nicht-Konsumzwecke (u.a. Versicherungsbeiträge, Kreditzinsen) stiegen seit der ersten Jahreshälfte 1998 um 31 % und somit beträchtlich stärker als die Konsumausgaben (+ 5 %) und die Ersparnis (+ 6 %).

Quelle: Statistisches Bundesamt, www.destatis.de, verändert.

3.6 Wachstum als Wohlstandsindikator?

Es lassen sich einige Zweifel/Kritikpunkte anbringen, da einige wohlstandsrelevante Vorgänge **gar nicht erfasst werden**:

- **Wachstum und Umwelt:** Der bei der Produktion anfallende Verbrauch an natürlichen Ressourcen wird unzureichend oder gar nicht berücksichtigt. Der Verbrauch nicht-regenerierbarer Ressourcen müsste das BIP sogar mindern, wenn man es konsequenterweise als Abschreibung verbuchen würde. Potenzielle Umweltrisiken, die unter Umständen zu erheblichen volkswirtschaftlichen Problemen führen können (wie z. B. die Entsorgung bei Atomkraftwerken), werden ebenfalls nicht adäquat berücksichtigt.
- **Messgröße:** Das Maß selbst steht im Mittelpunkt der Kritik. Da alle Markttransaktionen erfasst werden, kommt es zu Doppel- und Dreifachzählungen, die zwar das BIP, aber nicht den Wohlstand erhöhen. Fährt z. B. ein Autofahrer seinen Pkw gegen einen Baum und werden die Schäden des Unfalls beglichen, so existiert die gleiche Ausstattung wie vorher (unterstellt, dass alle Schäden beseitigt werden können), nur das BIP ist gestiegen.
- **Verteilung und Wachstum:** Nicht jedes Mitglied einer Gesellschaft hat den gleichen Anteil am Sozialprodukt. So beziehen in der Bundesrepublik Deutschland z. B. 20 % der Haushalte ca. 95 % des gesamten erwirtschafteten Einkommens. Ein Ansteigen des Wachstums führt zu einer Steigerung des volkswirtschaftlichen Einkommens, das sich dann allerdings ungleich verteilt.
- **Nicht-marktliche Transaktionen:** Der Wachstumsindikator beachtet nur die ökonomischen Transaktionen, die als Angebot und Nachfrage marktmäßig erfasst werden. Somit werden große Teile ökonomischer Aktivitäten ausgeblendet, die erhebliche ökonomische Bedeutung haben, wie Schwarzarbeit, Hausarbeit und ehrenamtliche Tätigkeit.
- **Qualitatives Wachstum:** Die Erfassung von Sinn und Qualität der Produktion wird beim quantitativen Wachstum tendenziell ausgeblendet. Wachstum liegt nur dann vor, wenn sich die Quantität der Markt-Transaktionen erhöht, obwohl vielleicht Güter hergestellt werden, die nicht direkt den Wohlstand erhöhen (z. B. bei hohem Anteil an Rüstungsgütern) oder Produktionsverfahren angewandt werden, die ebenfalls überdenkenswert sind (entfremdete und gefahrengeneigte Arbeit).
- **Soziale Faktoren:** Mit dem BIP können nur quantitative Aussagen über den Wohlstand einer Volkswirtschaft gemacht werden. Soziale Faktoren, wie die Qualität des Bildungs- oder Gesundheitssystems sowie der Kultur und Infrastruktur bleiben außen vor.

> Denn aus der Höhe der „Herstellungskosten" kann in diesen beiden Fällen leider überhaupt nicht auf die jeweilige Qualität geschlossen werden.

Bitte lesen Sie in diesem Zusammenhang auch die Kap. 4.2.2 und 7.2

4   Wirtschaftspolitik

4.1   Begründung einer Wirtschaftspolitik

Die Notwendigkeit einer Wirtschaftspolitik im Rahmen kapitalistischer Marktwirtschaften ergibt sich aus den Fehlentwicklungen oder unerwünschten Folgen unregulierter Marktprozesse (Marktversagen). Um unerwünschte Ergebnisse des Wirtschaftsprozesses abzumildern, sind zielgerichtete Aktivitäten
erforderlich, die

- die Wirtschaftsordnung beeinflussen,
- den Wirtschaftsablauf gestalten und
- auf die Wirtschaftsstruktur einwirken.

Wie jede politische Aktivität, besteht auch die **Wirtschaftspolitik** aus fünf
Grundelementen:

- **Zielproblem:** Welcher wirtschaftspolitischer Zustand soll angestrebt werden; in welcher Hierarchie stehen die Ziele bei Zielkon-
  flikten?
- **Lageproblem:** Welche Indikatoren sind geeignet, die wirtschaftliche Situation zu beschreiben?
- **Mittelproblem:** Was sind die zweckmäßigen Instrumente, um
  den Wirtschaftsprozess zu beeinflussen?
- **Vollzugsproblem:** Existieren Faktoren, die den Erfolg der Maßnahmen beeinträchtigen? Hierzu gehören nicht die Positionen,
  die meinen, dass Wirtschaftspolitik im Kapitalismus generell
  nichts bewirken kann oder grundsätzlich negative Auswirkungen
  hat. Vielmehr werden unter dem Vollzugsproblem diverse Zeitverzögerungen (time-lags) diskutiert: Erkennungsverzögerung,
  Diagnoseverzögerung, Entscheidungsverzögerung, Administra-
  tions- und Wirkungsverzögerung. Diese tragen dazu bei, dass
  zwischen wirtschaftspolitischem Problem und dem Wirken der
  Maßnahmen erhebliche Verzögerungen auftreten können.
- **Kontrollproblem:** Wie kann möglichst unvoreingenommen der
  Erfolg einer Maßnahme gemessen werden, um für die Zukunft
  das Instrumentarium zu verbessern? Probleme sind hier v.a. die
  Interessengebundenheit der Politik und die diversen Einfluss-
  größen, die auf den Wirtschaftsprozess einwirken.

4.2 Ziele und Bereiche der Wirtschaftspolitik

Wirtschaftspolitik ist wie andere Politikbereiche auch (z.B. Sozial- und Kulturpolitik) Teil der Gesellschaftspolitik. In allen Elementen der Wirtschaftsverfassung sind wirtschaftspolitische Ziele enthalten. Daher ist die Wirtschaftspolitik einer **Zielhierarchie** unterworfen.

Die einzelnen **Bereiche** der Wirtschaftspolitik lassen sich wie folgt systematisieren:

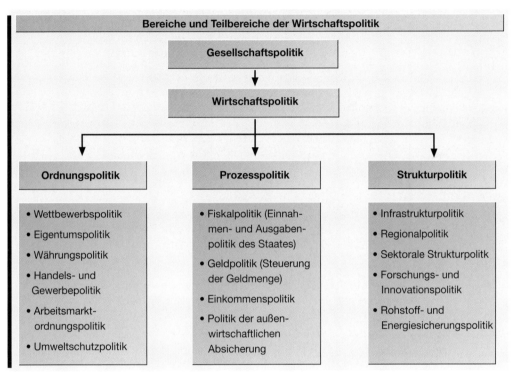

Übersicht 15: Bereiche der Wirtschaftspolitik; Quelle: Bankakademie-Verlag GmbH (Hrsg.), Allgemeine Volkswirtschaftslehre, Frankfurt 1990

4.2.1 Ordnungspolitik

Die ordnungspolitischen Instrumente setzen bei der Ausgestaltung der institutionellen Rahmenbedingungen an. Die Ziele der Teilbereiche können so umrissen werden:

- **Wettbewerbspolitik:** Schutz des Wettbewerbs, Vermeidung von Unternehmenskonzentration.
- **Eigentumspolitik:** Schutz des Privateigentums, Regelung von Enteignungen.
- **Währungspolitik:** Regelung der Autonomie der Zentralbank.
- **Handels- und Gewerbepolitik:** Regelung der Gewerbefreiheit.
- **Arbeitsmarktordnungspolitik:** Gesetzliche Gestaltung der Arbeitsbeziehungen, Regelung der Arbeitslosenversicherung.
- **Umweltschutzpolitik:** Regelung der Eingriffe in den Produktionsprozess.

4.2.2 Prozesspolitik/Magisches Viereck/Stabilitätsgesetz

Die Prozesspolitik zielt auf die konkrete Beeinflussung des Wirtschaftsablaufs ab. Von großer Bedeutung ist in diesem Bereich das **„Gesetz zur Förderung der Stabilität und des Wachstums der Wirtschaft"** von 1967 (StabG). Die Ziele des StabG, die in § 1 festgelegt sind, können wie folgt abgebildet werden:

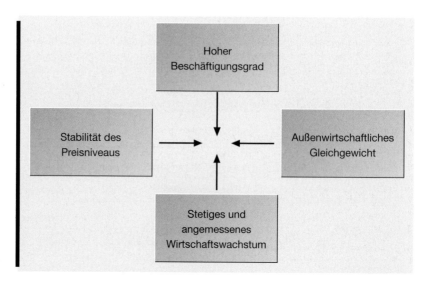

Übersicht 16:
Magisches Viereck

Der Wirtschaftsablauf soll dabei durch gezielte Veränderungen der Staatsausgaben und -einnahmen im Sinne der vier wirtschaftspolitischen Zielsetzungen beeinflusst werden. Folgende Probleme sind dabei zu beachten:

- **Vollzugsproblem:** Im StabG werden keine quantitativen Zieltoleranzen festgelegt, sondern lediglich unbestimmte Vorgaben („angemessen", „stabil", „stetig" etc.).
- **Zielkonflikte:** Die Erreichung einzelner Ziele ist tendenziell nur zu Lasten der anderen Ziele möglich. So kann die Bekämpfung der Arbeitslosigkeit durch erhöhte Staatsnachfrage zu einem Inflationsanstieg führen. Warum? Der Staat möchte z. B. in Zeiten schwacher Konjunktur durch zusätzliche Nachfrage die Wirtschaft wieder etwas beleben. Dies kann er tun, indem er neue Straßen, Schulen etc. von privaten Unternehmen bauen lässt, seine Verwaltung mit neuen Bürogeräten ausstattet etc. Trifft er hierbei auf nicht genügend Anbieter (sprich: Wettbewerb), kann es durchaus passieren, dass die betreffenden Unternehmen ihre Preise erhöhen und es somit zu einem Anstieg der Inflationsrate kommt.
  Ein zweiter möglicher Zielkonflikt: Ein angemessenes Wirtschaftswachstum kann das außenwirtschaftliche Gleichgewicht durcheinander bringen, wenn das Wirtschaftswachstum nur über den gestiegenen Export erreicht wird.

Übersicht 17:
Zielbeziehungen

Zielkonflikt:

Ein Zielkonflikt liegt vor, wenn die Erhöhung des Zielerreichungsgrades von Ziel A zu einer Minderung des Zielerreichungsgrades von Ziel B führt. Die Konkurrenz zwischen Zielen erfordert eine Entscheidung über eine Gewichtung in **Haupt-** und **Nebenziele,** z. B. Wirtschaftswachstum (Hauptziel) versus außenwirtschaftliches Gleichgewicht (Nebenziel).

Zielneutralität:

Eine Zielneutralität liegt vor, wenn die Erfüllung des Zielerreichungsgrades von Ziel A keinen Einfluss auf die Erfüllung des Zielerreichungsgrades von Ziel B hat.

Zielkomplementarität:

Von Zielkomplementarität spricht man, wenn eine Erhöhung des Zielerreichungsgrades von Ziel A zu einer Erhöhung des Zielerreichungsgrades von Ziel B führt, z. B. Wirtschaftswachstum versus Hoher Beschäftigungsgrad.

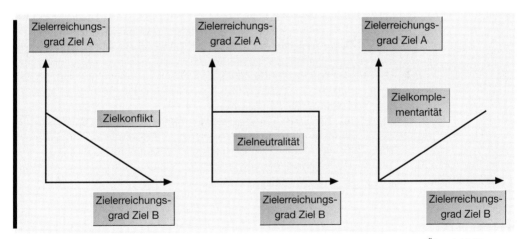

Übersicht 18:
Zielbeziehungen

■ **Koordinationsproblem:** Die einzelnen Träger der Wirtschaftspolitik sind in ihrer Politik autonom: Die EZB ist für die Geldpolitik zuständig *(siehe 5.4)*; die Tarifparteien sind autonom in der Tarifgestaltung *(siehe 4.3)* sowie der Staat in der Anwendung des fiskalpolitischen Instrumentariums.

■ **Mittelproblem:** Es existieren unterschiedliche Erklärungen über Ursache und Verlauf ökonomischer Probleme. Sollen z.B. Wachstum und Beschäftigung durch eine angebotsorientierte (Erleichterung der Investitionsbedingungen für Unternehmen) oder durch eine nachfrageorientierte Wirtschaftspolitik (Ausdehnung der Staatsausgaben) erreicht werden?

Wie wird aber nun die Zielerreichung jeweils gemessen?

Hoher Beschäftigungsgrad: Als Maßgröße wird hier die Arbeitslosenquote (ALQ) herangezogen. So gilt in Deutschland ein hoher Beschäftigungsgrad bereits bei einer Arbeitslosenquote von 2–3 %. Aufgrund der Ermittlung dieser Kennzahl kommen Zweifel an der Aussagekraft dieser Kennziffer auf.

$$\text{Arbeitslosenquote} = \frac{\text{registrierte Arbeitslose}}{\text{Erwerbspersonen}} \cdot 100$$

Auf den ersten Blick sieht diese Maßzahl ja ganz passend aus. Wenn Sie sich aber vor Augen führen, wer alles nicht als arbeitslos registriert ist, wird sich das Bild schnell ändern.

Nicht als arbeitslos erfasst sind:
1. Teilnehmer an öffentlich geförderten ABM- und Umschulungsmaßnahmen,
2. Alle, die zwar arbeitslos sind, sich aber beim Arbeitsamt nicht arbeitslos melden, da sie entweder keinen Anspruch auf Leistungsbezug haben oder aber keine Chance auf Beschäftigung sehen. Man spricht hier von der sog. „stillen Reserve", die auf ca. 2 Mio. Personen in Deutschland geschätzt wird,
3. Langzeitarbeitslose,
4. Hochschulabsolventen, wenn sie noch nie in einem Beschäftigungsverhältnis standen.

Auf der anderen Seite gibt es sicherlich auch Personen, die zwar arbeitslos gemeldet sind, allerdings gar keine Beschäftigung aufnehmen möchten.

Ein alleiniger Blick auf diese Kennzahl reicht also nicht aus. Vielmehr müssen auch die offenen Stellen sowie die Höhe der „stillen Reserve" in die Betrachtung mit einfließen.

Stabilität des Preisniveaus: Die Geldwertstabilität wird an der Inflationsrate gemessen. Wieso die Stabilität des Preisniveaus so wichtig ist und wie die Inflationsrate ermittelt wird, lesen Sie bitte in *Kapitel 5.3 Geldwertänderung – Deflation und Inflation*!

Laut Expertenmeinung ist eine Inflationsrate von 1–2 % noch mit dem Ziel der Preisniveaustabilität vereinbar.

Stetiges und angemessenes Wirtschaftswachstum: Hier wird die Veränderung des realen Bruttoinlandsproduktes als Indikator herangezogen. „Stetig" bedeutet, dass die jährliche Steigerungsrate dem **langfristigen Durchschnitt** entsprechen soll und „angemessen", dass die Knappheit der Ressourcen sowie ein möglicher Konflikt mit anderen wirtschaftspolitischen Zielen (z. B. Stabilität des Preisniveaus) berücksichtigt werden soll.
Zur Zeit gilt ein Wirtschaftswachstum von 2 % bis 3 % als angemessen.

Außenwirtschaftliches Gleichgewicht: Dieses Ziel ist erfüllt, wenn durch den Außenhandel keine negativen Wirkungen auf die innerstaatlichen Ziele ausgehen. Vereinfacht gesagt: man geht davon aus, dass dieses Ziel erreicht würde, wenn sich Im- und Exporte genau ausglichen. (Der Experte spricht von einer „ausgeglichenen Leistungsbilanz". Was das genau bedeutet, können Sie in *Kapitel 6.2 Zahlungsbilanz* nachlesen.) Da ein genauer Ausgleich von Im- und Exporten natürlich nur in der Theorie geschehen kann, wird ein Toleranzbereich angesetzt (der Saldo der Leistungsbilanz soll nicht mehr als 1 % des Bruttonationaleinkommens nach oben oder unten abweichen).
Wird dieser Toleranzbereich überschritten, können folgende Probleme auftreten:

Export > Import (Leistungsbilanzüberschuss): Das Ausland heizt die Inlandsnachfrage an, was zum einen positive Wachstums- und Beschäftigungseffekte bewirkt, allerdings auch die Preise in die Höhe treiben kann. Außerdem erhalten wir für die exportierten Waren ausländisches Geld, das in inländisches Geld umgetauscht wird und damit die inländische Geldmenge erhöht. Auch dieser Effekt ist inflationsfördernd.

Import > Export (Leistungsbilanzdefizit): Wenn mehr importiert als exportiert wird, dann entspricht dies einem „Export an Arbeitsplätzen" (was politisch natürlich nicht gewollt ist), da wir unsere Güter im Ausland einkaufen und sie nicht selbst produzieren.

4.2.3 Fiskalpolitik

Die Fiskalpolitik ist die Einnahmenpolitik (z. B. Steuergesetzgebung) und Ausgabenpolitik (z. B. Subventionen und Investitionen) des Staates. Als Teil der Prozesspolitik steht bei ihr das Stabilisierungsziel im Vordergrund. Ihre wesentliche gesetzliche Grundlage ist das Stabilisierungs- und Wachstumsgesetz von 1967. Im Prinzip geht es bei der Fiskalpolitik darum, in der konjunkturellen Phase des Abschwungs bewusst Staatsdefizite zu machen (um die Wirtschaft anzukurbeln) und in der Phase des Aufschwungs und des Booms entsprechend Überschüsse zu erzielen. Mit diesen Überschüssen sollen dann die im Abschwung aufgenommenen Verbindlichkeiten beglichen werden. Letztlich versucht der Staat über die Fiskalpolitik (also seine Einnahme-Ausgaben-Tätigkeiten) zur Stabilisierung der Konjunkturschwankungen beizutragen.

4.2.4 Strukturpolitik

Die Strukturpolitik zielt auf die Beeinflussung der Wirtschaftsstruktur ab. Der ökonomische Strukturwandel allein übt schon starken Einfluss auf diverse ökonomische Bereiche aus:

- **Infrastrukturpolitik:** Staatliche Sicherung der Produktionsvoraussetzungen (z. B. Verkehrsinfrastruktur).
- **Regionalpolitik:** Abschwächung regionaler Ungleichgewichte (z. B. Hilfen für strukturschwache Gebiete).
- **Sektorale Strukturpolitik:** Beeinflussung des sektoralen Strukturwandels (z. B. Hilfen für die Landwirtschaft).
- **Forschungs- und Innovationspolitik:** Identifizierung und Absicherung von Zukunftsmärkten (z. B. Förderung der Grundlagenforschung).
- **Rohstoff- und Energiesicherungspolitik:** Staatliche Sicherung der ökonomischen Grundlagen (z. B. durch Aufbau von Reserven).

4.3 Träger der Wirtschaftspolitik

Übersicht 19: Träger der Wirtschaftspolitik in der Bundesrepublik Deutschland

Die Träger der Wirtschaftspolitik oder die wirtschaftspolitischen Akteure sind diejenigen Institutionen oder Einrichtungen, die über wirtschaftspolitische Ziele und/oder Mittel bestimmen können, also Entscheidungskompetenz haben.

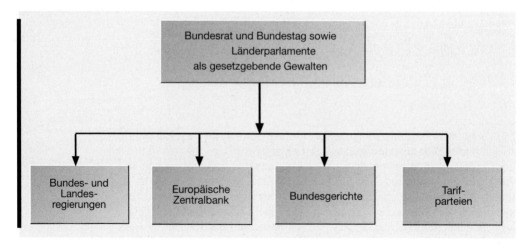

1. Parlamente

Bundes- und Landesparlamente sowie Gemeindeversammlungen üben im Rahmen der verfassungsgemäßen und der gesetzlichen Grenzen ihre wirtschaftspolitische Tätigkeit aus. Wichtige Aspekte sind hierbei die ausschließliche und konkurrierende Gesetzgebung *(vgl. Teil 3)* für das Verhältnis zwischen Bund und Ländern (Art. 31 und 70 bis 74 GG) sowie die Teilautonomie der Gemeinden (Art. 28 GG).

2. Bundesregierung

Die Bundesregierung (Ministerien und Kanzler) bestimmt die Richtlinien der Politik und trägt dafür die Verantwortung (Art. 66 GG). Mit der Finanzreform 1969 sind bedeutende wirtschaftspolitische Instrumente eingeführt worden, für die Bund und Länder gleichermaßen verantwortlich sind: Gemeinschaftsaufgaben für die Bereiche Agrarstruktur und Küstenschutz, Bildungsplanung und Hochschulausbau sowie Verbesserung der regionalen Wirtschaftsstruktur (Art. 91a GG).

3. Europäische Zentralbank (EZB)

Die Autonomie der Europäischen Zentralbank, die im EG-Vertrag geregelt ist, bezieht sich auf den Bereich der Sicherung der Währung. Die EZB versucht mit Hilfe des Geldpolitischen Instrumentariums *(vgl. 5 Geldtheorie und Geldpolitik)* die Stabilisierung des Preisniveaus zu gewährleisten.

4. Oberste Gerichte

Durch die laufende Rechtsprechung und vor allem durch sog. Grundsatzurteile betreiben die Obersten Gerichte ebenfalls Wirtschaftspolitik. Entscheidungen von Bundesverfassungsgericht, Bundesgerichtshof, Bundesarbeitsgericht, Bundessozialgericht, Bundesfinanzhof und Bundesverwaltungsgericht binden die nachfolgende Rechtsprechung der übrigen Gerichte und haben erheblichen indirekten Einfluss auf die Legislative und die Tarifparteien.

5. Tarifparteien

Die Tarifparteien sind Gewerkschaften, Arbeitgeber und ihre jeweiligen Verbände. Sie sind weitgehend autonom (im Rahmen der Gesetze) bei der Festlegung von Arbeitsbedingungen und Arbeitsnormen (Tarifautonomie). Die Tarifabschlüsse, die die Tarifparteien in Tarifverhandlungen aushandeln, haben erhebliche wirtschaftspolitische Auswirkungen. Zum einen wirken sie sich oft auch auf Bereiche aus, die nicht der Tarifhoheit unterliegen, indem sie z. B. als Mindestnormen angesehen werden. Zum anderen sind die ausgehandelten Tarife gesamtwirtschaftlich relevant, weil sie kosten- bzw. nachfragewirksam sind.

4.4 Problem Arbeitslosigkeit

Eine der Hauptherausforderungen der Wirtschaftspolitik ist die Arbeitslosigkeit. Ausgehend von den oben genannten Grundelementen kann als Ziel für die Bekämpfung der Arbeitslosigkeit der „hohe Beschäftigungsgrad" genannt werden, wie es auch im StabG *(vgl. 4.2.2 Prozesspolitik)* formuliert wurde. Eine Situation der Vollbeschäftigung liegt dann vor, wenn die Arbeitslosenquote (Anzahl der arbeitslos gemeldeten im Verhältnis zu allen Erwerbspersonen) unter 1 % liegt. Diese Situation bestand in der Bundesrepublik Deutschland bis Anfang der 70er Jahre (Ausnahme 1967/68). Seit Mitte der 70er Jahre ist die Arbeitslosigkeit dauerhaft und in prägnanten Sprüngen angestiegen.

Von den möglichen **Ursachen** für den Anstieg der Arbeitslosenzahlen können die meisten nicht überzeugen oder erklären nur teilweise das Problem. Erklärungen, die an Eigenschaften und am Verhalten der Betroffenen ansetzen *(„Arbeitslose sind faul, haben keine Lust und sind unqualifiziert")* greifen deshalb zu kurz, weil sie nicht die markanten Sprünge der Arbeitslosenquote (Mitte der 70er und Anfang der 80er) erklären können. Zudem ist es nicht nachzuvollziehen, warum sich die persönlichen Eigenschaften so rasch verändert haben sollen.

Arten von Arbeitslosigkeit

1. **Saisonale** Arbeitslosigkeit: Der Beschäftigungsstand schwankt zwischen den Jahreszeiten.

   z.B. arbeitslose Bauarbeiter im Winter. Oder: Was macht der Ski-Lehrer im Sommer?

2. **Friktionelle** Arbeitslosigkeit: Wird auch Sucharbeitslosigkeit genannt. Sie bezeichnet den Zeitraum zwischen Ende und Neuabschluss eines Beschäftigungsverhältnisses.

3. **Strukturelle** Arbeitslosigkeit: Die Struktur des Arbeitsangebotes passt mit der Struktur der Arbeitsnachfrage nicht mehr zusammen. So benötigt die High-Tech- und Bio-Tech-Branche von heute keine ausgebildeten Landwirte und Steinmetze, sondern entsprechend ausgebildete Spezialisten.

   Diese Art der Arbeitslosigkeit ist die in Deutschland zur Zeit vorherrschende. Die Bundesregierung versucht sie über die „Green-Card"-Lösung sowie geförderte Umschulungsmaßnahmen zu mildern.

4. **Konjunkturelle** Arbeitslosigkeit: Je nach Auslastungsgrad der Wirtschaft werden Mitarbeiter eingestellt oder entlassen. So beschreibt die konjunkturelle Arbeitslosigkeit die Auswirkungen zyklischer Schwankungen der gesamtwirtschaftlichen Produktion.

Die während der Rezession aufgestaute Arbeitslosigkeit wird aber idealtypischerweise durch den nächsten Aufschwung wieder abgebaut. Wie kommt es nun dazu, dass es der Bundesrepublik Deutschland jahrzehntelang gelungen ist, diese freigesetzten Arbeitskräfte in anderen Branchen zu integrieren? Die grundlegenden Zusammenhänge verdeutlicht folgende Abbildung:

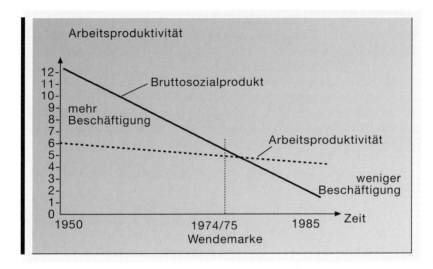

Übersicht 20:
Trends von
Arbeitsprodukti-
vität und Wirt-
schaftswachstum;
Quelle: Demele, O.:
Schlagworte der
Tarifpolitik, Ham-
burg, 1986, S. 67

Die Steigerungsraten der **Arbeitsproduktivität** als Maß für die Effektivität einer Volkswirtschaft (Output pro Erwerbstätigenstunde) verdeutlichen, dass der volkswirtschaftliche Output an Gütern und Dienstleistungen mit einem immer geringeren Einsatz an Arbeitskräften erstellt werden kann. Dies führt nur dann nicht zu Arbeitslosigkeit, wenn gleichzeitig das Wachstum des BSP stärker ansteigt. Wenn das der Fall war, wurden die freigesetzten Arbeitskräfte benötigt, um in anderen Branchen zu produzieren.

Das Schaubild verdeutlicht, dass etwa Mitte der 70er Jahre sich die Trends umkehrten: Obwohl beide Steigerungsraten rückläufig waren, stieg die Arbeitsproduktivität stärker an als das Bruttosozialprodukt. Eine Ursache dafür war der Modernisierungsschub in der deutschen Wirtschaft infolge der Ölpreiserhöhungen. Ab diesem Zeitpunkt führte jede ökonomische Krise zu einem Anstieg der Arbeitslosenzahlen. Im folgenden Aufschwung wurde der Anstieg zwar gebremst, aber infolge der gleichzeitig erfolgenden Neu- und Rationalisierungsinvestitionen wurden wieder Arbeitskräfte freigesetzt (ab 1982/83).

Die Steigerung der Effektivität oder Arbeitsproduktivität ist Ausdruck der Dynamik einer Volkswirtschaft. Folgendes Schaubild veranschaulicht, welche prinzipiellen Möglichkeiten bestehen, den technischen Fortschritt umzusetzen.

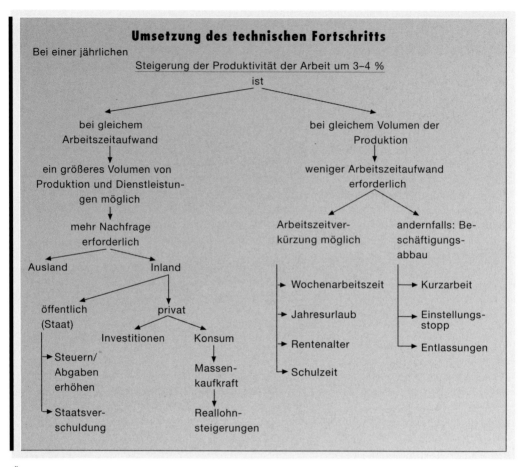

Übersicht 21:
Umsetzung des
technischen Fort-
schritts;
nach Demele, O.:
Schlagworte der
Tarifpolitik, Ham-
burg, 1986, S. 69

5 Geldtheorie und Geldpolitik

5.1 Funktionen des Geldes

Die Existenz von Geld ist Ausdruck einer hochgradig arbeitsteilig organisierten Gesellschaft. Geld wird benötigt, um den Güteraustausch zu erleichtern. Folgende **Funktionen** übt das Geld hierbei aus:

1. Recheneinheit

Die Funktion des Geldes als Recheneinheit besteht darin, sämtliche Güter und Dienstleistungen, die eine Volkswirtschaft produziert bzw. produziert hat, in Geldeinheiten auszudrücken. Damit können Produkte verglichen, addiert und somit unmittelbar vergleichbar gemacht werden. Jedes Gut und jede Dienstleistung hat einen Geldausdruck (Preis). Ohne Geld hätte jedes Gut unendlich viele Preise, je nach Art/Größe/Umfang des getauschten Gutes.

2. Allgemeines Tauschmittel

Die Funktion als allgemeines Tauschmittel übt Geld dann aus, wenn es allgemein anerkannt ist. Jeder kann sich darauf verlassen, dass er mit Geld Güter kaufen und seine Güter ruhigen Gewissens gegen Geld tauschen kann. Ohne Geld müsste jeder Produzent den geeigneten Tauschpartner erst suchen, bevor er seine Produkte tauschen kann.

3. Wertaufbewahrungsmittel

Die Funktion als Wertaufbewahrungsmittel ist insbesondere deshalb wichtig, weil zwischen Verkauf (Ware gegen Geld) und Kauf (Geld gegen Ware) einige Zeit verstreichen kann. Die Funktion wird dann ausgeübt, wenn man sich darauf verlassen kann, jederzeit das Geld wieder in den ökonomischen Kreislauf einbringen zu können, ohne Verluste zu erleiden.

In einer kapitalistischen Marktwirtschaft übt Geld diese Funktionen parallel aus. Historisch betrachtet sind die unterschiedlichsten Dinge als Geld verwendet worden, denn „Geld ist, was wie Geld funktioniert". Die wichtigsten **Entwicklungsstufen** des Geldes waren:

- **Warengeld:** Bestimmte Waren übernahmen zusätzlich die Geldfunktion (z.B. Vieh, Salz, Getreide).
- **Metallgeld:** Da Warengeld schwer teilbar und meist nicht lagerfähig ist, übernahmen Edelmetalle die Geldfunktion (z.B. Barren, Stäbe und Körner aus Gold).
- **Münzgeld:** Da Metalle ständig gewogen und der Reinheitsgrad nachgeprüft werden musste, übernahmen Münzen, die unter gesetzlicher Aufsicht hergestellt wurden, die Geldfunktion.

■ **Notengeld:** Münzfälschung und die Zunahme an Münzen aller Art führten dazu, dass Münzspezialisten die Münzen gegen Quittung in Verwahrung nahmen (Banken). Diese Quittungen, die auch den Wert der eingelagerten Münzen übersteigen konnten (Kredit), übernahmen die Funktion des Geldes.

■ **Giral- oder Buchgeld:** Diese Geldform vereinfacht den Austausch deshalb, weil nicht mehr Urkunden (Banknoten) ausgetauscht werden müssen, sondern lediglich Forderungen gegenüber der Bank in Form von Einträgen in den Bankbüchern. Das Buchgeld kann jederzeit gegen Notengeld eingetauscht werden.

5.2 Währungsordnung und Bankensystem

Die Verfügung über Einkommen in Form von Geld ist das letztendliche Ziel der Produktion in einer kapitalistischen Marktwirtschaft. Die staatliche Geldordnung sorgt für die Funktionsfähigkeit des Geldwesens. Währungsordnung und Geldverfassung, die in Gesetzen und Rechtsvorschriften geregelt sind, bilden die rechtliche Grundlage für die Geldversorgung: Zahlungsverkehr, Kreditbeziehungen, Bankensystem etc. Folgende Sachverhalte sind Bestandteile der **Währungsordnung**:

■ Währungshoheit und währungspolitische Befugnisse,
■ Bestimmung der Währungseinheit,
■ Definition des gesetzlichen Zahlungsmittels,
■ Befugnisse der geldschöpfenden Institutionen,
■ Regelung der Beziehungen zwischen Regierung und Bankensystem,
■ Gestaltung des Kapital- und Zahlungsverkehrs mit dem Ausland.

Die beiden währungspolitischen Institutionen in der Bundesrepublik Deutschland sind:

■ **Die Bundesregierung:** Sie verantwortet die Münzprägung (Münzregal) und übt die ordnungspolitische Aufsicht über die Kreditinstitute aus.

■ **Die Europäische Zentralbank (EZB):** Sie verantwortet den Geldumlauf und die Kreditversorgung der Wirtschaft, die Abwicklung des Zahlungsverkehrs mit dem Ausland und die Stabilität des Preisniveaus.

Das **Bankensystem** der Bundesrepublik Deutschland ist wie in der Übersicht auf der folgenden Seite dargestellt aufgebaut:

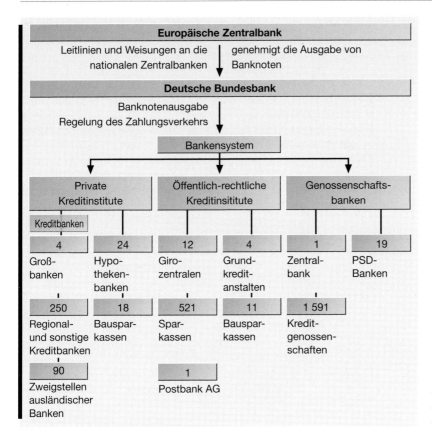

Übersicht 22:
Bankensystem der
Bundesrepublik
Deutschland

5.2.1 Europäisches System der Zentralbanken (ESZB)

> Das ESZB setzt sich aus der Europäischen Zentralbank (EZB) und den nationalen Zentralbanken der EU (NZBen) zusammen.

Die NZBen der Mitgliedstaaten, die nicht dem Euro-Währungsraum angehören, sind Mitglieder des ESZB mit einer Sonderstellung: Sie dürfen zwar ihre jeweilige nationale Geldpolitik eigenständig verfolgen, nehmen dafür aber nicht an der Entscheidungsfindung hinsichtlich der einheitlichen Geldpolitik für den Euro-Währungsraum und an der Umsetzung dieser Entscheidungen teil.

Gemäß dem Vertrag zur Gründung der Europäischen Gemeinschaft und der Satzung des Europäischen Systems der Zentralbanken und der Europäischen Zentralbank (ESZB-Satzung) ist es das **vorrangige Ziel des ESZB**, die **Preisstabilität** zu gewährleisten.

> Preisstabilität hat der EZB-Rat als Anstieg des Harmonisierten Verbraucherpreisindex (HVPI) im Euro-Währungsgebiet von unter 2 % gegenüber dem Vorjahr definiert.

Bei der Verwirklichung seiner Ziele handelt das ESZB *im Einklang mit dem Grundsatz einer offenen Marktwirtschaft mit freiem Wettbewerb,* wodurch ein effizienter Einsatz der Ressourcen gefördert werden soll.

Soweit dies ohne Beeinträchtigung dieses Zieles möglich ist, unterstützt das ESZB die allgemeine Wirtschaftspolitik in der Gemeinschaft und handelt im Einklang mit den Grundsätzen einer offenen Marktwirtschaft.

Die grundlegenden Aufgaben des ESZB bestehen darin:

- die Geldpolitik der Gemeinschaft festzulegen und auszuführen,
- Devisengeschäfte durchzuführen,
- die offiziellen Währungsreserven der Mitgliedstaaten zu halten und zu verwalten,
- das reibungslose Funktionieren der Zahlungssysteme zu fördern,
- zur reibungslosen Durchführung der von den zuständigen Behörden auf dem Gebiet der Aufsicht über die Kreditinstitute und der Stabilität des Finanzsystems ergriffenen Maßnahmen beizutragen.

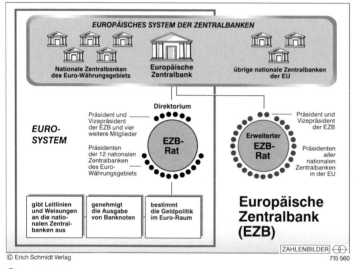

© Erich Schmidt Verlag

Übersicht 23:
Europäisches
System der
Zentralbanken

Das **ESZB wird von den Beschlussorganen der EZB geleitet**: dem EZB-Rat, dem Direktorium und dem Erweiterten Rat.

Der **EZB-Rat** besteht aus sämtlichen Mitgliedern des Direktoriums und den Präsidenten der nationalen Zentralbanken der Mitgliedstaaten, für die keine Ausnahmeregelung gilt, d.h. derjenigen NZBen, die uneingeschränkt an der Währungsunion teilnehmen. Die Hauptaufgaben des EZB-Rates bestehen darin,

- die Geldpolitik der Gemeinschaft festzulegen, gegebenenfalls einschließlich von Entscheidungen in Bezug auf geldpolitische Zwischenziele, Leitzinssätze und die Bereitstellung von Zentralbankgeld im ESZB, und die für ihre Ausführung notwendigen Leitlinien zu erlassen; und
- die Leitlinien und Entscheidungen zu erlassen, die notwendig sind, um die Erfüllung der dem ESZB übertragenen Aufgaben zu gewährleisten.

Das **Direktorium** besteht aus dem Präsidenten, dem Vizepräsidenten und vier weiteren Mitgliedern, die sämtlich aus dem Kreis „der in Währungs- oder Bankfragen anerkannten und erfahrenen Persönlichkeiten" ausgewählt werden. Die Hauptaufgaben des Direktoriums bestehen darin,

- die Geldpolitik gemäß den Leitlinien und Entscheidungen des EZB-Rates auszuführen und hierzu den nationalen Zentralbanken die erforderlichen Weisungen zu erteilen, und
- die Befugnisse auszuüben, die ihm durch den EZB-Rat übertragen werden.

Der **Erweiterte Rat** besteht aus dem Präsidenten und dem Vizepräsidenten sowie den Präsidenten aller nationalen Zentralbanken, d. h. sowohl von den Mitgliedstaaten, für die eine Ausnahmeregelung gilt, als auch von denjenigen, für die keine Ausnahmeregelung gilt. Der Erweiterte Rat nimmt die Aufgaben wahr, die die EZB vom Europäischen Währungsinstitut (EWI) übernommen hat und die infolge der für einen oder mehrere Mitgliedstaaten geltenden Ausnahmeregelungen in der dritten Stufe noch erfüllt werden müssen. Der Erweiterte Rat wirkt auch mit bei:

- der Erfüllung der Beratungsfunktionen des ESZB (siehe oben),
- der Erhebung der statistischen Daten,
- der Erstellung der Vierteljahres- und Jahresberichte sowie der wöchentlichen konsolidierten Ausweise der EZB,
- der Festlegung der erforderlichen Regeln für die Standardisierung der buchmäßigen Erfassung und der Meldung der Geschäfte der NZBen,
- allen sonstigen erforderlichen Maßnahmen bezüglich der Festlegung des Schlüssels für die Zeichnung des Kapitals der EZB, soweit diese nicht bereits im Vertrag festgelegt sind,
- der Festlegung der Beschäftigungsbedingungen für das Personal der EZB, und
- den Vorarbeiten, die erforderlich sind, um für die Währungen der Mitgliedstaaten, für die eine Ausnahmeregelung gilt, die Wechselkurse gegenüber dem Euro unwiderruflich festzulegen.

Das ESZB ist ein von der Politik unabhängiges System. Bei der Wahrnehmung der Aufgaben im Rahmen des ESZB darf weder die **EZB noch eine NZB oder ein Mitglied ihrer Beschlussorgane Weisungen von externen Stellen einholen oder entgegennehmen.**

Die Organe und Einrichtungen der Gemeinschaft sowie die Regierungen der Mitgliedstaaten dürfen somit nicht versuchen, die Mitglieder der Beschlussorgane der EZB oder der NZBen bei der Wahrnehmung ihrer Aufgaben zu beeinflussen. Die ESZB-Satzung sieht folgende Maßnahmen vor, um die Amtszeit der Präsidenten der NZBen und der Mitglieder des Direktoriums zu garantieren:

- eine Mindestamtszeit für Präsidenten von fünf Jahren mit Möglichkeit der Wiederernennung;
- eine Mindestamtszeit für Mitglieder des Direktoriums von acht Jahren ohne Möglichkeit der Wiederernennung (zu beachten ist, dass für das erste Direktorium ein System der zeitlich gestaffelten Ernennung der Mitglieder mit Ausnahme des Präsidenten vorgesehen ist, um Kontinuität zu gewährleisten);
- eine Amtsenthebung ist nur möglich im Falle der Nichterfüllung der Voraussetzungen für die Ausübung des Amtes oder im Falle einer schweren Verfehlung; und
- für die Beilegung von Streitfällen ist der Europäische Gerichtshof zuständig.

Aufgaben der Deutschen Bundesbank im Rahmen des ESZB

§ 3 des Gesetzes über die Deutsche Bundesbank definiert die Aufgabe der Bundesbank: „Die Deutsche Bundesbank ist als Zentralbank der Bundesrepublik Deutschland integraler Bestandteil des Europäischen Systems der Zentralbanken. Sie wirkt an der Erfüllung seiner Aufgaben mit dem vorrangigen Ziel mit, die Preisstabilität zu gewährleisten, und sorgt für die bankmäßige Abwicklung des Zahlungsverkehrs im Inland und mit dem Ausland. ...“ Die Bundesbank führt damit als nationale Zentralbank die gemeinsame Geldpolitik des Europäischen Systems der Zentralbanken in Deutschland durch.

Damit sie diesen Auftrag ohne politischen Druck ausführen kann, hat ihr der Gesetzgeber ein hohes Maß an Unabhängigkeit verliehen. Sie hat nur „soweit dies unter Wahrung ihrer Aufgabe als Bestandteil des Europäischen Systems der Zentralbanken möglich ist“ die allgemeine Wirtschaftspolitik der Bundesregierung zu unterstützen. Gemäß Art. 107 des Maastricht-Vertrages darf weder die EZB noch eine der nationalen Zentralbanken noch ein Mitglied ihrer Beschlussorgane bei der Wahrnehmung der ihr übertragenen Befugnisse, Aufgaben und Pflichten Weisungen von Organen oder Einrichtungen der Gemeinschaft, von Regierungen der Mitgliedstaaten oder von anderen Stellen einholen oder entgegennehmen.

5.2.2 Die Geschäftsbanken

- nehmen Einlagen entgegen,
- gewähren Kredite,
- schöpfen Geld (Giralgeldschöpfung),
- übernehmen die Emission, den Handel und die Aufbewahrung von Wertpapieren,
- leisten die technische Abwicklung des Zahlungsverkehrs mit dem In- und Ausland.

5.2.3 Geldschöpfung

Wie entsteht nun Geld, und wie gelangt es in den Kreislauf der Wirtschaft? Die Geldschöpfung geschieht auf zwei Wegen: Schaffung durch die EZB (Zentralbankgeld) und durch die Geschäftsbanken (Giral- oder Buchgeld).

Das **Zentralbankgeld** besteht aus den Banknoten und dem Sichtguthaben der Geschäftsbanken bei der Zentralbank. Es gelangt auf zwei Wegen in die Hände der Wirtschaftssubjekte: Geldschöpfung erfolgt einerseits dann, wenn die Zentralbank Vermögensteile aufkauft (Wertpapiere oder Devisen) und andererseits dann, wenn sie Kredite gewährt. In beiden Fällen gibt sie Banknoten aus oder gewährt ein Sichtguthaben.

Beispiel 1:
Die EZB kauft von einem Unternehmen Werpapiere auf und zahlt mit Zentralbankgeld.

Notenbankbilanz		Unternehmensbilanz	
Aktiva	Passiva	Aktiva	Passiva
Zunahme an Wertpapieren 500	Zunahme an Banknoten 500	Abnahme an Wertpapieren 500	
		Zunahme an Banknoten 500	

Übersicht 24: Ankauf von Wertpapieren

Die Bilanz der EZB ist auf beiden Seiten um 500 Geldeinheiten verlängert worden. Beim Unternehmen hat ein Aktivtausch stattgefunden und im Wirtschaftskreislauf befinden sich zusätzliche Banknoten.

Beispiel 2:
Die EZB gewährt einer Geschäftsbank einen Kredit.

Notenbank		Geschäftsbank	
Aktiva	Passiva	Aktiva	Passiva
Zunahme von **Forderungen** aus dem Kredit an die Geschäftsbank 500	Zunahme der **Sichtverbindlichkeiten** gegenüber der Geschäftsbank 500	Zunahme des **Sichtguthabens** bei der EZB 500	Zunahme der **Verbindlichkeiten** aus dem Kredit gegenüber der EZB 500

Übersicht 25: Kreditgewährung durch die DBB

Die Bilanz der Geschäftsbank ist verlängert worden (je 500 Geldeinheiten bei Sichtguthaben und Verbindlichkeiten). Das zusätzliche Sichtguthaben erhöht die Geldversorgung der Wirtschaft.

Das **Giral- oder Buchgeld** wird von den Geschäftsbanken geschaffen und in Umlauf gebracht, indem die Geschäftsbank Vermögensteile von anderen Wirtschaftseinheiten aufkauft (z. B. Wechsel) oder Kredite gewährt und dafür Geld zur Verfügung stellt (Bargeld oder Sichtverbindlichkeiten).

Beispiel 3:
Bank A hat ein Überschussguthaben bei der EZB und gewährt damit einen Kredit an eine Person „Arm".

Bank A		Bank B	
Aktiva	Passiva	Aktiva	Passiva
Überschussguthaben bei der EZB 500	Zunahme der Verbindlichkeiten aus dem Kredit gegenüber der EZB 500	Freies Guthaben bei der EZB 500	Sichtverbindlichkeiten gegenüber der Person „Neureich" 500
Kredit an die Person „Arm" i.H.v. 500	Sichtverbindlichkeiten gegenüber „Arm" 500		

Übersicht 26: Kreditgewährung im Geschäftsbankensektor

Die Bilanz der Bank A ist verlängert worden, es befindet sich zusätzliches Geld im Umlauf (als Sichtguthaben bei A). Wenn nun die Person „Arm" mit diesem Geld eine Rechnung bei der Bank B bezahlt (z. B. durch Überweisung), dann erhöhen sich die freien Zentralbankguthaben der Bank B. Diese wiederum kann einen Kredit gewähren usw. Wäre es den Geschäftsbanken erlaubt, ihre gesamten Einlagen an Zentralbankgeld wieder auszuleihen, dann würde unendlich viel Geld geschaffen werden. Tatsächlich ist die Giral- oder Buchgeldschöpfung nur in engen Grenzen möglich.

Wie viel Geld geschöpft werden kann, hängt also von der Höhe der Mindestreserve ab (s. 5.4.3 Mindestreservepolitik). Der Geldschöpfungsmultiplikator lautet somit:

$$Geldsch\ddot{o}pfungsmultiplikator = \frac{1}{MR\text{-}Satz}$$

Bei einem Mindestreserve-Satz von 2 % bedeutet dies, dass aus 100,00 EUR durch die Geldschöpfung 5 000,00 EUR werden könnten.

$$Geldsch\ddot{o}pfungsmultiplikator = \frac{1}{0,02} = 50$$

$= 100,00$ EUR $\cdot$ 50 (Geldschöpfungsmultiplikator) $= 5\,000,00$ EUR

5.3 Geldwertänderung – Deflation und Inflation

Die Geldwertstabilität ist eine Voraussetzung für das Funktionieren der Volkswirtschaft. Ändert sich der Geldwert, dann liegen Störungen zwischen gesamtwirtschaftlichem Angebot (= Gütermenge) und gesamtwirtschaftlicher Nachfrage (= Geldvolumen) vor.

Diesem Gedanken hat sich ja wie vorhin schon beschrieben das ESZB angeschlossen und versucht über die EZB die umlaufende Geldmenge zu steuern. Ziel ist es, dass die Geldmenge sich genauso entwickelt wie die Gütermenge (Geldmenge = Gütermenge). Tut sie das nicht, kommt es zu den nun aufgeführten Phänomenen:

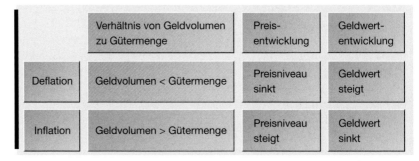

	Verhältnis von Geldvolumen zu Gütermenge	Preis-entwicklung	Geldwert-entwicklung
Deflation	Geldvolumen < Gütermenge	Preisniveau sinkt	Geldwert steigt
Inflation	Geldvolumen > Gütermenge	Preisniveau steigt	Geldwert sinkt

Übersicht 27:
Geldwertänderung

Beispiel:
Nicht klar? Kein Problem: Stellen Sie sich einfach eine kleine Insel mit 100 Einwohnern vor. Die Einwohner haben aus einem vor der Insel gesunkenen Schiff 100 000,00 US-Dollar geborgen und benutzen dieses Geld seitdem als Zahlungsmittel. Die Geldmenge dieses kleinen Inselstaates beträgt also 100 000,00 US-Dollar, das Güterangebot (es gibt nur Reisanbau) bleibt zur Vereinfachung konstant.
Bleibt die Geld- und Gütermenge auf dieser kleinen Insel konstant, werden sich auch

die Preise nicht verändern und somit bleibt der Wert des Geldes auch unverändert ("Für einen US-Dollar bekommt ein Einwohner immer 10 Kilo Reis").

Fall 1: *Bei einer Explosion in der örtlichen Bäckerei verbrennen 10 % des Bargeldbestandes der Insel. Nachdrucken können die Einwohner es natürlich nicht. Was hat sich verändert? Für 100 % des Güterangebotes sind auf einmal nur noch 90 % der Geldmenge vorhanden. Anders gesagt: Hier fehlen 10 000,00 US-Dollar! Die Preise werden somit dauerhaft und auf breiter Basis um 10 % sinken müssen, damit sich jeder wieder genauso viel kaufen kann, wie vor dem Feuersturm.*

Fall 2: *Nun passiert das Unglaubliche: Vor der Insel strandet ein zweites Schiff und wie der Zufall so will, ist es wieder ein amerikanisches. Insgesamt holen die Einwohner noch einmal 100 000,00 US Dollar von Bord. Natürlich gelangt dieses Geld in den Geldumlauf. Was wird mit den Preisen auf unserer kleinen Insel geschehen,*

- *wenn das Güterangebot gleich bleibt,*
- *allerdings doppelt so viel Geld im Umlauf ist (statt wie früher 100 000,00 nun 200 000,00 US-Dollar?*

Die Preise werden sicherlich steigen!

Bei der **Inflation** ist das effektive Geldvolumen also größer als die produzierte Menge. Die Güter sind knapp, und so steigt das Preisniveau, und der Geldwert sinkt. Inflationsprozesse liegen dann vor, wenn das **allgemeine Preisniveau steigt** und nicht lediglich der Preis einzelner Güter. Entscheidend für das Vorliegen einer Inflation sind auch die Kriterien der Dauer und des Ausmaßes eines solchen Prozesses: Der Geldentwertungsprozess muss anhaltend (mehrere Jahre) sein, und das Preisniveau muss spürbar ansteigen (2–3 %), um von Inflationsprozessen auszugehen.

Die **Inflationsrate** ist das Maß, mit dem die Geldwertänderung gemessen werden kann:

$$\text{Inflationsrate} = \frac{\text{Lebenshaltungskosten des laufenden Monats}}{\text{Lebenshaltungskosten des Vorjahresmonats}} \times 100 - 100$$

Wie werden diese Lebenshaltungskosten gemessen bzw. ermittelt?

Preisindizes

Verbraucherpreisindex für Deutschland

Der Verbraucherpreisindex misst die durchschnittliche Preisveränderung aller Waren und Dienstleistungen, die von privaten Haushalten für Konsumzwecke gekauft werden. Er bildet die Veränderung der Verbraucherpreise umfassend ab. Berücksichtigt werden Güter des täglichen Bedarfs (z.B. Lebensmittel, Bekleidung) sowie Mieten und langlebige Gebrauchsgüter (z.B. Kraftfahrzeuge, Kühlschränke), ebenso aber auch Dienstleistungen (z.B. Friseur, Reinigung, Versicherungen).

Er ist ein Indikator für die Beurteilung der Geldwertstabilität und wird als Inflationsmaßstab verwendet. Aus diesem Grund wird die Veränderungsrate häufig als „Inflationsrate" bezeichnet. Der Verbraucherpreisindex ist also ein Maßstab dafür, wie alle privaten Haushalte in Deutschland von Preisveränderungen betroffen sind. Single-Haushalte sind somit ebenso berücksichtigt wie Rentnerehepaare oder Großfamilien.

Der Verbraucherpreisindex misst die durchschnittliche Preisveränderung aller Waren und Dienstleistungen, die von privaten Haushalten für Konsumzwecke gekauft werden. Monatlich werden in 190 Berichtsgemeinden für etwa 750 Waren und Dienstleistungen ca. 350 000 Einzelpreise erhoben. Diese Güter repräsentieren die Verbrauchsgewohnheiten privater Haushalte. Die Gewichtung der einzelnen Preisrepräsentanten des Warenkorbs ist im Wägungsschema festgelegt. Das Wägungsschema quantifiziert somit, welchen Anteil z.B. die Ausgaben für Nahrungsmittel oder andere Ausgabepositionen an den gesamten Verbrauchsausgaben haben.

Zusätzlich zum Verbraucherpreisindex für Deutschland berechnet das Statistische Bundesamt seit 1997 auch einen **Harmonisierten Verbraucherpreisindex (HVPI)** für Deutschland. Er wird monatlich zusammen mit den anderen deutschen Verbraucherpreisindizes im Rahmen einer Pressemitteilung veröffentlicht.

Harmonisierter Verbraucherpreisindex (HVPI)

Die wichtigste Zielsetzung des HVPI ist der Vergleich der Preisveränderungsraten zwischen den einzelnen Mitgliedstaaten der Europäischen Union (EU). Erforderlich ist die Berechnung des HVPI, weil sich die nationalen Verbraucherpreisindizes in vielfältiger Weise unterscheiden. Diese Unterschiede sind z. T. historisch bedingt. Die nationalen Verbraucherpreisindizes können für ihr jeweiliges Umfeld durchaus ein Optimum darstellen. Allerdings können bereits aus der Verwendung unterschiedlicher Berechnungsformeln und Konzepte unterschiedliche Ergebnisse resultieren. Für genauere Inflationsvergleiche in der EU und vor allem in der Eurozone ist dies nicht akzeptabel. Der Erfassungsbereich, also die Auswahl der Waren und Dienstleistungen, die der Berechnung der HVPI zugrunde zu legen ist, wurde für die EU einheitlich festgelegt. Das bedeutet aber nicht, dass in allen Mitgliedstaaten ein einheitlicher Warenkorb oder ein einheitliches Wägungsschema verwendet wird. Besonderheiten in den nationalen Verbrauchsgewohnheiten sollen nicht aus der Berechnung der HVPI eliminiert werden. Da aber nicht alle Ausgabekategorien in allen Mitgliedstaaten der EU gleichermaßen Bestandteil der nationalen Verbraucherpreisindexberechnung sind und die Einbeziehung bestimmter Ausgaben aufgrund nationaler Unterschiede sehr schwer in vergleichbarer Weise umzusetzen ist, ist der Erfassungsbereich des HVPI zurzeit kleiner als in den meisten nationalen Verbraucherpreisindizes.

Im Vergleich zum deutschen Preisindex für die Lebenshaltung deckt der deutsche HVPI nur etwa 90 % aller Verbrauchsausgaben der privaten Haushalte im Inland ab (die genaue Prozentzahl hängt davon ab, welches Preisbasisjahr zugrunde gelegt wird).

Beispiel:
So sind im deutschen Preisindex für die Lebenshaltung z.B. die Aufwendungen der privaten Haushalte für das Wohnen im eigenen Heim (durch Mietäquivalente) enthalten, die der HVPI derzeit noch nicht umfasst. Es ist aber geplant, den Erfassungsbereich des HVPI noch zu erweitern.

Aufgrund des so berechneten HVPI und der anderen Konvergenzkriterien wurde über die Zulassung der einzelnen Mitgliedstaaten der EU zur Währungsunion entschieden. Auch für weitere Beitrittskandidaten wird der HVPI wieder ein entscheidendes Kriterium darstellen. In den Vordergrund tritt jetzt aber die Verwendung der HVPI als Maßstab für die Geldwertstabilität des Euro. Konsequenterweise ist die Europäische Zentralbank derzeit der wichtigste Nutzer der Ergebnisse.

Der Warenkorb

Der Preisindex für die Lebenshaltung will ein umfassendes Bild der Preisentwicklung für die privaten Haushalte vermitteln. Es ist deshalb erforderlich, deren Verbrauchsgewohnheiten umfassend und sehr detailliert zu erfassen und den Berechnungen eines Verbraucherpreisindex zugrundezulegen. Es ist natürlich nicht möglich, aber auch nicht erforderlich, die Preise für alle angebotenen und von privaten Haushalten erworbenen Waren und Dienstleistungen zu erheben. Es ist vielmehr ausreichend, aus der Fülle des Güterangebots einige hundert auszuwählen, die stellvertretend sowohl den gesamten Verbrauch als auch die Preisentwicklung der von den Haushalten nachgefragten Güter mit hinreichender Genauigkeit repräsentieren. Diese Gesamtheit der ausgewählten Güter wird „Warenkorb" genannt. Der Warenkorb für die Preisindizes in der Bundesrepublik Deutschland umfasst zurzeit ca. **750 Waren und Dienstleistungen**.

Diese Güterauswahl muss von Zeit zu Zeit natürlich daraufhin überprüft werden, ob sie noch den aktuellen Verbrauchsgewohnheiten entspricht. Es ist dabei nicht nötig, jede kurzfristige Konsumveränderung exakt nachzubilden. Längerfristige Veränderungen im Verbrauchsverhalten müssen aber schon berücksichtigt werden. Darüber hinaus kommen ständig neue Produkte auf den Markt, alte verschwinden. Dies vollzieht sich aber nicht schlagartig, sondern über längere Zeiträume hinweg. Die Veränderungen in der Zusammensetzung des Warenkorbs 2000 im Vergleich zu dem des Jahres 1995 sind daher nicht spektakulär und haben nur einen geringen Einfluss auf die Ergebnisse der Verbraucherpreisstatistik.

Jetzt wissen wir also, was wir im Warenkorb so alles haben. Aber in welchem Verhältnis werden die einzelnen Positionen gewichtet?

Das Wägungsschema

Das Wägungsschema bestimmt das Gewicht, mit dem die Preisentwicklung einzelner Preisrepräsentanten in die Gesamtindizes eingeht. Das Wägungsschema quantifiziert, welchen Anteil z. B. die Ausgaben für Telekommunikation oder andere Ausgabepositionen an den gesamten Verbrauchsausgaben der privaten Haushalte haben. Höhe und Struktur der Ausgaben der privaten Haushalte werden vom Statistischen Bundesamt aus den Ergebnissen der Einkommens- und Verbrauchsstichprobe, die **alle fünf Jahre** durchgeführt wird, und der jährlichen Statistik der laufenden Wirtschaftsrechnungen abgeleitet.

Weil sich das Güterangebot, aber auch die Präferenzen der Verbraucher im Zeitablauf ändern, stehen der Grundsatz der Aktualität des Wägungsschemas und das Ziel der Preisstatistik, reine Preisveränderungen auszuweisen, in einem ständigen Spannungsfeld. Das Statistische Bundesamt trägt diesem dadurch Rechnung, dass es den Preisindex für die Lebenshaltung mit einem konstanten Wägungsschema auf fester Basis berechnet (Laspeyres-Index auf fester Basis). Nach jeweils ca. fünf Jahren wird ein neues Wägungsschema und damit eine neue Basisperiode eingeführt.

Die Wägungsanteile unterscheiden sich zwischen speziell abgegrenzten Haushaltstypen (Preisindex für die Lebenshaltung von 4-Personen-Haushalten mit höherem Einkommen, Preisindex für die Lebenshaltung von 4-Personen-Haushalten mit mittlerem Einkommen, Preisindex für die Lebenshaltung von 2-Personen-Rentnerhaushalten mit geringem Einkommen).

Wägungsschemata für den Preisindex für die Lebenshaltung
aller privaten Haushalte in Deutschland
Angaben in Promille

	Gewichte 1991	Gewichte 1995	Gewichte 2000
01 Nahrungsmittel und alkoholfreie Getränke	144,81	131,26	103,25
02 Alkoholische Getränke und Tabakwaren	45,19	41,67	36,73
03 Bekleidung und Schuhe	76,89	68,76	55,09
04 Wohnung, Wasser, Elektrizität, Gas und andere Brennstoffe	240,46	274,77	302,60
05 Hausrat und laufende Instandhaltung des Hauses	72,87	70,56	68,54
06 Gesundheitspflege	30,56	34,39	35,46
07 Verkehr	156,77	138,82	138,65
08 Nachrichtenübermittlung	17,92	22,66	25,21
09 Freizeit und Kultur	99,59	103,57	110,85
10 Bildungswesen	5,42	6,51	6,66
11 Hotels, Cafés und Restaurants	58,44	46,08	46,57
12 Verschiedene Waren und Dienstleistungen	51,08	60,95	70,23
Insgesamt	1 000,00	1 000,00	1 000,00

Übersicht 28:
Währungsschema
für den Preisindex,
Stand Januar 2004

Hinsichtlich der Aussagekraft des Preisniveaus ist jedoch kritisch anzumerken, dass

▪ die Anpassung des Wägungsschemas nur alle fünf Jahre vorgenommen wird,

▪ die Zusammensetzung des Warenkorbes nur eine eingeschränkte Aussagekraft für das Individuum hat,

▪ neue Produkte erst verspätet in den Warenkorb aufgenommen werden (können).

Inflationswirkungen

Was bewirkt die Inflation, warum wird sie so heftig bekämpft?

- Besitzer von Geldvermögen erleiden Verluste (Konten- und Bausparer, Besitzer von festverzinslichen Wertpapieren),
- Bezieher von nominell festgelegten Geldeinkommen (Arbeiter, Angestellte, Rentner etc.) werden so lange benachteiligt, bis sie einen Inflationsausgleich durchgesetzt haben,
- Besitzer von Sachvermögen (Grundstücke, Gebäude, Produktionsanlagen etc.) werden begünstigt.
- Preise verlieren ihre Informations-, Steuerungs- und Signalfunktion, da steigende Preise nicht mehr auf eine zunehmende Knappheit dieses Gutes hinweisen. Dies kann dazu führen, dass nicht mehr die knapper werdenden Güter produziert werden. Es kommt zu Fehlallokationen, der optimale Einsatz von Arbeit, Kapital und Ressourcen ist nicht mehr gewährleistet.
- Kreditnehmer erlangen einen Vorteil, da sich ihre im Kreditvertrag nominal (also in Euro) festgelegten Verbindlichkeiten einfach schon durch Zeitablauf abwerten. Die Gläubiger werden also schrittweise „enteignet". Wer wird in solchen Phasen noch Kredite herausgeben? Die Folge: Die Wirtschaft wird kaum noch investieren können.
- Da die Verbraucher wissen, dass ihr Geld bald an Kaufkraft verlieren wird, werden Käufe vorgezogen, was die Inflation nochmals anheizt. Außerdem werden sie ihr Geld in Sachvermögen anlegen (s. o.), was die Preise in diesen Marktsegmenten ansteigen lässt und den Unternehmen für Investitionen fehlt (Fehlleitung des Kapitals).
- Flucht in ausländische, stabile Währungen.

Aus diesen Gründen ist die EZB bestrebt, mit Hilfe der Geldpolitik die Geldwertstabilität zu sichern.

Inflationsursachen

Wie kann es zu einer Inflation kommen?

1. Kosten(druck)inflation

Für die Unternehmen steigen die
- Lohn- und/oder Kapitalkosten,
- die Steuern oder Gebühren
- die Rohstoffkosten (auch über den Wechselkurs möglich).

Die hierdurch verteuerten Produktionskosten werden durch gestiegene Preise an die Verbraucher weitergegeben. So kann es dann zu einer Lohn-Preis-Spirale oder Preis-Lohn-Spirale (je nachdem, mit was die Spirale beginnt) kommen:

Lohn-Preis-Spirale

Die Gewerkschaften setzen eine Lohnerhöhung durch. Die Unternehmen geben die somit gestiegenen Produktionskosten durch Preiserhöhungen an die Verbraucher weiter. Diese fordern dann wieder eine Lohnerhöhung, um die Preiserhöhungen auffangen zu können, da sie keine Reallohnverluste erleiden wollen usw.

Preis-Lohn-Spirale

Die Arbeitnehmer möchten die (wegen Erhöhung der Rohstoffkosten) gestiegenen Preise über eine Lohnerhöhung kompensiert bekommen. Daraufhin steigen für die Unternehmen die Produktionskosten nochmals und die Preise steigen weiter. Daraufhin fordern die Arbeitnehmer wiederum eine Lohnerhöhung usw.

Auswege:

– maßvolle Lohnpolitik aller Beteiligten,
– Senkung der Lohnnebenkosten,
– Unternehmenssteuern senken,
– Produktivitäten durch Forschungs- und Entwicklungförderung steigern.

Sonderfall: Stagflation

Kommt es nun ganz schlimm, findet sich eine Volkswirtschaft in der Stagflation wieder: Wie oben gesehen, erhöhen die Unternehmen die Preise aufgrund gestiegener Produktionskosten. Steigende Preise führen normalerweise zu einem Nachfragerückgang. Dieser kann dann auch noch durch den Effekt verstärkt werden, dass Kostendruck bei Unternehmen oftmals zu Entlassungen führt. Treten also beide Effekte gleichzeitig ein (Preisanstieg und Produktionsrückgang), spricht man von Stagflation.

2. Nachfrageinflation

Die gesamtwirtschaftliche Güternachfrage steigt an. Diese umfasst sowohl den privaten Konsum als auch die Staatsnachfrage (hausgemachte Nachfrageinflation) und die Investitionen der Unternehmen, kann aber auch aus dem Ausland kommen (importierte Nachfrageinflation). Bei steigender Nachfrage und gleichbleibendem Angebot werden die Preise steigen. Je näher die Unternehmen dann an ihre Kapazitätsgrenzen kommen, um so schneller werden sie bei steigender Nachfrage ihre Preise erhöhen, um eine Kapazitätsausweitung hinauszuschieben. Insofern kommt es zur Nachfrageinflation meist in Zeiten der Hochkunjunktur.

Auswege:

– Der Staat muss seine Nachfrage drosseln und in Zeiten schwacher Konjunktur verschieben,
– Wenn möglich: Durch Wechselkurspolitik die Auslandsnachfrage drosseln (eigene Währung aufwerten),
– restriktive Geldpolitik (Zinssätze erhöhen und Geldmenge reduzieren).

3. Monetäre Inflation

Wie zu Beginn des Kapitels beschrieben, steigen die Preise, wenn die Geldmenge die Gütermenge übersteigt. Der Volkswirt fasst solche Sachverhalte

sehr gern in Formeln wie diese hier (Fisher'sche Verkehrs- oder Quantitäts-
gleichung von 1911):

$$Y \cdot P = M \cdot V$$

mit
Y = reale Produktion einer Volkswirtschaft (Güter- und Finanztransaktionen)
P = Preisniveau
M = Geldmenge
V = Umlaufgeschwindigkeit des Geldes („Ein 100-EUR-Schein wird ja mehr-
   mals im Jahr ausgegeben ...")

Auf der linken Seite der Gleichung steht also die Summe aller Zahlungen einer
Volkswirtschaft (Y · P), die mit dem Geldstrom (M · V) identisch sein muss.

Nun stellt der Volkswirt diese Formel nach dem Preisniveau (was uns im Rahmen der Inflation ja besonders interessiert) um und erkennt, von welchen
Faktoren die Entwicklung des Preisniveaus abzuhängen scheint:

$$P = \frac{M \cdot V}{Y}$$

Zur Vereinfachung sei angenommen, die Umlaufgeschwindigkeit V ist konstant. Dann würde sich also das Preisniveau P erhöhen, wenn die Geldmenge M stärker als das reale Sozialprodukt Y wächst (s. Übersicht 26) bzw.
der Geldwert bleibt erhalten, wenn sich die Geldmenge und der volkswirtschaftliche Output gleichmäßig entwickeln.

Die EZB geht allerdings mittelfristig von einer Verringerung der Umlaufgeschwindigkeit von 0,5 % bis 1 % aus (Quelle: Monatsbericht der EZB 12/2000). Insofern
ist ein leicht stärkeres Wachstum der Geldmenge nach dieser Formel möglich.

4. Importierte Inflation

Werden importierte Rohstoffe oder Güter teurer, dann wird diese Verteue-
rung im Zweifel über höhere Preise an die Verbraucher weitergegeben.
Regelmäßig kann man dies bei der Benzinpreisentwicklung verfolgen.
Diese Verteuerung kann entweder durch Rohstoffverteuerung oder durch
Wechselkursschwankungen (Stichwort „schwacher Euro") entstehen.

In der Literatur finden Sie auch andere Definitionen der importierten Inflation.
Jedoch wurde bisher in den IHK-Prüfungen die oben geschilderte, auch von der
Bundesbank so definierte, Wirkungskette abgefragt.

Bei der **Deflation** ist die Gütermenge größer als das im Umlauf befindliche
Geldvolumen. Der volkswirtschaftliche Output wird nicht gänzlich nachgefragt, weil die Wirtschaftssubjekte aufgrund pessimistischer Erwartungen ihr
Geld nicht in Verkehr bringen. Die Folge ist, dass das Preisniveau sinkt und
der Geldwert steigt.

Wenn – wie oben gesehen – die Inflation negative Auswirkungen hat, ist dann eine Deflation positiv zu sehen? Leider nein!

Wenn das Preisniveau auf breiter Basis kontinuierlich sinkt, gibt es für die Unternehmer kaum noch Anreize zu investieren. Oder würden Sie in einen Markt mit sinkenden Preisen expansiv hineingehen?

Die Verbraucher wiederum werden sich mit Käufen zurückhalten, da sie ja wissen, dass sie das gewünschte Produkt bald billiger erwerben können. Es werden somit nur noch die nötigsten Investitionen/Käufe getätigt werden.

Das Wirtschaftsklima wird sich also empfindlich abkühlen, obwohl die Notenbank im Zweifel die Zinsen sehr stark senken wird.

Dass eine Deflation lange anhalten kann, hat man in Japan in den 90er Jahre gesehen. Auch Zinsen von 0,0 % für Zentralbankdarlehen halfen nicht, die Wirtschaft wieder in Schwung zu bringen.

5.4 Geldpolitik

Das vorrangige Ziel der Geldpolitik der ESZB ist die Preisstabilität. Darunter wird die Preisniveaustabilität im Euro-Währungsgebiet verstanden. (Preisstabilität ist definiert als Anstieg des Harmonisierten Verbraucherpreisindex (HVPI) für das Euro-Währungsgebiet von unter 2 % gegenüber dem Vorjahr. Der EZB-Rat hat bekannt gegeben, dass er beim Streben nach Preisstabilität darauf abzielt, mittelfristig eine Inflationsrate nahe 2 % beizubehalten.) Der zentrale Ansatzpunkt der EZB ist dabei die Steuerung der **Geldmenge**. Die EZB ist bestrebt, das Geldmengenwachstum der Volkswirtschaft in Einklang zu bringen mit dem erwarteten Wachstum des Produktionspotenzials.

Übersicht 29: Abgrenzungen monetärer Aggregate im Euro-Währungsgebiet. Quelle: EZB-Monatsbericht 02/99

Unter der Geldmenge versteht die EZB je nach Liquiditätsgrad folgende Größen:

Verbindlichkeiten [1]	M1	M2	M3
Bargeldumlauf	x	x	x
Täglich fällige Einlagen	x	x	x
Einlagen mit vereinbarter Laufzeit von bis zu 2 Jahren		x	x
Einlagen mit vereinbarter Kündigungsfrist von bis zu 3 Monaten		x	x
Repogeschäfte			x
Geldmarktfondsanteile und Geldmarktpapiere			x
Schuldverschreibungen bis zu 2 Jahren			x

[1] Verbindlichkeiten des Geldschöpfungssektors und Verbindlichkeiten der Zentralregierung mit monetärem Charakter in den Händen des Geldhaltungssektors

Die EZB lässt durch die Bekanntgabe eines Referenzwertes für ihre Jahreswachstumsrate dem Geldmengenaggregat M3 eine herausragende Rolle zukommen. Der Referenzwert ist eine festgelegte Leitlinie für das Wachstum der Geldmenge, das mit Preisstabilität im Einklang steht. Er ist aus Eckwerten für das Wachstum des Produktionspotenzials, einer mittelfristigen Preisannahme und einer Schätzung für den Trend in der Umlaufgeschwindigkeit des Geldes abgeleitet. Seit 2003 wird er nicht mehr jährlich neu bestimmt bzw. bestätigt, sondern nur noch bei Bedarf.

Im Juli 2005 lag er bei 4,5 %.

In Kapitel 5.3 wurde der Zusammenhang zwischen dem Wachstum der Güter- und der Geldmenge besprochen. Aus den in M3 zusammengefassten Größen wird dieser Zusammenhang nun deutlicher: M3 stellt die **nachfragewirksame Geldmenge** dar. Die zu M3 zusammengefasste Geldmenge kann (in kurzer Zeit) am Markt Güter nachfragen. Geldwerte, die in Immobilien oder langlaufenden Anleihen investiert wurden, können dies eben nicht.
Die geldpolitischen Instrumente des ESZB sind:

Übersicht 30:
Geldpolitische
Instrumente des
ESZB

Geldpolitische Geschäfte	Transaktionsart		Laufzeit	Rhythmus	Verfahren
	Liquiditätsbereitstellung	Liquiditätsabschöpfung			
Offenmarktgeschäfte					
Hauptrefinanzierungsinstrument	Befristete Transaktionen	–	Eine Woche	Wöchentlich	Standardtender
Längerfristige Refinanzierungsgeschäfte (sog. „Basistender")	Befristete Transaktionen	–	Drei Monate	Monatlich	Standardtender
Feinsteuerungsoperationen	Befristete Transaktionen	Devisenswaps	Nicht standardisiert	Unregelmäßig	Schnelltender
	Devisenswaps	Hereinnahme von Termineinlagen Befristete Transaktionen			Bilaterale Geschäfte
	Definitive Käufe	Definitive Verkäufe	–	Unregelmäßig	Bilaterale Geschäfte
Strukturelle Operationen	Befristete Transaktionen	Emission von Schuldverschreibungen	nicht standardisiert und unregelmäßig	Regelmäßig und unregelmäßig	Standardtender
	Definitive Käufe	Definitive Verkäufe	–	unregelmäßig	Bilaterale Geschäfte
Ständige Fazilitäten					
Spitzenrefinanzierungsfazilität	Befristete Transaktionen	–	Über Nacht	Inanspruchnahme auf Initiative der Geschäftspartner	
Einlagenfazilität	–	Einlagenannahme	Über Nacht	Inanspruchnahme auf Initiative der Geschäftspartner	

Quelle: Deutsche Bundesbank

Ist in den Medien die Rede davon, dass die EZB die Leitzinsen erhöht oder gesenkt hat, sind damit grundsätzlich der Hauptrefinanzierungszinssatz, der Zinssatz Spitzenrefinanzierungsfazilität sowie der Einlagenfazilität gemeint.

Hauptrefinanzierungsgeschäfte

Zentrales geldpolitisches Instrument der Geldmarktsteuerung sind die wöchentlich angebotenen Hauptrefinanzierungsgeschäfte (sog. Haupttender) mit einer Regellaufzeit von zwei Wochen, über die im Jahresdurchschnitt rund drei Viertel des Zentralbankgeldbedarfs gedeckt werden.

Die operationalen Merkmale der Hauptrefinanzierungsgeschäfte lassen sich wie folgt zusammenfassen:

- Es handelt sich um liquiditätszuführende Geschäfte.
- Sie finden jede Woche statt (nach dem im Voraus bekannt gegebenen Tenderkalender).
- Sie werden dezentral von den nationalen Zentralbanken als Standardtender durchgeführt.

Längerfristige Refinanzierungsgeschäfte (Basistender)

Das Eurosystem führt zur Verstetigung der Liquiditätszufuhr und als Beitrag zur Dispositionssicherheit der am Geldmarkt weniger aktiven Banken im monatlichen Rhythmus längerfristige Refinanzierungsgeschäfte (sog. Basistender) mit dreimonatiger Laufzeit durch. Diese Geschäfte belaufen sich auf etwa ein Viertel des Refinanzierungsvolumens.

Die operationalen Merkmale der längerfristigen Refinanzierungsgeschäfte lassen sich wie folgt zusammenfassen:

- Es handelt sich um liquiditätszuführende Geschäfte.
- Sie finden jeden Monat statt (nach dem im Voraus bekannt gegebenen Tenderkalender).
- Sie werden dezentral von den einzelnen nationalen Zentralbanken als Standardtender durchgeführt.

Schnelltender

Um unerwartete Liquiditätsschwankungen rasch auszugleichen, kann das Eurosystem Schnelltender durchführen. Die operationalen Merkmale stellen sich wie folgt dar:

- Bei den Geschäften handelt es sich um liquiditätszuführende oder liquiditätsabsorbierende Transaktionen.
- Sie finden unregelmäßig statt.
- Ihre Laufzeit ist nicht standardisiert.
- Das Eurosystem kann die Anzahl der teilnehmenden Geschäftspartner begrenzen.

5.4.1 Offenmarktgeschäfte

Der Begriff „Offenmarktgeschäfte" beschreibt den Kauf und Verkauf von Wertpapieren durch die Zentralbank für eigene Rechnung „am offenen Markt".
Der Handel kann mit kurz- und langlaufenden Wertpapieren betrieben werden. Der Kauf von Wertpapieren durch die Zentralbank ist sowohl bei Banken als auch bei Nichtbanken möglich. Dabei kann die Notenbank Wertpapiere „endgültig" **(outright)** oder nur für eine bestimmte Zeit ankaufen (bzw. verkaufen). Im zweiten Fall muss sich z. B. die verkaufende Bank allerdings verpflichten, die Papiere nach einer bestimmten Zeit (z. B. nach vierzehn Tagen) wieder zurückzukaufen. Ein Offenmarktgeschäft mit Rückkaufsvereinbarung nennt man auch ein Pensionsgeschäft, weil das Wertpapier für eine kurze Zeitspanne gewissermaßen „in Pension" gegeben wird.
Das Europäische System der Zentralbanken (ESZB) kann durch Offenmarktgeschäfte die Liquidität und die Zinssätze am Markt steuern. Zusätzlich kommt diesen Entscheidungen auch Signalfunktion zu.

Die Hauptrefinanzierungsgeschäfte und die Basistender werden den Banken im Wege der Ausschreibung angeboten. Dabei gibt es zwei Verfahren:

Beim so genannten **Mengentender**

- legt die EZB den Zins fest, und
- die Kreditinstitute nennen in ihren Geboten lediglich die Beträge, über die sie Wertpapiere zu diesen Konditionen an die EZB abzugeben wünschen.

Die Europäische Zentralbank teilt dann denjenigen Betrag zu, der ihren liquiditätspolitischen Vorstellungen entspricht. Die Einzelgebote werden dabei gleichmäßig, d. h. mit demselben Prozentsatz „bedient" oder „repartiert" (Zuteilung des Angebots nach Quoten bei Übernachfrage – z. B. erhält jeder Bieter 75 Prozent seines Gebotsvolumens).

Beim **Zinstender** müssen die Kreditinstitute nicht nur Gebote

- über die gewünschte Menge abgeben,
- sondern auch den Zins nennen, zu dem sie bereit sind, Refinanzierungsgeschäfte abzuschließen.

Die Zuteilung kann dabei entweder nach der „holländischen Methode" einheitlich zum niedrigsten akzeptierten Zinssatz (dem „marginalen Zinssatz") oder nach der „amerikanischen Methode" zu den individuellen Bietungssätzen erfolgen.

> Um ein unerwünschtes Sinken der Zinsen zu verhindern, ist das Eurosystem Mitte des Jahres 2000 zum Zinstender mit einem Mindestbietungssatz übergegangen.

Wenn die Institute zu niedrige Zinsen bieten, laufen sie Gefahr, bei der Zuteilung nach der amerikanischen Methode leer auszugehen. Umgekehrt haben sie bei hohen Zinsgeboten die Chance einer vollen Zuteilung.

Beim längerfristigen Refinanzierungsgeschäft setzt die EZB in der Regel den Zinstender ein. Das bedeutet, dass sie die Zinsfindung dem Markt überlässt. Die Europäische Zentralbank möchte also mit diesem Instrument keine geldpolitischen Signale geben.

Die **Feinsteuerungsoperationen** werden unregelmäßig eingesetzt, um die Auswirkungen unerwarteter (kurzfristiger) Liquiditätsschwankungen auf die Zinssätze auszugleichen.

Dagegen sind **strukturelle Operationen** auf eine **langfristige** Beeinflussung (Verknappung oder Vergrößerung) der Liquiditätsposition des Bankensystems gegenüber dem ESZB ausgerichtet.

Als Sicherheiten für Zentralbankkredite der EZB kommen zwei verschiedene Gruppen in Frage:

1. Marktfähige Schuldtitel, die von der Europäischen Zentralbank für den gesamten Euro-Raum festgelegte Zulassungskriterien erfüllen.
2. Sicherheiten, die für die nationalen Finanzmärkte und Bankensysteme von besonderer Bedeutung sind. Hierfür erstellen die nationalen Notenbanken entsprechende Listen.

Die Bundesbank hat hier u. a. Handelswechsel sowie bestimmte Kreditforderungen der Kreditinstitute gegenüber Wirtschaftsunternehmen aufgelistet.

Der Mechanismus ist oben bereits beschrieben worden. Verfolgt die EZB eine restriktive Geldpolitik, so verkauft sie Wertpapiere zu attraktiven Zinsen und Konditionen. Damit entzieht sie dem Kreislauf Zentralbankgeld und beschneidet auch die Möglichkeiten der Geschäftsbanken, Giralgeld zu schöpfen. Umgekehrt zielt eine expansive Offenmarktpolitik darauf ab, über eine Geldmengenausweitung (Wertpapiere werden zu attraktiven Konditionen gekauft) eine Senkung der Zinsen zu bewirken, um damit die Güter- und Investitionsnachfrage zu stimulieren.

5.4.2 Ständige Fazilitäten

Die ständigen Fazilitäten werden dezentral von den nationalen Zentralbanken verwaltet und sollen Übernachtliquidität bereitstellen (Spitzenrefinanzierungsfazilität) bzw. absorbieren (Einlagefazilität).

„Übernacht-" bedeutet eine Laufzeit von einem Tag.

Die jeweiligen Zinssätze sind vorgegeben und werden im Allgemeinen die Unter- bzw. Obergrenze des Tagesgeldzinssatzes bilden.

5.4.3 Mindestreservepolitik

Die Mindestreservepolitik ist ein Instrument der Mengen- und Liquiditäts-politik. Die Banken sind verpflichtet, einen bestimmten Prozentsatz (= Min-destreserve) ihrer Einlagen auf den Konten der EZB zu unterhalten. Die Mindestreservesätze variieren je nach Einlageart.

Jedoch ist er vom EZB-Rat auf einheitlich 2,0 % (seit dem 01.01.1999) festgesetzt.

Mindestreservepflichtig sind

- täglich fällige Einlagen,
- Einlagen mit einer vereinbarten Laufzeit bzw. Kündigungsfrist von bis zu zwei Jahren,
- Schuldverschreibungen mit vereinbarter Laufzeit von bis zu zwei Jahren und
- Geldmarktpapiere.

Ebenfalls in der Mindestreservebasis einbezogen sind Einlagen mit einer vereinbar-ten Laufzeit bzw. Kündigungsfrist von mehr als zwei Jahren, Schuldverschreibun-gen mit vereinbarter Laufzeit von über zwei Jahren und auch Verbindlichkeiten aus Repogeschäften. Sie sind jedoch zur Zeit mit einem Reservesatz von null Prozent belegt. (Stand: Juli 2001)

Die Mindestreserven werden von der EZB zum Hauptrefinanzierungszinssatz verzinst, um Wettbewerbsnachteile gegenüber Banken außerhalb des Euro-Raumes zu vermeiden, die keine Mindestreserven halten müssen.

Verfolgt die EZB z. B. eine restriktive Geldpolitik (das Geldmengenwachstum soll gemindert werden), so wird sie die Mindestreservesätze erhöhen. Dadurch vermindert sich unmittelbar die für die Geschäftsbanken zur Verfü-gung stehende Liquiditätsreserve. Das hat zur Folge, dass diese weniger Giralgeld schöpfen können, das Zinsniveau wird ansteigen.

5.4.4 Einschätzung der Wirkungsweisen

Tatsächlich wird allerdings bezweifelt, ob Konsum und Investition dermaßen zinsabhängig sind, wie für die vorangegangenen Überlegungen unterstellt wurde. Zum einen können die Geschäftsbanken über ausreichende Liqui-ditätspolster verfügen. Darüber hinaus besteht die Möglichkeit, sich auf internationalen Geld- und Kapitalmärkten zu refinanzieren. Die Nachfrage nach Krediten (vor allem für Investitionen) ist nicht zuletzt abhängig von der erwarteten Rendite. Ist diese immer noch höher als die gestiegenen Kapital-kosten, werden Kredite nach wie vor nachgefragt. Bei pessimistischen Erwartungen kann das Geld dagegen noch so billig sein, es wird trotzdem nicht investiert.

Die EZB wird immer dann eine restriktive Geldpolitik verfolgen, wenn sie die Inflationsrate „bekämpfen", also eine allgemeine Preissteigerung dämpfen will (und umgekehrt).

6 Währung und Außenwirtschaft

6.1 Außenhandel

Die bisherigen Problemfelder wurden fast ausnahmslos für eine geschlossene Volkswirtschaft behandelt, d.h. für eine Wirtschaft ohne Beziehungen zum Ausland. Nun wird diese Sicht um die internationale Dimension erweitert, da der Austausch mit dem Ausland erheblichen Einfluss auf die nationale Ökonomie ausübt.

Eine der Hauptursachen für die Entwicklung des Außenhandels ist die Nichtverfügbarkeit bestimmter Güter in einer Volkswirtschaft. Das kann klimatische und/oder technische Ursachen haben, aber auch auf Rohstoff- und Energiemangel beruhen. Die benötigten Güter müssen dann importiert und vor allen Dingen in fremder Währung bezahlt werden. Unproblematisch ist die Bezahlung, wenn den Importen aus anderen Ländern wertmäßig entsprechende Exporte in das Ausland gegenüberstehen. In diesem Fall reichen die Exporterlöse, um die Importe zu bezahlen. Sind die Importe dagegen größer als die Exporte, dann muss entsprechendes „Weltgeld" (konvertible, also frei tauschbare Währung) aus dem Inland abfließen.

Die Bundesrepublik Deutschland hat ein existenzielles Interesse an einem ungehinderten Außenhandel. Zum einen ist sie ein rohstoff- und energiearmes Land und daher auf Importe angewiesen. Zum anderen ist sie eine hochindustrialisierte Volkswirtschaft, die ihre Produkte weltweit absetzen möchte.

Eine weitere Ursache für die Entwicklung des Außenhandels sind Preis- und Kostendifferenzen. Diese Ursache erklärt vor allem den Import von Gütern, die auch im Inland erstellt werden können. Diese Preis- und Kostendifferenzen können in absoluter und relativer Form vorhanden sein. Absolute Preis- und Kostenunterschiede liegen dann vor, wenn es einem Land gelingt, ein bestimmtes Gut billiger (in nationaler Währung ausgedrückt) herzustellen als ein anderes Land. In diesem Fall wäre es für das teurere Land ökonomisch sinnvoll, dieses Gut zu importieren. Dieser Kostenvorteil kann klimatische und technische Ursachen haben.

Aber auch **relative oder komparative** Preis- und Kostendifferenzen führen zur Ausdehnung des Außenhandels. Auch wenn ein Land alle Güter teurer produzieren müsste als das Ausland, würde sich für dieses Land der Außenhandel lohnen, wenn es sich bei Produktion und Export auf die Güter konzentriert, bei denen es relative Kostenvorteile besitzt. Relative (oder komparative) Kosten sind die Kosten der Produktion eines Gutes, ausgedrückt in den Produktionskosten anderer Güter. Diese Kostenrelation ist in jedem Land genauso unterschiedlich wie die Produktionsbedingungen. So kann sich der Import eines bestimmten Gutes auch für ein Land lohnen, was dieses Gut absolut betrachtet am kostengünstigsten herstellen kann. Wenn sich dieses Land auf die Produktion bzw. den Export der Güter konzentriert, bei denen es die größten relativen Kostenvorteile besitzt, dann erzielt es entsprechende Exporterlöse und kann damit noch kostengünstiger den Import finanzieren.

6.2 Zahlungsbilanz

Die Zahlungsbilanz ist neben der Volkswirtschaftlichen Gesamtrechnung ein weiteres wichtiges **gesamtwirtschaftliches Rechnungssystem**. Als Zahlungsbilanz eines Landes bezeichnet man eine Aufzeichnung aller Arten von grenzüberschreitenden Aktivitäten. Diese umfasst die ökonomischen Aktivitäten zwischen Einwohnern, Regierungen und Institutionen eines Landes (Inländer) und den entsprechenden Partnern im Ausland (Ausländer) für einen bestimmten Zeitabschnitt (meist 1 Jahr).

Auf der Aktivseite der Zahlungsbilanz erscheinen die Transaktionen, die aus inländischer Sicht mit Zahlungseingängen aus dem Ausland verbunden sind. Zahlungsausgänge finden Sie somit auf der Passivseite.

Ähnliche Transaktionen werden in Teilbilanzen zusammengefasst. So lässt sich die Zahlungsbilanz untergliedern in die

- Leistungsbilanz (diese besteht wiederum aus mehreren „Unterbilanzen"),
- Bilanz der Vermögensübertragungen,
- Kapitalbilanz und die
- Devisenbilanz.

> Wird von einer „unausgeglichenen Zahlungsbilanz" gesprochen, ist das formal natürlich nicht ganz richtig, da eine Bilanz immer ausgeglichen sein muss. Vielmehr ist dann der negative Saldo einer Teilbilanz – meist der Leistungsbilanz – gemeint.

Die Zahlungsbilanz wird monatlich von der Deutschen Bundesbank in Zusammenarbeit mit dem statistischen Bundesamt erstellt.

Die Zahlungsbilanz ist ein geschlossenes System der doppelten Buchführung, da jede grenzüberschreitende ökonomische Aktivität doppelt verbucht wird: z. B. ein Warenexport in der Handelsbilanz als Warenabgang und in der Kapitalbilanz als Zunahme der Forderungen gegenüber dem Ausland.

> Im Unterschied zur Unternehmensbilanz, die ja **Bestände** zu einem **Stichtag** ausweist, sind in der Zahlungsbilanz alle ökonomischen **Transaktionen** eines bestimmten **Zeitraumes** erfasst (Strömungsrechnung).

Folgende grenzüberschreitende ökonomische Aktivitäten sind Inhalt der Teilbilanzen:

- **Handelsbilanz**: Sie erfasst die grenzüberschreitenden Warenströme (Außenhandel). Wenn die Ausfuhren die Einfuhren übersteigen, spricht man von einer aktiven Handelsbilanz bzw. einem Handelsbilanzüberschuss. Bei der passiven Handelsbilanz bzw. einem Handelsbilanzdefizit verhält es sich umgekehrt.

■ **Dienstleistungsbilanz:** Sie erfasst die Ex- und Importe von Dienst- und Faktorleistungen wie Touristikverkehr, Transportleistungen, Versicherungsleistungen, sowie den Transithandel. Sie ist positiv, wenn die Einnahmen aus dem Ausland die Ausgaben übersteigen.

■ **Bilanz der Erwerbs- und Vermögenseinkommen:** Hier werden Kapitalerträge und Einkommen aus unselbstständiger Arbeit erfasst, die Inländer im Ausland sowie Ausländer im Inland erzielt haben. Der Saldo dieser Teilbilanz ist positiv, wenn die Erwerbs- und Vermögenseinkommen aus dem Ausland die ins Ausland geflossenen übersteigen.

■ **Bilanz der laufenden Übertragungen:** Hier werden „regelmäßig anfallende Leistungen ohne wirtschaftliche Gegenleistungen" erfasst. Dies sind z. B. Heimatüberweisungen von Gastarbeitern, Renten- und Unterstützungszahlungen an ausländische Empfänger sowie Übertragungen der öffentlichen Hand im Rahmen der Entwicklungshilfe oder ihrer Mitgliedschaft in internationalen Organisationen (Beitragszahlungen).

■ **Bilanz der Vermögensübertragungen:** Sie erfasst die unentgeltlichen Leistungen, die einmaliger Natur sind und die den Vermögensstatus der beteiligten Länder verändern. Dies können Erbschaften, Schenkungen oder einmalige Investitionszuschüsse sein, die von internationalen Organisationen gezahlt werden.

■ **Kapitalbilanz:** Sie erfasst den grenzüberschreitenden Kapitalverkehr (insofern ist der Begriff Bilanz irreführend, da keine Bestände erfasst werden). Auf der Aktivseite steht der Kapitalimport (z. B. Kauf inländischer Wertpapiere durch einen Ausländer). Der Export von Kapital wird dann systembedingt auf der Passivseite geführt.

Die Bundesbank unterteilt die Kapitalbilanz noch in die folgenden Hauptkategorien: Direktinvestitionen, Wertpapieranlagen, Finanzderivate, Kreditverkehr (kurz- und langfristig) und sonstige Anlagen.

■ **Devisenbilanz:** Hier – und nicht in der Kapitalbilanz! – wird die Veränderung der Devisenreserven eines Landes erfasst. In der Devisenbilanz spiegeln sich somit oft Eingriffe der Zentralbank in den Devisenmarkt zur Beeinflussung der Wechselkurse wider.

■ **Saldo der statistisch nicht aufgliederbaren Transaktionen:** Auch „Restposten" genannt. Da nicht alle Transaktionen zwischen In- und Ausländern erfasst werden (können), ist die Zahlungsbilanzstatistik lückenhaft. Er errechnet sich aus der Bilanzsystematik.

■ **Die Leistungsbilanz:** ist eine Zusammenfassung der
   – Handelsbilanz
   – Dienstleistungsbilanz
   – Bilanz der Erwerbs- und Vermögenseinkommen
   – Bilanz der laufenden Übertragungen.
   Der Leistungsbilanzsaldo gleicht der Differenz zwischen Ersparnis und Nettoinvestitionen einer Volkswirtschaft.

Wichtige Posten der Zahlungsbilanz

Leistungsbilanz, Vermögensübertragungen und Kapitalbilanz (soweit statistisch erfasst)

Leistungsbilanz (Bilanz der laufenden Posten)

Zeit	Außenhandel							Dienstleistungen			Erwerbs- und Vermögenseinkommen		
	Ausfuhr (fob)		Einfuhr (cif)		Saldo								
	Ursprungswerte	saisonbereinigte Werte	Ursprungswerte	saisonbereinigte Werte	Ursprungswerte	saisonbereinigte Werte	Ergänzungen zum Warenhandel	Einnahmen	Ausgaben	Saldo	Einnahmen	Ausgaben	Saldo
	1	2	3	4	5	6	7	8	9	10	11	12	13
	Mio DM												
1993	632 216	.	571 912	.	+ 60 304	.	− 3 038	109 651	162 209	− 52 559	130 552	103 179	+ 27 373
1994	694 685	.	622 923	.	+ 71 762	.	− 1 104	110 083	172 897	− 62 814	113 621	108 769	+ 4 852
1995	749 537	.	664 234	.	+ 85 303	.	− 4 722	120 378	184 377	− 63 999	118 594	118 416	+ 178
1996	788 937	.	690 399	.	+ 98 538	.	− 5 264	131 013	195 842	− 64 829	122 730	120 916	+ 1 815
1997	888 616	.	772 149	.	+ 116 467	.	− 7 360	148 477	218 012	− 69 535	139 443	142 031	− 2 588
1998	955 170	.	828 200	.	+ 126 970	.	− 5 934	153 022	229 083	− 76 062	146 399	159 736	− 13 337
	Mio EUR												
1999	510 008	.	444 797	.	+ 65 211	.	− 6 982	82 979	129 999	− 47 020	80 599	90 198	− 9 599
2000	597 440	.	538 311	.	+ 59 128	.	− 7 000	96 234	146 102	− 49 868	107 728	109 565	− 1 837
2001	638 268	.	542 774	.	+ 95 495	.	− 5 432	104 344	155 559	− 51 215	108 537	115 767	− 7 230
2002	651 320	.	518 532	.	+ 132 788	.	− 5 935	114 233	152 478	− 38 246	112 054	111 303	+ 751
2003	661 611	.	531 939	.	+ 129 673	.	− 6 977	108 170	143 059	− 34 889	101 468	110 057	− 8 590
2003 1. Vj.	162 832	165 350	133 528	135 830	+ 29 304	+ 29 520	− 1 354	25 833	34 445	− 8 612	26 206	30 544	− 4 337
2003 2. Vj.	161 956	162 300	132 143	131 640	+ 29 813	+ 30 660	− 1 919	25 532	34 421	− 8 888	25 688	28 163	− 2 475
2003 3. Vj.	165 607	168 920	126 700	130 330	+ 38 908	+ 38 590	− 1 344	27 698	40 251	− 12 553	24 656	28 488	− 3 832
2003 4. Vj.	171 216	167 690	139 568	135 560	+ 31 648	+ 32 130	− 2 359	29 107	33 942	− 4 836	24 917	22 862	+ 2 055

Saldo der Leistungsbilanz			Vermögensübertragungen und Kauf/Verkauf von immateriellen nicht produzierten Vermögensgütern	Kapitalbilanz (lang- und kurzfristiger Kapitalverkehr)							Veränderung der Währungsreserven zu Transaktionswerten	Saldo der statistisch nicht aufgliederbaren Transaktionen	Nachrichtlich: Veränderung der Netto-Auslandsaktiva der Bundesbank zu Transaktionswerten	Zeit
Saldo der laufenden Übertragungen	Ursprungswerte	saisonbereinigte Werte	Saldo	Saldo der Direktinvestitionen	Saldo der Wertpapiertransaktionen u. Finanzderivate	Saldo des übrigen Kapitalverkehrs								
						insgesamt	langfristige Kredite der Kreditinstitute	kurzfristige Kredite der Kreditinstitute	Saldo					
14	15	16	17	18	19	20	21	22	23		24	25	26	
													Mio DM	Zeit
− 55 151	− 23 071	.	− 1 915	− 27 822	+ 198 527	− 149 263	+ 11 921	− 99 677	+ 21 442		+ 22 795	− 19 251	+ 35 766	1993
− 59 455	− 46 760	.	− 2 637	− 19 027	− 50 510	+ 127 409	+ 16 021	+ 125 811	+ 57 871		+ 2 846	− 11 321	− 12 242	1994
− 55 416	− 38 657	.	− 3 845	− 38 729	+ 48 782	+ 53 594	+ 38 915	+ 3 552	+ 63 647		− 10 355	− 10 791	− 17 754	1995
− 50 989	− 20 729	.	− 3 283	− 66 559	+ 86 272	+ 3 894	+ 23 388	− 28 157	+ 23 607		+ 1 882	− 1 478	+ 1 610	1996
− 52 738	− 15 756	.	+ 52	− 51 248	− 13 157	+ 64 436	− 3 160	+ 67 770	− 31		+ 6 640	+ 9 033	+ 8 468	1997
− 53 304	− 21 666	.	+ 1 289	− 113 026	− 4 387	+ 150 224	− 124	+ 144 085	+ 32 810		− 7 128	− 5 305	− 8 231	1998
													Mio EUR	
− 25 016	− 23 407	.	− 154	− 49 384	− 11 471	+ 37 924	− 7 476	+ 60 427	− 22 931		+ 12 535	+ 33 956	− 36 999	1999
− 28 368	− 27 945	.	+ 6 823	+ 158 154	− 161 275	+ 39 426	− 24 490	+ 38 251	+ 36 305		+ 5 844	− 21 027	+ 48 230	2000
− 27 432	+ 4 185	.	− 387	+ 12 324	+ 32 893	− 41 988	− 43 211	− 33 096	− 21 419		+ 6 032	+ 11 588	+ 32 677	2001
− 26 555	+ 62 802	.	− 212	+ 6 935	+ 36 429	− 129 467	− 13 544	− 88 671	− 86 103		+ 2 065	+ 21 445	− 33 292	2002
− 28 329	+ 50 888	.	+ 465	+ 2 083	+ 52 895	− 126 289	− 37 231	− 73 078	− 71 311		+ 445	+ 19 513	+ 2 658	2003
− 5 321	+ 9 680	+ 11 310	+ 5	− 7 582	+ 38 985	− 47 352	− 14 579	− 18 424	− 15 950		− 1 495	+ 7 760	+ 3 444	2003 1. Vj
− 7 896	+ 8 634	+ 7 760	+ 152	+ 23 644	+ 3 856	− 56 035	− 8 177	− 58 854	− 28 535		+ 1 505	+ 18 245	+ 22 123	2003 2. Vj
− 8 245	+ 12 933	+ 19 190	+ 208	+ 1 360	− 9 328	+ 5 610	− 15 605	+ 35 571	− 2 358		− 751	− 10 033	− 15 902	2003 3. Vj
− 6 867	+ 19 642	.	+ 100	− 15 340	+ 19 383	− 28 512	+ 1 130	− 31 371	− 24 468		+ 1 186	+ 3 541	− 7 008	2003 4. Vj

6.3 Wechselkurs

Fast alle ökonomischen Auslandsaktivitäten führen zu entsprechenden Geldzahlungen: Importe müssen in ausländischer Währung bezahlt werden, die Abnehmer der Exporte fragen den Euro nach etc. Es muss also einen Ort geben, wo die jeweiligen Währungen beschafft werden können: den Devisenmarkt. Als **Devisen** bezeichnet man kurzfristige Forderungen (in der Regel gegenüber Banken) in ausländischer Währung oder einfacher gesagt: ausländisches Buchgeld. Der Preis der Devisen ist der **Wechselkurs**. Der Wechselkurs ist die Austauschrelation zwischen in- und ausländischer Währung. Er ist Ausdruck von Devisenangebot und -nachfrage und spiegelt damit auch den Außenwert einer Währung wider.

Veränderungen des Außenwertes der Währung (Wechselkursänderungen) wirken sich auf die gesamte Volkswirtschaft aus, insbesondere dann, wenn diese stark im Welthandel integriert ist.

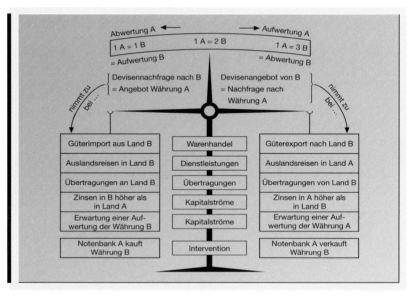

Übersicht 32:
Faktoren der
Wechselkurs-
bildung

Solange sich Angebot und Nachfrage zweier Währungen entsprechend eines herausgebildeten Kurses entwickeln (hier 1 Einheit der Währung A = 2 Einheiten der Währung B), bleibt der Wechselkurs unverändert. Aus vielen Gründen kann es aber zu einer stärkeren Nachfrage nach einer Währung kommen und damit zu einer Wechselkursänderung. So nimmt z. B. die Nachfrage nach der Währung aus dem Land B zu, wenn der Güterimport aus diesem Land ansteigt, Auslandsreisen in das Land zunehmen etc. Die verstärkte Nachfrage nach der Währung aus dem Land B führt zu einer **Aufwertung** der Währung B gegenüber der Währung A (das ist gleichbedeutend mit einer **Abwertung** der Währung A gegenüber der Währung B).

Eine Aufwertung der eigenen Währung

- ▪ verbilligt die Importgüter,
- ▪ hat eine positive Wirkung auf die Preisstabilität,
- ▪ verteuert die Exportgüter und
- ▪ hat negative Auswirkungen auf Produktion und Beschäftigung.

Neben den beschriebenen Ursachen für eine Wechselkursänderung sind weitere Konstellationen ursächlich für eine veränderte Nachfrage nach Währung. So verliert in folgenden Fällen eine Währung an Wert (Abwertung), wenn keine Gegenmaßnahmen ergriffen werden:

- **Inflationsunterschiede:** Bei höherer inländischer Inflation als im Ausland wird es günstiger, im Ausland Güter zu kaufen. Die ausländische Währung wird verstärkt nachgefragt und die eigene Währung verstärkt angeboten.
- **Leistungsbilanzdefizite:** Sind die Ausgaben eines Landes für Importe längerfristig höher als die Einnahmen aus Exporten, so wächst das Angebot an eigener Währung an den Devisenmärkten und der Kurs gerät unter Druck.
- **Spekulation:** Besteht die allgemeine Erwartung, dass eine Währung unter Abwertungsdruck gerät, z. B. wegen steigender Inflation, flüchten die Besitzer dieser Währung in eine härtere Währung, und der Kurs sinkt tatsächlich.
- **Zinsunterschiede:** Geld- und Vermögensbesitzer legen ihr Geld in der Währung an, die die höchsten Erträge erwarten lässt. Existieren im Ausland höhere Zinsen, wird die ausländische Währung zuungunsten der heimischen nachgefragt, mit der Folge, dass der heimische Kurs sinkt.

Eine Abwertung der eigenen Währung
- verteuert Importgüter

Beispiel:
Kostet ein Gut am Weltmarkt 100,00 US-Dollar, so muss der deutsche Erwerber bei einem Eurokurs von 1,20 $ (für 1,00 EUR) insgesamt 83,33 EUR (ohne Gebühren) hierfür bezahlen. Sinkt der Eurokurs auf 1,10 $, hätte der Käufer für dasselbe Gut schon 90,91 EUR aufzuwenden.

- verbilligt Exportgüter und macht sie damit auf dem Weltmarkt attraktiver und/oder erhöht die Gewinnmarge der exportierenden Unternehmen.

Beispiel:
VW verkauft den Golf in den USA für 15 000,00 US-Dollar. Bei einem Eurokurs von 1,20 $ würde VW für ein verkauftes Auto 12 500,00 EUR auf das in Euro geführte Firmenkonto in Wolfsburg überwiesen bekommen. Sinkt der Eurokurs wie im obigen Beispiel auf 1,10 $, so könnte VW schon einen Geldeingang von 13 636,36 EUR verbuchen. Dies bedeutet, dass der Gewinn pro in den USA verkauften PKW steigt.
Nun kann VW aber auch den Golf so billig machen, dass immer noch 12 500,00 EUR in Wolfsburg ankommen (13 750,00 US-Dollar). Damit dürften sich mehr Autos in den USA verkaufen lassen (positive Auswirkung hier auf Beschäftigung und Produktion). Und durch die höheren Einnahmen in den Folgegeschäften (Werkstatttermine, Ersatzteile) auch den Gewinn insgesamt erhöhen.

- hat positive Auswirkungen auf Produktion und Beschäftigung (s. o.)
- hat eine negative Wirkung auf die Preisstabilität, da eine Zusatznachfrage aus dem Ausland auf den Markt kommt.
    Auch ein weiterer Faktor heizt die Inflation an: Lässt sich VW den Gegenwert für jedes in Amerika verkaufte Auto in Deutschland in Euro gutschreiben, wächst somit die inländische Geldmenge an (Notenbank kauft Dollar gegen Euro an), ohne dass die inländische Gütermenge parallel

mit ansteigt (der Golf ist ja in Amerika). Nach der Verkehrsgleichung (s. S. 57) würde dies (c. p.) zu einem Anstieg des Preisniveaus führen.

Die bisherigen Anpassungsprozesse auf Devisenmärkten gelten für ein bestimmtes **Wechselkurssystem**, das **System Flexibler Wechselkurse** (Floating). Der Kurs bildet sich hier durch das Zusammentreffen von Angebot und Nachfrage nach der jeweiligen Devise. Aufgrund der beschriebenen ökonomischen Folgen kann es sinnvoll sein, dass die Zentralbanken am Devisenmarkt intervenieren, um den Kurs stabil zu halten oder in eine bestimmte Richtung zu lenken. Dazu treten sie am Devisenmarkt als normale Marktteilnehmer auf und tätigen **Stützungskäufe** und **-verkäufe.**

In einem Wechselkurssystem der **festen Wechselkurse** wird der Kurs politisch zwischen den Regierungen (oder den Zentralbanken) der beteiligten Länder festgelegt. Diese Kurse orientieren sich in der Regel an der jeweiligen inländischen Kaufkraft. Droht der Wechselkurs an den Devisenmärkten von dem vereinbarten Wert abzuweichen (meistens ist hierbei eine bestimmte Schwankungsbandbreite vereinbart), sind die Notenbanken verpflichtet, Stützungskäufe oder -verkäufe zu tätigen. Auch in einem System fester Kurse kann der Wechselkurs verändert werden, wenn etwa infolge einer Exportschwäche eine Währung dauerhaft stärker unter Druck gerät. Weltweit gab es bis Anfang der 70er Jahre ein System fester Wechselkurse (System von Bretton Woods).

6.3.1 Europäische Wirtschafts- und Währungsunion

Die EWWU wäre eines der erfolgreichsten Beispiele regionalwirtschaftlicher Integration in der Weltgeschichte. Seit der klassischen Außenwirtschaftstheorie von Smith und Ricardo wissen wir sowohl, dass die Arbeitsteilung die Produktivität steigert, als auch, dass Produktivitätssteigerung in einem unmittelbaren Zusammenhang zur Ausdehnung der Märkte steht.

Folgende Stufen der wirtschaftlichen Integration sind zu unterscheiden: Nationale Autonomie – Freihandelszone – Zollunion – gemeinsamer Markt – Wirtschafts- und Währungsunion. Die **Vorteile** einer Integration sind allgemein die Vorteile einer Annäherung an den Freihandel, also die Vorteile des Freihandels selbst. Diese sind:
a) die Kostenvorteile der Spezialisierung auf die jeweils relativ oder sogar absolut billigsten Produktionen der Länder;
b) die zunehmende Ausschöpfung der Größenersparnisse der Produktion (economics of scale) und
c) die Zunahme des Wettbewerbs.
Die letzte Etappe auf dem Weg zur EWWU wurde im Februar 1992 in Maastricht von den damals 12 Mitgliedsstaaten festgelegt (EG-Verträge sowie 17 Protokolle und Erklärungen). Diese Verträge wurden dann von den jeweiligen Mitgliedsstaaten in Kraft gesetzt (Parlament oder Volksabstimmung).

Kernbestandteile der EWWU sind die unwiderrufliche Festlegung eines Wechselkurses der Mitgliedstaaten und des Umtauschkurses in ECU/Euro sowie die Schaffung geld- und währungspolitischer Institutionen (EWI, ESZB, EZB).

Europäisches Währungsinstitut: (EWI, 01.01.1994 bis 31.12.1998, Ziel: Vorbereitung auf die Währungsunion, Koordinierung der Geldpolitik der Mitgliedstaaten, Überwachung des EWS, Entwicklung geldpolitischer Instrumente, Förderung der Effizienz des grenzüberschreitenden Zahlungsverkehrs).

Europäisches System der Zentralbanken: (ESZB, regierungsunabhängig, nimmt seit 01.01.1999 seine Befugnisse wahr, legt von dem Zeitpunkt an die Geldpolitik der EWU verbindlich fest und führt sie aus) mit einer **Europäischen Zentralbank** (EZB).

Die EWWU ist ökonomisch sinnvoll. Sie ist Endstadium eines wirtschaftlichen Integrationsprozesses. Trotzdem birgt sie einige Risiken für die Bundesrepublik.

1. Künftig wird der „Puffer" der nationalen Geldpolitik fehlen. Die Kompetenzen für die Geld- und Währungspolitik gehen unwiderruflich verloren und damit die (wenn auch beschränkten) Einflussmöglichkeiten auf die Wechselkurse (Auf- und Abwertungsstrategien) oder das Zinsniveau.
   Folge: Keine besondere Berücksichtigung Ostdeutschlands mehr möglich (was angesichts der Wachstumsschwäche erforderlich wäre).
2. Künftig wird die sich verschlechternde Finanzlage einzelner Länder den Druck auf die Mitgliedstaaten erhöhen, die Schwierigkeiten durch Transferzahlungen zu beheben (obwohl es Spielregeln zur Sicherung der Budgetdisziplin gibt). Da es dann nicht mehr Ost- und Westdeutschland geben wird, ist der Maßstab die Bundesrepublik mit 109 Punkten (BIP in Kaufkraftstandards je Einwohner, EU 15 = 100).
   Folge: Weniger Mittel aus den EU-Strukturfonds für die Neuen Länder.
3. Ökonomische Probleme einzelner Staaten können die EZB dazu verleiten, eine weiche Geldpolitik zu fahren. Das könnte verhindern, dass der Euro eine starke Währung wird. Hier müssen alle Stabilitätsrisiken vermieden werden. Das von Waigel durchgesetzte Stabilitätspaket (strenge Einhaltung der Konvergenzkriterien auch in Zukunft, mit Strafen bei Abweichung) geht in die richtige Richtung, wird aber ökonomisch schwache Regionen übermäßig hart treffen.
   Folge: Kaum deutsche Spielräume für Transfers in die Neuen Länder.

In der 3. Stufe der Europäischen Wirtschafts- und Währungsunion:

- Verstärkte Überwachung der Haushaltsdisziplin
- Pflicht der Mitgliedstaaten, übermäßige Defizite zu vermeiden
- Die Teilnehmer am Euro-Währungsgebiet legen mittelfristige Stabilitätsprogramme vor
- Die übrigen EU-Mitglieder arbeiten Konvergenzprogramme aus

ZAHLENBILDER
715 540

Stabilitäts-pakt

für den Euro

Grundsatzbeschlüsse des EU-Gipfels von Dublin im Dezember 1996

- Frühwarnsystem: Empfehlungen des Rats an Staaten, denen ein übermäßiges Defizit (mehr als 3 % des BIP) droht
- Höhere Defizite sind nur bei einem Rückgang der Wirtschaft um mehr als 2 % erlaubt
- Sanktionen: Folgt ein Staat den Empfehlungen des Rats zur Reduzierung seines Defizits nicht, muss er eine unverzinsliche Einlage leisten, die nach 2 Jahren in eine Geldbuße umgewandelt wird

© Erich Schmidt Verlag

Übersicht 33: Stabilitätspakt für den Euro

4. Da die Bundesrepublik die Konvergenzkriterien nur knapp erreicht oder sogar überschreitet, sind die Spielräume für nationalstaatliche wirtschaftspolitische Maßnahmen sehr gering. Alle wirtschaftspolitischen Maßnahmen wie sektorale und regionale Strukturpolitik, Arbeitsmarktpolitik und alle sonstigen Subventionstatbestände werden künftig – zur Einhaltung der Konvergenzkriterien – stärker auf den Prüfstand gestellt (auch mit dem Verweis auf das Stabilitätspaket).

   Folge: Geringere Aussichten für eine Sonderbehandlung der Neuen Länder, z. B. bei arbeitsmarktpolitischen Maßnahmen.

5. Künftig geraten die Transfers in die Neuen Länder auch deshalb stärker in den Mittelpunkt, weil das Bundesministerium für Finanzen stärker auf Haushaltsklarheit setzen will, also die einigungsbedingte Verschuldung getrennt von der Gesamtverschuldung betrachten wird.

   Folge: Die Transfers in die Neuen Länder werden stärker als bisher politisch in Frage gestellt.

6. Die Verantwortung der Lohnpolitik für die Stabilität des Euro wird bisher noch weitgehend vernachlässigt (wird in den Maastrichter Verträgen nicht berücksichtigt). Ein Stabilitätsrisiko ist vor allem dann gegeben, wenn die Nominallöhne in einheitlicher Währung sich am Land mit dem höchsten Niveau orientieren („Was verdient der Kollege in einem anderen Land?") und ohne Berücksichtigung der Produktivitätsunterschiede zwischen Tarifpartnern vereinbart werden.

   Folge: Anpassungsarbeitslosigkeit und Inflationsdruck in den strukturschwachen Regionen. Diese Folge wird allerdings durch das Zerbrechen von großen Tarifkartellen abgemildert (wie z. T. schon jetzt in Ostdeutschland feststellbar).

7 Konjunktur und Wachstum

7.1 Wirtschaftswachstum

Im Allgemeinen versteht man unter Wirtschaftswachstum die langfristige Steigerung des gesamtwirtschaftlichen Produktionspotenzials. Das wird dann realisiert, wenn der Bestand an Produktionsfaktoren zugenommen hat und/oder die Leistung der Produktionsfaktoren pro eingesetzter Zeiteinheit gesteigert wurde. Beide Entwicklungen führen zu einem höherem volkswirtschaftlichen Output. Das Wachstum steht aus mehreren Gründen im Mittelpunkt gesamtwirtschaftlicher Analysen:

- ▮ Wirtschaftswachstum erhöht den **wirtschaftlichen Wohlstand** der Menschen, weil mehr Konsummöglichkeiten zur Verfügung stehen. Gleichzeitig entsteht mehr Einkommen und/oder Freizeitmöglichkeiten (wenn die Arbeitszeit verkürzt wird).
- ▮ Wirtschaftswachstum sichert **Arbeitsplätze** oder führt zumindestens dazu, dass die Steigerung der Arbeitsproduktivität nicht vollends negativ auf dem Arbeitsmarkt durchschlägt.
- ▮ Wirtschaftswachstum führt auf staatlicher Seite zu erhöhten **Steuereinnahmen**, mit denen die öffentliche Hand z. B. wirtschaftspolitische Maßnahmen einleiten kann.

Der gängige Indikator, um wirtschaftliches Wachstum zu messen, ist die **Veränderungsrate des realen Bruttoinlandsprodukts** *(vgl. 3.3 Bruttoinlandsprodukt)*. Diese Größe ist eine quantitative Größe; sie erfasst nicht die Strukturverschiebungen oder den relativen Beitrag der einzelnen Branchen zum Wachstumsprozess. Als **nominelles Wachstum** wird die Zunahme des BIP in jeweiligen Marktpreisen bezeichnet. Ein **reales Wachstum** bezeichnet die Zunahme des BIP bewertet zu Preisen eines bestimmten Referenzjahres (hier ist die Inflationsrate herausgerechnet worden).

Welche Faktoren führen nun zu einer Zunahme des Wachstums? In dieser Frage hat noch keine Volkswirtschaft ein Patentrezept gefunden, zumal sich erst im nachhinein herausstellt, ob das volkswirtschaftliche Produktionspotenzial angestiegen ist (die Berechnung des BIP ist eine ex-post-Rechnung). Im Rahmen einer kapitalistischen Marktwirtschaft wissen der einzelne Unternehmer oder der Staat vorher nicht, inwieweit sich eine Investition oder Produktion am Markt behaupten kann.

Im Allgemeinen hängen die Produktionsmöglichkeiten einer Gesellschaft ab von der Menge, Qualität sowie der Kombination der vorhandenen Produktionsfaktoren (Kapital, technisches Wissen, Arbeit und natürliche Ressourcen). Der **technische Fortschritt** ist Ausdruck der Zunahme des technischen Wissens und wird in Produktinnovationen (neue Güter) und Prozessinnovationen (neue Produktionsmethoden) sichtbar. Der technische Fortschritt führt zu Investitionen, die den Kapitalstock einer Volkswirtschaft erhöhen. Damit kann ein höheres BIP erzeugt werden. Ob dies tatsächlich

stattfindet, hängt zum einen davon ab, inwieweit das Produktionspotenzial tatsächlich ausgeschöpft wird. Zum anderen führt dieser Prozess in der Regel zu einer Zunahme der Arbeitsproduktivität. Das kann zur Folge haben, dass Arbeitskräfte freigesetzt werden, sofern die Steigerung des Wachstums diesen Prozess nicht überkompensiert.

7.2 Konjunktur und Krise

Das Wirtschaftssystem der kapitalistischen Marktwirtschaft ist durch regelmäßige Konjunkturschwankungen gekennzeichnet. Unter **Konjunktur** sind die Veränderungsraten der gesamtwirtschaftlichen Produktion zu verstehen. Diese Schwankungen sind das Abbild vielfältiger ökonomischer Prozesse, wie Entwicklung der Produktion, des Beschäftigungsstandes, der Lohn- und Preisentwicklung etc. Wenn man sich einmal die Veränderungsraten des BIP seit 1949 anschaut (siehe folgende Abbildung und Kapitel 3.3 Bruttoinlandsprodukt), dann sind zwei Charakteristika festzuhalten: zyklischer Verlauf und abnehmende Wachstumsraten.

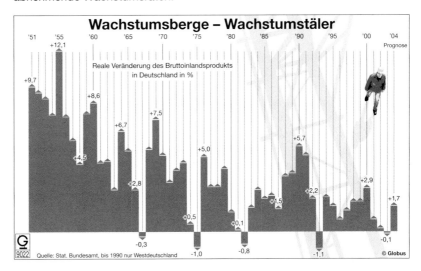

Übersicht 34: Konjunkturzyklen

7.2.1 Konjunkturzyklus

Das Grundmuster eines Konjunkturzyklus lässt sich in 4 Phasen einteilen:

1. **Aufschwung** (Expansion): Er verdeutlicht eine erst langsame, dann beschleunigte Zunahme der gesamtwirtschaftlichen Produktion. Die Arbeitslosigkeit wird tendenziell abgebaut. Nimmt die Kapazitätsauslastung zu, dann steigen die Preise und es wird investiert. Durch die Nachfrage nach Kapital steigt das Zinsniveau und die Gewerkschaften können höhere Lohn- und Gehaltsforderungen durchsetzen.

2. **Hochkonjunktur** (Boom): Aufgrund des Aufschwunges kommt es zu Engpässen bei Produktionsfaktoren. Die Preise und Faktorkosten sind hoch, ebenso wie das Niveau der Investitionstätigkeit. Dadurch steigt auch das Zinsniveau an. Insgesamt verteuert sich die Produktion, die Gewinne gehen zurück und der obere Wendepunkt naht.

3. **Abschwung** (Rezession): Aufgrund der Engpässe bei Produktionsfaktoren und der hohen Faktorkosten und Preise wird irgendwann die Steigerung der Investitionstätigkeit und der Nachfrage erlahmen. Damit wird ein
allmählicher und sich dann schnell verstärkender Rückgang der wirtschaftlichen Aktivitäten eingeleitet. Dieser Rückgang führt zu immer
schwächer ausgelasteten Ressourcen, was die Investitionsbereitschaft
der Unternehmen sinken lässt. Produktion und Gewinne sinken. Die Konsumenten halten sich wegen pessimistischer Zukunftsaussichten zurück
(und sparen lieber). Erste Entlassungen und/oder Kurzarbeit verstärken
diesen Effekt. Die Zinsen werden langsam sinken.
4. **Krise** (Depression): Die Investitionstätigkeit und die Nachfrage verharren
auf einem niedrigen Niveau. Preise und Zinsen sind niedrig und die
Arbeitslosenquote ist hoch. Dieser Zustand löst sich auf, wenn Haushalte
und Unternehmen gezwungen sind, wieder nachzufragen bzw. zu investieren (Ersatzinvestitionen bzw. Ersatz für verschlissene Konsumgüter).

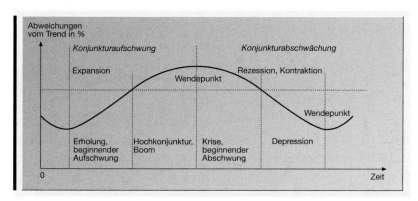

Übersicht 35:
Konjunkturzyklus

Dieses modelltypische Grundmuster eines Konjunkturzyklus beschreibt die
gesamtwirtschaftliche Entwicklung und nicht die ökonomische Entwicklung
in den einzelnen Branchen. So kann es z. B. sein, dass es trotz krisenhafter
Prozesse in der gesamten Volkswirtschaft in einzelnen Branchen boomt.

**Wie kann die Geld- und Fiskalpolitik Einfluss auf den Konjunkturverlauf
nehmen?**

Krise und Aufschwung:

Der Staat kann durch
- zusätzliche Nachfrage (Investitions- und Beschäftigungsprogramme) oder
- Steuersenkungen oder
- Investitionsfördernde Abschreibungsregelungen

versuchen, die Wirtschaft anzukurbeln. Das Geld hierfür sollte er während
der letzten Boomphase durch zusätzliche Steuereinnahmen eingenommen
haben, um es während der Krise und in dieser Phase parat zu haben. Er kann
es aber auch über eine Neuverschuldung finanzieren (sog. „deficit spen-
ding"), die dann mit den Einnahmen der nächsten Boomphase wieder getilgt
wird. Insgesamt soll der Staat mit seiner Fiskalpolitik (Einnahmen- und Ausgabenpolitik) zur Konjunkturstabilisierung beitragen.

Die Geldpolitik kann den Aufschwung mit niedrigen Zinsen unterstützen. Die Unternehmen und Konsumenten können somit ihre Investitionen leichter finanzieren.

Hochkonjunktur/Boom: Hier soll der Staat seine Nachfrage zurückfahren, um die Konjunktur nicht zu überhitzen. Statt dessen soll er die Steuermehreinnnahmen zur Schuldentilgung oder zum Sparen benutzen.

Die Notenbank wird die Zinsen schrittweise heraufsetzen, um Investitionen zu verteuern und somit die Nachfrage zu bremsen sowie die Inflation im Griff zu behalten.

Ziel ist es, den oberen Wendepunkt so lange wie möglich herauszuzögern.

7.2.2   Angebots- und nachfrageorientierte Politik

Bei der **angebotsorientierten Politik** sollen die Rahmenbedingungen für Unternehmen so geschaffen werden, dass privatwirtschaftliche Investitionen angeregt und darüber Arbeitsplätze geschaffen werden. Wichtig ist auch die Schaffung eines stabilen Erwartungshorizontes, der Investitionen kalkulierbar erscheinen lässt. Dies kann insbesondere geschehen durch:

- Förderung der Forschungs- und Entwicklungsaktivitäten von Unternehmen
- Intensivierung des Wettbewerbs (Wettbewerbsbeschränkungen bekämpfen, administrative Hemmnisse abbauen, Deregulierung)
- Förderung von Existenzgründungen
- Flexibilisierung des Arbeitsmarktes
- günstige Abschreibungsmöglichkeiten

Über die gestiegenen Investitionen, mehr unternehmerische Freiheiten und neu entwickelte Produkte sollen neue Arbeitsplätze geschaffen werden.

Die **nachfrageorientierte Politik** ist ausgerichtet auf die Bekämpfung konjunktureller Arbeitslosigkeit. Dies kann, wie bereits geschildert, durch Investitions- und Beschäftigungsprogramme, Steuersenkungen und niedrige Zinsen betrieben werden. Diese Art der Politik wird oft mit dem englischen Professor **Keynes** in Verbindung gebracht, der diese bereits in den dreißiger Jahren forderte.

7.2.3   Wachstumstrend

Auffallend ist, dass die Wachstumsraten der vergangenen Jahre an Höhe verloren; sie haben sich auf ein Niveau von plus 0–2 % eingependelt. Man bezeichnet dies auch als abnehmenden Trend der Wachstumsraten. Diese Entwicklung wird durch mehrere Faktoren bestimmt: Zum einen gelingt es den Unternehmen aufgrund ihrer zunehmenden Größe und Diversifikation besser, Abschwungphasen und Krisen zu überstehen. Sie können eine geringere Kapazitätsauslastung für eine Weile kompensieren und sich so bis zum nächsten Aufschwung retten. Zum anderen kommt hier die staatliche Wirtschaftsförderung zum Tragen: Durch eine Reihe von flankierenden wirtschaftspolitischen Maßnahmen (Subventionen, staatliche Aufträge und Nachfrageprogramme) wird insbesondere in der Abschwungphase und der

Krise die ökonomische Tätigkeit stimuliert. Trotz des zyklischen Bewegungs-
musters nimmt die gesamtwirtschaftliche Produktion absolut betrachtet zu,
da das BIP bis auf wenige Ausnahmejahre (1967, 1975, 1982, 1993, 2003)
immer angestiegen ist.

7.3 Wirtschaftswachstum und Strukturwandel

Die Betrachtung der konjunkturellen Entwicklung zielt auf relativ kurzfristige
Veränderungen der ökonomischen Indikatoren ab (ein Konjunkturzyklus läuft
über ca. 6–8 Jahre). Die Analyse des Wirtschaftswachstums stellt dagegen
auf mittel- bis langfristige Veränderungen in der Volkswirtschaft ab. Infolge
sich wandelnder Rahmenbedingungen kommt es zu erheblichen Wandlungen in einer Volkswirtschaft. Diese Wandlungen haben eine **räumliche** und
eine **sektorale** Dimension.

Die Volkswirtschaft setzt sich aus mehreren Sektoren zusammen: der primäre Sektor
(oder die Urerzeugung) umfasst die Land- und Forstwirtschaft, Fischerei und Tier-
zucht. Der sekundäre Sektor (oder das produzierende Gewerbe) umfasst die Bereiche
Industrie, Bergbau, Energie und Bauwirtschaft. Als tertiären oder Dienstleistungssektor bezeichnet man die Bereiche Handel, Verkehr und Dienstleistungen.

Änderungen in der Zusammensetzung der Volkswirtschaft (etwa gemessen
an der Zahl der Beschäftigten oder den Anteil einzelner Sektoren am BIP)
werden als **sektoraler Strukturwandel** bezeichnet. Änderungen in der
räumlichen Verteilung der Wirtschaftskraft (Bewegungen bei Produktions-
stätten und/oder Produktionsfaktoren) bezeicnet man als **regionalen Strukturwandel**. Die Sektoralstruktur und die Regionalstruktur einer Volkswirtschaft werden gemeinsam als **Wirtschaftsstruktur** und Änderungen in der
Wirtschaftsstruktur als **Strukturwandel** bezeichnet. Dieser Strukturwandel
ist gleichzeitig Folge und Voraussetzung des Wirtschaftswachstums.
Ein Rückblick auf die letzten 100 Jahre verdeutlicht den „Trend zur Dienst-
leistungsgesellschaft": Der Anteil des primären Sektors an der volkswirtschaftlichen Gesamtleistung ist heute (ca. 3 %) fast zu vernachlässigen,
während er vor ca. 100 Jahren noch 43 % betrug, und der sekundäre Sektor
schrumpft kontinuierlich zugunsten des Dienstleistungssektors (heute bei
über 60 %).
Eine Betrachtung des regionalen Strukturwandels ergibt einen ähnlichen
Trend: es existieren Gewinner- und Verlierer-Regionen. Die Regionen, die
einen ökonomischen Bedeutungsverlust hinnehmen mussten, sind die
monostrukturierten und altindustriellen Regionen (Kohle- und Stahlregionen
sowie die Schiffbaustandorte) und die ländlich strukturierten Räume. Anhand
von Indikatoren wie Arbeitslosenquote oder BIP pro Kopf der Bevölkerung
lässt sich zeigen, dass es im Zuge der ökonomischen Entwicklung nicht zu
einer Angleichung der Wirtschaftskraft der Teilregionen gekommen ist.
Eine wichtige **Ursache des Strukturwandels** ist in der veränderten **Struktur
der Nachfrage** nach Gütern und Dienstleistungen zu sehen: Aufgrund des
gestiegenen Einkommens verlagert sich die Nachfrage zunächst von Gütern
des lebenswichtigen Bedarfs (vor allem Nahrungsmittel) zu den standardisierten Massenartikeln, dann zu höherwertigen Industrieprodukten, schließlich hin zu gehobenen Produkten des Dienstleistungsbereichs.

Ein weiterer Grund sind die unterschiedlichen sektorspezifischen **Produktivitätsfortschritte:** Steigende Arbeitsproduktivität führt zur Freisetzung von Arbeitskräften, da die Nachfrage nicht in gleichem Maße mithalten kann. Diese Entwicklung hat zunächst den primären Sektor und dann den sekundären Sektor erfasst. Im tertiären Sektor führt die Steigerung der Produktivität nicht zu den entsprechenden Freisetzungseffekten, da der Dienstleistungssektor sehr personalintensiv ist und Arbeitskräfte nur in wenigen Branchen durch Kapital ersetzt werden können.

Eine letzte wichtige Ursache für den Strukturwandel ist die **internationale Konkurrenz:** Verschiebungen in der Konkurrenzsituation zeigen sich darin, dass Entwicklungsländer zu Schwellenländern, Schwellenländer zu Industrienationen und Industrienationen zu High-Tech-Standorten werden. Änderungen in den Wechselkursrelationen und damit verbundene **Änderungen der Terms of Trade** (= Austauschverhältnis der Güter im Außenhandel) können diesen Prozess beschleunigen.

Das Fazit der Betrachtungen lautet, dass Konjunktur, Wachstum und ökonomischer Strukturwandel Erscheinungsformen der kapitalistischen Konkurrenz sind und unter der gegebenen Eigentumsordnung nur schwerlich zu beeinflussen sind.

TEIL 2

BETRIEBS-
WIRTSCHAFTSLEHRE

1 Grundlagen

1.1 Wirtschaften und Wirtschaftlichkeit

Ausgangspunkt aller Überlegungen zur Erklärung der Begriffe Wirtschaft und Wirtschaften ist die Tatsache, dass das menschliche Leben durch das Vorliegen von mannigfaltigen **Bedürfnissen** *(vgl. TEIL 1: VWL)* geprägt ist, deren Befriedigung die Existenz des Menschen ermöglicht und darüberhinaus das Wohlbefinden des Menschen steigert. Die Mittel, mit denen Bedürfnisse befriedigt werden können, werden als **Güter** bezeichnet. Die meisten Güter stehen im Hinblick auf die zu befriedigenden Bedürfnisse nur in einem begrenzten Ausmaß zur Verfügung; sie sind **knapp. Freie Güter** dagegen werden von der Natur in einem (fast) unerschöpflichen Maße zur Verfügung gestellt, z. B. Luft. Die Knappheit der meisten Güter, d. h., das **Spannungsverhältnis** zwischen den menschlichen Bedürfnissen und den begrenzt vorhandenen Gütern, zwingt die Menschen zu wirtschaften, d. h. eine **Entscheidung** zu treffen, wie die knappen Güter auf unbegrenzt zu befriedigende Bedürfnisse zuzuordnen sind. Da nur knappe Güter dem Wirtschaften unterliegen, ist der Mensch bestrebt, vernünftige Entscheidungen zu treffen, damit die Wirksamkeit der Bedürfnisbefriedigung möglichst hoch ist. Das **ökonomische Prinzip** (Vernunfts-/Rational-/Wirtschaftlichkeitsprinzip) lässt sich mengen- und wertmäßig als Maximal- oder Minimalprinzip formulieren:

- **Maximalprinzip:** Bei einem **gegebenen Mengeneinsatz** (Input) an Produktionsfaktoren (z. B. Maschinenstunden, Arbeitsstunden) den **größtmöglichen Mengenausstoß** (Output) von Produkten erzielen.

- **Minimalprinzip:** Einen **gegebenen Mengenausstoß** mit **geringstmöglichem Einsatz** von Produktionsfaktoren erwirtschaften.

Mit Hilfe einer Formel ausgedrückt ist die **Wirtschaftlichkeit W** das Verhältnis von Output zu Input:

allgemein	mengenmäßig (= Produktivität)	wertmäßig (= Wirtschaftlichkeit i. e. S.)
$W_a = \dfrac{\text{Output}}{\text{Input}}$	$P = \dfrac{\text{Ausstoß in ME}}{\text{Einsatz in ME}}$	$W_w = \dfrac{\text{Ertrag}}{\text{Aufwand}}$

1.2 Betrieb als Gegenstand der BWL

Der Betrieb ist ein soziales Gebilde, in dem der **Prozess der Leistungser-stellung** – die **Produktion** – und der **Prozess der Leistungsverwertung** – der **Absatz** – nach dem Prinzip der Wirtschaftlichkeit unter der Bedingung erfolgt, jederzeit seinen Zahlungsverpflichtungen nachkommen zu können (Wahrung des finanziellen Gleichgewichts). Im Folgenden sollen die im Sprachgebrauch oft synonym verwendeten Begriffe „Betrieb", „Unternehmung" und „Unternehmen" unterschieden werden:

- **Auffassung in der BWL:** „Betrieb" ist der Oberbegriff, „Unternehmung" ist der marktwirtschaftlich organisierte Betrieb.

- **Auffassung in der VWL:** „Betrieb" ist der Oberbegriff und umfasst sowohl „Unternehmungen" (= Produktionsbetriebe) als auch „Haushalte" (= Konsumtionsbetriebe).

- **Auffassung in der Praxis:** „Unternehmung" ist der Oberbegriff, „Betrieb" ist der technisch-produktionswirtschaftliche Arbeitsbereich der Unternehmung.

„Unternehmen" ist ein steuerrechtlicher Begriff und umfasst die gesamte gewerbliche oder berufliche Tätigkeit des Unternehmers.
Betriebe lassen sich nach verschiedensten Merkmalen ordnen. Die wichtigsten Ordnungskriterien werden im Folgenden aufgeführt:

1. Nach Wirtschaftsprinzipien:

- **Erwerbswirtschaftliches Prinzip:**
Langfristig streben erwerbswirtschaftliche Betriebe nach größtmöglichem Gewinn **(Ziel ist die Gewinnmaximierung).** Erwerbswirtschaftliche Betriebe werden auch als **privatwirtschaftliche Betriebe** bezeichnet, weil sie Einkommen bzw. Vermögen für die Inhaber, Gesellschafter oder Anteilseigner erwirtschaften sollen. Um das Ziel der Gewinnmaximierung zu erreichen, werden von privatwirtschaftlichen Betrieben oftmals andere Größen, wie z. B. Umsatzmaximierung oder Kostenminimierung angestrebt, die aber letztendlich immer als Unterziele des Oberziels Gewinnmaximierung fungieren.

- **Gemeinwirtschaftliches Prinzip:**
Bei gemeinwirtschaftlichen Betrieben ist die **Erfüllung öffentlicher Aufgaben** vorrangiges Wirtschaftsprinzip. Gemeinwirtschaftliche Betriebe befinden sich im öffentlichen Eigentum; sie sollen dem Gemeinwohl dienen und bestimmte sozialpolitische Zielsetzungen verfolgen. Öffentliche Sparkassen beispielsweise sollen den Spargedanken in der Bevölkerung fördern und beson-

ders schwache Bevölkerungskreise durch billige Kredite unterstützen. Bei ihrer Aufgabe, die bestmögliche Versorgung der
Bevölkerung zu erfüllen, müssen sich öffentliche Betriebe an dem
Prinzip der Kostendeckung bzw. Verlustminimierung orientieren.

■ **Genossenschaftliches Prinzip:**
   Bei genossenschaftlichen Betrieben ist die Förderung der Wirtschaft oder des Erwerbs der Mitglieder vorrangiges Wirtschaftsprinzip. Genossenschaften sind Gesellschaften mit einer nicht
   geschlossenen Zahl von Mitgliedern (Genossen), deren Zielsetzung nicht die Gewinnmaximierung darstellt, sondern die **Selbst-
   hilfe der Mitglieder** durch gegenseitige Förderung.

2. Nach Art der Leistungserstellung:

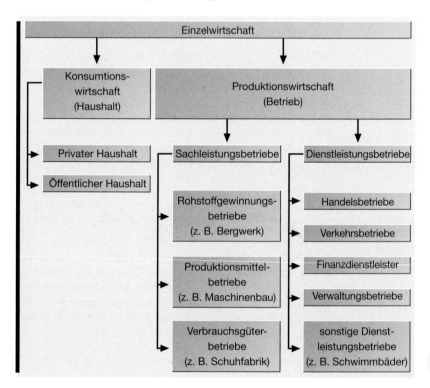

*Übersicht 1:
Ordnung der
Betriebe nach Art
der Leistungser-
stellung*

1.2.1 Finanzdienstleister

Beschränkt man die Art der Leistungserstellung schwerpunktmäßig auf
Finanzdienstleistungsbetriebe, so kann man Finanzdienstleister im **engeren**
und im **weiteren** Sinne unterscheiden.

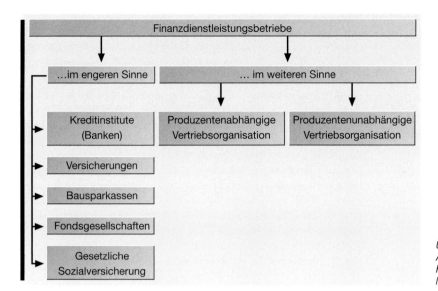

■ **Kreditinstitute (Banken):**
Unternehmen, die Bankgeschäfte betreiben, wenn der Umfang
dieser Geschäfte einen in kaufmännischer Weise eingerichteten
Geschäftsbetrieb erfordert. Als Bankgeschäfte sind definiert:
Zahlungsverkehrsleistungen (z. B. Überweisungsverkehr), Aktiv-
geschäfte (z. B. Kreditvergabe), Passivgeschäfte (z. B. Girokonto)
sowie Wertpapiergeschäfte (z. B. Aktienkauf). Die volkswirtschaftliche Hauptfunktion der Kreditinstitute besteht im Ausgleich
von Geldüberschüssen und Geldengpässen verschiedenster Wirt-
schafteinheiten durch Losgrößen-, Fristen- und Risikoumwand-
lung. Diese volkswirtschaftliche Hauptfunktion wird durch einzel-
wirtschaftliche Funktionen ergänzt: Umtauschfunktion (Schaffung
von Möglichkeiten des Tausches von Geld in andere Währungen),
Depotfunktion (Verwahrung von Geld über längere Zeiträume),
Transportfunktion (räumliche Übertragung von Geld) sowie
Finanzierungsfunktion (zeitweilige Überlassung von Geld an
Dritte).

■ **Versicherungen:**
Unternehmen, deren Geschäftsbetrieb darauf gerichtet ist, Wirtschaftseinheiten gegen Risiken, die auf unabwendbaren Gefahren beruhen, durch Versicherungsleistungen abzusichern. Es
werden Versicherungsleistungen mit Vermögensbildung (z. B.
Kapital-Lebensversicherung, Rentenversicherung) und ohne Vermögensbildung (z. B. Haftpflichtversicherung, Hausratversiche-
rung) unterschieden.

- **Bausparkassen:**
  Kreditinstitute, deren Geschäftsbetrieb darauf gerichtet ist, Einlagen von Bausparern (Bauspareinlagen) entgegenzunehmen und aus den angesammelten Beträgen den Bausparern für wohnungswirtschaftliche Maßnahmen Gelddarlehen (Bauspardarlehen) zu gewähren. Das Bauspargeschäft darf nur von Bausparkassen betrieben werden. Die volkswirtschaftliche Hauptfunktion der Bausparkassen besteht in der organisatorischen Gewährung nachrangiger Realkredite für Privatbauherren und Wohnungsunternehmen zum Zwecke des Baus, Erwerbs, der Restauration oder der Entschuldung von Eigenheimen und Eigentumswohnungen. Die nachrangigen Realkredite ergänzen die beschränkten Beleihungsmöglichkeiten des erststelligen Realkredites. Diese Hauptfunktion wird durch die Gewährung zweckbestimmter Kommunalkredite (z. B. Stadtsanierung) ergänzt. Eine soziale Aufgabe der Bausparkassen besteht in der Förderung der Vermögensbildung sowie in der Alters- und Familienvorsorge.

- **Fondsgesellschaften:**
  Kreditinstitute, deren Geschäftsbetrieb darauf gerichtet ist, bei ihnen angelegtes Geld im eigenen Namen für gemeinschaftliche Rechnung der Anleger nach dem Grundsatz der Risikomischung in Form von Wertpapier-, Beteiligungs- oder Grundstücks-Sondervermögen anzulegen. Über die sich hieraus ergebenden Rechte der Anteilinhaber werden Urkunden (Anteilscheine) ausgestellt. Fondsgesellschaften dienen als Kapitalsammelstellen der Vermögensbildung und Altersvorsorge.

- **Gesetzliche Sozialversicherung:**
  Im Gegensatz zu privaten Versicherungsunternehmen werden durch die Einrichtungen der gesetzlichen Sozialversicherung (z. B. Krankenversicherung, Unfallversicherung, Rentenversicherung, Arbeitslosenversicherung) weite Kreise der Bevölkerung gegen Schäden zwangsweise gesichert, die die Existenzgrundlage des einzelnen durch Verdienstausfall, Kankheit, Unfall oder Tod bedrohen. Diese soziale Aufgabe der gesetzlichen Sozialversicherung wird durch die Fürsorge- und Schutzpflicht des Staates bestimmt.

Finanzdienstleister im weiteren Sinne werden als Finanzvertriebe oder als Strukturvertriebe bezeichnet.

Unter einem **Finanzvertrieb** versteht man eine klar aufgebaute und hierarchisch gegliederte, auf den Verkauf von Finanzprodukten ausgerichtete Form der Vertriebsorganisation.

Produzentenabhängige Vertriebsorganisationen sind von einem oder mehreren Finanzdienstleistungsbetrieben im engeren Sinne ständig damit betraut, Finanzprodukte in deren Namen abzuschließen (Vertreterprinzip). Dagegen betreiben die **produzentenunabhängigen Vertriebsorganisationen** die Vermittlung von Finanzprodukten, ohne dabei in einem Vertragsverhältnis zu einem oder mehreren Finanzdienstleistungsbetrieben im engeren Sinne zu stehen (Maklerprinzip).

3. Nach Art der Betriebsgröße:

- Kleinbetriebe (1 bis 10 Mitarbeiter)
- Mittelbetriebe (11 bis 100 Mitarbeiter)
- Großbetriebe (> 100 Mitarbeiter)

1.3 Abgrenzung Produktion vs. Dienstleistungen

Überwiegend versteht man unter der betrieblichen Leistung das **Ergebnis betrieblicher Tätigkeit** (Produkte, Leistungsarten). Zwischen den Produkten der Produktionsbetriebe (Sachmittelleistungen) und denen der Dienstleistungsbetriebe (Dienstleistungen) gibt es gravierende Unterschiede. Während materielle Güter von Sachmittelbetrieben (beispielsweise Motoren) in ihrer Dimension und ihren Leistungsmerkmalen in der Regel sehr genau bestimmt sind, lassen sich Produkte von Dienstleistungsbetrieben oft nicht im gleichen Maße definieren. Dienstleistungen können von Fall zu Fall deutlich voneinander abweichen. Ihre konkrete Ausprägung hängt oft von den beteiligten Personen ab. Dieselbe Dienstleistung kann auf ganz unterschiedliche Weise erbracht werden. Da es sich häufig um Tätigkeiten von Menschen handelt, sind sie in viel geringerem Maße technisch-naturwissenschaftlich bestimmt und von individuellen menschlichen Eigenschaften abhängig. Zusammenfassend lassen sich die Unterschiede zwischen Sachmittel- und Dienstleistungen anhand folgender Kriterien nachweisen:

Kriterien	Sachmittel-leistungen	Dienst-leistungen	Anmerkungen
Stofflich-keit	ja	nein	Dienstleistungen entziehen sich einer Materialität.
Tag-fertigung	nein	ja	Dienstleistungen sind nicht speicherbar.
Patent-fähigkeit	ja	nein	Dienstleistungen können schnell von Konkurrenten nachgeahmt werden.

Übersicht 3: Unterschiede zwischen Sachmittel- und Dienstleistungen

Betrachtet man die Dienstleistungen speziell von Finanzbetrieben unter dem Aspekt des Absatzmarktes, so ist in den letzten Jahrzehnten ein grundlegender Wandel zu beobachten, der bis heute anhält. In ihrem traditionellen Selbstverständnis sahen sich die Finanzbetriebe vorrangig als Träger volkswirtschaftlicher Aufgaben (Sammlung und Verteilung des knappen Gutes Geld) denn als Produzenten von Finanzdienstleistungen, deren Ziel in dem aktiven Verkauf dieser Leistungen besteht. Dieses fast schon behördliche Selbstverständnis („Schalterbeamte", die Finanzdienstleistungen gewähren) stellte die innerbetrieblichen Abläufe von Finanzbetrieben in den Vordergrund und nicht die Finanzbedürfnisse des Kunden. Diesem traditionellen Selbstverständnis entsprachen auch die rechtlichen Rahmenbedingungen (Billigung von Preiskartellen, staatliche Festlegung von Zinsen und Gebühren, Vorgabe von Verhaltensregeln), die der Staat den Finanzleistungsbetrieben bis Ende der 60er Jahre auferlegt hatte. Folglich war auf diesem staatlich regulierten Markt die Wettbewerbsintensität zwischen Finanzbetrieben wenig ausgeprägt. Es herrschte ein sog. **Verkäufermarkt**, der durch passives Vertriebsverhalten der Finanzbetriebe gekennzeichnet war.

Seit Anfang der 70er Jahre haben sich die volkswirtschaftlichen und rechtlichen Rahmenbedingungen grundlegend geändert. Angefangen von dem starken Wachstum der Arbeitnehmereinkommen und der damit verbundenen Erhöhung der Sparquote, über den expansiven Finanzierungsbedarf des Staates bis hin zur Liberalisierung des Kapitalmarktes war nun eine aktive Vertriebspolitik für Finanzbetriebe erforderlich, um möglichst viele Kunden zu gewinnen. Zusätzlich erhöhte die Schaffung eines europäischen Wirtschaftsraums die Wettbewerbsintensität merklich. Abgeschottete **nationale Märkte** wurden durch grenzüberschreitende **internationale Märkte** im Rahmen einer Globalisierungsstrategie ersetzt. Der Staat folgte dieser Entwicklung und hat in weiten Teilen die Finanzbetriebe von den traditionellen rechtlichen Beschränkungen befreit. Letztlich entstand ein **Käufermarkt**, der von den Finanzbetrieben eine aktive Vertriebspolitik erfordert (siehe Kapitel 4 Marketing).

2   Produktionsfaktoren

Betriebliches Handeln zielt auf Leistungserstellung (Produktion, Output). Um die Leistungserstellung zu bewirken, ist der Einsatz von Gütern (Input) notwendig. Die Güter werden in der Produktionswirtschaft als **Produktionsfaktoren** bezeichnet. Diese setzten sich zusammen aus Elementarfaktoren (ausführende **menschliche Arbeitsleistung, Betriebsmittel, Werkstoffe**) und dem **dispositiven Faktor** (Leitung, Planung, Organisation, Überwachung).

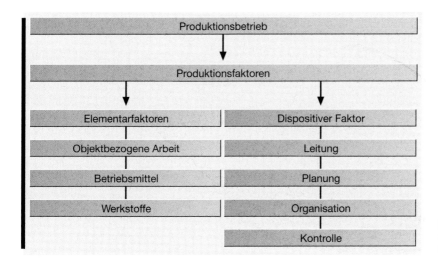

Übersicht 4:
Einteilung der Produktionsfaktoren

Objektbezogene oder **ausführende Arbeit** ist die menschliche Arbeitsleistung, die **auf Anordnung** für den betrieblichen Prozess der Leistungserstellung erbracht wird, z. B. Sachbearbeitertätigkeit. Die **Betriebsmittel** umfassen u. a. Grundstücke, Gebäude, Maschinen, Werkzeuge sowie Rechte, Patente oder Lizenzen. Unter **Werkstoffen** werden Roh-, Hilfs- und Betriebsstoffe verstanden. Als **Rohstoffe** bezeichnet man diejenigen Stoffe, die als Hauptbestandteil in ein Fertigprodukt eingehen, z. B. Stahl in der Automobilproduktion. **Hilfsstoffe** dagegen sind solche Güter, die auch in Fertigprodukte eingehen, aber mengen- und wertmäßig eine untergeordnete Bedeutung besitzen, z. B. Holzkleber in der Möbelindustrie. **Betriebsstoffe,** z. B. Öl, Kohle, Schmiermittel, werden bei der Produktion verbraucht, d. h., sie gehen nicht in das Fertigprodukt ein. Unter dem dispositiven Faktor versteht man **leitende Tätigkeit** der Führungskräfte eines Unternehmens. Disponieren bedeutet anordnen und verfügen. Im deutschen Sprachgebrauch wird vermehrt der Begriff **„Management"** gebraucht.

Dienstleistungsbetriebe zeichnen sich durch die Existenz zusätzlicher Produktionsfaktoren aus, die das industrielle Faktorensystem ergänzen. Diese zusätzlichen Produktionsfaktoren sind branchenspezifisch und somit nicht allgemeingültig definierbar. Beispielweise wird im Bankbetrieb der zusätzliche Produktionsfaktor als **monetärer Faktor** (Nutzung von Geld), im Versicherungsbetrieb als **Risikofaktor** (Schadensvergütungen) und in Verkehrsbetrieben als **externer Faktor** (Beförderungsobjekt) bezeichnet. Die klassischen Elementarfaktoren sind in Dienstleistungsbetrieben meist von untergeordneter Bedeutung.

3 Organisation

3.1 Grundlagen

Der Begriff der Organisation ist nicht einheitlich geregelt. Man unterscheidet drei Interpretationen:

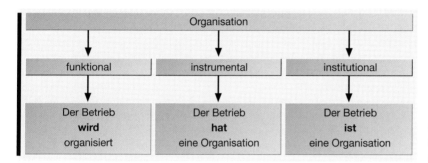

Übersicht 5: Organisation im Betrieb

Ein Betrieb ist ein System, welches aus vielen Elementen besteht. Damit das Betriebsziel bestmöglich erreicht wird, ist es notwendig, dass die Elemente dieses Systems nicht unverbunden zueinander stehen, sondern in einer dem Betriebsziel förderlichen Weise zusammengefügt sind. Man spricht in diesem Zusammenhang von einer **gefügehaften Ordnung** des Betriebes. Die Herstellung dieser gefügehaften Ordnung wird als Organisieren oder als **funktionale Organisation** im Sinne einer Tätigkeit bezeichnet. Das Ergebnis dieser Tätigkeit, eine dauerhafte Ordnung des Betriebes, wird als Organisation des Betriebes oder als instrumentale Organisation bezeichnet. Bisweilen wird auch der Betrieb selbst als zielgerichtetes soziales System oder als **institutionale Organisation** betitelt.

Die instrumentale Organisation kann das Ergebnis von betrieblichen Regelungen sein, aber auch auf unbewusst gebildeten Organisationsstrukturen beruhen, die sich auf Grund menschlicher Eigenschaften wie z. B. Sympathie, gemeinsame Intereressen etc. bilden und ihren Niederschlag im Betriebsklima finden. Im ersten Fall spricht man von einer **formalen Organisation,** im zweiten Fall von einer **informellen Organisation.**

Die formale Organisation untergliedert sich aus methodischen Gründen in eine Aufbau- und in eine Ablauforganisation.

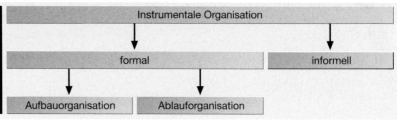

Übersicht 6:
Gliederung der
instrumentalen
Organisation

3.2 Aufbauorganisation

Die **Aufbauorganisation** verknüpft die organisatorischen Grundelemente (Stelle, Abteilung) zu einer organisatorischen Unternehmensstruktur, d. h. sie stellt das Ergebnis eines Strukturierungsprozesses dar, der sich aus den beiden Teilprozessen Aufgabenanalyse und Aufgabensynthese zusammensetzt. Ausgangspunkt der Aufgabenanalyse ist der Betriebszweck bzw. die Gesamtaufgabe des Betriebes. Die Gesamtaufgabe des Betriebes ermöglicht es auf Grund ihres globalen Charakters nicht, eine sinnvolle arbeitsteilige Ordnung des Betriebes herzustellen. Aus diesem Grunde wird im Rahmen der **Aufgabenanalyse** versucht, die Gesamtaufgabe des Betriebes in Elementaraufgaben zu zerlegen. Die Darstellung der in Teilaufgaben zerlegten Gesamtaufgabe einschließlich der zwischen ihnen bestehenden Zusammenhänge wird als **Aufgabengliederungsplan** bezeichnet. In der anschließenden **Aufgabensynthese** wird versucht, die gebildeten Elementaraufgaben in sachlogischer Weise so zusammenzufassen, dass sie einer gedachten Person zugeordnet werden können. Diese besetzt dann die kleinste organisatorische Einheit, die **Stelle.** Das Ergebnis der Stellenplanung ist der **Stellenplan.** Die Zuordnung der Elementaraufgaben auf einen Stelleninhaber wird in einer Stellenbeschreibung niedergelegt. Mehrere Stellen werden zu einer **Abteilung** zusammengefasst, die an ihrer Spitze eine Instanz aufweist. **Instanzen** (Leitungsstellen) sind Stellen mit Leitungsbefugnis; sie besitzen Fremdentscheidungskompetenz, d. h. sie haben Weisungsbefugnis und unterscheiden sich dadurch von Stabstellen. **Stäbe** (Assistentenstellen) sind Stellen ohne Leitungsbefugnis, die Instanzen bei ihren Leitungsaufgaben unterstützen.

Übersicht 7:
Grundformen der
Organisations-
struktur

Die Über- und Unterordnungsverhältnisse der Stellen und Abteilungen bilden eine hierarchische Grundordnung im Betrieb, die **Organisationsstruktur.** Die hierarchische Ordnung der Stellen kann in drei Grundformen erfolgen, dem Einlinien-, dem Stablinien- und dem Mehrliniensystem.

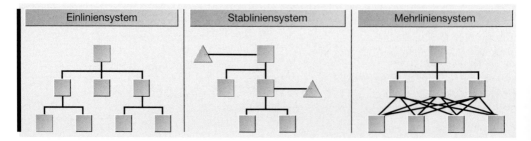

Das **Einliniensystem** verkörpert das **Prinzip der Einheit der Auftragserteilung** *(nach Fayol)*. Es besagt, dass der Stelleninhaber für eine Verrichtung jeglicher Art nur von einer Person Befehle bekommen darf. Die Vorteile des Einliniensystems liegen in der Einfachheit und Klarheit seiner Struktur und in der straffen Kompetenzabgrenzung. Nachteilig sind die Umständlichkeit der Instanzwege und die Schwerfälligkeit des Systems.

Das **Stablininensystem** stellt eine Erweiterung des Einliniensystems dar. Stabstellen haben die Funktion, Teilaufgaben einer Leitungsinstanz zu übernehmen im Sinne von Vorbereitung und Unterstützung dieser Instanz bei der Wahrnehmung von Führungsaufgaben.

Das **Mehrliniensystem** versucht ein Maximum an Spezialisierung zu erreichen. Ein Stelleninhaber erhält von verschiedenen Instanzen Anweisungen. Diese Form hat ihre bedeutsamste Ausprägung im **Funktionsmeistersystem** *(nach Taylor)* gefunden. Die Funktionsmeister sind auf verschiedene Verrichtungen spezialisiert und dürfen den Stelleninhabern Anweisungen geben, die ihrer Tätigkeitsfunktion entsprechen. Das Mehrliniensystem stellt eine völlige Verwirklichung des Spezialisierungsgedankens dar. Kritiker dieser Organisationsform verweisen auf die Gefahr von Kompetenzüberschneidungen, die meist mit menschlichen Konflikten verbunden sind.

Das Einliniensystem bzw. die Ergänzung des Einliniensystems, das Stablinienensystem, und das Mehrliniensystem bilden die klassischen Formen der Leitungssysteme. In neuerer Zeit sind auf Grund fortschreitender Produktverzweigungen die Matrix-Organisation, die Sparten-Organisation und das Produkt-Management hinzugekommen.

Die **Matrix-Organisation** entsteht durch Überlappung von funktionsorientierten und objektorientierten Instanzen. Funktionsorientierte Instanzen können etwa die Hauptabteilungen Einkauf, Materialwirtschaft und Personalwesen sein. Objektorientierte Instanzen werden beispielsweise nach Absatzmärkten oder Produktgruppen gebildet. Die organisatorische Verknüpfung von Instanzenarten bewirkt, dass funktionale und organistorische Aspekte gleichzeitig und gleichberechtigt zur Problemlösung (z. B. Lösung eines Beschaffungsproblems im Rahmen der Produktgruppe A) beitragen. Dem Vorteil der Berücksichtigung verschiedener Aspekte steht der Nachteil der schon im Mehrliniensystem aufgezeigten Kompetenzüberschreitungen zwischen den Instanzenarten gegenüber.

Das **Produkt-Management** ist eine Sonderform der Matrixorganisation, die dadurch gekennzeichnet ist, dass eine vorrangig funktionsorientierte Aufbauorganisation unter zusätzlicher Berücksichtigung objektorientierter Instanzen teilweise erweitert wird. Die Erweiterung findet ihren Ausdruck in der Einführung eines Produkt-Managers, der sich im Rahmen einer funktionsorientierten Aufbauorganisation aller Probleme annimmt, die sich auf ein bestimmtes Produkt oder eine bestimmte Produktgruppe – unabhängig vom jeweiligen Funktionsbereich – beziehen. Vorrangiges Ziel bei der Einführung eines Produkt-Managers ist die Verhinderung einer Zersplitterung der Verantwortung für ein Produkt oder eine Produktgruppe.

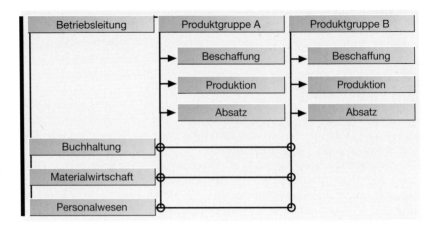

Übersicht 8:
Produkt-Manage-
ment als Sonder-
form der Matrix-
organisation

Wird auf eine funktionsorientierte Gliederung der Instanzen überwiegend verzichtet, handelt es sich also um eine Umgestaltung des Unternehmens nach dem Objektprinzip. Wenn auf Produkte, Produktgruppen, Projekte oder Regionen ausgerichtete Sparten (Divisionen, Geschäftsbereiche, Profit-Center) gebildet werden, so spricht man von einer **Spartenorganisation** oder einer divisionalen Organisation.

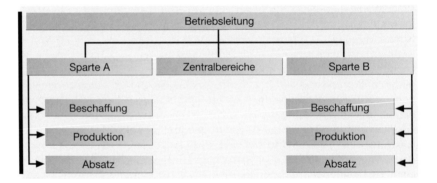

Übersicht 9:
Spartenorganisa-
tion

In der betrieblichen Praxis finden sich weitere verschiedene Varianten der divisionalen oder Spartenorganisation.

3.3 Ablauforganisation

Die Ablauforganisation dokumentiert die Arbeitsprozesse in ihrem räumlichen und zeitlichen Verlauf. Ablauforganisatorische Maßnahmen lassen sich generell auf drei Kernprobleme zurückführen: Erstens ist die sequenzielle Anordnung der Arbeitsvorgänge aufzunehmen, zweitens ist die zeitliche Reihenfolge der einzelnen Arbeitsschritte zu bestimmen, und drittens gilt es, die räumliche Anordnung, d. h. Arbeitsplätze und Transportwege, festzulegen.

4   Marketing

Marketing als theoretischer Begriff entzieht sich weitestgehend einer präzisen Definition. Es besteht aber heute Einigkeit, dass Marketing aus Sicht des Absatzmarktes zu definieren ist. Demnach versteht man unter **Marketing** die Planung, Organisation, Durchführung und Kontrolle sämtlicher Unternehmenstätigkeiten, die durch eine Ausrichtung der Finanzdienstleistungen am Kundennutzen darauf abzielen, absatzmarktorientierte Unternehmensziele, z. B. Gewinn, Marktanteil, zu erreichen.

Nach unternehmenspolitischer Sicht umfasst der Begriff des Marketings grundsätzlich vier Problembereiche: Marketingentwicklung, Marketingphilosophie, Marketingziele und Einsatz eines absatzpolitischen Instrumentariums (Marketinginstrumente).

4.1   Marketingentwicklung

Die historische Entwicklung des Marketings ist durch einen grundlegenden Wandel von vorrangiger Produktions- zur Marktorientierung gekennzeichnet. Im Mittelpunkt des Marketings stand zunächst das Produkt und nicht der Kunde, d. h., die Erfordernisse und Bedürfnisse des Marktes besaßen eine zweitrangige Bedeutung. Diesem traditionellen Selbstverständnis des Marketings entsprachen die rechtlichen Rahmenbedingungen, die der Staat für einzelne Wirtschaftsbranchen festgelegt hatte. Wegen der besonderen gesamtwirtschaftlichen Bedeutung einzelner Branchen (z. B. Post, Stromerzeuger) wurde ihnen eine weitgehende Sonderstellung in der Wettbewerbswirtschaft zugestanden, die man als **regulierte Märkte** bezeichnet.

Das traditionelle Selbstverständnis des Marketings hat sich seit dem Ende der siebziger Jahre als Folge langfristiger Strukturverschiebungen (globaler intensiver Wettbewerb, gesättigte Märkte, „Information" als neuer Elementarfaktor) grundlegend gewandelt. Hatte das Marketing bis dahin die Initiative zum Geschäftsabschluss weitgehend dem Kunden überlassen **(Verkäufermarkt),** so ist nun eine Marketingphilosophie erforderlich, deren Zielsetzung es ist, einerseits möglichst viele Kunden zu gewinnen und andererseits gewonnene Kundenbeziehungen zu sichern **(Käufermarkt)**. Der eingeleitete Wechsel vom Verkäufer- zum Käufermarkt wurde und wird von staatlicher Seite durch eine Abschaffung der weitgehenden Sonderstellungen einzelner Branchen (z. B. Privatisierung der Telekom) begleitet. Es entstanden sog. **liberalisierte Märkte.**

4.2   Marketingphilosophie

Marketing stellt die Philosophie einer **marktorientierten Unternehmensführung** dar, d. h., die Erfordernisse des Marktes und nicht der Verkauf vorhandener Produkte bestimmen die Denkweise. Die marktorientierte Unternehmensführung setzt sich zum Ziel, Leistungen zu erbringen, die sich vorrangig am vom Kunden wahrgenommenen Nutzen orientieren. Marketing als Managementfunktion ist in einen Planungs- und Entscheidungsprozess eingebunden, der eine verbesserte Unternehmensleistung und damit einen **höheren Kundennutzen** anstrebt. Man spricht in diesem Zusammenhang auch von strategischem Marketing bzw. strategischer Planung. Marktorientierte Unternehmensführung betrifft alle betrieblichen Funktionen (Personalmarketing, Beschaffungsmarketing, Rohstoffmarketing, Absatzmarketing usw.). Es ist erforderlich, diese einzelnen Funktionsbereiche aufeinander abzustimmen, um Synergiewirkungen beim Einsatz der Marketinginstrumente zu erzielen.

4.3 Marketingziele

Aus den allgemeinen Unternehmenszielen lassen sich Marketingziele ableiten, die sich in ökonomische und psychologische Ziele aufteilen lassen.

Übersicht 10:
Einteilung der
Marketingziele

– **Ökonomische Marketingziele:**
Umsatz (Preis mal Menge), Absatz (verkaufte Menge), Gewinn (Umsatz abzüglich Kosten), Marktanteil (Unternehmensumsatz in Relation zum Gesamtmarktumsatz), Rendite (Gewinn in Relation zum eingesetzten Kapital) etc.

– **Psychologische Marketingziele:**
Verbraucherzufriedenheit, Konsumbefriedigung, Produktauswahl, Lebensqualität, Bekanntheitsgrad, Image etc.

4.4 Marketinginstrumente/Marketing Mix

Das **absatzpolitische Instrumentarium** gliedert sich in vier Gruppen: Produktpolitik, Preispolitik, Kommunikationspolitik und Vertriebspolitik (Absatzpolitik, Distributionspolitik).

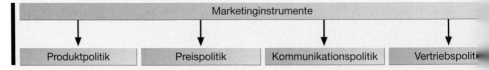

Übersicht 11:
Marketinginstrumente

4.4.1 Produktpolitik und Servicepolitik

Ein **Produkt** ist ein Gut, das auf einem Markt zur Erweckung von Aufmerksamkeit, zum Erwerb, zum Gebrauch oder Verbrauch angeboten wird, um einen Wunsch oder ein Bedürfnis zu befriedigen. Ein **Markt** ist die Gesamtheit der tatsächlichen und potenziellen Käufer eines Produkts. Die **Produktpolitik (Service- und Leistungspolitik)** beschäftigt sich mit sämtlichen Entscheidungen des Unternehmens zur Gestaltung der Produkte, z. B. Produktqualität, Produktdesign, Kundenservice, Kundendienst und Produktverpackung. Um die Wettbewerbsfähigkeit des Unternehmens zu erhalten, sind Produktmanager permanent gezwungen, in einem kreativen Prozess neue Ansätze der Produktpolitik zu entwickeln. Die wichtigsten Strategien der (Neu-)Produktpolitik sind die Produktinnovation, Produktverbesserung und Produktdiversifikation.

Übersicht 12: Strategien der (Neu-)Produktpolitik

- **Produktinnovation:**
  Einführung neuer Produkte in den Markt. Es kann sich dabei um sog. Marktneuheiten handeln als auch um Unternehmensneuheiten. **Marktneuheiten** stellen prinzipiell neuartige Problemlösungen dar, z. B. Computer anstelle des Rechenschiebers. **Unternehmensneuheiten** dagegen sind Nachahmerprodukte, die sich von bereits am Markt befindlichen Produkten nur hinsichtlich ihrer äußeren Gestaltung oder verbesserten Funktionserfüllung unterscheiden.

- **Produktverbesserung:**
  Verbesserung bestimmter Eigenschaften oder sonstiger Leistungsmerkmale von Produkten, z. B. Qualitätsverbesserung, verlängerte Garantiezeit.

- **Produktdiversifikation:**
  Erschließung neuer Teilmärkte durch Variation der vorhandenen Produkte oder Eindringung in Zusatzmärkte über eine gezielte Funktionsausweitung, z. B. Teflon, das zuerst in der Raumfahrt und anschließend für Kochgeschirr eingesetzt wurde.

Die **Servicepolitik** betrifft Leistungen, die Sie nach dem Kaufentscheid des Kunden für Ihr Produkt/Ihre Dienstleistung erbringen können.

Einleuchtend ist, dass ein potenzieller Abnehmer schon vor dem Kaufentscheid über den Umfang und die Qualität der zu erwartenden Leistungen im Servicebereich informiert werden muss. Hier setzt auch im Vorfeld schon die Kommunikationspolitik an.

Sie können sich fragen:

- Welche Leistungen müssen bei der Produktübertragung erbracht werden?

- Sind Produkt- oder Dienstleistungsanpassungen erforderlich? Wer im Unternehmen erbringt sie?

- Ist eine Mitarbeiterschulung notwendig? Gibt es im Unternehmen geeignete Mitarbeiter dafür?

- Ist eine ständige Erreichbarkeit für den Kunden im Serviceangebot vorgesehen?

Wichtige Punkte, die Sie beim Angebot von Serviceleistungen bedenken sollten:

- Wie zufrieden sind unsere Kunden mit der Produktqualität und dem angebotenen Service, besonders wenn es um die für unser Geschäft entscheidenden Faktoren geht?

- Verfügen wir über funktionierende Bewertungssysteme, mit denen wir die Zufriedenheit der Kunden im Allgemeinen und die Zufriedenheit mit dem Service im Besonderen zurückverfolgen können?

- Wie schneiden wir hinsichtlich des Services und der Kundenzufriedenheit im Vergleich zur Konkurrenz ab?

Bedeutet die Verpflichtung zum Service und zur Kundenzufriedenheit, dass wir Produkte ohne Mängel und mit außerordentlichem Service bieten müssen?

4.4.2 Preispolitik

Die **Preispolitik** umfasst sämtliche Entscheidungen, die mit der Festlegung von Bedingungen für den Erwerb von Produkten im Zusammenhang stehen **(Kontrahierungspolitik).** Man unterscheidet folgende drei Bereiche als Instrumente der Preispolitik:

Übersicht 13:
Instrumente der
Preispolitik

- **Preis:**
  Ein Preis stellt den Gegenwert in Geld dar, den die Unternehmen für den Erwerb ihrer Produkte fordern.

- **Preisnachlässe:**
  Von der geforderten Preishöhe können unter bestimmten Bedingungen Nachlässe gewährt werden. Die wichtigsten Preisnachlässe sind **Rabatte** (z. B. Mengen- oder Treuerabatte), **Boni** (rückwirkende Preisnachlässe) und **Skonti** (Preisreduzierung bei Zahlung innerhalb einer bestimmten Frist).

- **Preiszuschläge:**
  Über den geforderten Preis hinausgehend werden teilweise Zuschläge gefordert (z. B. Entgelt für Sonderleistungen oder Mindermengenzuschläge).

Die **Preisentscheidung,** d. h. die Höhe der Preisforderung, ist die wichtigste unternehmerische Variable im freien Wettbewerb. Ausgangspunkt von Preisüberlegungen ist die Festlegung von preispolitischen Strategien:

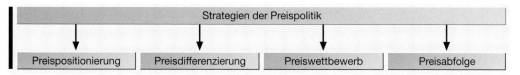

- **Preispositionierung:**
  In Abhängigkeit der Höhe der Preisforderung ist in eine Hochpreisstrategie und eine Niedrigpreisstrategie zu unterscheiden. Bei der **Hochpreisstrategie** strebt ein Unternehmen danach, seine Produkte oder Dienstleistungen durch spezielle Leistungsmerkmale von den Angeboten der Konkurrenten abzuheben (z. B. goldene Kreditkarten). Dadurch gelingt es dem Unternehmen, auf dem Markt höhere Preise durchzusetzen. Die **Niedrigpreisstrategie** ist dagegen durch das Anstreben des geringsten Preisniveaus bei geringster Qualität charakterisiert.

Übersicht 14:
Strategien der
Preispolitik

- **Preisdifferenzierung:**
  Die Strategie der Preisdifferenzierung beschreibt das am Gewinnmaximum orientierte Verhalten eines Unternehmens, für unterschiedliche Produkte, Kunden und Regionen unterschiedliche Preise festzusetzen. Man unterscheidet **räumliche** (z. B. In- oder Ausland), **zeitliche** (z. B. Tages- oder Nachttarif) und **kundengruppenorientierte** (z. B. Einzel- oder Gruppenpreise) Preisdifferenzierung.

- **Preiswettbewerb:**
  Die explizite Orientierung am Verhalten der Konkurrenz kann das Unternehmen veranlassen, entweder auf Preisänderungen der Konkurrenz zu reagieren **(Preisfolgerschaft)** oder den Versuch zu unternehmen, den höchsten **(Preisführerschaft)** bzw. niedrigsten Preis **(Preiskampf)** am Markt durchzusetzen.

- **Preisabfolge:**
  Die angestrebte Abfolge der Preisentscheidungen im Verlauf eines Produktlebenszykluses bestimmt die jeweilige Preisstrategie. Entweder versucht ein Unternehmen, durch eine Strategie des Preiskampfes einen hohen Marktanteil zu erringen, um potenzielle Wettbewerber abzuhalten **(Penetrationsstrategie),** oder das Unternehmen beabsichtigt, durch hohe Einführungspreise die Gewinne schnell abzuschöpfen **(Skimmingstrategie).**

4.4.3 Kommunikationspolitik

Die Kommunikationspolitik umfasst alle Maßnahmen, die auf Kenntnisse, Einstellungen und Verhaltensweisen der Kunden bezüglich der Produkte einwirken. Die Kommunikationspolitik wird durch vier Elemente gekennzeichnet:

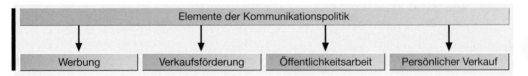

Übersicht 15: Elemente der Kommunikationspolitik

- **Werbung:**
  Jede bezahlte Form nicht-personaler Präsentation mit dem Ziel, Menschen zur freiwilligen Vornahme bestimmter Handlungen zu veranlassen, z. B. zum Kauf einer konkreten Ware.

- **Verkaufsförderung:**
  Hier werden kurzfristig wirkende zusätzliche Anreize geschaffen, um Käufe eines Produkts zu fördern, z. B. Prospekte, Gewinnspiele, Gutscheinaktionen.

- **Öffentlichkeitsarbeit (Public Relations – PR):**
  Dazu zählen sämtliche Aktivitäten einer Unternehmung, die darauf ausgerichtet sind, um Verständnis und Vertrauen beim Kunden zu werben. Oftmals werden sie begleitet durch Lancierung wirtschaftlich bedeutsamer Neuigkeiten in den Massenmedien, z. B. Pressekonferenzen, Pressemitteilungen.

- **Persönlicher Verkauf:**
  Gemeint ist hier die mündliche Präsentation im Rahmen eines Verkausgesprächs, die große Bedeutung insbesondere beim Angebot erklärungsbedürftiger Waren oder Dienstleistungen, z. B. Bausparen, hat.

Die parallele Anwendung der vier Elemente der Kommunikationspolitik erzeugt sowohl beim Kunden, aber auch bei den Mitarbeitern eines Finanzbetriebs ein spezifisches **Unternehmensleitbild** (Corporate Identity). Es gibt viele Definitionen der Corporate Identity (CI). Eine der „griffigsten" ist vielleicht diese hier:

„Corporate Identity ist das **Management von Identitätsprozessen einer Organisation** ... Corporate Identity ist ein Mosaik, in dem alle Steine vorhanden sein müssen, damit ein komplettes Bild entsteht: CI berührt nicht nur Marketing oder Public Relations, sondern auch alle anderen Funktionen wie Personal oder Produktion. CI berücksichtigt nicht nur Firmenumfeld, sondern auch die eigenen Mitarbeiter. Sie wird nicht nur durch Design vermittelt, sondern auch durch Kommunikation und Verhalten. Diese ganzheitliche Sicht macht Corporate Identity zum wichtigsten Bestandteil der strategischen Unternehmensführung" (Herbst: Corporate Identity – Das professionelle 1 x 1, Berlin: Cornelsen Verlag)

4.4.4 Vertriebspolitik (Absatzpolitik, Distributionspolitik)

Unter **Vertriebspolitik** versteht man die Schaffung von Absatzwegen (Vertriebskanäle), z. B. Aufbau eines Filialnetzes, Internet-Banking, Telefon-Banking. Ein **Vertriebskanal** ist die Gesamtheit aller Unternehmen und Personen, die das Produkt vom Hersteller bis zum Verbraucher in einer Absatzkette durchläuft. Je nach Vertriebssystem des Herstellers können Absatzmittler oder Absatzhelfer in den Verkauf (Absatzdurchführung) einbezogen werden. **Absatzmittler** sind selbstständige Unternehmen, die eigenständig in den Vertriebsprozess eingreifen und Leistungen zwischen Hersteller und Verbraucher vermitteln, z. B. Großhändler, Einzelhändler.

Absatzhelfer dagegen unterstützen lediglich den Hersteller in seinen Absatzbemühungen, z. B. Lagerhausbetriebe, Makler, Handelsvertreter. Das Ziel der Vertriebspolitik ist es, die Produkte abzusetzen. **Absatz** ist Ziel und Ergebnis den Verkaufs.

Weitere Beispiele für die Entscheidungen im Rahmen der Vertriebspolitik können sein:

- Produktvertrieb ausschließlich über eine Ausschließlichkeitsorganisation

- Produktvertrieb über Vertriebsorganisationen

- Produktvertrieb ausschließlich über freie Vermittler und Makler

- Produktvertrieb nicht nur über eine Ausschließlichkeitsorganisation, sondern zusätzlich auch über freie Vermittler und Makler

Werden sämtliche Instrumente des Marketings vom Unternehmen gleichzeitig angewandt, so spricht man von **Marketing Mix.**

5 Rechnungswesen

5.1 Aufgaben des Rechnungswesens

Das Rechnungswesen eines Betriebes erfasst und überwacht sämtliche Mengen- und Wertbewegungen zwischen dem Betrieb und seiner Umwelt sowie innerhalb des Betriebes **(Dokumentationsaufgabe)**. Nach deren Aufbereitung liefert es Daten, die als Entscheidungsgrundlage für die operative (= kurzfristige) Planung dienen **(Dispositionsaufgabe)**. Neben diesen betriebsinternen Aufgaben hat das Rechnungswesen externe Aufgaben. Auf Grund gesetzlicher Vorschriften dient das Rechnungswesen als externes Informationsinstrument, mit dem die Informationsansprüche der Öffentlichkeit (z. B. Gläubiger, Aktionäre, Finanzamt) befriedigt werden können **(Informations- und Rechnungslegungsaufgabe)**.

5.1.1 Buchführungspflicht

Gemäß § 238 HGB ist jeder Kaufmann verpflichtet, Bücher zu führen und in diesen seine Handelsgeschäfte und die Lage seines Vermögens nach den *Grundsätzen ordnungsmäßiger Buchführung* (siehe Kapitel 5.3.1) ersichtlich zu machen. Die Buchführung muss so beschaffen sein, dass sie einem sachverständigen Dritten innerhalb angemessener Zeit einen Überblick über die Geschäftsvorfälle und über die Lage des Unternehmens vermitteln kann. Die Geschäftsvorfälle müssen sich in ihrer Entstehung und Abwicklung verfolgen lassen.

§ 257 HGB schreibt dann ergänzend vor, wie lange die Buchführungsunterlagen aufzubewahren sind:

1. Handelsbücher, Inventare, Eröffnungsbilanzen, Jahresabschlüsse, ..., Lageberichte, Konzernabschlüsse, Konzernlageberichte sowie die zu ihrem Verständnis erforderlichen Arbeitsanweisungen und sonstigen Organisationsunterlagen: 10 Jahre Aufbewahrungspflicht.

2. Belege für Buchungen in den nach § 238 Abs. 1 zu führenden Büchern (Buchungsbelege): 10 Jahre Aufbewahrungspflicht.

3. die empfangenen Handelsbriefe sowie die „Wiedergaben der abgesandten Handelsbriefe": 6 Jahre Aufbewahrungspflicht.

Die Aufbewahrungsfrist beginnt mit dem Schluss des Kalenderjahrs, in dem die letzte Eintragung in das Handelsbuch gemacht, das Inventar aufgestellt, die Eröffnungsbilanz oder der Jahresabschluss festgestellt, der Konzernabschluss aufgestellt, der Handelsbrief empfangen oder abgesandt worden oder der Buchungsbeleg entstanden ist.

5.2 Gliederung des Rechnungswesens

Das Rechnungswesen gliedert sich in einen pagatorischen und in einen kalkulatorischen Teil. Der **pagatorische Teil** umfasst die Bilanz und die Erfolgsrechnung, der **kalkulatorische Teil** die gesamte Kosten- und Leistungsrechnung. Das Wort „pagatorisch" heißt soviel wie „auf Zahlungsvorgängen beruhend".

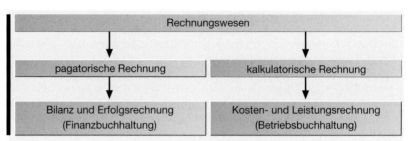

Übersicht 16:
Gliederung des
Rechnungswesens

Die pagatorische Rechnung knüpft an den Nominalgüterstrom an, d. h. die Rechnungsgrundlage der pagatorischen Rechnung bilden **Stromgrößen.** Folgende Stromgrößen kennt das pagatorische Rechnungswesen:

– **Einzahlungen:** Zugang an liquiden Mitteln (Bargeld und Sichtguthaben)
Beispiel:
Aufnahme eines Barkredits

– **Auszahlungen:** Abgang an liquiden Mitteln (Bargeld und Sichtguthaben)
Beispiel:
Tilgung eines in einer früheren Periode aufgenommenen Barkredits

> Einzahlungen minus Auszahlungen zu einem bestimmten Zeitpunkt ergeben den **Kassenbestand.**

– **Einnahmen:** Einzahlungen zuzüglich der Forderungszugänge und der Schuldenabgänge
Beispiele:
Warenverkauf auf Ziel; Bareinlage von Eigenkapital

– **Ausgaben:** Auszahlungen zuzüglich der Forderungsabgänge und der Schuldenzugänge
Beispiele:
Bareinkauf von Sachmitteln; Wareneinkauf auf Ziel

> Einnahmen minus Ausgaben zu einem bestimmten Zeitpunkt ergeben das **Geldvermögen.**

– **Ertrag:** Wert aller erbrachten Güter in Form von Sach- und Dienstleistungen
Beispiel:
Zinsgutschrift für angelegte Wertpapiere

– **Aufwand:** Wert aller verbrauchten Güter in Form von Sach- und Dienstleistungen

Beispiele:
Bildung von Rückstellungen; Leistung einer Sachspende

Ertrag minus Aufwand zu einem bestimmten Zeitpunkt ergibt den **Gesamterfolg** (Gewinn oder Verlust).

5.3 Finanzbuchhaltung

5.3.1 Grundlagen/GoB

Das pagatorische Rechnungswesen unterliegt als extern orientiertes Informationsinstrument vielfältigen rechtlichen Bestimmungen (Handelsrecht, GmbH-, Aktien-, Genossenschaftsrecht), Steuerrecht (Abgabenordnung, Einkommensteuerrecht, Körperschaftsteuerrecht) und den Grundsätzen ordnungsgemäßer Buchführung (GoB).

Die Regelungen zu den GoB ergeben sich unmittelbar aus dem Handelsrecht: Nach § 238 Abs. 1 HGB hat jeder Kaufmann Bücher zu führen und in diesen seine Handelsgeschäfte und die Lage seines Vermögens nach den GoB ersichtlich zu machen. Der Jahresabschluss ist nach § 243 Abs. 1 HGB ebenfalls nach den GoB aufzustellen. Dies gilt natürlich auch für die Kapitalgesellschaft nach § 264 Abs. 2 HGB und für den Konzernabschluss nach § 297 Abs. 2 HGB.

Den GoB kommen also im Rahmen der Buchführung und der Jahresabschlüsse eine zentrale Bedeutung zu, die sich generell auf alle Phasen der Rechnungslegung auswirkt.

Kriterien für eine ordnungsmäßige Buchführung

Die GoB gelten insbesondere für

- eigentliche (laufende) Buchführung (§ 238 Abs. 1 HGB)
- die Inventur (§ 241 HGB)
- die Bilanzierung (§ 243 Abs. 1 HGB)

GoB für die laufende Buchführung

Hierunter fallen alle Buchungsvorgänge, die erforderlich sind, um den Jahresabschluss aufstellen zu können. Für eine grobe Gliederung der Vielzahl an gesetzlich geregelten Merkmalen ist die Unterscheidung zwischen der materiellen und der formellen Ordnungsmäßigkeit sinnvoll.

Materielle Ordnungsmäßigkeit

Es gilt der Grundsatz der Wahrheit, d. h. die Aufzeichnungen müssen richtig und vollständig sein.

Kriterien:
Vollständige und richtige Buchungen

Formelle Ordnungsmäßigkeit

Es gilt der Grundsatz der Klarheit, d. h. die Buchführung muss übersichtlich und nachprüfbar sein.

Kriterien:

- Überblick über die Geschäftsvorfälle und die Lage des Unternehmens
- Verfolgbarkeit der Geschäftsvorfälle
- Geordnete Buchungen
- Zeitgerechte Buchungen
- Ordnungsgemäße Aufzeichnungen des Wareneingangs und des Warenausgangs
- Lebende Sprache
- Verbot von Veränderungen
- Erfüllung der Aufbewahrungspflichten

GoB für die Inventur

Hierunter fallen die verschiedenen Methoden, mit denen der tatsächliche Bestand an Vermögenswerten und Schulden eines Unternehmens quantitativ (mengenmäßig) und qualitativ (wertmäßig) erfasst wird.

Kriterien:
Ordnungsmäßige Inventur

GoB für die Bilanzierung

Die Anwendung der Grundsätze ordnungsmäßiger Bilanzierung bezieht sich auf die Entscheidung,

- ob ein Wirtschaftsgut aktiviert oder passiviert wird und
- mit welchem Wert es bilanziert wird.

Kriterien:
Ordnungsmäßige Bilanzierung

Besonderheiten

Für eine ordnungsgemäße EDV-Buchführung gelten neben den GoB auch die Grundsätze ordnungsmäßiger DV-gestützter Buchführungssysteme.

Beweiskraft der Buchführung für die Besteuerung

Die Buchführung und die Aufzeichnungen des Unternehmers/des Steuerpflichtigen, die den Vorschriften der §§ 140 bis 148 AO und damit den GoB entsprechen, sind grundsätzlich nach § 158 AO der Besteuerung zu Grunde zu legen (Vermutung der Richtigkeit einer Buchführung). Wenn der Unternehmer/Steuerpflichtige Bücher oder Aufzeichnungen, die er nach den Steuergesetzen zu führen hat, nicht vorlegen kann oder wenn sie der Besteuerung nicht nach § 158 AO zu Grunde gelegt werden, hat die Finanzbehörde in der Konsequenz nach § 162 Abs. 2 AO die Besteuerungsgrundlagen ganz oder teilweise zu schätzen.

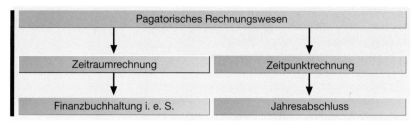

Die Aufgabe der **Finanzbuchhaltung** besteht darin, alle wirtschaftlich bedeutsamen Vorgänge **(Geschäftsvorfälle)**, die sich im Betrieb ereignen, in chronologischer Reihenfolge festzuhalten. Zur Erfassung der Geschäftsvorfälle bedient sich die Finanzbuchhaltung eines besonderen buchhaltungstechnischen Hilfsmittels: dem Konto. Ein **Konto** ist eine zweiseitige Rechnung zur Verbuchung der Geschäftsvorfälle. Die linke Seite eines Kontos wird als „Soll", die rechte Seite als „Haben" bezeichnet.

Soll			Konto		Haben
Datum	Text	Betrag	Datum	Text	Betrag
	Geschäftsvorfälle			Geschäftsvorfälle	

Jeder Geschäftsvorfall führt zu zwei wertgleichen Buchungen: Die eine Buchung betrifft die Sollseite eines Kontos, die zweite Buchung die Habenseite eines anderen Kontos **(System der doppelten Buchführung, auch Doppik genannt)**. Um einen Geschäftsvorfall korrekt im System der doppelten Buchführung zu verbuchen, ist jeder Geschäftsvorfall in die Sprache der Buchführung zu übersetzen, d. h. es ist je Geschäftsvorfall ein entsprechender Buchungssatz zu bilden. Der Buchungssatz gibt an, welche Konten berührt werden und nennt dabei immer zuerst das Konto der Sollbuchung und dann, verbunden mit dem Wort „an", das Konto der Habenbuchung mit dem entsprechenden Betrag **(Kontierung)**.

Beispiel:
Geschäftsvorfall:
Kunde kauft Inhaberschuldverschreibungen gegen Bareinzahlung 50 000,00 EUR
Buchungssatz: Kasse an Verbindlichkeiten 50 000,00 EUR

Zur Erfassung der Geschäftsvorfälle bedient sich das System der doppelten Buchführung zweier Kontenarten.

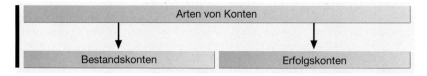

Die **Bestandskonten** gehen jeweils von einem Anfangsbestand aus, erfassen die Einnahmen als Zugänge und die Ausgaben als Abgänge und ermitteln dann einen Endbestand (Saldo):
Endbestand = Anfangsbestand + Zugänge – Abgänge

Die **Erfolgskonten** erfassen die Aufwendungen und Erträge einer Abrechnungsperiode und ermitteln dann eine Wertminderung (Verlustsaldo) oder einen Wertzuwachs (Gewinnsaldo):
Wertzuwachs/Wertminderung = Aufwendungen – Erträge

5.3.2 Bilanz

Die **Bilanz** ist eine Gegenüberstellung von Vermögen und Kapital eines Betriebes. Ihrem Wesen nach ist die Bilanz eine **zeitpunktbezogene Beständerechnung** in Kontoform, die auf der linken Seite die **Aktiva** (Vermögenswerte geordnet nach Liquidität) und auf der rechten Seite die **Passiva** (Kapitalwerte geordnet nach Fristigkeit) ausweist.

	Aktiva		**Bilanz**		Passiva
= Mittel-verwendung	Anlagevermögen	Betrag	Eigenkapital	Betrag	**= Mittel-herkunft**
	Umlaufvermögen		Fremdkapital		
	Vermögen		Kapital		

Unter **Vermögen** versteht man die Gesamtheit aller im Betrieb eingesetzten Wirtschaftsgüter und Geldmittel, unter **Kapital** die Summe aller Schulden gegenüber Beteiligten und Dritten. Die Differenz zwischen dem Bilanzvermögen und den Schulden wird als **Reinvermögen** oder als **Eigenkapital** bezeichnet. Die Aktivseite einer Bilanz muss in ihrer Höhe immer der Passivseite entsprechen.
Die Aktiva werden in zwei Gruppen unterteilt. Das **Anlagevermögen** umfasst alle Wirtschaftsgüter, die dem Betrieb langfristig zur Verfügung stehen. Das **Umlaufvermögen** besteht dagegen aus Wirtschaftsgütern, die im Betriebsprozess „umgewandelt" werden und somit kurzfristigen Charakter aufweisen. Das Anlagevermögen und das Umlaufvermögen lassen sich in mehrere Gruppen von Bilanzpositionen untergliedern:

- Anlagevermögen:
  – Immaterielle Vermögensgegenstände (z. B. Lizenzen, Patente)
  – Sachanlagen (z. B. Grundstücke, Gebäude, Maschinen, Werkzeuge)
  – Finanzanlagen (z. B. Beteiligungen, Wertpapiere, langfristige Kredite)

- Umlaufvermögen:
  - Vorräte (z. B. Roh-, Hilfs-, und Betriebsstoffe, Halb- und Fertig-fabrikate, Waren)
  - kurzfristige Forderungen
  - kurzfristige Wertpapiere
  - Zahlungsmittel (z. B. Kasse, Postgiro)

Die Passiva setzen sich wie die Aktiva aus zwei Gruppen, dem Eigenkapital und dem Fremdkapital, zusammen.

Unter **Eigenkapital** versteht man die Summe aller vom Unternehmer bzw. von Gesellschaftern zur Verfügung gestellten Mittel. Folgende Eigenkapital-positionen werden unterschieden:
  - Gezeichnetes Kapital
  - Rücklagen
  - Verlustvortrag
  - Jahresüberschuss/Jahresfehlbetrag

Als **gezeichnetes Kapital** wird das im Handelsregister eingetragene Haf-tungskapital (Grundkapital der Aktiengesellschaft, Stammkapital der GmbH) bezeichnet. Es wird stets in nomineller Höhe in der Bilanz ausgewiesen, d. h. unabhängig von entstehenden Gewinnen oder Verlusten im Zeitablauf. Im Gewinnfalle erscheint bei Ausschüttung in der Bilanz die Position **Jahres-überschuss**, im Verlustfalle die Position **Jahresfehlbetrag**. Nicht entnom-mene Gewinne werden auf der Position **Rücklagen** ausgewiesen. Verluste werden von dieser Position abgesetzt oder – wenn die Verluste den Wert der Rücklagen übersteigen – als **Verlustvortrag** ausgewiesen. Die Differenz zwi-schen dem Jahresüberschuss und dem Einstellungsbetrag in Gewinnrück-lagen, also der Ausschüttungsbetrag an die Gesellschafter, ist der ausge-wiesene **Bilanzgewinn**.

Das **Fremdkapital** beinhaltet aller von Dritten dem Betrieb überlassenen Mit-tel (= Verbindlichkeiten) sowie Rückstellungen. **Rückstellungen** dienen der Erfassung von Aufwendungen und Verlusten, die bei Bilanzstichtag dem Grunde, aber nicht der Höhe nach bekannt sind, z. B. Rückstellungen für schwebende Prozesse, die das Unternehmen gewinnen, aber auch verlieren kann.

Eine Bilanz ist buchführungstechnisch der End- und Ausgangspunkt aller Geschäftsvorfälle, die das Vermögen und/oder das Kapital verändern. Einer-seits nimmt die Bilanz als **Schlussbilanz** die Salden sämtlicher Bestands-konten am Ende eines Rechnungsjahres als Aktivposten oder Passivposten auf **(Bilanzerstellung)**, und andererseits übergibt die Bilanz als **Eröffnungs-bilanz** die Bestände der einzelnen Bilanzpositionen als Anfangsbestände an die Bestandskonten **(Bilanzauflösung)**. Im Rahmen der Bilanzauflösung werden aus den Bilanzpositionen der Aktivseite **Aktivkonten** (Bestandskon-ten), die den jeweiligen Bilanzwert als Anfangsbestand auf der Sollseite über-nehmen, und aus den Bilanzpositionen der Passivseite **Passivkonten** (Be-standskonten), die den jeweiligen Bilanzwert als Anfangsbestand auf der Habenseite übernehmen. Zugänge der Bestandskonten werden immer auf der Kontoseite gebucht, auf der die Anfangsbestände stehen, Abgänge auf der Gegenseite.

Exkurs (nicht prüfungsrelevant):

In der Sprache der Buchführung wird die Bilanzauflösung mit den Buchungssätzen „Aktivkonten an Eröffnungsbilanzkonto (EBK)" und „EBK an Passivkonten" und die Bilanzerstellung mit den Buchungssätzen „Passivkonten an Schlussbilanzkonto (SBK)" und „SBK an Aktivkonten" ausgedrückt.

Beispiel:

Folgende Eröffnungsbilanz ist gegeben:

Aktiva	Eröffnungsbilanz	Passiva	
Anlagevermögen	10 000,00 EUR	Eigenkapital	5 000,00 EUR
Umlaufvermögen	20 000,00 EUR	Fremdkapital	25 000,00 EUR
Vermögen	30 000,00 EUR	Kapital	30 000,00 EUR

Die Eröffnungsbuchungen lauten:
– Anlagevermögen an EBK 10 000,00 EUR   – Umlaufvermögen an EBK 20 000,00 EUR
– EBK an Eigenkapital 5 000,00 EUR   – EBK an Fremdkapital 25 000,00 EUR

Im Jahresverlauf treten folgende zwei Geschäftsvorfälle auf:
– Bezahlung einer Lieferantenrechnung mittels Banküberweisung über 2 000.00 EUR
     Buchungssatz: Fremdkapital an Umlaufvermögen 2 000,00 EUR
– Kauf eines Schreibtisches über 1 000,00 EUR auf Ziel
     Buchungssatz: Anlagevermögen an Fremdkapital 1 000,00 EUR

Soll	Anlagevermögen		Haben	
	Betrag			Betrag
AB	10 000,00 EUR	SBK (Saldo)		11 000,00 EUR
Schreibtisch	1 000,00 EUR			
	11 000,00 EUR			11 000,00 EUR

Soll	Umlaufvermögen		Haben	
	Betrag			Betrag
AB	20 000,00 EUR	Banküberweisung		2 000,00 EUR
		SBK (Saldo)		18 000,00 EUR
	20 000,00 EUR			20 000,00 EUR

Soll	Eigenkapital		Haben
	Betrag		Betrag
SBK (Saldo)	5 000,00 EUR	AB	5 000,00 EUR
	5 000,00 EUR		5 000,00 EUR

Soll	Fremdkapital		Haben
	Betrag		Betrag
Banküberweisung	2 000,00 EUR	AB	25 000,00 EUR
SBK (Saldo)	24 000,00 EUR	Zielkauf	1 000,00 EUR
	26 000,00 EUR		26 000,00 EUR

Die **Abschlussbuchungen** lauten:
– SBK an Anlagevermögen 11 000,00 EUR   – SBK an Umlaufvermögen 18 000,00 EUR
– Eigenkapital an SBK 5 000,00 EUR   – Fremdkapital an SBK 24 000,00 EUR

Aktiva	Schlussbilanz		Passiva
Anlagevermögen	11 000,00 EUR	Eigenkapital	5 000,00 EUR
Umlaufvermögen	18 000,00 EUR	Fremdkapital	24 000,00 EUR
Vermögen	29 000,00 EUR	Kapital	29 000,00 EUR

Exkurs Ende.

5.3.3 Gewinn- und Verlustrechnung (GuV)

Die Veränderung des Eigenkapitals im Zeitvergleich zeigt den Erfolg (Wertzu-
wachs/Wertminderung) eines Unternehmens und lässt sich aus der Buchhaltung als Differenz zwischen Aufwendungen und Erträgen ableiten. Aufwendungen und Erträge werden in Erfolgskonten gebucht, wobei die
Aufwendungen im Soll von **Aufwandskonten,** die Erträge im Haben von **Ertragskonten** gebucht werden. Dabei ist das **Bruttoprinzip** zu beachten,
welches eine Aufrechnung von artverwandten Aufwendungen und Erträgen,
z. B. Mietaufwand und Mietertrag, verbietet. Folglich bleibt – abgesehen vom
Saldo – bei den Aufwandskonten die Habenseite und bei den Ertragskonten
die Sollseite frei. Die Erfolgskonten werden wie die Bestandskonten durch
Saldierung abgeschlossen und zwar die Ertragskonten mit einem Soll-Saldo,
die Aufwandskonten mit einem Haben-Saldo. Die Summen der nach einzelnen Arten differenzierten Erträge und Aufwendungen werden im Gewinn-
und Verlust-Konto **(GuV-Konto)** gegenübergestellt. Die Buchungssätze für
diese Abschlussbuchungen lauten:

– Ertragskonten an GuV-Konto und

– GuV-Konto an Aufwandskonten

Weist das GuV einen Habensaldo aus (d. h. Aufwand > Ertrag), so ist ein negativer Erfolg (Verlust) erzielt worden. Ein Sollsaldo (d. h. Aufwand < Ertrag) dagegen bedeutet einen positiven Erfolg (Gewinn). Der im GuV-Konto ausgewiesene Erfolg wird mit dem Eigenkapitalbestand der Eröffnungsbilanz verrechnet und somit der Eigenkapitalbestand der Schlussbilanz ermittelt: Eigenkapitalbestand zum 31. Dez. 02 = Eigenkapitalbestand zum 1. Jan. 01 +/– Erfolg

Die Gewinn- und Verlustrechnung ist also eine **zeitraumbezogene** Rechnung, in der durch Gegenüberstellung von Erträgen und Aufwendungen als Saldo der Jahreserfolg eines Unternehmens ermittelt wird.

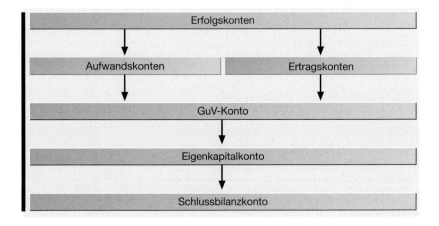

Übersicht 19:
Ermittlung des
Jahreserfolges
eines Unter-
nehmens

Exkurs (nicht prüfungsrelevant):

Beispiel:
Folgende Eröffnungsbilanz ist gegeben:

Aktiva	**Eröffnungsbilanz**		Passiva
Anlagevermögen	10 000,00 EUR	Eigenkapital	5 000,00 EUR
Umlaufvermögen	20 000,00 EUR	Fremdkapital	25 000,00 EUR
Vermögen	30 000,00 EUR	Kapital	30 000,00 EUR

Die Eröffnungsbuchungen lauten:
     – Anlagevermögen an EBK 10 000,00 EUR
     – Umlaufvermögen an EBK 20 000,00 EUR
     – EBK an Eigenkapital 5 000,00 EUR
     – EBK an Fremdkapital 25 000,00 EUR

Im Jahresverlauf treten folgende zwei Geschäftsvorfälle auf:
- – Barzahlung einer Miete in Höhe von 1 500,00 EUR
  Buchungssatz: Mietaufwand an Umlaufvermögen 1 500,00 EUR
- – Zinsgutschrift in Höhe von 500,00 EUR per Banküberweisung für eine langfristige Geldanlage
  Buchungssatz: Umlaufvermögen an Zinsertrag 500,00 EUR

Soll		Anlagevermögen		Haben
	Betrag			Betrag
AB	10 000,00 EUR	SBK (Saldo)		10 000,00 EUR
	10 000,00 EUR			10 000,00 EUR

Soll		Umlaufvermögen		Haben
	Betrag			Betrag
AB	20 000,00 EUR	Barzahlung Miete		1 500,00 EUR
Überweisung Zins	500,00 EUR	SBK (Saldo)		19 000,00 EUR
	20 500,00 EUR			20 500,00 EUR

Soll		Mietaufwand		Haben
	Betrag			Betrag
Mietzahlung	1 500,00 EUR	GuV (Saldo)		1 500,00 EUR
	1 500,00 EUR			1 500,00 EUR

Soll		Zinsertrag		Haben
	Betrag			Betrag
GuV (Saldo)	500,00 EUR	Zinszahlung		500,00 EUR
	500,00 EUR			500,00 EUR

Die Abschlussbuchungen lauten:
- – SBK an Anlagevermögen 10 000,00 EUR
- – SBK an Umlaufvermögen 19 000,00 EUR
- – GuV an Mietaufwand 1 500,00 EUR
- – Zinsertrag an GuV 500,00 EUR

Soll		GuV		Haben
	Betrag			Betrag
Mietaufwand	1 500,00 EUR	Zinszahlung		500,00 EUR
		SBK (Verlust)		1 000,00 EUR
	1 500,00 EUR			1 500,00 EUR

Aktiva		Schlussbilanz		Passiva
Anlagevermögen	10 000,00 EUR	Eigenkapital		4 000,00 EUR
Umlaufvermögen	19 000,00 EUR	Fremdkapital		25 000,00 EUR
Vermögen	29 000,00 EUR	Kapital		29 000,00 EUR

Exkurs Ende.

5.3.4 Anhang und Lagebericht

Bilanz sowie Gewinn- und Verlustrechnung sind Elemente des Jahresabschlusses einer Unternehmung. Dazu gehören auch der Anhang und im
weitesten Sinne der Lagebericht.

Übersicht 20:
Elemente des
Jahresabschlusses

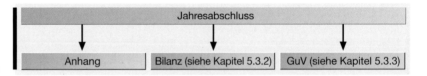

Der **Anhang** dient der näheren Erläuterung von Bilanz und GuV. Der vom
Gesetzgeber geforderte Umfang des Anhangs ist von der Größe der Gesellschaft abhängig. Grundsätzlich sind u. a. folgende Pflichtangaben erforderlich:

- angewandte Bilanzierungs-, Bewertungs- und Abschreibungs-
methoden,
- Erläuterung von Wertansätzen,
- Angaben über Unternehmensbeteiligungen.

Ein **Lagebericht** soll ein tatsächliches Bild vom Geschäftsverlauf und der
gegenwärtigen Lage der Gesellschaft vermitteln. Er ist nicht Bestandteil des
Jahresabschlusses. Der Lagebericht bezieht sich auf fünf Bereiche:

- den Geschäftsverlauf im Berichtsjahr,
- die Lage des Unternehmens,
- Vorgänge von besonderer Bedeutung, die nach Ende des
Geschäftsjahres eingetreten sind,
- die voraussichtliche Entwicklung des Unternehmens,
- die Forschungs- und Entwicklungstätigkeit.

Der Lagebericht ist aufzustellen, solange die Größenklassen des § 267 HGB
überschritten werden.

5.3.5 Inventur

Der formale Abschluss aller im Geschäftsjahr fortlaufend geführten Konten führt nur dann zu einer inhaltlich richtigen Bilanz, wenn am Bilanzstichtag die Buchbestände mit den tatsächlich vorhandenen Beständen übereinstimmen. In der betrieblichen Realität ist dieser Idealzustand jedoch kaum der Fall. Vielmehr ergeben sich nicht erfasste Verbräuche bzw. Abgänge (z.B. Schwund, Diebstahl) an Materialen, die eine Anpassung der Buch- an die Ist-bestände erforderlich machen. Die Bestandskonten können deshalb erst nach einer Inventur abgeschlossen werden.

Eine **Inventur** ist die mengen- und wertmäßige Erfassung von Vermögen und Fremdkapital. Sie ist körperliche Bestandsaufnahme **(körperliche Inventur)** von Wechseln, Vorräten, Waren, Betriebs- und Geschäftsausstattung oder nichtkörperliche Bestandsaufnahme **(Buchinventur)** mittels Kontoaus-zügen und Saldenlisten, z. B. bei Forderungen an Kunden, Verbindlichkeiten gegenüber Kreditinstituten und anderen Gläubigern.

Das **Inventar** ist das auf Grund der Inventur erstellte Bestandsverzeichnis, in dem die Vermögenspositionen und Schulden eines Unternehmens nach Art, Menge und Wert im Einzelnen aufgeführt werden. Inventurarten können wie folgt typisiert werden:

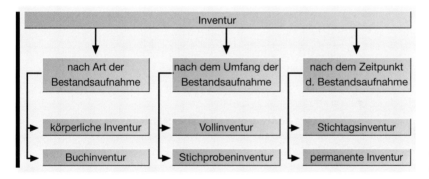

Übersicht 21:
Inventurarten

Die **Vollinventur** besteht aus einer vollständigen Bestandsaufnahme, während die **Stichprobeninventur** nur einen repräsentativen Teil der Gegen-stände erfasst und mittels mathematisch-statistischer Methoden auf den Gesamtbestand hochrechnet. Die **Stichtagsinventur** wird am Bilanzstichtag durchgeführt und ist als körperliche Bestandsaufnahme in Handelsbetrieben meist der Regelfall. Die **permanente Inventur** ist eine Kombination von kör-perlicher und buchmäßiger Bestandsaufnahme, die mittels EDV-gestützter Beständefortschreibung eine Bestandsaufnahme zu einem beliebigen Zeit-punkt möglich macht.

5.3.6 Bilanzierung

5.3.6.1 Grundsätze ordnungsgemäßer Bilanzierung

Die Buchhaltung hat den Grundsätzen ordnungsmäßiger Buchführung zu entsprechen. Die **Grundsätze ordnungsmäßiger Buchführung (GoB)** sind allgemein anerkannte Regeln, nach denen die Jahresabschlüsse aufzustellen sind. Sie sind also keine Rechtsnormen, sondern nur Rechtsergänzungen. Mit dem gesetzlichen Verweis auf die GoB konnte der Gesetzgeber eine Vielzahl detaillierter Regelungen bezüglich der Bilanzierung vermeiden. Die wichtigsten GoB werden im Folgenden aufgeführt:

- **Grundsatz der Vollständigkeit**
  Der Grundsatz der Vollständigkeit besagt, dass alle Aktiva bzw. Passiva sowie alle Aufwendungen und Erträge zu erfassen sind.

- **Grundsatz der Wahrheit, Richtigkeit und Willkürfreiheit**
  Das Wahrheitspostulat verlangt, dass der Jahresabschluss aus dem richtigen Zahlenmaterial erstellt wird. Aus dem Wahrheitspostulat der GoB leitet sich grundsätzlich eine Bilanzierungspflicht ab, solange das Gesetz nicht auf ein Bilanzierungswahlrecht oder -verbot verweist. Bezüglich der Bewertung ist keine absolute Wahrheit gefordert, sondern nur eine relative, d. h. auf die Zielsetzung der Bilanz bezogene Richtigkeit. Ein Jahresabschluss entspricht dann dem Kriterium der Richtigkeit, wenn die wertmäßigen Bilanzansätze in angemessener Zeit von einem sachverständigen Dritten nachvollziehbar sind. Der Grundsatz der Willkürfreiheit verbietet Bilanzverschleierungen und Bilanzfälschungen.

- **Grundsatz der Klarheit und Übersichtlichkeit**
  Der Grundsatz der Klarheit und Übersichtlichkeit umfasst die Qualität der äußeren Gestaltung des Jahresabschlusses. In formaler Hinsicht wird dieses Kriterium erfüllt durch verständliche und übersichtliche Ordnung der einzelnen Geschäftsvorfälle sowie der Posten in Bilanz und GuV. Dabei gilt das Saldierungsverbot oder **Bruttoprinzip,** welches das Aufrechnen der Aktiva und Passiva sowie der Aufwendungen und Erträge untersagt, und das Prinzip der Einzelbewertung, welches die getrennte Erfassung und Bewertung der Vermögensgegenstände und Schulden verlangt.

- **Grundsatz der Stetigkeit**
  Der Grundsatz der Stetigkeit fordert die Vergleichbarkeit der Jahresabschlüsse. Er umfasst formelle und materielle Bilanzkontinuität. Die formelle Bilanzkontinuität verlangt die Beibehaltung der Form der Bilanz und GuV insbesondere der Gliederung aufeinander folgender Bilanzen und GuV-Rechnungen. Nach der materiellen Bilanzkontinuität sollen die auf den vorhergehenden Jahresabschluss angewandten Bewertungs- und Abschreibungsmethoden beibehalten werden.

- **Grundsatz der Vorsicht**
  Das Vorsichtsprinzip verlangt vorsichtige Ansätze von Bilanzwerten, die durch Zukunftserwartungen bestimmt werden. Es verfolgt den Zweck, mögliche Wertverluste und vorhersehbare Risiken bei der Bilanzierung und Bewertung zu berücksichtigen. Das Vorsichtsprinzip findet seine Konkretisierung durch Bewertungsgrundsätze, z. B. durch das Niederstwertprinzip.

5.3.6.2 Bewertungsgrundsätze in der Bilanz

Neben den allgemeinen GoB sind folgende gesetzliche Bewertungsprinzipien von Bedeutung:

- **Realisationsprinzip**
  Nach dem Realisationsprinzip dürfen Gewinne nur ausgewiesen werden, wenn sie am Bilanzstichtag realisiert worden sind **(Gewinnantizipierungsverbot)**. Folglich dürfen Vermögensgegenstände höchstens mit den Anschaffungs- oder Herstellungskosten als Wertobergrenze, ggf. vermindert um Abschreibungen, angesetzt werden (sog. **Anschaffungswertprinzip**), d. h. die Vorwegnahme von Erlösen durch einen Ansatz von Verkaufspreisen ist nicht gestattet. Auch der Ansatz von inflationsbedingt höheren Wiederbeschaffungs- oder Zeitwerten der Vermögensgegenstände ist untersagt (sog. **Nominalwertprinzip**).

- **Imparitätsprinzip**
  Das Imparitätsprinzip besagt, dass Verluste, die erst nach dem Bilanzabschlusstag eintreten, aber bereits am Bilanzabschlusstag vorhersehbar sind, vorweggenommen bzw. in der Bilanz ausgewiesen werden müssen **(Verlustantizipierungsgebot)**. Das Imparitätsprinzip tritt beim Vermögen als Niederstwertprinzip und bei den Schulden als Höchstwertprinzip auf.

- **Niederstwertprinzip**
  Von mehreren möglichen Wertansätzen für Vermögensgegenstände (z. B. Anschaffungskosten, Börsen- oder Marktwert) ist jeweils der niedrigste anzusetzen. Das Niederstwertprinzip kommt in zwei Formen vor: dem strengen und dem gemilderten Niederstwertprinzip.

- **Strenges Niederstwertprinzip**
  Das strenge Niederstwertprinzip gilt für das Umlaufvermögen. Es besagt, dass das Vermögen zwingend zum niedrigsten von mehreren in Betracht kommenden Werten (letzter Bilanzansatz, Anschaffungskosten, Marktpreis am Bilanzstichtag) anzusetzen ist.

– **Gemildertes Niederstwertprinzip**
Das gemilderte Niederstwertprinzip gilt für das Anlagevermögen.
Es entspricht bei voraussichtlich dauernden Wertminderungen
dem strengen Niederstwertprinzip; bei voraussichtlich vorübergehenden Wertminderungen ist es dem Bilanzierenden überlassen, den niedrigeren oder den ursprünglichen Wert anzusetzen.

– **Höchstwertprinzip**
Nach dem Höchswertprinzip sind Schulden zum höchsten von
mehreren möglichen Werten anzusetzen.

– **Stichtagsprinzip**
Vermögen und Schulden sind zum Bilanzstichtag zu bewerten.

– **Grundsatz der Periodenabgrenzung**
Nach dem Grundsatz der Periodenabgrenzung sind Aufwendungen und Erträge ohne Rücksicht auf die Zeitpunkte der entsprechenden Zahlungen zu berücksichtigen.

– **Grundsatz der Einzelbewertung**
Vermögensgegenstände und Schulden sind grundsätzlich einzeln
zu erfassen und zu bewerten, d. h. es dürfen in der Bilanz nicht
mehrere verschiedene Positionen zusammengefasst werden
(Bruttoprinzip).

5.3.6.3 Wertansätze in der Bilanz

Die Wertansätze der einzelnen Bilanzpositionen entsprechen der Beantwortung der Frage: „Wie hoch sind die bilanzierten und geordneten Positionen
zu bewerten?"

Wertansätze der Aktiva

Als Bewertungsmaßstab kommen grundsätzlich Anschaffungskosten, Herstellungskosten, Börsenkurs oder Marktpreis in Frage.

■ **Anschaffungskosten:**
Die Anschaffungskosten dienen als Basiswerte für das Anlage-
und Umlaufvermögen und werden wie folgt errechnet:

Anschaffungspreis	(Rechnungspreis ohne Umsatzsteuer)
– Anschaffungspreisminderungen	(z. B. Rabatte, Skonti, Boni)
+ Anschaffungsnebenkosten	(z. B. Frachtkosten, Transportversicherung, Zölle, Steuern)
= Anschaffungskosten	

Umsatzsteuer und Kosten der Finanzierung sind nicht Bestandteil
der Anschaffungskosten.

■ **Herstellungskosten**

Herstellungskosten sind die Aufwendungen, die für vom Unternehmer selbst hergestellte Vermögensgegenstände (fertige und unfertige Erzeugnisse sowie in Eigenleistung erstellte Bauten und Anlagen) angesetzt werden. Bei der Berechnung der Herstellungskosten besteht erheblicher Spielraum:

Materialeinzelkosten	(z. B. Roh, Hilfs- und Betriebskosten)	muss
+ Fertigungseinzelkosten	(z. B. Fertigungslöhne)	muss
+ Sondereinzelkosten der Fertigung	(z. B. Lizenzgebühren)	muss
= Herstellungskosten **(Wertuntergrenze)**		
+ Materialgemeinkosten	(z. B. Schreibmaterial)	kann
+ Fertigungsgemeinkosten	(z. B. Sachversicherungsprämie)	kann
+ Verwaltungsgemeinkosten	(z. B. Raumkosten)	kann
= Herstellungskosten **(Wertobergrenze)**		

Vertriebskosten dürfen nicht in die Herstellungskosten eingehen.

■ **Börsenkurs oder Marktpreis:**

Der Börsenkurs und Marktpreis kommt wegen des strengen Niederstwertprinzips als marktorientierter Vergleichswert für die Bewertung des Umlaufvermögens zur Anwendung. Der Börsenkurs (Börsenpreis) ist der an einer Börse ermittelte Kurs am Bilanzstichtag. Der Marktpreis ist der Betrag, der an einem Handelsplatz für Waren einer bestimmten Gattung durchschnittlicher Art und Güte gezahlt wird. Anschaffungsnebenkosten sind hinzuzurechnen.

Wertansätze der Passiva

Verbindlichkeiten werden mit ihrem Rückzahlungsbetrag angesetzt. Ist er nicht sicher, z. B. bei Fremdwährungsanleihen, so gilt das Höchstwertprinzip.

6 Betriebswirtschaftliche Kennzahlen

Unter **Kennzahlen** versteht man das Verhältnis absoluter Zahlen:

$$\text{Kennzahl} = \frac{\text{Absolute Zahl}}{\text{Absolute Zahl}} \cdot 100$$

Kennzahlen ermöglichen es, komplexe Sachverhalte in leicht fassbare Informationseinheiten umzuwandeln, um eine konzentrierte Aussagekraft zu erhalten. Das Hauptanwendungsgebiet der betriebswirtschaftlichen Kennzahlen sind Erfolgs- und Wirtschaftlichkeitsanalysen in Form von inner- und zwischenbetrieblichen Vergleichen. Vergleichsmaßstäbe können aus früheren Jahresabschlüssen **(Zeitvergleich)** oder aus den Jahresabschlüssen anderer Unternehmen **(Betriebsvergleich)** gewonnen werden. Betriebswirtschaftliche Kennzahlen können grob danach unterschieden werden, ob sie zur Beurteilung des Betriebes im Ganzen (z. B. Beurteilung der Finanz- und Erfolgslage) oder zur Beurteilung der einzelnen Tätigkeitsbereiche (z. B. Lagerhaltung, Absatz) dienen.

6.1 Kennzahlen zur Beurteilung des gesamten Betriebes

Kennzahlen, die zur Beurteilung des gesamten Betriebes eingesetzt werden, leiten sich in der Regel aus der Bilanz und der GuV-Rechnung ab. Gemäß dem Aufbau einer Bilanz unterscheidet man Kennzahlen zur Investitions- bzw. Vermögensstrukturanalyse, Kennzahlen zur Finanzierungs- und Kapitalstrukturanalyse und Kennzahlen zur Beurteilung der Liquidität.

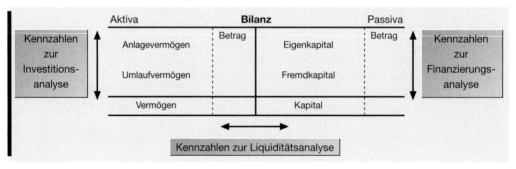

Übersicht 22:
Kennzahlen zur
Beurteilung des
gesamten Betrie-
bes

6.1.1 Kennzahlen zur Investitionsanalyse

$$\text{Anlageintensität} = \frac{\text{Anlagevermögen}}{\text{Gesamtvermögen}} \cdot 100$$

Da das Anlagevermögen für einen längeren Verbleib im Unternehmen bestimmt und deshalb mit einer langfristigen Kapitalbindung verbunden ist, können Rückschlüsse auf die Kostenstruktur und die Beschäftigung gezogen werden. Einerseits deutet eine hohe Anlageintensität auf eine geringe Flexibilität hin. Begründet wird diese Aussage durch die Existenz hoher Fixkosten bzw. damit verbundener schlechter Anpassungsfähigkeit. Andererseits weist ein hoher Anteil des Anlagevermögens an der Bilanzsumme auf eine niedrige Beschäftigung und damit auf eine schlechte Ertragslage hin, da eine niedrige Beschäftigung zu geringem Vorrats- und Forderungsbestand führt.

$$\text{Umschlagshäufigkeit} = \frac{\text{Abgang in der Periode}}{\text{Durchschnittlicher Bestand}} \cdot 100$$

Diese Kennzahl zeigt an, wie häufig eine Vermögensposition innerhalb einer Periode umgeschlagen wird, d. h. es wird die durchschnittliche Kapitalbindungsdauer angezeigt. Eine geringe Kapitalbindungsdauer deutet auf eine hohe Umsatztätigkeit hin.

$$\text{Investitionsquote} = \frac{\text{Nettoinvestitionen bei Sachanlagen}}{\text{Sachanlagevermögen zu Beginn der Periode}} \cdot 100$$

Unter Nettoinvestitionen (Zugänge minus Abgänge minus Abschreibungen) versteht man Sachvermögenserhöhungen oder -minderungen innerhalb einer Periode, so dass die Investitionsquote die Wachstumsrate des Sachanlagevermögens widerspiegelt. Wird die Investitionsquote negativ, so kommt das Unternehmen seiner Substanzerhaltung nicht nach.

6.1.2 Kennzahlen zur Finanzierungsanalyse

$$\text{Verschuldungsgrad} = \frac{\text{Fremdkapital}}{\text{Eigenkapital}} \cdot 100$$

Der Verschuldungsgrad gibt als vertikale Kapitalstrukturanalyse Auskunft über die Zusammensetzung des Kapitals. In der Regel wird dabei ein Verhältnis von Fremdkapital zu Eigenkapital von 1:1 oder 2:1 angestrebt.

$$\text{Eigenkapitalquote} = \frac{\text{Eigenkapital}}{\text{Bilanzsumme}} \cdot 100$$

Die Eigenkapitalquote ist ein Maß für die Höhe der Außenfinanzierung. Sie hat in der Praxis eine sehr große Bedeutung, insbesondere für die Kreditwürdigkeit. Da für das Eigenkapital keine Zinsen gezahlt werden müssen, ist das Eigenkapital ein „Auffangpolster" für negative Erfolge (Verluste).

$$\frac{\text{Fremdkapitalquote}}{\text{(Anspannungsgrad)}} = \frac{\text{Fremdkapital}}{\text{Bilanzsumme}} \cdot 100$$

Eine mit dem Verschuldungsgrad und der Eigenkapitalquote eng verwandte Kennzahl ist die Fremdkapitalquote. Die Fremdkapitalquote gibt Auskunft über die Höhe der Fremdkapitalbelastung des Unternehmens.

6.1.3 Kennzahlen zur Liquiditätsanalyse

Liquidität ist die Fähigkeit, jederzeit seine fälligen Verbindlichkeiten begleichen zu können. Daher werden in den folgenden drei Formeln den verfügbaren Zahlungsmitteln (auch inkl. der noch eingehenden Zahlungsmittel = kurzfristigen Forderungen) die vorhandenen kurzfristigen Verbindlichkeiten gegenübergestellt. Ist das Ergebnis > 100, ist ausreichende Liquidität vorhanden.

$$\text{Liquidität 1. Grades} = \frac{\text{Zahlungsmittel}}{\text{kurzfristige Verbindlichkeiten}} \cdot 100$$

$$\begin{matrix} \text{Liquidität 2. Grades} \\ \text{(einzugsbedingte} \\ \text{Liquidität)} \end{matrix} = \frac{\text{Zahlungsmittel} + \text{kurzfristige Forderungen}}{\text{kurzfristige Verbindlichkeiten}} \cdot 100$$

$$\begin{matrix} \text{Liquidität 3. Grades} \\ \text{(umsatzbedingte} \\ \text{Liquidität)} \end{matrix} = \frac{\text{Zahlungsmittel} + \text{kurzfristige Forderungen} + \text{Vorräte}}{\text{kurzfristige Verbindlichkeiten}} \cdot 100$$

Liquiditätskennzahlen bzw. -grade werden durch die Gegenüberstellung bestimmter Vermögens- und Kapitalpositionen gebildet und ermöglichen Aussagen über die Zahlungsfähigkeit eines Unternehmens.

$$\begin{matrix} \text{Deckungsgrad A} \\ \text{(Anlagendeckung I)} \end{matrix} = \frac{\text{Eigenkapital}}{\text{Anlagevermögen}} \cdot 100$$

Nach der „Goldenen Bilanzregel" im engeren Sinn ist das Anlagevermögen ausschließlich mit Eigenkapital zu finanzieren.

$$\begin{matrix} \text{Deckungsgrad B} \\ \text{(Anlagendeckung II)} \end{matrix} = \frac{\text{Eigenkapital} + \text{langfristiges Fremdkapital}}{\text{Anlagevermögen}} \cdot 100$$

Nach der „Goldenen Bilanzregel" im weiteren Sinn ist das Anlagevermögen langfristig, also mit Eigenkapital und langfristigem Fremdkapital, zu finanzieren. Der Aussagewert der Liquiditäts- und Deckungsgrade ist auf Grund ihrer Bestandsorientierung gering. Die Liquiditätslage eines Unternehmens lässt sich besser kennzeichnen, wenn Liquiditätskennzahlen zeitraumbezogen definiert werden. Die wichtigste dieser Größen ist der **Cashflow**, der den Einzahlungsüberschuss einer Periode zeigt.

Betriebsergebnis
+ Abschreibungen
+ Erhöhung der langfristigen Rückstellungen
– Auflösung der langfristigen Rückstellungen

Cashflow

Machen Sie sich bitte bei der Betrachtung des Cashflows folgenden Sachverhalt deutlich: Die Bildung von Abschreibungen und die Erhöhung langfristiger Rückstellungen (z. B. Pensionsrückstellungen) führt nicht zu einem Abfluss liquider Mittel! Wohin würden Sie denn diese Beträge überweisen?

Die Abschreibungen an das Bundesministerium der Finanzen etwa? Wohl kaum. Beide Buchungen erhöhen Ihren Aufwand, führen aber nicht zu einem Geldfluss. Diese Beträge sind also weiterhin in Ihrem Unternehmen vorhanden. Daher ist der Cashflow eine sehr wichtige Größe, wenn es um Investitions- und Liquiditätsentscheidungen geht!

Wird zusätzlich zur Bilanz die GuV-Rechnung und somit der Erfolg in die Kennzahlenanalyse mit einbezogen, dann besteht die Möglichkeit, sog. Renditekennzahlen zu errechnen. Unter **Rendite** (Rentabilität) versteht man eine Kennzahl, bei der eine Erfolgsgröße durch eine den Erfolg beeinflussende Größe dividiert wird. Die Notwendigkeit, Renditekennzahlen zu ermitteln, folgt aus dem ökonomischen Prinzip. Die wichtigsten Renditekennzahlen sind die Eigenkapital-, Fremdkapital-, Gesamtkapital- und Umsatzrentabilität.

$$\text{Eigenkapitalrentabilität} = \frac{\text{Gewinn}}{\text{Eigenkapital}} \cdot 100$$

(Hinweis: Die Eigenkapitalrentabilität sollte grundsätzlich über der Kapitalmarktrendite liegen, um die unternehmerische Existenz eines Finanzdienstleistungsbetriebes zu begründen. Durch eine Eigenkapitalrendite, die über der Kapitalmarktrendite liegt, wird das eingegangene unternehmerische Risiko quantifiziert und somit Anreize für Investitionen und Unternehmensneugründungen geschaffen.)

Die Eigenkapitalrentabilität gibt die Verzinsung des Eigenkapitals an und ist deshalb von besonderem Interesse für die Anteilseigner.

$$\text{Gesamtkapitalrentabilität} = \frac{\text{Gewinn} + \text{Fremdkapitalzinsen}}{\text{Bilanzsumme}} \cdot 100$$

$$\text{Fremdkapitalrentabilität} = \frac{\text{Gewinn}}{\text{Fremdkapital}} \cdot 100$$

Die Fremdkapitalrentabilität gibt die Verzinsung des Fremdkapitals an und zeigt die Zinsbelastung des Finanzdienstleistungsbetriebes.

Da streng genommen nicht nur der Gewinn, sondern auch die Fremdkapitalzinsen vom Eigenkapital erwirtschaftet werden, ist die Gesamtkapitalrentabilität eine Aussagegröße, die klären soll, ob das Unternehmen rentabel betrieben wird.

$$\text{Umsatzrentabilität} = \frac{\text{Gewinn}}{\text{Umsatz}} \cdot 100$$

Zur Umsatzanalyse wird vorrangig die Umsatzrentabilität herangezogen. Die Umsatzrendite (Gewinnspanne) gibt an, wie groß der Anteil des Gewinns am Umsatzerlös ist (siehe auch Kapitel 1.1 und 8.5).

6.2 Kennzahlen zur Beurteilung einzelner Tätigkeitsbereiche

Ein Betrieb kann durch seine betrieblichen Funktionsbereiche, z. B. Beschaffung, Produktion und Absatz, vollständig beschrieben werden. Für jeden betrieblichen Funktionsbereich können Kennzahlen bestimmt werden, die eine konzentrierte Aussage über den betrachteten Funktionsbereich zulassen. Im Folgenden werden Beispiele betriebswirtschaftlicher Kennzahlen genannt, die sich dem Beschaffungs-, Produktionsbereich oder Absatzbereich zuordnen lassen.

6.2.1 Kennzahlen im Produktionsbereich

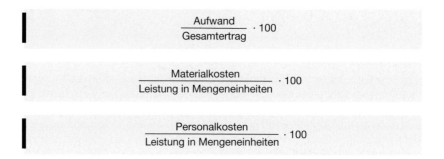

$$\frac{\text{Aufwand}}{\text{Gesamtertrag}} \cdot 100$$

$$\frac{\text{Materialkosten}}{\text{Leistung in Mengeneinheiten}} \cdot 100$$

$$\frac{\text{Personalkosten}}{\text{Leistung in Mengeneinheiten}} \cdot 100$$

6.3 Bilanz- und GuV-Analyse mit Hilfe von Investitions-/ Finanzierungs- und Liquiditätskennzahlen

Aktiva	Bilanz 31.12.05 (in TEUR)		Passiva
A. Anlagevermögen		A. Eigenkapital	
I. Sachanlagen		I. Gezeichnetes Kapital	7 700,00
1. Grundstücke und Gebäude	2 000,00	II. Gewinnrücklagen	2 300,00
2. Technische Anlagen	8 000,00	III. Bilanzgewinn	2 000,00
3. Betriebs-/Geschäfts-			
ausstattung	700,00	B. Rückstellungen	
II. Finanzanlagen	1 900,00	1. Pensionsrückstellungen	4 300,00
		2. sonstige Rückstellungen	700,00
B. Umlaufvermögen			
I. Vorräte	4 500,00	C. Verbindlichkeiten	
II. Forderungen	4 900,00	1. Anleihen	2 000,00
III. Kasse und Bankguthaben	500,00	(Restlaufzeiten mehr als fünf Jahre)	
		2. Verbindlichkeiten gegenüber	2 000,00
		Kreditinstituten	
		(davon bis zu 1 Jahr)	(300,00)
		3. Verbindlichkeiten aus	
		Lieferungen	1 500,00
		(davon bis zu 1 Jahr)	(100,00)
Summe	22 500,00	Summe	22 500,00

Gewinn- und Verlustrechnung 01.01. – 31.12.05 (in TEUR)	
1. Umsatzerlöse	42 000,00
2. Erhöhung des Bestandes an fertigen und unfertigen Erzeugnissen	1 000,00
3. Sonstige betriebliche Erträge	2 000,00
4. Materialaufwand	20 000,00
5. Personalaufwand	18 000,00
6. Abschreibungen	500,00
7. Sonstige betriebliche Aufwendungen	100,00
8. Fremdkapitalzinsen	400,00
9. Außerordentliche Erträge	200,00
10. Außerordentliche Aufwendungen	100,00
11. Steuern von Einkommen und Ertrag	3 000,00
12. Sonstige Steuern	300,00
13. Jahresüberschuss (Gewinn)	2 800,00
14. Einstellung in Gewinnrücklagen	800,00
15. Bilanzgewinn	2 000,00

$$Anlageintensität = \frac{2\,000 + 8\,000 + 700 + 1\,900}{22\,500} \cdot 100 = 56,00\ \%$$

$$Verschuldungsgrad = \frac{4\,300 + 700 + 2\,000 + 2\,000 + 1\,500}{7\,700 + 2\,300 + 2\,000} \cdot 100 = 87,50\ \%$$

(Hinweis zur Berechnung des Verschuldungsgrades:
Auch Rückstellungen gehören neben den Verbindlichkeiten zum Fremdkapital.)

$$Eigenkapitalquote = \frac{7\,700 + 2\,300 + 2\,000}{22\,500} \cdot 100 = 53,33\ \%$$

$$Anspannungsgrad = \frac{4\,300 + 700 + 2\,000 + 2\,000 + 1\,500}{22\,500} \cdot 100 = 46,66\ \%$$

$$Liquidität\ 1.\ Grades\ (Barliquidität) = \frac{500}{700 + 300 + 100} \cdot 100 = 45,45\ \%$$

$$Liquidität\ 2.\ Grades\ (einzugsbedingte\ Liquidität) = \frac{500 + 4\,900}{700 + 300 + 100} \cdot 100 = 490,91\ \%$$

$$Liquidität\ 3.\ Grades\ (umsatzbedingte\ Liquidität) = \frac{500 + 4\,900 + 4500}{700 + 300 + 100} \cdot 100 = 900,00\ \%$$

(Hinweis zur Berechnung der Liquiditätsgrade:
Zu den kurzfristigen Verbindlichkeiten gehören auch die sonstigen Rückstellungen.)

$$\text{Deckungsgrad A (Anlagendeckung I)} = \frac{7\,700 + 2\,300 + 2\,000}{2\,000 + 8\,000 + 700 + 1\,900} \cdot 100 = 95{,}24\ \%$$

$$\text{Deckungsgrad B (Anlagendeckung II)} = \frac{7\,700 + 2\,300 + 2\,000 + 4\,300 + 2\,000 + 1\,700 + 1\,400}{2\,000 + 8\,000 + 700 + 1\,900} \cdot 100 = 169{,}84\ \%$$

(Hinweis zur Berechnung des Deckungsgrades B:
Auch Pensionsrückstellungen gehören neben den langfristigen Verbindlichkeiten zum langfristigen Fremdkapital.)

$$\text{Eigenkapitalrentabilität} = \frac{2\,800}{7\,700 + 2\,300 + 2\,000} \cdot 100 = 23{,}33\ \%$$

$$\text{Fremdkapitalrentabilität} = \frac{2\,800}{4\,300 + 700 + 2\,000 + 2\,000 + 1500} \cdot 100 = 26{,}66\ \%$$

$$\text{Gesamtkapitalrentabilität} = \frac{2\,800 + 400}{22\,500} \cdot 100 = 14{,}22\ \%$$

$$\text{Umsatzrentabilität} = \frac{2\,800}{42\,000} \cdot 100 = 6{,}67\ \%$$

$$\text{Return on Investment (ROI)} = \frac{2\,800}{22\,500} \cdot 100 = 12{,}44\ \%$$

7 Finanzierung und Investition

7.1 Grundlagen

Der betriebliche Prozess besteht aus drei Teilbereichen: der Beschaffung, der Produktion und dem Absatz. Der Betriebsprozess kann nur ablaufen, wenn finanzielle Mittel zur Beschaffung der Produktionsfaktoren zur Verfügung stehen. Die Bereitstellung finanzieller Mittel wird als **Finanzierung** oder als Kapitalbeschaffung bezeichnet. Dem Begriff der Kapitalbeschaffung ist der Begriff der Kapitalverwendung gegenüberzustellen. Die Verwendung von finanziellen Mitteln zur Beschaffung von Vermögen bezeichnet man als **Investition.** Betrachtet man die Finanzierung und Investition vom Standpunkt der Bilanz, so gibt die Passivseite Auskunft über die Herkunft der finanziellen Mittel (Finanzierung, Kapitalbeschaffung), während aus der Aktivseite zu erkennen ist, welche Vermögensarten die Kapitalgeber zur Verfügung gestellt haben (Investition, Kapitalverwendung).

Aktiva		Bilanz		Passiva
	Betrag			Betrag
Anlagevermögen		Eigenkapital		
Umlaufvermögen		Fremdkapital		
Investition		**Finanzierung**		

Die Begriffe Finanzierung und Investition stehen in engem Zusammenhang, denn eine Mittelverwendung hat eine Mittelbeschaffung zur Voraussetzung. Entscheidungen über Sach- und Mittelbeschaffung (Finanzierung) und Sach- und Mittelbindung (Investition) sollten **nie separat** getroffen werden. Es sind stets **Finanzierungsregeln** zu beachten, die als Gestaltungshinweise für Finanzierungs- und Investitionsentscheidungen zu verstehen sind.

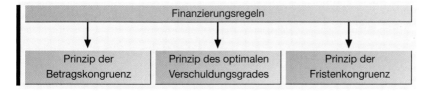

Übersicht 23: Finanzierungs-regeln

Das **Prinzip der Betragskongruenz** besagt, dass die Kapitalbeschaffung (Finanzierung) und die Kapitalbindung (Investition) so aufeinander abgestimmt werden sollen, dass die Finanzierungssumme immer größer, mindestens aber gleich der Investitionssumme ist. Das Prinzip der Betragskongruenz findet in der „Goldenen Bilanzregel" seine Fortsetzung. Das **Prinzip der Fristenkongruenz** – auch „**Goldene Bankregel**" genannt – besagt, dass die Laufzeit der Finanzierung (Überlassungszeitraum der finanziellen Mittel) immer länger, mindestens aber ebenso lang sein sollte wie die Investitionslaufzeit eines Vermögensgegenstandes. Die **„goldene Bilanzregel"** verlangt, dass alles langfristig gebundene Kapital auch langfristig zu finanzieren sei, also z. B. Anlagevermögen ausschließlich durch Eigenkapital. Sie vereinfacht die goldene Bankregel auf Bilanzpositionen. Während das Prinzip der Betragskongruenz und das Prinzip der Fristenkongruenz Verbindungen zwischen Kapitalbeschaffung und Kapitalherkunft herstellen (sog. horizontale Finanzierungsregeln), bezieht sich das Prinzip des optimalen Verschuldungsgrades als vertikale Finanzierungsregel ausschließlich auf die Mittelherkunft.

Das **Prinzip des optimalen Verschuldungsgrades** verlangt, dass das Verhältnis zwischen Fremd- und Eigenkapital 1 : 1 oder 2 : 1 betragen sollte. Im Rahmen der Bilanzanalyse wird das Verhältnis von Fremd- zu Eigenkapital durch den Verschuldungskoeffizienten V dargestellt:

$$V = \frac{\text{Fremdkapital}}{\text{Eigenkapital}} \cdot 100$$

Sämtliche Finanzierungsregeln haben als Ziel die Wahrung des finanziellen Gleichgewichts. Das **finanzielle Gleichgewicht** ist dann gegeben, wenn zwei Bedingungen erfüllt sind: Erstens muss die Zahlungsfähigkeit (das Verhältnis zwischen verfügbaren Geldmitteln und fälligen Verbindlichkeiten = Liquidität) des Betriebs in jedem Zeitpunkt bestehen und zweitens müssen die finanziellen Entscheidungen so getroffen werden, dass der Kapitalbedarf (Finanzierungsbedarf) beabsichtigter Investitionen gesichert ist. Um die Liquidität zu jedem Zeitpunkt einer Abrechnungsperiode zu gewährleisten, ist die Aufstellung eines **Liquiditätsplans** notwendig. Der Liquiditätsplan erfasst alle eingehenden und ausgehenden Zahlungsströme und ist bilanztechnisch ein Abbild der Position ‚Kasse'. Neben der Erhaltung der Liquidität ist es die Aufgabe der **Finanzplanung,** den Kapitalbedarf eines Unternehmens auf kurze und lange Sicht zu ermitteln. Tritt bei der Planung ein Kapitalbedarf oder ein Kapitalüberschuss auf, so ist unter den verschiedenen Formen der Finanzierung bzw. Investition die kostengünstigste Alternative zu wählen.

Maßnahmen zur Wahrung des finanziellen Gleichgewichts sind besonders auf der Einzahlungsseite mit Risiken, z. B.

- schwankende Zahlungshöhe durch Zinsänderungsrisiken,
- Insolvenzrisiken bei ausbleibenden Zahlungen,

verbunden. Während die Höhe und der Termin der Auszahlungen noch mit einer gewissen Genauigkeit prognostiziert werden kann, ist die Höhe und Terminisierung der Einzahlungen für ein Unternehmen relativ unkontrollierbar. Es stellt sich somit die Frage nach der Berechnung und anschließenden **Deckung des Kapitalbedarfs**[1].

7.2 Kapitalbedarfsplanung

Im Rahmen der Ermittlung des Kapitalbedarfs ist zwischen Anlage- und Umlaufvermögen zu unterscheiden. Der Kapitalbedarf des Anlagevermögens ist bestimmbar als Summe der Anschaffungskosten der Anlagegüter zuzüglich der Kosten, die durch Organisation und Errichtung anfallen.

---

[1] *Siehe auch Kapitel 6.1.3 Kennzahlen zur Liquiditätsanalyse: Deckungsgradkennzahlen*

Der Kapitalbedarf des Umlaufvermögens errechnet sich dagegen wie folgt:

> Aufwand eines · durchschnittliche Kapital-
> Produktionstages gebundenheit in Tagen

Die durchschnittliche Kapitalgebundenheit ist wiederum die Summe der Produktions-, Lager- und Auslieferungsdauer eines Produkts zuzüglich der Kreditinanspruchnahme- und Zahlungsdauer eines Kunden in Tagen.
Sind sämtliche Auszahlungen und Einzahlungen einer Periode prognostiziert worden, so ergibt sich der Überschuss oder Fehlbetrag an zu deckenden Kapitalmitteln. Die Deckung des Kapitals ist anschließend mit bestimmten Finanzierungsformen (Außen- und Innenfinanzierung) möglich.

7.3 Formen der Finanzierung

Die Mittelbeschaffung lässt sich nach der Herkunft des Kapitals näher bestimmen:

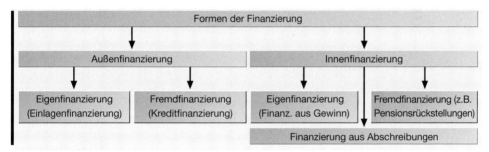

Übersicht 24: Formen der Finanzierung

Außenfinanzierung

Die Außenfinanzierung ist dadurch gekennzeichnet, dass die benötigten Finanzierungsmittel dem Unternehmen unabhängig vom betrieblichen Produktionsprozess von externen Dritten zur Verfügung gestellt werden. Die Außenfinanzierung wird nach dem Kriterium der Kapitalhaftung unterschieden in die Eigen- und in die Fremdfinanzierung.

– **Eigenfinanzierung:**
  Sie umfasst alle Formen der Beschaffung und Bereitstellung zusätzlichen Eigenkapitals durch entweder eine Erhöhung der Kapitaleinlagen bereits vorhandener Eigentümer (Anteilseignern) oder eine Aufnahme zusätzlicher Eigentümer gegen eine Geld- oder Sacheinlage. Man spricht in diesem Sinne auch von einer Einlagen- oder Beteiligungsfinanzierung, da diese Form der Außenfinanzierung mit der Zuführung von Eigenkapital verbunden ist. Im Hinblick auf die Möglichkeiten der Beteiligungsfinanzierung ist zwischen Eigenfinanzierung mit und ohne Börsenzugang zu unterscheiden. Die **Börse** ist eine staatlich geregelte Marktveranstaltung, auf der sich regelmäßig zu bestimmten Zeiten an einem bestimmten Ort Kaufleute treffen, um Eigenkapitalanteile, sog. **Aktien,** zu standardisierten Vertragsbedingungen zu handeln.
  Die Eigenfinanzierung hat gegenüber allen anderen Finanzierungsformen wesentliche Vorteile:

- Eigenkapital steht unbegrenzt zur Verfügung und somit langfristige Kalkulation möglich
- Keine externe Einflussnahme durch Dritte und folglich kein Rechenschaftsbericht
- Keine Zinszahlungen und somit kein Zinsänderungsrisiko
- **Fremdfinanzierung:**
  Hierunter versteht man die Aufnahme von Fremdkapital durch Inanspruchnahme eines Kredits, sog. Kreditfinanzierung. Unter **Kredit** versteht man die Aufnahme von Zahlungsmitteln gegen Entgelt (Zinsen).

Innenfinanzierung

Die Innenfinanzierung beschreibt die Möglichkeit eines Betriebes, sich vom betrieblichen Umsatzprozess oder durch die Umschichtung des Unternehmensvermögens finanzielle Mittel zu beschaffen.

- **Eigenfinanzierung:**
  Sie ist die wichtigste Form der Finanzierung, da die Beschaffung finanzieller Mittel aus dem Umsatzprozess erfolgt. Die Selbstfinanzierung erfolgt durch die **Zurückbehaltung von Gewinnen,** allerdings nur bis zur Höhe des für die Leistungserstellung benötigten bewerteten Verbrauchs von Produktionsfaktoren. Man bezeichnet die zurückbehaltenen Gewinne auch als **Wiedergeld,** da sie als finanzieller Gegenwert der zuvor für den Einsatz von Produktionsfaktoren abgeflossenen Zahlungsmittel anzusehen sind.
- **Finanzierung aus Abschreibungen:**
  Produktionsfaktoren, die nicht im Produktionsprozess verbraucht werden, sondern nur eine **Wertminderung in Form von Abschreibungen** erfahren (z. B. Maschinen), sind dadurch gekennzeichnet, dass sie nach dem Produktionsprozess nicht jedesmal ersetzt werden müssen. Gelingt es dem Betrieb, den Abschreibungsaufwand durch einbehaltene Gewinne auszugleichen, so werden diese Gewinne bzw. Zahlungsmittel nicht sofort wieder benötigt. Sie werden erst dann benötigt, wenn der betreffende Produktionsfaktor am Ende seiner Nutzungsdauer endgültig verbraucht ist. Bis zu diesem Zeitpunkt können die entsprechenden Zahlungsmittel für andere Produktionsfaktoren verwendet werden **(Kapazitätserweiterungseffekt),** wobei sicherzustellen ist, dass im Ersatzzeitpunkt die benötigten Zahlungsmittel wieder zur Verfügung stehen. Man spricht von einer **Finanzierung aus Abschreibungen.** Die Selbstfinanzierung, also auch die Finanzierung aus Abschreibungen, setzt voraus, dass finanzielle Mittel durch den Umsatzprozess erwirtschaftet werden. Weist dagegen ein Betrieb einen negativen Erfolg aus, so kann das Unternehmen Vermögenswerte verkaufen, um Verluste auszugleichen.
- **Innen-Fremdfinanzierung aus Pensionsrückstellungen:**
  Pensionsrückstellungen gehören zu den Verbindlichkeiten eines Unternehmens. Bis sie allerdings zur Auszahlung gelangen, kann das Unternehmen mit diesen Geldern arbeiten und sie als Finanzierungsquelle z. B. für Investitionen heranziehen.

7.4 Formen der Investition

Ebenso wie bei der Finanzierung können auch bei der Investition verschiedene Formen unterschieden werden. Nach der Art der Vermögensgegenstände, für deren Beschaffung finanzielle Mittel verwendet werden, trennt man zwischen Sachinvestitionen, Finanzinvestitionen und immateriellen Investitionen.

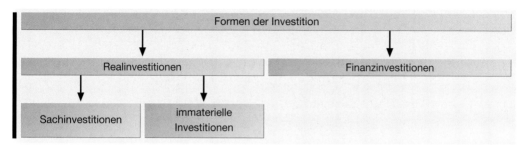

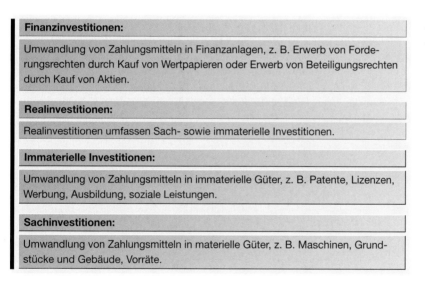

Übersicht 25: Formen der Investition

7.5 Investitionsarten

Ausgehend vom Investitionsbedarf einer Periode (Bruttoinvestitionen), werden folgende Investitionsanlässe unterschieden:

Übersicht 26: Gliederung der Bruttoinvestitionen

Bruttoinvestitionen:

Die Summe von Zahlungsmitteln, die in einer Investitionsperiode in Güter für den Produktionsprozess umgewandelt wird, heißt Bruttoinvestition.

Nettoinvestitionen:

Der Teil der Bruttoinvestitionen, der zu einer Vergrößerung des betrieblichen Leistungsvermögens führt, z. B. Anschaffung neuer Produktionsanlagen, wird als Nettoinvestition bezeichnet.

Rationalisierungsinvestitionen:

Darunter versteht man den Teil der Bruttoinvestitionen, der zu einer Verbesserung der Produktivität führt, z. B. Einsatz von Stromsparlampen.

Ersatzinvestitionen:

Derjenige Teil der Bruttoinvestitionen, der lediglich auf den Ersatz verbrauchter Produktionsfaktoren gerichtet ist, gilt als Ersatzinvestition.

7.6 Grundlagen der Investitionsrechnung

Jede Investitionsrechnung soll eine objektive Beurteilung von Investitionsvorhaben (z. B. verschiedene Arten von Ersatzinvestitionen) ermöglichen. Es werden folgende Verfahren der Investitionsrechnung unterschieden:

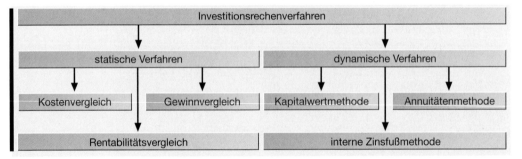

Übersicht 27:
Verfahren der
Investitionsrech-
nung

Die **statischen (kalkulatorischen) Verfahren** der Investitionsrechnung sind dadurch gekennzeichnet, dass unterschiedliche Zahlungszeitpunkte in Verbindung mit einer Investition unberücksichtigt bleiben.

■ **Kostenvergleich:**
  Auswahl der Investition, deren Realisierung die geringsten Kosten verursacht.

■ **Gewinnvergleich:**
  Auswahl der Investition, deren Realisierung den höchsten Gewinn verspricht.

■ **Rentabilität:**
  Auswahl der Investition, deren Realisierung die höchste Rentabilität erbringt (zur Definition der Rentabilität vgl. Kapitel 6.1.3 Kennzahlen zur Liquiditätsanalyse).

Die **dynamischen (finanzmathematischen) Verfahren** der Investitionsrechnung sind im Gegensatz zu den statischen Methoden dadurch gekennzeichnet, dass unterschiedliche Zahlungszeitpunkte explizit berücksichtigt werden, was durch die Verwendung der Zinseszinsrechnung erreicht wird:

■ **Kapitalwertmethode:**
Bei der Kapitalwertmethode wird zur Beurteilung eines Investitionsvorhabens dessen Kapitalwert betrachtet. Dabei ergibt sich der Kapitalwert einer Investition aus der Summe aller abgezinsten oder aufgezinsten Zahlungen, die dieser Investition eindeutig zugerechnet werden können. Der Zinssatz, der für die Auf- bzw. Abzinsung herangezogen wird, wird als **Kalkulationszinsfuß** bezeichnet. Die Investition mit dem höchsten Kapitalwert unter der Bedingung ‚Kapitalwert > Null' wird ausgewählt.
Formelmäßig wird unter dem Kapitalwert einer Investition die Summe aller auf den heutigen Zeitpunkt abgezinsten Zahlungen verstanden:

$$\text{Kapitalwert} = \sum_{t=0}^{\text{Investitionsdauer}} (\text{Einzahlungen}_t - \text{Auszahlungen}_t) \cdot (1 + \text{Kalkulationszinsfuß})^{-t}$$

wobei t = Periode (t = 0, 1, 2 . . ., n)

■ **Annuitätenmethode:**
Sie stellt eine Abwandlung der Kapitalwertmethode dar. Die errechneten Kapitalwerte der Kapitalwertmethode werden in Zahlungsströme zurückgerechnet, wobei jeder Zahlungsstrom Zahlungen in gleicher Höhe und in gleichen zeitlichen Abständen aufweisen muss. Zahlungen einer Investition in gleicher Höhe und in gleichen Zeitabständen werden als **Annuitäten** bezeichnet. Die Investition mit den höchsten Annuitäten wird ausgewählt.
Man erhält die Annuität einer Investition, wenn man den Kapitalwert mit dem sog. **Kapitalwiedergewinnungsfaktor** multipliziert:

$$\text{Annuität} = \text{Kapitalwert} \cdot \frac{\text{Kalkulationszinsfuß}}{1 - (1 + \text{Kalkulationszinsfuß})^{-\text{Investitionsdauer}}}$$

■ **Methode der internen Zinsfüße:**
Die Methode der internen Zinsfüße stellt formal die Kapitalwertmethode mit veränderter Fragestellung dar. Während bei der Kapitalwertmethode bei gegebenem Kalkulationszinsfuß nach dem Kapitalwert einer Investition gefragt wird, geht die Methode der internen Zinsfüße von einem Kapitalwert von Null aus und fragt nach der Höhe des internen Kalkulationszinsfußes **(Effektivverzinsung;** interne Verzinsung). Die Investition mit der höchsten Effektivverzinsung wird ausgewählt.
Formelmäßig wird der gesuchte interne Kalkulationszinsfuß ermittelt, indem man die Formel zur Berechnung des Kapitalwertes gleich Null setzt:

$$\text{Null} = \sum_{t=0}^{\text{Investitionsdauer}} (\text{Einzahlungen}_t - \text{Auszahlungen}_t) \cdot (1 + \text{Interner Kalkulationszinsfuß})^{-t}$$

wobei t = Periode (t = 0, 1, 2 . . ., n)

8 Kosten- und Leistungsrechnung

8.1 Grundlagen/Aufgaben

Aufgabe der kalkulatorischen Kosten- und Leistungsrechnung ist erstens die Preiskalkulation von Finanzdienstleistungen *(siehe Kapitel 8.4.3)*, zweitens die Kontrolle der Wirtschaftlichkeit *(siehe Kapitel 8.5)* und drittens die Durchführung von Entscheidungsrechnungen (Fremd- oder Eigenbezug) *(siehe Kapitel 8.6)*.

Im Gegensatz zur pagatorischen Rechnung knüpft die kalkulatorische Rechnung unmittelbar an den **Realgüterbewegungen** im Rahmen des **betrieblichen Produktionsprozesses** an. Nicht erfasst werden von der kalkulatorischen Rechnung also diejenigen Güterprozesse, die nicht Gegenstand des betrieblichen Produktionsprozesses sind, z. B. Verluste aus An- und Verkauf von Wertpapieren. Andererseits erfasst die kalkulatorische Rechnung auch Realgüterbewegungen im Rahmen des betrieblichen Produktionsprozesses, die nicht mit Zahlungen verbunden sind, z. B. Arbeitsleistung des Unternehmers oder Verzinsung des Eigenkapitals. Kennzeichnend für die Kosten- und Leistungsrechnung ist, dass sie keinerlei gesetzlichen Bestimmungen unterliegt und somit von jedem Unternehmen frei gestaltet werden kann.

Zentraler Begriff der kalkulatorischen Rechnungslegung ist der Begriff der Kosten. **Kosten** werden im betrieblichen Rechnungswesen als **bewerteter leistungsbezogener Güterverbrauch** bezeichnet.

Übersicht 28: Kosten

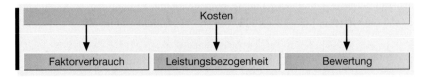

Drei grundlegende Merkmale bestimmen also das Wesen der Kosten:

- **In der Unternehmung werden Wirtschaftsgüter verbraucht:**
  Kosten liegen nur dann vor, wenn in der Unternehmung Wirtschaftsgüter verbraucht werden (also kein Gütertausch). Als Verbrauch ist nicht nur der Verbrauch von Sachgütern zu verstehen, z. B. Materialverbrauch, sondern auch die allmähliche Wertminderung in Form von Abschreibungen.

- **Der Güterverbrauch dient der Leistungserstellung:**
  Zu den Kosten rechnet nur der Güterverbrauch, der in einem unmittelbaren oder mittelbaren Zusammenhang mit dem Produktionsprozess steht, sog. **Kostenverursachungsprinzip.**

■ **Die Verbrauchsmengen werden mit Preisen bewertet:**
Der betriebsbedingte Güterverbrauch ist die Mengenkompo-
nente des Kostenbegriffs. Da Kosten jedoch eine Wertgröße darstellen, müssen die Verbrauchsmengen mit Preisen bewertet
werden.

Den Zusammenhang zwischen der pagatorischen und kalkulatorischen
Rechnung verdeutlicht ein Vergleich zwischen den Begriffen Aufwand und
Kosten.

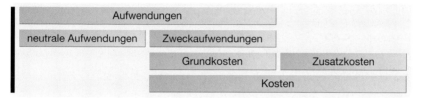

Bei den **Zweckaufwendungen** bzw. **Grundkosten** handelt es sich um den
betriebsbedingten (betriebsnotwendigen) wertmäßigen Güterverzehr, also
z. B.

■ Gehälter für Mitarbeiter
■ gezahlte Mieten für die Büroräume
■ gezahlte (Unternehmens-)Steuern
■ etc.

Wichtig also ist, dass die Aufwendungen für den Betrieb des Unternehmens
vorgenommen wurden. Eine Spende an eine soziale Einrichtung ist dagegen
nicht betriebsnotwendig (der Betrieb würde auch ohne diese Spende
genauso weiterbestehen). Sie wäre daher als „**neutraler Aufwand**" zu verbuchen.

Beispiele für kalkulatorische Kosten sind:

– **Kalkulatorische (Unternehmer-)Löhne:** Fiktives Entgelt für die
Mitarbeit des Einzelunternehmers sowie unbezahlter Familienmit-
glieder im Unternehmen. Der Einzelunternehmer erhält keinen
Lohn, sondern nimmt Entnahmen vor. Es gibt somit keine Ge-
haltsbuchung für den Einzelunternehmer. Ganz im Gegenteil zu
GmbH-Geschäftsführern. Diesen wird nämlich ein Gehalt gezahlt,
das den Unternehmensgewinn schmälert. Setzt man jedoch beim
Einzelunternehmer einen kalkulatorischen, also fiktiven Unterneh-
merlohn an und zieht diesen dann vom Gewinn ab, kann die
Ertragskraft eines Einzelunternehmers mit Kapitalgesellschaften
leichter verglichen werden.

– **Kalkulatorische Mieten:** Mietwert der betrieblich genutzten eigenen Räume. Schließlich könnte man sie ja auch an einen Dritten
vermieten und Einnahmen erzielen. Diese entgangenen Mieteinnahmen durch Selbstnutzung werden als Kosten berücksichtigt.

> **– Kalkulatorische Abschreibungen**: Werteverzehr von Anlagegütern ohne Beachtung von bilanziellen und steuerlichen Abschreibungsregeln. Ist die tatsächliche Nutzungsdauer geringer als die bilanzielle, dann verteilt man in der Kostenrechnung die Anschaffungskosten auf diese kürzere Nutzungsdauer. Somit ist dann der Abschreibungsbetrag in der Kostenrechnung höher als in der GuV, aber auch „wahrer".

Beispiel

Sie kaufen sich ein Notebook. Da Sie immer die neueste Software benutzen, ist es wahrscheinlich, dass Sie in zwei Jahren bereits ein neues benötigen. Zur Vereinfachung sei noch angenommen, dass es nach diesen zwei Jahren nichts mehr wert sei. Die 3 000,00 EUR netto für diesen Rechner müssen Sie also mindestens in diesen zwei Jahren auch wieder verdienen. Ansonsten hätte sich diese Anschaffung nicht gelohnt.

Anders gesagt: Dieses Notebook kostet Sie pro Jahr allein über die Anschaffung 1 500,00 EUR.

Die Finanzbuchhaltung und damit gezwungenermaßen auch Ihr Steuerberater geht an diesen Fall allerdings etwas anders heran. Der reine Kauf des Notebooks stellt gegenüber dem Finanzamt keinen Aufwand dar! Es ist lediglich ein Tausch: Bargeld gegen Computer. Wenn Sie sofort nach dem Kauf einen Vermögensspiegel machen würden, wären Sie noch genauso reich oder arm wie vorher, oder?

Und nun kommt das Finanzamt (oder genauer gesagt das Bundesministerium der Finanzen) und schreibt Ihnen vor, wie lange die steuerliche Nutzungsdauer Ihres Notebooks sein darf, die Ihr Steuerberater ansetzen kann. Dieses geschieht mittels so genannter AfA-Tabellen (AfA = Absetzung für Abnutzung). Die AfA-Tabelle für „allgemein verwendbare Anlagegüter" finden Sie übrigens auf der Homepage des Bundesfinanzministeriums unter: *http://www.bundesfinanzministerium.de/cln_02/nn_308/DE/ Steuern/Veroeffentlichungen__zu__Steuerarten/Betriebspruefung/005.htm.* Eine Veränderung dieser Abschreibungsdauer ist nur in begründeten Ausnahmefällen möglich.

Dort lesen Sie, dass Notebooks über drei Jahre abgeschrieben werden müssen. Abgeschrieben? Als Abschreibung bezeichnet man die Verteilung der Anschaffungskosten auf die Nutzungsdauer.

$$\text{Abschreibung pro Jahr:} \quad \frac{3\ 000,00\ \text{EUR}}{3\ \text{Jahre Nutzungsdauer}}$$

Hier wären es also 1 000,00 EUR pro Jahr, die als Aufwand in Ihre Gewinn- und Verlustrechnung einfließen und Ihren Gewinn mindern würden (lineare Abschreibung).

Merken Sie einen Unterschied?

In der Welt der Finanzbuchhaltung kostet Sie das Notebook 1 000,00 EUR pro Jahr; in der Welt der Kostenrechnung aber 1 500,00 EUR.

$$\frac{3\ 000,00\ \text{EUR}}{2\ \text{Jahre Nutzungsdauer}} = 1\ 500,00\ \text{EUR}$$

Wenn Sie sich nun fragen, welches der richtige, welches also der tatsächliche Wert ist, dann werden Sie wahrscheinlich so wie viele andere auf den Wert der Kostenrechnung (1 500,00 EUR) kommen. Denn dieser errechnet sich nach Ihren persönlichen Angaben und Anforderungen, während der Wert der Abschreibung in der Finanzbuchhaltung sich nach Vorgaben aus dem Finanzministerium errechnet.

> **– Kalkulatorische Zinsen**: Zinsen für das vom Einzelunternehmer zur Verfügung gestellte Privatkapital. Er hätte es ja auch in festverzinslichen Wertpapieren anlegen können. Er verzichtet also bewusst auf einen Zinsertrag, der somit als Kosten mit einfließt.

Man bezweckt mit dem Ansatz kalkulatorischer Kosten die Erfassung des **tatsächlichen** Werteverzehrs, der nicht oder in anderer Höhe in der Bilanz und pagatorischen Erfolgsrechnung ausgewiesen wird. Somit ermöglicht der Ansatz von kalkulatorischen Kosten die Vergleichbarkeit einzelner Unternehmen. Beispielsweise werden durch den kalkulatorischen Unternehmenslohn Unternehmen mit unterschiedlichen Rechtsformen vergleichbar gemacht, da Einzelunternehmer im Gegensatz zu Vorständen einer Aktiengesellschaft keinen Lohn erhalten. Die kalkulatorischen Löhne des Einzelunternehmens werden monatlich in gleicher Höhe in die Kalkulation einbezogen, so dass eine Periodisierung des Gewinns, von dem der Einzelunternehmer lebt, zu einer Lohnvergleichbarkeit mit Vorständen von Aktienunternehmen führt.

Das Gegenstück zum Kostenbegriff ist der Begriff der Leistung. Unter **Leistung** ist die **bewertete leistungsbezogene Güterentstehung** zu verstehen. In Analogie zur Abgrenzung der Begriffe Kosten und Aufwand lassen sich die Begriffe Erträge und Leistungen unterscheiden.

Der Teil der Erträge, der keine Leistung darstellt, heißt **neutraler Ertrag,** z. B. Lottogewinn. Den Teil, der in gleicher Höhe Leistung darstellt, nennt man **Zweckertrag** bzw. **Grundleistung,** z. B. Fertigprodukte. Sind Erträge auf Grund fehlender Einnahmen nicht zu ermitteln, so können **Zusatzleistungen** bzw. **kalkulatorische Erträge** zur tatsächlichen Ermittlung der Güterentstehung angesetzt werden.
Da die Begriffe Aufwand versus Kosten und Ertrag versus Leistung nicht immer deckungsgleich sind, führt ihr Ansatz im Rahmen der pagatorischen Erfolgsrechnung (Unternehmensergebnisrechnung, GuV-Rechnung) und im Rahmen der kalkulatorischen Erfolgsrechnung (Betriebsergebnisrechnung) nicht zu identischen Ergebnissen.

Soll	Betriebsergebnisrechnung		Haben
	Betrag		Betrag
Kosten	200,00 EUR	Leistungen	400,00 EUR
Betriebsergebnis	200,00 EUR		
	400,00 EUR		400,00 EUR

Soll	Unternehmensergebnisrechnung		Haben
	Betrag		Betrag
Aufwendungen	150,00 EUR	Erträge	400,00 EUR
Unternehmensergebnis	250,00 EUR		
	400,00 EUR		400,00 EUR

Außerdem unterliegt der im Jahresabschluss ausgewiesene Unternehmenserfolg einer Vielzahl von finanz-, steuer- und geschäftspolitischen Erwägungen, die den Jahreserfolg verzerren und den Erfolg meist niedriger erscheinen lassen als er „tatsächlich" ist. Deshalb ist nur die Kosten- und Leistungsrechnung als íntern orientiertes Instrument der Unternehmensführung zur Planung, Steuerung und Kontrolle des Betriebsgeschehens geeignet.

8.2 Gliederung der Kosten

Kosten untergliedern sich grundsätzlich nach zwei Kriterien: nach dem Verhalten der Kosten bei Beschäftigungsschwankungen und nach der Zurechenbarkeit der Kosten auf die Kostenträger.

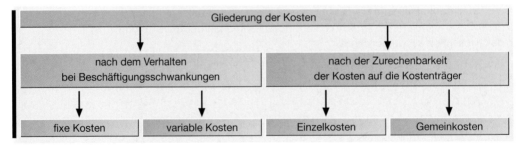

Übersicht 29:
Gliederung der
Kosten

Als **Beschäftigung** wird die Inanspruchnahme einer gegebenen Kapazität betrachtet. **Kapazität** ist die maximale Leistungsmenge je Zeiteinheit einer Unternehmung, einer Kostenstelle oder einer Maschine bzw. Person. Beispielsweise beträgt die Kapazität einer Geldzählmaschine 1 000 Geldscheine pro Minute.

Fixe Kosten

Leistungsunabhängige Kosten, d. h. durch Beschäftigungsschwankungen nicht beeinflussbare Kosten, werden als fixe Kosten bezeichnet, z. B. Miete und Gehälter.

Variable Kosten

Leistungsabhängige Kosten, d. h. durch Beschäftigungsschwankungen beeinflussbare Kosten, werden als variable Kosten (Grenzkosten, proportionale Kosten) bezeichnet, z. B. Vordrucke und Telefonkosten.

Durch Addition der fixen und variablen Kosten ergeben sich die **Gesamtkosten.** Werden die Gesamtkosten durch die Produktionsmenge dividiert, so erhält man die **Stückkosten.**

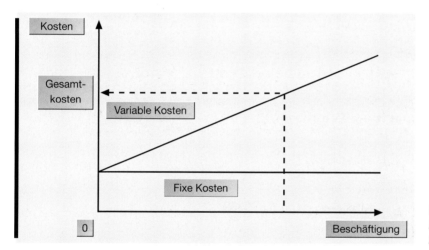

Übersicht 30:
Fixe und variable Kosten

Als **Kostenträger** werden die Produkte bezeichnet, weil sie die Kosten verursachen und damit letztendlich auch tragen müssen.

Einzelkosten

Kosten, die für jeden Kostenträger einzeln bestimmbar und somit diesem direkt zurechenbar sind, z. B. Lizenzgebühren, Reisekosten, werden Einzelkosten genannt.

Gemeinkosten

Kosten, die sich nicht einem, sondern nur mehreren Kostenträgern zuordnen lassen z. B. Büromaterial, Versicherungen, heißen Gemeinkosten.

Einzelkosten und Gemeinkosten können sowohl variablen als auch fixen Charakter besitzen.

8.3 Abrechnungssysteme der Kostenrechnung

Es werden folgende Abrechnungssysteme der Kostenrechnung unterschieden:

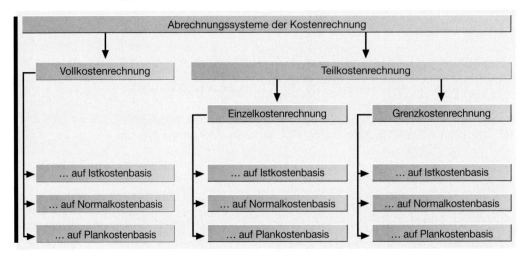

Übersicht 31: Abrechnungssysteme der Kostenrechnung

Die Unterscheidung zwischen Voll- und Teilkostenrechnung beruht auf dem Umfang der auf die Kostenträger zu verrechnenden Kosten.

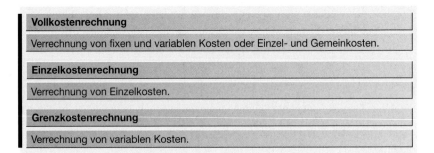

Vollkostenrechnung

Verrechnung von fixen und variablen Kosten oder Einzel- und Gemeinkosten.

Einzelkostenrechnung

Verrechnung von Einzelkosten.

Grenzkostenrechnung

Verrechnung von variablen Kosten.

Jedes Abrechnungssystem der Kostenrechnung kann auf Ist-, Normal- und Plankostenbasis beruhen.

Istkostenrechnung

Rückschauende, vergangenheitsorientierte Rechnung, die die in einer Abrechnungsperiode tatsächlich angefallenen Kosten berücksichtigt.

Normalkostenrechnung

Istkostenrechnung, die von Durchschnittswerten vergangener Perioden ausgeht.

Plankostenrechnung

Vorausschauende, zukunftsorientierte Rechnung, die die in einer Abrechnungsperiode geplanten (Soll-)Kosten berücksichtigt.

8.3.1 Vollkostenrechnung

Hauptziel der Vollkostenrechnung ist die Preisermittlung für ein Produkt. In der Vollkostenrechnung werden (wie der Name schon sagt) **alle Kosten** auf Kostenträger (Produkte) verrechnet. Dafür werden die Kostenarten in den Kostenstellen des Betriebes erfasst. Wie wird dabei vorgegangen? (Siehe auch 8.4)

1. Zunächst wird eine **Kostenartenrechnung** durchgeführt. Diese soll ermitteln, welche Güter verzehrt worden sind und **welche Kostenarten** angefallen sind. Die Daten kommen hierbei aus der Finanzbuchhaltung.
2. Zweitens wird eine **Kostenstellenrechnung** installiert, die die soeben ermittelten Kostenarten **auf die Kostenstellen** aufschlüsselt.
3. Im dritten Schritt werden die Kosten in der Kostenträgerrechnung **auf die Kostenträger** aufgeschlüsselt. Dem Kostenträger (Produkt) werden also die Einzelkosten und die über Kalkulationssätze oder sonstige Schlüssel ermittelten Gemeinkosten zugeschlüsselt (siehe Zuschlagskalkulation im Kapitel 8.4.3).

Am Ende des Prozesses sollen die Selbstkosten des Kostenträgers (Produkts) stehen. Kritisch anzumerken ist, dass **alle** Gemeinkosten auf den Kostenträger umgelegt werden, denn es wird von einer anteiligen Inanspruchnahme aller Produktionsfaktoren bei der Leistungserstellung ausgegangen. Das konnte im traditionellen Material- und Fertigungsbereich auch noch Sinn machen. In Zeiten, in denen die Verwaltung und der Vertrieb einen immer größeren Anteil an der Kostenstruktur übernehmen, ist dies nicht mehr zeitgemäß.

8.3.2 Teilkostenrechnung als Deckungsbeitragsrechnung

In der Teilkostenrechnung werden für die Stückkostenermittlung nur die Kosten verrechnet, die **variabel** im Rahmen der Leistungserstellung anfallen. Grundlage der Teilkostenrechnung ist somit die Aufteilung der Gesamtkosten in

■ variable Kosten und
■ fixe Kosten.

Wenn jetzt nur noch die variablen Kosten betrachtet werden, wird eines deutlich: Der Einfluss der fixen Kosten auf die Stückkosten geht verloren und eine Umrechnung der Gemeinkosten über Schlüssel ist nicht notwendig. Die Teilkostenrechnung wird somit hauptsächlich für Entscheidungen herangezogen, die sich auf das kurzfristige Leistungsangebot des Unternehmens beziehen.

Dennoch bleiben die Fixkosten natürlich bestehen. Wie werden diese also weiter berücksichtigt?

Es wird eine Deckungsbeitragsrechnung eingeführt.

Bei der Teilkostenrechnung werden also nur noch die Kosten verrechnet, die direkt durch den Kostenträger (das Produkt) verursacht werden. Die Fixkosten hat das Unternehmen ja sowieso. Also unabhängig davon, ob die Leistung nun erstellt wurde oder nicht.

Folgender Gedanke liegt der Deckungsbeitragsrechnung zugrunde: Wenn vom erzielten Erlös der erstellten Leistung nur noch die variablen Kosten abgezogen würden, was bliebe dann übrig? Logisch: Der Betrag, der die fixen Kosten „abdecken" könnte.

Ein Beispiel soll diesen Gedanken verdeutlichen:
Eine Leistung, zum Beispiel Investmentfondsanteile im Gegenwert von 100 000,00 EUR, wird vertrieben. Bei einem Ausgabeaufschlag von 5 % ergibt sich ein Erlös für die Kapitalanlagegesellschaft von 5 000,00 EUR. An den Vermittler muss Sie 4 000,00 EUR abführen. Da diese Kosten in Höhe von 4 000,00 EUR ja nur bei der Vermittlung entstehen, sind die 4 000,00 EUR als variable Kosten anzusehen. Angenommen, für die Eingabe des Auftrages und alle weiteren administrativen Tätigkeiten fallen weitere 150,00 EUR an, so sind die variablen Kosten für diese Produktion also

    4 000,00 EUR
+   150,00 EUR
= 4 150,00 EUR variable Kosten.

Erlös aus dieser Vermittlung waren aber 5 000,00 EUR. Was ist also mit den „verbleibenden" 850,00 EUR? Diese kann die Kapitalanlagegesellschaft nun zur Deckung ihrer Fixkosten (Miete, Gehälter der festangestellten Mitarbeiter, Abschreibungen, EDV-Kosten etc.) „heranziehen".

Der Deckungsbeitrag (DB) ist also definiert als

▌   DB = Umsatz (Erlös) – variable Kosten

8.3.3 Break-Even-Analyse (Gewinnschwellenanalyse)

Jeder Unternehmer wird sich irgendwann die Frage stellen, wie viel er produzieren muss, um zumindest seine Kosten (fixe und variable Kosten) zu decken. Eine Antwort liefert ihm die Break-Even-Analyse.
Welcher Gedanke liegt hier zugrunde? Aus der Deckungsbeitragsrechnung weiß der Unternehmer, wie hoch sein Deckungsbeitrag pro verwerteter Leistungseinheit ist, d. h. wie viel Euro er pro verkaufter Einheit zur Deckung seiner gesamten Fixkosten heranziehen kann.

Beispiel: Die Fixkosten von Herrn Wurst (Finanzdienstleister) betragen im Jahr 24 000,00 EUR (für Miete, Abschreibungen, Gehälter etc.). Pro Abschluss fallen variable Kosten für Benzin und Formulare von 100,00 EUR an. Auf der anderen Seite kommt er pro Abschluss auf einen durchschnittlichen Umsatz (Erlös) von 400,00 EUR. Frage: Wie viel Abschlüsse muss Herr Wurst (Vorname: Hans) tätigen, um zumindest seine Fixkosten in Höhe von 24 000,00 EUR, die ja auf jeden Fall anfallen, zu decken?

1. Ermittlung des Deckungsbeitrages

Umsatz (Erlös)	400,00 EUR
– variablen Kosten	100,00 EUR
DB pro Abschluss	300,00 EUR

2. Ermittlung der Break-Even-Menge (Gewinnschwelle)

▌ $$\text{Break-Even-Menge} = \frac{\text{Fixkosten (gesamt pro Jahr) 24 000,00 EUR}}{\text{DB pro Abschluss 300,00 EUR}} = \frac{80 \text{ Abschlüsse}}{\text{pro Jahr}}$$

Wenn Herr Wurst also 80 Abschlüsse pro Jahr erreicht, hat er seine fixen und variablen Kosten vollständig abgedeckt. Ab dem 81. Abschluss erreicht er die Gewinnzone und „verdient" pro Abschluss den Deckungsbeitrag i.H.v. 300,00 EUR.

8.4 Betriebsabrechnung

Das Ziel der Betriebsabrechnung ist die Ermittlung des kalkulatorischen Erfolgs. Dazu muss die Betriebsabrechnung folgende drei Fragen nach der Erfassung, Verteilung und Zurechnung der Kosten beantworten:

Fragestellung	Teilbereiche der Betriebsabrechnung
1. Welche Kosten sind angefallen?	Kostenartenrechnung
2. Wo sind die Kosten angefallen?	Kostenstellenrechnung
3. Wofür sind die Kosten angefallen?	Kostenträgerrechnung

8.4.1 Kostenartenrechnung

Die Kostenartenrechnung hat die Aufgabe, sämtliche Kosten gegliedert nach Kostenarten mengen- und wertmäßig in den einzelnen Abrechnungsperioden zu erfassen. Eine **Kostenart** ist definiert als bewerteter leistungsbezogener Verbrauch einer bestimmten Güterart. Die Untergliederungstruktur der Kosten nach Kostenarten ist dem jeweiligen Unternehmen überlassen. Es folgt ein Beispiel einer Kostenartenrechnung, die ihre Kostenarten nach Art der verbrauchten Produktionsfaktoren gliedert:

Beispiel:

Kostenart	Betrag in EUR
Personalkosten	10 000,00
Sachkosten	5 000,00
Abschreibungen	1 000,00

8.4.2 Kostenstellenrechnung

Kostenstellen sind Orte der Kostenentstehung. Sie sind Abrechnungsbezirke, in denen der Güterverbrauch stattfindet und werden nach Tätigkeits- und Verantwortungsbereichen gebildet. Man unterscheidet Hilfs- und Hauptkostenstellen. **Hauptkostenstellen** sind Kostenstellen, in denen der Produktionsprozess stattfindet, z. B. Fertigungsstellen. **Hilfskostenstellen** dagegen erbringen ausschließlich innerbetriebliche Leistungen, die nur indirekt am Produktionsprozess beteiligt sind, z. B. Personalabteilung.

Die Kostenstellenrechnung hat zwei Hauptaufgaben: Die **abrechnungstechnische Aufgabe** besteht in der Erfassung der den Kostenträgern nicht direkt zurechenbaren Gemeinkosten, d. h. die Gemeinkosten dürfen den Kostenträgern nicht undifferenziert belastet werden, sondern müssen zunächst nach Verursachungsgesichtspunkten Kostenstellen zugerechnet werden und können erst dann auf die Kostenträger – nach Maßgabe der Beanspruchung – verrechnet werden.

*Übersicht 32:
Zusammenhang
zwischen Kosten-
arten-, Kostenstel-
len- und Kosten-
trägerrechnung*

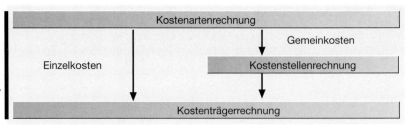

Die **organisatorische Aufgabe** besteht in einer Kostenkontrolle. Eine Kostenkontrolle ist immer dann vonnöten, wenn Bereiche gebildet werden, die für die Einhaltung bestimmter Kostenvorgaben verantwortlich sind.

Die Kostenstellenrechnung besteht aus folgenden drei Abrechnungsschritten:

1. Kostenartenumlage
Verursachungsgerechte Verteilung des Gemeinkostenanteils auf die betreffenden Hilfs- und Hauptkostenstellen (die Einzelkosten werden direkt auf die Kostenträger verrechnet). Dabei zeigt sich, dass einige Gemeinkosten, z. B. Löhne, direkt auf entsprechende Kostenstellen nach Maßgabe ihrer Beanspruchung verteilt werden können. Diese Gemeinkosten werden auch als **Kostenstelleneinzelkosten** bezeichnet. Bei den Gemeinkosten, die nicht direkt einer Kostenstelle zuzuordnen sind **(Kostenstellengemeinkosten)**, z. B. Stromkosten, erfolgt die Kostenartenumlage mit Hilfe einer Bezugs- oder Schlüsselgröße. Als **Bezugsgrößen** werden entweder Mengengrößen (Zähl-, Zeit-, Gewichts-, technische Größen) oder Wertgrößen (Kosten-, Bestands-, Umsatzgrößen) verwendet. Dabei ist zu beachten, dass zwischen der Bezugsgröße und den umzulegenden Kosten eine **Proportionalität** bestehen muss.

Beispiel:
Als Bezugsgröße für die Abrechnung von Stromkosten kann die Flächeneinheit „Quadratmeterzahl" verwendet werden. Jede Kostenstelle erhält folgenden Kostenanteil:

$$\frac{\text{Quadratmeterzahl der betrachteten Kostenstelle}}{\text{Quadratmeterzahl sämtlicher Kostenstellen}} \cdot \text{Stromkosten} = \frac{\text{Stromkosten der betrachteten}}{\text{Kostenstelle}}$$

2. Kostenstellenumlage
Die in den Hilfskostenstellen erbrachten innerbetrieblichen Leistungen sind als Hilfsleistungen nicht für den Absatz bestimmt. Deshalb werden die Gemeinkosten der Hilfskostenstellen auf die Hauptkostenstellen verteilt. Die Praxis hat zahlreiche Verfahren entwickelt, mit denen die Kostenstellenumlage durchgeführt werden kann. Die Schwierigkeit der Kostenstellenumlage besteht in der Tatsache, dass viele Hilfskostenstellen in gegenseitigem Leistungsaustausch stehen.

Übersicht 33: Verfahren zur Kostenstellenumlage

– Das **Anbauverfahren** verzichtet gänzlich auf die kostenrechnerische Erfassung der Leistungsbeziehungen der Hilfskostenstellen. Die Kosten der Hilfskostenstellen werden allein auf die Hauptkostenstellen verteilt.

– Das **Treppenverfahren** ist dadurch gekennzeichnet, dass die Hilfskostenstellen ihre Kosten nicht nur auf Hauptkostenstellen, sondern auch auf **nachgelagerte** Hilfskostenstellen verteilen. Folglich berücksichtigt dieses Verfahren wenigstens einen Teil der innerbetrieblichen Leistungsbeziehungen.

– Das **Simultanverfahren** ermittelt als mathematisches Verfahren die Verteilungssätze der Leistungsbeziehungen zwischen den Hilfskostenstellen unabhängig von der Kostenstellenumlage. Dieses Verfahren ist das einzig genaue Abrechnungsverfahren, weil es sämtliche Leistungsbeziehungen simultan berücksichtigt.

3. Ermittlung von Zuschlagssätzen

Die abrechnungstechnische Aufgabe der Kostenstellenrechnung besteht in der differenzierten Verrechnung der Gemeinkosten auf die Kostenträger. Nach erfolgter Kostenarten- und Kostenstellenumlage gilt es, die auf die Hauptkostenstellen verteilten Gemeinkosten auf die Kostenträger zu verrechnen. Für die Verteilung der Gemeinkosten werden wiederum Bezugsgrößen, sog. Zuschlagssätze, benötigt, die möglichst verursachungsgerecht die Beanspruchung der Kostenstellen durch die Kostenträger widerspiegeln sollen.

8.4.3 Kostenträgerrechnung

Jeder Produktionsprozess verursacht Kosten. Die Produkte haben diese Kosten zu tragen und werden deshalb als Kostenträger bezeichnet. Zielsetzung der Kostenträgerrechnung ist es, die Kosten pro Kostenträger zu ermitteln **(Kostenträgerstückrechnung, Preiskalkulation).** Dazu gehört die Festlegung von Preisuntergrenzen für Verkaufspreise, Preisobergrenzen für den Einkaufsbereich sowie die Ermittlung von Verrechnungspreisen für Hilfskostenstellen im Rahmen der Kostenstellenumlage. Zur Ermittlung der Kosten pro Kostenträger haben sich in der Praxis zwei Verfahren entwickelt:

Übersicht 34:
Verfahren zur
Stückkostenermitt-
lung

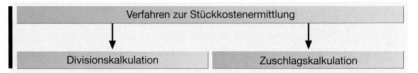

Divisionskalkulation

Die Divisionskalkulation als einfachstes Verfahren der Stückkostensatzermittlung differenziert nicht nach Einzel- und Gemeinkosten, sondern dividiert die Gesamtkosten laut Kostenartenrechnung durch die Anzahl der Kostenträger. Eine Kostenstellenrechnung ist nicht vonnöten.

$$\text{Stückkosten (EUR/Stück)} = \frac{\text{Gesamtkosten pro Periode (EUR)}}{\text{Jeweilige Kostenträgeranzahl (Stück)}}$$

Zuschlagskalkulation

Die Zuschlagskalkulation ist das gebräuchlichste Verfahren zur Stückkostensatzermittlung. Die Kostenstellenumlage als Voraussetzung der Zuschlagskalkulation ermittelt die Gemeinkosten der Hauptkostenstellen. Die Gemeinkosten werden dann mit Hilfe einer Bezugsgröße quasi als Zuschlag auf die Kostenträger verteilt. Das Problem der Zuschlagsrechnung besteht darin, geeignete Zuschlagsgrundlagen zu finden, zu denen die Gemeinkosten möglichst proportional sind.

$$\text{Zuschlagssatz (\%)} = \frac{\text{Gemeinkostensumme (EUR)}}{\text{Einzelkostensumme (EUR)}} \cdot 100$$

Beipiel:
Stückkostensatzberechnung eines Computers
In einer Produktionsperiode sind folgende Kosten angefallen:

Einzelmaterialkosten	2 000,00 EUR
Einzellohnkosten	5 000,00 EUR
Summe der Einzelkosten	7 000,00 EUR
Stromkosten	8 000,00 EUR
Kosten für Gehälter	20 000,00 EUR
Summe der Gemeinkosten	28 000,00 EUR

Pro Computer können 50,00 EUR an Fertigungsmaterial und 20,00 EUR an Fertigungslohn direkt zugerechnet werden. Der Zuschlagssatz errechnet sich dann gemäß der oben genannten Formel:

$$400\,\% = \frac{28\,000,00\ \text{EUR}}{7\,000,00\ \text{EUR}} \cdot 100$$

Der Stückkostensatz des Computers beträgt also:

	Einzelmaterialkosten		50,00 EUR
	Einzellohnkosten		20,00 EUR
	Summe der Kostenträgereinzelkosten		70,00 EUR
	Gemeinkostenzuschlag (70,00 · 400 %)		280,00 EUR
	Stückkosten		350,00 EUR

8.5 Wirtschaftlichkeitsrechnung

Die Wirtschaftlichkeitsrechnung bestimmt den **Wirtschaftlichkeitsgrad** eines Finanzdienstleistungsbetriebes. Der Wirtschaftlichkeitsgrad wird auf Basis der Kennzahl Wirtschaftlichkeit *(siehe Kapitel 1.1)* berechnet. Ein Wirtschaftlichkeitsgrad unter eins bedeutet, dass der Finanzleistungsbetrieb unrentabel arbeitet.

Beispiel:
Ein Finanzdienstleistungsunternehmen verkauft in drei aufeinander folgenden Jahren je 5 000 Lebensversicherungen, die in jedem dieser drei Jahre 50,00 EUR Provision je Versicherung einbringen. Die Stückkosten liegen im ersten Jahr bei 55,00 EUR, im zweiten Jahr bei 50,00 EUR und im dritten Jahr bei 45,00 EUR.

Wirtschaftlichkeitsgrad im ersten Jahr $\dfrac{5\,000 \cdot 50}{5\,000 \cdot 55} = 0,91$

Wirtschaftlichkeitsgrad im zweiten Jahr $\dfrac{5\,000 \cdot 50}{5\,000 \cdot 50} = 1,00$

Wirtschaftlichkeitsgrad im zweiten Jahr $\dfrac{5\,000 \cdot 50}{5\,000 \cdot 45} = 1,11$

Die Berechnung des Wirtschaftlichkeitsgrades zur Kontrolle der Wirtschaftlichkeit ist nicht nur auf Unternehmensebene, sondern auch auf Kostenstellen- oder Verantwortungsebene möglich. Zusätzlich kann jede Wirtschaftslichkeitsrechnung durch Auswertungsverfahren der Statistik *(siehe Kapitel 9)* ergänzt werden.

8.6   Entscheidungsrechnung

Die **Entscheidungsrechnung** versucht mit Hilfe der Verfahren der Investitionsrechnung *(siehe Kapitel 7.6)* das gewinnoptimale Produktionsprogamm bzw. das optimale Produktionsverfahren zu ermitteln. Letztlich muss die Frage von Eigenleistung oder Fremdbezug einer Dienstleistung beantwortet werden.

Beispiel:
Als Berater werden Sie von einem Autohändler gefragt, welche der beiden nachstehenden Kleintransporter A oder B Ihr Kunde leasen sollte. Beide Fahrzeuge haben den gleichen Anschaffungspreis, bieten aber auf Grund unterschiedlicher PS-Stärke der Motoren verschiedene Fahrleistungen und Unterhaltskosten. Vertraglich wird pro Kilometer ein Preis von 1,20 EUR in Rechnung gestellt.

Fixe Kosten pro Jahr	Transporter A	Transporter B
KFZ-Steuer	400,00 EUR	500,00 EUR
Versicherung	1 000,00 EUR	1 200,00 EUR
Abschreibung	5 200,00 EUR	6 000,00 EUR
Summe	6 600,00 EUR	7 700,00 EUR

Variable Kosten pro 100 km		
Benzin	10,00 EUR	11,00 EUR
Öl	1,00 EUR	0,90 EUR
Reparaturen	8,00 EUR	7,50 EUR
Reifenverschleiß	2,00 EUR	2,20 EUR
Summe	21,00 EUR	21,60 EUR
Erwartete Fahrleistung	50 000 km	60 000 km

Wird mit Hilfe des Investitionsverfahrens ‚Kostenvergleich' eine Auswahlentscheidung zwischen dem Tansporter A und B getroffen, so ist Transporter A günstiger.

Kostenvergleichsrechnung	Transporter A	Transporter B
Summe fixe Kosten	6 600,00 EUR	7 700,00 EUR
Fahrleistung	50 000 km	60 000 km
Fixe Kosten pro km	0,1320 EUR/km	0,1283 EUR/km
Summe variable Kosten pro 100 km	21,00 EUR/100km	21,60 EUR/100km
Summe variable Kosten pro km	0,2100 EUR/km	0,2160 EUR/km
Summe fixe und variable Kosten pro km	0,3420 EUR/km	0,3443 EUR/km

Wird mit Hilfe des Investitionsverfahrens ‚Gewinnvergleich' eine Auswahlentscheidung zwischen dem Tansporter A und B getroffen, so ist Transporter B günstiger.

Gewinnvergleichsrechnung	Transporter A	Transporter B
Erlös pro km	1,20 EUR/km	1,20 EUR/km
Fahrleistung	50 000 km	60 000 km
Erlös	60 000,00 EUR	72 000,00 EUR
Summe fixe Kosten	6 600,00 EUR	7 700,00 EUR
Summe variable Kosten pro km	0,2100 EUR/km	0,2160 EUR/km
Summe variable Kosten	10 500,00 EUR	12 960,00 EUR
Kosten	17 100,00 EUR	20 660,00 EUR
Gewinn	42 900,00 EUR	51 340,00 EUR

9 Statistik

Während das pagatorische und das kalkulatorische Rechnungswesen lediglich die Ermittlung irgendwelcher Werte, Wertbewegungen und Wertveränderungen zum Ziel haben, versucht die Statistik als Zweig des betrieblichen Rechnungswesens die Zahlen der Buchführung, der Bilanz und der Gewinn- und Verlustrechnung auszuwerten bzw. zu analysieren. Man spricht in diesem Zusammenhang auch von einer **Auswertungsrechnung**, da durch Vergleichen von betriebswirtschaftlichen Tatbeständen und Entwicklungen mit Hilfe sog. absoluter oder relativer Größen (z. B. Entwicklung von Produktionsmengen) oder durch Feststellung von Beziehungen und Zusammenhängen zwischen betrieblichen Größen (z. B. Beziehung zwischen Gewinn und Eigenkapital) neue zusätzliche Erkenntnisse über betriebliche Vorgänge gewonnen werden können. Die betriebswirtschaftliche Statistik dient also wie die übrigen Zweige des betrieblichen Rechnungswesens als **unternehmenspolitisches Instrument** zur Ausübung der betrieblichen Planung, Steuerung und Kontrolle.

In der Praxis findet man folgende statistische Auswertungsrechnungen:

Übersicht 35: Auswertungsrechnungen

Auswertungsrechnung		
Zeitvergleich	Betriebsvergleich	Verfahrensvergleich

Zeitvergleich

Betriebswirtschaftliche Größen zum Zeitpunkt t werden mit denselben betriebswirtschaftlichen Größen zum Zeitpunkt t-1 verglichen, z. B. die Umsatzentwicklung im Zeitablauf.

Betriebsvergleich

Vergleich von betriebswirtschaftlichen Größen eines Unternehmens mit Branchendurchschnittszahlen oder betriebswirtschaftlichen Größen von Konkurrenzunternehmen derselben Branche. Die Methoden der Betriebsstatistik dienen hier als Hilfsmittel.

Verfahrensvergleich

Ermittlung der unterschiedlichen Wirtschaftlichkeit verschiedener Verfahren, z. B. Fertigungsverfahren, oder als Soll-Ist-Vergleich Plan-Größen den Ist-Werten gegenüberstellen.

TEIL 3

RECHT

1 Struktur der Rechtsordnung

1.1 Sinn einer Rechtsordnung

Anders als im Tierreich soll beim Zusammenleben der Menschen nicht das Recht des Stärkeren gelten. Erstrebenswert sind vielmehr Sicherheit, Gerechtigkeit und Frieden. Voraussetzung dafür sind verbindliche „Spielregeln", die das Verhältnis der Menschen untereinander sowie des Einzelnen gegenüber der Gesellschaft festlegen.

Die Gesamtheit dieser **Rechtsvorschriften** oder **Rechtsnormen** wird als Rechtsordnung bezeichnet. Da sich auch die Moral- und Sittenvorstellungen der Gesellschaft verändern, unterliegt die Rechtsordnung einem ständigen Wandel. Sie wird vom Staat (Gesetzgeber) geschaffen und kann durch staatliche Machtmittel (z. B. Gerichtsurteil) durchgesetzt werden.

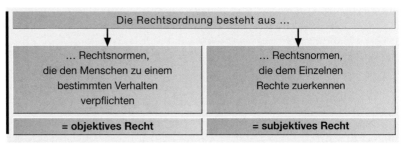

Übersicht 1: objektives und subjektives Recht

Beispiel:
Herr Hurtig ist Eigentümer eines Sportwagens. Er hat deshalb das Recht, dieses Auto zu nutzen und auch zu verwerten, z. B. durch Verkauf (= subjektives Recht). Seine Mitmenschen haben dieses Eigentumsrecht zu achten. Eine Nutzung durch andere ist ohne Erlaubnis nicht möglich (= objektives Recht).

1.2 Öffentliches und privates Recht

Die existierenden Rechtsvorschriften gehören entweder zum öffentlichen Recht oder zum privaten Recht (Privatrecht/Zivilrecht).

1.2.1 Öffentliches Recht

Es regelt die Beziehungen des Einzelnen gegenüber dem Staat und dient damit dem Schutz des öffentlichen Interesses. Es beruht auf dem **Prinzip der Unterordnung** des Einzelnen unter die Staatsgewalt. Vom Staat wird einseitig etwas festgesetzt, ohne dass der Bürger mitreden kann.

> Wichtigste Handlungsform im Rahmen des öffentlichen Rechts ist der **Verwaltungsakt,** also jede Verfügung, Entscheidung oder andere hoheitliche Maßnahme, die eine Behörde zur Regelung eines Einzelfalles auf dem Gebiet des öffentlichen Rechts trifft und die auf unmittelbare Rechtswirkung nach außen gerichtet ist (§ 35 VwVfG).

Hinweise: In diesem Kapitel des Buches werden verstärkt Gesetzestexte zitiert. Ohne Lektüre der entsprechenden Paragraphen werden Sie nicht den vollen Nutzen aus diesem Kapitel ziehen können. Im Buchhandel erhalten Sie preiswerte Taschenbuchausgaben der wichtigen Gesetze (vor allem BGB inkl. der Nebengesetze und HGB). Markieren Sie am besten die gelesenen Abschnitte im Gesetzestext, das wird Ihnen die Orientierung in der Praxis oder in einer Prüfung erleichtern. In der Prüfung „Fachberater/-in für Finanzdienstleistungen (IHK)" beispielsweise sind die notwendigen Gesetzestexte zur Prüfung in der Regel zugelassen.
Die wichtigen Paragraphen der Gesetze werden in Kurzform zitiert. Beispiel: § 433 Abs. 1 BGB bedeutet, Sie sollten Absatz 1 des Paragraphen 433 aus dem Bürgerlichen Gesetzbuch lesen. §§ 433 ff. BGB heißt, es geht um Paragraph 433 und fortfolgende, da diese inhaltlich zusammenhängen. In der dargestellten Kurzform können Sie übrigens die Gesetzestexte auch in Prüfungen zitieren, falls Sie Ihre Aussagen durch Fundstellen belegen sollen.

Ein Verwaltungsakt wird mit Erlass und Bekanntgabe an den Betroffenen rechtswirksam.

Verwaltungsakte sind häufig Einzelfallentscheidungen (z. B. Ordnungs- oder Polizeiverfügungen, Steuerbescheide, Baugenehmigungen), können aber auch Allgemeinverfügungen sein (z. B. Verkehrszeichen, Ausweisung der Nutzung öffentlicher Flächen).

Zum öffentlichen Recht gehören unter anderem folgende Rechtsgebiete:

- Verfassungsrecht *(vgl. 1.4 Grundgesetz und Staatsaufbau)*,
- Verwaltungsrecht,
- Steuerrecht *(vgl. Teil 4 Steuern)*,
- Strafrecht *(vgl. 5.5 Strafrechtliche Bestimmungen)*,
- Sozialrecht,
- Prozessrecht,
- Arbeitsschutzrecht.

Unter dem **Verwaltungsrecht** wird die Gesamtheit aller Rechtsnormen des öffentlichen Rechts verstanden, auf deren Grundlage der Staat und seine Verwaltungen tätig werden. In der sozialen Marktwirtschaft der Bundesrepublik Deutschland greift der Staat z. B. durch seine Wirtschaftsverwaltung planend, ordnend, lenkend und fördernd in den Wirtschaftsablauf ein, um im Interesse des Allgemeinwohls die Funktionsfähigkeit des Wettbewerbes zu erhalten und soziale Ungerechtigkeiten zu vermeiden.

Beispiele für Verwaltungsrecht im wirtschaftlichen Bereich:

- Gewerberecht	- Umweltschutzgesetze
- Arbeitsschutzgesetze	- Kartellrecht
- Verbraucherschutzgesetze	- Steuer- und Subventionsrecht

Das **Strafrecht** bietet dem Staat die Rechtsgrundlagen dafür, besondere Verstöße gegen die öffentliche Ordnung und gegen Rechtsgüter Einzelner strafrechtlich und ordnungsrechtlich zu verfolgen. Dadurch besteht die Möglichkeit, den Straftäter auch über den zivilrechtlichen Schadensersatz hinaus *(vgl. 2.4.8 Schadensersatz)* zu verurteilen.

Beispiele für Straftatbestände aus dem wirtschaftlichen Bereich:

- Fälschung von Euroschecks und Scheckkarten § 152a StGB
- Unterschlagung § 246 StGB
- Kapitalanlagebetrug § 264a StGB
- Kreditbetrug § 265b StGB
- Wucher § 291 StGB

1.2.2 Privates Recht

Hierdurch werden die Rechtsbeziehungen untereinander gleichgeordneter Personen geregelt. Es dient dem Schutz des privaten Interesses. Privatrechtliche Beziehungen werden im Wesentlichen durch Verträge geregelt.

Beispiel:
Käufer und Verkäufer eines Grundstückes schließen einen Kaufvertrag ab. Beide Seiten sind gleichberechtigte Verhandlungspartner.

Auch in der Beziehung zwischen Bürger und Staat kann Privatrecht vorliegen, wenn der **Grundsatz der Gleichordnung** zutrifft:

Beispiel:
Ein Schreibwarenhändler liefert Büromaterial an eine Behörde. Der Staat handelt hierbei als Vertragspartner des Händlers auf gleicher Rechtsebene.

Zum Privatrecht zählen unter anderem folgende Rechtsgebiete:

- Bürgerliches Recht *(vgl. Kapitel 2 BGB)*,
- Handelsrecht und Gesellschaftsrecht *(vgl. Kapitel 3 Handels- und Gesellschaftsrecht)*,
- Wechsel- und Scheckrecht,
- Arbeitsvertragsrecht,
- Wettbewerbsrecht *(vgl. Kapitel 6 Wettbewerbsrecht)*.

1.2.3 Verhältnis des privaten zum öffentlichen Recht

Je liberaler ein Staat ist, desto geringer ist die staatliche Einflussnahme auf die Rechtsbeziehungen der Bürger. Die Gestaltungsfreiheit bei vertraglichen Beziehungen mit anderen ist entsprechend groß, allerdings auch die Benachteiligung des sozial Schwächeren (z. B. kein Kündigungsschutz für Arbeitnehmer).

In totalitären Systemen überwiegt hingegen das öffentliche Recht. Private Rechtsbeziehungen werden stark behindert (z. B. kein Privateigentum an Produktionsmitteln).

Das Verhältnis des privaten zum öffentlichen Recht in verschiedenen Staatsformen
Privatrecht	Öffentliches Recht
im liberalen Staat
im sozialen Staat
im totalitären Staat

Übersicht 2:
Verhältnis des pri-
vaten zum öffent-
lichen Recht

1.3 Rechtsquellen

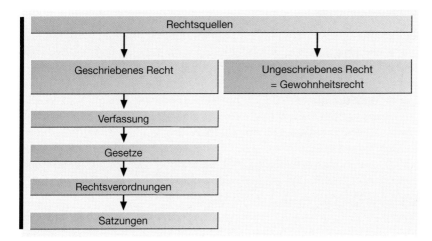

Übersicht 3:
Arten der Rechts-
quellen

Die Regeln der Rechtsordnung – die Rechtsquellen oder Rechtsnormen –
werden entweder ausdrücklich festgesetzt (geschriebenes Recht) oder entstehen durch langandauernde Anwendung von Regeln, von deren Richtigkeit
die Allgemeinheit überzeugt ist (Gewohnheitsrecht). Geschriebenes Recht
und Gewohnheitsrecht haben den gleichen Rang innerhalb der Rechtsordnung.
In der Bundesrepublik Deutschland gibt es in allen Lebensbereichen eine
Vielzahl von Gesetzen und Verordnungen. Das macht deutlich, dass die
Rechtsordnung der Bundesrepublik im Wesentlichen vom geschriebenen
Recht getragen wird. In anderen Ländern (z. B. im angelsächsischen Raum)
hat das Gewohnheitsrecht oft eine größere Bedeutung als in der Bundesrepublik.

1.3.1 Geschriebenes Recht

Verfassung

Die Verfassung eines Landes schafft den gesetzlichen Rahmen, in dem sich alle anderen Rechtsvorschriften bewegen müssen. Die Verfassung der Bundesrepublik Deutschland ist das **Grundgesetz** (GG), daneben hat jedes Bundesland eine eigene Landesverfassung.

Gesetze

Die Gesetze stehen im Rang unter der Verfassung. Es gibt Bundes- und Landesgesetze, die durch den jeweils zuständigen **Gesetzgeber** (Bundestag und Bundesrat, Landtag) erlassen werden. Landesgesetze dürfen den Bundesgesetzen nicht widersprechen (Artikel 31 GG: **„Bundesrecht bricht Landesrecht"**).

Rechtsverordnungen

Rechtsverordnungen stehen in der Rechtsordnung unter den Gesetzen. Sie sind allgemeinverbindlich, gelten – genau wie Verfassung und Gesetze – für eine unbestimmte Zahl von Personen, entstehen jedoch nicht durch ein formelles Gesetzgebungsverfahren, sondern werden durch ein berechtigtes Organ (Bundesregierung, Bundesminister, Landesregierung) erlassen. Die Berechtigung dazu muss in einem Gesetz geregelt sein, ebenso werden dort Inhalt, Zweck und Ausmaß der erteilten Ermächtigung festgelegt. Die ermächtigten Organe können auch befugt werden, ihre Ermächtigung auf staatliche Verwaltungsbehörden (z. B. Finanzamt) oder öffentlich-rechtliche Körperschaften (z. B. Gemeinden) zu übertragen (Artikel 80 GG).

Im Einkommensteuergesetz § 51 wird die Bundesregierung ermächtigt, bei Zustimmung durch den Bundesrat Rechtsverordnungen zu erlassen, um die Ausführung des EStG näher zu regeln. Auf der Grundlage der Ermächtigung ist dann die Einkommensteuer-Durchführungsverordnung in Kraft getreten.

Durch Rechtsverordnungen wird es möglich, Rechtsvorschriften schneller als über den formellen Gesetzgebungsweg zu erlassen.

Satzungen

Satzungen (auch **Statute** genannt) werden durch Institutionen (z. B. Körperschaften, Verbände, Kammern, juristische Personen des privaten Rechts) erlassen, um ihre eigenen Angelegenheiten zu regeln (Selbstverwaltungsrecht). Satzungen haben sich natürlich auch an das geltende Recht zu halten, sind demnach den bestehenden Gesetzen und Rechtsverordnungen untergeordnet.
Satzungen gelten – im Gegensatz zu Gesetzen und Rechtsverordnungen – für einen bestimmten Personenkreis und sind für diesen bindend (z. B. Satzung einer Industrie- und Handelskammer für die Mitglieder der IHK).

1.3.2 Gewohnheitsrecht

Gewohnheitsrecht ist nichtgeschriebenes Recht, gleichwohl ist es geltendes Recht.

Häufig reichen bestehende Rechtsvorschriften nicht aus, um Sachverhalte ausreichend zu regeln. Dann kann es durch langandauernde Anwendung bestimmter Regelungen und der Überzeugung der Allgemeinheit, dass diese Regelungen rechtmäßig sind, zu Gewohnheitsrecht kommen.

Langjähriges Dulden der Überquerung eines Grundstückes durch Unbefugte kann zu einem Wegerecht führen.
Eine wichtige Kreditsicherheit – die Sicherungsübereignung – ist in keinem Gesetz geregelt. Sie hat sich durch die häufige Anwendung im Geschäftsleben und die Bestätigung durch die Rechtsprechung zum geltenden Recht entwickelt.

Gesetzeslücken werden zum Teil auch durch die Rechtsprechung ausgefüllt (so genanntes **Richterrecht**) bis neue Rechtsvorschriften erlassen werden. Hier sind insbesondere die Grundsatzurteile der obersten Gerichte von Bedeutung.

1.4 Grundgesetz und Staatsaufbau der Bundesrepublik Deutschland

1.4.1 Die freiheitlich-demokratische Grundordnung

Die Verfassung der Bundesrepublik Deutschland – das Grundgesetz – schafft die rechtliche Grundordnung, nach der sich das Zusammenleben im Lande vollzieht. Festgelegt wird eine **freiheitlich-demokratische Grundordnung,** die durch fünf Strukturprinzipien gekennzeichnet wird (Artikel 1 und 20 GG):

- die Unantastbarkeit der Menschenwürde,
- die Demokratie,
- den Sozialstaat,
- den Rechtsstaat,
- den Bundesstaat.

Diese Eckpunkte des Staatssystems können auch durch Verfassungsänderungen nicht außer Kraft gesetzt werden. Andere Änderungen des Grundgesetzes muss der Gesetzgeber mit einer **2/3-Mehrheit** beschließen (Artikel 79 GG).
Durch Einführung des Artikels 20a GG wurden die genannten Eckpunkte der Verfassung um den **Schutz der Umwelt und der Tiere** erweitert und der Tier- und Umweltschutz dadurch zum Staatsziel erklärt.

Die oben erwähnte Unantastbarkeit der Menschenwürde gehört zum Katalog der **Grundrechte** (Artikel 1 bis 19 GG), in dem z. B. auch garantiert sind:

- Freiheit der Person,
- Gleichheit vor dem Gesetz,
- Glaubens- und Gewissenfreiheit,
- Recht der freien Meinungsäußerung,
- Versammlungs- und Vereinigungsfreiheit,
- Brief-, Post- und Fernmeldegeheimnis,
- Eigentums- und Erbrecht.

Die Bundesrepublik ist eine **parlamentarische Demokratie:** Alle Staatsgewalt geht vom Volke aus, von dem im Rahmen von **allgemeinen, unmittelbaren, freien, gleichen und geheimen Wahlen** die Volksvertretungen gewählt werden. Auf Bundesebene ist das der Bundestag, also das Parlament.

Die Bundesrepublik ist ein **freiheitlich-sozialer Rechtsstaat.** Dadurch wird die freie Entfaltung der Persönlichkeit sowie die Rechtsgleichheit des Einzelnen gesichert. Außerdem übernimmt der Staat die Aufgabe, soziale Gerechtigkeit und soziale Sicherheit zu schaffen **(Sozialstaat).**

Das Grundgesetz legt sich auf das System des Bundesstaates fest **(Föderalismus)** und beschreibt die sich daraus ergebende Aufgabenteilung zwischen Bund und Ländern.

Wer die freiheitlich-demokratische Grundordnung beseitigen will, verwirkt für sich selbst diese Grundrechte. Das Grundgesetz hat insoweit eine **wehrhafte Demokratie** geschaffen (Artikel 9, 18, 20 und 21 GG).

Durch das Grundgesetz werden jedoch keine abschließenden Entscheidungen über politische Grundfragen getroffen; es wird lediglich der Rahmen für einen demokratischen Willensbildungsprozess geschaffen.

Das Grundgesetz legt sich z. B. nicht auf ein bestimmtes Wirtschaftssystem fest. Dass in der Bundesrepublik die soziale Marktwirtschaft existiert, ist das Ergebnis politischer Willensbildung. Möglich wäre im Rahmen des Grundgesetzes auch ein System der Zentralverwaltungswirtschaft.

1.4.2 Staatsaufbau und Gewaltenteilung

Neben dem föderativen System (Gliederung in die drei „Ebenen" Bund, Länder, Kommunen) wird der Staatsaufbau wesentlich durch den Grundsatz der **Gewaltenteilung** geprägt. Damit ist die Aufteilung der Staatsmacht auf verschiedene Staatsorgane und deren gegenseitige Kontrolle gemeint. Die drei Staatsgewalten sind der folgenden Übersicht zu entnehmen:

	Gesetzgebende Gewalt (Legislative)	Vollziehende Gewalt (Exekutive)	Rechtsprechende Gewalt (Judikative)
Bund	Bundestag und Bundesrat	Bundesregierung (auch die ihr unterstellte Bundesverwaltung)	Gerichte des Bundes (z.B. Bundesverfassungsgericht, Bundesgerichtshof)
Länder	Länderparlamente	Landesregierungen (auch die ihnen unterstellte Landesverwaltung)	Gerichte der Länder (z.B. Landgerichte, Kreisgerichte)
Kommunen	Kreistage, Gemeindevertretungen, Stadträte etc.	Landräte, Kreisausschüsse, Bürgermeister, Gemeindevorstände etc.	– –

Übersicht 4:
Gewaltenteilung

Das Grundgesetz benennt die Verfassungsorgane des Bundes wie folgt:

Bundespräsident:
Er repräsentiert als **oberstes Staatsorgan** die Bundesrepublik nach innen und außen; sein Einfluss ist in erster Linie auf seine hohe Autorität zurückzuführen, weniger auf gesetzlich geregelte Kompetenzen. Der Bundespräsident wird auf fünf Jahre durch die **Bundesversammlung** gewählt, die ausschließlich für diesen Zweck zusammenkommt (und deshalb selbst kein Verfassungsorgan ist). Sie setzt sich aus den Mitgliedern des Bundestages und einer gleichen Anzahl durch die Landesparlamente bestimmte Vertreter zusammen. Diese Vertreter müssen nicht im Landesparlament vertreten sein, grundsätzlich kann jeder Bürger dazu bestellt werden. Als Bundespräsident ist jeder Deutsche wählbar, der das Wahlrecht zum Bundestag besitzt und das 40. Lebensjahr vollendet hat.

Bundestag:
Der Bundestag wird für vier Jahre gewählt. Bei der Bundestagswahl hat jeder Wähler zwei Stimmen. Mit der **Erststimme** kann er einen Kandidaten seines Wahlkreises wählen, mit der **Zweitstimme** die Landesliste einer politischen Partei. 299 Sitze des Bundestages werden über die durch einfache Mehrheiten in den jeweiligen Wahlkreisen gewählten Kandidaten besetzt. Die anderen 299 Sitze werden über die von den Parteien aufgestellten Landeslisten entsprechend dem Verhältnis der über die Zweitstimme erworbenen Stimmen vergeben. Hat eine Partei mehr **Direktmandate** über die Erststimme als **Listenmandate** über die Zweitstimme erworben, so kann es zu zusätzlichen Sitzen im Bundestag kommen (so genannte **Überhangmandate**). Bei der Verteilung der Sitze werden Parteien, die nicht mindestens 5 % der Zweitstimmen **(Fünf-Prozent-Hürde)** oder drei Wahlkreise über die Erststimme erworben haben, nicht berücksichtigt. Das Mischwahlsystem aus Erst- und Zweitstimme wird als **personalisiertes Verhältniswahlrecht** bezeichnet.

■ **Aktives Wahlrecht:**
Wahlberechtigt sind alle Deutschen, die am Wahltage das acht-
zehnte Lebensjahr vollendet haben, seit mindestens drei Monaten in der Bundesrepublik wohnen und nicht vom Wahlrecht
ausgeschlossen sind (z. B. durch Gerichtsurteil).

■ **Passives Wahlrecht:**
Wählbar ist, wer das aktive Wahlrecht besitzt und seit mindestens
einem Jahr Deutscher ist.

Bundesrat:
Dem Bundesrat gehören Mitglieder der Regierungen der 16 Bundesländer
an. Jedes Bundesland hat – in Abhängigkeit von der Einwohnerzahl – zwischen drei und sechs Sitze und damit auch Stimmen, die bei Abstimmungen
jeweils einheitlich abgegeben werden müssen. Wichtigste Aufgabe des Bun-
desrates ist es, bei der Erstellung der Bundesgesetze mitzuwirken. Der Bundesrat ist daher für die Länder gut geeignet, auf die Bundespolitik Einfluss zu
nehmen.
Bundestag und Bundesrat sind auf Bundesebene das Legislativorgan, also
zuständig für die Verabschiedung von Bundesgesetzen. Die möglichen
Wege der Gesetzgebung stellt die Übersicht 5 *(s. nächste Seite)* dar.

Bundesregierung:
Die Bundesregierung wird durch den **Bundeskanzler** geleitet, der auch die
Richtlinien der Politik bestimmt **(Richtlinienkompetenz).** Der Bundeskanzler
wird durch die Mehrheit des Bundestages gewählt.

Bundesverfassungsgericht:
Es besteht aus zwei Senaten mit je acht Richtern, die je zur Hälfte vom Bundestag und Bundesrat mit einer Mehrheit von 2/3 der Stimmen für 12 Jahre
gewählt werden. Diese qualifizierte Mehrheit dient als Absicherung, dass
nicht die Regierungsparteien einseitig Einfluss auf die Besetzung nehmen
können. Das Verfassungsgericht ist zugleich Verfassungsorgan und Gericht.
Es hat die Aufgabe, die Einhaltung der Verfassung zu überwachen und dabei
die Tätigkeit der anderen Verfassungsorgane zu kontrollieren.

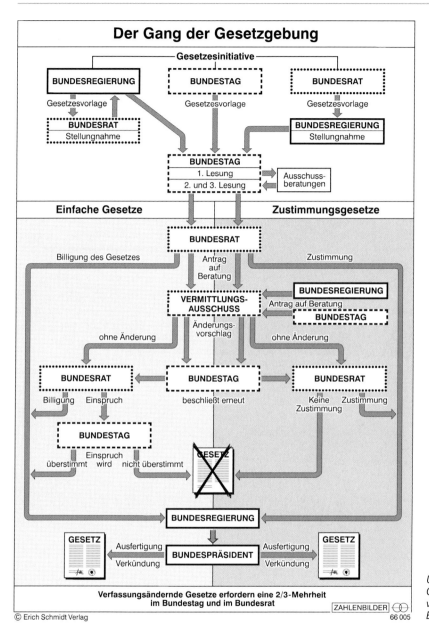

Der Gang der Gesetzgebung

*Übersicht 5:
Gesetzgebungs-
verfahren auf
Bundesebene*

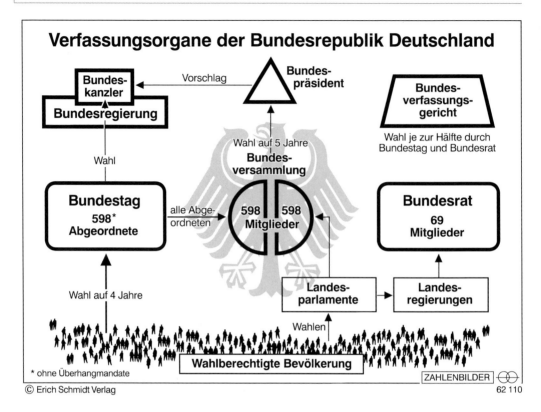

Verfassungsorgane der Bundesrepublik Deutschland

Bundeskanzler

Bundesregierung

Vorschlag

Bundespräsident

Bundesverfassungsgericht

Wahl je zur Hälfte durch Bundestag und Bundesrat

Wahl auf 5 Jahre

Bundesversammlung

Wahl

Bundestag
598*
Abgeordnete

alle Abgeordneten

598 | 598
Mitglieder

Bundesrat
69
Mitglieder

Wahl auf 4 Jahre

Landesparlamente

Landesregierungen

Wahlen

* ohne Überhangmandate

Wahlberechtigte Bevölkerung

ZAHLENBILDER

© Erich Schmidt Verlag

62 110

Übersicht 6:
Die Verfassungsorgane der Bundesrepublik Deutschland

(Anmerkung: Die Bundesversammlung ist kein Verfassungsorgan, da sie nur zum Zweck der Wahl des Bundespräsidenten zusammen kommt. Ebenso ist der Bundeskanzler kein eigenständiges Verfassungsorgan, sondern vielmehr Teil der Bundesregierung.)

1.5 Europäische Rechtsordnung

1.5.1 Entwicklung der Europäischen Einigung

1952	Gründung der Europäischen Gemeinschaft für Kohle und Stahl (EGKS – **Montanunion**) durch Deutschland, Italien, Frankreich, Belgien, Niederlande, Luxemburg
1958	Gründung der **Europäischen Wirtschaftsgemeinschaft (EWG)** und der Europäischen Atomgemeinschaft (EAG – Euratom) durch die Mitglieder der Montanunion; **Ziele:** wirtschaftspolitische Annäherung, Errichtung eines gemeinsamen Marktes und gemeinsamer Zolltarife
1965	EGKS, EWG und EAG werden zur **Europäischen Gemeinschaft (EG)** zusammengefasst
1967	Einrichtung des **Europäischen Rates** und der **Europäischen Kommission** als Organe der EG
1973	Beitritt von **Großbritannien, Irland und Dänemark** zur EG
1979	Errichtung des **Europäischen Währungssystems (EWS)** mit Schwankungsbreite zwischen den Mitgliedswährungen von i. d. R. 4,5 %; **Erste Direktwahl des Europa-Parlamentes** durch die Bevölkerung der EG-Länder
1981	Beitritt **Griechenlands** zur EG
1986	Beitritt von **Spanien und Portugal** zur EG; Unterzeichnung der **„Einheitlichen Europäischen Akte"** über die Bildung eines EG-Binnenmarktes 1993
1990	**Deutsch-deutsche Wiedervereinigung** und damit Integration des Ostens Deutschlands in die EG
1993	Schaffung des **EG-Binnenmarktes:** freie Arbeitswahl; Niederlassungs- und Gewerbefreiheit; freier Personen-, Güter- und Kapitalverkehr; **EWS-Krise:** Erhöhung der Schwankungsbreite auf 30 % (Ausnahme DM/HFL weiterhin 4,5 %); Errichtung der **Europäischen Union** durch den „Maastricht-Vertrag"; die wichtigsten **Ziele:** Unionsbürgerschaft, politische Integration auch über wirtschaftliche Belange hinaus, **Europäische Währungsunion – EWU** (im Maastricht-Vertrag sind auch die Konvergenzkriterien festgeschrieben, die die Teilnehmer-Länder der EWU erfüllen müssen)
1994	Errichtung des **Europäischen Währungsinstitutes (EWI)** als Vorläufer der Europäischen Zentralbank
1995	Beitritt von **Finnland, Schweden und Österreich** zur EU
1998	**Überprüfung der Konvergenzkriterien** und endgültige Entscheidung über den Zeitplan zur Errichtung der EWU
1999	**Errichtung der EWU mit Einführung des Euro; die EZB nimmt die Arbeit auf**
2002	**Einführung des Euro-Bargeldes in der EWU**
2003	**Europäischer Konvent** erarbeitet einen Vorschlag für eine **europäische Verfassung,** deren Verabschiedung jedoch im Dezember an der Frage des Stimmengewichts der einzelnen Länder zunächst scheitert
2004	Zum 1. Mai 2004 **Osterweiterung der EU** durch Beitritt von Estland, Lettland, Litauen, Malta, Polen, Slowakei, Slowenien, Tschechische Republik, Ungarn und Zypern als vollwertige Mitglieder in die Europäische Union mit dann insgesamt 25 Mitgliedern; Beitritt in die Währungsunion und Übernahme des Euro kann von diesen Ländern erst nach zweijähriger Teilnahme am EWS und Erfüllung der Konvergenzkriterien erfolgen; Beitrittsreife der Türkei wurde Ende 2004 erneut geprüft (Beginn der Beitrittsverhandlungen am 4. Oktober 2005)
2007	Aufnahme von Bulgarien und Rumänien als Vollmitglieder wird angestrebt

Übersicht 7:
Zeittafel zum
Europäischen
Einigungsprozess

Ein Blick in die jüngere Geschichte macht deutlich, wie schnell der europäische Einigungsprozess vor sich geht: In knapp fünf Jahrzehnten seit 1958 hat sich die durch sechs Staaten gegründete Europäische Wirtschaftsgemeinschaft (EWG) zur aus 25 Staaten bestehenden **Europäischen Union (EU)** entwickelt. Die aus der EWG hervorgegangene Europäische Gemeinschaft (EG) wurde (mit erweiterten Rechten) in die EU integriert. Nach dem im November 1993 in Kraft getretenen Maastricht-Vertrag **(Vertrag über die Europäische Union** – EUV), Artikel 2, stützt sich die EU nun auf drei Säulen:

- **Europäische Gemeinschaft** auf der Grundlage des neuen Vertrages zur Gründung der Europäischen Gemeinschaft – EGV (Artikel 2 + 3 EGV: Wirtschafts- und Währungsunion, Zollunion, gemeinsame Sozial-, Agrar-, Struktur-, Verkehrs-, Umweltpolitik u. a.),

- **gemeinsame Außen- und Sicherheitspolitik,**

- **Zusammenarbeit in der Innen- und Rechtspolitik.**

Wenn auch die wirtschaftliche Zusammenarbeit weiter den Kern der europäischen Einigung ausmacht, so werden doch im Maastricht-Vertrag auch andere wichtige Fragen der Politik einbezogen. In jedem Fall wird der Einfluss der Europäischen Entwicklung auf das nationale Recht zunehmend größer, so dass Grundkenntnisse über die Europäische Rechtsordnung zwingend sind.

1.5.2 Organe der Europäischen Union

Wenn im Weiteren die Rede von den Organen der Europäischen Union ist, so ist dies eine zur Vereinfachung gewählte verkürzte Darstellung. Tatsächlich sind die genannten Organe durch den EGV entstanden und sind damit Organe der EG. Durch Artikel 5 des EUV ist später die Zuständigkeit auf die EU ausgedehnt worden, so dass EG und EU institutionell verzahnt sind.

Um der übergeordneten Zielsetzung der Europäischen Union – der Integration und politischen Einigung der Mitgliedsländer – gerecht zu werden, bedarf es einer Organstruktur, die zum einen demokratisch aufgebaut ist, zum anderen einen Abstimmungsprozess zwischen Zentralgewalt und Gewalten der Mitgliedsstaaten ermöglicht.
Die heutige Organstruktur der EU ist dem Modell eines Bundesstaates – wie auch die Bundesrepublik einer ist – nachempfunden und erfüllt damit die oben beschriebenen Anforderungen: Zum einen ist das Prinzip der Gewaltenteilung gewahrt, zum anderen ist die Interessenwahrung der einzelnen Mitgliedsländer der EU über die Arbeit des Europäischen Rates sowie des Rates der Europäischen Union gesichert.
Bitte verschaffen Sie sich zunächst anhand der folgenden Übersicht einen Überblick über die Organstruktur der EU:

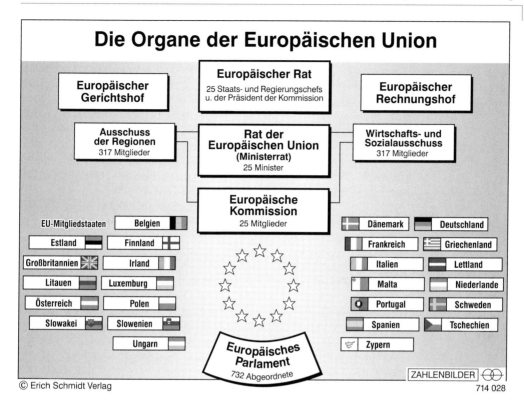

Die Organe der Europäischen Union

Europäischer Gerichtshof

Europäischer Rat
25 Staats- und Regierungschefs u. der Präsident der Kommission

Europäischer Rechnungshof

Ausschuss der Regionen
317 Mitglieder

Rat der Europäischen Union (Ministerrat)
25 Minister

Wirtschafts- und Sozialausschuss
317 Mitglieder

Europäische Kommission
25 Mitglieder

EU-Mitgliedstaaten · Belgien · Estland · Finnland · Großbritannien · Irland · Litauen · Luxemburg · Österreich · Polen · Slowakei · Slowenien · Ungarn

Dänemark · Deutschland · Frankreich · Griechenland · Italien · Lettland · Malta · Niederlande · Portugal · Schweden · Spanien · Tschechien · Zypern

Europäisches Parlament
732 Abgeordnete

© Erich Schmidt Verlag

ZAHLENBILDER
714 028

Im **Europäischen Rat** kommen – mindestens zwei Mal im Jahr – die Staats- und Regierungschefs der Mitgliedsländer sowie der Präsident der Europäischen Kommission zusammen. Diese Treffen sind als so genannte Gipfeltreffen bekannt.

Der Vorsitz im Europäischen Rat geht alle 6 Monate an ein anderes Mitgliedsland. Der Europäische Rat legt die allgemeinen politischen Zielvorstellungen der EU fest und gibt insofern die entscheidenden Impulse für die Fortentwicklung der EU.

Der **Rat der Europäischen Union** (auch Ministerrat) ist das wichtigste Beschluss- und Lenkungsorgan der EU, insbesondere verabschiedet er – unter Mitwirkung des Europäischen Parlaments – die europäischen Rechtsvorschriften. Der Rat der Europäischen Union stellt (gemeinsam mit dem Europäischen Parlament) das **Legislativorgan der EU** dar.

Der Rat der EU wird durch die zuständigen Fachminister der Mitgliedstaaten besetzt, abhängig davon, welches Thema behandelt wird. Die Ratspräsidentschaft wechselt alle sechs Monate zwischen den Mitgliedsländern. Der Rat der EU entscheidet mit einfacher Mehrheit; bei wichtigen Abstimmungen ist eine qualifizierte Mehrheit von 232 der 321 Stimmen erforderlich. Dabei haben die Mitglieder je nach Landesgröße unterschiedliches Stimmgewicht. In einigen Ausnahmefällen ist Einstimmigkeit vorgeschrieben.

Übersicht 8: Organe der Europäischen Union

Das **Europäische Parlament** hat im Vergleich zu den nationalen Parlamenten eine deutlich schwächere Stellung in der politischen Ordnung der EU. Zwar wurden die Rechte des Parlaments durch den Maastricht-Vertrag erweitert, dennoch bleiben dem Parlament lediglich **Mitwirkungsrechte bei Gesetzesvorhaben;** das entscheidende Legislativorgan ist weiterhin der Rat der EU. Bei den meisten Gesetzgebungen ist der Rat verpflichtet, das Parlament anzuhören bzw. mit ihm zusammenzuarbeiten, kann sich aber über die Meinung des Parlaments hinwegsetzen. Bei einigen Themen (Umwelt-, Verbraucherschutz, Bildungs-, Gesundheitswesen u. a.) hat das Parlament ein Veto-Recht, bei wenigen grundlegenden Fragen (Internationale Abkommen, Unionsbürgerschaft, Europäische Zentralbank, Europawahlen etc.) ist der Rat auf die Zustimmung des Parlaments angewiesen. Außerdem muss die Europäische Kommission alle 5 Jahre durch das Parlament bestätigt werden. Die 732 Abgeordneten des Parlaments werden alle 5 Jahre durch die Bürger in ihrem jeweiligen Land durch Direktwahl gewählt. Je nach Größe des Landes ziehen zwischen 5 (Malta) und 99 Abgeordnete (Bundesrepublik Deutschland) in das Parlament ein. Die Abgeordneten gleicher politischer Gesinnung schließen sich im Parlament zu länderübergreifenden Fraktionen zusammen.

Die **Europäische Kommission** ist das **Exekutivorgan der EU:** Sie setzt die Beschlüsse des Rates um und überwacht außerdem, dass die gemeinschaftlichen Rechtsvorschriften von den Mitgliedern eingehalten werden. Andererseits hat sie auch ein Initiativrecht und kann Vorschläge unterbreiten, wie die Entwicklung der EU vorangetrieben werden kann.

Die Kommission hat zur Zeit 25 Mitglieder, die durch die Mitgliedsländer der EU vorgeschlagen und durch das Europäische Parlament bestätigt werden. Der EGV bestimmt, dass die Kommissionsmitglieder ihre Tätigkeit ausschließlich zum allgemeinen Wohl der Gemeinschaft ausüben und nicht im Interesse einzelner Mitgliedstaaten.

Die Kommission und der Rat werden in ihrer Arbeit durch zwei beratende Organe unterstützt: Im **Wirtschafts- und Sozialausschuss** sind wichtige Gruppen der Gesellschaft (Arbeitnehmer, Arbeitgeber, Landwirte, Kaufleute, Handwerker und Vertreter verschiedener Interessengruppen) vertreten, die dadurch frühzeitig in die europäische Entwicklung eingebunden werden sollen.

Über den **Ausschuss der Regionen** finden auch die Interessen der Länder, Regionen und sonstigen regionalen Gebietskörperschaften der Mitgliedstaaten Berücksichtigung bei Gesetzesvorhaben.

Auf europäischer Ebene ist der **Europäische Gerichtshof** (EuGH) **oberstes Judikativorgan.** Der EuGH sichert die europäische Rechtsordnung dadurch ab, dass er die Anwendung und Auslegung der europäischen Rechtsvorschriften durch EU-Organe sowie Mitgliedstaaten der EU auf Rechtmäßigkeit hin überwacht. Bestehende Lücken in den europäischen Rechtsvorschriften werden durch Richterrecht des EuGH geschlossen. Nationale Gerichte können beim EuGH bezüglich Auslegung und Gültigkeit des Gemeinschaftsrechts anfragen. Ansonsten kann das Gericht von jeder natürlichen oder juristischen Person angerufen werden, die vom Gemeinschaftsrecht betroffen ist.

Der EuGH ist mit 25 Richtern besetzt, die von den Mitgliedstaaten der EU einvernehmlich für sechs Jahre ernannt werden.

Auch im **Europäischen Rechnungshof** ist bei insgesamt 25 Mitgliedern jeweils ein Vertreter jedes EU-Staates für sechs Jahre vertreten. Der Europäische Rechnungshof hat umfangreiche Kontrollmöglichkeiten, die europäische Haushaltsführung auf Rechtmäßigkeit, Ordnungsmäßigkeit und Wirtschaftlichkeit zu überprüfen.

Zusammenfassend vergleicht die folgende Übersicht die politische Ordnung der EU mit der der Bundesrepublik Deutschland. Die Tabelle zeigt, dass beide Systeme deutliche Parallelen aufweisen, denn die Gewaltenteilung ist in beiden Fällen gewahrt und das Modell eines Bundesstaates wurde auf die EU übertragen. Vor allem aus zwei Gründen ist naturgemäß keine vollständige Vergleichbarkeit der Systeme gegeben:

- ■ Die EU ist (noch) kein Staat, sondern eine Gemeinschaft verschiedener Staaten.
- ■ Die politische Ordnung der EU muss auch mit den Verfassungen der anderen Staaten der Gemeinschaft vereinbar sein.

	Politisches Oberhaupt	Exekutive	Legislative		Judikative
			Volksvertretung	Staaten- bzw. Länderkammer	
Europäische Union	Ratspräsident	Europäische Kommission	Europäisches Parlament	Rat (Rat der Europäischen Union und Europäischer Rat)	Europäischer Gerichtshof
BR Deutschland	Bundespräsident	Bundesregierung	Bundestag	Bundesrat	Verfassungsgericht

Übersicht 9: Vergleich der Organe der Europäischen Union und der BRD

1.5.3 Europäisches Gemeinschaftsrecht im Verhältnis zum nationalen Recht

Die Mitgliedstaaten der EU übertragen mit zunehmender Integration bestimmte Hoheitsrechte an die EU. Nach wie vor ist es so, dass der Einfluss der EU auf die Mitgliedstaaten in der Legislative (also durch Rechtsvorschriften) größer ist als in der Exekutive (der Ausführung dieser Vorschriften).

Durch die Möglichkeit der Organe der EU, geltendes Recht zu schaffen, kommt es demnach zu einer Rechtsgemeinschaft, die eine eigene, für alle Mitgliedstaaten gültige Rechtsordnung aufbaut. Die **europäische Rechtsordnung** ersetzt jedoch keineswegs die Rechtsordnungen der Mitgliedstaaten, auch stehen diese nicht isoliert nebeneinander. Europäische Rechtsordnung und Rechtsordnungen der Mitgliedstaaten „sind in vielfältiger Weise aufeinander bezogen, miteinander verschränkt und wechselseitigen Einwirkungen geöffnet" (Auszug aus einem Urteil des Bundesverfassungsgerichts). Deshalb ist es wichtig, die Zuständigkeit der europäischen Rechtsgebung von der mitgliedstaatlichen Legislative abzugrenzen.

Grundsätzlich gilt: **Gemeinschaftsrecht hat Vorrang vor nationalem Recht,** gleich, ob die nationale Rechtsvorschrift vor oder nach der europäischen Regelung geschaffen wurde. Damit diese Regelung nicht zu übersteigertem Zentralismus in Europa führt, wurden folgende Regelungen in den Gemeinschaftsverträgen verankert:

- Die Gemeinschaft darf nur tätig werden, wenn ihr ausdrücklich die Befugnis dazu erteilt wurde. Sie ist an den Aufgabenkatalog und die Ziele des EGV gebunden.
- Wenn sie in einem Bereich, der nicht in ihre alleinige Zuständigkeit fällt, tätig werden darf, so muss sie das in Artikel 5 EGV verankerte **Subsidiaritätsprinzip** beachten: Danach soll die EU nur tätig werden, wenn ein Ziel auf europäischer Ebene besser erreicht werden kann als auf der Ebene der einzelnen Mitgliedstaaten.
- Nach dem **Grundsatz der Verhältnismäßigkeit** dürfen die Maßnahmen der EU nur so weit gehen, wie sie zur Erfüllung der vertraglichen Ziele notwendig sind. Dieser Grundsatz beschränkt die EU in den meisten Fällen auf Rahmenvorschriften und Mindestnormen.

Zur Durchsetzung ihrer Ziele stehen der EU verschiedene Rechtsmittel des **europäischen Sekundärrechts** zur Verfügung:

- **Verordnungen:**
  Sind allgemeingültig und stellen für alle Mitgliedstaaten unmittelbar geltendes Recht dar.
- **Richtlinien:**
  Auch an die Ziele der Richtlinien sind alle Mitgliedstaaten gebunden, es bleibt jedoch den einzelnen Staaten überlassen, wie diese in nationales Recht umgesetzt werden.
- Durch **Entscheidungen** werden einzelne Regierungen, Unternehmen oder Privatpersonen rechtlich unmittelbar gebunden.
- EU-Organe können außerdem **Empfehlungen und Stellungnahmen** abgeben, die jedoch nicht rechtlich bindend sind.

Das Sekundärrecht der EU baut auf dem **primären Recht** auf: Dies sind der EUV, der EGV und die dazugehörenden Anlagen, die innerhalb der EU-Rechtsordnung mit einer Verfassung zu vergleichen sind.

2   Bürgerliches Gesetzbuch (BGB)

2.1   Stellung des BGB im Privatrecht

Das Bürgerliche Gesetzbuch ist am 1. Januar 1900 in Kraft getreten. Es wurde geschaffen, um nach der Gründung des Deutschen Reiches das zersplitterte **Privatrecht (Zivilrecht)** zu vereinheitlichen. Auch heute steht das BGB noch im Mittelpunkt des Privatrechts. Im Laufe der Jahrzehnte wurde das BGB um einige **Nebengesetze** ergänzt. Daneben existieren privatrechtliche Sondergebiete, für die spezielle Gesetze benötigt werden.

Die Struktur des Zivilrechts – besonders im Schuldrecht – wurde in den letzten Jahrzehnten immer komplizierter und auch von vielen Experten als unübersichtlich und nicht zeitgemäß eingeschätzt. Dies lag zum einen an der schon erwähnten zunehmenden Zahl von Nebengesetzen zum BGB, in denen Bereiche geregelt wurden, die von der Sache her auch im BGB selbst hätten platziert werden können. Als Beispiele seien hier das AGBG, das VerbrKrG und das HTWG genannt. Zum anderen wurden erhebliche Schwächen im Schuldrecht des BGB deutlich, die auch dadurch bedingt waren, dass wesentliche Gesetzesbereiche seit Auflegung des BGB um 1900 nicht den gesellschaftlichen Entwicklungen angepasst wurden. Die Rechtsprechung musste diese Schwachstellen des Zivilrechts durch eine Vielzahl von Urteilen ausgleichen, was die Unübersichtlichkeit nicht gerade behoben hat.

Seit 1978 beschäftigte sich das Justizministerium mit der Überarbeitung des Schuldrechts, im Jahr 1991 wurde dazu vom damaligen Justizminister ein Abschlussbericht vorgelegt. Doch erst im Jahr 2001 wurde dieses – zugegeben sehr umfangreiche Modernisierungsvorhaben – durch die Verabschiedung eines Gesetzes zum Abschluss gebracht. Dank sei hier der Entwicklung auf der Ebene der EU, denn zu diesem Zeitpunkt mussten mehrere das Schuldrecht beeinflussende Richtlinien der EU in das nationale Recht integriert werden, so dass der Gesetzgeber damit die ohnehin notwendige Renovierung des deutschen Schuldrechts verband. Zum 1. Januar 2002 trat somit das **„Gesetz zur Modernisierung des Schuldrechts"** in Kraft, welches drei wesentliche Ziele verfolgt:

- Umsetzung der Verbrauchsgüterrichtlinie, der Zahlungsverzugsrichtlinie und der E-Commerce-Richtlinie der EU im deutschen Recht

- Ausgleich der Mängel des bis dahin geltenden deutschen Schuld- und Verjährungsrechts

- Einbeziehung von einigen Verbraucherschutzgesetzen und des AGBG in das BGB

Privatrecht						
Allgemeiner Teil	**Spezielle Teile, z. B.**					
Bürgerliches Recht	Handelsrecht	Gesell-schaftsrecht	Wertpapier-recht	Bank- und Versiche-rungsrecht	Wettbe-werbsrecht	Arbeitsrecht
• BGB • EGBGB • ergänzende Neben-gesetze zum BGB	• HGB	• HGB • AktG • GmbHG • PartGG • GenG	• HGB • ScheckG • WechselG • AktG	• BubaG • KWG • BörsenG • DepotG • InvestmentG • VVG • VAG	• GWB • UWG	• BetrVG • MitbestG • TVG • KSchG • BBiG

*Übersicht 10:
Einteilung des
Privatrechts*

Die Nebengesetze sowie die speziellen Gesetze (lex specialis) des Zivilrechts bauen auf dem BGB auf. Grundsätzlich gelten die Bestimmungen des BGB auch in den anderen Rechtsbereichen des Privatrechts, sofern nicht Regelungen der speziellen Gesetze diese überlagern. Das besondere Recht setzt die allgemeingültigen Bestimmungen des BGB außer Kraft.

Auf dem Gebiet der ehemaligen DDR wurde das BGB seit 1965 schrittweise durch andere Bestimmungen ersetzt. Erst seit der Wiedervereinigung am 3. Oktober 1990 hatte diese Ära ein Ende. Auf der Grundlage des Einigungsvertrages gelten seitdem das BGB und seine Nebengesetze auch in den neuen Bundesländern. Dieser schlagartige Übergang in eine neue Rechtsordnung warf jedoch bedeutende Probleme auf. Daher wurden im Einführungsgesetz zum Bürgerlichen Gesetzbuch (EGBGB) einige Ausnahmen bzw. Übergangsvorschriften festgelegt (Art. 230 ff. EGBGB); diese beziehen sich vor allem auf Bereiche des Sachen- und Familienrechts.

2.2 Aufbau des BGB

Wer sich erstmals mit dem BGB beschäftigt, wird schnell versucht sein, den Gesetzestext zur Seite zu legen: Viele abstrakte und altertümliche Begriffe reihen sich in langen und komplizierten Sätzen aneinander. Zurück bleibt das Gefühl, dass die Aussagen der Paragraphen nicht allgemein verständlich sind.

Richtig ist: Das Verständnis für das BGB muss man sich „erarbeiten". Das BGB hat nicht den Anspruch, anschaulich und damit allgemein verständlich zu sein; vielmehr will es durch die Verwendung von abstrakt-generellen Begriffen Rechtsnormen schaffen, die auf eine Vielzahl von Fällen im Bereich des Privatrechts anwendbar sind. Dadurch wird der Umfang des Gesetzestextes möglichst knapp und übersichtlich gehalten. Zudem sind die Regelungen zeitlos, da die abstrakt-generellen Begriffe auch auf neue gesellschaftliche Entwicklungen anwendbar sind. Da auf konkrete Beispiele weitgehend verzichtet wird, gewinnt die Auslegung der Rechtsnormen an Bedeutung. In Zweifelsfällen ist hier die Rechtsprechung gefordert.

Beispiel

§ 138 Abs. 1 BGB „Ein Rechtsgeschäft, das gegen die guten Sitten verstößt, ist nichtig".

Ein Verstoß gegen die „guten Sitten" führt dazu, dass ein „Rechtsgeschäft" nichtig – also rechtsunwirksam – ist. Diese Rechtsnorm macht das oben erläuterte Grundprinzip deutlich:

Der abstrakte Begriff des „Verstoßes gegen die guten Sitten" ist zeitlos und auf alle Lebensbereiche anwendbar. Würde die Frage, wann das allgemeine Anstandsgefühl verletzt wird, jedoch konkret beantwortet werden müssen, so würden ohne Zweifel heute andere Antworten gegeben werden als im Jahr 1900.

Möchten Sie sich die Inhalte des BGB erschließen, ist es zunächst wichtig, sich einen Überblick über die **Struktur des Gesetzbuches** zu verschaffen.

Bitte schlagen Sie zunächst das Inhaltsverzeichnis des BGB auf und lesen Sie die Überschriften der einzelnen Abschnitte.

Beim Lesen der Inhaltsübersicht des BGB fällt zunächst auf, dass das BGB in fünf Bücher gegliedert ist, die wiederum in verschiedene Abschnitte unterteilt sind. Die einzelnen **Bücher des BGB** befassen sich mit jeweils abgegrenzten Rechtsbereichen *(vgl. Übersicht 11);* lediglich das erste Buch – der „Allgemeine Teil" – enthält Regelungen, die **„vor die Klammer"** gezogen wurden. Das bedeutet, im ersten Buch wurden alle Rechtsnormen zusammengefasst, die im ganzen BGB gelten sollen, also die Grundlage für die Bücher zwei bis fünf darstellen. Die Regelungen in den Büchern zwei bis fünf hingegen gelten grundsätzlich nur in dem jeweiligen Buch. Das BGB hätte demnach auch in vier verschiedene Gesetzestexte aufgeteilt werden können, jedoch hätte man dann die Bestimmungen des „Allgemeinen Teils" in jedem Gesetzestext wieder aufgreifen müssen.

Die fünf Bücher des BGB				
1. Buch **Allgemeiner Teil** §§ 1–240	2. Buch **Schuldrecht** §§ 241–853	3. Buch **Sachenrecht** §§ 854–1296	4. Buch **Familienrecht** §§ 1297–1921	5. Buch **Erbrecht** §§ 1922–2385
enthält die allgemeinen Regeln des bürgerlichen Rechts, ...	regelt das Rechtsverhältnis zwischen Gläubiger und Schuldner	umfasst Vorschriften über die Rechtsbeziehungen von Personen zu Sachen und Rechten	enthält Regelungen zu Ehe und Verwandtschaft	regelt die vermögensrechtlichen Folgen beim Tod einer Person
... die „vor die Klammer" gezogen worden sind	↑	↑	↑	↑

Übersicht 11:
Aufbau des BGB

Im Folgenden sollen die wichtigen Inhalte aller fünf Bücher des BGB besprochen werden. Zunächst ist es daher sinnvoll, die im „Allgemeinen Teil" geregelten Grundbegriffe zu erläutern.

2.3   Grundbegriffe des BGB

2.3.1   Rechtsgeschäfte

Willenserklärungen

Das BGB verwendet häufig den Begriff der Willenserklärung, ohne diesen zu definieren. Die Rechtslehre hat sich jedoch auf eine allgemein anerkannte Definition verständigt:

> Unter einer Willenserklärung versteht man eine **auf einen rechtlichen Erfolg gerichtete Äußerung.**

Beispiele:
Nicht jede Äußerung eines Rechtssubjektes ist eine Willenserklärung.
Ein leidenschaftlicher Antiquitätensammler besucht eine Auktion, um sich ein paar interessante Stücke ersteigern zu können. Als eine barocke Kommode zum Ausruf kommt, hebt er seinen Arm, um sein Interesse zu bekunden und erhält daraufhin den Zuschlag. Durch den gehobenen Arm hat er seinen Willen zum Ausdruck gebracht, die Kommode zu erwerben.
Wenig später – die Auktion dauert an – kommt ein Schulfreund, den er schon lange nicht mehr gesehen hatte, zur Tür herein. Freudig erregt beginnt unser Sammler seinem Schulfreund zu winken. Bevor er noch über seine Handlung nachdenken kann, fällt der Hammer und ihm wird eine wertvolle Skulptur zugesprochen. Hat der Sammler in diesem Fall eine Willenserklärung abgegeben? Nein, denn es fehlte der Wille, den rechtlichen Erfolg (den Erwerb der Skulptur) herbeizuführen.

Anmerkung: In vielen Fällen – auch in dem soeben geschilderten – ist der Sachverhalt in der Theorie eindeutig. Offen bleibt, ob die Rechtsposition in der Praxis auch durchgesetzt werden kann, denn oft ist die Beweisführung schwierig. Die Frage der Durchsetzbarkeit muss jedoch Anwälten und Gerichten überlassen werden und kann nicht Inhalt dieses Buches sein.

Wie das Beispiel des Antiquitätensammlers bereits gezeigt hat, müssen
Willenserklärungen nicht zwangsläufig mündlich oder schriftlich abgegeben
werden, es gibt auch andere Formen der Abgabe von Willenserklärungen
(vgl. dazu Kapitel 2.3.5):

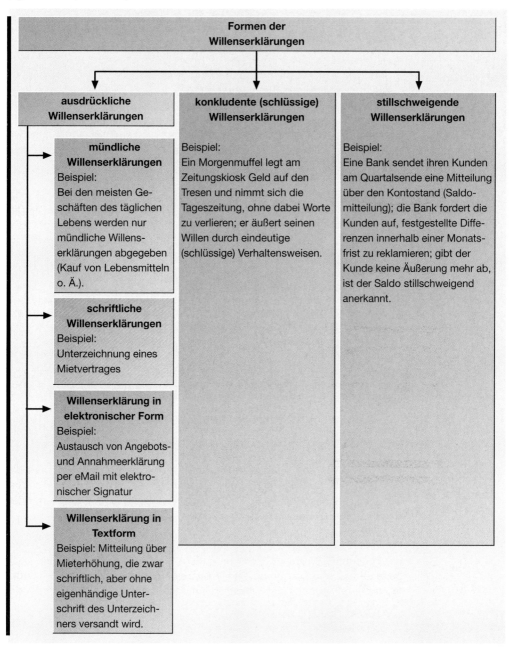

Einteilung der Rechtsgeschäfte

> Unter einem Rechtsgeschäft versteht man einen Tatbestand, der aus **mindestens einer Willenserklärung** besteht (die auf die Herbeiführung eines rechtlichen Erfolges abzielt). Zusätzlich zu den Willenserklärungen können weitere Elemente erforderlich werden, um den gewünschten Erfolg herbeizuführen.

Grundlage aller Rechtsgeschäfte sind Willenserklärungen. Bei den so genannten **einseitigen Rechtsgeschäften** reicht teilweise die Abgabe einer Willenserklärung aus, um zum gewünschten rechtlichen Erfolg zu gelangen (z. B. Errichtung eines Testaments). Bei anderen einseitigen Rechtsgeschäften muss die Willenserklärung beim Empfänger ankommen, um rechtswirksam zu sein (z. B. muss die Kündigung eines Arbeitnehmers vom Arbeitgeber empfangen werden).

Bei vielen Geschäften sind jedoch zwei oder mehr Willenserklärungen notwendig. Man spricht hier von **mehrseitigen Rechtsgeschäften** oder Verträgen. Die notwendigen Willenserklärungen heißen Antrag (Angebot) bzw. Annahme.

> **Vertrag = Antrag (Angebot) + Annahme**

Die abgegebenen Willenserklärungen müssen zudem **kongruent (deckungsgleich)**, d. h. auf den gleichen rechtlichen Erfolg gerichtet sein. Die Kongruenz sei an einem einfachen Beispiel erläutert:

Beispiel:
Kunde: „Guten Tag, ich hätte gerne ein Roggenbrot zu 1,50 EUR!"
Bäcker: „Bitte sehr, Ihr Brot! Das macht dann bitte 1,75 EUR."

Jedem wird klar sein, wie sich dieses Gespräch fortsetzen wird. Ein Vertrag ist jedenfalls nicht zustande gekommen. Es wurden zwar zwei Willenserklärungen abgegeben, jedoch waren diese auf einen unterschiedlichen rechtlichen Erfolg gerichtet.

Verträge können einseitig verpflichtend (bei der Schenkung z. B. hat der Beschenkte keine Gegenleistung zu erbringen) oder mehrseitig verpflichtend sein (z. B. Kaufvertrag: Der Käufer hat als Gegenleistung für den erworbenen Gegenstand den Kaufpreis zu entrichten).

Damit ein Rechtsgeschäft wirksam wird, können teilweise neben der Abgabe der genannten Willenserklärungen andere Elemente notwendig sein. Dazu gehören z. B. die Einhaltung einer bestimmten Formvorschrift (z. B. Schriftform) bei der Abgabe der Willenserklärungen oder auch die Einholung der Genehmigung durch Dritte (z. B. durch Behörden).

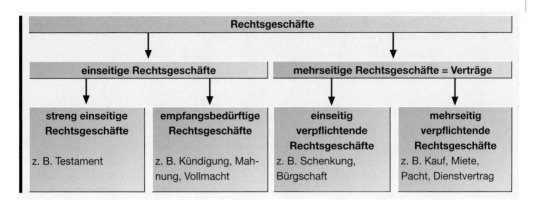

*Übersicht 13:
Arten der
Rechtsgeschäfte*

2.3.2 Rechtssubjekte

Natürliche und juristische Personen

Die Anwendung der in der Rechtsordnung verankerten Rechte und Pflichten setzt voraus, dass es einen Rechtsträger gibt. Jeder, der Träger von Rechten und Pflichten sein kann, wird als Rechtssubjekt bezeichnet. Man unterscheidet hierbei die natürlichen und juristischen Personen.

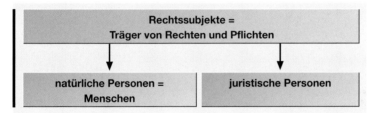

*Übersicht 14:
Rechtssubjekte*

Jeder lebende Mensch ist eine natürliche Person. Tiere hingegen zählen nicht zu den Personen, sie werden rechtlich wie Sachen behandelt *(vgl. Kapitel 2.3.7 Rechtsobjekte).*
Juristische Personen sind auf Grund von Rechtsnormen geschaffene „künstliche Personen", die eine eigene Rechtspersönlichkeit haben. Sie können – vertreten durch natürliche Personen – klagen und verklagt werden.

Die Gesellschaft mit beschränkter Haftung, kurz GmbH, zählt zu den juristischen Personen. Sie ist demnach als Rechtssubjekt Träger von Rechten und Pflichten. Schließen Sie mit einer GmbH einen Vertrag ab, so ist diese – durch die Unterschrift des Geschäftsführers als Vertreter der juristischen Person – Ihr Vertragspartner. Müssen Sie die Vertragsleistung einklagen, so werden Sie in diesem Fall die GmbH verklagen, nicht jedoch die Person des Geschäftsführers.

Juristische Personen können auf der Grundlage öffentlichen oder privaten Rechts entstehen. Entsprechend unterscheidet man die juristischen Personen öffentlichen und privaten Rechts (Näheres zu *juristischen Personen privaten Rechts vgl. Kapitel 3 Handels- und Gesellschaftsrecht).*

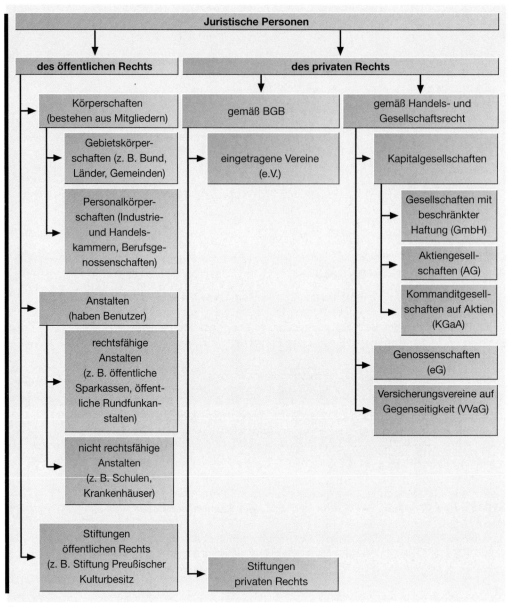

Übersicht 15:
Überblick über die
juristischen Perso-
nen

Nicht rechtsfähige Personenvereinigungen

Neben den bisher beschriebenen natürlichen und juristischen Personen existieren noch so genannte nicht rechtsfähige Personenvereinigungen. Es handelt sich dabei um Zusammenschlüsse mehrerer (natürlicher bzw. juristischer) Personen. Im Gegensatz zu den juristischen Personen sind diese jedoch nicht selbst Rechtssubjekt. Vielmehr sind die Mitglieder der nicht rechtsfähigen Personenvereinigungen Träger von Rechten und Pflichten zur gesamten Hand **(Gesamthandsgemeinschaft)**. Das Vermögen der Vereinigung steht den Mitgliedern gemeinschaftlich zu, sie dürfen auch nur gemeinsam darüber verfügen. Für Verbindlichkeiten haften die Mitglieder gesamtschuldnerisch.

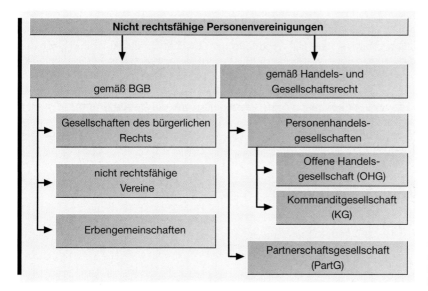

Übersicht 16: nicht rechtsfähige Personenvereinigungen

Auch die Personenhandelsgesellschaften OHG und KG sowie die Unternehmensrechtsform der Partnerschaftsgesellschaft gehören zu den nicht rechtsfähigen Personenvereinigungen. Da diese Rechtsformen jedoch – bis auf wenige Ausnahmen – wie juristische Personen behandelt werden, nennt man sie auch **quasi-juristische Personen.**

Rechtsfähigkeit

Unter der Rechtsfähigkeit versteht man die Fähigkeit einer Person, **Träger von Rechten und Pflichten** zu sein.

Somit ist jedes Rechtssubjekt rechtsfähig. Gemäß § 1 BGB beginnt die Rechtsfähigkeit des Menschen mit der Vollendung der Geburt. Ein Neugeborenes kann also bereits Rechte und Pflichten besitzen (kann z. B. als Erbe eingesetzt werden), obwohl es noch nicht volljährig bzw. geschäftsfähig ist. Die Rechtsfähigkeit endet bei natürlichen Personen mit dem Tod.

Bei juristischen Personen beginnt die Rechtsfähigkeit mit dem Zeitpunkt des Eintrages in das entsprechende Register (z. B. Handelsregister, Vereinsregister) und endet mit der Löschung aus dem Register.

Geschäftsfähigkeit

> **|** Geschäftsfähigkeit ist die Fähigkeit, **Willenserklärungen selbstständig und rechtswirksam** abgeben zu können.

Beim Menschen gibt es – abhängig vom Alter – verschiedene Stufen der Geschäftsfähigkeit. Die Abstufung der Geschäftsfähigkeit ist im Geschäftsleben von großer Bedeutung, da sich aus ihr unterschiedliche Folgen für die Rechtswirksamkeit der Willenserklärungen ergeben.

Teilweise ist bei beschränkt Geschäftsfähigen die **Zustimmung** der gesetzlichen Vertreter notwendig, damit abgegebene Willenserklärungen rechtswirksam werden. Da es verschiedene Arten der Zustimmung gibt, zunächst die folgende Übersicht:

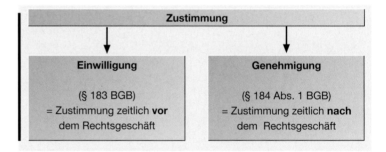

Übersicht 17:
Arten der
Zustimmung

In der nun folgenden Tabelle sind die verschiedenen Stufen der Geschäftsfähigkeit bei natürlichen Personen mit ihren besonderen Rechtsfolgen gegenübergestellt.

Stufen der Geschäftsfähigkeit bei natürlichen Personen	Geschäftsunfähigkeit	Beschränkte Geschäftsfähigkeit	Volle Geschäftsfähigkeit
Geltungsbereich	▪ Minderjährige bis zur Vollendung des 7. Lebensjahres (§ 104 Abs. 1 BGB) ▪ dauerhaft Geisteskranke (§ 104 Abs. 2 BGB)	▪ Minderjährige ab Vollendung des 7. Lebensjahres bis zur Vollendung des 18. Lebensjahres (§ 106 BGB) ▪ in Ausnahmefällen auch bei Volljährigen, jedoch nur in durch ein Vormundschaftsgericht bestimmten Aufgabenkreisen, für die ein Betreuer bestellt wurde (§ 1903 Abs. 1 BGB)	▪ ab Vollendung des 18. Lebensjahres (Volljährigkeit)
Rechtsfolgen	▪ Willenserklärungen sind unwirksam (§ 105 Abs. 1 BGB) ▪ Geschäftsunfähige können nur über ihre gesetzlichen Vertreter am Rechtsvekehr teilnehmen	▪ Willenserklärungen bedürfen grundsätzlich der Einwilligung der gesetzlichen Vertreter (§ 108 BGB bzw. § 1903 BGB). ▪ Liegt bei einseitigen Rechtsgeschäften die Einwilligung nicht vor, so sind diese unwirksam (§ 111 BGB). ▪ Liegt bei Verträgen die Einwilligung nicht vor, so sind die Verträge solange schwebend unwirksam, bis sie durch die gesetzlichen Vertreter genehmigt werden (§ 108 Abs. 1 BGB). ▪ Fordert der Vertragspartner die gesetzlichen Vertreter eines beschränkt Geschäftsfähigen zur Erklärung der Genehmigung des Vertrages auf, so muß dieses innerhalb von 14 Tagen erfolgen, andernfalls ist der Vertrag unwirksam (§ 108 Abs. 2 BGB). ▪ Wird der Minderjährige volljährig, so tritt seine Genehmigung eines schwebend unwirksamen Vertrages an die Stelle der Genehmigung durch die gesetzlichen Vertreter (§ 108 Abs. 3 BGB). ▪ In einigen Ausnahmen können beschränkt Geschäftsfähige rechtswirksame Willenserklärungen auch ohne Zustimmung der gesetzlichen Vertreter abgeben *(vgl. dazu Übersicht 19).*	▪ Willens erklärungen voll rechtswirksam

Übersicht 18: Stufen der Geschäftsfähigkeit beim Menschen

Beispiele:

Fritz (5 Jahre) möchte sich ein Eis kaufen. Da er geschäftsunfähig ist, kann er keine Willenserklärungen abgeben. Er muss demnach seine Eltern davon überzeugen, für ihn das Eis zu kaufen, da sie seine gesetzlichen Vertreter sind.

Stefan (16 Jahre) bittet seine Eltern, ihm das Geld für die neueste Platte seiner Lieblings-Popgruppe zu geben. Hat er mit seiner Bitte Erfolg, so haben die Eltern damit die Einwilligung zum Kauf der Platte gegeben und Stefan kann den Kaufvertrag rechtswirksam eingehen. Nimmt Stefan sich jedoch das Geld heimlich und erwirbt damit die Platte, so ist der Kaufvertrag schwebend unwirksam. Die Eltern können den Kauf im nachhinein genehmigen. Verweigern sie jedoch die Genehmigung, so ist der Kaufvertrag unwirksam und der Händler zur Herausgabe des Geldes verpflichtet.
Ändert sich an der geschilderten Rechtslage etwas, wenn Stefan die Platte mit seinem Taschengeld bezahlt? Lesen Sie dazu bitte folgende Übersicht

Übersicht 19:
Ausnahmeregelungen bei beschränkt Geschäftsfähigen

Bereiche, in denen beschränkt Geschäftsfähige Willenserklärungen ohne Zustimmung der gesetzlichen Vertreter rechtswirksam abgeben können:

Bereich:	Beispiele:
Ausschließlicher Rechtsvorteil (§ 107 BGB): Sofern die Abgabe einer Willenserklärung dem beschränkt Geschäftsfähigen ausschließlich einen rechtlichen Vorteil bringt. Hierbei kommt es nicht auf wirtschaftliche Vorteile an, wichtig ist die rechtliche Betrachtung: Dem beschränkt Geschäftsfähigen dürfen aus einem derartigen Rechtsgeschäft keine rechtlichen Verpflichtungen entstehen.	Annahme einer Schenkung
Taschengeldparagraph (§ 110 BGB): Verträge, sofern die vertragsmäßigen Leistungen des beschränkt Geschäftsfähigen mit Mitteln bewirkt werden, die ihm zu diesem Zweck oder zu freier Verfügung von dem gesetzlichen Vertreter oder mit der Zustimmung des gesetzlichen Vertreters von Dritten überlassen wurden.	Der beschränkt Geschäftsfähige erhält Taschengeld und kauft sich davon eine Schallplatte. Zu Weihnachten bekommt er von seinen Großeltern Geld geschenkt. Die Eltern überlassen es dem Minderjährigen, wofür er das Geld ausgibt.
Dienst- und Arbeitsverhältnis (§ 113 BGB): Beschränkt Geschäftsfähige können durch die gesetzlichen Vertreter dazu ermächtigt werden, ein Dienst- und Arbeitsverhältnis einzugehen. Im Rahmen dieser Vertragsverhältnisse der gestatteten Art sind sie dann unbeschränkt geschäftsfähig. (Achtung: diese Regelung gilt nicht für Ausbildungsverhältnisse!)	Die Eltern eines beschränkt Geschäftsfähigen stimmen der Aufnahme eines Arbeitsverhältnisses zu. Der Minderjährige kann dann rechtswirksm ein Gehaltskonto eröffnen, seine Vermögenswirksame Leistung anlegen, den Arbeitsvertrag kündigen und ein anderes gleichartiges Arbeitsverhältnis aufnehmen.
Selbstständiger Betrieb eines Erwerbsgeschäfts (§ 112 BGB): Der beschränkt Geschäftsfähige wird von seinen gesetzlichen Vertretern mit Genehmigung des Vormundschaftsgerichts zur Selbstständigkeit ermächtigt.	Der beschränkt Geschäftsfähige kann in diesem Fall alle Rechtsgeschäfte im Rahmen seines Erwerbsgeschäfts selbstständig und rechtswirksam vornehmen (Eröffnung eines Geschäftskontos, Abschluss der Betriebsversicherungen etc.).

Juristische Personen sind grundsätzlich unbeschränkt geschäftsfähig; bei ihnen gibt es keine Abstufungen in der Geschäftsfähigkeit wie bei natürlichen Personen.

Deliktsfähigkeit

> Deliktsfähigkeit ist die **vermögensrechtliche Verantwortlichkeit** für schädigende Handlungen.

Es handelt sich hierbei um die so genannten unerlaubten Handlungen nach BGB: Wer vorsätzlich oder fahrlässig das Leben, den Körper, die Gesundheit, die Freiheit, das Eigentum oder ein sonstiges Recht eines anderen widerrechtlich verletzt, ist dem anderen zum Schadensersatz verpflichtet (§ 823 Abs. 1 BGB).

Beispiel:

Während der Autofahrt zu einem Kunden übersieht Berater Flink ein Stopp-Schild. Dadurch kommt es zum Verkehrsunfall. Die Schuldfrage ist in diesem Fall eindeutig, es ist also gerechtfertigt, dass Flink den entstandenen Schaden ausgleicht. § 823 Abs. 1 BGB bietet hierfür die gesetzliche Grundlage. Der Unfallgegner hat einen Schadensersatzanspruch gegenüber Flink, da dieser fahrlässig das Eigentum (ggf. auch Gesundheit, Körper und Leben) des anderen verletzt hat.

Von der Deliktsfähigkeit nach BGB ist die im Strafrecht geregelte Strafmündigkeit zu unterscheiden. Diese regelt die strafrechtliche Verantwortlichkeit, während die Deliktsfähigkeit lediglich die zivilrechtliche Verantwortlichkeit mit dem Ziel des vermögensrechtlichen Schadensausgleiches umfasst. Die Verantwortlichkeit im Sinne des Strafrechtes kann ggf. zusätzlich zur Deliktshaftung nach BGB eintreten.

Die Deliktsfähigkeit bei natürlichen Personen ist analog zur Geschäftsfähigkeit nach dem Lebensalter abgestuft. Juristische Personen sind in jedem Fall unbeschränkt deliktsfähig.

Übersicht 20: Stufen der Deliktsfähigkeit beim Menschen

Stufen der Deliktsfähigkeit bei natürlichen Personen	Deliktsunfähigkeit	Beschränkte Deliktsfähigkeit		Volle Deliktsfähigkeit
Geltungsbereich	Minderjährige bis zur Vollendung des 7. Lebensjahres (§ 828 Abs. 1 BGB)	Minderjährige ab Vollendung des 7. bis zur Vollendung des 10. Lebensjahres (§ 828 Abs. 2 BGB)	Minderjährige ab Vollendung des 7. bis zur Vollendung des 18. Lebensjahres (§ 828 Abs. 3 BGB)	ab Vollendung des 18. Lebensjahres (Volljährigkeit)
Rechtsfolgen	Nichtverantwortlichkeit für unerlaubte Handlungen	Bei einem Unfall mit einem Kraftfahrzeug, einer Schienenbahn oder Schwebebahn nicht schadensverantwortlich, sofern kein Vorsatz vorliegt	Schadensverantwortlichkeit bei Vorliegen der zur Erkenntnis der Verantwortlichkeit erforderlichen Einsicht	volle Schadensverantwortung bei unerlaubten Handlungen

2.3.3 Stellvertretung

> Stellvertretung liegt vor, wenn eine Person eine Willenserklärung **im Namen und für Rechnung** einer anderen Person abgibt.

Stellvertretung tritt sowohl im Privatbereich als auch im Geschäftsleben auf. Es können sowohl natürliche als auch juristische Personen vertreten werden.

Die durch den Stellvertreter abgegebene Willenserklärung wirkt unmittelbar für und gegen den Vertretenen. Der Vertretene wird aus dem Rechtsgeschäft berechtigt und verpflichtet, das der Stellvertreter für ihn eingegangen ist. Dies setzt jedoch voraus, dass der Stellvertreter auch zur Vertretung berechtigt ist. Man unterscheidet hier:

- die auf Gesetz beruhende Vertretungsmacht **(gesetzliche Vertretung),**

- die durch Rechtsgeschäft übertragene Vertretungsmacht **(rechtsgeschäftliche Vertretung = Vollmacht).**

Dass der Stellvertreter im Namen eines anderen handelt, muss entweder ausdrücklich festgestellt werden oder den Umständen zu entnehmen sein (§ 164 Abs. 1 BGB).

Von der Stellvertretung sind nur einige sehr persönliche Rechtsgeschäfte ausgenommen, z. B. die Eheschließung (§ 1311 BGB) und die Errichtung eines Testaments (§ 2064 BGB).

Da die im Rahmen der Stellvertretung abgegebene Willenserklärung nicht gegen den Stellvertreter selbst wirkt, können auch beschränkt Geschäftsfähige Vertreter sein (§ 165 BGB). Von Bedeutung ist jedoch, dass der Stellvertreter eine eigene Willenserklärung abgibt. Deshalb können Geschäftsunfähige nicht Stellvertreter sein, sondern lediglich als **Bote** die Willenserklärung eines anderen überbringen.

Beispiel:
Der Vater beauftragt seinen fünfjährigen Sohn, ihm die aktulle Ausgabe der Zeitschrift „Der Angler" vom Kiosk zu holen. Da sein Sohn geschäftsunfähig ist, fungiert er als Bote seines Vaters.

Am nächsten Tag bittet der Vater seine sechzehnjährige Tochter, ihm eine Tageszeitung zu kaufen. Als beschränkt Geschäftsfähige tritt sie stellvertretend für ihren Vater auf. Sie gibt eine eigene Willenserklärung ab und besitzt dabei noch einen gewissen Handlungsspielraum, da sie sich für eine bestimmte Tageszeitung entscheiden muss. Wäre das nicht der Fall, wäre sie ebenfalls nur Bote.

Handelt eine Person als Stellvetreter, ohne dass eine Vertretungsmacht vorliegt, so wirkt das Rechtsgeschäft nur gegen den Vertretenen, wenn dieser es genehmigt (§177 Abs. 1 BGB). Verweigert der Vertretene die Genehmigung, so ist der Vertreter (ohne Vertretungsmacht) selbst gegenüber dem Vertragspartner zur Erfüllung des Rechtsgeschäftes oder zur Leistung von Schadensersatz verpflichtet, sofern der Vertragspartner den Mangel der Vertretungsmacht nicht kannte (§ 179 Abs. 1 und 3 BGB). Ein beschränkt Geschäftsfähiger haftet in diesem Fall nur, wenn sein gesetzlicher Vertreter der Stellvertretung zugestimmt hat (§ 179 Abs. 3 BGB).

Von der bisher behandelten unmittelbaren Stellvertretung ist die mittelbare Stellvertretung zu unterscheiden, die jedoch nicht im BGB geregelt ist. Mittelbare Stellvertretung liegt vor, wenn eine Person auf Rechnung einer anderen handelt, aber unter eigenem Namen auftritt. Das durch den mittelbaren „Vertreter" eingegangene Rechtsgeschäft wirkt sich zunächst nur für und gegen ihn selbst aus. Um die Rechtswirkung auch auf den „Vertretenen" zu übertragen, ist ein weiteres (internes) Rechtsgeschäft notwendig. Beispiele für mittelbare Stellvertreter sind die im HGB geregelten Kommissionäre und Spediteure.

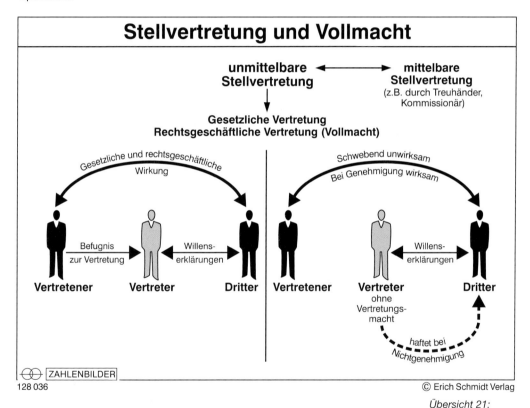

128 036

© Erich Schmidt Verlag

Übersicht 21:
Prinzip der
Stellvertretung

Gesetzliche Stellvertretung

In einigen Fällen legt der Gesetzgeber Stellvertreter für Personen fest, die ihre Rechtsgeschäfte (noch) nicht selbst wahrnehmen können. *Übersicht 22* gibt einen Überblick über diese gesetzlichen Vertreter.

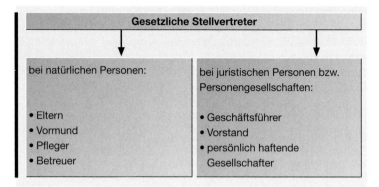

Übersicht 22:
Gesetzliche Stell-
vertreter

Gesetzliche Vertretung von juristischen Personen und Personengesellschaften

Juristische Personen sind naturgemäß nicht selbst handlungsfähig. Sie besitzen deshalb **Organe,** die die Rechtsgeschäfte wahrnehmen. So ist z. B. der Vorstand einer Aktiengesellschaft genaugenommen nicht Vertreter, sondern Organ der AG. Man spricht bei juristischen Personen von der organschaftlichen Vertretung. Da die Organe jedoch die Stellung eines gesetzlichen Vertreters haben (die BGB-Regeln zur Stellvertretung gelten uneingeschränkt), ist es gerechtfertigt, sie verkürzt als gesetzliche Vertreter zu bezeichnen (*vgl. Kap. 3 Handels- und Gesellschaftsrecht).*

Eltern als gesetzliche Vertreter

Zur gesetzlichen Stellvertretung gehört auch die Vertretung Minderjähriger durch die Eltern. Neben der Vertretung des Kindes umfasst die **elterliche Sorge** (§ 1626 BGB) auch die Sorge um die Person des Kindes (Personensorge) und das Vermögen des Kindes (Vermögenssorge).
Grundsätzlich besitzen die Eltern **Gesamtvertretung,** d.h. sie vertreten das Kind gemeinschaftlich (§ 1629 Abs. 1 BGB). Abweichend davon besitzt ein Elternteil **Einzelvertretung in folgenden Fällen:**

- Die elterliche Sorge wurde für bestimmte Angelegenheiten durch das Familiengericht einem Elternteil allein übertragen (§ 1629 Abs. 1 BGB i. V. m. § 1628 BGB).
- Die elterliche Sorge wurde durch das Familiengericht einem Elternteil allein übertragen, wenn die Ehe geschieden wurde oder die Eltern dauerhaft getrennt leben und mindestens ein Elternteil den Antrag auf Erteilung des alleinigen Sorgerechts gestellt hat (§§ 1671 ff. BGB).
- Ein Elternteil ist minderjährig oder
- ein Elternteil ist tatsächlich verhindert, die elterliche Sorge auszuüben (z. B. Krankheit, Ortsabwesenheit) oder
- ein Elternteil ist verstorben (§§ 1673 ff. BGB).

Bei nicht ehelichen Kindern steht das Sorgerecht beiden Elternteilen gemeinsam zu, sofern sie eine übereinstimmende Sorgerechtserklärung abgegeben haben bzw. heiraten. Andernfalls werden nicht eheliche Kinder allein durch die Mutter vertreten (§ 1626 a BGB).

Auch im Falle der getrennt lebenden Eltern sichert das Gesetz dem Kind in jedem Fall das Recht auf Umgang mit jedem Elternteil zu. Jeder Elternteil ist zum Umgang mit dem Kind berechtigt und verpflichtet (§ 1684 BGB).

Das Vermögen des Kindes ist vom gesetzlichen Vertreter nach den Grundsätzen einer wirtschaftlichen Vermögensverwaltung anzulegen, soweit es nicht zur Bestreitung von Ausgaben bereitzuhalten ist (§1642 BGB). Bei einigen Rechtsgeschäften benötigen die Eltern die **Zustimmung des Vormundschaftsgerichtes** (so genannte Doppelerklärung). Dazu gehören z. B. Grundstücksgeschäfte, Kreditaufnahme, Übernahme von Bürgschaften und das Ausschlagen von Erbschaften (§ 1643 i. V. m. § 1821, § 1822 Nr. 1, 3, 5, 8–11 BGB). Hierdurch soll das Vermögen des Kindes zusätzlich geschützt werden.

Ist gegenüber einem Minderjährigen eine Willenserklärung abzugeben, so ist die Abgabe gegenüber einem Elternteil ausreichend (§ 1629 Abs.1 BGB).

Vormundschaft

Vormundschaft wird durch das Vormundschaftsgericht angeordnet, wenn ein Minderjähriger nicht unter elterlicher Sorge steht, weil die Eltern nicht mehr leben oder weil ihnen das Sorgerecht entzogen wurde (§ 1773 BGB). Das Gericht wird im Allgemeinen die durch die Eltern vorgeschlagene Person als Vormund bestellen. Sollte dies nicht möglich sein, so wird das Gericht – nach Anhörung des Jugendamtes – einen Vormund auswählen; dabei werden Verwandte des Mündels vorrangig berücksichtigt (§§ 1776 ff. BGB).

Der Vormund weist sich durch die **Bestallungsurkunde** aus (§ 1791 BGB). Die Vormundschaft umfasst die Personen- und Vermögenssorge für das Mündel, der Vormund ist gesetzlicher Vertreter des Minderjährigen (§ 1793 BGB). Die Vormundschaft entspricht weitgehend der elterlichen Sorge, jedoch unterliegt der Vormund bei der Vermögenssorge der Aufsicht des Vormundschaftsgerichtes. Er hat ein Vermögensverzeichnis für das Mündel zu führen und dieses mindestens einmal jährlich dem Vormundschaftsgericht einzureichen; außerdem ist er jederzeit gegenüber dem Gericht rechenschaftspflichtig (§ 1802 und §§ 1837 ff. BGB).

Ist ein größeres Vermögen zu verwalten, so kann das Gericht einen Gegenvormund bestellen. Dieser hat dann bei wesentlichen Entscheidungen bei der Vermögensverwaltung sowie bei der Rechnungslegung gegenüber dem Vormundschaftsgericht mitzuwirken (§§ 1792, 1810, 1842 BGB).

Analog zu den Regelungen bei der gesetzlichen Vertretung durch die Eltern hat der Vormund das Vermögen des Mündels zinsbringend und mündelsicher anzulegen (§§ 1806 ff. BGB), bei bestimmten Rechtsgeschäften muss er eine Genehmigung des Vormundschaftsgerichts einholen (§§ 1821 ff. BGB).

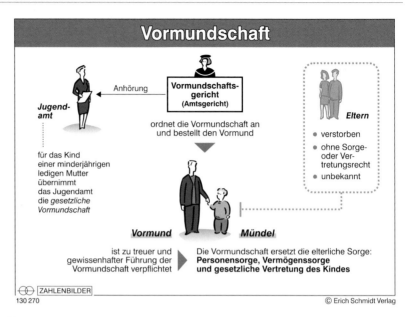

Übersicht 23:
Vormundschaft

Betreuung

Im Jahre 1992 wurde die Vormundschaft sowie die Gebrechlichkeitspfleg-schaft bei Volljährigen durch das „Gesetz zur Reform des Rechts der Vor-mundschaft und Pflegschaft für Volljährige" (**Betreuungsgesetz** – BtG) abgeschafft. Damit wurde die Rechtsstellung psychisch kranker sowie kör-perlich, geistig oder seelisch behinderter Personen deutlich verbessert: Eine Entmündigung ist nicht mehr möglich. Es entfällt auch der bisher damit ein-hergehende Verlust oder die Beschränkung der Geschäftsfähigkeit. An die Stelle der Vormundschaft bzw. Gebrechlichkeitspflegschaft bei Volljährigen tritt die Betreuung.

Die Geschäftsfähigkeit von Volljährigen ist damit grundsätzlich gegeben; es gibt ledig-lich eine Ausnahme: die so genannte natürliche Geschäftsunfähigkeit nach § 104 Abs. 2 BGB. Vergleichen Sie mit den Ausführungen zur „Geschäftsfähigkeit" *(Kap. 2.3.2 Rechtssubjekte).*

Kann ein Volljähriger auf Grund einer psychischen Krankheit oder einer kör-perlichen, geistigen oder seelischen Behinderung seine Angelegenheiten ganz oder teilweise nicht besorgen, so bestellt das Vormundschaftsgericht auf seinen Antrag oder von Amts wegen für ihn einen **Betreuer.** Ein Betreuer darf nur für Aufgabenkreise bestellt werden, in denen die Betreuung erfor-derlich ist (z. B. die Vermögenssorge, die häusliche Versorgung o. ä.). Diese Aufgabenkreise werden durch das Gericht bestimmt und sind der Bestal-lungsurkunde des Betreuers zu entnehmen. Die Betreuung ist nicht erforder-lich, soweit die Angelegenheiten des Volljährigen durch einen Bevollmächtig-ten oder durch andere Hilfen, bei denen kein gesetzlicher Vertreter bestellt wird, ebenso gut wie durch einen Betreuer besorgt werden können (§ 1896 BGB).
Der Betreuer ist im Rahmen seiner festgelegten Aufgabenbereiche gesetz-licher Vertreter der betreuten Person (§ 1902 BGB). Allerdings hat dies keine

Auswirkungen auf die Geschäftsfähigkeit des Betreuten, der alle seine Angelegenheiten auch weiterhin alleine rechtskräftig regeln kann. Einschränkungen sind nur gegeben, wenn das Vormundschaftsgericht zum Schutz des Betreuten einen **Einwilligungsvorbehalt** ausgesprochen hat; dann benötigt der Betreute bei der Abgabe von Willenserklärungen, die den Aufgabenbereich des Betreuers betreffen, dessen Einwilligung. Der Betreute wird hierbei ähnlich einem beschränkt Geschäftsfähigen behandelt, das heißt, es gelten auch die Ausnahmeregelungen analog (z. B. der „Taschengeldparagraph").

Pflegschaft

Durch die zuständigen Gerichte (i. d. R. Vormundschafts- bzw. Nachlassgericht) kann in bestimmten Fällen ein **Pfleger** bestimmt werden, der im Rahmen von einzelnen Angelegenheiten oder eines engeren Aufgabenkreises als gesetzlicher Vertreter des Pflegebefohlenen tätig wird. Die Rechtsgeschäfte, für die der Pfleger Vertretungsmacht besitzt, sind der Bestallungsurkunde zu entnehmen. Die Geschäftsfähigkeit des Pflegebefohlenen wird dadurch nicht verändert. Bei der Pflegschaft finden die Regelungen zur Vormundschaft entsprechend Anwendung (§ 1915 BGB).

Oft handelt es sich bei Pflegschaften um eine Ergänzung der elterlichen bzw. vormundschaftlichen Sorge für Geschäftsunfähige oder beschränkt Geschäftsfähige oder um die Wahrnehmung von Angelegenheiten voll geschäftsfähiger Personen. Wichtige Formen der Pflegschaft sind:

- **Ergänzungspflegschaft** (§ 1909 BGB)
  Wer unter elterlicher Sorge oder unter Vormundschaft steht, erhält für Angelegenheiten, an deren Erledigung die Eltern oder der Vormund verhindert sind, einen Pfleger.

  Beispiele:
  Der Großvater vermacht seinem minderjährigen Enkelkind sein Vermögen. Da er die Raffgier der Eltern kennt, bestimmt er, dass das Vermögen nicht von den Eltern verwaltet werden soll.

  Die Eltern wollen ihrem minderjährigen Sohn ein Grundstück veräußern. Sie würden hierbei sowohl als Verkäufer und – in der Funktion der gesetzlichen Vertreter des Sohnes – auch als Käufer auftreten. Nach § 181 BGB handelt es sich um ein verbotenes Insichgeschäft. Die Bestellung eines Pflegers, der bei diesem Rechtsgeschäft die Vertretung des Sohnes übernimmt, ist zwingend.

- **Abwesenheitspflegschaft** (§ 1911 BGB)
  Ein abwesender Volljähriger, dessen Aufenthalt unbekannt ist, erhält für seine Vermögensangelegenheiten, soweit sie der Fürsorge bedürfen, einen Abwesenheitspfleger. Das gleiche gilt für einen Abwesenden, dessen Aufenthalt bekannt ist, der aber an der Rückkehr und der Besorgung seiner Vermögensangelegenheiten verhindert ist.

  Beispiele:
  Pflegschaft für einen Verschollenen; Pflegschaft für einen Strafgefangenen, der keinen Bevollmächtigten einsetzen kann.

■ **Nachlasspflegschaft** (§ 1960 BGB)
Bis zur Annahme der Erbschaft hat das Nachlassgericht für die Sicherung des Nachlasses zu sorgen, soweit ein Bedürfnis besteht. Das gleiche gilt, wenn der Erbe unbekannt ist oder wenn ungewiss ist, ob er die Erbschaft angenommen hat. Das Nachlassgericht kann für denjenigen, welcher Erbe wird, einen Nachlasspfleger bestellen.

Rechtsgeschäftliche Stellvertretung

> Die durch Rechtsgeschäft erteilte Vertretungsmacht nennt man **Vollmacht.**

Erteilung der Vollmacht (§ 167 BGB)

Die Vollmachtserteilung ist eine einseitige empfangsbedürftige Willenserklärung. Sie kann vom Vollmachtgeber

■ entweder gegenüber dem zu Bevollmächtigten abgegeben werden **(Innenvollmacht)** oder
■ gegenüber dem Dritten, dem gegenüber die Vertretung stattfinden soll **(Außenvollmacht).**

Die Erteilung der Vollmacht ist grundsätzlich an keine bestimmte Form gebunden, d. h. sie kann auch mündlich erteilt werden. Dies trifft auch dann zu, wenn das Rechtsgeschäft, auf das sich die Vollmacht bezieht, einer bestimmten Formvorschrift unterliegt.

Beispiel:
Ein Grundstückskaufvertrag ist nach § 311b BGB schriftlich abzuschließen und notariell zu beurkunden. Soll durch den Eigentümer eine Person bevollmächtigt werden, die Grundstücksveräußerung vorzunehmen, so ist die Vollmacht auch formlos gültig.

„Die Erteilung der Vollmacht ist grundsätzlich an keine Form gebunden." In dieser Aussage findet wieder einmal ein von Juristen gern gebrauchtes Wort Anwendung. Durch diesen oder einen ähnlichen juristischen „Weichmacher" wird die sonst sehr absolute Aussage etwas eingeschränkt: Es sind demnach Ausnahmen vom Grundsatz der Formfreiheit möglich. In der Regel werden diese in Rechtsvorschriften genannt: So bestimmt z. B. die ZPO, dass Prozessvollmachten schriftlich zu erteilen sind.

Arten der Vollmacht

Das BGB macht zu Art und Umfang der Vollmacht keine näheren Angaben. Dadurch ist der Vollmachtgeber in der Gestaltung der Vollmacht frei und kann deren Umfang in jedem Einzelfall selbst festlegen. In der Praxis haben sich jedoch Kriterien herausgebildet, nach denen die üblichen Vollmachtsarten unterschieden werden.

Im Gegensatz zum BGB beinhaltet das HGB genauere Regelungen zu den handelsrechtlichen Vollmachten (Handelsvollmacht und Prokura): Hier wird der Umfang der Vollmacht durch das Gesetz bestimmt *(vgl. Kapitel 3.5 Vertretung des Kaufmanns).*

Unterscheidung der Vollmachtsarten		
nach dem Umfang der Vollmacht	**nach der Zahl der Bevollmächtigten**	**nach dem Vollmachtgeber**
■ **Spezialvollmacht** (gültig für ein einzelnes Rechtsgeschäft, z. B. einmalige Barabhebung vom Girokonto) ■ **Artvollmacht** (bezieht sich auf eine bestimmte Gruppe von Rechtsgeschäften, z. B. Kontovollmacht) ■ **Generalvollmacht** (umfasst alle möglichen Rechtsgeschäfte des Vollmachtgebers)	■ **Einzelvollmacht** (eine einzelne Person ist zur Vertretung berechtigt) ■ **Gesamtvollmacht** (mehrere Personen sind nur gemeinschaftlich zur Vertretung berechtigt; durch das Vier-Augen-Prinzip erreicht der Vollmachtgeber eine höhere Sicherheit)	■ **Hauptvollmacht** (Erteilung der Vollmacht durch denjenigen, der vertreten werden soll) ■ **Untervollmacht** (Weitergabe der Vollmacht durch den Bevollmächtigten an einen Dritten; dies ist möglich, sofern der Vertretene die Erteilung einer Untervollmacht nicht ausgeschlossen hat)

Übersicht 24: mögliche Vollmachtsarten

Hinweis:
Oft wird in der Literatur auch an Stelle des Begriffes „Spezialvollmacht" die Bezeichnung „Einzelvollmacht" verwendet, wodurch jedoch Verwechslungsgefahr zur Vollmacht mit Einzelvertretungsberechtigung („Einzelvollmacht") gegeben ist.

Erlöschen der Vollmacht (§§ 168 ff. BGB)

Die Vollmacht erlischt, wenn das zugrunde liegende Rechtsverhältnis nicht mehr besteht. Die Vollmacht kann auf der Grundlage unterschiedlicher Rechtsverhältnisse zwischen Vollmachtgeber und Bevollmächtigtem erteilt worden sein, z. B. Auftrag oder Dienstvertrag.

Beispiele:
Die Oma beauftragt ihren Enkel, von ihrem Konto 100,00 EUR abzuheben. Sie stellt eine Vollmachtsurkunde (§ 172 BGB) aus, die ihr Enkel der Bank vorlegt. Die Bank zahlt das Geld aus und nimmt die Vollmachtsurkunde zu den Buchungsunterlagen. Da der Auftrag somit ausgeführt wurde, ist auch die Vollmacht erloschen.

Ein Angestellter scheidet aus den Diensten seines Arbeitgebers aus. Da das zugrunde liegende Dienstverhältnis erloschen ist, sind auch die vom Arbeitgeber erteilten Vollmachten nicht mehr rechtswirksam.

Die Vollmacht kann natürlich auch bei Fortbestehen des Rechtsverhältnisses jederzeit formlos widerrufen werden, es sei denn, es wurde ausdrücklich etwas anderes vereinbart. Ist dem Bevollmächtigten eine Vollmachtsurkunde ausgehändigt worden, so muss diese zurückgegeben oder für kraftlos erklärt werden.

Wurde die Vollmacht nicht dem Bevollmächtigten, sondern einem Dritten gegenüber erklärt, so muss dem Dritten auch das Erlöschen der Vollmacht angezeigt werden. Andernfalls bleibt die Vollmacht gegenüber dem Dritten rechtswirksam, sofern er das Erlöschen nicht kannte oder kennen musste.

Diese Vorschrift hat in der Praxis häufig große Bedeutung: So ist z. B. die Bankvollmacht in jedem Fall auch gegenüber der Bank zu widerrufen.

Die Vollmacht erlischt auch bei Tod (oder Konkurs) des Bevollmächtigten, nicht jedoch beim Tod des Vollmachtgebers. In diesem Fall muss ein Erbe die Vollmacht ausdrücklich widerrufen.

Verbot von Insichgeschäften (§ 181 BGB)

Das BGB geht davon aus, dass es beim Abschluss von Rechtsgeschäften zu Interessenkonflikten kommen kann, wenn eine Person beide Seiten des Rechtsgeschäfts vertritt. Diese Konstellation ist in zwei unterschiedlichen Fällen denkbar, die im § 181 BGB beschrieben werden:

1. Fall = Selbstkontrahierung:
Der Bevollmächtigte schließt ein Rechtsgeschäft im Namen des Vertretenen mit sich selbst ab.

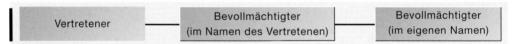

*Übersicht 25:
Selbstkontrahie-
rung*

2. Fall = Doppelvertretung:
Der Bevollmächtigte schließt im Namen des Vertretenen mit sich als Vertreter einer dritten Person ein Rechtsgeschäft ab.

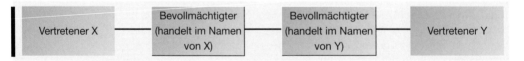

*Übersicht 26:
Doppelvertretung*

Selbstkontrahierung und Doppelvertretung sind grundsätzlich verboten. Derartige Geschäfte sind schwebend unwirksam, bis sie durch den Vertretenen genehmigt werden. Ausnahmen von diesem Verbot bestehen lediglich, wenn

- der Vetretene den Vertreter hierzu ausdrücklich ermächtigt hat oder
- das Rechtsgeschäft ausschließlich in der Erfüllung einer Schuld besteht oder
- keine Interessenkonflikte vorliegen und auch Rechte Dritter nicht berührt werden (diese Ausnahme ist nicht im Gesetz zu finden, sie ist vielmehr durch ein Urteil des Bundesgerichtshofes entstanden).

Beispiel:

Sam beauftragt seinen Freund Pfiffig, eine wertvolle Briefmarkensammlung für ihn zu veräußern. Pfiffig ist Inhaber eines Briefmarkengeschäftes. Interessenkonflikte sind offensichtlich, wenn Pfiffig die Marken für sich selbst erwirbt. Pfiffig kann die Sammlung also nur in eigenem Namen erwerben, sofern Sam zustimmt.

Die Regelungen des § 181 BGB gelten auch für die gesetzliche Stellvertretung. Da ein Minderjähriger der Selbstkontrahierung nicht rechtswirksam zustimmen kann, müsste in diesem Fall ein Pfleger eingesetzt werden *(vgl. zuvor Ergänzungspflegschaft)*.

2.3.4 Bedingungen und Zeitbestimmungen bei Rechtsgeschäften

In der Regel tritt die Wirkung von Rechtsgeschäften sofort mit Abschluss der Rechtsgeschäfte ein. Durch den Einbau von Bedingungen oder Zeitbestimmungen kann dies durch die Parteien abgeändert werden. Die dazu im BGB existierenden Regelungen werden im Folgenden dargestellt.

Bedingungen

Durch Bedingungen ist es möglich, <u>zukünftige und ungewisse</u> Ereignisse beim Abschluss von Rechtsgeschäften zu berücksichtigen und die Wirksamkeit der Rechtsgeschäfte davon abhängig zu machen. Man unterscheidet nach § 158 BGB:

- **Aufschiebende Bedingung**
  Wird ein Rechtsgeschäft unter aufschiebender Bedingung abgeschlossen, so ist die vorgesehene Rechtswirkung zunächst „aufgeschoben" und tritt erst mit Eintritt der Bedingung ein.

  Beispiel:
  Ein klassisches Beispiel dafür ist der Eigentumsvorbehalt *(vgl. Kap. 2.5.2 Eigentum)*. Ein Verkäufer einer Ware übereignet diese unter der aufschiebenden Bedingung des vollständigen Zahlungseinganges, d. h. erst danach geht das Eigentum auf den Käufer über.

- **Auflösende Bedingung**
  Der Eintritt der Bedingung führt dazu, dass die Rechtswirkung des unter auflösender Bedingung abgeschlossenen Rechtsgeschäftes endet. Es tritt dann der vor Abschluss des Rechtsgeschäftes vorgelegene Rechtszustand wieder ein.

  Beispiel:
  Verträge, die ein Widerrufsrecht enthalten. Wird das Widerrufsrecht ausgeübt, so entfällt ab Widerruf die Rechtswirkung.

Bei einem bedingten Rechtsgeschäft kommt es zwangsläufig zu einem **Schwebezustand,** z. B. bei einer aufschiebenden Bedingung zwischen Abschluss des Rechtsgeschäftes und dem Eintritt der Bedingung. Deshalb muss der bedingt Berechtigte (z. B. der Käufer) in dieser Schwebezeit geschützt werden. So sind nach § 161 BGB Verfügungen während der

Schwebezeit von der Person, die bereits über einen Gegenstand unter einer Bedingung verfügt hat (z. B. Verkäufer), im Falle des Eintritts der Bedingung rechtsunwirksam, sofern die mit Eintritt der Bedingung beabsichtigte Rechtswirkung beeinträchtigt würde.
Der bedingt Berechtigte wird gleichermaßen vor Verfügungen im Falle der Zwangsvollstreckung oder des Konkurses der anderen Person geschützt.

Beispiel:
Der Käufer einer Ware unter Eigentumsvorbehalt ist bis zur vollständigen Bezahlung vor für ihn nachteiligen Verfügungen des Verkäufers geschützt.
Dies gilt auch für Verfügungen durch Zwangsvollstreckung oder Konkurs in das Vermögen des Verkäufers, der ja noch Eigentümer der unter Eigentumsvorbehalt stehenden Ware ist.

Ausnahme: Ein gutgläubiger Dritter, der also von der bedingten Übereignung nichts wusste, erwirbt dennoch Eigentum vom Verkäufer. D.h. trotz vollständiger Bezahlung des Kaufpreises hat der Käufer in diesem Fall keinen Anspruch mehr auf das Eigentum (§ 161 Abs. 3 BGB in Analogie zu §§ 932 ff. BGB – *vgl. Kap. 2.5.2 Eigentum*).

Die soeben zur aufschiebenden Bedingung gemachten Ausführungen gelten bei auflösender Bedingung entsprechend für die Verfügungen desjenigen, dessen Recht bei Eintritt der Bedingung endet.

Zeitbestimmungen

Während zukünftige, ungewisse Ereignisse zu Bedingungen bei Rechtsgeschäften führen, werden Rechtsgeschäfte bei zukünftigen und gewissen Ereignissen beim Abschluss befristet. Es werden also genaue Termine (Zeitpunkte) bzw. Fristen (Zeiträume) bestimmt. Das Gesetz kennt nach § 163 BGB den **Anfangs- und Endtermin.** Die Regelungen zur aufschiebenden Bedingung (beim Anfangstermin) und zur auflösenden Bedingung (beim Endtermin) gelten entsprechend.

Beispiele:
Anfangstermin: Eigentumswechsel an einem Grundstück zu einem festgelegten Termin.
Endtermin: Rückgabetermin für einen geliehenen Gegenstand.

Bei Bestimmung von Terminen und Fristen kann es generell – nicht nur bei befristeten Rechtsgeschäften – zu Auslegungsschwierigkeiten kommen. Deshalb wurden im BGB allgemeingültige Regeln dafür aufgestellt (§§ 186 ff. BGB), die in der Praxis von großer Bedeutung sind:

- **Fristbeginn:** Der Tag, in den ein bestimmtes Ereignis oder ein bestimmter Zeitpunkt fällt, wird bei der Fristberechnung nicht mitgerechnet, es sei denn, der Beginn des Tages ist der maßgebliche Zeitpunkt.
- **Fristende:** Eine Frist endet mit dem Ablauf des letzten Tages der Frist.

- **Halbes Jahr** = sechs Monate; **Vierteljahr** = drei Monate; **halber Monat** = 15 Tage
- **Anfang, Mitte bzw. Ende des Monats** = erster, fünfzehnter bzw. letzter Tag des Monats
- Ist an einem bestimmten Tag oder am Ende einer Frist eine Willenserklärung abzugeben oder eine Leistung zu bewirken und fällt dieser Termin auf einen **Sonntag, Feiertag (am Erklärungs- oder Leistungsort) oder Samstag,** so tritt an dessen Stelle der nächste Werktag.

2.3.5 Mangelhafte Rechtsgeschäfte

Bei der Entstehung von Rechtsgeschäften können „Rechtsmängel" auftreten, die dazu führen, dass Rechtsgeschäfte unwirksam sind oder werden können. Man spricht dann von der Nichtigkeit oder Anfechtbarkeit der Rechtsgeschäfte.

Es geht also nicht um die mangelhafte Ausführung von Rechtsgeschäften, sondern zunächst um Mängel, die bereits beim Zustandekommen des Rechtsgeschäfts auftreten. Zur Problematik der mangelhaften Ausführung *vgl. Sie bitte Kap. 2.4.9 Leistungsstörungen bei der Vertragserfüllung.*

Nichtige Rechtsgeschäfte

> Nichtige Rechtsgeschäfte sind **von Anfang an unwirksam.** Bei nichtigen Rechtsgeschäften treten **keinerlei Rechtsfolgen** ein.

Ein nichtiges Rechtsgeschäft wird auch nicht durch Genehmigung rechtswirksam; es muss nochmals unter Vermeidung des Nichtigkeitsgrundes vorgenommen werden.

Stellt sich ein Teil eines Rechtsgeschäftes als nichtig heraus, so ist in der Regel das ganze Rechtsgeschäft nichtig (§ 139 BGB).

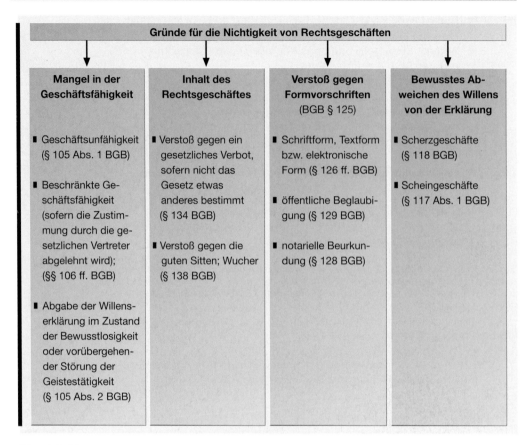

■ Geschäftsunfähigkeit (§ 105 Abs. 1 BGB)

■ Beschränkte Geschäftsfähigkeit (sofern die Zustimmung durch die gesetzlichen Vertreter abgelehnt wird); (§§ 106 ff. BGB)

■ Abgabe der Willenserklärung im Zustand der Bewusstlosigkeit oder vorübergehender Störung der Geistestätigkeit (§ 105 Abs. 2 BGB)

■ Verstoß gegen ein gesetzliches Verbot, sofern nicht das Gesetz etwas anderes bestimmt (§ 134 BGB)

■ Verstoß gegen die guten Sitten; Wucher (§ 138 BGB)

■ Schriftform, Textform bzw. elektronische Form (§ 126 ff. BGB)

■ öffentliche Beglaubigung (§ 129 BGB)

■ notarielle Beurkundung (§ 128 BGB)

■ Scherzgeschäfte (§ 118 BGB)

■ Scheingeschäfte (§ 117 Abs. 1 BGB)

Übersicht 27:
Gründe für die
Nichtigkeit von
Rechtsgeschäften

Mangel in der Geschäftsfähigkeit

Zur Problematik der Rechtswirkung der Willenserklärungen von Geschäftsunfähigen und beschränkt Geschäftsfähigen *vergleiche Kap. 2.3.1 Rechtsgeschäfte.*

Die Willenserklärungen von Personen, die sich im Zustand der Bewusstlosigkeit bzw. vorübergehenden Störung der Geistestätigkeit befinden, werden den Willenserklärungen Geschäftsunfähiger gleichgestellt: Auch sie sind nichtig. Darunter können Willenserklärungen fallen, die bei starker Trunkenheit oder unter Drogeneinfluss, bei Fieber oder unter Hypnose abgegeben werden.

Bei Geschäftsfähigen ist zunächst davon auszugehen, dass ihre Willenserklärungen rechtswirksam sind. Daher liegt die Beweislast bei demjenigen, der sich auf die Rechtsnorm des § 105 Abs. 2 BGB berufen will. Nicht jeder, der zu tief ins Glas gesehen hat, kann sich auf diesen Paragraphen stützen, um unliebsame Rechtshandlungen ungeschehen zu machen (in der Regel kommt diese Rechtsnorm erst ab einem Blutalkoholgehalt von mehr als 3 ‰ in Betracht).

Inhalt des Rechtsgeschäftes

Mit der Nichtigkeit von Rechtsgeschäften, die gegen ein gesetzliches Verbot oder die guten Sitten verstoßen, setzt der Gesetzgeber der Gestaltungsfreiheit von Rechtsgeschäften dort Grenzen, wo die bestehende Rechtsordnung bzw. das allgemein anerkannte Gerechtigkeits- oder Anstandsgefühl verletzt werden *(vgl. Kap. 2.4.2 Grundsatz der Privatautonomie)*.

Bei der Rechtsnorm des § 138 BGB handelt es sich um eine so genannte Generalklausel, deren Aussage vom Gesetzgeber nicht näher erläutert wird. Damit bleibt es der Rechtsprechung überlassen, die Inhalte zu konkretisieren und auf einzelne Fälle anzuwenden.

Beispiele:
Rechtsgeschäfte, die gegen die guten Sitten verstoßen (§ 138 BGB):

- Knebelungsverträge (z. B. unangemessen lange Vertragsbindungen)
- Verträge, die zum Zwecke der Steuerhinterziehung abgeschlossen werden
- Wucher (z. B. unangemessen hohe Kreditzinsen)
- Ausnutzung der Zwangslage, der Unerfahrenheit, des mangelnden Urteilsvermögens oder der Willensschwäche des Vertragspartners (z. B. an einem Ferienort werden den Touristen doppelt so hohe Preise berechnet)

Verträge, die gegen ein gesetzliches Verbot verstoßen (§ 134 BGB):

- Hehlergeschäfte, Handelsgeschäfte mit Drogen
- Verträge über die Zahlung von Schmiergeldern
- Verträge über Schwarzarbeit

Verstoß gegen Formvorschriften

Grundsätzlich können Rechtsgeschäfte formlos abgeschlossen werden, d. h. sie sind bereits bei mündlicher Vereinbarung gültig. Das beschleunigt und vereinfacht den Rechtsverkehr. Gerade bei Geschäften des täglichen Lebens ist es undenkbar, jedes Mal einen schriftlichen Vertrag aufzusetzen. (Was würde Ihr Bäcker sagen, wenn Sie den Kauf der Frühstücksbrötchen schriftlich abwickeln wollten?)

Obwohl das Gesetz keine Form vorschreibt, werden viele Rechtsgeschäfte freiwillig in einer bestimmten Form – z. B. schriftlich – abgeschlossen. Entsprechende Vereinbarungen können in Verträgen zwischen den Geschäftspartnern getroffen werden (§ 127 BGB). Dies erleichtert die spätere Beweisführung, sollte es zu Streitigkeiten kommen.

Die Gefahren, die mit mündlichen Vereinbarungen und Erklärungen verbunden sind, hat auch der Gesetzgeber erkannt. Deshalb hat er bei einigen Rechtsgeschäften einen Formzwang gesetzlich festgeschrieben:

Art der Form-vorschrift	Gesetzliche Grundlage	Wesen der Formvorschrift	Beispiele
Schriftform	§ 126 BGB	eigenhändige Unterschrift erforderlich (in Sonderfällen ist auch der Text der Erklärung eigenhändig zu schreiben)	▪ Darlehen an Verbraucher (§ 492 BGB) ▪ Bürgschaft von Privatpersonen (§ 766 BGB) ▪ Mietverträge, die über mehr als ein Jahr abgeschlossen werden (BGB § 550) ▪ privatschriftliche Testamente (§ 2247 BGB)
Textform	§ 126b BGB	Erklärung muss in Urkunde oder auf andere, zur dauerhaften Wiedergabe in Schriftzeichen geeignete Weise abgegeben werden; eigenhändige Unterschrift kann ersetzt werden (z. B. durch Faksimile) und Person des Erklärenden muss genannt werden	▪ Mieterhöhung (§ 558a Abs. 1 BGB) ▪ Widerrufserklärung bei Verbraucherverträgen (§ 355 Abs. 1 BGB)
Öffentliche Beglaubigung	§ 129 BGB; §§ 39 ff. BeurkG	Identität der eigenhändigen Unterschrift wird vom Notar bestätigt	▪ Anträge auf Eintragung in öffentliche Register, z. B. Vereins-, Handelsregister; Grundbuch (§ 77 BGB; § 12 HGB; § 29 GBO)
Notarielle Beurkundung	§ 128 BGB; §§ 6 ff. BeurkG	Abgabe einer Erklärung vor einem Notar, der diese niederschreibt; die Niederschrift wird dem Erklärenden vorgelesen, von diesem genehmigt und unterschrieben, anschließend vom Notar gegengezeichnet	▪ Grundstückskaufvertrag (§ 311b BGB) ▪ Schenkungsversprechen (§ 518 BGB) ▪ Ehevertrag (§ 1410 BGB) ▪ Erbvertrag (§ 2276 BGB)

Übersicht 28:
Gesetzliche
Formzwänge

Die gesetzlichen Formvorschriften erfüllen drei wesentliche Funktionen:

▪ **Warnfunktion**
Der Erklärende soll vor schwerwiegenden Rechtsfolgen bei der übereilten Abgabe von Willenserklärungen geschützt werden. Durch die Formvorschrift erhält er die Möglichkeit, das Rechtsgeschäft zu überdenken.

▪ **Aufklärungsfunktion**
Durch Einschaltung einer Beratungsinstanz bei der notariellen Beurkundung werden dem Erklärenden die juristischen Folgen seiner Rechtshandlung nochmals aufgezeigt.

■ **Beweisfunktion**

Die Beweisführung bei eventuellen Rechtsstreitigkeiten wird erleichtert.

■ **Schutzfunktion**

Durch Einschaltung einer Beratungsinstanz bei der notariellen Beurkundung soll außerdem gewährleistet werden, dass der Wille des Erklärenden richtig, vollständig und in rechtlicher Sicht einwandfrei niedergeschrieben wird.

Die Nichteinhaltung eines gesetzlichen Formzwanges führt zur Nichtigkeit des Rechtsgeschäftes. Gleiches gilt grundsätzlich, wenn eine bestimmte Form vertraglich vereinbart wurde (§ 125 BGB).

Eine durch Gesetz vorgeschriebene schriftliche Form der Willenserklärung kann laut § 126 Abs. 3 BGB durch die **elektronische Form** ersetzt werden, sofern sich nicht nach Gesetz etwas anderes ergibt. Die elektronische Erklärung muss mit dem Namen des Ausstellers gekennzeichnet sein und das Dokument mit einer **qualifizierten elektronischen Signatur** versehen werden. Bei einem Vertrag müssen die Parteien jeweils ein gleichlautendes Dokument in der bezeichneten Weise elektronisch signieren (§ 126 a BGB).

Die Regelungen zur elektronischen Signatur gelten im Zweifel auch für durch Rechtsgeschäfte bestimmte Form (§ 127 BGB).

Bewusstes Abweichen des Willens von der Erklärung

Hierunter werden die so genannten Scherz- und Scheingeschäfte zusammengefasst. Die Rechtsgeschäfte dieser Gruppe haben ein gemeinsames Kennzeichen: Der Erklärende äußert bewusst etwas, das von seinem Willen abweicht.

Bei **Scherzgeschäften** werden nicht ernsthaft gemeinte Willenserklärungen abgegeben. Der Erklärende geht davon aus, dass der Mangel der Ernsthaftigkeit erkannt wird. Scherzgeschäfte sind nichtig.

Beispiele

Ein Dozent „verkauft" einem Studenten im Rechtsseminar seine Armbanduhr, um den Ablauf eines Kaufvertrages zu verdeutlichen.

Ein Unternehmensberater „kündigt" seiner unhöflichen Sekretärin, um einen erbosten Klienten zu beschwichtigen.

Gleichermaßen sind im Rahmen von **Scheingeschäften** abgegebene Willenserklärungen nichtig. Bei Scheingeschäften wird ein Rechtsgeschäft vorgetäuscht. Eine Willenserklärung wird einem anderen gegenüber (mit dessen Einverständnis) nur zum Schein abgegeben.

Beispiel:

Ein Grundstückskaufvertrag wird mit niedrigerem Kaufpreis vom Notar beurkundet als zwischen Käufer und Verkäufer vereinbart, um dadurch eine höhere Grunderwerbsteuer zu umgehen.

Anfechtbare Rechtsgeschäfte

Anfechtbare Rechtsgeschäfte sind zunächst voll rechtswirksam. Der Anfechtungsberechtigte hat jedoch das Recht, das **mangelhafte Rechtsgeschäft** gegenüber dem Geschäftspartner **anzufechten** und damit zu **vernichten.** Es gilt dann als von Anfang an nichtig (§§ 142 ff. BGB).

Das anfechtbare Rechtsgeschäft kann jedoch auch durch den Anfechtungs-berechtigten bestätigt werden. Damit ist eine zukünftige Anfechtung ausge-schlossen (§ 144 BGB).

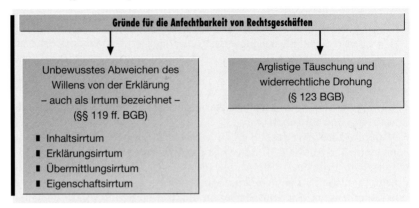

Übersicht 29:
Gründe für die
Anfechtbarkeit von
Rechtsgeschäften

Unbewusstes Abweichen des Willens von der Erklärung

Ist einer Person bei der Abgabe einer Willenserklärung ein **Irrtum** unterlau-fen, so kann das zur Anfechtbarkeit der Willenserklärung führen. Die Anfech-tung hat der Anfechtungsberechtigte **unverzüglich** (also ohne schuldhaftes Verzögern) vorzunehmen, sobald er von dem Anfechtungsgrund erfahren hat. Die Anfechtung ist nicht mehr möglich, sofern bereits 10 Jahre seit Abgabe der Willenserklärung verstrichen sind (BGB § 121).

Der Begriff „unverzüglich" wird an anderen Stellen des BGB wieder aufgegriffen. In allen Fällen ist auf die Definition des § 121 BGB abzustellen, wonach mit diesem Begriff eine Handlung „ohne schuldhaftes Verzögern" gemeint ist. Unverzüglich heißt jedoch nicht „sofort"; dem Handelnden stehen durchaus angemessene Überlegungs-fristen zur Verfügung, z. B. um Rechtsbeistand einzuholen.

Die Anfechtungsregelung gilt jedoch nur für die im Gesetz aufgezählten Irr-tumsgründe und kann nicht auf jeden Irrtum übertragen werden. Rechtlich unerheblich ist z. B. der Motivirrtum.

Für den Geschäftspartner ist das Motiv seines Gegenübers für den Abschluss eines Rechtsgeschäftes in der Regel irrelevant. Der Motivirrtum führt deshalb nicht zu Rechtsfolgen.

Beispiele:
Ein Geschäftsreisender bucht einen Flug, um an einer Besprechung teilnehmen zu können. Wird der Besprechungstermin später abgesagt, kann er sich nicht auf Irrtum berufen.

Wer Aktien erwirbt, tut dies meistens in Erwartung von Kursgewinnen. Treten diese nicht ein, kommt natürlich eine Anfechtung ebenfalls nicht in Frage.

Die folgende Übersicht stellt die Irrtümer gegenüber, die gemäß BGB zur Anfechtbarkeit von Rechtsgeschäften führen können:

Art des Irrtums	Inhaltsirrtum	Erklärungsirrtum	Übermittlungsirrtum	Eigenschaftsirrtum
Rechtsgrundlage im BGB	§ 119 Abs. 1, 1. Fall	§ 119 Abs. 1, 2. Fall	§ 120	§ 119 Abs. 2
Wesen des Irrtums	Der Erklärende weiß, was er sagt, aber weiß nicht, was es bedeutet.	Der Erklärende wollte das, was er sagt, gar nicht sagen.	Eine zur Übermittlung verwendete Person oder Einrichtung gibt die Willenserklärung unrichtig weiter (nur bei Boten o. Ä.; gilt nicht für Vertreter, da dieser eine eigene Erklärung abgibt).	Der Erklärende hat falsche Vorstellungen über im Geschäftsverkehr wesentliche Eigenschaften einer Person oder Sache.
Ursache des Irrtums	Irrtum über die Bedeutung der Willenserklärung	Irrtum bei der Äußerung des Willens	Irrtum bei der Übermittlung des fremden Willens durch einen Dritten	Irrtum bei der Willensbildung
Beispiele	▪ falsche Verwendung von Maßeinheiten (z. B. ein Pfund, in der Annahme, es seien 1 000 g)	▪ Versprechen ▪ Verschreiben ▪ Vergreifen (z. B. wird in ein Bestellformular die falsche Artikelnummer eingetragen)	▪ ein Bote oder Dolmetscher gibt Erklärungen unrichtig weiter ▪ ein Telegramm/ Telefax geht verstümmelt ein	▪ Kauf eines Gemäldes in der Annahme, es sei ein Original ▪ Vergabe eines Darlehens an einen Kreditnehmer, bei dem sich dann herausstellt, dass er bereits einen Offenbarungseid geleistet hat

Übersicht 30: Irrtumsfälle des BGB

Arglistige Täuschung und widerrechtliche Drohung

§ 123 BGB nennt die zweite Gruppe von Gründen, die zur Anfechtbarkeit von Willenserklärungen führen: Die Abgabe der Willenserklärungen wird durch ein verwerfliches Verhalten des Gegenübers hervorgerufen. Einige Beispiele sollen ausreichen, um die ohnehin deutliche Aussage dieses Paragraphen zu erläutern:

Beispiele:
für arglistige Täuschung (im Strafrecht „Betrug"):

- Der Versicherungsnehmer verschweigt Vorerkrankungen beim Abschluss einer Lebensversicherung.
- Dem Käufer eines Handelsgeschäftes werden gefälschte Bilanzen vorgelegt.
- Der Verkäufer eines Gebrauchtwagens bezeichnet den Wagen als unfallfrei, obwohl er Kenntnis von einem Unfallschaden hat.

für widerrechtliche Drohung (im Strafrecht „Erpressung"):

- Ein Vertreter zwingt einen Vorbestraften zum Abschluss eines Kaufvertrages mit der Drohung, er werde sonst der Nachbarschaft von der Vorstrafe erzählen.
- Ein Richter drängt zum Abschluss eines gerichtlichen Vergleichs mit der Drohung, es würde sonst ohne weitere Verhandlung zu einem ungünstigeren Urteil kommen.

Nicht jede Drohung ist rechtswidrig. Entscheidend ist die Frage, ob der Drohende einen Rechtsanspruch auf den rechtlichen Erfolg hat und die Verhältnismäßigkeit von Mittel und Erfolg gewahrt ist.

Die Anfechtung bei arglistiger Täuschung und widerrechtlicher Drohung muss innerhalb eines Jahres erfolgen. Der Fristlauf beginnt mit dem Zeitpunkt, zu dem der Anfechtungsberechtigte die Täuschung entdeckt bzw. zu dem die Zwangslage endet. Die Anfechtung ist wiederum **ausgeschlossen,** wenn seit der Abgabe der Willenserklärung bereits 10 Jahre vergangen sind (§ 124 BGB).

2.3.6 Verjährung

Im vorangegangenen Kapitel haben Sie so genannte **Ausschlussfristen** kennen gelernt: Der Fristablauf machte das Recht zur Anfechtung zunichte. In der Praxis treten jedoch weit häufiger die so genannten Verjährungsfristen auf. Bis auf wenige Ausnahmen unterliegen Rechtsansprüche der Verjährung (§ 194 BGB):

> Ist die **Verjährungsfrist** für einen Rechtsanspruch abgelaufen, so ist der Anspruch keineswegs erloschen. Derjenige, gegen den sich der Anspruch richtet, hat jedoch die Möglichkeit der **Einrede der Verjährung,** d. h. er kann die Leistung unter Berufung auf die Verjährung verweigern (§ 214 Abs. 1 BGB).

Daraus folgt andererseits, dass das nach Eintritt der Verjährung Geleistete nicht zurückgefordert werden kann, denn der Rechtsanspruch ist noch rechtswirksam (§ 214 Abs. 2 BGB):

Beispiel:
Ein Kunde hat seiner Werkstatt eine Reparaturrechnung noch nicht bezahlt. Als die Werkstatt es bemerkt, ist die Verjährungsfrist bereits abgelaufen; trotzdem versendet sie eine Mahnung. Der Kunde braucht die Bezahlung nicht mehr vorzunehmen, wenn er sich auf den Eintritt der Verjährung beruft. Überweist er die Rechnungssumme

jedoch, kann er später das Geld nicht unter Verweis auf die Verjährung zurückfordern, denn der Rechtsanspruch war noch immer gegeben.

Die Verjährungsregelungen dienen letztlich der Rechtssicherheit und dem Rechtsfrieden. Ansprüche sollen nicht ewig geltend gemacht werden können, zumal mit fortschreitendem Zeitablauf die Beweisführung bei Streitigkeiten immer schwieriger wird.

Sofern keine anderen Bestimmungen existieren, unterliegen Ansprüche der **regelmäßigen Verjährung von 3 Jahren** (§ 195 BGB). Allerdings nennen BGB, HGB, WpHG, BörsG, VVG und viele andere Gesetze in bestimmten Fällen deutlich kürzere Verjährungsfristen.

Beginn der regelmäßigen Verjährung ist nach § 199 BGB der Zeitpunkt, zu dem Schluss des Jahres, in dem

- der Anspruch fällig entstanden ist *und*
- der Gläubiger von den den Anspruch begründenden Umständen und der Person des Schuldners Kenntnis erlangt hat oder ohne grobe Fahrlässigkeit hätte erlangen müssen.

Ohne Rücksicht auf dieses Kenntnis- oder Erkennbarkeitskriterium sollen die Ansprüche in einer **absoluten Verjährungsfrist** von zehn Jahren ab Fälligkeit verjähren. Ausgenommen von dieser 10-Jahresfrist sind jedoch Schadensersatzansprüche, die auf die Verletzung besonders hochrangiger Rechtsgüter wie Freiheit, Körper, Leben oder Gesundheit gestützt werden, Schadensersatzansprüche aus unerlaubter Handlung, aus Gefährdungshaftung und aus Verletzung einer Pflicht, für die eine absolute Verjährungsfrist von 30 Jahren gilt.

Abweichend von der regelmäßigen Verjährung nennen BGB, HGB, WpHG, BörsG, VVG und viele andere Gesetze in bestimmten Fällen **kürzere oder längere Verjährungsfristen** *(s. dazu Übersicht 31)*. **Beginn dieser von der Regelverjährung abweichenden Verjährungsfristen** ist der Zeitpunkt der Fälligkeit des Anspruchs, sofern nicht etwas anderes dafür im Gesetz festgelegt ist (§ 200 BGB) bzw. im Falle von rechtskräftig festgestellten bzw. titulierten Ansprüchen der Zeitpunkt der Feststellung bzw. Titulierung (§ 201 BGB).

Übersicht 31: Wichtige Verjährungsfristen

Verjährungsfrist	Beispiele für Ansprüche, die dieser Verjährungsfrist unterliegen
2 Jahre	▪ Ansprüche aus Mängeln beim Kaufvertrag ▪ Ansprüche aus Mängeln beim Werkvertrag
3 Jahre	▪ Regelmäßige Verjährung nach BGB für alle Ansprüche, die nicht ausdrücklich einer verkürzten Verjährungsfrist unterliegen
5 Jahre	▪ Ansprüche aus Mängeln bei Bauwerken und bei in Bauwerken eingebauten Sachen
10 Jahre	▪ Ansprüche auf Rechte an einem Grundstück
30 Jahre	▪ Herausgabeansprüche aus Eigentum und dinglichen Rechten ▪ familien- und erbrechtliche Ansprüche ▪ rechtskräftig festgestellte Ansprüche ▪ Ansprüche vollstreckbaren Titeln

Die Verjährung kann in einigen Fällen gehemmt oder unterbrochen werden, wodurch der Eintritt der Verjährung verzögert wird.

Bei der **Hemmung der Verjährung** werden bestimmte Zeiträume nicht in die Verjährungsfrist eingerechnet, d. h. die Verjährung ruht für diese Zeit (§ 209 BGB). Hemmung tritt z. B. in folgenden Fällen ein (§§ 203 ff. BGB):

- bei schwebenden Verhandlungen zwischen Gläubiger und Schuldner über den Anspruch,
- im Falle der Geltendmachung eines Anspruchs durch Klage,
- bei Zustellung eines Mahnbescheids im gerichtlichen Mahnverfahren,
- wenn der Anspruch im Insolvenzverfahren angemeldet wurde,
- wenn Antrag auf Erlass eines Arrestes, einer einstweiligen Verfügung oder Anordnung gestellt wurde,
- solange der Schuldner auf Grund einer Vereinbarung mit dem Gläubiger vorübergehend zur Verweigerung der Zahlung berechtigt ist,
- solange der Gläubiger innerhalb der letzten sechs Monate der Verjährungsfrist durch höhere Gewalt an der Rechtsverfolgung gehindert ist,
- bei Ansprüchen zwischen Ehegatten, solange die Ehe besteht (gleiches gilt auch für einige andere familiäre oder ähnliche Beziehungen, wie Pflegschaften, Vormundschaften, Betreuungen).

Daneben kennt das BGB die so genannte **Ablaufhemmung**, durch die ein Eintritt der Verjährung bei Ansprüchen verhindert wird, die vorübergehend nicht geltend gemacht werden können:

- Gegenüber nicht voll Geschäftsfähigen, die keinen gesetzlichen Vertreter haben, endet die Verjährung frühestens sechs Monate nach Eintritt der Volljährigkeit bzw. nachdem der Mangel der Vertretung beendet ist (§ 210 BGB).
- Die Verjährung in Nachlassangelegenheiten endet frühestens sechs Monate nach Erbschaftsannahme oder Eröffnung des Insolvenzverfahrens über den Nachlass (§ 211 BGB).

Der **Neubeginn der Verjährung** bewirkt hingegen, dass die Verjährung neu zu laufen beginnt (§ 212 BGB). Auch hierzu einige Beispiele:

- Neubeginn bei Anerkenntnis des Anspruchs durch Abschlagszahlung, Zinszahlung, Sicherheitsleistung etc.
- Neubeginn durch gerichtliche oder behördliche Vollstreckungshandlung, die vorgenommen oder beantragt wird.

2.3.7 Rechtsobjekte

Den Rechtssubjekten (den natürlichen und juristischen Personen) dienen die Rechtsobjekte. Das Gesetz versteht darunter die Gegenstände des Rechtsverkehrs (§ 90 BGB). Inhalt von Rechtsgeschäften können die folgenden Rechtsobjekte sein:

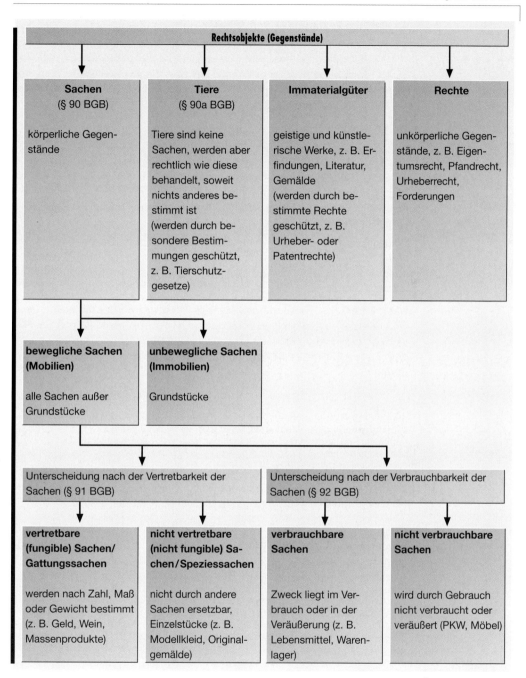

Beispiel:

Am Beispiel der Sachen wird wiederum der Aufbau des BGB sehr gut deutlich: Obwohl das Sachenrecht Inhalt des 3. Buches des BGB ist, werden dennoch die Erscheinungsformen der Sachen im 1. Buch des BGB definiert.

Wesentliche Bestandteile und Zubehör

> Bestandteile einer Sache, die voneinander nicht getrennt werden können, **ohne dass der verbleibende Teil oder der abgetrennte Teil zerstört oder in seinem Wesen verändert wird,** sind **wesentliche Bestandteile der Sache** (§ 93 BGB).

Wichtig: Es kommt für die Feststellung, ob ein wesentlicher Bestandteil einer Sache vorliegt, nicht auf die Funktionsfähigkeit der ganzen Sache an. Der Motor eines PKW's ist z. B. kein wesentlicher Bestandteil: Zwar wird die Nutzbarkeit des Wagens durch den Ausbau des Motors ohne Zweifel deutlich eingeschränkt, jedoch werden dadurch weder Motor noch Karosserie des Autos zerstört oder in ihrem Wesen verändert.

Beispiele für wesentliche Bestandteile beim PKW: elektrische Leitungen, Stoffverkleidungen, verschweißte Teile

Wesentliche Bestandteile können nach § 93 BGB nicht Gegenstand besonderer Rechte sein, können also auch nur mit der Gesamtsache veräußert oder verpfändet werden. Wird eine Sache als Kreditsicherheit verpfändet, so dienen auch die wesentlichen Bestandteile zur Kreditsicherung.

Nach § 94 Abs. 1 BGB gehören zu den wesentlichen Bestandteilen eines Grundstücks auch die mit dem Grund und Boden fest verbundenen Sachen, insbesondere Gebäude sowie Erzeugnisse des Grundstücks, solange sie mit dem Boden zusammenhängen, z. B. Pflanzen auf einem Grundstück. Ausgenommen sind Sachen, die nur vorübergehend mit dem Grund und Boden verbunden sind, z. B. eine Baubaracke während der Bauzeit (§ 95 BGB).

Der Eigentümer eines Grundstücks ist nach dieser Regelung auch Eigentümer der auf dem Grundstück stehenden Gebäude, da sie wesentliche Bestandteile sind. Eine Durchbrechung dieses Grundsatzes ist z. B. im Wohnungseigentumsgesetz (WEG) enthalten. So hat ein Wohnungseigentümer nach WEG Sondereigentum an den Räumen seiner Wohnung. Gäbe es diese Regelung nicht, wäre ein getrenntes Eigentum an Grundstück und Wohnung nicht möglich.

Zu den wesentlichen Bestandteilen eines Gebäudes gehören auch die zur Herstellung des Gebäudes eingefügten Sachen (§ 94 Abs. 2 BGB).

Beispiele:

Fenster, Türen, Treppen, Heizkörper.

Problematik: Wird eine Heizungsanlage in ein Gebäude eingebaut, so wird diese wesentlicher Bestandteil des Gebäudes, selbst wenn sie noch nicht bezahlt ist. Der Lieferant verliert dadurch sein Eigentum an der gelieferten Sache, auch wenn diese laut Kaufvertrag unter Eigentumsvorbehalt steht. Es bleibt also nur noch der schuldrechtliche Anspruch des Lieferanten auf Bezahlung des Kaufpreises, ein Ausbau der Heizung ist nicht mehr denkbar. Freuen wird sich aber die Bank des Hauseigentümers: Da die Heizung wesentlicher Bestandteil geworden ist, dient sie auch zur Besicherung der vergebenen Immobiliendarlehen und hat die Werthaltigkeit des Grundpfandrechtes sicherlich erhöht.

> Zubehör sind bewegliche Sachen, die – ohne Bestandteil der Hauptsache zu sein – dem **wirtschaftlichen Zweck der Hauptsache** zu dienen bestimmt sind und zu ihr in einem dieser Bestimmung entsprechenden räumlichen Verhältnis stehen. Eine Sache ist nicht Zubehör, wenn sie in der Verkehrsanschauung nicht als Zubehör angesehen wird (§ 97 BGB).

Beispiele:

- Schlüssel eines Gebäudes oder eines Autos; Warndreieck und Verbandskasten beim PKW
- Bei gewerblichen und landwirtschaftlichen Betrieben gehören auch Maschinen und Geräte sowie das Vieh zum Zubehör (§ 98 BGB).

Kaufverträge und Pfandrechte umfassen im Zweifel auch das Zubehör, sofern nichts anderes vertraglich geregelt ist (§ 311c BGB).

2.4 Schuldrecht

2.4.1 Inhalt und Wesen von Schuldverhältnissen

Im zweiten Buch des BGB wird das Recht der Schuldverhältnisse geregelt. Zu Beginn des Schuldrechts finden sich die grundsätzlichen Regelungen des „Allgemeinen Schuldrechts" (§§ 241 – 432 BGB), im siebenten Abschnitt sind im „Besonderen Schuldrecht" Regelungen über einzelne Arten von Schuldverhältnissen aufgeführt (§§ 433 – 853 BGB).

> Als Schuldverhältnis wird die **Rechtsbeziehung zwischen zwei oder mehr Personen** bezeichnet, bei der der Gläubiger das Recht hat, eine **Leistung vom Schuldner** zu verlangen. Der Schuldner ist zur Erfüllung dieser Forderung verpflichtet (§ 241 Abs. 1 BGB).
>
> Die am Schuldverhältnis Beteiligten können auf Grund des Inhalts des Schuldverhältnisses zu **besonderer Rücksicht** auf die Rechte, Rechtsgüter und Interessen des anderen Teils verpflichtet sein (§ 241 Abs. 2 BGB).

Durch ein Schuldverhältnis entstehen Ansprüche einer Person gegenüber einer anderen; es entsteht ein relatives Recht. Eine Rechtsbeziehung zu einer Sache wird dabei jedoch nicht aufgebaut, auch wenn es bei vielen Schuldverhältnissen um die Übertragung bzw. Nutzung von Sachen geht.

Beispiel:

Wird ein Grundstückskaufvertrag vor dem Notar geschlossen, so hat der Käufer dadurch Rechte gegenüber dem Verkäufer erworben; er kann z. B. die Umschreibung des Grundstücks im Grundbuch verlangen. Rechte am Grundstück hat der Käufer jedoch zu diesem Zeitpunkt noch nicht, dazu muss erst die Umschreibung auf seinen Namen erfolgt sein.

Neben diesen in Absatz 1 definierten **Leistungspflichten** des Schuldners bringt ein Schuldverhältnis besondere **Schutzpflichten** (oder auch weitere Verhaltenspflichten) der Beteiligten untereinander mit sich (§ 241 Absatz 2 BGB). Diese Schutzpflichten bezwecken, dass die vor Eingehung des Schuldverhältnisses gegebene Güterlage der an dem Schuldverhältnis Beteiligten gewahrt bleibt.

Beispiel:

Geht ein Mandant einen Beratungsvertrag mit einem Finanzberater ein, so ist die Leistungspflicht des Beraters, die geschuldete Beratung zu erbringen.
Eine Schutz- und Nebenpflicht des Beraters besteht darin, die Beratung so zu erbringen, dass das vorhandene Vermögen des Kunden vor Vernichtung geschützt wird.

Ein Schuldverhältnis kann aus unterschiedlichen Gründen entstehen:

- auf Grund vertraglicher Vereinbarung (z. B. Kaufvertrag) oder
- durch gesetzliche Regelung (z. B. Anspruch auf Schadensersatz auf Grund einer unerlaubten Handlung gegenüber dem Schadensverursacher).

Auf Grund der großen Bedeutung werden in den folgenden Kapiteln zunächst die **vertraglichen Schuldverhältnisse** näher erläutert. Im *Kapitel 2.4.11* schließen sich Ausführungen zu den **gesetzlichen Schuldverhältnissen** an.

2.4.2 Grundsatz der Privatautonomie

Im deutschen Rechtssystem gilt der Grundsatz der Privatautonomie, d. h. der Einzelne kann seine Rechtsbeziehungen grundsätzlich frei gestalten. Die Privatautonomie beruht auf dem „Grundrecht auf freie Entfaltung der Persönlichkeit" im Art. 2 Abs. 1 GG.

Der Artikel des Grundgesetzes wird im § 311 Abs. 1 BGB zur **Vertragsfreiheit** für das Schuldrecht konkretisiert: Zur Begründung eines Schuldverhältnisses ist ein Vertrag notwendig, jedoch sagt die Bestimmung nichts darüber aus, welchen Inhalt Verträge haben dürfen oder wie sie gestaltet sein sollen. Die einzelnen Rechtssubjekte sollen ihre Rechtsgeschäfte eigenverantwortlich vornehmen können, gesetzliche Vorgaben sind die Ausnahme. Verträge müssen jedoch so gestaltet und erfüllt werden, wie **Treu und Glauben** mit Rücksicht auf die Verkehrssitte es erfordern (§ 242 BGB).

Die Vertragsfreiheit umfasst

- die **Abschlussfreiheit:** Die Freiheit, selbst zu entscheiden, ob und mit wem man Verträge eingehen möchte.
- die **Inhaltsfreiheit:** Der Inhalt des Vertrages kann zwischen den Vertragspartnern frei gestaltet werden.
- die **Formfreiheit:** Auch die Frage, in welcher Form der Vertrag ausgestaltet werden soll (z. B. Schriftform), kann autonom entschieden werden.

Die Vertragsfreiheit gilt nur, solange nicht gegen bestehende gesetzliche Regeln oder die guten Sitten verstoßen wird. Diese Einschränkungen werden bereits im Art. 2 Abs. 1 GG gemacht.

Trotz Vertragsfreiheit führt ein Verstoß gegen zwingende gesetzliche Regelungen oder gegen die guten Sitten regelmäßig zur Nichtigkeit der Verträge *(vgl. Kap. 2.3.5).* Beispiel: Nach § 311b BGB muss ein Grundstückskaufvertrag notariell beurkundet sein; andernfalls ist er nicht rechtswirksam.

Viele Rechtsvorschriften – insbesondere im Schuldrecht – sind jedoch dispositives Recht, d. h. die Vorschriften können durch abweichende vertragliche Regelungen verändert oder außer Kraft gesetzt werden.

In Sonderfällen ist die Vertragsfreiheit für bestimmte Unternehmen aufgehoben bzw. eingeschränkt. Diese Unternehmen müssen durch den **Kontrahierungszwang** Verträge abschließen, sobald ein Antrag gestellt wird.

Beispiele:

Sparkassen müssen auf Grund des Kontrahierungszwangs ein Konto auf Guthabenbasis eröffnen, gleich welcher Kunde den Eröffnungsantrag stellt.

Die Deutsche Post AG darf die Beförderung eines Briefes nicht ablehnen (das ist der Preis für das Beförderungsmonopol in der Bundesrepublik).

2.4.3 Zustandekommen von Verträgen

Bitte lesen Sie an dieser Stelle nochmals das *Kapitel 2.3.1 Rechtsgeschäfte;* dort wurden bereits wichtige Grundbegriffe des Vertragsrechts erläutert.

Die Garantie der Vertragsfreiheit bedingt auf der anderen Seite den Grundsatz der **Vertragstreue:** die eingegangenen Verpflichtungen müssen erfüllt werden („pacta sunt servanda"), eine einseitige Aufkündigung von Verträgen ist lediglich möglich, sofern ein Kündigungsrecht – im Vertrag oder im Gesetz – vorgesehen ist. Andernfalls ist nur ein **Aufhebungsvertrag** möglich, d. h. alle Vertragspartner müssen der Aufhebung des zugrundeliegenden Vertrages zustimmen. Zur Vermeidung von Rechtsnachteilen ist es deshalb notwendig zu wissen, wie ein Vertrag entsteht.

> Ein Vertrag kommt durch mindestens **zwei kongruente Willenser-klärungen – Antrag und Annahme** – zustande. Sowohl Antrag als auch Annahme sind empfangsbedürftige Willenserklärungen, sie müssen zu ihrer Wirksamkeit dem Vertragspartner zugegangen sein (§ 130 Abs. 1 BGB).

Der Antrag

Ein Antrag (oder Angebot) liegt vor, wenn der Antragsteller seine Willenserklärung so formuliert hat, dass es zum Zustandekommen des Vertrages nur noch einer Annahme des Antrags bedarf. Im Regelfall gehört dazu auch die Ansprache eines konkreten Vertragspartners.

Auslagen im Schaufenster eines Kaufhauses stellen keinen Antrag dar. Der Kunde wird hierdurch lediglich zur Abgabe eines Angebotes aufgefordert. Dem Verkäufer steht es frei, das Angebot des Kunden anzunehmen oder abzulehnen. Als Kunde hat man insofern auch keinen Rechtsanspruch auf Einhaltung der in den Auslagen vorgenommenen Preisauszeichnungen.

Im Einzelfall kann es aber auch gewollt sein, ein bindendes Angebot an die Allgemeinheit zu richten. Die Aufstellung von Zigarettenautomaten stellt einen Antrag auf Abschluss eines Kaufvertrages dar, denn die Konkretisierung des Vertragspartners (Käufers) ist hier weder möglich noch notwendig. Der Antrag wird durch Einwerfen der richtigen Münze angenommen.

Der Antragsteller ist an seinen Antrag rechtlich gebunden, sofern er dies nicht im Antrag ausdrücklich ausgeschlossen hat (§ 145 BGB). Das bedeutet im Regelfall auch, dass ein Widerruf des Antrags nicht möglich ist.

Die Bindung kann in Angeboten durch Zusätze wie „unverbindlich", „freibleibend" oder „solange Vorrat reicht" ausgeschlossen werden.

Der Antrag erlischt gemäß § 146 BGB, wenn dieser

- dem Antragsteller gegenüber abgelehnt wird (die Ablehnung ist gleichfalls eine empfangsbedürftige Willenserklärung) oder
- verspätet angenommen wird (zu den Annahmefristen finden Sie nähere Erläuterungen im folgenden *Kapitel „Die Annahme").*

Die Annahme

Durch die empfangsbedürftige Annahme äußert der Antragsempfänger seine Zustimmung zum Vertragsabschluss.

Gemäß § 151 BGB ist in zwei Ausnahmen der Antrag auch ohne ausdrückliche Erklärung angenommen, und zwar dann,

- wenn nach der Verkehrssitte eine solche Erklärung nicht zu erwarten ist oder
- wenn der Antragsteller auf eine solche Erklärung verzichtet hat.

Beispiele:

Ein Reisender reserviert kurzfristig per Telefax ein Hotelzimmer. Der Hotelier vermerkt die Reservierung im Zimmerverzeichnis, ohne eine Reservierungsbestätigung zu versenden.

Der fällige Kaufpreis für eine gelieferte Ware wird vom Käufer durch Versendung eines Schecks beglichen, obwohl dies im Kaufvertrag nicht vereinbart war. Der Verkäufer löst den Scheck ein, ohne sich nochmals zu äußern.

Ein Antrag muss nach §§ 146 ff. BGB rechtzeitig angenommen werden. Ist keine **Annahmefrist** vereinbart, dann ist der Antrag so lange bindend, wie der Antragsteller unter verkehrsüblichen Umständen (also z. B. Versendung des Antrags, angemessene Bedenkzeit für den Antragsempfänger, Rücksendung) eine Antwort erwarten kann. Zur Wahrung der Rechtzeitigkeit muss die Anwort auf mindestens gleich schnellem Wege abgegeben werden.

Beispiel:

Erfolgte das Angebot per Telefax, so ist auch die Antwort per Telefax oder Telefon zu geben. Die Absendung eines Antwortbriefes kann durch die Postlaufzeit dazu führen, dass der Anbietende sich nicht mehr an sein Angebot gebunden fühlt, weil die Bindefrist abgelaufen ist.

Die Regelungen zur Wahrung der Rechtzeitigkeit können auf Grund ihrer Ungenauigkeit zu Streitigkeiten führen. Diese können durch die Festlegung einer Annahmefrist im Angebot vermieden werden.

Anträge, die einem Anwesenden gemacht werden oder die über das Telefon abgegeben werden, können nur sofort angenommen werden.

Wird ein Angebot verspätet angenommen oder erfolgt die Annahme unter Änderungen, so gilt die **verspätete oder abändernde Annahme** als neuer Antrag, der dann wiederum angenommen werden muss (§ 150 BGB).

Beispiel:

Ein Unternehmer bestellt bei seiner Druckerei einen Nachdruck von 300 Exemplaren eines Werbeprospektes, den er vor einigen Monaten bereits dort hatte drucken lassen. In seiner Bestellung schreibt der Unternehmer, dass er von gleichen Konditionen ausgeht. Die Druckerei antwortet: „Wir liefern Ihnen die Prospekte gerne, jedoch sind wir auf Grund gestiegener Papierpreise gezwungen, unsere Preise um 10 % zu erhöhen." Diese Antwort gilt als neues Angebot, denn die Willenserklärungen sind nicht kongruent. Der Unternehmer muss das neue Angebot annehmen, andernfalls ist kein rechtswirksamer Vertrag zustande gekommen.

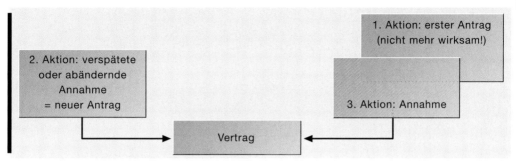

2.4.4 Abstraktions- und Trennungsprinzip

Zu Beginn des Kapitels „Schuldrecht" wurde am Beispiel des Grundstücks-
kaufvertrages bereits deutlich, dass der Abschluss des Kaufvertrages nicht
ausreicht, um als Käufer nicht nur Rechte gegenüber dem Verkäufer des
Grundstücks, sondern auch Rechte am Grundstück selbst zu erwerben.
Dazu ist die Umschreibung des Grundstücks im Grundbuch notwendig; es
muss also ein weiteres Rechtsgeschäft vollzogen werden.

Diese Trennung in mehrere Rechtsgeschäfte nennt man Trennungsprinzip.
Im Folgenden soll das Trennungsprinzip an einem Alltagsgeschäft – hier ein
Kaufvertrag – erläutert werden.

Beispiel:
Gut gelaunt gehen Sie an einem sonnigen Morgen zum Bäcker und kaufen sich für
20 Cent ein Frühstücksbrötchen.

Bei Betrachtung der Szene könnte man der Meinung sein, dass hier ein einziges
Rechtsgeschäft abgelaufen ist, nämlich der Kauf des Brötchens. Aus den Augen eines
Juristen betrachtet ist der Vorgang jedoch komplexer, als es zunächst scheint (bitte
lassen Sie sich aber dadurch zukünftig nicht den Appetit auf Ihr Brötchen verleiden):

Aus rechtlicher Sicht haben drei Rechtsgeschäfte stattgefunden. Zunächst wurde
mündlich ein Kaufvertrag über den Kauf des Frühstücksbrötchens geschlossen, durch
den sich der Bäcker verpflichtet hat, Ihnen ein Brötchen zu verkaufen und das Eigentum daran zu verschaffen. Im Gegenzug haben Sie die Verpflichtung übernommen,
dem Bäcker das Brötchen gegen Zahlung der 20 Cent abzunehmen. Bei dem abgeschlossenen Kaufvertrag handelt es sich um das Verpflichtungsgeschäft.

Durch die übernommenen Verpflichtungen werden Sie jedoch nicht satt und der
Bäcker erhält keine Einnahmen. Die übernommenen Verpflichtungen müssen auch
ausgeführt werden; es handelt sich dabei um die Verfügungsgeschäfte (manchmal
auch Erfüllungsgeschäfte genannt). Erstes Verfügungsgeschäft: Der Bäcker übergibt
das Brötchen und verschafft Ihnen daran das Eigentum. Zweites Verfügungsgeschäft:
Sie übergeben das Geld und verschaffen dem Bäcker daran das Eigentum. Die Eigen-
tumsverschaffung findet dadurch statt, dass Käufer und Verkäufer sich über den
Eigentumsübergang einig sind und das Brötchen bzw. das Geld übergeben wird.

Das Abstraktionsprinzip führt dazu, dass im obigen Beispiel die drei eigen-
ständigen Rechtsgeschäfte auch unabhängig voneinander wirksam sein
können, obwohl in der Praxis – z. B. bei Geschäften des täglichen Lebens –
Verpflichtungs- und Verfügungsgeschäft oft direkt nacheinander ablaufen
und nur noch „abstrakt" getrennt werden können. Dieses Prinzip erleichtert in
einigen Fällen die Untersuchung von Rechtsfolgen.

Auf Grund der besonderen Bedeutung des Abstraktions- und Trennungs-
prinzips im deutschen Rechtssystem (nicht in allen europäischen Rechtsordnungen findet sich dieses Prinzip wieder) nachfolgend dazu noch eine
Übersicht.

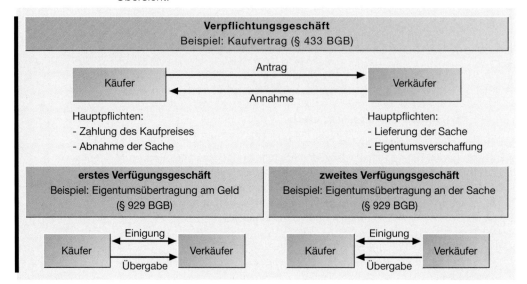

*Übersicht 34:
Abstraktions- und
Trennungsprinzip*

2.4.5 Standardverträge nach BGB

Wie ausführlich dargestellt, herrscht im deutschen Rechtssystem grundsätzlich Vertragsfreiheit. Zur Vereinheitlichung und Vereinfachung der Vertragsgestaltung gibt das BGB (und auch andere Gesetze) Regelungen für wichtige
Vertragsarten vor. Den Vertragsparteien steht es jedoch im Rahmen der Vertragsfreiheit offen, neue Vertragstypen zu schaffen oder vorhandene miteinander zu kombinieren.

*Übersicht 35:
Standardverträge
nach BGB*

Die wichtigsten Standardverträge gibt die folgende Übersicht wieder:

Vertragsart	Vertragsinhalt	Beispiel	Gesetzliche Grundlage
Kaufvertrag	Übereignung von Sachen oder Rechten gegen Geld	Veräußerung von Goldmünzen, Wertpapieren, Immobilien	§§ 433 ff. BGB (vgl. auch § 453 BGB)
Schenkung	Unentgeltliche Zuwendung von Sachen oder Rechten	Verschenken des Familien-schmuckes	§§ 516 ff. BGB
Dienstvertrag (häufig Arbeitsvertrag)	Leistung von Diensten gegen Entgelt	Arbeiten eines Angestellten, Beratung durch Rechtsanwalt	§§ 611 ff. BGB

Werkvertrag	Verrichtung einer Tätigkeit gegen Entgelt zur Herbeiführung eines bestimmten Erfolges	Autoinspektion, Taxifahrt, Entwurf eines Bauplanes	§§ 631 ff. BGB
Geschäftsbesorgungsvertrag	Dienst- oder Werkverträge, die eine Geschäftsbesorgung beinhalten; d. h. wenn eine Person durch eine andere in Dingen vertreten wird, die sie zur Wahrnehmung ihrer Interessen ursprünglich hatte selbst machen müssen	Kontoführung, Zahlungsverkehr, Anlageberatung, Baubetreuung, Prozessvertretung	§ 675 BGB
Auftrag	Unentgeltliche Erledigung eines Rechtsgeschäftes für den Auftraggeber	Freund zahlt auf das Konto des Auftraggebers dessen Bargeld ein	§ 662 BGB
Mietvertrag	Entgeltliche Überlassung von Sachen zum Gebrauch	Vermietung von Wohnungen, Vermietung von Schließfächern, KfZ-Vermietung	§§ 535 ff. BGB
Leihvertrag	Unentgeltliche Überlassung von Sachen zum Gebrauch	Leihe von Büchern in öffentlichen Bibliotheken	§§ 598 ff. BGB
Pachtvertrag	Entgeltliche Überlassung von Sachen zum Gebrauch *und* Fruchtgenuss	Verpachtung von landwirtschaftlichen Nutzflächen, Gaststätten, Apotheken	§§ 581 ff. BGB
Darlehensvertrag	Entgeltliche oder unentgeltliche Überlassung eines Geldbetrages mit der Verpflichtung zur Rückerstattung bei Fälligkeit	Kreditvergabe einer Bank, Verwandtschaftsdarlehen	§§ 488 ff. BGB
Sachdarlehensvertrag	Entgeltliche Überlassung von vertretbaren Sachen (mit Ausnahme von Geld) mit der Verpflichtung zur späteren Rückgabe in gleicher Art, Güte und Menge	Wertpapierleihe, Überlassung von Mehrwegverpackungen (z. B. Getränkekästen, Paletten)	§§ 607 ff. BGB
Maklervertrag	Entgeltliche Vertragsvermittlung	Immobilien durch Makler, Wertpapiere durch Börsenmakler	§§ 652 ff. BGB (vgl. auch §§ 93 ff. HGB)
Gesellschaftsvertrag	Regelung der Zusammenarbeit von Geschäftsteilhabern	OHG, KG, GmbH	§§ 705 ff. BGB sowie weitere Gesetze (u. a. AktG, GmbHG, HGB)

2.4.6 Anpassung und Beendigung von Verträgen

Im Zusammenhang mit dem Grundsatz zur Vertragstreue wurde schon deutlich, dass einmal eingegangene Verträge grundsätzlich einzuhalten sind. In wenigen besonders schwerwiegenden Ausnahmesituationen räumt der Gesetzgeber den Vertragspartnern jedoch die Möglichkeit ein, Verträge vorzeitig zu kündigen oder diese anzupassen.

Störung der Geschäftsgrundlage

Verträge können durch nachträglich eingetretene oder bekannt gewordene Umstände in ihren Grundlagen so schwerwiegend gestört sein, dass ihre unveränderte Durchführung auch unter Berücksichtigung aller Umstände des Einzelfalles nicht mehr zumutbar erscheint.

In welchen konkreten Fällen von einer schwerwiegenden Störung der Geschäftsgrundlage auszugehen ist, kann letztlich nur im Einzelfall entschieden werden, im Zweifelsfall ist auch die Rechtsprechung gefordert. Die Bandbreite reicht von Leistungsstörungen (z. B. nach Vertragsschluss eintretende Beschaffungshindernisse) bis zu Sozialkatastrophen wie Krieg oder Währungsverfall.

In solch einem Fall kann nach § 313 BGB Anpassung des Vertrages verlangt werden. Ist eine Anpassung nicht möglich oder einem Teil nicht zumutbar, so kann der benachteiligte Teil vom Vertrag zurücktreten.

Kündigung von Dauerschuldverhältnissen

> Unter **Dauerschuldverhältnissen** werden auf Dauer oder zumindest für einen längeren Zeitraum angelegte Schuldverhältnisse verstanden.

Beispiele:
Miet-, Pacht-, Dienst- oder Gesellschaftsverträge

Unbeschadet anderer im speziellen Recht geregelter bzw. vertraglich vereinbarter Sonderkündigungsrechte bietet der Gesetzgeber für alle Formen von Dauerschuldverhältnissen die Möglichkeit, diese **ohne Einhaltung einer Kündigungsfrist aus wichtigem Grund zu kündigen** (§ 314 BGB). Dieser Rechtsgrundsatz ist in seinem Kern zwingendes Recht und kann somit durch vertragliche Vereinbarung (auch durch Allgemeine Geschäftsbedingungen) nicht eingeschränkt werden.

Ein **wichtiger Grund** liegt vor, wenn dem kündigenden Teil unter Berücksichtigung aller Umstände des Einzelfalls und unter Abwägung der beiderseitigen Interessen die Fortsetzung des Vertragsverhältnisses bis zur vereinbarten Beendigung oder bis zum Ablauf einer Kündigungsfrist nicht zugemutet werden kann.

Für den anderen Teil besteht ggf. die Möglichkeit, Schadensersatz vom kündigenden Teil zu verlangen.

2.4.7 Erfüllung von Schuldverhältnissen

Für die vertragsgerechte Erfüllung von Schuldverhältnissen ist es auch von Bedeutung, wann und wo der Schuldner seine Leistung erbringen kann und muss. Im Regelfall werden Leistungszeit und -ort vertraglich vereinbart. Ist das nicht der Fall, treten die im BGB vorgesehenen Regelungen ein.

Leistungszeit

> Die Leistungszeit umfasst zwei Aspekte: Zum einen die **„Fälligkeit"**, also der Zeitpunkt, von dem an der Gläubiger die versprochene Leistung vom Schuldner verlangen kann. Zum anderen die **„Erfüllbarkeit":** Das ist der Zeitpunkt, von dem an der Schuldner zur Leistung berechtigt ist und der Gläubiger diese annehmen muss. Fälligkeit und Erfüllbarkeit fallen in der Praxis meistens zusammen.

Ist eine Leistungszeit vereinbart, so kann der Gläubiger die Leistung im Allgemeinen nicht vorzeitig verlangen. Der Schuldner kann sie jedoch vorher bewirken (§ 271 Abs. 2 BGB).

Die Regelung der vorzeitigen Erfüllung durch den Schuldner gilt jedoch nicht, wenn der Gläubiger dadurch ein vertragliches Recht verliert bzw. ihm ein Schaden entsteht. Dies ist z. B. bei vorzeitiger Tilgung von Darlehen der Fall, da dem Gläubiger Zinseinnahmen verloren gehen. Deshalb ist die vorzeitige Rückzahlung von Darlehen bei Kreditinstituten häufig nicht möglich bzw. es wird eine Vorfälligkeitsentschädigung berechnet.

Ist hingegen über die Leistungszeit keine Vereinbarung getroffen worden und ist sie auch den Umständen nicht zu entnehmen, so gilt der Grundsatz nach § 271 Abs. 1 BGB: Der Gläubiger kann die Leistung sofort verlangen, der Schuldner kann sie sofort bewirken.

In einigen Fällen hat der Gesetzgeber abweichend von der oben beschriebenen generellen Regelung eine abweichende Leistungszeit festgelegt (z. B. bei Miet-, Pacht-, Leih- und Darlehensverträgen). Diese spezielle Regelung tritt dann an die Stelle des Grundsatzes.

Leistungsort

> Der Leistungsort wird im Gesetz und in der Sekundärliteratur manchmal auch als **Erfüllungsort** bezeichnet. Es handelt sich um den Ort, an dem der Schuldner seine Leistung zu erbringen hat.

Vom Leistungsort zu unterscheiden ist der Erfolgsort, der meistens mit dem Leistungsort zusammenfällt (es gibt jedoch auch Ausnahmen: *vgl. weiter unten Abschnitt „Schickschulden")*. Der Erfolgsort ist der Ort, an dem der Leistungserfolg eintritt.

Dem Leistungsort kommt im Schuldrecht eine große Bedeutung zu. Grundsätzlich hat der Schuldner seine Verpflichtungen nur erfüllt, wenn er seine Leistungen am Leistungsort erbracht hat. Außerdem geht im Rahmen des Kaufrechts die Gefahr an der Sache – die grundsätzlich am Leistungsort übergeben wird – mit Übergabe der Sache vom Verkäufer auf den Käufer über.

Der Gefahrenübergang hat zur Folge, dass das Risiko der Beschädigung, des Verlusts, der Vernichtung oder des Verderbs der Sache vom Käufer getragen wird. Sollte die Sache z. B. auf dem Weg vom Leistungsort zum Käufer vernichtet werden, so hat der Käufer dennoch den Kaufpreis aufzubringen.

Der Leistungsort kann im Vertrag frei vereinbart werden. Hierbei bieten sich – je nach Interessenlage – die nachfolgend beschriebenen Möglichkeiten an.

Holschulden

Leistungsort ist der Ort des Schuldners (dieser ist auch gleichzeitig Erfolgsort). Der Schuldner erbringt die Leistung an seinem Sitz und der Gläubiger muss die Leistung bei ihm abholen.

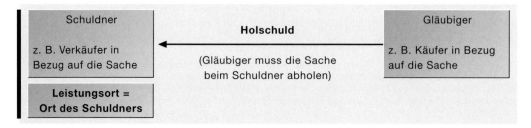

Übersicht 36:
Holschuld

Bringschulden

Leistungs- und Erfolgsort sind der Ort des Gläubigers, d. h. der Schuldner hat die Sache zum Gläubiger zu bringen.

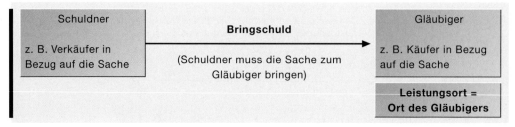

Übersicht 37:
Bringschuld

Schickschulden

Bei den Schickschulden handelt es sich im Grunde um eine Abwandlung der Holschulden. Der Leistungsort ist ebenfalls der Ort des Schuldners. Zusätzlich hat der Schuldner jedoch die Verpflichtung zur Versendung der Sache an den Gläubiger übernommen.

Der Erfolgsort ist der Sitz des Gläubigers, denn ein Leistungerfolg liegt erst vor, wenn die Sache beim Gläubiger eingetroffen ist. Bei den Schickschulden fallen also Leistungs- und Erfolgsort auseinander.

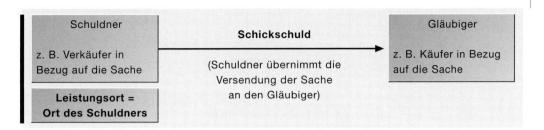

Übersicht 38:
Schickschuld

Ist kein Leistungsort vertraglich vereinbart, so kann der Ort der Leistung ggf. aus den Umständen – besonders aus der Natur des Schuldverhältnisses – entnommen werden (§ 269 Abs. 1 BGB).

Beispiele:

- ▪ Kauf von Lebensmitteln im Supermarkt: Bei Ladengeschäften des täglichen Lebens ist für beide Seiten das Ladenlokal der Leistungsort (Holschuld).
- ▪ Anlieferung von Heizöl: Übernimmt der Verkäufer bei Geschäften des täglichen Lebens die Anlieferung, so ist der Ort des Kunden der Leistungsort (Bringschuld).
- ▪ Bei Warengeschäften im Handelsverkehr liegen im Allgemeinen Schickschulden vor. Der Ort des Verkäufers ist also Leistungsort.

Ist auch eine Schlussfolgerung durch die Art des Schuldverhältnisses nicht möglich, so legt das Gesetz den Leistungsort fest: Nach § 269 Abs. 1 und 2 BGB entspricht der Sitz des Schuldners (Wohnsitz oder gewerbliche Niederlassung) zum Zeitpunkt des Vertragsabschlusses dem Leistungsort.

Zahlungsort

Auch für Geldzahlungen gilt § 269 BGB, so dass der Leistungsort für Zahlungen der Ort des Schuldners ist, sofern nichts anderes vereinbart ist. Das bedeutet, dass es für die Rechtzeitigkeit der Leistung nicht auf den Zahlungseingang beim Gläubiger, sondern auf die Aufgabe der Zahlung ankommt. Das Risiko von Zeitverzögerungen trägt der Gläubiger.

Die meisten Zahlungen werden heute unbar abgewickelt. Gemäß o. g. Regelung ist die Leistung bei Zahlung durch Überweisung rechtzeitig erfolgt, wenn der Überweisungsauftrag vor Fristablauf beim Kreditinstitut des Schuldners eingegangen ist und Kontodeckung vorhanden ist.

Bei Übersendung eines Schecks auf dem Postwege kommt es auf die rechtzeitige Absendung an (Poststempel!).

Jedoch Vorsicht: Wie oben schon erwähnt, gehören diese Regelungen des BGB zum dispositiven Recht und können durch anders lautende Regelungen ersetzt werden. So gilt z. B. die Steuerzahlung gegenüber dem Finanzamt nur als fristgemäß, wenn die Überweisung vor Fristablauf auf dem Konto der Finanzkasse eingegangen ist!

Die Verlustgefahr und die Kosten für die Übermittlung des Geldes hingegen trägt der Schuldner des Geldes (§ 270 BGB).

Gerichtsstand

> Der Gerichtsstand ist der **Ort, an dessen Gericht Streitigkeiten** aus dem Vertrag **ausgetragen werden.**

Der **gesetzliche Gerichtsstand** entspricht nach § 29 ZPO dem gesetzlichen Leistungsort und kann grundsätzlich nicht verändert werden. Gerichtsstand ist also der Ort des Schuldners (nach § 269 BGB). Nur bei Geschäften zwischen zwei Vollkaufleuten können abweichende Vereinbarungen über den Gerichtsstand getroffen werden.

Für einen Kaufvertrag heißt das:

- Für Streitigkeiten aus der Lieferung der Sache ist der Sitz des Verkäufers Gerichtsstand.
- Für Streitigkeiten über die Geldschuld ist der Sitz des Käufers Gerichtsstand.

2.4.8 Schadensersatz

In den meisten Zivilprozessen geht es um Schadensersatzforderungen einer Partei einer anderen gegenüber, die jedoch unterschiedliche Ursachen haben können und demzufolge auch an verschiedenen Stellen des BGB (und darüber hinaus) geregelt sind. Grundsätzlich kann zwischen den **Ansprüchen aus Vertragsverletzung** *(vgl. auch Kap. 2.4.9 Leistungsstörungen bei der Vertragserfüllung)* einerseits und **deliktischen Ansprüchen** *(vgl. auch Unerlaubte Handlung im Kap. 2.4.11)* andererseits unterschieden werden. Im Folgenden einige grundsätzliche Erläuterungen zum Wesen des Schadensersatzes.

Das Wesen des Schadensersatzes

Inhalt, Art und Umfang des Schadensersatzes werden duch die §§ 249 ff. BGB geregelt. Wichtig: Diese Paragraphen stellen selbst keine Anspruchsgrundlage für Schadensersatz dar. Es muss bei jedem Fall von Schadensersatz zunächst die in Frage kommende Anspruchsgrundlage gefunden werden, also der entsprechende Paragraph, der dem Geschädigten einen Anspruch auf Schadensersatz gegenüber dem Schädiger zubilligt. Wo man hierbei fündig wird, kommt auf den Einzelfall an. Wichtige Beispiele finden Sie im weiteren Verlauf der *Kapitel 2.4 Schuldrecht und 5 Beratungs- und Prospekthaftung.*

Im Zivilrecht geht es in jedem Fall ausschließlich um den Ausgleich von entstandenen Schäden. Ob eine schädigende Handlung auch strafrechtlich verfolgt wird und damit weitergehende Konsequenzen für den Schädiger hat, bleibt dem Strafrecht überlassen und ist deshalb auch nicht Inhalt dieses Buches.

Nachstehende Voraussetzungen müssen erfüllt sein, damit ein Schadensersatzanspruch entstehen kann:

- **Kausalität des Ereignisses**
  Nach der „Adäquanztheorie" muss das durch den Schädiger herbeigeführte Ereignis auch Ursache für den entstandenen Schaden sein.

■ **Rechtswidrigkeit**

Die schädigende Handlung muss rechtswidrig sein, also gegen bestehende Gesetze oder die guten Sitten verstoßen.

In Ausnahmefällen sind schädigende Handlungen nicht rechtswidrig, z. B. in Notwehr (§ 227 BGB). Es entfällt damit ein Anspruch auf Schadensersatz.

■ **Verschulden des Schädigers**

Der Schaden muss schuldhaft herbeigeführt worden sein; der Schädiger muss grundsätzlich fahrlässig oder mit Vorsatz gehandelt haben (§ 276 BGB).

Sind diese Punkte gegeben und kann eine Anspruchsgrundlage im Gesetz gefunden werden, besteht Anspruch auf Schadensersatz. Dabei geht es um den Ausgleich materieller Einbußen, aber auch des immateriellen Schadens (z. B. Schmerzen, Ehrverletzungen), sofern vom Gesetz vorgesehen (§ 253 BGB). Abgedeckt sind der unmittelbare und der mittelbare Schaden.

Beispiel:
Ein Fußgänger wird durch einen Verkehrsunfall verletzt, wodurch er für viele Wochen arbeitsunfähig ist. Schadensersatz fällt nicht nur bei den unmittelbaren Krankenkosten an, auch der mittelbare Verdienstausfall muss ausgeglichen werden.

Der Umfang des Schadensersatzes richtet sich nach dem **Grundsatz der Naturalrestitution.** Der Geschädigte ist vom Schädiger so zu stellen, als wäre die Schädigung nicht eingetreten (§ 249 BGB).

Kann dem Geschädigten ein Mitverschulden am Entstehen des Schadens zur Last gelegt werden, so mindert das den Anspruch auf Schadensersatz (§ 254 BGB).

Haftung für Gehilfen

Eine Person kann auch im Falle des Verschuldens einer anderen Person schadensersatzpflichtig gemacht werden, wenn sie sich dieser Person bedient. Im BGB werden der Erfüllungsgehilfe und der Verrichtungsgehilfe unterschieden.

Ein **Erfüllungsgehilfe** ist eine Person, derer sich der Schuldner zur Erfüllung einer bestimmten Verbindlichkeit bedient (§ 278 BGB). Es muss also ein Schuldverhältnis zwischen dem Schuldner und einem Dritten bestehen, damit ein Erfüllungsgehilfe tätig werden kann. Der Schuldner haftet dann für das Verschulden des Erfüllungsgehilfen wie für eigenes Verschulden. Wichtig: § 278 BGB ist *keine* eigene Anspruchsgrundlage für Schadensersatz gegenüber dem Schuldner, sondern dient nur als Brücke zur Haftung des Schuldners für das Verschulden des Erfüllungsgehilfen.

Beispiele:
Der Geselle der Kfz-Werkstatt ist Erfüllungsgehilfe, wenn er vom Meister mit der Durchführung einer Reparatur beauftragt wurde.

Die von der Kfz-Werkstatt eingesetzte Lackiererei ist Erfüllungsgehilfe, wenn sie einen von der Kfz-Werkstatt reparierten PKW lackieren soll.
Die Kfz-Werkstatt haftet in beiden Fällen für das Verschulden der Erfüllungsgehilfen gegenüber dem Kunden.

In Abgrenzung zum Erfüllungsgehilfen kennt das Gesetz auch den **Verrichtungsgehilfen** nach § 831 BGB. Bedient sich ein Geschäftsherr (das Gesetz meint einen Arbeitgeber!) einer weisungsgebundenen Person (Arbeitnehmer) zur Ausführung einer Verrichtung, so haftet der Geschäftsherr für jeglichen Schaden, den der Verrichtungsgehilfe in Ausübung der Verrichtung einem Dritten rechtswidrig zufügt. Wichtig: Der Schaden muss *rechtswidrig in Ausübung der Verrichtung* entstanden sein, der Arbeitgeber haftet also z. B. nicht für vom Arbeitnehmer beim Auftraggeber begangene Diebstähle.

In dieser Beschreibung der Haftung für den Verrichtungsgehilfen werden bereits wesentliche Unterschiede zum Erfüllungsgehilfen deutlich: Die Haftung beschränkt sich auf Arbeitnehmer. Der Haftungsumfang ist jedoch größer, denn der Arbeitgeber haftet nach § 831 BGB auch für Schäden gegenüber Dritten, die sich nicht mit ihm in einem vertraglichen Verhältnis befinden.

Beispiel:
Angestellte einer Gerüstbaufirma lassen beim Aufbau des Gerüstes Bretter fallen, die einem Passanten auf den Kopf fallen. Der Firmeninhaber kann nach § 831 BGB haftbar gemacht werden. Nach § 278 BGB wäre das nicht möglich gewesen, denn der Passant stand in keinem vertraglichen Verhältnis zum Unternehmen.

Im Gegensatz zum Erfüllungsgehilfen ist es dem Geschäftsherren beim Verrichtungsgehilfen möglich, sich zu **exkulpieren,** d. h. sich zu entlasten und der Haftung zu entziehen. Dazu muss er den Nachweis erbringen, dass ihm keine Schuld zur Last gelegt werden kann

- bei der Auswahl der Verrichtungsgehilfen und
- bei der Beschaffung von Geräten und Vorrichtungen und
- bei der Leitung der Ausführung der Verrichtung oder
- wenn der Schaden auch bei Anwendung dieser Sorgfaltskriterien entstanden wäre.

Insofern ist § 831 BGB (im Gegensatz zum § 278 BGB) eine eigenständige Anspruchsgrundlage für Schadensersatz gegenüber dem Geschäftsherren, denn dieser haftet für *eigenes* Verschulden und nicht für das Verschulden des Verrichtungsgehilfen. Trifft den Geschäftsherren hingegen kein Verschulden, so ist ihm die Exkulpation möglich und es bleiben nur direkte Ansprüche des Geschädigten gegenüber dem Verrichtungsgehilfen.

	Erfüllungsgehilfe (§ 278 BGB)	Verrichtungsgehilfe (§ 831 BGB)
Anwendungsgebiet	Schädigung durch Vertragsverletzung oder Verletzung eines sonstigen Schuldverhältnisses	Schädigung durch Delikt innerhalb oder außerhalb eines Schuldverhältnisses
Wesen	Haftungszurechnung für fremdes Verschulden, daher ist § 278 BGB keine eigenständige Anspruchsgrundlage	Haftung für eigenes Verschulden bei Sorgfaltspflichten, § 831 daher selbstständige Anspruchsgrundlage
Wer ist Gehilfe?	Jeder, der mit Wissen und Wollen für den Schuldner tätig wird	Jeder, der weisungsgebunden im Abhängigkeitsverhältnis zum Geschäftsherrn steht
Exkulpation	Entlastungbeweis naturgemäß nicht möglich	Verschulden des Geschäftsherren bei den Sorgfaltskriterien wird vermutet, Entlastungsbeweis jedoch möglich

2.4.9 Leistungsstörungen bei der Vertragserfüllung

Übersicht 39: Haftung für Gehilfen

Normalerweise kommen Vertragspartner ihren im Schuldverhältnis begründeten Verpflichtungen nach. Jedoch kann es vorkommen, dass ein Vertragspartner seine Leistungen mangelhaft, verspätet oder gar nicht erbringt. In diesem Fall spricht man von Leistungsstörungen, die im Regelfall zu Ansprüchen – z. B. Schadensersatzansprüchen – des anderen Vertragspartners führen.

Im Schuldrecht sind die Rechtsfolgen von Leistungsstörungen geregelt. Die Regelungen finden sich an unterschiedlichen Stellen im Gesetzestext, je nachdem, was der Gesetzgeber mit der Regelung bezweckt. So existieren generelle Regelungen für alle Schuldverhältnisse im Allgemeinen Schuldrecht. Spezielle Bestimmungen, z. B. zur **Schlechtleistung,** werden im Besonderen Schuldrecht beim Kauf-, Miet-, Dienst- und Werkvertragsrecht behandelt.

Tatbestand der Pflichtverletzung

Alle Formen der Leistungsstörung haben eines gemeinsam: ihnen liegt eine **Pflichtverletzung** zugrunde. § 280 Abs. 1 Satz 1 BGB stellt die Anspruchsgrundlage dafür dar, dass der Gläubiger vom Schuldner Ersatz des durch die Pflichtverletzung entstandenen Schadens verlangen kann.

Das Merkmal der Pflichtverletzung verlangt nur den objektiven Verstoß gegen eine Pflicht. Hingegen kommt es nicht darauf an,

- um welche Art von Pflichtverletzung es sich handelt,
- welche Folgen die Pflichtverletzung hat und
- ob dem Schuldner die Pflichtverletzung vorgeworfen werden kann.

Allerdings hat der Schuldner gemäß § 280 Abs. 1 Satz 2 BGB die Möglichkeit, die Schadensersatzforderung abzuwehren, wenn er die **Pflichtverletzung nicht zu vertreten** hat. Dies ist in der Regel dann der Fall, wenn der Schuldner nicht fahrlässig oder aus Vorsatz gehandelt hat (§ 276 BGB).

Beispiel:
Kann der Schuldner eine bestellte Ware nicht oder nicht fristgemäß liefern, weil seine Lagerhalle und der enthaltene Warenbestand durch Blitzeinschlag abgebrannt ist, so hat er dies nicht zu vertreten.

Das Gesetz betont im § 281 BGB jedoch ausdrücklich den **Vorrang des Anspruchs auf Leistungserfüllung** gegenüber dem Anspruch auf Schadensersatz. Deshalb muss der Gläubiger dem Schuldner grundsätzlich eine **angemessene Frist zur Erfüllung** seiner Schuld setzen, bevor er nach ergebnislosem Ablauf der Frist Schadensersatz geltend machen kann. Sobald der Gläubiger Schadensersatz verlangt hat, ist der Anspruch auf Leistungserfüllung ausgeschlossen.

Besonderheiten bei gegenseitigen Schuldverhältnissen

Unter **gegenseitigen Verträgen** versteht man mehrseitig verpflichtende Verträge, bei denen die Verpflichtungen in einem gegenseitigen Abhängigkeitsverhältnis stehen, also die eine Leistung nur auf Grund der Gegenleistung erbracht wird.

Beispiele:
Kauf-, Tausch-, Miet-, Pacht-, Werk-, Dienstverträge

Begeht der Schuldner bei einem gegenseitigen Vertrag eine Pflichtverletzung wie oben beschrieben und bleibt auch die dem Schuldner zur Abhilfe gesetzte Frist ergebnislos, so kann der Gläubiger den **Rücktritt vom Vertrag erklären** (§ 323 BGB). Der Rücktritt hat das Ziel, die vor dem Vertragsabschluss bestehende Rechtslage wieder herzustellen.

Dieses Rücktrittsrecht besteht unabhängig davon, ob der Schuldner die Pflichtverletzung zu vertreten hat. Auch unterscheidet das Gesetz grundsätzlich nicht nach der Schwere der Pflichtverletzung. Allerdings ist der Rücktritt nicht möglich, wenn die Pflichtverletzung unerheblich ist (§ 323 Abs. 4 BGB).

Ein Rücktritt vom Vertrag führt nach § 346 BGB zu folgenden Rechtsfolgen:

- die empfangenen Leistungen sind zurückzugewähren
- die aus dem Gebrauch gezogenen Nutzungen sind herauszugeben
- ggf. ist Wertersatz an Stelle der Rückgabe zu leisten, wenn beispielsweise die Rückgewähr auf Grund der Natur des Erlangten nicht mehr möglich ist (z. B. bei verderblicher Ware) oder der empfangene Gegenstand sich durch nicht bestimmungsgemäßen Gebrauch verschlechtert hat oder untergegangen ist (z. B. Totalschaden beim PKW)

Wichtig: Das Recht, auf Grund der Pflichtverletzung **Schadensersatz** bei einem gegenseitigen Vertrag zu verlangen, wird **durch den Rücktritt nicht ausgeschlossen** (§ 325 BGB).

Beispiel:

Kann ein Großhändler die bestellten Weihnachtsbäume vor Weihnachten nicht liefern, so kann der Einzelhändler unter Beachtung der oben beschriebenen Voraussetzungen den Rücktritt vom Kaufvertrag erklären. Außerdem kann er Schadensersatz in Höhe der Mehrkosten aus einem Deckungsgeschäft bei einem Dritten oder den entgangenen Gewinn vom Großhändler verlangen.

Der folgenden Übersicht können Sie die wichtigsten Arten von Leistungsstörungen entnehmen, die in diesem Kapitel näher erläutert werden. Neben den für alle Formen von Leistungsstörungen gleichermaßen geltenden Regelungen im Falle von Pflichtverletzungen gibt es für einzelne Typen spezielle Vorschriften, die im Folgenden behandelt werden sollen.

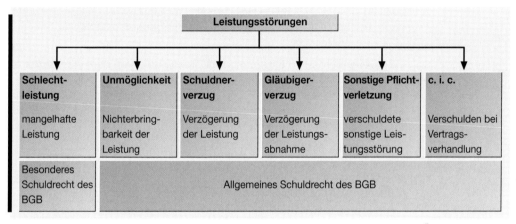

Übersicht 40: Leistungsstörungen bei der Vertragserfüllung

Schlechtleistung (am Beispiel des Kaufvertrages)

Im Besonderen Schuldrecht finden sich – wie oben dargestellt – bei verschiedenen Vertragsarten Regelungen zur Schlechtleistung der Vertragsschulden (auch Schlechterfüllung genannt). Exemplarisch wird in diesem Zusammenhang der Kaufvertrag dargestellt.

In den Fällen der Schlechterfüllung hat der Schuldner zwar die vertraglich zugesicherte Leistung erbracht, diese weist jedoch **Mängel** (Sach- oder Rechtsmängel) auf, z. B.

- **Fehler in der Menge** (nur im Falle der Lieferung einer zu großen Stückzahl; bei zu geringer Stückzahl befindet sich der Lieferant dagegen im Teilverzug – vgl. *Schuldnerverzug*)

- **Mangel in der Funktionsfähigkeit** (Beispiele: der gekaufte Videorekorder nimmt auf Grund eines technischen Defekts nicht auf; ein als Bauland erworbenes Grundstück kann auf Grund der Bauvorschriften nicht bebaut werden)

- **Mangel in der Qualität** (Beispiel: Kratzer im Lack des neuen PKW)

- **Rechtsmängel** (Beispiel: die Ware ist nicht frei von Rechten Dritter)

Die Lieferung einer anderen Sache als der vertraglich geschuldeten stellt hingegen keine Schlechtleistung dar. In diesem Fall hat der Verkäufer die geschuldete Leistung noch gar nicht erbracht und der Käufer kann auf Erfüllung des Vertrages bestehen.

Haftung des Verkäufers

Nach § 433 Abs. 1 Satz 2 BGB hat der Verkäufer dem Käufer die Sache frei von Sach- und Rechtsmängeln im Sinne §§ 434 f. BGB zu liefern. Die Lieferung einer Sache, die einen Mangel aufweist, erfüllt damit den oben beschriebenen allgemeinen **Tatbestand einer Pflichtverletzung** mit den aufgezeigten Folgen, nämlich der Möglichkeit des **Rücktritts vom Kaufvertrag** nach § 323 BGB und – soweit der Mangel durch den Verkäufer nach § 276 BGB zu vertreten ist – **Schadensersatzansprüchen** aus §§ 280 ff. BGB.

Eine Besonderheit im Kaufrecht liegt allerdings darin, dass der Käufer an Stelle des Rücktritts auch **Minderung des Kaufpreises** vom Verkäufer verlangen kann (§ 441 Abs. 1 BGB). Durch die Minderung wird der Kaufpreis um den Betrag herabgesetzt, um den der Mangel den Wert der Sache – gemessen am Kaufpreis – mindert (§ 441 Abs. 3 BGB).

Wichtig: Bevor die Ansprüche auf Rücktritt (bzw. Minderung) und Schadensersatz greifen, muss der Käufer dem Verkäufer eine **Frist zur Beseitigung des Mangels setzen** (folgt ebenfalls aus § 323 BGB). In dieser Zeit hat der Verkäufer also die Möglichkeit, den Mangel zu beheben.

Der Käufer hat aber auch aktiv das Recht, die Behebung des Mangels vom Verkäufer zu verlangen. Dies folgt aus besonderen **Nacherfüllungsansprüchen** im Kaufrecht nach § 437 i.V. m. § 439 BGB, die der Gesetzgeber dem Käufer zubilligt und zwischen denen der Käufer wählen kann:

- ▪ Anspruch auf **Beseitigung des Mangels** oder

- ▪ Anspruch auf **Lieferung einer einwandfreien Sache** (gegen Rückgabe der mangelhaften Sache).

Der Verkäufer hat die zum Zweck der Nacherfüllung erforderlichen Aufwendungen zu tragen. Er kann die vom Käufer **gewählte Form der Nacherfüllung verweigern**, wenn diese mit unverhältnismäßigen Kosten verbunden wäre.

Beispiel:

Würde der Kunde bei einer Schrankwand, die der Möbelhändler über mehrere Stunden in der Wohnung des Kunden aufgebaut hat, wegen eines relativ kleinen Kratzers Lieferung einer einwandfreien Sache verlangen, so wären die Kosten im Verhältnis zur Mangelbeseitigung unverhältnismäßig hoch und der Händler könnte diesen Anspruch abwehren.

Sollte der Verkäufer **beide Arten der Nacherfüllung verweigern** oder die dem Käufer zustehende Art der Nacherfüllung scheitern oder ihm unzumutbar sein, so werden ohne weitere Nachfristsetzung die allgemeinen Ansprüche auf Rücktritt vom Vertrag und Schadensersatz wirksam. Dies ergibt sich aus § 440 BGB. Eine Nachbesserung gilt grundsätzlich nach dem zweiten erfolglosen Versuch als fehlgeschlagen (§ 440 Satz 2 BGB).

Die Rechte des Käufers wegen eines Mangels sind natürlich ausgeschlossen, wenn er den **Mangel bei Vertragsschluss kannte** (§ 442 BGB).

Dem Verkäufer steht nach §§ 478 f. BGB ein **Rückgriffsrecht** auf seinen Lieferanten bzw. Großhändler zu, wenn er bei mangelhafter Ware von einem Verbraucher in Anspruch genommen wird.

Wichtig: Der Verkäufer kann im Rahmen der gesetzlichen Gewährleistung wegen Mängeln nicht an den Hersteller verweisen, denn es handelt sich ausdrücklich um eine **Verkäuferhaftung**, im Gegensatz zur **Produkthaftung** oder den meisten **vertraglichen Garantien** (vgl. § 443 BGB), die den Hersteller in die Haftung nehmen. Auch ist es für die Verkäuferhaftung nicht von Bedeutung, ob der Verkäufer den Mangel verschuldet hat oder nicht.

Ausschluss der Verkäuferhaftung

Die Verkäuferhaftung gehört zum dispositiven Recht, kann also durch Vertrag (auch durch Allgemeine Geschäftsbedingungen) eingeschränkt oder ausgeschlossen werden. Einschränkung bzw. Ausschluss können jedoch nichtig sein, wenn der Käufer hierdurch unangemessen benachteiligt wird. Bei arglistig verschwiegenen Fehlern haftet der Verkäufer in jedem Fall (§ 444 BGB).

Wichtige Beispiele für den Haftungsausschluss sind der Gebrauchtwagen- sowie Immobilienhandel. Gegenüber Verbrauchern sind die Möglichkeiten des Haftungsausschlusses bzw. der -minimierung jedoch eingeschränkt (§ 475 BGB).

Verjährung der Mängelansprüche (§ 438 BGB)

Die oben beschriebenen Mängelansprüche verjähren innerhalb von 2 Jahren.

Längere Verjährungsfristen bestehen für folgende Ausnahmen:

- Die Ansprüche verjähren in **30 Jahren**, wenn der Mangel in einem dinglichen Recht eines Dritten besteht, auf Grund dessen Herausgabe der Sache verlangt werden kann.
- Verjährung tritt erst nach **fünf Jahren** ein, wenn die Sache ihrer üblichen Verwendungsweise entsprechend für ein Bauwerk verwendet wurde und dessen Mangelhaftigkeit verursacht hat.

Die Verjährung beginnt bei Grundstücken mit der Übergabe, im Übrigen mit der Ablieferung der Sache und unabhängig davon, ob der Mangel dem Käufer bekannt ist.

Ausnahme: Hat der Verkäufer einen Mangel arglistig verschwiegen, so gilt die kenntnisabhängige Regelverjährungsfrist von 3 Jahren. Der Verkäufer verdient in diesem Fall keinen besonderen Schutz.

Unmöglichkeit

Unmöglichkeit liegt vor, wenn der Schuldner die geschuldete Leistung **aus tatsächlichen oder rechtlichen Gründen nicht erbringen** kann.

Für die rechtlichen Folgen ist es dabei gleichgültig, wann die Unmöglichkeit eingetreten ist und ob die Leistung lediglich nicht mehr durch den konkreten Schuldner oder durch niemanden mehr erbracht werden kann. Für die unterschiedlichen Ursachen der Unmöglichkeit im Folgenden einige Beispiele:

■ **Anfängliche Unmöglichkeit** (oder ursprüngliche Unmöglichkeit) liegt vor, wenn die Leistung bereits bei Abschluss des Schuldverhältnisses unmöglich war.

Beispiel:
Ein Berater verkauft eine Aktie eines Unternehmens, welches nicht existiert.

■ **Nachträgliche Unmöglichkeit** liegt vor, wenn die geschuldete Leistung erst nach Begründung des Schuldverhältnisses unmöglich wird.

Beispiel:
Nach Abschluss des Kaufvertrages, aber noch vor Übergabe, geht ein wertvolles Ölgemälde in Flammen auf.

■ Bei **objektiver Unmöglichkeit** kann niemand – weder der Schuldner selbst, noch ein Dritter – die geschuldete Leistung erbringen.

Beispiel:
Ein Berater verkauft eine Aktie eines Unternehmens, welches nicht existiert.

■ Von **subjektiver Unmöglichkeit** spricht man, wenn die Leistung zwar nicht durch den Schuldner, aber durch einen Dritten erbracht werden kann.

Beispiel:
Ein Immobilienhändler veräußert ein (existierendes) Grundstück, das ihm nicht gehört und für welches er auch keinen Veräußerungsauftrag hatte.

Ist dem Schuldner eine Leistungserbringung nicht möglich, so ergibt sich aus § 275 BGB, dass der Gläubiger **keinen Anspruch auf die Leistung** hat. Bei einem gegenseitigen Vertrag verliert der Schuldner jedoch auch den Anspruch auf Gegenleistung (§ 326 BGB).

Dennoch ist der **Vertrag wirksam**, selbst wenn das Leistungshindernis schon vor Vertragsschluss vorlag (§ 311a Abs. 1 BGB). Der Gläubiger hat in den Fällen anfänglicher Unmöglichkeit nach § 311a Abs. 2 BGB einen **Anspruch auf Schadensersatz** oder den Ersatz seiner Aufwendungen im Sinne § 284 BGB. Diese Ansprüche sind nur dann ausgeschlossen, wenn der Schuldner beim Vertragsabschluss das Leistungshindernis nicht kannte und diese Unkenntnis auch nicht zu vertreten hat.

Die **Anspruchsgrundlage für die Schadensersatzforderung** ist hingegen in den Fällen der nachträglichen Unmöglichkeit die allgemeine Regelung zum Schadensersatz wegen Pflichtverletzung nach § 280 Abs. 1 BGB. Dies ergibt sich aus dem Brückenparagraph § 283 i. V. m. mit § 275 BGB. Lediglich die Voraussetzung, vor der Forderung von Schadensersatz eine Frist zur Nacherfüllung zu setzen, macht auf Grund der Unmöglichkeit keinen Sinn und kann deshalb entfallen (ergibt sich aus § 283 BGB).

Schuldnerverzug

> Schuldnerverzug liegt vor, wenn der **Schuldner** die geschuldete Leistung **nicht rechtzeitig** erbringt und die Verzögerung **zu vertreten** hat.

Schuldnerverzug kommt in der Form des **Lieferungsverzugs** bei Warenschulden und als **Zahlungsverzug** bei Geldschulden vor. Im Unterschied zur Unmöglichkeit ist die Nachholung der geschuldeten Leistung durch den Schuldner möglich.

Der Schuldnerverzug ist ein Unterfall des Schadensersatzes wegen Pflichtverletzung (§ 280 Abs. 1 BGB). In diesem Sinne bildet neben der Pflichtverletzung der **Verzug nur ein zusätzliches Erfordernis** für den Anspruch des Gläubigers auf Ersatz des Verzögerungsschadens (§ 280 Abs. 2 i. V. m. § 286 BGB).

Beispiel:
Unter den Verzugsschaden fallen z. B. Rechtsverfolgungs- und Inkassokosten und entgangener Gewinn, falls die Weiterveräußerung auf Grund des Lieferungsverzugs scheitert.

Beim Zahlungsverzug können zusätzlich Verzugszinsen berechnet werden. Die Höhe der Zinsen beträgt gemäß § 288 BGB fünf Prozentpunkte über dem Basiszinssatz, bei Rechtsgeschäften unter Kaufleuten acht Prozentpunkte über dem Basiszinssatz. In § 247 BGB wird festgelegt, dass als Bezugsgröße für den Basiszinssatz der Zinssatz für die Hauptrefinanzierungsgeschäfte der Europäischen Zentralbank dient. Der Basiszinssatz wird zweimal jährlich – immer am 1. Januar und am 1. Juli – der Höhe nach angepasst. Höhere Zinsschäden können geltend gemacht werden, wenn z. B. nachgewiesen werden kann, dass auf Grund des Zahlungsverzuges ein Bankkredit zu höheren Zinsen aufgenommen werden musste.

Damit der Schuldner in Verzug kommt, müssen gemäß § 286 BGB folgende Voraussetzungen erfüllt sein:

- Die Leistung muss **fällig** sein, d. h. der Schuldner hat nicht oder nicht rechtzeitig geleistet.

- Die Leistung muss nach Fälligkeit angemahnt worden sein; die **Mahnung** kann entfallen, wenn für die Leistung eine bestimmte Zeit vereinbart wurde (z. B. Liefertermin) oder der Leistung ein notwendiges Ereignis vorausgegangen ist (z. B. Fälligstellung eines Darlehens durch Aussprache einer Kündigung), der Schuldner die Leistung ernsthaft und endgültig verweigert oder aus besonderen Gründen unter Abwägung der beiderseitigen Interessen der sofortige Eintritt des Verzugs gerechtfertigt ist.

- An Stelle einer Mahnung kann auch eine **Klage** auf die Leistung erhoben werden oder ein **Mahnbescheid** im gerichtlichen Mahnverfahren zugestellt werden.

- Der Schuldner kommt spätestens in Verzug, wenn er nicht **30 Tage nach Fälligkeit und Zugang** einer Rechnung oder einer gleichwertigen Forderungsaufstellung geleistet hat. Dies gilt gegenüber einem Schuldner, der Verbraucher ist, nur, wenn er auf diese Folgen in der Rechnung Forderungsaufstellung besonders hingewiesen worden ist.

- Der Schuldner muss die **Verzögerung zu vertreten** haben.

Gläubigerverzug

> Gläubiger- oder Annahmeverzug: Der Gläubiger befindet sich im Verzug, wenn er die ihm vom Schuldner **ordnungsgemäß angebotene Leistung nicht annimmt** (§ 293 BGB).

Beispiel:
Sie haben für Ihr Büro Kopierpapier bestellt. Für die Lieferung vereinbaren Sie einen konkreten Termin, den Sie jedoch dann im Kalender übersehen. Der Lieferant muss, da das Büro nunmehr nicht besetzt ist, unverrichteter Dinge abfahren. Sie befinden sich – als Gläubiger der Warenlieferung – im Gläubigerverzug.

Voraussetzung für den Gläubigerverzug ist das ordnungsgemäße Angebot der Leistung durch den Schuldner. Ordnungsgemäß bedeutet: am rechten Ort, zur rechten Zeit und in der richtigen Weise (§ 294 BGB). Nimmt der Gläubiger die Leistung dann nicht an, so befindet er sich automatisch im Verzug. Für den Gläubigerverzug ist die Schuldfrage dabei ohne Belang (im Gegensatz zum Schuldnerverzug!).

Welche Rechtsfolgen ergeben sich aus dem Gläubigerverzug? Zunächst ist festzuhalten, dass der Anspruch des Schuldners auf Gegenleistung (z. B. Bezahlung der angebotenen Ware) natürlich erhalten bleibt, denn er hat seine Leistung ordnungsgemäß angeboten. Gleichzeitig bleibt jedoch auch der Schuldner aus dem Rechtsgeschäft weiter verpflichtet, es gelten jedoch einige Erleichterungen:

- Der Schuldner hat während des Gläubigerverzugs nur noch grobe Fahrlässigkeit und Vorsatz zu verantworten (§ 300 BGB).

Setzen wir das obige Beispiel fort:
Der Lieferant nimmt – mangels Abnahme – das angebotene Kopierpapier wieder mit in sein Lager. Über Nacht brennt bedauerlicherweise seine Lagerhalle ab. Das Risiko der Beschädigung bzw. des Untergangs der Ware trägt der Gläubiger, wenn dem Schuldner nicht grobe Fahrlässigkeit oder Vorsatz nachgewiesen werden kann. Der Lieferant wird von der Leistungspflicht frei, der Anspruch auf Bezahlung der Ware bleibt erhalten.

- Mehraufwendungen, die dem Schuldner entstehen, muss der Gläubiger ersetzen (§ 304 BGB).

- Der Schuldner kann die geschuldete Leistung einlagern oder – sofern möglich (z. B. bei Wertpapieren) – bei öffentlichen Stellen (z. B. Amtsgerichten) hinterlegen und den Gläubiger auf Abnahme verklagen. Dies geschieht auf Kosten des Gläubigers (genauere Regelungen: §§ 372 ff. BGB und § 373 HGB).

- Der Schuldner kann auch auf Einlagerung bzw. Hinterlegung und Klage verzichten und zum Selbsthilfeverkauf schreiten, z. B. durch öffentliche Versteigerung. Dies geschieht auf Rechnung des Gläubigers (genauere Regelungen: §§ 383 ff. BGB und § 373 HGB).

Sonstige Pflichtverletzung

Nach BGB ist jeder Schuldner nicht nur verpflichtet, seine geschuldete Leistung überhaupt bzw. fristgemäß zu erbringen, sondern dies auch in einer gewissen Qualität, nämlich so, wie **Treu und Glauben** mit Rücksicht auf die Verkehrssitte es erwarten lassen (§ 242 BGB). Deshalb ist es vorstellbar, dass ein Schuldner zwar seine Leistung erbringt, jedoch dies nicht in zufriedenstellender Weise (vgl. § 281 BGB bei Verletzung der Hauptleistungspflicht und § 282 BGB bei Nebenpflichtverletzung). Kann der Gläubiger den Schuldner daraufhin in die Haftung nehmen?

Beispiel:
Sie engagieren einen Rechtsanwalt, der Sie in einem Rechtsstreit vor Gericht vertreten soll. Auf Grund schlechter Vorbereitung des Prozesses unterläuft Ihrem Anwalt ein Verfahrensfehler; der sicher geglaubte Prozess geht verloren. Sie verlieren dadurch Geld.

Es handelt sich in diesem Beispiel weder um Unmöglichkeit noch Verzug, aber um einen Fall der **Pflichtverletzung des Schuldverhältnisses.** Seit dem „Gesetz zur Modernisierung des Schuldrechts" wird diese Form der Leistungsstörung durch den § 280 Abs. 1 BGB abgedeckt und deshalb nach den oben beschriebenen allgemeinen Regeln zum Schadensersatz bei Pflichtverletzungen behandelt.

Beispiele:

- Wenn Aufklärungs- oder Beratungspflichten nicht beachtet werden: Der Berater weist den Geldanleger nicht auf die steuerschädlichen Folgen bei der vorzeitigen Auflösung von steuerbegünstigten Spar- oder Versicherungsverträgen hin.
- Wenn Schutzpflichten verletzt werden: Durch das unsachgemäße Legen einer Dauerwelle erleidet die Kundin eines Frisiersalons Verbrennungen.

Verschulden bei den Vertragsverhandlungen

Beispiel:
Eine Neukundin besucht erstmalig für eine Beratung Ihr Büro. Sie nimmt für einen Moment auf dem Besucherstuhl Platz. Um Sie zu begrüßen, steht Sie wieder auf, bleibt dabei mit ihrem Kleid an einem Stuhlnagel hängen. Das Kleid zerreißt. Sind Sie der Dame gegenüber schadensersatzpflichtig?

In vielen Fällen (so auch in dem vorangegangenen Beispiel) besteht noch kein Vertragsverhältnis zwischen den Parteien und dennoch besteht Bedarf zur Klärung einer Schadensersatzforderung. Der Gesetzgeber geht davon aus, dass bereits während der Vertragsverhandlung zwischen den Parteien ein vertragsähnliches Vertrauensverhältnis entsteht und somit einer Partei nicht schuldhaft (und wieder: § 276 BGB!) ein Schaden zugefügt werden

darf. Die typischen Fallgruppen eines solchen vorvertraglichen Schuldverhältnisses sind im § 311 Abs. 2 BGB festgeschrieben. Das so genannte „**Verschulden bei Vertragsverhandlungen**" (**c**ulpa **i**n **c**ontrahendo – **c.i.c.**) führt
ebenfalls zu Schadensersatzansprüchen aus Pflichtverletzungen nach § 281
Abs. 1 BGB.

> Die schuldhafte Pflichtverletzung bei der **Aufnahme von Vertragsver-
> handlungen** führt zu Schadensersatzansprüchen aus dem **Verschulden
> bei den Vertragsverhandlungen.**

Der c. i. c. bezieht die Haftung für das Verschulden eines Gehilfen mit ein
(§ 311 Abs. 3 BGB).

Beispiel:
Ihre Sekretärin kippt der bereits oben erwähnten Neukundin eine Tasse Kaffee über
das Kleid. In diesem Fall haften Sie auch für das Verschulden Ihrer Sekretärin.

2.4.10 Gläubiger- und Schuldnerwechsel

In vielen Fällen sollen Forderungen bzw. Verbindlichkeiten von einer Person
auf eine andere übertragen werden:

- Findet der Wechsel auf der Gläubigerseite statt, so spricht man
  von einer **Forderungsabtretung** (§§ 398 ff. BGB).
- Bei einem Wechsel auf der Schuldnerseite handelt es sich um
  eine **Schuldübernahme** (§§ 414 ff. BGB).

Die Forderungsabtretung (Zession)

> Eine Forderung kann gemäß § 398 BGB durch Vertrag zwischen **Zeden-
> ten** (Altgläubiger) und **Zessionar** (Neugläubiger) übertragen werden. Der
> Zessionar tritt dadurch an die Stelle des Zedenten. Die Forderungsabtre-
> tung nennt man Zession.

Beim ersten Lesen können die Begriffe verwirrend wirken. Die folgende
Abbildung stellt die Konstruktion der Forderungsabtretung noch einmal
anschaulich dar.

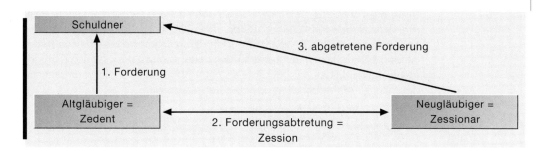

Eine Kenntnisnahme des Schuldners von der Forderungsabtretung ist nicht vorgeschrieben, erst recht nicht ist eine Zustimmung erforderlich. Man unterscheidet deshalb:

Übersicht 41:
Zession

- die **stille Zession** = der Schuldner wird über den Gläubigerwechsel nicht informiert;
- die **offene Zession** = der Schuldner erhält Nachricht über die Zession (§ 409 BGB).

Welche Form der Abtretung gewählt wird, hängt vom Zweck der Abtretung und von der Interessenlage und Verhandlungsmacht des Zedenten bzw. Zessionars ab. Bei der stillen Zession geht der Zessionar ein erhöhtes Risiko ein. Da der Schuldner vom Forderungsübergang nichts erfahren hat, leistet er weiter an den Zedenten – und zwar nach § 407 BGB mit schuldbefreiender Wirkung. Der Zedent ist jedoch zur Abführung der erhaltenen Leistungen an den Zessionar verpflichtet.

Vor diesem Hintergrund spricht aus Sicht des Zessionars zunächst einiges dafür, die Forderungsabtretung dem Schuldner offen zu legen. In vielen Fällen bewirkt jedoch die Offenlegung einer Zession auch eine Verschlechterung der Bonität des Zedenten, z. B. wenn die abgetretenen Forderungen zur Besicherung eines Bankkredites dienen. Diese Wirkung ist in diesem Fall allerdings auch nicht im Sinne des Zessionars (also der Bank), der an einer hohen Bonität des Kreditnehmers mindestens ebenso interessiert ist wie dieser selbst.

Für bestimmte Forderungen sieht der Gesetzgeber ein **Abtretungsverbot** vor:

- Forderungen, die unpfändbar sind (§ 400 BGB).

  z. B. Lohn- und Gehaltsansprüche innerhalb der Pfändungsfreigrenzen

- Forderungen, für die die Abtretung vertraglich ausgeschlossen ist (§ 399 BGB).

  z. B. Lohn- und Gehaltsansprüche auch über die Pfändungsfreigrenzen hinaus, sofern ein Abtretungsverbot im Arbeitsvertrag vereinbart wurde

- Forderungen, deren Inhalt sich duch die Abtretung ändern würde (§ 399 BGB).

  Ansprüche auf Dienstleistungen o. ä.

- Forderungen, deren Abtretung gesetzlich ausgeschlossen ist.

  z. B. bestimmte Gesellschafterrechte (§ 717 BGB)

Neben der Abtretung von Einzelforderungen spielen auch so genannte **Rahmenabtretungen** im Wirtschaftsleben – z. B. bei der Kreditbesicherung – eine große Rolle. Hierbei werden auf der Grundlage eines Rahmenvertrages laufend Forderungen nach bestimmten, bei Abschluss des Rahmenvertrages festgelegten Kriterien abgetreten. Je nach Abtretungsverfahren unterscheidet man die **Mantelzession** und die **Globalzession.**

	Mantelzession	**Globalzession**
Wesen	Rahmenvertrag sieht laufende Abtretung von bestehenden Forderungen gegen mehrere Drittschuldner bis zu einer bestimmten Höhe vor	durch den Rahmenvertrag werden alle bestehenden und zukünftigen Forderungen gegen bestimmte Drittschuldner abgetreten
Zeitpunkt des Übergangs der Forderung auf den Zessionar	mit Einreichung von Rechnungsdurchschriften oder Debitorenaufstellungen (Einreichung hat konstitutive Wirkung)	mit Entstehung der Forderungen
an den Zessionar einzureichende Unterlagen	Rechnungsdurchschriften bzw. Debitorenaufstellungen	regelmäßige Bestandsmeldungen (deklaratorische Wirkung)
Bestimmbarkeit der von der Rahmenabtretung betroffenen Forderungen	durch Rechnungsdurchschriften bzw. Debitorenaufstellungen	durch genaue Festlegung der Forderungsgruppen im Rahmenvertrag

Übersicht 42:
Vergleich von
Mantel- und
Globalzession

Die Bedeutung der Forderungsabtretung für das Wirtschaftsleben ist groß. Die Zession tritt in folgenden Formen auf:

■ **Zession als Erfüllung eines zugrundeliegenden Rechtsgeschäftes**

Beispiel Factoring:
Der Forderungsabtretung liegt ein Kaufvertrag über die Forderung (abzgl. eines Risikoabschlages) zwischen Factoring-Gesellschaft und Unternehmen zugrunde. Das Unternehmen sichert sich durch den Verkauf der Außenstände die kurzfristige Liquidität.

■ **Zession zur Kreditbesicherung**

Beispiel:
Forderungsabtretungen dienen in vielen Formen zur Absicherung von Krediten: Es kann sich dabei um Abtretungen von Einzelforderungen handeln (Lohn- und Gehaltsabtretungen, Abtretungen von Forderungen aus Lebens- oder Kaskoversicherungen oder aus Bausparverträgen) oder auch um Mantel- oder Globalzessionen (z. B. Abtretung der Forderungen eines Großhandelsunternehmens gegenüber den Einzelhändlern zur Finanzierung des Warenbestandes).

■ **gesetzlicher Forderungsübergang**

Beispiel:
Ist ein Bürge duch Zahlung für den Hauptschuldner eingesprungen, so geht die Forderung laut Gesetz automatisch vom Gläubiger auf ihn über (§ 774 BGB).

■ **Forderungsübergang durch Hoheitsakt**

Beispiel Lohnpfändung:
Mit Zustellung eines Pfändungs- und Überweisungsbeschlusses geht die gepfändete Forderung vom Schuldner (dem Arbeitnehmer) auf den Gläubiger über. Der Drittschuldner (der Arbeitgeber) muss dann an den Gläubiger zahlen.

Ist mit der abgetretenen Forderung eine akzessorische Sicherheit verbunden, so geht auch die Sicherheit auf den Zessionar über (§ 401 BGB).

Beispiel:
Eine Darlehensforderung, für die eine Bürgschaft existiert, wird abgetreten. Sollte der Schuldner seiner Tilgungszahlung nicht nachkommen, so kann der Zessionar auch den Bürgen zur Zahlung auffordern.

Schuldnerschutz: Wie oben bereits beschrieben, ist der Schuldner an der Abtretung nicht aktiv beteiligt. Deshalb darf sich die Rechtsstellung des Schuldners nicht zu seinen Ungunsten verändern:

■ § 404 BGB sichert dem Schuldner zu, dass alle Einwendungen, die er vor der Forderungsabtretung dem Altgläubiger entgegenhalten konnte, auch nach der Zession gegenüber dem Zessionar erhalten bleiben (z. B. Minderung des Kaufpreises wegen mangelhafter Ware; *vgl. Kap. 2.4.9 Leistungsstörungen bei der Vertragserfüllung*).

■ Bei der stillen Zession erbringt der Schuldner seine Leistung i. d. R. gegenüber dem Altgläubiger (und damit einem Nichtberechtigten), da er von der Zession nichts erfahren hat. Die Zahlung des Schuldners erfolgt gemäß § 407 BGB jedoch mit schuldbefreiender Wirkung, der Zessionar muss also die Zahlung gegen sich gelten lassen.

Der Zessionar kann – auf Grund § 816 BGB – die Herausgabe der zu Unrecht vom Altgläubiger empfangenen Leistung verlangen. *(Näheres dazu folgt in Kapitel 2.4.11 im Abschnitt „Ungerechtfertigte Bereicherung".)*

Schuldübernahme

> Bei der Schuldübernahme findet durch Vertrag eine **Auswechselung des Schuldners** statt.

Zur Erreichung dieses Zieles gibt es zwei unterschiedliche Wege:

■ Die Schuldübernahme wird **durch Vertrag zwischen Gläubiger und Neuschuldner** bewirkt (§ 414 BGB).

■ Die Schuldübernahme wird **durch Vertrag zwischen Altschuldner und Neuschuldner** vereinbart. Die Schuldübernahme wird in diesem Fall erst rechtswirksam, wenn sie vom Gläubiger ausdrücklich genehmigt wird (§ 415 BGB).

Bei Betrachtung dieser beiden Alternativen fällt eines besonders auf: Die Schuldübernahme setzt in jedem Fall die Beteiligung des Gläubigers voraus, dem natürlich die Person des Schuldners nicht gleichgültig ist. Zum Vergleich: Bei der Forderungsübertragung zwischen Gläubigern war hingegen die Einbeziehung des Schuldners nicht notwendig.

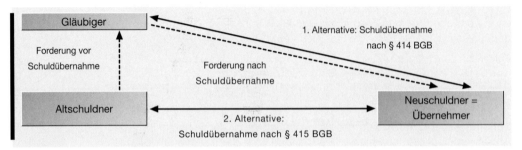

Übersicht 43:
Schuldübernahme

Eine **Besonderheit gilt für den Fall einer Grundstücksveräußerung,** bei der der Erwerber durch Vertrag mit dem Veräußerer gleichzeitig ein bestehendes Darlehen übernimmt, für das eine Hypothek im Grundbuch eingetragen ist. Auf Verlangen des Erwerbers (= Neuschuldner) teilt der Veräußerer (= Altschuldner) dem Gläubiger die Schuldübernahme mit. Dieser kann die Genehmigung innerhalb von 6 Monaten nach Empfang der Mitteilung verweigern. Äußert sich der Gläubiger innerhalb dieser Frist nicht, so gilt die Genehmigung stillschweigend als erteilt (§ 416 BGB). § 416 BGB spricht nur von Hypotheken; die Regelung wird jedoch von der Rechtsprechung analog auch auf Darlehen, für die eine Grundschuld eingetragen ist, angewendet.

Dieser Fall entspricht der gängigen Praxis bei Immobiliengeschäften. Wird z. B. ein Grundstück zu 100 000,00 EUR veräußert, auf dem eine Grundschuld von 40 000,00 EUR für ein entsprechendes Darlehen zugunsten einer Bank oder Bausparkasse eingetragen ist, so wird der Erwerber dieses Darlehen in vielen Fällen – unter Anrechnung auf den Kaufpreis – übernehmen. Dadurch lassen sich günstige Konditionen aus Niedrigzinsphasen oder aus geförderten Krediten übertragen.

Rechtsstellung des Übernehmers
Nach § 417 BGB kann der Neuschuldner dem Gläubiger gegenüber auch die Einwendungen geltend machen, die sich aus dem Rechtsverhältnis des Altschuldners gegenüber dem Gläubiger ergeben.

Erlöschen von Sicherungsrechten

Im Gegensatz zur Zession erlöschen die zum Zeitpunkt der Schuldübernahme bestehenden akzessorischen Sicherheiten (§ 418 BGB).

Diese Regelung berücksichtigt konsequent die Interessenlage der davon betroffenen Personen. Einerseits verliert der Gläubiger zwar seine Sicherungsrechte, aber er war ja auch aktiv an der Schuldübernahme beteiligt und kann dieses Risiko bei der Entscheidung berücksichtigen. Andererseits musste der Gesetzgeber die Interessen eines evtl. beteiligten Sicherungsgebers berücksichtigen: So ist die Person des Schuldners z. B. für einen Bürgen von entscheidender Bedeutung, denn für einen Neuschuldner unbekannter oder minderer Bonität hatte der Bürge sich bei Abgabe der Bürgschaftserklärung nicht zur Verfügung gestellt.

2.4.11 Gesetzliche Schuldverhältnisse

In den vorangegangenen Kapiteln haben wir festgestellt, dass Schuldverhältnisse auf Grund rechtsgeschäftlicher Betätigung von Personen entstehen. Der Gesetzgeber hat in einigen Fällen vorgesehen, dass ein **Schuldverhältnis kraft Gesetz** entsteht, wenn gesetzlich festgelegte Voraussetzungen erfüllt werden. Dieses Kapitel gibt Ihnen einen Überblick über die zwei wichtigsten gesetzlichen Schuldverhältnisse:

- Ungerechtfertigte Bereicherung (§§ 812 – 822 BGB)
- Unerlaubte Handlung (§§ 823 – 853 BGB)

Ungerechtfertigte Bereicherung

Bedingt durch die Struktur des Schuldrechts im BGB können im Einzelfall Vermögensverschiebungen zwischen Personen auftreten, die zwar für sich betrachtet rechtswirksam sind, jedoch gegenüber dem, zu dessen Lasten die Vermögensverschiebungen auftreten, keine Rechtfertigung besitzen. Das kann z. B. eine Folge der Trennung und Verselbständigung von Verpflichtungs- und Verfügungsgeschäften durch das Abstraktionsprinzip sein.

Beispiel:
Auf Grund eines Versehens wird ein Grundstückskaufvertrag nicht notariell beurkundet. Rechtsfolge: Das Verpflichtungsgeschäft ist nichtig. Folglich kommt es auch nicht zum Eigentümerwechsel, weil die Umschreibung des Grundstückes im Grundbuch nicht erfolgen kann. Das erste Verpflichtungsgeschäft kann nicht vollzogen werden. Unglücklicherweise hat der Käufer jedoch den Kaufpreis bereits auf das Konto des Verkäufers überwiesen. Das zweite Verpflichtungsgeschäft ist also bereits rechtmäßig (!) ausgeführt, denn nach § 929 BGB waren sich beide Vertragsparteien einig, dass das Eigentum am Geld wechseln sollte. Hat der Käufer nun sein Geld verloren? Diese Tatsache würde wohl jedem Rechtsempfinden widersprechen, denn immerhin ist der Rechtsgrund für die Überweisung des Geldes – der Grundstückskaufvertrag – weggefallen. Das Gesetz muss dem Käufer eine Brücke bauen, über die er wieder an das Geld gelangen kann.

Um diesen Missstand zu beheben, hat der Gesetzgeber in den §§ 812 ff. BGB einen Katalog von Herausgabeansprüchen aus ungerechtfertigter Bereicherung festgeschrieben. Durch diese Regelungen werden die rechtswirksamen, jedoch ungerechtfertigten Vermögensverschiebungen nicht rechtsunwirksam, aber der Benachteiligte erhält damit gesetzliche Anspruchsgrundlagen, um die Herausgabe der Vermögenswerte vom ungerechtfertigt Bereicherten verlangen zu können. Der Gesetzgeber formuliert dies im Grundsatz wie folgt:

> **Herausgabeanspruch aus ungerechtfertiger Bereicherung:** Wer durch die Leistung eines anderen oder in sonstiger Weise auf dessen Kosten etwas ohne rechtlichen Grund erlangt, ist ihm zur Herausgabe verpflichtet. Diese Verpflichtung besteht auch dann, wenn der rechtliche Grund später wegfällt oder der mit der Leistung nach dem Inhalt des Rechtsgeschäftes bezweckte Erfolg nicht eintritt (§ 812 Abs. 1 BGB).

Formen der Herausgabeansprüche aus ungerechtfertigter Bereicherung

■ **Leistung erfolgt ohne Rechtsgrund** (§ 812 Abs. 1 Satz 1 BGB)

Beispiele:
Bezahlung des Kaufpreises, obwohl der Kaufvertrag nichtig ist; versehentliche Geldüberweisung, ohne dass tatsächlich eine Schuld besteht

■ **Leistung bei später weggefallenem Rechtsgrund** (§ 812 Abs. 1 Satz 2 BGB)

Beispiel:
Eine Diebstahlsversicherung zahlt eine Entschädigung für die gestohlene Sache, die später wieder zurückgegeben wird

■ **Leistung, ohne dass der bezweckte Erfolg eintritt** (§ 812 Abs. 1 Satz 2 BGB)

Beispiele:
Akzeptierung eines Wechsels in Erwartung einer späteren Warenlieferung, die dann unterbleibt; Unterzeichnung einer Quittung für einen Geldbetrag, der danach empfangen werden soll, dem Unterzeichnenden jedoch nie ausgezahlt wird; Vorschuss auf einen zu erwartenden Jahresgewinn eines Unternehmens, welches das Geschäftsjahr jedoch tatsächlich mit Verlust abschließt

- **Leistung, durch deren Annahme der Empfänger gegen Gesetz oder gute Sitten verstößt**
  (§ 817 BGB; Diese Anspruchsgrundlage greift nur, sofern dem Leistenden kein Verstoß gegen Gesetz oder gute Sitten zur Last gelegt werden kann.)

Beispiel:
empfangene Erpressungs- oder Schmiergelder

- In einigen Fällen entsteht ungerechtfertigte Bereicherung nicht auf Grund der Leistung des Benachteiligten, sondern in „sonstiger Weise auf dessen Kosten" (Rechtsgrundlage ebenfalls § 812 Abs. 1 Satz 1 BGB).

Beispiele:
Auf Grund untergeordneter Bedeutung gegenüber der ungerechtfertigten Bereicherung durch Leistung soll hierauf nur durch Beispiele eingegangen werden:
- Eigenmächtiger Gebrauch oder Verbrauch fremder Sachen,
- Nutzung fremder Rechte (z. B. Patente),
- Bau auf fremden Grundstücken.

- **Verfügung durch einen Nichtberechtigten** (§ 816 Abs. 1 BGB)

Beispiele:
Ein Mieter verkauft den gemieteten Gegenstand an einen Dritten. Der Vermieter hat einen Schadensersatzanspruch gegen den Mieter.
Eine Person verschenkt einen geliehenen Gegenstand an einen Dritten. Der Verleiher kann den Gegenstand vom Dritten zurückfordern.

Umfang der Herausgabeansprüche aus ungerechtfertigter Bereicherung

Ziel der Herausgabeansprüche ist es, die ungerechtfertigte Bereicherung des Schuldners zurückzuführen. Deshalb erstrecken sich die Herausgabeansprüche nicht nur auf „das Erlangte" selbst (§ 812 Absatz 1 Satz 1 BGB), sondern auch auf die daraus gezogenen Vorteile (§ 818 Abs. 1 und 2 BGB):

- **Herausgabe des Erlangten**

Beispiele:
Sachen oder Rechte (wie Patente, Forderungen etc.)

- **Herausgabe von aus dem Erlangten gezogenen Nutzungen**

Beispiele:
Nachwuchs bei Tieren; Zinsen; Lizenzgebühren; Mieteinnahmen; Ernteerträge

- **Herausgabe von Surrogaten** (also Gegenständen, die das Erlangte ersetzen)

Beispiele:
Erlös aus dem Verkauf des Gegenstandes; empfangene Versicherungsleistungen bei Untergang des Gegenstandes

■ **Anspruch auf Wertersatz:** Ist die Herausgabe wegen der Beschaffung des Erlangten nicht möglich oder ist der Empfänger aus einem anderen Grunde zur Herausgabe außer Stande, so hat er den Wert zu ersetzen.

Beispiel:
Wertersatz bei empfangenen Dienstleistungen

Die Verpflichtung zur Herausgabe bzw. zum Wertersatz entfällt jedoch, wenn der Schuldner nicht mehr bereichert ist (§ 818 Abs. 3 BGB).

Beispiel:
Das erlangte Geld wird für Luxusausgaben „verprasst", die sonst nicht getätigt worden wären.

Der Schuldner kann sich jedoch nicht auf die weggefallene Bereicherung berufen, wenn

■ er auf Herausgabe verklagt wird und deshalb die Herausgabe zumindest nicht ausschließen kann (§ 818 Abs. 4 BGB),
■ er den Mangel des Rechtsgrundes kennt (§ 819 Abs. 1 BGB),
■ er durch die Annahme der Leistung gegen Gesetze oder gute Sitten verstößt (§ 819 Abs. 2 BGB),
■ mit der Leistung ein Erfolg herbeigeführt werden soll, der Eintritt des Erfolges jedoch ungewiss ist und dieser dann tatsächlich ausbleibt (§ 820 BGB).

Unerlaubte Handlung

Der folgende Abschnitt behandelt die Ansprüche aus unerlaubter Handlung (auch deliktische Ansprüche genannt).

> Unerlaubte Handlungen begründen ein **gesetzliches Schuldverhältnis,** welches auf den **vermögensrechtlichen Ausgleich** der durch **Rechtsgutverletzung** (z. B. Leben, Körper, Gesundheit, Freiheit, Eigentum) **entstandenen Schäden** gerichtet ist.

Die §§ 823 ff. BGB stellen deshalb eigene Anspruchsgrundlagen für die Durchsetzung von Schadensersatzforderungen dar.

In diesem Zusammenhang wird auf das *Kapitel 2.4.8 Schadensersatz* verwiesen. Die Kenntnis des Schadensersatzrechts ist Voraussetzung für den Abschnitt „Unerlaubte Handlung". Insbesondere erfolgt die Prüfung, ob ein Schadensersatzanspruch entstanden ist, nach dem dort beschriebenen allgemeingültigen Schema.

Die bisher in diesem Abschnitt gemachten Ausführungen zu den deliktischen Ansprüchen werden Ihnen zu Recht nicht ganz neu erscheinen: Im Rahmen des Allgemeinen Teils des BGB haben wir bereits geklärt, was Deliktsfähigkeit ist und wer vermögensrechtliche Verantwortung für seine schädigenden Handlungen übernehmen muss. Bitte die *Deliktsfähigkeit im Kapitel 2.3.2* ggf. noch einmal lesen!

Die Grundtatbestände bei unerlaubter Handlung

Das BGB kennt drei so genannte **Grundtatbestände,** die zu Schadensersatzansprüchen aus unerlaubter Handlung führen können:

> ▪ **Verletzung absoluter Rechte,** also Rechte, die gegenüber jedermann wirken. Einige absolute Rechte sind im § 823 Abs. 1 BGB aufgezählt, der Gesetzgeber hält diesen Katalog durch die „sonstigen (absoluten) Rechte" jedoch bewusst offen.

Beispiele:

> ▪ Leben, Körper, Gesundheit, Freiheit, Eigentum
> ▪ auch dingliche Rechte (Pfandrecht), Besitz, Immaterialgüterrechte (Patent- und Urheberrechte) und Persönlichkeitsrechte

> ▪ **Verstoß gegen Schutzgesetze** (§ 823 Abs. 2 BGB)

Beispiele:
Strafgesetzbuch, Arbeitnehmerschutzbestimmungen, Straßenverkehrsordnung

> ▪ **sittenwidrige Schädigung:** § 826 BGB als „Auffangvorschrift" für jede sittenwidrige Schädigung, die vorsätzlich herbeigeführt wurde.

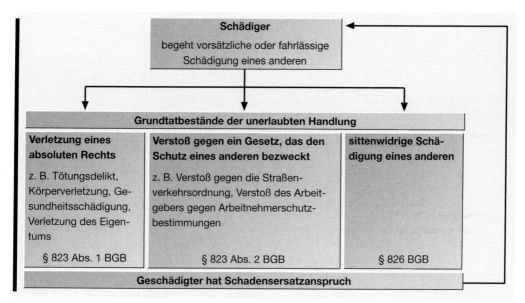

Übersicht 44:
Grundtatbestände
der unerlaubten
Handlung

Spezialtatbestände bei unerlaubter Handlung

Neben den oben beschriebenen Grundtatbeständen kennt das BGB im Regelungkreis der unerlaubten Handlung eine Reihe von **Spezialtatbeständen,** die zu Schadensersatzansprüchen aus unerlaubter Handlung führen können. Auf einige ausgewählte Tatbestände wird im Weiteren kurz eingegangen:

■ Haftung des Geschäftsherrn für seine **Verrichtungsgehilfen** (§ 831 BGB):
Lesen Sie dazu bitte die ausführliche Darstellung der „Haftung für Gehilfen" im Kapitel 2.4.8.

■ **Kreditgefährdung** (im Sinne von Rufschädigung) nach § 824 BGB:
Wer entgegen der Wahrheit Tatsachen behauptet oder verbreitet, die den Kredit eines anderen gefährden, ist zum Ersatz des daraus entstehenden Schadens verpflichtet.

Beispiel:
Über einen Unternehmer verbreitet ein Konkurrent das Gerücht, dass er kurz vor dem Konkurs stehe. Werden darauf Kredite nicht genehmigt oder Verträge durch Geschäftspartner nicht unterzeichnet, kann der Unternehmer von seinem Konkurrenten Schadensersatz verlangen.

■ **Gebäudehaftung** durch den Grundstücks- oder Gebäudebesitzer bzw. Gebäudeunterhaltungspflichtigen (§§ 836–838 BGB):
Die genannten Personen haften für Schäden, die durch den Einsturz eines Gebäudes bzw. die Ablösung von Gebäudeteilen entstehen.

■ Haftung des **Aufsichtspflichtigen** (§ 832 BGB):
Wer kraft Gesetz zur Führung der Aufsicht über eine Person verpflichtet ist, die wegen Minderjährigkeit oder wegen ihres geistigen oder körperlichen Zustandes der Beaufsichtigung bedarf, ist zum Ersatze des Schadens verpflichtet, den diese Person einem Dritten widerrechtlich zufügt. Hierunter fällt auch die Aufsichtspflicht der Eltern für ihre minderjährigen Kinder. Jedoch kann sich der gesetzliche Vertreter exkulpieren, also sich der Haftung entziehen, wenn er seiner Aufsichtspflicht in ausreichendem Maße nachgekommen ist.

Inhalt und Umfang der Schadensersatzansprüche

Inhalt und Umfang der Schadensersatzansprüche bei unerlaubter Handlung richten sich nach den allgemeinen Regeln zum Schadensersatz nach §§ 249 ff. BGB *(vgl. Kap. 2.4.8 Schadensersatz)*. Ergänzt werden diese allgemeinen Regeln durch die §§ 842 ff. BGB.

2.4.12 Verbraucherschutz im BGB

Im BGB existieren Regelungen, die vor allem die Aufgabe haben, den Verbraucher – als den schwächeren Vertragspartner – in der Rechtsbeziehung zu Unternehmern zu schützen. Diese Schutzfunktion entfalten neben den Regelungen zu den Allgemeinen Geschäftsbedingungen insbesondere die Bestimmungen zu besonderen Vertriebsformen (Haustürgeschäfte, Fernabsatzverträge) sowie zu besonderen Vertragsformen (Verbraucherdarlehensvertrag).

Verbraucher ist im Sinne des BGB jede natürliche Person, die ein Rechtsgeschäft zu einem Zweck abschließt, der weder ihrer gewerblichen noch ihrer selbstständigen beruflichen Tätigkeit zugerechnet werden kann (§ 13 BGB).

Als **Unternehmer** ist jede natürliche oder juristische Person oder eine rechtsfähige Personengesellschaft anzusehen, die bei Abschluss eines Rechtsgeschäfts in Ausübung ihrer gewerblichen oder selbstständigen Tätigkeit handelt (§ 14 Abs. 1 BGB).

2.4.12.1 Allgemeine Geschäftsbedingungen

Beim Vertragsschluss nach BGB herrscht grundsätzlich Vertragsfreiheit. Danach sind alle Haupt- und Nebenbedingungen zwischen den Vertragspartnern frei verhandelbar. Beim heutigen Massenverkehr ist es jedoch in vielen Bereichen unvorstellbar, vor jedem Vertragsabschluss die Bedingungen neu auszuhandeln.

Die Vorstellung, dass z. B. jeder Fahrgast eines öffentlichen Verkehrsmittels zunächst die Beförderungsbedingungen individuell mit dem Fahrer verhandelt, erscheint wenig reizvoll. Die meisten Busse und Bahnen sind ohnehin langsam genug.

Häufig behelfen sich Unternehmen deshalb mit Allgemeinen Geschäftsbedingungen, in denen die Vertragsbedingungen festgehalten sind, die für gleichartige Verträge dieses Unternehmens gleichermaßen gelten sollen. Dadurch werden die Geschäftsabläufe standardisiert und rationalisiert; die vertraglichen Risiken sind kalkulierbar.

In vielen Fällen werden die AGB z. B. durch Verbände aufgestellt und durch die Unternehmen einer Branche gleichermaßen verwendet. Wichtige Beispiele dafür sind die AGB der Versicherungsunternehmen und der Banken bzw. Sparkassen.

Für den Kunden kann die Verwendung von AGB ebenfalls eine Erleichterung bedeuten, insbesondere wenn sie innerhalb einer Branche einheitlich verwendet werden. Jedoch besteht auch die Gefahr, dass er durch die Verwendung der AGB unangemessen benachteiligt wird, denn er steht einem Vertragspartner gegenüber, der in der Regel die größeren Rechtskenntnisse und Geschäftserfahrungen aufweist. Hinzu kommt, dass er oft gezwungen ist, die AGB anzuerkennen, da die Konkurrenz identische AGB verwendet und abweichende Vereinbarungen in der Regel von den Unternehmen nicht akzeptiert werden. (Versuchen Sie doch einmal, ein Konto bei einem Kreditinstitut in der Bundesrepublik zu eröffnen, ohne deren AGB anzuerkennen!).

Vor diesem Hintergrund wurden vom Gesetzgeber Regelungen zum Recht der Allgemeinen Geschäftsbedingungen in Kraft gesetzt. Diese dienen vor allem dazu, den „schwächeren" Vertragspartner der Unternehmen bei der Verwendung der AGB zu schützen, also vor allem den Endverbraucher – Personen in Ausübung ihrer gewerblichen oder selbstständigen beruflichen Tätigkeit nur mit Einschränkungen (§ 310 BGB). Das Regelwerk gilt für verschiedene Vertragsarten, jedoch nicht für Verträge auf dem Gebiet des Arbeits-, Erb-, Familien- und Gesellschaftsrechts (§ 310 Abs. 4 BGB).

> Nach § 305 Abs. 1 BGB sind Allgemeine Geschäftsbedingungen alle für eine Vielzahl von Verträgen **vorformulierten Vertragsbedingungen,** die eine Vertragspartei (Verwender) der anderen Vertragspartei bei Abschluss eines Vertrages stellt.

Dabei ist es gleichgültig, welche Form der Vertrag hat, ob die AGB in die Vetragsurkunde integriert sind, ob sie auf der Rückseite des Vertragsformulares verfasst sind oder einen gesonderten Vertragsbestandteil darstellen.

Durch diese Definition wird deutlich: Alle vorformulierten Vertragsklauseln sind AGB, also auch alle Vertragsvordrucke, sogar aus einem Formularbuch abgeschriebene Klauseln können AGB sein.

Gemäß § 305 Abs. 2 BGB werden AGB nur dann Vertragsbestandteil, wenn der **Verwender** bei Vertragsabschluss (nachträglich nicht möglich!)

- die andere Vertragspartei ausdrücklich oder, wenn ein ausdrücklicher Hinweis wegen der Art des Vertragsabschlusses nur unter unverhältnismäßigen Schwierigkeiten möglich ist, durch deutlich sichtbaren Aushang am Ort des Vertragsabschlusses auf sie hinweist

- und der anderen Vertragspartei die Möglichkeit verschafft, in zumutbarer Weise von ihrem Inhalt Kenntnis zu nehmen (auch unter Berücksichtigung erkennbarer Behinderungen).

Außerdem muss die andere Vertragspartei mit ihrer Geltung einverstanden sein. Das kann auch stillschweigend geschehen (z. B.: der Benutzer eines Parkhauses widerspricht den aushängenden AGB nicht).

Die Banken und Versicherungen genügen diesen Vorschriften dadurch, dass in allen Vertragsformularen ein schriftlicher Hinweis auf die AGB gegeben wird, den der Kunde mit seiner Unterschrift bestätigt. Zudem liegen die AGB meistens aus oder werden auf Anfrage ausgehändigt.

Auch ohne Einhaltung der Erfordernisse nach § 305 Abs. 2 BGB gelten AGB bestimmter Branchen als einbezogen, wenn diese von der zuständigen Überwachungsbehörde genehmigt wurden (gilt z. B. für AGB der Bausparkassen, der Kapitalgesellschaften, der Verkehrsbetriebe und der Post und Telekom.).

Die Vertragsparteien können für eine bestimmte Art von Rechtsgeschäften die Geltung bestimmter AGB bereits im voraus vereinbaren. Dies geschieht z. B. bei der Anerkennung der AGB der Banken im Kontoeröffnungsantrag, denn die AGB gelten dann für die gesamte zukünftige Kontobeziehung.

Sollten individuelle Vertragsabreden getroffen worden sein, so haben diese Vorrang vor den Bestimmungen der AGB und setzen anderslautende Regelungen in den AGB dadurch außer Kraft (§ 305 b BGB).

Trotz der beschriebenen Bestimmungen kann davon ausgegangen werden, dass kaum ein Kunde sich intensiv mit dem Inhalt der AGB beschäftigt. Der Gesetzgeber hat deshalb weitere Schutzbestimmungen verankert:

- **Inhaltskontrolle** § 307 BGB: Bestimmungen in AGB sind unwirksam, wenn sie den Vertragspartner des Verwenders entgegen den Geboten von Treu und Glauben oder durch nicht klare oder nicht verständliche Formulierungen unangemessen benachteiligen. Davon ist z. B. auszugehen, wenn von wesentlichen Grundgedanken der zugrunde liegenden gesetzlichen Regelung abgewichen wird oder wenn durch eine Klausel in den AGB die Erreichung des eigentlichen Vertragszweckes gefährdet ist oder wenn Bestimmungen nicht klar und verständlich sind.

- **Überraschende Klauseln,** also Bestimmungen in den AGB, die nach den Vertragsumständen so ungewöhnlich sind, dass der Vertragspartner des Verwenders nicht mit ihnen zu rechnen braucht, sind nichtig (§ 305c Abs. 1).

- Zweifel bei der Auslegung der AGB gehen zu Lasten des Verwenders (§ 305c Abs. 2 – **Unklarheitenregel**).

- Im Gesetz sind außerdem Klauseln aufgeführt, die in AGB in jedem Fall verboten sind (§ 309 BGB – **Klauselverbote ohne Wertungsmöglichkeit**) oder die nichtig sind, sofern der Vertragspartner des Verwenders unangemessen benachteiligt wird (§ 308 BGB – **Klauselverbote mit Wertungsmöglichkeit**).

Was geschieht nun, wenn sich nach Vertragsabschluss herausstellt, dass die AGB ganz oder teilweise nicht rechtswirksam sind? Über die Rechtsfolgen bei Nichteinbeziehung und Unwirksamkeit gibt § 306 BGB Auskunft:

- Der Vertrag im Übrigen bleibt bestehen.

- Die Bestimmungen, die nicht Vertragsbestandteil geworden oder unwirksam sind, werden durch die entsprechenden gesetzlichen Regelungen ersetzt.

- Sollte trotz dieser Änderungen das Festhalten am Vertrag für eine der Vertragsparteien eine unzumutbare Härte darstellen, so ist der Vertrag im Ganzen unwirksam.

2.4.12.2 Haustürgeschäfte

Mit diesen Bestimmungen wird dem Verbraucher die Möglichkeit gegeben, sich durch Widerruf nach § 355 BGB seiner Willenserklärung von bestimmten Verträgen lösen zu können, die auf übereilten Entschlüssen beruhen und für deren Leistungen tatsächlich gar kein Bedarf besteht oder für deren Gegenleistung die finanziellen Mittel nicht vorhanden sind.

Wann liegt ein Haustürgeschäft oder ein ähnliches Geschäft vor? Nach § 312 Abs. 1 BGB liegen solche Geschäfte vor, wenn der Vertragsabschluss über eine entgeltliche Leistung (also nicht nur von Kaufverträgen!) zustande kommt

- auf Grund mündlicher Verhandlungen **am Arbeitsplatz** des Verbrauchers oder **im Bereich irgendeiner Privatwohnung;**

Vertragsabschlüsse im Rahmen von Telefonaten, die der Kunde vom Arbeitsplatz oder von einer Wohnung aus führt, werden durch diese Bestimmung nicht erfasst, da mündliche Verhandlungen vor Ort Voraussetzung für das Wirksamwerden dieser Klausel sind.

- **anlässlich einer Freizeitveranstaltung,** die entweder vom Unternehmer selbst oder zumindest auch in seinem Interesse durchgeführt wird;

Hierunter fallen insbesondere die so genannten „Kaffeefahrten", aber auch Sportveranstaltungen o. ä.

- im Anschluss an ein überraschendes Ansprechen **in Verkehrsmitteln oder im Bereich öffentlich zugänglicher Verkehrswege.**

Verkaufsausstellungen, Märkte o. ä. sind durch diese Bestimmung nicht erfasst, weil der Kunde hier damit rechnen muss, von Verkäufern persönlich angesprochen zu werden.

Ausnahmen: Ein Recht auf Widerruf besteht hingegen nach § 312 Abs. 3 BGB nicht, wenn

- die mündlichen Verhandlungen, auf denen Vertragsabschlüsse am Arbeitsplatz des Verbrauchers oder im Bereich einer Privatwohnung beruhen, auf vorhergehende Bestellung des Verbrauchers geführt worden sind;

Der Kunde muss im Rahmen der „vorhergehenden Bestellung" um ein konkretes Angebot gebeten haben. Die bloße Zustimmung zu einer Warenpräsentation oder Information reicht nicht aus!

- die Leistungen bei Vertragsabschluss sofort erbracht werden und das vom Verbraucher zu leistende Entgelt 40,00 EUR nicht übersteigt (Bagatellgeschäfte);

- die Willenserklärung des Verbrauchers von einem Notar beurkundet worden ist.

Die Regelungen sind außerdem nicht anwendbar beim Abschluss von Versicherungsverträgen (entsprechende Regelungen sind jedoch im VVG enthalten).

Erfüllt ein Haustürgeschäft zugleich die Voraussetzungen eines Widerrufs- oder Rückgaberechts nach

- dem Investmentgesetz oder
- § 355 bzw. 356 BGB,

so finden nur die Vorschriften dieser Gesetze Anwendung (§ 312 a BGB).

Erfüllt ein Haustürgeschäft zugleich die Voraussetzungen eines Verbraucher-darlehensvertrages, so regelt sich das Widerrufsrecht nach den nur für solche Verträge geltenden Vorschriften.

2.4.12.3 Fernabsatzverträge

Die Vorschriften §§ 312b ff. BGB gelten für **Verträge** für Lieferungen von Waren oder die Erbringung von Dienstleistungen einschließlich Finanzdienstleistungen, die zwischen einem Unternehmer und einem Verbraucher **unter ausschließlicher Verwendung von Fernkommunikationsmitteln** im Rahmen eines für den Fernabsatz organisierten Vertriebs- oder Dienstleistungssystems abgeschlossen werden.

Es wird detailliert geregelt, worüber der Verbraucher bei Vertragsabschluss unterrichtet werden muss, wie Eingabefehler zu verhindern sind und wie die Bestellung zu bestätigen ist. Nach dem Gesetz muss dem Verbraucher außerdem für derartige Verträge ein Widerrufsrecht nach § 355 BGB und für die bestellten Güter ein Rückgaberecht eingeräumt werden. Kein Widerrufsrecht hat ein Verbraucher, der beispielsweise Aktien oder andere handelbare Wertpapiere per Telefon oder Internet gekauft hat, da deren Preis auf dem Finanzmarkt Schwankungen unterliegt, die innerhalb der Widerspruchsfrist auftreten können.

2.4.12.4 Verbraucherdarlehensverträge

Für entgeltliche Darlehensverträge zwischen einem Unternehmer und einem Verbraucher als Darlehensnehmer – so genannten **Verbraucherdarlehensverträgen** – gelten einige besondere Regelungen. Das Gesetz sorgt für eine durchsichtigere Vertragsgestaltung, um den Verbraucher bereits bei Abschluss des Darlehensvertrages zu schützen.

Als Verbraucher im Sinne dieser Vorschriften gelten über § 13 BGB hinaus auch Personen, die sich ein Darlehen für die Aufnahme einer gewerblichen oder selbstständigen Tätigkeit gewähren lassen (**Existenzgründer**), § 507 BGB.

Die Vorschriften finden nach § 491 BGB und § 507 BGB keine Anwendung auf Darlehensverträge

- bei denen der Nettodarlehensbetrag nicht über 200,00 EUR liegt,

Unter dem Nettodarlehensbetrag ist der auszuzahlende Darlehensbetrag zu verstehen!

- über Existenzgründungsdarlehen, sofern der Nettodarlehensbetrag oder Barzahlungspreis 50 000,00 EUR übersteigt,

- über Arbeitgeberdarlehen, sofern die Zinsen unter den marktüblichen Sätzen liegen,

- zwischen einer öffentlich-rechtlichen Anstalt und dem Verbraucher über Fördermittel im Rahmen der Förderung des Wohnungs- und Städtebaus, sofern die Zinsen unter den marktüblichen Sätzen liegen.

Bei einigen Darlehensverträgen gelten wesentliche Bestimmungen (z. B. Formvorschriften bzw. Widerrufsrecht) nicht oder in abgeänderter Form. Dies gilt nach § 491 Abs. 3 BGB und § 500 BGB für

- Finanzierungs-Leasingverträge,
- Realkredite und Bauspardarlehen,
- gerichtlich oder notariell beurkundete Kreditverträge und
- Kreditverträge zur Finanzierung von Wertpapieren, Devisen, Derivaten oder Edelmetallen.

Anzuwenden sind diese Vorschriften also insbesondere bei folgenden Krediten bzw. Kreditvermittlungen:

- Ratenkredite der Kreditinstitute,
- Dispositionskredite und Kontoüberziehungen von Verbrauchern,
- Kreditkartenverträge mit Verbrauchern.

In abgeschwächter oder abgewandelter Form auch auf

- Leasingfinanzierungen und
- Realkredite.

Unabdingbarkeit und Umgehungsverbot:
Eine von diesen Vorschriften zum Nachteil des Verbrauchers abweichende Regelung ist nichtig. Die Vorschriften sind auch anzuwenden, wenn sie durch anderweitige Gestaltungen umgangen werden (§ 506 BGB).

Durch diese Regelungen soll verhindert werden, dass der Verbraucher durch vertragliche Vereinbarungen benachteiligt wird, indem er z. B. auf bestimmte Rechte verzichtet oder dass das Gesetz umgangen wird, z. B. durch Aufspaltung in verschiedene Kleinverträge oder durch Verschleierung des privaten Verwendungszweckes der Darlehenssumme.

Darlehensvertrag:

Der **Darlehensvertrag**, der in jedem Fall durch den Verbraucher unterzeichnet werden muss, bedarf der **Schriftform**. Der Abschluss des Vertrages in elektronischer Form ist ausgeschlossen. Der Darlehensgeber hat dem Verbraucher eine Abschrift des Vertrages auszuhändigen (§ 492 BGB).

Das BGB listet ausführlich **die im Darlehensvertrag erforderlichen Angaben** auf (§ 492 BGB).

Erforderliche Angaben bei Verbraucherdarlehensverträgen im Allgemeinen:

▪ **der Nettodarlehensbetrag**, ggf. die Höchstgrenze des Darlehens,

▪ sofern möglich: **der Gesamtbetrag** aller vom Verbraucher zu entrichtenden Teilzahlungen (inkl. Zinsen und sonstiger Kosten),

▪ **die Art und Weise der Rückzahlung** des Darlehens bzw. der Vertragsbeendigung,

▪ **der Zinssatz und alle sonstigen Kosten**, die – sofern möglich – einzeln anzugeben sind,

▪ **den (anfänglichen) effektiven Jahreszins (gemäß PAngV),**

▪ **die Kosten einer Restschuldversicherung** oder einer anderen im Zusammenhang mit dem Darlehensvertrag abzuschließenden Versicherung,

▪ **die zu bestellende Sicherheit.**

Übersicht 45: erforderliche Angaben beim Verbraucherdarlehensvertrag

Rechtsfolgen bei Formmängeln (§ 494 BGB):
Wird die Schriftform insgesamt nicht eingehalten oder fehlt im Darlehensvertrag auch nur eine der vorgeschriebenen Angaben, so ist der **Darlehensvertrag nichtig.**

Empfängt der Verbraucher ungeachtet des Formmangels das Darlehen des Kreditinstitutes, so wird der Darlehensvertrag geheilt, also dennoch gültig. Jedoch können sich für den Darlehensgeber schmerzhafte Einschränkungen in Bezug auf die durch den Verbraucher geschuldete Gegenleistung ergeben, je nachdem, welche Angabe im Darlehensvertrag fehlt (Details siehe § 494 BGB), beispielsweise:

▪ Reduzierung des Zinssatzes auf den gesetzlichen Zinssatz,

▪ nicht genannte Kosten können vom Verbraucher nicht eingefordert werden,

▪ bei einem Nettodarlehensbetrag bis 50 000,00 EUR können nicht genannte Sicherheiten nicht verlangt werden.

Die Vorschriften des § 492 BGB über Schriftform und erforderliche Angaben gelten hingegen nicht für **Überziehungskredite,** sofern außer den Zinsen für das in Anspruch genommene Darlehen keine weiteren Kosten anfallen und die Zinsen nicht in kürzeren Perioden als drei Monaten in Anspruch genommen werden (§ 493 BGB). Diese Darlehensverträge mit Privatpersonen können also auch mündlich geschlossen werden.

Das BGB versteht unter Überziehungskrediten sowohl die eingeräumten Dispositionskredite (= eingeräumte Überziehungskredite) als auch die geduldete Inanspruchnahme von Krediten bzw. die geduldete Überschreitung der eingeräumten Dispositionskredite (= geduldete Überziehungskredite).

Das Kreditinstitut hat den Verbraucher aber vor der ersten Inanspruchnahme eines **eingeräumten Überziehungskredites** über die folgenden Vertragsbedingungen zu informieren (in Textform, z. B. durch Ausdruck auf Kontoauszug), spätestens nach der ersten Inanspruchnahme des Darlehens durch den Verbraucher sind diese schriftlich zu bestätigen:

- die Höchstgrenze des Darlehens,

- den zum Zeitpunkt der Unterrichtung geltenden Jahreszins,

- die Bedingungen, unter denen der Zinssatz geändert werden kann und

- die Regelung der Vertragsbeendigung.

Der Verbraucher ist ferner während der Inanspruchnahme des Darlehens über jede Änderung des Jahreszinssatzes zu unterrichten. Der Form ist dabei durch einen Ausdruck auf dem Kontoauszug genüge getan.

Bei **geduldeten Überziehungskrediten von mehr als drei Monaten** ist der Verbraucher über

- den Jahreszins,
- die Kosten,
- sowie die diesbezüglichen Änderungen

zu unterrichten. Wiederum genügt ein Ausdruck auf dem Kontoauszug.

Nach § 495 BGB steht dem Verbraucher auch bei Verbraucherdarlehensverträgen das übliche **Widerrufsrecht gemäß § 355 BGB** zu.

Das Widerrufsrecht findet keine Anwendung bei Überziehungskrediten, sofern der Verbraucher den Kredit jederzeit ohne Einhaltung einer Kündigungsfrist und ohne zusätzliche Kosten zurückzahlen kann.

Vergleichbare Regelungen – wie für die Verbraucherdarlehensverträge aufgezeigt – existieren in den §§ 501 ff. BGB für **Teilzahlungsgeschäfte** (Ratenkaufverträge) und Ratenlieferungsverträge. Auch für diese Vertragsvereinbarungen schreibt der Gesetzgeber die Mindestinhalte und die Formerfordernisse fest. Neben dem Widerrufsrecht kann der Verbraucher hierbei auch vom Rückgabe- und Rücktrittsrecht Gebrauch machen.

Schuldnerverzug des Verbrauchers (§ 497 BGB):

Kommt der Verbraucher mit Zahlungen aus dem Darlehensvertrag in Verzug, so ist der geschuldete Betrag mit 5 % über dem Basiszinssatz im Sinne § 288 BGB (bei Realdarlehen jedoch nur 2 % über dem Basiszinssatz) zu verzinsen, es sei denn, der Kreditgeber kann einen höheren bzw. der Verbraucher einen niedrigeren Schaden nachweisen.

Die Zinsen, die nach Eintritt des Schuldnerverzuges anfallen, müssen auf einem gesonderten Konto verbucht werden. Es dürfen als Schadensersatz Zinseszinsen maximal bis zur Höhe des gesetzlichen Zinssatzes des § 246 BGB von 4 % erhoben werden.

Teilzahlungen, die der Verbraucher zur Tilgung seiner gesamten fälligen Schuld erbringt, dürfen vom Darlehensgeber nicht zurückgewiesen werden. Für Teilzahlungen schreibt das BGB eine **besondere Verrechnungsreihenfolge** vor und stärkt damit die schuldtilgende Wirkung von Teilzahlungen:

I zunächst auf die Rechtsverfolgungskosten,

I dann auf den übrigen geschuldeten Betrag (rückständiges Kapital einschließlich rückständiger Vertragszinsen) und

I erst zuletzt auf aufgelaufene Verzugszinsen. Die Ansprüche auf die Zinsen verjähren jedoch dafür nicht innerhalb von drei Jahren, denn § 197 Abs. 2 BGB wird durch § 497 Abs. 3 aufgehoben.

Gesamtfälligstellung bei Teilzahlungsdarlehen (§ 498 BGB):

Der Darlehensgeber kann im Falle des Schuldnerverzuges ein Darlehen, das in Teilzahlungen zu tilgen ist, nur kündigen, wenn folgende Voraussetzungen erfüllt sind:

I Der Verbraucher ist mit mindestens zwei Raten ganz oder teilweise und mit mindestens 10 % des Nennbetrages des Darlehens in Verzug (bei über dreijähriger Darlehenslaufzeit mit mindestens 5 %).

I Der Darlehensgeber hat dem Verbraucher erfolglos eine zweiwöchige Frist zur Zahlung des rückständigen Betrages mit der Erklärung gesetzt, dass er bei Nichtzahlung innerhalb der Frist die gesamte Restschuld fällig stellen werde.

Der Darlehensgeber soll dem Verbraucher spätestens mit der Fristsetzung ein Gespräch über die Möglichkeiten einer einverständlichen Regelung anbieten.

Ab dem Zeitpunkt der Kündigung durch den Darlehensgeber entfallen die Vertragszinsen und die sonstigen laufzeitabhängigen Kosten; es setzen die oben beschriebenen Verzugsfolgen ein.

2.4.12.5 Verbundene Verträge

Ein Kaufvertrag bildet ein mit dem Darlehensvertrag verbundenes Geschäft, wenn das Darlehen der Finanzierung des Kaufpreises dient und beide Verträge als wirtschaftliche Einheit anzusehen sind. Eine wirtschaftliche Einheit ist insbesondere dann anzunehmen, wenn der Darlehensgeber sich bei der Vorbereitung oder dem Abschluss des Darlehensvertrages der Mitwirkung des Verkäufers bedient. Entsprechendes gilt für Darlehen, die zur Finanzierung des Entgelts für eine andere Leistung als die Lieferung einer Sache gewährt werden (§ 358 Abs. 3 BGB).

Beispiele für verbundene Geschäfte gibt es vielfältige: Bei der Finanzierung von größeren Anschaffungen des Konsumenten werden i. d. R. auch Finanzierungen durch den Händler mit angeboten und vermittelt (z. B. Pkw-Kauf; Kauf einer Kücheneinrichtung). Auch bei der Kapitalanlage werden zur Optimierung der steuerlichen Situation von Finanzberatern Kredite aus einer Hand vermittelt (z. B. zur Finanzierung von Anteilen an geschlossenen Immobilienfonds; Finanzierung von Schiffsbeteiligungen).

Liegt ein verbundenes Geschäft vor, so hat dies zwei wesentliche Auswirkungen auf das mit dem Darlehensvertrag verbundene Rechtsgeschäft (z. B. Kaufvertrag):

- Das Widerrufsrecht für den Darlehensvertrag erstreckt sich auch auf das verbundene Rechtsgeschäft. Darauf ist in der erforderlichen Belehrung des Verbrauchers zusätzlich hinzuweisen (§ 358 BGB).

- Kann der Verbraucher Einwendungen aus dem verbundenen Rechtsgeschäft geltend machen, die ihn zur Verweigerung der Gegenleistung berechtigen, so kann er auch die Rückzahlung des Darlehens verweigern (z. B. bei Nichtlieferung der Sache). Dieser Einwendungsdurchgriff gilt jedoch nicht bei finanzierten Geschäften bis zu 200,00 EUR (§ 359 BGB).

2.4.12.6 Darlehensvermittlungsvertrag

Darlehensvermittler können als Makler oder Handelsvertreter auftreten. Auch andere Unternehmen (z. B. Versicherungen, Handelsunternehmen) können Darlehensvermittler für Kreditinstitute sein. Unter Darlehensvermittlung wird die Vermittlung eines Verbraucherdarlehens bzw. die Verschaffung einer Abschlussgelegenheit gegen Entgelt verstanden (§ 655 a BGB)

Der Darlehensvermittlungsvertrag bedarf der **Schriftform** (§ 655 b BGB). Der Darlehensvermittler hat dem Verbraucher eine Abschrift von der Vertragsurkunde auszuhändigen. Der Darlehensvermittlungsvertrag darf nicht mit dem Darlehensantrag verbunden sein. Folgende Vereinbarungen müssen in der Vertragsurkunde insbesondere aufgeführt sein:

- die Vergütung des Darlehensvermittlers in Prozent vom Darlehensbetrag;

- eine evtl. zwischen Darlehensvermittler und Kreditgeber vereinbarte Vergütung.

Werden die Schriftform oder die weiteren **Anforderungen zum Darlehens-vermittlungsvertrag nicht eingehalten, ist dieser nichtig.**

Der Verbraucher ist nach § 655 c BGB zur **Zahlung der Vergütung des Darlehensvermittlers** nur verpflichtet, wenn

- infolge der Vermittlung oder des Nachweises des Darlehensver-mittlers das Darlehen an den Verbraucher geleistet wird *und*
- ein Widerruf seitens des Verbrauchers nicht mehr möglich ist.

Dient das Darlehen der **Umschuldung** eines bestehenden Darlehens und hat der Darlehensvermittler darüber Kenntnis, entsteht ein Vergütungsanspruch nur, wenn sich der (anfänglich) effektive Jahreszins durch die Umschuldung nicht erhöht; dabei werden bei der Berechnung etwaige Vermittlungskosten nicht berücksichtigt.

Neben der vereinbarten Vergütung für die Darlehensvermittlung dürfen **keine weiteren Entgelte** vereinbart werden (§ 655 d BGB). Ausgenommen ist nur die Vereinbarung zum Ersatz entstandener und erforderlicher Auslagen des Darlehensvermittlers.

Von den Vorschriften zum Darlehensvermittlungsvertrag darf nicht zum Nachteil des Verbrauchers abgewichen werden (§ 655 e BGB).

2.4.12.7 Widerrufsrecht bei Verbraucherverträgen

Wird einem Verbraucher nach BGB oder einem anderen Gesetz ein Wider-rufsrecht nach § 355 BGB eingeräumt, so ist er an seine auf den Abschluss eines Vertrages mit einem Unternehmer gerichtete Willenserklärung nicht mehr gebunden, wenn er sie fristgerecht widerrufen hat.

Der Widerruf muss **innerhalb von zwei Wochen** erklärt werden und braucht keine Begründung zu enthalten und kann

- in Textform erfolgen oder
- durch Rücksendung der Sache.

Zur Wahrung der Frist genügt die rechtzeitige Absendung des Widerrufs. Der Lauf der Frist beginnt erst, wenn die andere Vertragspartei dem Kunden eine deutlich gestaltete (z. B. durch Fettdruck!) **Belehrung in Textform über sein Recht zum Widerruf** einschließlich Namen und Anschrift des Widerrufs-empfängers sowie die Bestimmungen zur Fristwahrung ausgehändigt hat.

Erfolgte die Belehrung erst nach Vertragsschluss, so **verlängert sich die Widerrufsfrist auf einen Monat**. Ist der Vertrag schriftlich abzuschließen, so beginnt die Frist erst zu laufen, wenn dem Verbraucher eine Vertrags-urkunde, der schriftliche Antrag des Verbrauchers oder eine Abschrift eines dieser Dokumente zur Verfügung gestellt wurde. Ist der Fristbeginn streitig, so trifft die Beweislast den Unternehmer.

Das Widerrufsrecht erlischt spätestens sechs Monate nach Vertragsschluss. Bei der Lieferung von Waren beginnt die Frist nicht vor dem Tag ihres Ein-gangs beim Empfänger. Das Widerrufsrecht erlischt abweichend jedoch nicht, wenn der Verbraucher nicht ordnungsgemäß über sein Widerrufsrecht belehrt worden ist.

Sofern durch Gesetz zugelassen, kann das Widerrufsrecht des Kunden durch ein schriftlich eingeräumtes, uneingeschränktes Rückgaberecht ersetzt werden (§ 356 BGB).

Rechtsfolgen des Widerrufs nach § 357 BGB i. v. m. § 346 BGB sind:

- **Rückgewährpflichten:**
  Jeder Teil ist verpflichtet, dem anderen Teil die empfangenen Leistungen zurückzugewähren – der Verbraucher also die Ware oder sonstige Leistung, der Unternehmer das Entgelt. Gleiches gilt für gezogene Nutzungen aus der Leistung.

- **Wertersatz:**
  Der Widerruf wird auch bei Verschlechterung des Gegenstands (z. B. durch Nutzung) bzw. der Unmöglichkeit der Herausgabe (z. B. durch Vernichtung) nicht ausgeschlossen; allenfalls hat der Kunde den Wertverlust auszugleichen, sofern er die Verschlechterung oder Unmöglichkeit zu vertreten hat.

2.5 Sachenrecht

Das dritte Buch des BGB behandelt das Sachenrecht (§§ 854 – 1296 BGB).

Was Sachen sind und wie sie systematisiert werden, wurde – dem Aufbau des BGB folgend – bereits im *Kapitel 2.3.7 Rechtsobjekte* innerhalb des Allgemeinen Teils dargestellt.

> Das Sachenrecht des BGB **regelt** die **Rechtsbeziehungen** der **Rechtssubjekte zu Sachen** und gewährt dingliche Rechte an Sachen, die als absolute Rechte gegenüber jedermann wirken.

Im dritten Buch des BGB finden sich folgende inhaltliche Schwerpunkte:

- Besitz (und Fragen der Übergabe des Besitzes),
- Eigentum (insbesondere Fragen des Eigentumserwerbs),
- Grundstücksrecht (damit zusammenhängend z. B. auch Dienstbarkeiten, Vorkaufsrechte, Reallasten, Grundpfandrechte),
- sonstige dingliche Rechte (z. B. Pfandrecht an beweglichen Sachen oder Rechten).

In diesem Teil „Recht" des Buches finden Sie nähere Informationen zu Besitz und Eigentum. Außerdem wird – in sehr knapper Form – auf das Pfandrecht an beweglichen Sachen eingegangen; auf Ausführungen zum Pfandrecht an Rechten wurde gänzlich verzichtet. Diese Themenauswahl entspricht dem Rahmenlehrplan des DIHK, aber auch der in der Praxis untergeordneten Bedeutung des Pfandrechts an beweglichen Sachen oder Rechten bei der Kreditbesicherung.

Hingegen hat das Thema „Grundstücksrecht" (insbesondere Grundpfandrechte) für den Immobiliensektor herausragende Bedeutung *(vgl. dazu Band 1 dieses Fachbuches zum Thema Immobilien).*

2.5.1 Besitz

> Besitz ist die **tatsächliche Herrschaft** einer Person über eine Sache
> (§ 854 BGB).

Für den Erwerb des Besitzes ist deshalb entscheidend, dass eine Person die tatsächliche (unmittelbare) Gewalt über eine Sache erhält, was eine gewisse räumliche Nähe zur Sache voraussetzt. Häufig wird deshalb auch von unmittelbarem Besitz gesprochen.

Beispiele für Besitzer:
- der Bewohner seiner eigenen Wohnung
- der Fahrer eines Mietwagens
- der Pächter einer Gaststätte
- der Dieb eines Schmuckstückes

Das letzte Beispiel zeigt: Ohne Bedeutung für die Frage des umittelbaren Besitzes ist, ob eine Person auch Rechte an der Sache besitzt. Auch ein Dieb ist nach erfolgreichem Diebstahl Besitzer der Sache, da er diese tatsächlich im Zugriff hat.

Vom unmittelbaren Besitz unterscheidet das BGB den **mittelbaren Besitz:**

> Mittelbarer Besitzer ist, wer einem anderen **willentlich den unmittelbaren Besitz auf Zeit** überlässt (§ 868 BGB).

Mittelbarer Besitz kann z. B. bei Miet-, Leih-, Pacht-, Verwahrverhältnissen o. ä. auftreten.

Beispiele:
Der Mieter einer Wohnung ist unmittelbarer Besitzer, denn ihm wurde die tatsächliche Herrschaft über die Wohnung vom Vermieter im Rahmen des Mietvertrages bewusst überlassen. Der Vermieter ist deshalb mittelbarer Besitzer; er kann nach Zeitablauf (Ende des Mietverhältnisses) den unmittelbaren Besitz zurückfordern.

Aber: Im Falle des Diebstahls ist der Bestohlene nicht mittelbarer Besitzer, denn er hat dem Dieb den unmittelbaren Besitz nicht willentlich überlassen. Er hat insofern auch keine Sachherrschaft mehr (auch keine mittelbare), denn er weiß nicht, wo sich die Sache nach dem Diebstahl befindet.

Beim mittelbaren Besitz spricht man auch von einem **Besitzmittlungsverhältnis:** Der unmittelbare Besitzer hat den Besitz überlassen bekommen, jedoch muss er irgendwann den Besitz an den mittelbaren Besitzer zurückgeben, er fungiert dann als Besitzmittler. Der mittelbare Besitz kann auf andere Personen übertragen werden, indem der Anspruch auf Herausgabe der Sache abgetreten wird (§ 870 BGB).

Beispiel:
- Verkauf von Mietwohnungen

2.5.2 Eigentum

> **|** Eigentum ist die **rechtliche Herrschaft einer Person über eine Sache.**

Eigentum und Besitz sind beliebte Prüfungsthemen, oft auch Fehlerquelle, denn die juristisch korrekte Unterscheidung fällt am Anfang schwer. Im täglichen Sprachgebrauch (selbst im Wirtschaftsleben) werden die Begriffe häufig falsch verwendet.

Bitte prägen Sie sich ein: Eigentum ist die rechtliche, Besitz die tatsächliche Sachherrschaft. In vielen Fällen liegen Eigentum und Besitz bei der gleichen Person, das ist aber natürlich nicht zwingend. Beispiel: Der Bestohlene bleibt Eigentümer der Sache, auch wenn er seinen Besitz gänzlich verloren hat.

Der Eigentümer einer Sache kann, soweit nicht das Gesetz oder Rechte Dritter entgegenstehen, mit der Sache nach Belieben verfahren und andere von jeder Einwirkung ausschließen (§ 903 BGB). Der Eigentümer kann die Sache demnach z. B. nutzen, verkaufen oder zerstören.

Dieser sehr liberale Eigentumsbegriff des BGB wird jedoch durch andere Gesetze eingeschränkt. So steht schon im Artikel 14 Abs. 2 GG, dass Eigentum auch verpflichtet und sein Gebrauch zugleich dem Wohle der Allgemeinheit dienen soll.

Der Eigentümer kann vom Besitzer die **Herausgabe der Sache** verlangen (§ 985 BGB), sofern der Besitzer nicht zum Besitz berechtigt ist, z. B. auf Grund eines Mietverhältnisses (§ 986 BGB).

Eigentum kann in verschiedenen Erscheinungsformen vorliegen:

- **Alleineigentum:**
  Die Sache gehört einer einzigen Person.

- **Miteigentum nach Bruchteilen:**
  Das Eigentum an der Sache steht mehreren Personen zu. Jeder Miteigentümer hat einen bestimmten ideellen, aber nicht realen Anteil, über den er frei verfügen kann.

  Beispiel:
  Sie haben mit einem Verwandten ein Grundstück erworben. Daran gehört Ihnen jeweils eine (ideelle) Hälfte, über die Sie frei verfügen können, die Sie z. B. verkaufen können. Dennoch kann keiner sagen, welche Seite des Grundstücks Ihnen konkret gehört.

- **Gesamthandseigentum:**
  Die Sache gehört mehreren Personen gemeinsam „zur gesamten Hand". Der einzelne kann dabei nicht über sein Eigentum frei verfügen, Verfügungen sind nur gemeinsam möglich.

  Beispiele:
  - die Erbengemeinschaft,
  - die Personengesellschaften (OHG, KG)

Eigentumserwerb

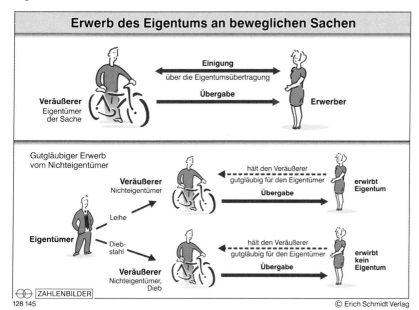

*Übersicht 46:
Eigentumserwerb
an beweglichen
Sachen*

Eigentumserwerb vom Eigentümer

Damit eine rechtmäßige Eigentumsübertragung an einer beweglichen Sache zwischen Veräußerer und Erwerber stattfinden kann, ist es nach § 929 BGB erforderlich, dass

- die Sache übergeben wird und
- die Parteien sich über die Eigentumsübertragung einig sind.

Kurzformel für den § 929 BGB: **Einigung und Übergabe.** Die Einigung über den Eigentumsübertrag ist zwingend notwendig, denn eine bloße Übergabe würde nur zur Verschaffung des Besitzes führen, nicht jedoch zur rechtlichen Herrschaft an der Sache.

Die Übergabe der Sache ist in einigen Fällen nicht notwendig bzw. kann durch andere Vereinbarungen ersetzt werden:

- Die Sache befindet sich schon im Besitz des Erwerbers (§ 929 BGB).
- Es wird ein **Besitzkonstitut** vereinbart, d. h. die Übergabe wird dadurch ersetzt, dass der Veräußerer nach Vereinbarung die Sache weiter nutzen darf und deshalb den unmittelbaren Besitz behält. Der Erwerber wird mittelbarer Besitzer (§ 930 BGB).
- Ist ein Dritter im Besitze der Sache, so wird der Herausgabeanspruch an den Erwerber abgetreten (§ 931 BGB).

Voraussetzung für eine erfolgreiche Eigentumsübertragung ist grundsätzlich, dass die Sache auch dem Veräußerer gehört *(Ausnahmen: „Gutgläubiger Erwerb vom Nichteigentümer" – vgl. unten)*.

Auf Grund der Immobilität von Grundstücken und zur Erhöhung der Sicherheit bei Grundstücksgeschäften gelten nach § 873 BGB in Kombination mit § 925 BGB besondere Voraussetzungen für die **Eigentumsübertragung von Grundstücken.** Aber auch hier gilt: Es bedarf eines rechtsgeschäftlichen und eines tatsächlichen Vorganges (bei beweglichen Sachen sind dies Einigung und Übergabe):

- **Auflassung:** Einigung zwischen Veräußerer und Erwerber, die vor einem Notar erfolgen muss,
- **Eintragung des Erwerbers im Grundbuch.**

Gutgläubiger Eigentumserwerb vom Nichteigentümer

Im Regelfall setzt der rechtmäßige Eigentumsübertrag voraus, dass der Veräußerer Eigentümer der übertragenen Sache ist. Übersicht 46 hat Ihnen bereits deutlich gemacht, dass der Gesetzgeber in Ausnahmefällen den gutgläubigen Erwerber auch schützt, wenn er die Sache vom Nichteigentümer übertragen bekommen hat. **Gutgläubigkeit** bedeutet, dass der Erwerber nicht wusste und auch nicht wissen konnte, dass der Veräußerer nicht Eigentümer der Sache ist (§ 932 Abs. 2 BGB). Beim gutgläubigen Eigentumserwerb vom Nichteigentümer werden zwei Fälle unterschieden:

- <u>Fall 1:</u> Der Veräußerer ist nicht Eigentümer, aber rechtmäßig im unmittelbaren Besitz der Sache (z. B. durch Miet- oder Leihvertrag). Der Erwerber erwirbt rechtmäßig Eigentum an der Sache, sofern er gutgläubig ist (§ 932 Abs. 1 BGB). Der ursprüngliche Eigentümer hat lediglich einen Schadensersatzanspruch gegenüber dem Veräußerer.

Beispiel:

Klaus leiht seinem Freund Mopsi sein Fahrrad. Mopsi benötigt dringend Geld und verkauft das Fahrrad daher einem gutgläubigen Dritten, der dadurch rechtmäßiger Eigentümer wird. Klaus kann von seinem Freund den Erlös aus dem Verkauf verlangen (§ 816 BGB), sein Fahrrad ist aber weg.

- <u>Fall 2:</u> Der Veräußerer ist nicht Eigentümer und auch nicht rechtmäßiger Besitzer der Sache (z. B. im Falle von Diebstahl). In diesem Fall wird der Erwerber nicht rechtmäßiger Eigentümer, denn nach § 935 Abs. 1 BGB ist gutgläubiger Eigentumserwerb bei gestohlenen, verlorengegangenen oder sonst abhanden gekommenen Sachen nicht möglich. Der Eigentümer hat einen Herausgabeanspruch gegenüber dem Erwerber. Durch diese Vorschrift möchte der Gesetzgeber die Legitimierung von Hehlerei vermeiden.

Beispiel:

Wie in Fall 1, nur wird Mopsi nun seinem Namen gerecht und stiehlt das Fahrrad seinem Freund Klaus. Dieser kann die Rückgabe des Fahrrads vom Dritten verlangen (§ 985 BGB), denn gutgläubiger Erwerb ist bei gestohlenen Sachen nicht möglich. Der Dritte kann von Mopsi den Kaufpreis zurückverlangen (§ 812 BGB).

■ Ausnahme beim Fall 2: § 935 Abs. 1 BGB gilt gemäß Abs. 2 der gleichen Vorschrift nicht für Geld, Inhaberpapiere und Sachen, die öffentlich versteigert werden. Das bedeutet, dass z. B. bei Geld oder Inhaberpapieren (Inhaberschecks o. ä.) der gutgläubige Erwerb auch möglich ist, wenn diese zuvor gestohlen wurden. Damit möchte der Gesetzgeber den Geldkreislauf aufrecht erhalten, denn eine anderslautende Vorschrift würde den Eigentumsübertrag erheblich erschweren, da in jedem Fall nachgewiesen werden müsste, ob der Veräußerer auch tatsächlich Eigentümer ist.

Eigentumsvorbehalt

Im Wirtschaftsleben erfolgen Warenlieferungen häufig auf Rechnung, d. h. der Verkäufer tritt in Vorleistung und liefert die Ware in Erwartung der späteren Zahlung. Problem: Einigung und Übergabe in Bezug auf die Sache sind bereits vor Zahlung erfolgt, der Käufer hat also bereits Eigentum erworben. Zur Absicherung dieses Risikos hat der Eigentumsvorbehalt für den Verkäufer eine große Bedeutung.

Eigentumsvorbehalt nach § 449 BGB: Hat der Verkäufer sich das Eigentum bis zur vollständigen Bezahlung des Kaufpreises vorbehalten, so erfolgt der Eigentumsübergang erst, wenn durch den Käufer vollständig bezahlt wurde. Andernfalls kann der Verkäufer vom Kaufvertrag zurücktreten. Sollte die Ware vom Käufer weiterverarbeitet oder weiterveräußert werden, so geht gemäß § 950 BGB der Eigentumsvorbehalt jedoch unter.

Die Praxis hat deshalb den so genannten **verlängerten Eigentumsvorbehalt** entwickelt: Dem Käufer wird zugebilligt, die unter Eigentumsvorbehalt stehende Ware zu verarbeiten oder im eigenen Namen an Dritte weiterzuveräußern. Gleichzeitig überträgt der Käufer dem Verkäufer die Rechte an der weiterverarbeiteten Ware bzw. am Verkaufserlös.

2.5.3 Pfandrechte an beweglichen Sachen

> Unter einem Pfandrecht an beweglichen Sachen versteht man das **dingliche Recht zur Sicherung einer Forderung,** durch das der Gläubiger berechtigt ist, sich an einer fremden beweglichen Sache zu befriedigen (§ 1204 Abs. 1 BGB).

Rechtsgeschäftliche Pfandrechte

Das Pfandrecht wird durch **Einigung über die Entstehung des Pfandrechts** und **Übergabe der Sache an den Gläubiger** rechtswirksam bestellt. Befindet sich die Sache im mittelbaren Besitz des Eigentümers, so kann die Übergabe der Sache durch Übertragung des mittelbaren Besitzes an den Gläubiger und Anzeige der Verpfändung an den unmittelbaren Besitzer ersetzt werden (§ 1205 BGB). Problem dieser Verpfändungsanzeige: Sie ist i. d. R. bonitätsschädigend.

Beispiel:

Eine Bank finanziert einem Bauunternehmen einen LKW. Wollte die Bank sich durch das gesetztlich geregelte Pfandrecht an beweglichen Sachen absichern, so müsste das Bauunternehmen den LKW für die Dauer der Kreditlaufzeit auf dem Hof der Bank abstellen. Sicherlich fänden das beide Seiten nicht so komisch.

Der Gesetzgeber hat das Pfandrecht an beweglichen Sachen recht ausführlich geregelt (§§ 1204–1258 BGB). Die Regelungen gehen jedoch an den Bedürfnissen der Kreditpraxis vorbei. In den meisten Fällen wird das Pfandrecht an beweglichen Sachen durch die so genannte **Sicherungsübereignung** ersetzt, die durch Praxis und Rechtsprechung gewohnheitsrechtlich anerkannt ist. Bei der Sicherungsübereignung ist der beschriebene Schwachpunkt des Pfandrechts ausgemerzt: Der Schuldner braucht zur rechtswirksamen Sicherheitenbestellung die Sache nicht dem Gläubiger zu übergeben, sondern es wird vertraglich ein Besitzkonstitut nach § 930 BGB vereinbart *(vgl. Kap. 2.5.2 Abschnitt Eigentumserwerb).*

Ist die Forderung, die mit dem Pfandrecht an einer beweglichen Sache besichert wurde, ganz oder teilweise fällig, ohne dass der Schuldner die Forderung erfüllt, so kann sich der Gläubiger durch **Pfandverkauf** befriedigen (§ 1228 BGB). Der Pfandverkauf ist dem Eigentümer der Sache mit einer Wartefrist von mindestens einem Monat anzuzeigen (§ 1234 BGB). Die Androhung kann bei verderblichem Pfand oder bei Gefahr im Verzuge unterbleiben (§ 1220 BGB).

Der Pfandverkauf erfolgt durch

- **öffentliche Versteigerung** (§ 1235 Abs. 1 BGB und §§ 1236 ff. BGB) oder
- **freihändigen Verkauf,** sofern das Pfand einen Börsen- oder Marktpreis hat (§ 1235 Abs. 2 BGB in Verbindung mit § 1221 BGB).

Gesetzliche Pfandrechte

Neben den bisher kennen gelernten Pfandrechten, die durch Rechtsgeschäft bestellt werden, sichert der Gesetzgeber bestimmte Vertragsparteien durch die Einräumung eines **gesetzlichen Pfandrechts** ab. Im BGB findet man:

- Vermieterpfandrecht (§§ 562 ff. BGB)
- Pächterpfandrecht (§ 583 BGB)
- Pfandrecht des Werkunternehmers (§ 647 BGB)
- Pfandrecht des Gastwirtes (§ 704 BGB)

Die genannten Vertragsparteien haben alle eines gemeinsam: Sie erbringen eine Vorleistung in der Erwartung einer dann fälligen Gegenleistung. Damit die Vertragspartei, die in Vorleistung gegangen ist, nicht ihrer Gegenleistung „hinterherlaufen" muss, räumt der Gesetzgeber diesem Personenkreis ein gesetzliches Pfandrecht ein, welches zur Zurückhaltung der vom Nachleistenden eingebrachten Gegenstände und ggf. zur Verwertung berechtigt, wenn die Gegenleistung nicht erfolgt.

Beispiel:
Der Vermieter stellt eine Wohnung zur Verfügung, in Erwartung einer regelmäßigen Mietzahlung durch den Mieter. Bleibt die Miete aus, so kann der Vermieter auf das Mobiliar des Mieters Zugriff nehmen und dieses ggf. auch verwerten.

Pfändungspfandrechte

Auch durch hoheitlichen Akt können Pfandrechte an beweglichen Sachen entstehen (§§ 808 ff. ZPO): Erwirkt der Gläubiger im Rahmen des gerichtlichen Mahnverfahrens vor dem Amtsgericht einen vollstreckbaren Titel gegen den säumigen Schuldner, so kann er mittels Gerichtsvollzieher auch in das bewegliche Vermögen des Schuldners pfänden lassen.

Beispiel:
Das ist der Moment, in dem die wertvolle Vitrine aus dem letzten Jahrhundert mit dem „Kuckuck" verziert wird.

2.6 Familienrecht

Im vierten Buch behandelt das BGB familienrechtliche Fragen mit den Schwerpunkten

- Eherecht,
- Verwandschafts- und Kindschaftsrecht sowie
- Vormundschaft, Betreuung und Pflegschaft.

Die wichtigen Aspekte des Kindschaftsrechts sowie der Vormundschaft, Betreuung und Pflegschaft sind bereits umfassend im *Kapitel 2.3.3 Stellvertretung* im Zusammenhang mit der gesetzlichen Stellvertretung beschrieben worden.

Dieses Kapitel verschafft Ihnen einen Überblick über die verschiedenen Güterstände zur Regelung der vermögensrechtlichen Fragen bei Ehepaaren, über die Kenntnisse bei einer kundengerechten Finanzberatung für Ehepaare unerlässlich sind.

Eine knappe Darstellung der Unterhaltspflicht unter Verwandten rundet das Kapitel ab.

2.6.1 Eherecht

Eheliches Güterrecht

Mit Einführung des Gesetzes über die **Eingetragene Lebenspartnerschaft** (Lebenspartnerschaftsgesetz) Anfang 2001 wurde eine gesetzliche Grundlage dafür geschaffen, dass zwei Personen gleichen Geschlechts eine Lebenspartnerschaft begründen können, wenn sie gegenseitig persönlich und bei gleichzeitiger Anwesenheit erklären, miteinander eine Partnerschaft auf Lebenszeit führen zu wollen. Die Erklärungen werden wirksam, wenn sie vor der zuständigen Behörde erfolgen. Weitere Voraussetzung für die Begründung der Lebenspartnerschaft ist, dass die Lebenspartner eine Erklärung über ihren Vermögensstand abgegeben haben.

Durch diese Regelung soll eine Annäherung der familien- und erbrechtlichen Fragestellungen an das Eherecht des BGB erreicht werden, welches eine Ehe zwischen gleichgeschlechtlichen Partnern nicht zulässt.

Das eheliche Güterrecht (§§ 1363 – 1563 BGB) regelt die Auswirkungen der Ehe auf das zuvor vorhandene und während der Ehe erworbene Vermögen der Ehepartner. Wird durch die Eheleute nichts anderes festgelegt, so gilt der gesetzliche Güterstand der **Zugewinngemeinschaft.**

Die Ehegatten können abweichend durch einen Ehevertrag **Gütertrennung** oder **Gütergemeinschaft** vereinbaren. Der Ehevertrag muss notariell beurkundet werden (§ 1410 BGB). Der Güterstand kann auch während der Ehe geändert werden.

Die vom gesetzlichen Güterstand abweichenden Regelungen können im **Güterrechtsregister** eingetragen werden, wodurch die Rechtssicherheit im Geschäftsverkehr mit Eheleuten erhöht werden soll. Eine Eintragungspflicht besteht (im Gegensatz z. B. zum Handelsregister) hingegen nicht (§ 1560 BGB). Das Güterrechtsregister ist ein öffentliches Register, d. h. es kann jeder einsehen (§ 1563 BGB). Es wird von den Amtsgerichten geführt (§ 1558 BGB).

Gesetzlicher Güterstand: Zugewinngemeinschaft

Ehegatten werden im Rahmen der Zugewinngemeinschaft **vermögensrechtlich wie Unverheiratete** behandelt. Es findet eine **Vermögenstrennung** statt, d. h. die vor und auch nach der Heirat durch den jeweiligen Ehepartner erworbenen Vermögen bilden rechtlich getrennte Vermögensmassen. Jeder verwaltet und nutzt sein Vermögen selbst (§§ 1363 ff. BGB).

Erst bei Beendigung der Zugewinngemeinschaft (z. B. durch Scheidung oder Vereinbarung eines anderen Güterstandes) findet ein Ausgleich zwischen den Zugewinnen statt, die die Ehepartner während der Ehe erwirtschaftet haben: Wer den größeren **Zugewinn** erzielt hat, muss dem anderen Ehepartner die Hälfte des Überschusses auszahlen, so dass der Zugewinn bei Beendigung der Zugewinngemeinschaft für beide Seiten gleich groß ist.

Die Beschreibung der Zugewinngemeinschaft macht deutlich, dass der Begriff vom Gesetzgeber unglücklich gewählt ist, denn tatsächlich handelt es sich nicht um eine Vermögensgemeinschaft, sondern um „Gütertrennung mit nachträglichem Zugewinnausgleich". Damit ist jeder Ehepartner beim Abschluss seiner Rechtsgeschäfte auch nur selbst haftbar, sofern es sich nicht im Rahmen der Schlüsselgewalt um Rechtsgeschäfte des täglichen Lebens handelt. Natürlich ist es auch Ehepaaren im Rahmen eines gemeinsamen Rechtsgeschäftes möglich, gemeinschaftliches Eigentum zu bilden.

Für den Geschäftspartner von Ehepaaren, die im gesetzlichen Güterstand leben, heißt das in der Praxis: Sollen beide Ehepartner in die Haftung genommen werden, sollten in jedem Fall beide Unterschriften unter den Vertrag gesetzt werden. Immerhin sind auch die Banken aus Sicherheitsgründen bereits vor Jahren dazu übergegangen, bei Finanzierungen für Ehepaare immer die Unterschriften beider Ehepartner hereinzunehmen.

Die selbstständige Verwaltung des Vermögens durch die Ehegatten ist durch einige Vorschriften eingeschränkt (§§ 1365–1369 BGB): Rechtsgeschäfte über das Vermögen im Ganzen und über die Haushaltsgegenstände bedürfen der Zustimmung des Ehegatten.

Wird die Zugewinngemeinschaft anders als durch Tod beendet, erfolgt – nach dem bereits in der Definition beschriebenen Grundprinzip – ein **Ausgleich des Zugewinns** zwischen den Ehepartnern (§§ 1372 ff. BGB). Dahinter steht die Auffassung, dass der Zugewinn durch die Arbeitsteilung innerhalb der Ehe erwirtschaftet werden konnte und deshalb auch beide Ehegatten gleichermaßen am Zugewinn teilhaben sollen. Die nachstehende Übersicht erläutert das Prinzip des Zugewinnausgleichs an einem Zahlenbeispiel.

	Anfangsvermögen	Endvermögen	Zugewinn	Vermögen nach Zugewinnausgleich
Ehemann	15 000,00 EUR	25 000,00 EUR	10 000,00 EUR	
Ehefrau	18 000,00 EUR	20 000,00 EUR	2 000,00 EUR	
Überschuss des Ehemannes			8 000,00 EUR	
=> 50% Ausgleichszahlung an die Ehefrau			4 000,00 EUR	
Ehemann 25 000,00 EUR - 4 000,00 EUR				21 000,00 EUR
Ehefrau 20 000,00 EUR + 4 000,00 EUR				24 000,00 EUR

Während der Ehe empfangene Erbschaften oder Schenkungen zählen nicht als Zugewinn und werden deshalb dem Anfangsvermögen zugerechnet.

Übersicht 47: Berechnung des Zugewinnausgleichs (Beispiel)

Gütertrennung

Wählen die Ehegatten durch Ehevertrag den Güterstand der Gütertrennung, so ist dadurch die Entstehung jeglicher vermögensrechtlicher Beziehungen durch die Ehe zwischen den Ehegatten ausgeschlossen. Ehefrau und Ehemann werden durchgängig wie Unverheiratete behandelt.

> Gütertrennung: Jeder Ehegatte **verwaltet und nutzt sein Gesamtvermögen allein** und unterliegt dabei keinen Beschränkungen. Jeder haftet nur für eigene Schulden. Bei Beendigung des Güterstandes entstehen keinerlei Ausgleichsansprüche (§ 1414 BGB).

Auch bei der Gütertrennung treten natürlich die allgemeinen Rechtsfolgen der Ehe ein. Diese können mittelbar auch Auswirkungen auf die Vermögen der Ehegatten haben, z. B. Unterhaltspflicht, Schlüsselgewalt etc.

Gütergemeinschaft

Die Gütergemeinschaft wird durch Ehevertrag (§ 1415 BGB) begründet und setzt den Gedanken um, dass zur Ehe als dauerhafter Lebensgemeinschaft auch die Vermögensgemeinschaft gehört. Da jedoch einige Güter von der gemeinsamen Vermögensmasse getrennt werden können oder müssen, führt dies – besonders im Hinblick auf die Haftung der Eheleute für ihre Rechtsgeschäfte – zu umfangreichen Detailregelungen. Die Gütergemeinschaft wird deshalb in mehr als einhundert Paragraphen des BGB (§§ 1415 – 1518) geregelt.

> Im Rahmen der Gütergemeinschaft wird **das vor und während der Ehe erworbene Vermögen der Ehegatten Gesamtgut kraft Gesetz,** also ohne dass es einer gesonderten rechtsgeschäftlichen Übertragung bedarf. Dabei ist es gleichgültig, ob es von beiden Eheleuten gemeinsam oder von einem Ehegatten allein erworben wurde, auch wenn der Erwerb unter eigenem Namen dieses Ehepartners stattgefunden hat und der Vertragspartner nichts von der Gütergemeinschaft der Ehegatten wusste (§ 1416 BGB).
>
> Unter **Gesamtgut** wird gemeinschaftliches Vermögen verstanden, das für alle Schulden der Ehefrau und/oder des Ehemannes haftet. Das Gesamtgut stellt Gesamthandseigentum der Ehegatten dar, wobei ein Ehepartner jedoch über seinen Anteil am Gesamtgut nicht verfügen kann (§ 1419 BGB). Vom Gesamtgut können bestimmte Güter (**Sondergut** und **Vorbehaltsgut**) getrennt werden.

Die Ehegatten legen im Ehevertrag fest, ob das Gesamtgut gemeinschaftlich oder durch einen Ehegatten verwaltet wird. Findet keine Festlegung statt, schreibt das Gesetz gemeinschaftliche Verwaltung vor (§ 1421 BGB).

Vom Gesamtgut ausgenommen sind Sondergut und Vorbehaltsgut (§§ 1417 ff. BGB):

- Jeder Ehegatte verwaltet sein **Sondergut** selbstständig, aber für Rechnung des Gesamtgutes (d. h. Erträge fließen in das Gesamtgut, Kosten werden daraus finanziert). Das Sondergut besteht aus Gegenständen, die nicht durch Rechtsgeschäft übertragbar sind.

Beispiele:
nicht abtretbare Forderungen; nicht pfändbare Gehaltsansprüche; nicht übertragbare Beteiligungen an Personengesellschaften

- Jeder Ehegatte verwaltet sein **Vorbehaltsgut** selbstständig und für eigene Rechnung. Das Vorbehaltsgut bietet die Möglichkeit, bestimmte Vermögensgegenstände aus dem gemeinschaftlichen Vermögen herauszuhalten. Zum Vorbehaltsgut gehören Gegenstände, die durch Ehevertrag zum Vorbehaltsgut erklärt werden und Gegenstände, die ausdrücklich einem der beiden Ehegatten durch Erbschaft oder Schenkung zufallen. Außerdem zählen Gegenstände dazu, die sich auf ein Vorbehaltsgut beziehen, z. B. die Erträge daraus bzw. Ersatzgüter für untergegangene Vorbehaltsgüter.

Ehescheidung

Auf Grund der geringeren Bedeutung für die Finanzberatung bietet dieser Abschnitt lediglich einen knappen Überblick über das Scheidungsrecht.

Die Ehe kann nur durch gerichtliches Urteil auf Antrag eines oder beider Ehegatten geschieden werden (§ 1564 BGB). Das Gericht fällt das Scheidungsurteil unter Beachtung des so genannten **Zerrüttungsprinzips,** d. h. es muss das Scheitern der Ehe feststellen (§§ 1565 – 1568 BGB). Die Kriterien dazu können Sie der folgenden Übersicht entnehmen.

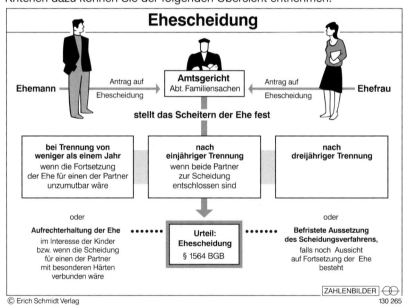

© Erich Schmidt Verlag
ZAHLENBILDER
130 265

Übersicht 48: Ehescheidung

Im Rahmen des Scheidungsverfahrens werden in der Regel auch die **Scheidungsfolgen** geregelt:

- Regelung des **Sorgerechts** und der Unterhaltszahlungen für minderjährige Kinder

- **Versorgungsausgleich,** d. h. die während der Ehe erworbenen Anwartschaften auf Alterssicherung (z. B. Ansprüche aus der gesetzlichen Rentenversicherung) bzw. Aussichten auf Versorgung bei Berufs- oder Erwerbsunfähigkeit werden ausgeglichen und aufgeteilt. Das Verfahren ist mit dem Zugewinnausgleich zu vergleichen (§§ 1587 ff. BGB).

- Festlegung des **Ehegattenunterhalts,** sofern der Ehepartner nicht selbst für seinen Lebensunterhalt sorgen kann (§§ 1569 ff. BGB). Unterhaltsansprüche können entstehen, wenn ein Ehepartner deutlich mehr verdient als der andere. Dem Unterhaltsberechtigten stehen dann 3/7 der Einkommensdifferenz zu; der gewohnte Lebensstandard soll dadurch gesichert werden.

Situation: Ehepaar Muster lässt sich scheiden. Frau Muster arbeitet wegen der beiden minderjährigen Kinder, für die ihr das Sorgerecht zugesprochen wurde, nur halbtags. Infolgedessen verdient ihr Mann deutlich mehr. Zur Berechnung des Ehegattenunterhalts muss die Einkommensdifferenz festgestellt werden:

Nettoeinkommen Frau Muster	700,00 EUR
Nettoeinkommen Herr Muster	2 300,00 EUR
abzüglich Kindesunterhalt	./. 670,00 EUR
verbleiben	= 1 630,00 EUR
Differenz zwischen den Einkommen der Ehegatten	930,00 EUR
davon 3/7	= 399,00 EUR

Herr Muster muss jeden Monat 399,00 EUR an seine geschiedene Frau als Ehegattenunterhalt zahlen.

Übersicht 49: Berechnung des Ehegattenunterhalts (Beispiel)

2.6.2 Unterhaltspflicht unter Verwandten

Neben dem Ehegattenunterhalt hat der Gesetzgeber auch die **Unterhaltspflicht unter Verwandten gerader Linie** im BGB festgeschrieben (§ 1601 BGB) und damit diese Familienangehörigen zur gegenseitigen Hilfe verpflichtet.

Hinweis: haben Fürsorgebehörden (z. B. Sozialämter) aus öffentlichen Mitteln Unterstützungszahlungen an einen Unterhaltsberechtigten geleistet, so kann der Anspruch gegenüber dem Unterhaltsverpflichteten auf die Behörden übergeleitet werden (§§ 90, 91 BSHG). Allerdings dürfen diese Regressforderungen der Fürsorgebehörden nach einem Grundsatzurteil des BGH (Aktz. XII ZR 266/99) nicht zu einer spürbaren und dauerhaften Senkung des Lebensstils des unterhaltsverpflichteten Angehörigen führen. Den Angehörigen muss auch genügend Geld bleiben, um für sich selbst eine angemessene Altersvorsorge aufbauen zu können.
Durch das am 1. Januar 2003 in Kraft getretene Gesetz über eine bedarfsorientierte Grundsicherung im Alter und bei Erwerbsminderung (GSiG) sind die Möglichkeiten zum Regress gegenüber Angehörigen zudem weiter eingeschränkt worden. Im Rahmen der Grundsicherung wird auf den Unterhaltsrückgriff gegenüber Kindern und Eltern der Leistungsberechtigten verzichtet. Hierbei wird zu Gunsten der Betroffenen widerlegbar vermutet, dass das Jahreseinkommen der Eltern bzw. Kinder unter 100 000,00 EUR liegt. Ist das Einkommen höher, besteht kein Anspruch auf Grundsicherung.

Voraussetzungen für einen Unterhaltsanspruch sind:

- **Bedürftigkeit des Berechtigten:** Er muss außer Stande sein, sich selbst zu unterhalten, d. h. vermögenslos und erwerbsunfähig sein (§ 1602 Abs. 1 BGB).

- **Leistungsfähigkeit des Verpflichteten:** Unterhaltspflichtig ist nicht, wer bei Berücksichtigung seiner sonstigen Verpflichtungen außer Stande ist, ohne Gefährdung seines eigenen angemessenen Unterhalts den Unterhalt zu gewähren (§ 1603 Abs. 1 BGB).

- Minderjährige unverheiratete Kinder können auch dann von den Eltern Unterhalt verlangen, wenn sie selbst Vermögen haben, die Einkünfte aus dem Vermögen und der Ertrag ihrer Arbeit jedoch nicht zum Unterhalt ausreichen (§ 1602 Abs. 2 BGB).

- Eltern müssen gegenüber ihren minderjährigen unverheirateten Kindern alle verfügbaren Mittel einsetzen (der eigene angemessene Unterhalt der Eltern wird nicht geschützt!), sofern nicht andere leistungsfähige Unterhaltspflichtige vorhanden sind oder das Vermögen des Kindes zur Aufbringung des Unterhalts ausreicht (§ 1603 Abs. 2 BGB).

Zur Feststellung von Unterhaltsanspruch bzw. -verpflichtung besteht nach § 1605 BGB die Verpflichtung bei Verwandten gerader Linie, auf Verlangen **Auskünfte und Nachweise über Einkunfts- und Vermögensverhältnisse** zu erteilen.

Für Unterhaltsverpflichtungen besteht eine vorgegebene Reihenfolge:

- Der Ehegattenunterhalt geht grundsätzlich dem Verwandtenunterhalt vor, d. h. zunächst ist der Ehegatte zur Unterhaltsleistung verpflichtet (§ 1608 BGB).

- Die Abkömmlinge haften vor den Verwandten der aufsteigenden Linie.

- Unter den Abkömmlingen und unter den Verwandten der aufsteigenden Linie haften jeweils die näheren Verwandten zuerst.

- Mehrere gleich nahe Verwandte (z. B. die Eltern) haften anteilig nach ihren Erwerbs- und Vermögensverhältnissen (§ 1606 BGB).

- Sofern ein Verwandter nach § 1603 BGB nicht leistungsfähig ist, so hat der nächste Verwandte in der Rangfolge den Unterhalt zu gewähren (§ 1607 BGB).

Grundsätzlich ist der nach der Lebensstellung des Bedürftigen **angemessene Unterhalt** in Form einer monatlich im Voraus zu erbringenden Geldrente zu leisten (§§ 1610, 1612 BGB). Der Unterhalt umfasst den gesamten Lebensbedarf, ggf. auch Ausbildungs- und Erziehungskosten. Eltern können gegenüber ihrem unverheirateten Kind die Art der Unterhaltsgewährung frei wählen (z. B. statt Geldrente: Kost, Unterkunft, Taschengeld).

Der **Unterhaltsanspruch erlischt** grundsätzlich nach § 1615 BGB mit dem Tod des Berechtigten oder des Verpflichteten, an dessen Stelle der Nächstverpflichtete rückt.

Für die **Unterhaltspflicht gegenüber nicht ehelichen Kindern** gelten grundsätzlich gemäß § 1615 a BGB die allgemeinen Regeln des Unterhalts unter Verwandten.

2.7 Erbrecht

Das fünfte und letzte Buch des BGB regelt in umfangreichen Einzelvorschriften (§§ 1922 – 2385 BGB) die rechtlichen Apekte, die mit dem Ableben einer Person in Zusammenhang stehen. Das Gesetz definiert: Mit dem Tode einer Person **(Erbfall)** geht deren Vermögen **(Erbschaft)** als Ganzes auf eine oder mehrere Personen **(Erben)** über (§ 1922 BGB). Der Verstorbene wird als **Erblasser** bezeichnet.

Angesichts eines Vermögens von weit mehr als 50 Milliarden EUR, das jährlich nach Schätzungen in der Bundesrepublik Deutschland vererbt wird, gehören deshalb Grundkenntnisse des Erbrechts zum Rüstzeug des Finanzberaters. Denn: Soll der Erbfall auch im Sinne des Erblassers ablaufen, so muss das Vermögen bereits zu Lebzeiten entsprechend geordnet werden.

2.7.1 Letzter Wille

Wer sicher gehen möchte, dass sein Vermögen nach dem Tode den eigenen Vorstellungen entsprechend aufgeteilt wird, dem bietet das BGB mit **Testament** und **Erbvertrag** zwei Möglichkeiten, den letzten Willen in bindender Form zu hinterlassen und die Erben zu bestimmen.

Der entscheidende Unterschied zwischen diesen Gestaltungsmöglichkeiten liegt darin, dass das Testament eine einseitige Verfügung ist, also ohne die Mitwirkung anderer Personen rechtskräftig wird (§ 1937 BGB), während der Erbvertrag mit einer anderen Person abgeschlossen wird. Durch den Erbvertrag wird – ggf. unter bestimmten Verpflichtungen – der Vertragspartner des Erblassers oder ein Dritter als Erbe bestimmt (§ 1941 BGB).

Ein Erbvertrag bietet sich immer dann an, wenn aus der Erbschaft nicht nur Rechte, sondern auch Pflichten hervorgehen sollen und diese Verpflichtungen bereits zu Lebzeiten des Erblassers festgeschrieben werden sollen.

Wird die Erbschaft nicht durch den Erblasser zu Lebzeiten geregelt, so wird das Vermögen entsprechend der gesetzlichen Erbfolge verteilt *(vgl. Kap. 2.7.2 Erben kraft Gesetz)*.

Testament

> Hat eine natürliche Person das sechzehnte Lebensjahr vollendet, so ist sie **testierfähig,** d. h. sie kann rechtskräftig ein Testament aufsetzen (§ 2229 Abs. 1 BGB).

Ein Testament kann nur persönlich errichtet werden; eine Vertretung ist nicht möglich (§ 2064 BGB). Daraus ergibt sich, dass eine Testamentserrichtung Minderjähriger unter 16 Jahren gänzlich ausgeschlossen ist. Hingegen ist bei beschränkt Geschäftsfähigen ab 16 Jahren das Testament ohne Zustimmung der gesetzlichen Vertreter rechtswirksam (§ 2229 Abs. 2 BGB).

Nach § 2231 BGB sind zwei Testamentsformen möglich: Das vor einem Notar errichtete **öffentliche Testament** und das **eigenhändige Testament**. Beschränkt Geschäftsfähige ab 16 Jahren müssen ihr Testament als öffentliches Testament abschließen (§ 2247 Abs. 4 BGB). Volljährige können auch ein eigenhändiges Testament verfassen.

Ein Widerruf des Testaments kann jederzeit erfolgen (§§ 2253 ff. BGB) durch:

- ausdrücklichen Widerruf in einem neuen Testament;

- ein neues Testament, das zwar das vorherige nicht ausdrücklich aufhebt, aber diesem inhaltlich widerspricht (gültig ist immer das aktuellste Testament);

- Vernichtung der Testamentsurkunde oder durch Veränderungen, die deutlich machen, dass das Testament aufgehoben werden soll;

- Entnahme des öffentlichen Testaments aus amtlicher Verwahrung.

Jeder, der ein Testament im Besitz hat, ist verpflichtet, es unverzüglich dem Nachlassgericht zu übergeben, sobald er vom Tode des Erblassers erfährt (§ 2259 BGB).

Öffentliches Testament

> Das öffentliche Testament wird vor einem Notar errichtet. Der **letzte Wille wird dem Notar mündlich erklärt oder als Schriftstück** mit der Erklärung **übergeben,** dass darin der letzte Wille des Erblassers enthalten ist (§ 2232 BGB).

Das öffentliche Testament bietet durch die notarielle Beurkundung eine hohe Sicherheit:

- Der Erblasser wird davor geschützt, Testamente übereilt zu errichten bzw. zu ändern.

- Der letzte Wille wird juristisch einwandfrei und unzweifelhaft unter Berücksichtigung steuerlicher Fragen zu Papier gebracht.

- Das Testament wird beim Amtsgericht verwahrt und kann deshalb nicht abhanden kommen oder unterdrückt werden.

- Das Testament wird automatisch an das zuständige Nachlassgericht übermittelt, sobald das Amtsgericht vom Tod des Erblassers erfährt.

- Häufig kann beim öffentlichen Testament auf den Erbschein verzichtet werden; das spart Zeit und Kosten.

Eigenhändiges Testament

> Ein Volljähriger kann ein Testament auch durch **eigenhändig geschriebene und unterschriebene Erklärung** errichten (§ 2247 BGB). Diese Testamentform wird auch **als privatschriftliches Testament** bezeichnet.

Damit ein eigenhändiges Testament rechtswirksam ist, müssen folgende Voraussetzungen erfüllt sein:

- **eigenhändige Niederschrift** des ganzen Testaments (Schreibmaschine, Diktat, Videoaufzeichnung o. ä. sind ausgeschlossen);

- **Unterschrift des Erblassers;** diese kann auch durch eine andere Form der Unterzeichnung ersetzt werden, die den Erblasser eindeutig kennzeichnet (z. B. „Euer Vater");

- nicht gesetzlich zwingend, aber empfehlenswert: Angabe, zu welcher Zeit und an welchem Ort das Testament verfasst wurde.

Das eigenhändige Testament kann der Erblasser beim Amtsgericht verwahren lassen (§ 2248 BGB).

Ein Testament ist naturgemäß eine sehr private und individuelle Angelegenheit. Insofern ist es kaum möglich, Standardformulierungen dafür vorzugeben. Mit der folgenden Abbildung soll lediglich ein einfaches Beispiel für ein handschriftliches Testament gezeigt werden, das die gesetzlichen Vorschriften erfüllt.

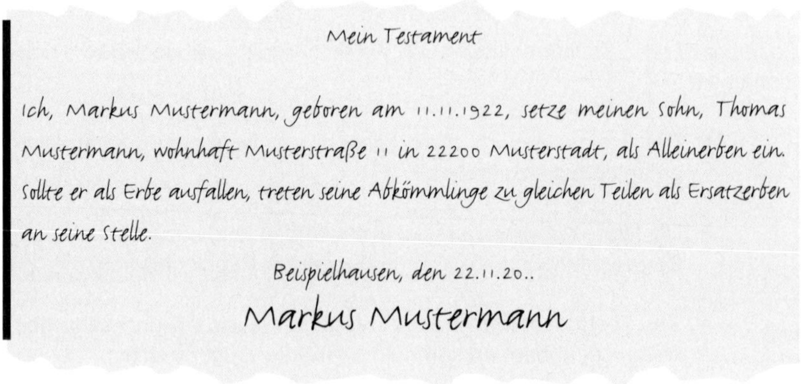

Abb. 1:
Eigenhändiges
Testament (Beispiel)

> Mein Testament
>
> Ich, Markus Mustermann, geboren am 11.11.1922, setze meinen Sohn, Thomas Mustermann, wohnhaft Musterstraße 11 in 22200 Musterstadt, als Alleinerben ein. Sollte er als Erbe ausfallen, treten seine Abkömmlinge zu gleichen Teilen als Ersatzerben an seine Stelle.
>
> Beispielhausen, den 22.11.20..
>
> Markus Mustermann

Gemeinschaftliches Testament

Ehegatten können gemeinsam und gleichzeitig ein Testament errichten, man spricht vom gemeinschaftlichen Testament (§ 2265 BGB). Dadurch wird unter anderem gesichert, dass nicht ein Ehepartner ohne Kenntnis des anderen seinen letzten Willen wieder aufheben kann.

Das gemeinschaftliche Testament kann als öffentliches oder als eigenhändiges Testament errichtet werden. Die oben gemachten Ausführungen gelten entsprechend. Beim eigenhändigen Testament fügt der Ehegatte, der das Testament nicht erstellt hat, seine eigenhändige Unterschrift am Ende des Testaments hinzu, möglichst wiederum unter Angabe der Zeit und des Ortes (§ 2267 BGB).

Beim gemeinschaftlichen Testament gibt es eine Vielzahl von Gestaltungsmöglichkeiten, abhängig davon, wie folgende Aspekte geregelt werden sollen:

- In welchem Umfang soll die Absicherung des Überlebenden gewährleistet sein? Soll der Überlebende Alleinerbe sein?
- Soll der Überlebende frei über das Vermögen verfügen können oder sollen bereits durch das Ehepaar weitere Erben bestimmt werden?
- Müssen steuerliche Fragen bedacht werden? Im Einzelfall kann es sinnvoll sein, beim Tode eines Ehegatten bereits Kinder als Erben vorzusehen.
- Wie ist bei Wiederverheiratung des Überlebenden zu verfahren?
- Was soll im Falle des gleichzeitigen Ablebens beider Ehegatten geschehen (z. B. bei Unfall)?

Eine ausführliche Darstellung der Gestaltungsmöglichkeiten beim gemeinschaftlichen Testament „sprengt" leider den Rahmen des Buches. Im Zweifel kann nur der Gang zum Notar empfohlen werden.

Testamentsvollstrecker

Der Erblasser kann durch Testament einen oder mehrere Testamentsvollstrecker ernennen (§ 2197 BGB). Der Testamentsvollstrecker hat **den letzten Willen auszuführen** (§ 2203 BGB).

Der Erblasser kann im Testament eine Person seines Vertrauens zum Testamentsvollstrecker ernennen oder einen Dritten bzw. das Nachlassgericht auffordern, nach seinem Ableben die Ernennung eines Testamentsvollstreckers vorzunehmen (§§ 2197 ff. BGB). Der Testamentsvollstrecker kann selbst Erbe oder ein nicht betroffener Dritter sein. Solange, wie der Nachlass der Verwaltung durch den Testamentsvollstrecker unterliegt, haben die Erben kein Verfügungsrecht (§ 2211 BGB); sie können die Testamentsvollstreckung nicht verhindern.

Der Einsatz eines Testamentsvollstreckers bietet sich an,

- bei einer großen Zahl Erben, ggf. mit verschiedenen Aufenthaltsorten;
- wenn die Erben zerstritten sind;
- wenn die Verwaltung und die Aufteilung des Nachlasses schwierig ist.

Erbvertrag

Bei der oben gemachten Abgrenzung von Testament und Erbvertrag wurde bereits deutlich, dass der **Erbvertrag** ein zweiseitiges Rechtsgeschäft ist, durch das der Erbe bestimmt wird.

> Der Erblasser kann durch Vertrag mit einer anderen Person einen Erben einsetzen. Erbe kann der andere Vertragsschließende oder ein Dritter sein (§ 1941 BGB).

Der Erbvertrag bewirkt, dass im Erbfall alle Vertragsparteien an die vertraglich getroffenen Vereinbarungen gebunden sind. Grundsätzlich kann ein Erbvertrag nur durch einen **Aufhebungsvertrag** zwischen den Parteien, die den Erbvertrag geschlossen haben, wieder aufgehoben werden. Dies ist nach dem Tode eines der Vertragspartner nicht mehr möglich (§ 2290 Abs. 1 BGB). Der Erblasser kann vom Erbvertrag zurücktreten, wenn dies im Vertrag oder – in Ausnahmefällen – durch Gesetz vorgesehen ist (§§ 2293 ff. BGB).

Der Abschluss eines Erbvertrages bietet sich insbesondere dann an, wenn der durch den Erblasser Bedachte gleichzeitig in gewisser Hinsicht verpflichtet werden soll.

Beispiele:
Soll die Nachfolge in einem Familienbetrieb und damit der Weiterbestand des Unternehmens im Interesse aller bereits zu Lebzeiten des Unternehmers (und Erblassers) geregelt werden, empfiehlt sich der Abschluss eines Erbvertrages. So hat der Nachfolger die Sicherheit, dass die Entscheidung zu seinen Gunsten nicht einseitig vom Erblasser rückgängig gemacht wird und kann seine berufliche Entwicklung ganz auf seine zukünftige Aufgabe abstellen.
Häufig ist ein Erbvertrag auch für Ehepaare geeignet: In der Regel soll abgesichert werden, dass beim Tode eines Ehepartners zunächst der andere Alleinerbe ist, ohne dass weitere gesetzliche Erben (z. B. Kinder) ihren Pflichtteil verlangen. Dies kann dadurch erreicht werden, dass diesen gesetzlichen Erben nach dem Tode des zweiten Ehegatten ein höherer Erbanteil zugesichert wird, als ihnen sonst als Pflichtteil zustehen würde.

Der Erbvertrag kann nur bei Anwesenheit der Vertragsparteien vor einem Notar in beurkundeter Form abgeschlossen werden (§ 2276 BGB). Der Erblasser kann Willenserklärungen im Zusammenhang mit einem Erbvertrag nur persönlich abschließen (§ 2274 BGB), hingegen kann der andere, sofern er nicht ebenfalls Verfügungen von Todes wegen trifft, sich vertreten lassen. Auch Aufhebung des Erbvertrages sowie Rücktritt durch den Erblasser müssen notariell beurkundet werden (§ 2290 Abs. 4 bzw. § 2296 Abs. 2 BGB).
Der Erblasser muss unbeschränkt geschäftsfähig sein, um einen Erbvertrag rechtswirksam abschließen zu können (§ 2275 Abs. 1 BGB). Die an den Erblasser gestellten Anforderungen bei Abschluss eines Erbvertrages sind also strenger als bei der Testierfähigkeit. Für den Vertragspartner, der nicht Erblasser ist, gelten die Regeln des allgemeinen Vertragsrechts.
Hinweis: Erlangt der aus einem Erbvertrag Bedachte lediglich einen Rechtsvorteil, so kann auch ein Minderjähriger ohne Zustimmung der gesetzlichen Vertreter Vertragspartner sein *(vgl. Kap. 2.3.2 Abschnitt Geschäftsfähigkeit)*.
Wichtig: Der Erbvertrag schränkt das Recht des Erblassers, über sein Vermögen zu Lebzeiten durch Rechtsgeschäft zu verfügen, grundsätzlich nicht ein (§ 2286 BGB).

2.7.2 Erben kraft Gesetz

Gesetzliche Erbfolge

Hat ein Verstorbener weder Testament noch Erbvertrag hinterlassen, so wird die Erbschaft nach der gesetzlichen Erbfolge zwischen den Verwandten aufgeteilt. Der Gesetzgeber geht in diesem Fall davon aus, dass dies die vom Erblasser gewollte Erbfolge ist.

Die Verwandten werden dabei in verschiedene **Ordnungen** aufgeteilt. Grundsätzlich gilt:

- Ein Verwandter erbt nur, wenn kein Verwandter der vorhergehenden Ordnung lebt bzw. das Erbe annimmt. Es erben also zunächst die näheren Verwandten (§ 1930 BGB).
- §§ 1924 ff. BGB: Die Abkömmlinge des Erblassers (Kinder, Enkel, Urenkel, also die Erben erster Ordnung) erben vorrangig vor den Vorfahren, also den Erben zweiter Ordnung (Eltern und deren Abkömmlinge), dritter Ordnung (Großeltern und deren Nachfahren) usw.: „Das Gut fließt abwärts wie das Blut." Dieser Rechtsgrundsatz bringt es zum Ausdruck: sind Nachfahren vorhanden (und sei es ein entfernter Urenkel), so bleiben die Vorfahren vom Erbe ausgeschlossen.

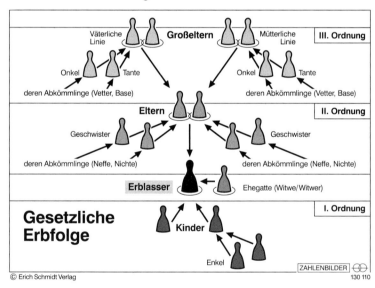

© Erich Schmidt Verlag

Übersicht 50: Gesetzliche Erbfolge

Die Erben der ersten Ordnung

Erben des Erblassers sind nach § 1924 BGB zunächst die Kinder zu gleichen Teilen. Solange ein Kind lebt, werden dessen Nachkommen – aus Sicht des Erblassers die Enkel – von der gesetzlichen Erbfolge ausgeschlossen. Ist ein Kind bereits verstorben, so rücken dessen Abkömmlinge zu gleichen Teilen an seine Stelle.

Nicht eheliche Kinder sind durch das Erbrechtsgleichstellungsgesetz vom Dezember 1997 mittlerweile in ihrer erbrechtlichen Stellung den ehelichen Kindern vollkommen gleichgestellt.

Erben der weiteren Ordnungen

Verwandte der zweiten Ordnung haben nur dann ein gesetzliches Erbrecht, wenn kein Verwandter der ersten Ordnung mehr lebt bzw. alle lebenden Verwandten der ersten Ordnung nicht als Erbe in Frage kommen (z. B. bei Ausschlagung des Erbes).

Erben der zweiten Ordnung sind zunächst die Eltern des Erblassers. Ist ein Elternteil verstorben, so treten an dessen Stelle die Geschwister des Erblassers. Die bereits für die erste Ordnung aufgestellten Grundregeln gelten also auch für die Erben in der zweiten Ordnung (§ 1925 BGB).

Gibt es keine Erben in der zweiten Ordnung, so haben die Verwandten in der dritten Ordnung gesetzliche Erbansprüche usw.

Gesetzliches Erbrecht des Ehegatten

Auch der überlebende Ehegatte ist gesetzlicher Erbe. Für ihn existieren besondere gesetzliche Erbrechtsansprüche in den §§ 1931 ff. BGB:

- Erben Verwandte der ersten Ordnung, so erbt der Ehegatte 25 % des Erbes.

- Haben Erben der zweiten Ordnung oder die Großeltern gesetzliche Ansprüche, so erbt der Ehegatte 50 % der Erbschaft.

- Haben die Ehepartner im gesetzlichen Güterstand der Zugewinngemeinschaft gelebt, so erhöht sich der Erbanteil des Ehegatten nach § 1371 BGB jeweils um 25 % (also auf 50 % bzw. 75 %).

Dieser Grundsatz bei Zugewinngemeinschaft, der zunächst sehr freundlich klingt, kann sich jedoch dann als nachteilig herausstellen, wenn der Zugewinn im Verhältnis zum in die Ehe eingebrachten Vermögen besonders hoch war: Bei Ausrechnung des Zugewinns ohne Todesfall kann der Vermögensanteil des Ehegatten größer sein, als im pauschalen Erbanteil berücksichtigt.

§ 1371 Abs. 3 BGB bietet hierzu eine Lösung an: Der Ehegatte schlägt sein Erbe aus. Er erwirbt dadurch einen Anspruch auf Zugewinnausgleich nach den normalen familienrechtlichen Regeln gegen die Erben. Außerdem billigt ihm der Gesetzgeber einen Anspruch auf den nicht erhöhten Pflichtteil seines Erbanteiles zu, der sonst bei Ausschlagung verloren ginge.

- Sind weder Verwandte der ersten und zweiten Ordnung noch Großeltern erbberechtigt, so erbt der überlebende Ehegatte 100 % der Erbschaft.

- Besonderheit bei notariell vereinbarter Gütertrennung zwischen den Ehepartnern: sind neben dem überlebenden Ehegatten ein oder zwei Kinder als Erben berufen, so erben Ehegatte und Kinder zu gleichen Teilen (also jeweils 50 % bei einem Kind, ein Drittel bei zwei Kindern; bei drei oder mehr Kindern bleibt der Anteil des Ehegatten – wie eingangs beschrieben – bei 25 %).

- Dem Ehegatten steht außerdem der so genannte **Voraus** (Haushaltsgegenstände und Hochzeitsgeschenke) zu, wenn er neben Verwandten der zweiten Ordnung oder neben den Großeltern erbt. Bei Miterben in der ersten Ordnung gilt dies dann, wenn die Gegenstände zur Führung eines angemessenen Haushalts benötigt werden (§ 1932 BGB).

Ansprüche des Ehegatten sind ausgeschlossen, wenn die Scheidung zum Zeitpunkt des Todes nach § 1933 BGB bereits eingeleitet war oder die Ehegatten schon geschieden waren.

Wichtig: Die nicht eheliche Lebensgemeinschaft steht – im Gegensatz zur Ehe – nicht unter dem ausdrücklichen Schutz des Staates. Dies zeigt sich nur zu deutlich im Erbrecht, denn der Lebenspartner wird hier wie ein Fremder behandelt, selbst wenn die Lebensgemeinschaft über Jahrzehnte ehegleich geführt wurde. Das bedeutet für die Praxis: Ohne Testament oder Erbvertrag geht der Lebenspartner leer aus!

Aber immerhin: Dank eines Urteils des Bundesgerichtshofes aus dem Jahr 1982 (!) sind Testament bzw. Erbvertrag zugunsten eines nicht angetrauten Lebenspartners (im Sprachgebrauch auch als Geliebte oder Geliebter bezeichnet) nicht mehr als sittenwidrig anzusehen.

Gesetzliches Erbrecht des Staates

Lässt sich trotz genauester Prüfung des Nachlasspflegers kein gesetzlicher Erbe zu einer Erbschaft, zu der es auch kein Testament oder keinen Erbvertrag gibt, ermitteln, so ist das **Bundesland,** in dem der Erblasser zuletzt wohnhaft war, gesetzlicher Erbe (§ 1936 BGB).

Pflichtteil

- Ehegatte,
- Abkömmlinge und ggf.
- Eltern des Erblassers

können auch durch Testament oder Erbvertrag nicht gänzlich vom Erbe ausgeschlossen werden. Diesen gesetzlichen Erben steht in jedem Fall der so genannte Pflichtteil zu (§§ 2303 ff. BGB).

> Unter dem Pflichtteil versteht man den **Anspruch** gegen den oder die Erben **auf Auszahlung der Hälfte des Wertes des gesetzlichen Erbteiles.**

Der Pflichtteil bei Ehegatten berechnet sich immer anteilig vom nicht erhöhten gesetzlichen Erbanspruch. Ein **Anspruch auf Herausgabe** bestimmter Gegenstände aus der Erbschaft kann auf Grund eines Pflichtteiles niemals entstehen.

Beispiel:

Ein Vater von zwei Kindern, dessen Ehefrau bereits zuvor verstorben war, vermacht sein gesamtes Vermögen von 100 000,00 EUR durch Testament seinem Fußball-Club. Die beiden Kinder haben gegenüber dem Fußball-Club lediglich Anspruch auf Auszahlung des Pflichtteiles. Dieser beträgt die Hälfte des gesetzlichen Erbanspruchs, also pro Kind 25 000,00 EUR.

Der Anspruch auf den Pflichtteil verjährt innerhalb von drei Jahren, nachdem der Pflichtteilsberechtigte vom Tod des Erblassers erfahren hat (§ 2332 BGB).

Der Entzug des Pflichtteilsanspruchs ist in einigen vom Gesetz genannten Ausnahmefällen möglich, nämlich wenn der Berechtigte sich dem Erblasser, dem Ehegatten oder Abkömmlingen gegenüber eines schweren Vergehens schuldig gemacht hat, z. B. bei Mord, schwerer Körperverletzung etc. Der Entzug kann nur durch Testament oder Erbvertrag erfolgen (§§ 2333 ff. BGB).

2.7.3 Rechtliche Stellung der Erben

Testamentseröffnung

Hat der Verstorbene ein Testament hinterlassen, so müssen die Hinterbliebenen beim Nachlassgericht die **Testamentseröffnung** beantragen; dazu müssen Totenschein und Sterbeurkunde vorgelegt werden. Zuständig ist das **Nachlassgericht** im Amtsgerichtsbezirk, in dem der Erblasser zuletzt seinen Wohnsitz hatte. Die Regelungen zur Testamentseröffnung gelten nach § 2300 BGB in gleicher Weise auch für den Erbvertrag.

Bevor das Nachlassgericht tätig werden kann, muss zunächst beim Standesamt die Sterbeurkunde beschafft werden. Diese erhält man gegen Vorlage der folgenden Unterlagen:

- Totenschein (ausgestellt vom Arzt oder Krankenhaus),
- Geburts- oder Heiratsurkunde,
- Personalausweis oder Reisepass des Erblassers und
- ggf. Sterbeurkunde des bereits zuvor verstorbenen Ehegatten.

Befindet sich das Testament in amtlicher Verwahrung, i. d. R. beim Amtsgericht, so existiert eine **Hinterlegungsurkunde,** aus der ersichtlich ist, unter welcher Registernummer das Testament verwahrt wird (§§ 2258 a, 2258 b BGB). Wurde das Testament hingegen vom Erblasser privat verwahrt, so muss das ungeöffnete Testament beim Nachlassgericht eingereicht werden. Es besteht **Ablieferungspflicht** nach dem Tode des Erblassers (§ 2259 BGB)!

Sobald das Nachlassgericht vom Tod des Erblassers erfahren hat, hat es nach § 2260 BGB einen Termin anzusetzen, an dem das Testament eröffnet wird, also die Inhalte offengelegt werden (meistens durch Verkündung). Zu diesem Termin sollen die gesetzlichen Erben und die weiteren Beteiligten geladen werden. Über die Testamentseröffnung erstellt das Nachlassgericht ein Protokoll. Erscheint ein geladener Beteiligter nicht zur Testamentseröffnung, erhält er vom Nachlassgericht Kenntnis über die ihn betreffenden Inhalte des Testaments (§ 2262 BGB).

Einzelerbe und Erbengemeinschaft

> **Erbfähig** ist, wer zur Zeit des Erbfalls lebt. Wer zur Zeit des Erbfalles noch nicht lebte, jedoch bereits erzeugt war, gilt als vor dem Erbfall geboren (§ 1923 BGB).

Tiere können nicht Erbe sein, da sie wie Sachen behandelt werden und somit nicht rechtsfähig sind *(vgl. Kapitel 2.3.7 Rechtsobjekte).*

Der oder die Erben treten die Rechtsnachfolge des Verstorbenen an (§ 1922 BGB).

> Sind **mehrere Erben** vorhanden, so geht das **Vermögen in das Gesamteigentum aller Erben** – der Erbengemeinschaft – über (§ 2032 BGB).

Jeder Erbe ist quotenmäßig an der Erbschaft beteiligt; er kann über seinen Mitanteil an der Erbschaft verfügen, z. B. seinen Anteil veräußern. Ein entsprechender Vertrag muss notariell beurkundet sein (§ 2033 BGB). Die anderen Miterben haben in diesem Fall ein gesetzliches Vorkaufsrecht am zum Verkauf stehenden Erbanteil (§ 2034 BGB).

Dieses Vorkaufsrecht kann besonders dann von Bedeutung sein, wenn es darum geht, Anteile an Unternehmen oder Immobilien im Familienbesitz zu behalten und nicht an Dritte fallen zu lassen. Das Vorkaufsrecht muss innerhalb von zwei Monaten ausgeübt werden.

> Ein Verfügungsrecht über die einzelnen Nachlassgegenstände steht dem Miterben nicht zu. Die Verwaltung der Erbschaft und die Verfügung über Nachlassgegenstände steht ausschließlich der Erbengemeinschaft zu, also allen Erben gemeinsam (§§ 2038, 2040 BGB). Die Erbengemeinschaft löst sich durch Auseinandersetzung der Erbschaft auf (§ 2042 BGB).

Dieser Grundsatz kann zu Komplikationen bei der Erbauseinandersetzung führen. Zwar sind die Miterben nach § 2038 BGB zur Mitwirkung bei der ordnungsgemäßen Verwaltung der Erbschaft verpflichtet, doch die Erfahrung zeigt, dass nur selten Übereinstimmung zwischen den Erben herrscht.

Zur Vermeidung von Streitigkeiten kann bereits der Erblasser einen Testamentsvollstrecker bestimmen. Fehlt eine entsprechende Anordnung im Testament, können sich die Miterben nach Antritt der Erbschaft auf einen gemeinsamen Bevollmächtigten einigen.

Annahme und Ausschlagung der Erbschaft

Jeder Erbe – mit Ausnahme des Staates – kann nach Eintritt des Erbfalles entscheiden, ob er die Erbschaft annehmen oder ausschlagen will (§§ 1942, 1946 BGB).

Die Ausschlagung der Erbschaft kommt meistens dann in Betracht, wenn

- der Nachlass überschuldet ist,
- der Aufwand durch die Annahme der Erbschaft im Vergleich zum dadurch zu erzielenden Vermögenszuwachs zu groß ist.

Die **Ausschlagung der Erbschaft** muss innerhalb von sechs Wochen erfolgen. Die Frist beginnt mit dem Zeitpunkt, in welchem der Erbe vom Anfall der Erbschaft erfahren hat (§ 1944 BGB). Die Ausschlagung der Erbschaft muss gegenüber dem Nachlassgericht erklärt werden (§ 1945 BGB).

Die Erbschaft ist angenommen und kann nicht mehr ausgeschlagen werden, sofern der Erbe

- die Annahme der Erbschaft erklärt hat oder
- die Frist zur Ausschlagung verstrichen ist (§ 1943 BGB).

Eine Erbschaft kann immer nur im Ganzen angenommen oder ausgeschlagen werden (§ 1950 BGB).

Nachweisdokumente über das Erbrecht

Hat ein Erbe die Erbschaft angenommen, so benötigt er einen entsprechenden Nachweis, um sich als Erbe legitimieren und sein Erbrecht ausüben zu können.

> Das Nachlassgericht stellt auf Antrag des Erben einen **Erbschein** aus, aus dem das Erbrecht und – im Falle von Miterben – der Umfang des Erbrechts hervorgeht (§ 2353 BGB).

Liegt eine Erbengemeinschaft vor, so kann ein gemeinschaftlicher Erbschein ausgestellt werden (§ 2357 BGB). Der gemeinschaftliche Erbschein ist in jedem Fall kostengünstiger.

Bei Beantragung des Erbscheins muss der Erbe eine Reihe von Angaben und Nachweisen erbringen:

- Zeitpunkt des Todes des Erblassers (Totenschein oder Sterbeurkunde);

- Angabe über das Verhältnis, auf dem sein Erbrecht beruht (Testament bzw. Erbvertrag, Nachweis erfolgt durch beglaubigte Abschrift mit Eröffnungsprotokoll; alternativ: gesetzliches Erbrecht, Nachweis durch Personalpapiere und Familienstammbuch);

- Erklärung, ob und ggf. welche Personen vorhanden sind, durch die das Erbe ausgeschlossen oder gemindert werden könnte; ggf. Angabe, warum solche Personen weggefallen sind (z. B. Tod dieser Person oder Ausschlagung des Erbrechtes);

- Angabe über existierendes Testament oder Erbvertrag;

- Angabe zum Güterstand, in dem der Erblasser ggf. gelebt hat;

- Angabe, ob ein Rechtsstreit über das Erbrecht anhängig ist.

Der Erbschein genießt **öffentlichen Glauben,** das heißt, der gutgläubige Dritte kann sich rechtswirksam darauf verlassen, dass die durch Erbschein ausgewiesene Person auch tatsächlich Erbe ist (§ 2366 BGB). Der Inhalt des Erbscheins wird als richtig vermutet (§ 2365 BGB).

Beispiel:
Dem gesetzlichen Erben Herrn Flink wird vom Nachlassgericht ein Erbschein ausgestellt. Herr Flink nutzt diesen als Nachweis gegenüber der Bank und räumt unverzüglich die Kontoguthaben der Nachlasskonten ab. Wenig später findet sich ein Testament, durch das der gesetzliche Erbe vom Erbe ausgeschlossen wird. Die auf Grund des Testaments festgestellten, tatsächlichen Erben können von der Bank kein Geld mehr verlangen, denn diese beruft sich auf Recht auf den öffentlichen Glauben des Erbscheins. Die Erben müssen ihre Forderungen an Herrn Flink richten.

Teilweise genügt an Stelle des Erbscheins als Nachweis des Erbrechts auch eine **beglaubigte Abschrift des Testaments mit Eröffnungsprotokoll.**

Die Banken erkennen diese Unterlagen als Nachweisdokumente an. Liegt ein öffentliches Testament vor, so werden beglaubigte Abschrift mit Eröffnungsprotokoll selbst von Grundbuchämtern anerkannt. Die Kosten für den Erbschein lassen sich dann einsparen.

Haftung des Erben

Da der oder die Erben die Gesamtrechtsnachfolge des Erblassers antreten, erben sie nicht nur das Vermögen, sondern haften auch für die **Nachlassverbindlichkeiten** (§ 1967 BGB). Zu den Nachlassverbindlichkeiten zählen

- die Schulden des Erblassers,
- die durch die Erbschaft übernommenen sonstigen Verbindlichkeiten (z. B. aus Pflichtteilsrechten, Vermächtnissen o. ä.) und
- die Beerdigungskosten (§ 1968 BGB).

Damit der Erbe sich zunächst einen Überblick über die Erbschaftsverhältnisse verschaffen kann, gewährt das Gesetz im § 2014 BGB dem Erben die so genannte **Dreimonatseinrede** gegenüber den Nachlassgläubigern: Er kann die Erfüllung der Schulden in den ersten drei Monaten nach Annahme der Erbschaft verweigern, ohne dass die Gläubiger ihn auf Erfüllung verklagen können.

Grundsätzlich haften Erben nicht nur mit dem Nachlassvermögen, sondern auch mit ihrem Eigenvermögen. Das Gesetz sieht jedoch Möglichkeiten vor, mit denen der Erbe die Haftung auf den Nachlass beschränken kann (§§ 1975 ff. BGB):

- Auf Antrag des Erben oder eines Gläubigers wird vom Nachlassgericht eine **Nachlassverwaltung** angeordnet: Ein **Nachlasspfleger** übernimmt dann die Befriedigung der Gläubiger aus dem Nachlass. Dieses Vorgehen empfiehlt sich bei unübersichtlichem Nachlass und kann innerhalb der ersten zwei Jahre nach Annahme der Erbschaft beantragt werden.

- Bei Verdacht auf Überschuldung des Nachlasses können Erbe oder Gläubiger ein **Nachlassinsolvenzverfahren** eröffnen lassen. Erlangt der Erbe Kenntnis davon, dass der Nachlass überschuldet ist, so ist er hierzu verpflichtet.

In beiden Fällen (Nachlassverwaltung, Nachlassinsolvenz) findet eine **Güterabsonderung** zwischen Nachlassvermögen und Eigenvermögen statt und die Haftung für Nachlassverbindlichkeiten ist auf den Nachlass beschränkt. Außerdem geht die Verfügungs- und Verwaltungsgewalt in den beiden Fällen auf den Nachlass- bzw. Insolvenzverwalter über.

3 Handels- und Gesellschaftsrecht

Das nun folgende Kapitel behandelt die Grundzüge des Handels- und Gesellschafts- rechts, die für alle Kaufleute von grundsätzlicher Bedeutung sind. Im Gegensatz zum Bürgerlichen Recht fordert der Rahmenlehrplan des DIHK nur an einigen Stellen tiefer- gehende Kenntnisse. Dies wurde bei der Darstellung der Themen berücksichtigt.

Hinweis: Das Recht des Handelsvertreters – welches systematisch zum Handelsrecht gehört – wird im *Kapitel 4* auf Grund der besonderen Bedeutung für die Branche gesondert dargestellt.

3.1 Begriffe und Rechtsquellen des Handels- und Gesell- schaftsrechts

Das Handelsrecht gehört zum Privatrecht und wird als **„Sonderprivatrecht der Kaufleute"** bezeichnet. Diese Definition weist auf zwei grundsätzliche Besonderheiten hin:

- Der Begriff des **Sonderprivatrechts** zeigt, dass Handelsrecht als spezielles Recht den allgemeinen privatrechtlichen Regelungen, insbesondere denen des BGB, vorgeht. Dies gilt selbstverständ- lich nur, wenn tatsächlich entsprechende handelsrechtliche Vor- schriften existieren. Ist das nicht der Fall, gelten auch für Kauf- leute die allgemeinen Normen des BGB.

So regelt das Handelsrecht natürlich nicht, wie ein Kaufvertrag zustande kommt, auch wenn er zwischen zwei Kaufleuten geschlossen wird. Insofern ist auf Regelungen des BGB zurückzugreifen. Sollte der Kaufgegenstand aber einen Mangel haben, so sieht das HGB zum Teil vom BGB abweichende Regelungen vor. Dann werden die Vor- schriften des BGB „verdrängt". Eine genauere Betrachtung dieser „Sonderregelun- gen" finden Sie unter *Kap. 3.6 Handelsgeschäfte*.

- Zum anderen ist Handelsrecht **Kaufmannsrecht,** d. h. diese Rechtsnormen gelten ausschließlich für Kaufleute. Wer ein Kauf- mann im handelsrechtlichen Sinne ist, wird in §§ 1–7 HGB defi- niert *(Näheres folgt im Kapitel 3.2 Kaufmann nach HGB)*.

Im deutschen Recht wird also ein „Filter" vor das Handelsrecht geschaltet: Nur wer Kaufmann ist, soll den handelsrechtlichen Vorschriften unterworfen sein. Das bedeutet für Sie: Vor der Anwendung einer handelsrechtlichen Vorschrift müssen Sie zunächst die Kaufmannseigenschaft der Beteiligten überprüfen.

Es sei schon an dieser Stelle angemerkt, dass sich dieser rechtliche Kaufmannsbegriff nicht unerheblich von dem unterscheidet, was man sich im allgemeinen Sprachge- brauch unter einem Kaufmann vorstellt.

Wo finden sich nun handelsrechtliche Vorschriften? Wichtigste Rechtsquelle des Handelsrechts ist das **Handelsgesetzbuch (HGB).** Es trat zusammen mit dem BGB am 1. Januar 1900 in Kraft. Aber auch andere Gesetze enthalten Handelsrecht, also nur für Kaufleute geltende Regelungen.

Wichtige Vorschriften für Kaufleute außerhalb des HGB sind:
- § 29 Abs. 2 und § 38 Abs. 1 ZPO:
  Ausnahme vom grundsätzlichen Verbot der Gerichtsstandsvereinbarung;
- § 53 BörsG: Termingeschäftsfähigkeit.

Andererseits sind nicht alle Regelungen des HGB solche des Handelsrechts. So enthalten die §§ 59–83 HGB (Handelsgehilfe/Handelslehrling) arbeitsrechtliche, die §§ 105–237 HGB (Handelsgesellschaften und stille Gesellschaft) gesellschaftsrechtliche Vorschriften. Daneben sind die Regelungen über das Handelsregister und die Handelsbücher eher als öffentliches Recht einzustufen, da sie öffentlich-rechtliche Pflichten des Kaufmanns normieren (z. B. Pflicht zur Eintragung ins Handelsregister und zur kaufmännischen Buchführung).

Unter Gesellschaftsrecht versteht man grundsätzlich das **„Recht der privatrechtlichen Personenvereinigungen"**. Die Darstellung in diesem Buch wird sich hierbei nur auf Gesellschaften mit unternehmerischem Zweck konzentrieren. Außerdem werden Sie sehen, dass auch Gesellschaften mit nur einem Gesellschafter möglich sind (GmbH, AG), eine Personen*vereinigung* in diesen Fällen ausnahmsweise also nicht zwingend ist.

Die gesetzlichen Grundlagen des Gesellschaftsrechts sind nahezu so vielfältig wie die unterschiedlichen Gesellschaftsformen. Eine Darstellung der verschiedenen Gesellschaftsformen und deren Rechtsgrundlagen enthält *Kapitel 3.7 Rechtsformen der Unternehmen des Privatrechts.*

Erwähnt sei hier, dass auch das **HGB** Gesellschaftsrecht enthält: Die §§ 105–237 regeln das Recht der offenen Handelsgesellschaft (OHG), der Kommanditgesellschaft (KG) und der stillen Gesellschaft.

Rechtsquellen des Gesellschaftsrechts außerhalb des HGB sind z. B:
- **BGB** (Gesellschaft Bürgerlichen Rechts),
- **Partnerschaftsgesetz** (Partnerschaftsgesellschaft der freien Berufe),
- **Aktiengesetz** (Aktiengesellschaft, Kommanditgesellschaft auf Aktien),
- **GmbH-Gesetz** (GmbH),
- **Genossenschaftsgesetz** (Genossenschaft),
- **VAG** (Versicherungsverein auf Gegenseitigkeit).

Zum Schluss dieser kurzen Einführung verschaffen Sie sich bitte anhand des Inhaltsverzeichnisses des HGB einen Überblick über dessen Struktur. Die folgende Übersicht, die auch Verweise auf entsprechende Kapitel dieses Buches enthält, soll Sie dabei unterstützen.

1. Buch	**Handelsstand** **(§§ 1–104 HGB)**	Kaufmannseigenschaft *(3.2)* Handelsfirma *(3.3)* Handelsregister *(3.4)* Prokura und Handlungsvollmacht *(3.5)* Handlungsgehilfen/Handlungslehrlinge Handelsvertreter/Handelsmakler *(4)*
2. Buch	**Handelsgesellschaften und** **stille Gesellschaft** **(§§ 105–237 HGB)**	OHG *(3.7.3)* KG *(3.7.3)* stille Gesellschaft *(3.7.3)*
3. Buch	**Handelsbücher** **(§§ 238–342 HGB)**	
4. Buch	**Handelsgeschäfte** **(§§ 343–475 HGB)**	allgemeine Vorschriften *(3.6.1)* Handelskauf *(3.6.2)* Kommissionsgeschäft/Spedition/Lager/ Fracht/Eisenbahn
5. Buch	**Seehandel** **(§§ 476–905 HGB)**	(i. d. R. unbedeutend, daher in den meisten Textsammlungen nicht abgedruckt)

Übersicht 51:
Aufbau des HGB

Am 1. Juli 1998 traten die wesentlichen Teile des Handelsrechtsreformgesetzes (HRefG) in Kraft. Mit diesem Gesetz hat der Gesetzgeber grundlegende Bereiche des HGB modernisiert, die bis dahin seit 1900 nahezu unverändert geblieben waren. Die Reform wurde seitens der Wirtschaft schon lange eingefordert. Das HRefG geht zurück auf Vorschläge, die 1987 durch den DIHK und die Industrie- und Handelskammern vorgelegt wurden. Auf Grund des stärkeren Zusammenwachsens der EU-Länder wurde zuletzt der Druck auf den Gesetzgeber größer, bestimmte HGB-Regelungen den in Europa üblichen Bestimmungen anzugleichen. Die wesentlichen Veränderungen im Überblick:

■ Die Regelungen zum Begriff des Kaufmanns wurden vollständig überarbeitet und dabei wesentlich vereinfacht. Vor allem gibt es nun keine getrennten Regelungen mehr für Handelsgewerbe, Dienstleistungen oder sonstige Gewerbe, sondern eine gemeinsame Kaufmannsdefinition.

■ Die neuen Vorschriften zur Firmierung lassen mehr Möglichkeiten zu. Es können auch Fantasiebezeichnungen als Firma gewählt werden, was einprägsamer und damit werbewirksamer sein kann.

■ Nach Ausscheiden eines Gesellschafters aus einer Personenhandelsgesellschaft besteht diese nach der neuen Gesetzeslage grundsätzlich weiter. Dies musste bisher durch den Gesellschaftsvertrag so geregelt sein, andernfalls sah das Gesetz eine automatische Auflösung der Gesellschaft vor.

3.2 Kaufmann nach HGB

Wer Kaufmann ist, definieren die §§ 1–7 des HGB. Das Gesetz beginnt in § 1 Abs. 1 HGB mit der Aussage, dass **„Kaufmann ist, wer ein Handelsgewerbe betreibt".** Grundvoraussetzung ist demnach, dass ein Gewerbe vorliegt. Wer kein Gewerbe betreibt, kann niemals Kaufmann sein. Ein Gewerbe ist

- jede **selbstständige,**
- auf **Gewinnerzielung** gerichtete,
- auf **Dauer** angelegte Tätigkeit,
- mit der man sich **am allgemeinen wirtschaftlichen Verkehr beteiligt** und
- die **kein freier Beruf** ist.

Von vornherein keine Kaufleute sind folglich:
- der Geschäftsführer einer GmbH (er ist angestellt),
- ein mildtätiger Verein (er bezweckt keine Gewinnerzielung),
- ein Arzt, eine Rechtsanwältin (freier Beruf).

In den folgenden Fällen liegt ebenfalls kein Gewerbe vor:
- nur gelegentliche Grundstücksvermittlung (nicht auf Dauer angelegt),
- Untervermietung eines Teils der eigenen Wohnung (keine Teilnahme am allgemeinen wirtschaftlichen Verkehr).

3.2.1 Istkaufmann (§ 1 HGB)

Nach § 1 Abs. 2 HGB ist zunächst jeder Gewerbebetrieb ein Handelsgewerbe. I. V. m. § 1 Abs. 1 HGB bedeutet das, dass ein Gewerbetreibender Kaufmann im Sinne des HGB ist.

> Die Istkaufmannseigenschaft entsteht **mit der Aufnahme der Geschäftstätigkeit.** Eine Eintragung ins Handelsregister ist zur Begründung der Kaufmannseigenschaft nicht erforderlich. Dennoch ist sie gesetzlich vorgeschrieben, denn jeder Kaufmann muss im Handelsregister eingeschrieben sein. Die Eintragung hat dann nur noch **deklaratorische,** d. h. rechtsbekundende **Wirkung:** Es wird durch den Eintrag kein neuer Rechtstatbestand erzeugt, sondern nur ein vorhandener veröffentlicht.

Das Entstehen der Kaufmannseigenschaft zieht alle im HGB aufgeführten Rechte und Pflichten eines Kaufmannes nach sich. Für Kleingewerbetreibende könnte dies zu Schwierigkeiten führen.

Beispiel:
Stellen Sie sich eine nette ältere Dame vor, die entgegen allen Strömungen des Zeitgeistes einen kleinen Lebensmittelladen betreibt. Damit macht sie nichts anderes, als selbstständig und auf Dauer angelegt mit Waren zu handeln (kein freier Beruf!), um Gewinne zu erzielen. Sie betreibt also ein Gewerbe und wäre demnach als Kaufmann verpflichtet, sich im Handelsregister eintragen zu lassen und – für sie vermutlich eine unüberwindliche Hürde – eine kaufmännische Buchführung zu führen.

§ 1 Abs. 2 HGB ergänzt deshalb: Kann ein Gewerbetreibender darlegen, dass das Unternehmen nach Art oder Umfang einen in kaufmännischer

Weise eingerichteten Geschäftsbetrieb *nicht* erfordert, so liegt kein Handels-gewerbe vor. **Der Kleingewerbetreibende ist also *nicht* Kaufmann.**

Das Problem verlagert sich jedoch damit auf die Fragestellung: Wann erfor-dert ein Unternehmen nach Art oder Umfang einen in kaufmännischer Weise eingerichteten Geschäftsbetrieb? Folgende Größen werden vor allem zur Beurteilung dieser Frage herangezogen:

- Umsatz des Unternehmens (wichtigstes Indiz!),
- Anzahl der Beschäftigten,
- Anlage- und Umlaufvermögen des Unternehmens,
- Zahl der Betriebsstätten.

Es können dazu keine konkreten Zahlen genannt werden. Der Grund: Diese sind von Branche zu Branche, unter Umständen sogar von Region zu Region, unterschiedlich. Die jeweils zuständige Kammer hält hier Richtwerte bereit. Die folgenden Umsatzzah-len (in EUR) sollen als Beispiel dienen:

Branche	Eintragungspflicht
Produktion	300 000
Großhandel	300 000
Einzelhandel	250 000
Dienstleistungen	175 000
Handelsvertreter	120 000
Gaststätten	300 000
Hotels (ohne Gaststätten)	250 000

3.2.2 Kannkaufmann bei Kleingewerbetreibenden (§ 2 HGB)

§ 2 HGB stellt es dem Kleingewerbetreibenden frei, sich dennoch in das Handelsregister eintragen zu lassen und somit die Kaufmannseigenschaft zu erwerben. Eine Verpflichtung dazu besteht jedoch nicht.

> Wichtig: Anders als beim Istkaufmann (kraft Handelsgewerbe) ist die Handelsregistereintragung also unbedingte Voraussetzung für den Erwerb der Kaufmannseigenschaft. Die Eintragung hat hier **konstitutive,** d. h. **rechtserzeugende Wirkung,** denn erst durch die Eintragung wird die Kaufmannseigenschaft erworben.

Ist die Eintragung erfolgt, so findet eine Löschung der Firma auch auf Antrag des Unternehmers statt, sofern nicht mittlerweile ein nach Art oder Umfang in kaufmännischer Weise eingerichteter Geschäftsbetrieb erforderlich ge-worden ist.

3.2.3 Kannkaufmann bei Land- und Forstwirten (§ 3 HGB)

Eine privilegierte Stellung kommt nach § 3 HGB land- und forstwirtschaftlichen Unternehmern zu. Sie können unter *zwei* Voraussetzungen Kaufleute werden. Der Gewerbebetrieb muss:

- **nach Art und Umfang einen in kaufmännischer Weise eingerichteten Geschäftsbetrieb erfordern** *und*

- **im Handelsregister eingetragen** sein (auch in diesem Fall: Erst mit dem Registereintrag entsteht die Kaufmannseigenschaft, die Eintragung hat **konstitutive Wirkung**).

Die Besonderheit im Vergleich zum Istkaufmann besteht darin, dass die **Eintragung ins Handelsregister** freiwillig ist. Es steht somit im Belieben eines Land- oder Forstwirts, ob er Kaufmann werden möchte oder nicht, auch wenn er einen Betrieb größeren Umfangs führt.

3.2.4 Formkaufmann (§ 6 HGB)

Die **Aktiengesellschaft** (AG), die **Gesellschaft mit beschränkter Haftung** (GmbH), die **eingetragene Genossenschaft** (eG) sowie die **Kommanditgesellschaft auf Aktien** (KGaA), **Offene Handelsgesellschaft** (OHG) und **Kommanditgesellschaft** (KG) werden bereits **kraft ihrer Rechtsform Kaufmann.** Der Erwerb der Kaufmannseigenschaft vollzieht sich also unabhängig davon, welches Gewerbe in welchem Umfang betrieben wird. Dies ergibt sich aus § 6 Abs. 2 HGB i. V. m. § 3 AktG bzw. § 13 Abs. 3 GmbHG und § 17 GenG.

Beachten Sie aber auch hier: Die Kaufmannseigenschaft entsteht erst mit Eintragung ins Handels- bzw. Genossenschaftsregister (**konstitutive Wirkung** des Eintrags), denn zu diesem Zeitpunkt entsteht auch erst die juristische Person!

Übersicht 52:
Kaufleute nach
HGB

	Istkaufmann (§ 1 HGB)	Kannkaufmann bei Kleingewerbebetreibenden (§ 2 HGB)	Kannkaufmann bei Land- und Forstwirten (§ 3 HGB)	Formkaufmann (§ 6 HGB)
Geltungskreis	Alle Gewerbebetriebe mit Ausnahme der Kleingewerbetreibenden	jeder Kleingewerbetreibende, der sich hat eintragen lassen	jeder Land- und Forstwirt, der sich hat eintragen lassen	alle Handelsgesellschaften
Nach Art und Umfang in kaufmännischer Weise eingerichteter Geschäftsbetrieb erforderlich?	ja	nein	ja	nein
Rechtswirkung der Eintragung	deklaratorisch	konstitutiv		

Häufiger Fehler: Nicht der Vorstand einer AG oder der Geschäftsführer einer GmbH sind Kaufleute, sondern nur die AG bzw. die GmbH selbst! Vorstand bzw. Geschäftsführer sind gesetzliche Vertreter des Kaufmanns.

3.2.5 Kaufmann kraft Eintragung (§ 5 HGB)

§ 5 HGB enthält keine eigene Kaufmannsart, sondern stellt lediglich die Folge einer Eintragung eines Unternehmens im Handelsregister dar: **Wer im Handelsregister steht, muss sich als Kaufmann behandeln lassen.**

§ 5 HGB ist im Gesetz belassen worden, obwohl er keine Bedeutung mehr hat: Bereits der neugefasste § 2 HGB stellt fest, dass jeder eingetragene Gewerbetreibende Kaufmann ist.

3.2.6 Scheinkaufmann (gewohnheitsrechtliches Institut)

Der Vollständigkeit halber sei noch darauf hingewiesen, dass auch ein Auftreten als Kaufmann, insbesondere die ausdrückliche Behauptung ein solcher zu sein, dazu führen *kann,* dass man sich im Geschäftsverkehr nach handelsrechtlichen Vorschriften behandeln lassen muss.
Durch ein solches Verhalten wird nämlich der **Rechtsschein** einer bestehenden Kaufmannseigenschaft erzeugt. Man spricht deshalb auch vom so genannten **Scheinkaufmann.** Auch hier zählt dann der Einwand nicht, man sei doch „in Wirklichkeit kein Kaufmann".

Dieses Thema ist äußerst komplex und in seinen Einzelheiten nicht unumstritten, zeigt aber, dass insbesondere im Handelsrecht auch aus einem erzeugten Rechtsschein Rechtsfolgen abgeleitet werden können. Allerdings muss der erzeugte Rechtsschein der entsprechenden Person zuzurechnen sein, von ihr also veranlasst worden sein.

3.3 Handelsfirma

Eine Handelsfirma (schlicht: **Firma**) ist der im Handelsregister eingetragene **Name eines Kaufmanns, unter dem er seine Geschäfte betreibt, seine Unterschrift abgibt, klagen und verklagt werden kann** (§ 17 HGB).

Mit dem allgemeinen Sprachgebrauch, der den Begriff der Firma als Synonym für Unternehmen, Betrieb o. ä. verwendet, hat dieser *handelsrechtliche* Firmenbegriff also nur wenig zu tun.

Man unterscheidet bei einer Firma den so genannten **Firmenkern** von den **Firmenzusätzen.** Der Firmenkern ist der eigentliche Name des Unternehmens, während der Zusatz oder die Zusätze nähere Informationen über die Rechtsform bzw. die Haftungsverhältnisse enthalten.

Nach der Art des Firmenkerns unterscheidet man wiederum:

- **Personenfirma** (Firma besteht aus einem oder mehreren bürgerlichen Namen),
- **Sachfirma** (Firma nennt den Gegenstand des Unternehmens),
- **Phantasiefirma** (Firma ist eine „Kunstbezeichnung", die nicht dem Gegenstand des Unternehmens zu entnehmen ist und auch keine Personennamen enthält),
- **Mischfirma** (Firma enthält Elemente von Personen-, Sach- oder Phantasiefirma).

Diese unterschiedlichen Formen der Firmierung sind grundsätzlich bei allen Unternehmensrechtsformen denkbar. Die Firma muss gemäß § 19 HGB außerdem einen Firmenzusatz enthalten, der über die Rechtsform des Unternehmens Auskunft gibt (z. B. OHG, Kommanditgesellschaft).

Durchaus berechtigt ist aber nun die Frage, was bei der Wahl der Handelsfirma überhaupt gesetzlich zu regeln sei? Schließlich dürfen ja auch Eltern ihre Kinder nach Belieben benennen (von Extremfällen einmal abgesehen). Allerdings ist im Handelsverkehr die Interessenlage auch eine deutlich andere:

- Ein Geschäftspartner soll anhand der Firma sofort über die **Haftungsverhältnisse** des Unternehmens informiert werden, um sein persönliches Risiko einschätzen zu können. Dazu gehört auch die Vermeidung einer **Verwechslungsgefahr** mit anderen Unternehmen.

- Eine bekannte, gut eingeführte Firma ist ein wirtschaftlicher Wert an sich, den man auch als **Goodwill** (good will; engl.: Firmenansehen, Kredit, Ruf) bezeichnet. Es ist deshalb sicherzustellen, dass sich nicht andere („Trittbrettfahrer") dieses Vorteils bemächtigen. Außerdem soll dieser Goodwill nach Möglichkeit auch bei einem Inhaberwechsel erhalten bleiben.

Diesen Anforderungen tragen die §§ 17–37a HGB Rechnung.

3.3.1 Firmengrundsätze

Neben den oben erwähnten **konkreten Anweisungen für die Wahl der Rechtsformzusätze** bei den einzelnen Unternehmensformen werden aus diesen Vorschriften auch die so genannten **Firmengrundsätze** abgeleitet, die **bei jeder Firmenwahl zu beachten** sind:

- **Grundsatz der Unterscheidungskraft der Firma** (§ 18 Abs. 1 HGB).
  Das HGB bestimmt, dass die Firma zur **Kennzeichnung des Kaufmanns** geeignet sein muss und **hinreichend Unterscheidungskraft** im Vergleich zu anderen Firmen besitzen muss.

- **Grundsatz der Firmenwahrheit und Firmenklarheit** (u. a. aus § 18 Abs. 2 HGB).

  Eine Firma darf keine Angaben enthalten, die geeignet sind, über geschäftliche Verhältnisse, die für die angesprochenen Verkehrskreise wesentlich sind, irrezuführen.

Beispiel:

Ein Metallwerk darf nicht durch Zusatz als „Holzverarbeitung" umdeklariert werden. Einem ortsansässigen Buchhändler wäre die zusätzliche Bezeichnung als „zentraler Buchvertrieb Westeuropa" versagt, und „Dr. Franz Kaiser e. K." darf als solcher nur firmieren, wenn er tatsächlich mit diesem akademischen Grad gesegnet ist. Auch darf eine GmbH nicht durch Wahl eines anderen Rechtsformzusatzes (z. B. OHG) eine unbeschränkte Haftung vortäuschen.

- **Grundsatz der Firmenbeständigkeit** (aus §§ 21–27 HGB).

  Der Grundsatz der Firmenbeständigkeit schränkt den Grundsatz der Firmenwahrheit wieder ein. Ausnahmsweise ist im Interesse der **Erhaltung des Goodwill** die Fortführung einer nicht mehr zutreffenden Firma statthaft, wenn

  – sich der **Name** (nicht die Person) des Inhabers z. B. durch Heirat **ändert** (§ 21 HGB),

Beispiel:

Nimmt der Inhaber des Unternehmens mit der Firma „Dieter Kaiser e. K." nach einer Heirat den Namen seiner Frau an, entspricht die bisherige Firma nicht mehr dem Grundsatz der Firmenwahrheit, denn der Inhaber ist nicht mehr Dieter Kaiser, sondern z. B. Dieter König. In diesem Falle ist aber die Fortführung der Firma „Dieter Kaiser e. K." statthaft.

  – ein **Handelsgeschäft** von einem anderen **erworben** wird und der ehemalige Inhaber mit der Fortführung der bisherigen Firma einverstanden ist (§ 22 HGB) oder

Beispiel:

Entgegen einer weitverbreiteten Meinung ist es also nicht von vornherein zulässig, die bisherige Firma mit einem Nachfolgezusatz (z. B. Müller e.K. Nachf. Maier) zu versehen und fortzuführen. Ob mit oder ohne Nachfolgezusatz: Es kommt immer auf das Einverständnis des früheren Inhabers an.

Beachten Sie des weiteren: mit der (einverständlichen) Fortführung der bisherigen Firma wachsen dem neuen Inhaber erhebliche Verpflichtungen zu. Nach § 25 Abs. 1 HGB haftet er dann neben dem ehemaligen Inhaber für sämtliche Verbindlichkeiten des Unternehmens, die bis zum Inhaberwechsel entstanden sind. Allerdings kann er diese Haftung nach § 25 Abs. 2 HGB durch einen entsprechenden Eintrag im Handelsregister ausschließen. Führt er hingegen das Unternehmen unter einer neuen Firma weiter, haftet er nach § 25 Abs. 3 HGB nur für die nach dem Inhaberwechsel – also im Rahmen seiner eigenen Unternehmertätigkeit – entstandenen Verbindlichkeiten.

  – ein **Gesellschafterwechsel** in einer Personenhandelsgesellschaft erfolgt, d.h. wenn ein oder mehrere Gesellschafter hinzukommen oder austreten, wobei es bei einem Austritt wiederum auf das Einverständnis des austretenden Gesellschafters ankommt (§ 23 HGB).

■ **Grundsatz der Firmenausschließlichkeit** (§ 30 HGB).
Eine Firma muss so gewählt werden, dass **keine Verwechslungsgefahr** mit einer anderen im selbem Ort oder in derselben
Gemeinde verwendeten und ins Handelsregister (oder Genossenschaftsregister) eingetragenen Firma besteht.

Beispiel:
Heinz Maier, der eine Getränkehandlung betreibt, will sich ins Handelsregister eintragen lassen. Wenn dort aber bereits ein anderer Heinz Maier e.K. eingetragen ist, muss
die geplante Firma so erweitert werden, dass eine Verwechslung ausgeschlossen ist,
z. B. Heinz Ferdinand Maier e. K. oder Maier e. K. Getränkehandlung.

§ 5 Markengesetz schützt darüber hinaus das Recht auf ausschließliche Verwendung
einer Firma auch außerhalb derselben Gemeinde. Ebenfalls werden durch diese Vorschrift andere Unternehmenskennzeichen (z. B. von Nichtkaufleuten) geschützt, die
keine Firma sind. Voraussetzung für den Schutz durch das Markengesetz ist aber eine
mit der Firma oder Geschäftsbezeichnung verbundene Unterscheidungskraft.

■ **Grundsatz der Firmenöffentlichkeit** (§ 29 HGB).
Hierunter versteht man lediglich die Pflicht jedes Kaufmanns, sich
zur Eintragung ins Handelsregister beim zuständigen Registergericht anzumelden. Eine solche Anmeldung bedarf nach
§ 12 HGB der notariellen Beglaubigung.

3.3.2 Angaben auf Geschäftsbriefen

§ 37a HGB nennt die **Mindestangaben auf Geschäftsbriefen eines Kaufmanns,** sofern diese an einen bestimmten Empfänger gerichtet sind (Min-
destanforderungen gelten auch für Bestellscheine):

■ Firma,
■ Rechtsformzusatz,
■ Ort der Handelsniederlassung,
■ Registergericht,
■ Registernummer.

Diese Regelungen gelten analog auch für die Partnerschaftsgesellschaft (§ 7 Abs. 5
PartGG i. V. m. § 125 a Abs. 1 Satz 1 und Abs. 2 HGB).

3.4 Handelsregister

Das Handelsregister ist das **Verzeichnis aller Kaufleute eines Amtsge-
richtsbezirks.** Es wird beim Amtsgericht geführt (§ 8 HGB). Im Gegensatz
zum Grundbuch ist jedermann zur Einsicht berechtigt. Von den Eintragungen
kann man beim Amtsgericht Abschriften erhalten (§ 9 HGB). **Eintragungen**
im Handelsregister **werden** sowohl im Bundesanzeiger als auch in mindestens einer (ortsansässigen) Zeitung **bekannt gemacht** (§§ 10, 11 HGB).

Das Handelsregister hat zwei Abteilungen:

- **Abteilung A:** enthält Einzelunternehmungen, Personenhandels-
  gesellschaften (OHG, KG),
- **Abteilung B:** enthält Kapitalgesellschaften (AG, GmbH, KGaA),
  VVaG.

Folgende Informationen kann man dem Handelsregister entnehmen:

- **Firma** und **Sitz** des Unternehmens,
- **Inhaber** bzw. **persönlich haftende Gesellschafter** und **Kom-
  manditisten**,
- **Prokuristen**,
- **Vertretungsverhältnisse**,
- zusätzlich bei Kapitalgesellschaften: **Gegenstand des Unter-
  nehmens, gesetzliche Vertreter, gezeichnetes Kapital** oder
  Stammkapital.

Löschungen im Handelsregister erkennt man an einer **roten Unterstrei-
chung** („Rötung") der entsprechenden Information.

Eintragungen im Handelsregister können **deklaratorische** oder **konstitutive
Wirkung** haben:

- **Deklaratorisch** wirkende Eintragungen sind **rechtsbekundend;**
  sie geben also lediglich einen bereits *vor* Eintragung schon existierenden Sachverhalt bekannt. Wichtige Beispiele: **Kaufmannseigenschaft des Istkaufmanns** *(vgl. Kap. 3.2.1)* und **Prokura**
  (vgl. Kap. 3.5.2)

- **Konstitutiv** wirkende Eintragungen sind **rechtserzeugend,** d. h.
  der entsprechende Sachverhalt *entsteht erst mit der Eintragung.*
  Wichtige Beispiele hierfür sind: **Kaufmannseigenschaft von
  Kann- und Formkaufleuten** *(vgl. Kap. 3.2),* **Rechtsfähigkeit von
  Kapitalgesellschaften** *(vgl. Kap. 2.3.2)* und **beschränkte Haftung
  des Kommanditisten** *(vgl. Kap. 3.7.3).*

Publizität des Handelsregisters

Die besondere Bedeutung des Handelsregisters ergibt sich aus § 15 HGB.
Dort ist die **Publizität des Handelsregisters** geregelt. § 15 HGB gibt also
Antwort auf die Frage, in welchem Maße man auf Eintragungen im Handelsregister vertrauen kann (Abs. 1 und 3) und was Eintragungen bewirken, auch
wenn sie *nicht* zur Kenntnis genommen werden (Abs. 2).

Jeder **Absatz** des § 15 HGB enthält hierbei eine eigenständige Regelung:

- **§ 15 Abs. 1 HGB** regelt die so genannte **„negative Publizität"** des Handelsregisters:

  Solange eine Tatsache nicht eingetragen und bekannt gemacht ist, muss sie ein Dritter auch nicht gegen sich gelten lassen. **Auf das Schweigen des Handelsregisters ist Verlass.** Darauf kann sich aber nicht mehr berufen, wer über die tatsächliche Rechtslage informiert ist (wer also nicht mehr gutgläubig ist).

Beispiel:

Dem Prokuristen Paul wurde von seinem Arbeitgeber Anton gekündigt. Die Prokura ist somit erloschen. Allerdings wurde die Löschung noch nicht im Handelsregister eingetragen und bekannt gemacht. Paul schließt nun mit Gustav einen Kaufvertrag im Namen des Anton. Muss Anton den Vertrag erfüllen, wenn

a) Gustav von der Kündigung des Paul nichts wusste?
   Ja, denn das Schweigen des Handelsregisters schützt den Gustav (übrigens auch dann, wenn er gar nicht ins Handelsregister gesehen hat).
b) Gustav von der Kündigung wusste?
   Nein, denn das Schweigen des Handelsregisters schützt nicht den Bösgläubigen.
c) (für Fortgeschrittene) Gustav von der Kündigung nichts wusste, die Löschung im Handelsregister zwar eingetragen, aber noch nicht bekannt gemacht war?
   Ja, dies ergibt sich aus dem Wortlaut des § 15 Abs. 1 HGB: solange ... nicht eingetragen und bekannt gemacht wurde ...

- **§ 15 Abs. 2 HGB** stellt fest:
  Nach Eintragung und Bekanntmachung einer Tatsache kann niemand vorbringen, er habe diese Tatsache nicht gekannt. Allerdings gilt eine „Schonfrist" von 15 Tagen ab der Bekanntmachung, sofern der Betroffene nachweisen kann, dass er Eintragung und Bekanntmachung nicht kannte und auch nicht kennen musste.

Führen wir unser **Beispiel** von oben weiter:

Wäre die Löschung der Prokura des Paul vor dem Vertragsschluss mit Gustav eingetragen und bekannt gemacht worden, könnte sich Gustav nicht auf seine Unkenntnis über die Kündigung berufen. Wenn Gustav das Handelsregister und die Bekanntmachungen als Informationsquelle nicht nutzt, handelt er fahrlässig und ist nicht schutzwürdig. Auch wenn der Vertragsschluss innerhalb der 15-Tage-Frist nach Bekanntmachung erfolgte, wird es Gustav nicht leicht fallen, sein „Nicht-Kennen-Müssen" zu beweisen. Insbesondere Kaufleute haben sich nämlich ständig über Änderungen im Handelsregister zu informieren.
Beachten Sie: Banken gehen dieser Regelung aus dem Weg. In ihren AGB legen sie meist fest, dass eine Prokura so lange als nicht widerrufen gilt, bis sie der Bank gegenüber widerrufen wird.

- **§ 15 Abs. 3 HGB** regelt die so genannte **„positive Publizität":** **Auch unrichtige Eintragungen gelten einem Gutgläubigen gegenüber als richtig.** Geschützt wird also wiederum nur, wer an die Richtigkeit der Eintragung glaubt, weil er die wahre Rechtslage nicht kennt.

Hierzu eine wesentliche Anmerkung:

Stellen Sie sich Folgendes vor: Sie werden versehentlich als persönlich haftender Gesellschafter einer OHG eingetragen. Jetzt verlangen die Gläubiger der OHG von Ihnen Zahlung. Sie erkennen an diesem Beispiel: Nicht jede Falscheintragung darf zur Haftung des Eingetragenen führen. Voraussetzung ist, dass Sie diese Eintragung „veranlasst" haben. Dazu genügt dann aber schon, dass Sie – um das Beispiel fortzuführen – einen Antrag auf Eintragung einer Einzelunternehmung gestellt haben. Es ist Ihnen nämlich dann zuzumuten, den richtigen Vollzug der von Ihnen beantragten Eintragung zu kontrollieren.

Abb. 2:
Beispiel für einen
Handelsregister-
auszug

Abteilung B						HR B 12055
Nummer der Eintragung	a) Firma b) Sitz c) Gegenstand des Unternehmens	Gez. Kapital oder Stammkapital	Geschäftsinhaber, Persönlich haftende Gesellschafter, Geschäftsführer, Abwickler	Prokura	Rechtsverhältnisse	a) Tag der Eintragung und Unterschrift b) Bemerkungen
1	2	3	4	5	6	7
1	a) **Hessische Bank AG** Filiale Wiesbaden b) Wiesbaden Zweigniederlassung der Firma **„Hessische Bank AG"** mit Sitz in Frankfurt c) Betrieb von Bankgeschäften aller Art und von damit zusammenhängenden Geschäften	80 000 000,00 EUR	Dr. Harms Winter, Bankdirektor, Frankfurt, Dr. Manfred Müller, Bankdirektor, Frankfurt, Ernst Haase, Bankdirektor, Wiesbaden, Dirk Maier, Bankdirektor, Wiesbaden, Hans Schwarz, Bankdirektor, Frankfurt	Prokuristen, je vertretungsberechtigt mit einem Vorstandsmitglied oder einem Prokuristen: Jost Kahler, Wiesbaden, Dr. Richard Scharf, Mainz, <u>Horst Schulz, Darmstadt,</u> Martin Hauser, Frankfurt	Satzung vom 10. April 1921, mehrfach geändert, zuletzt geändert und neu gefasst am 18. November 2001. Die Gesellschaft wird durch zwei Vorstandsmitglieder oder durch ein Vorstandsmitglied und einen Prokuristen vertreten.	20.05.1985
2				Die Prokura für Horst Schulz ist erloschen		15.12.98

3.5 Vertretung des Kaufmanns

Der Handelsverkehr stellt besondere Anforderungen an Schnelligkeit und Eindeutigkeit bei der Abwicklung von Rechtsgeschäften. Eine unklare und in jedem Einzelfall zu überprüfende Vollmachtslage stünde dem entgegen. Deswegen werden im HGB **zwei „Standardvollmachten des Handelsrechts"** geregelt: die **Handlungsvollmacht** (§ 54 HGB) und die **Prokura** (§ 48 HGB). Sie bieten den Vorteil, dass im Geschäftsverkehr grundsätzlich von diesen Bezeichnungen direkt auf den Umfang der Vollmacht geschlossen werden kann.

Damit keine Missverständnisse entstehen: Selbstverständlich steht es einem Kaufmann offen, ganz gewöhnliche zivilrechtliche Vollmachten zu erteilen *(vgl. Kap. 2.3.3 Rechtsgeschäftliche Vertretung).* Die **Möglichkeiten der Vollmachtserteilung** werden also **für den Kaufmann** um Handlungsvollmacht und Prokura **erweitert.**

Beispielsweise kann auch ein Kaufmann eine **Generalvollmacht** erteilen, die dann den Abschluss sämtlicher Rechtsgeschäfte umfasst, für die eine Vertretung gesetzlich möglich ist.

Eine Besonderheit enthält schließlich § 56 HGB: Wer in einem Laden oder einem Lager angestellt ist, gilt für den Außenstehenden immer als bevollmächtigt, Waren im gewöhnlichen Umfang zu verkaufen und entgegenzunehmen.

Schließt also ein Ladenangestellter einen Kaufvertrag mit einem Kunden, kann der Geschäftsinhaber die Erfüllung nicht mit dem (wenn auch zutreffenden) Argument verweigern, er habe dem Angestellten gar keine Vollmacht zum Vertragsschluss erteilt.

3.5.1 Handlungsvollmacht

Erteilung und Zeichnung

Die Handlungsvollmacht kann erteilt werden

- von einem Kaufmann,
- von einem Prokuristen eines Kaufmanns,
- aber auch von „kaufmannsähnlichen Personen", also von jedem Unternehmensträger.

Die Erteilung kann ausdrücklich, aber auch **konkludent,** d. h. durch die willentliche Duldung des Auftretens eines Mitarbeiters als Handlungsbevollmächtigter, erfolgen.

Handlungsbevollmächtigte werden **nicht ins Handelsregister** eingetragen. Der Handlungsbevollmächtigte setzt ein „i. V." (= in Vollmacht) vor seine Unterschrift (§ 57 HGB).

Arten

Nach der Reichweite im Rahmen der Unternehmensorganisation unterscheidet man nach § 54 Abs. 1 HGB folgende Arten der Handlungsvollmacht:

- **allgemeine Handlungsvollmacht.** Sie ermächtigt zur Vornahme von Rechtsgeschäften im Bereich des gesamten Unternehmens.

  Beispiel:
  Herr Müller erhält eine allgemeine Handlungsvollmacht für die Kaiser OHG. Diese ermächtigt ihn dann zur Vornahme von Geschäften im Einkauf, Verkauf, der Produktion, im Personalwesen usw., also im gesamten Unternehmen. Welche Geschäfte er aber in den einzelnen Bereichen vornehmen kann, ist eine Frage des inhaltlichen Umfangs der Handlungsvollmacht und wird weiter unten behandelt.

- **Arthandlungsvollmacht.** Wie der Begriff schon deutlich macht, ermächtigt sie zu einer bestimmten Art von Rechtsgeschäften, die im Rahmen der Unternehmenstätigkeit anfallen.

  Beispiel:
  So könnte Herr Müller aus unserem Beispiel mit einer Artvollmacht für die Abteilung Einkauf versehen sein. Er könnte dann also Geschäfte im Rahmen dieser Abteilung tätigen. Welche dies sind, ist wiederum eine Frage des noch zu behandelnden Umfangs der Handlungsvollmacht.

- **Spezialhandlungsvollmacht.** Sie ermächtigt zur (nicht notwendigerweise einmaligen) Vornahme eines ganz bestimmten Rechtsgeschäftes.

  Beispiel:
  Wäre Herr Müller also ausschließlich dazu bevollmächtigt, Schrauben einzukaufen, läge eine Spezialhandlungsvollmacht vor. Welche Qualität und welche Lieferungs- und Zahlungsbedingungen Herr Müller vereinbaren könnte, ist natürlich wiederum eine Frage des Umfangs.

Umfang

Die Handlungsvollmacht erstreckt sich auf **alle Geschäfte und Rechtshandlungen,** die der Betrieb eines *derartigen* Handelsgewerbes (allgemeine Handlungsvollmacht) **oder die Vornahme** *derartiger* **Geschäfte** (Arthandlungsvollmacht und Spezialhandlungsvollmacht) gewöhnlich mit sich bringt (§ 54 Abs. 1 HGB).

Was ist somit als gewöhnliches Geschäft anzusehen?

Niemals gewöhnlich sind die so genannten **Grundlagengeschäfte.** Sie betreffen das Unternehmen in seinem Kern und sind nicht einmal dem Prokuristen gestattet. Beispiele dazu:

- Veräußerung oder Aufgabe des Handelsgeschäfts,
- Aufnahme neuer Gesellschafter,
- Veränderung des Unternehmensgegenstandes,
- Stellung eines Konkursantrages,
- Änderung der Firma.

Keinesfalls als gewöhnlich gelten außerdem die in § 54 Abs. 2 HGB genannten Geschäfte. Zur Vornahme dieser Geschäfte bedarf es einer **erweiterten Handlungsvollmacht.** Es sind:

- Veräußerung und Belastung von Grundstücken,
- Eingehung von Wechselverbindlichkeiten,
- Aufnahme von Darlehen,
- Prozessführung für das Unternehmen.

Darüberhinaus ist die **Gewöhnlichkeit** eines Geschäftes **im Einzelfall nach Branchenüblichkeit und der Art und Größe des Unternehmens** zu beurteilen.

Beispiel:
So wird eine allgemeine Handlungsvollmacht im Textilhandel in der Regel die Erledigung von Zahlungsgeschäften, den geschäftsüblichen Ein- und Verkauf, ja sogar die Einstellung und Entlassung von Arbeitskräften umfassen, nicht aber den Kauf von Aktien. Eine Arthandlungsvollmacht im Wertpapierhandel einer Bank umfasst den Aktienkauf jedoch üblicherweise.

Innen- und Außenverhältnis

Bisher sind wir der Frage nachgegangen, welche Schlussfolgerungen der Geschäftsverkehr aus der Bezeichnung „Handlungsvollmacht" ziehen darf: Aus diesem Begriff darf auf eine **Vollmacht für „gewöhnliche" Geschäfte** geschlossen werden.

Nicht geklärt ist damit jedoch die Frage, ob eine Handlungsvollmacht in ihrem gesetzlichen Umfang eingeschränkt werden kann. Aus § 54 Abs. 3 HGB folgt:

- **Im Innenverhältnis** (d. h. zwischen dem Vollmachtgeber und dem Handlungsbevollmächtigten) kann die Handlungsvollmacht beliebig eingeschränkt werden. (Frage: Was darf er?)

- **Im Außenverhältnis** (d. h. im Verhältnis zu Dritten, also zum Geschäftsverkehr) ist eine solche Beschränkung aber nur wirksam, wenn sie dem Dritten bekannt war. (Frage: Was kann er?)

Beispiel:

Die Inhaberin eines Unternehmens, Ilse, ernennt Hans zum Handlungsbevollmächtigten und teilt dies den Kunden des Unternehmens mit. Ilse verbietet aber nun Hans, bestimmte Waren zu verkaufen, obwohl dies als gewöhnliches Geschäft anzusehen wäre (= er *darf* es nicht!). Verkauft nun Hans dennoch diese Waren an die Kunden, kann Ilse die Erfüllung nicht verweigern, da sich die Kunden auf einen entsprechenden Umfang der Vollmacht verlassen dürfen (= er *kann* es aber!). Anders wäre dies nur, wenn die Kunden (nicht notwendigerweise durch die Inhaberin selbst) von der internen Beschränkung erfahren hätten.

Widerruf

Die Handlungsvollmacht ist **jederzeit frei widerruflich.** Sie endet insbesondere mit Ende des ihr zugrundeliegenden Rechtsverhältnisses (z. B. Arbeitsvertrag).

Vorsicht: Wie bei jeder anderen Vollmacht ist ein Widerruf der Handlungsvollmacht im Außenverhältnis – also einem Dritten gegenüber – nur dann wirksam, wenn er dem Dritten bekannt war oder bekannt sein musste.

3.5.2 Prokura

Erteilung und Zeichnung

Im Unterschied zur Handlungsvollmacht gilt für die **Prokura** (lat.: procurare = verwalten):

- Die Prokura kann **nur von Kaufleuten** (bzw. von deren **gesetzlichem Vertreter** bei Formkaufleuten) erteilt werden (§ 48 Abs. 1 HGB).
- Die Erteilung muss **ausdrücklich** erfolgen (§ 48 Abs. 1 HGB).
- Die Prokura **ist im Handelsregister einzutragen** (§ 53 Abs. 1 HGB).

Ein Prokurist setzt ein „**pp.**" oder ein „**ppa.**" (= per procura) vor seine Unterschrift (§ 51 HGB)

Umfang

> Die Prokura ermächtigt zu **allen Arten von gerichtlichen und außergerichtlichen Geschäften und Rechtshandlungen,** die der Betrieb eines Handelsgewerbes mit sich bringt (§ 49 Abs. 1 HGB).

Aus dieser Formulierung folgt zweierlei:

- Die Prokura umfasst regelmäßig eine **Prozessvollmacht** (gerichtliche Geschäfte und Rechtshandlungen!).

- Die Prokura ist nicht wie die Handlungsvollmacht auf gewöhnliche Geschäfte eines bestimmten Handelsgewerbes beschränkt, sondern umfasst **alle denkbaren Rechtsgeschäfte (irgend)-eines kaufmännischen Betriebes.** Auf die Gewöhnlichkeit des Geschäftes kommt es also nicht an.

Insbesondere kann ein Prokurist also: **Darlehen aufnehmen, Wechselverbindlichkeiten** eingehen, **Grundstücke kaufen** und **artfremde Geschäfte tätigen.** Letzteres verdeutlicht das Folgende

Beispiel:
So kann ein Prokurist einer Kleiderfabrik ohne Probleme 1000 Schweinehälften kaufen, wenn er der Meinung ist, dies wäre ein „Schnäppchen". Ein Handlungsbevollmächtigter im selben Betrieb könnte dies natürlich nicht: Offensichtlich handelt es sich nämlich nicht um ein gewöhnliches Geschäft eines Textilunternehmens.

> Lediglich für den **Verkauf und die Belastung von Grundstücken** benötigt ein Prokurist eine besondere Vollmacht (§ 49 Abs. 2 HGB).

Eine Grundstücksbelastung (z. B. mit einer Hypothek) oder -veräußerung entzieht einem Unternehmen in besonderer Art und Weise kostbare Substanz. Deswegen wird die Prokura hier beschränkt. Allerdings kann ein Prokurist natürlich belastete Grundstücke kaufen. Hier droht ja insgesamt kein Substanzverlust, vielmehr ist darin ein Substanzgewinn angelegt.

Grenzen der Prokura

An ihre inhaltlichen Grenzen stößt die Prokura da, wo Geschäfte und Rechtshandlungen über das hinausgehen, was zum Betrieb eines Handelsgewerbes gehört.

Nicht ermächtigt ist der Prokurist zu:

- **Privatgeschäften** des Unternehmers,
- so genannten **Grundlagengeschäften** (wie z. B. Firma ändern, Unternehmen veräußern; *vgl. dazu Kap. 3.5.1 Handlungsvollmacht*),
- **Prokuraerteilung** an andere und
- **Unterschriften unter Bilanzen und Steuererklärungen.**

Außerdem sieht das HGB zwei weitere Begrenzungsmöglichkeiten vor:

- Die Prokura kann als **Gesamtprokura** erteilt werden (§ 48 Abs. 2 HGB). Dann kann die Prokura nur von mehreren Prokuristen gemeinschaftlich ausgeübt werden. Dies ist ins Handelsregister einzutragen. Ohne entsprechende Eintragung darf ein Gutgläubiger von einer Einzelprokura (Befugnis zur alleinigen Vertretung) ausgehen.

Oft ist im Handelsregister auch eingetragen, dass ein Prokurist nur zusammen mit einem Geschäftsführer, Gesellschafter oder Vorstandsmitglied vertretungsberechtigt ist. Hier spricht man von „unechter" oder „gemischter" Gesamtprokura.

- Die Prokura kann als **Filialprokura** erteilt werden (§ 50 Abs. 3 HGB). Hier ist die Prokura nur auf eine Niederlassung des Unternehmens beschränkt. Dies ist aber nur dann möglich, wenn die Niederlassung eigenständig im Handelsregister eingetragen ist.

Innen- und Außenverhältnis

Wiederum stellt sich wie bei der Handlungsvollmacht die Frage, ob der gerade beschriebene gesetzliche Umfang der Prokura noch weiter eingeschränkt werden kann. Auch hier ist zwischen dem Innenverhältnis und dem Außenverhältnis zu differenzieren (§ 50 Abs. 1 und 2 HGB):

- **Im Innenverhältnis** kann die Prokura beliebig eingeschränkt werden.

- **Im Außenverhältnis** ist sie hingegen **inhaltlich unbeschränkbar.** Damit wird den besonderen Bedürfnissen des kaufmännischen Rechtsverkehrs Rechnung getragen: Wer es mit einem Prokuristen zu tun hat, soll absolute Sicherheit über dessen Vollmachten haben.

Folgendes etwas skurrile **Beispiel** soll diesen überaus bedeutsamen Tatbestand beleuchten:

Herr Maier ist als Prokurist eines Unternehmens im Handelsregister eingetragen. Der Unternehmer hat ihm aber nur gestattet, Blumenerde für die zahlreichen Pflanzen im Büro zu kaufen. Nimmt nun Herr Maier einen Kredit für das Unternehmen auf, wird der Kreditvertrag für den Unternehmer wirksam. Selbst wenn die Bank die interne Beschränkung kennt, bleibt es bei diesem Ergebnis. Etwas anderes gilt nur bei vorsätzlichem Handeln.

Widerruf

Auch die Prokura ist **jederzeit widerruflich** (§ 52 HGB). Sie erlischt automatisch mit der Beendigung des ihr zugrundeliegenden Rechtsverhältnisses (z. B. Arbeitsvertrag), **nicht** aber mit dem **Tod des Unternehmers.** Hier ist ein Widerruf durch die Erben erforderlich.

Das Erlöschen der Prokura muss im Handelsregister eingetragen werden (§ 53 Abs. 3 HGB). Solange diese Löschung nicht erfolgt ist, kann sich ein Gutgläubiger auf die Prokura berufen.

3.6 Handelsgeschäfte

> Die Geschäfte, die ein Kaufmann **im Rahmen seines Handelsgewerbes** tätigt, nennt man Handelsgeschäfte (§ 343 HGB).

Sie sind abzugrenzen von den Privatgeschäften des Kaufmanns, denn diese unterliegen nicht den Vorschriften des Handelsrechts. Um diese Unterscheidung für den Rechtsverkehr zu erleichtern, gilt **im Zweifel jedes Geschäft eines Kaufmanns** als **Handelsgeschäft** (§ 344 HGB).
Die Handelsgeschäfte selbst werden wiederum unterteilt in:

- **einseitige Handelsgeschäfte,** bei denen nur auf einer Seite ein Kaufmann handelt, und
- **zweiseitige Handelsgeschäfte,** bei denen beide Geschäftspartner Kaufleute sind.

Für Handelsgeschäfte legen HGB (viertes Buch: §§ 343–475 HGB) sowie andere handelsrechtliche Vorschriften einige **Besonderheiten** fest, die den Regelungen des BGB vorgehen. Damit wird der Tatsache Rechnung getragen, dass Kaufleute im Rechtsverkehr weniger schutzbedürftig sind als Nichtkaufleute. Weniger Schutz bedeutet aber andererseits auch mehr rechtsgeschäftliche Gestaltungsfreiheit und meist eine Beschleunigung der Abwicklung.

Diese Besonderheiten gelten natürlich immer bei zweiseitigen Handelsgeschäften. Aber auch auf einseitige Handelsgeschäfte sind diese Vorschriften anwendbar, soweit der Gesetzestext die Regelung nicht ausdrücklich auf Kaufleute beschränkt (§ 345 HGB). Mit anderen Worten: Auch auf Nichtkaufleute kann Handelsrecht anzuwenden sein. Das HGB lässt dies hauptsächlich dort zu, wo handelsrechtliche Regelungen Vorteile für den Nichtkaufmann bieten.

Warum sollte beispielsweise die in § 350 HGB geregelte Formfreiheit der Bürgschaft nur dann gelten, wenn sich ein Kaufmann gegenüber einem Kaufmann verbürgt (zweiseitiges Handelsgeschäft)? Hier ist also auch gegenüber einem Nichtkaufmann die mündliche Bürgschaft eines Kaufmanns wirksam (einseitiges Handelsgeschäft).

Andererseits soll aber ein Nichtkaufmann nicht zu den strengen Untersuchungs- und Rügepflichten beim Handelskauf (§ 377 HGB) gezwungen werden. Wenn Sie diese Vorschrift lesen, erkennen Sie deshalb die Beschränkung auf ein zweiseitiges Handelsgeschäft.

3.6.1 Allgemeine Regeln für Handelsgeschäfte

Sie erhalten nun einen Überblick über die wichtigsten allgemeinen Regeln für Handelsgeschäfte:

- **Handelsbräuche**
  Anerkannte Handelsbräuche haben zum einen bei der Auslegung von **Willenserklärungen** Bedeutung (§ 346 HGB). Zum anderen können sie aber auch als ungeschriebenes Recht bestimmter Handelszweige dem geschriebenen Recht vorgehen.

Was als solcher Handelsbrauch anzusehen ist, wird im Zweifel gerichtlich auf der Grundlage eines Gutachtens der Industrie- und Handelskammer geklärt. Im Übrigen ist unerheblich, ob der Betroffene den Handelsbrauch kennt.

- **Kaufmännische Sorgfaltspflicht**
  Ein Kaufmann unterliegt einem erhöhten Sorgfaltsmaßstab, der sich nach dem richtet, was man von einem „ordentlichen Kaufmann" erwartet (§ 347 HGB).

- **Formvorschriften**
  Eine **Bürgschaft,** die ein Kaufmann im Rahmen eines Handelsgeschäfts abgibt, ist auch wirksam, wenn sie **mündlich** abgegeben wurde. Gleiches gilt für **Schuldversprechen** und **Schuldanerkenntnis** (§ 350 HGB).

■ **Bürgschaft**

Eine Bürgschaft, die ein Kaufmann im Rahmen eines Handelsgeschäfts abgibt, ist immer eine **selbstschuldnerische Bürgschaft.** Ihm steht das Recht auf Einrede der Vorausklage demnach nicht zu, d. h. der Bürge kann vom Gläubiger nicht verlangen, dass er vor der Inanspruchnahme die Zwangsvollstreckung in das Vermögen des Schuldners betrieben hat (§ 349 HGB).

■ **Gesetzlicher Zinssatz**

Der gesetzliche Zinssatz beträgt (mit Ausnahme der Verzugszinsen) unter Kaufleuten **5 % pro Jahr** (§ 352 HGB).

■ **Schweigen im Rechtsverkehr**

Die Rechtswirkungen des Schweigens sind für den Kaufmann erheblich erweitert.

1. Geschäftsbesorgungsverträge:
   Das Schweigen auf einen Antrag auf Abschluss eines Geschäftsbesorgungsvertrages gilt als Annahme, wenn eine dauernde Geschäftsverbindung zu dem Antragenden besteht oder eine entsprechende „Werbung" Grundlage des Antrages war (§ 362 HGB).

2. kaufmännisches Bestätigungsschreiben:
   Das Schweigen auf die schriftliche Bestätigung eines mündlichen Vertragsschlusses bedeutet Einverständnis mit dem bestätigten Vertragsinhalt, auch wenn dieser von dem tatsächlich Vereinbarten abweicht. Nur ein *unverzüglicher* Widerspruch kann dem entgegenwirken.

3. Handelskauf:
   Das Schweigen nach Entdeckung der Mangelhaftigkeit einer Kaufsache gilt als Genehmigung derselben (§ 377 HGB).

■ **Gutgläubiger Erwerb**

Wer eine bewegliche Sache von einem Kaufmann erwirbt, dem diese Sache nicht gehört, erwirbt auch dann gutgläubig Eigentum, wenn er lediglich darauf vertraut, dass der Kaufmann vom Eigentümer zur Verfügung berechtigt wurde (§ 366 Abs. 1 HGB).

Beispiel:

„Übereignet" Privatmann Schulze dem Privatmann Maier einen Rasenmäher, so kann nach § 932 BGB Maier niemals Eigentümer werden, wenn er weiß, dass der Rasenmäher eigentlich Frau Müller gehört. Auch wenn er daran glaubt, Frau Müller habe Herrn Schulze zur Veräußerung ermächtigt, ändert sich nichts. Dies wäre anders, wenn es sich um ein Handelsgeschäft des Kaufmanns Schulze handelte. Dann würde Maier nach § 366 HGB Eigentümer des Rasenmähers.

■ **Allgemeine Geschäftsbedingungen**

Werden AGB gegenüber Personen verwendet, die in Ausübung ihrer gewerblichen und selbstständigen beruflichen Tätigkeit handeln (also auch gegenüber Kaufleuten), dann ist eine ausdrückliche Einbeziehung in den Vertrag und eine vorherige Möglichkeit der Kenntnisnahme nicht erforderlich. Außerdem finden die Klauselverbote der §§ 308 und 309 BGB keine Anwendung (§ 310 Abs. 3 BGB).

■ **Gerichtsstandsvereinbarungen**

Zwischen Kaufleuten sind Gerichtsstandsvereinbarungen ausnahmsweise zulässig (§ 38 Abs. 1 ZPO sowie § 29 Abs. 2 ZPO).

3.6.2 Einzelne Handelsgeschäfte

In den §§ 373–475 HGB finden sich spezielle Regelungen zu folgenden Handelsgeschäften:

- ■ Handelskauf (§§ 373–382 HGB),
- ■ Kommissionsgeschäft (§§ 383–406 HGB),
- ■ Fracht- und Speditionsgeschäft (§§ 407–466 HGB),
- ■ Lagergeschäft (§§ 467–475 HGB),

Eine nähere Betrachtung sollen hier ausschließlich die Regeln über den **Handelskauf** erfahren. Hier konzentrieren wir uns wiederum auf die sehr bedeutsamen **Regelungen der Sachmängelhaftung** der §§ 377 und 378 HGB. Die Sachmängelhaftung beim **zweiseitigen** Handelsgeschäft ist besonders geeignet, das Verhältnis zwischen BGB und HGB zu verdeutlichen.

Ob ein Sachmangel vorliegt, beurteilt sich zunächst nach dem BGB *(vgl. im Kapitel 2.4.9 „Haftung des Verkäufers")*, denn das HGB enthält keine eigene Definition eines Sachmangels. Auch die Gewährleistungsrechte sowie die Verjährungsfrist dieser Ansprüche sind dem BGB zu entnehmen.

Nach §§ 377 ff. HGB gelten für einen Kaufmann aber folgende **Besonderheiten:**

- ■ Pflicht zur unverzüglichen Untersuchung der Ware auf offene (= sichtbare) Mängel;
- ■ Pflicht zur unverzüglichen Mängelrüge nach Entdecken eines Mangels.
- ■ Auch Abweichungen in der Menge und Falschlieferungen gelten grundsätzlich als Mangel und sind folglich unverzüglich nach Entdecken zu rügen.

Unterbleibt eine Mängelrüge oder erfolgt sie verspätet, gilt die Lieferung als genehmigt. Der Käufer verliert seine Rechte.

3.7 Rechtsformen der Unternehmen des Privatrechts

Die **rechtliche Gestalt** eines Unternehmens bezeichnet man als Rechtsform des Unternehmens. Die unterschiedlichen Rechtsformen unterliegen unterschiedlichen gesetzlichen Regelungen. Die Vorschriften können dann **zwingend** (= unbedingt zu beachten) oder **dispositiv** (= Abwandlungen, insbesondere durch Gesellschaftsvertrag, möglich) sein.

Dieses Kapitel soll Ihnen in tabellarischer Form einen Überblick über die für die möglichen Rechtsformen geltenden Regelungen verschaffen. Folgende Punkte werden Gegenstand der Betrachtung sein:

	■ Gründungsmodalitäten
Firma	gesetzliche Firmenvorschriften
Organe	nur bei juristischen Personen: gesetzlich vorgeschriebene Organisationseinheiten und deren Aufgaben
Geschäfts-führung/ Vertretung	Unternehmen ——— Geschäftsverkehr
	Innenverhältnis („Management")
	Außenverhältnis
	■ Geschäftsführung = Kompetenzverteilung im „Innenverhältnis" (Wer darf unternehmensinterne Entscheidungen treffen und Weisungen erteilen?) ■ Vertretung = Kompetenzverteilung im „Außenverhältnis" (Wer kann für das Unternehmen im Geschäftsverkehr rechtlich wirksam handeln?) **Beispiel** zu dieser **höchst wichtigen Unterscheidung**: Die Entscheidung, ob ein Prokurist eingestellt wird, ist eine Frage der Geschäftsführung. Die Einstellung selbst (Arbeitsvertrag) ist eine Frage der Vertretung. Nicht noch einmal erwähnt wird hierbei die Möglichkeit der rechtsgeschäftlichen Bevollmächtigung (insbesondere Handlungsvollmacht und Prokura).
Haftung	■ Wer haftet für die Verbindlichkeiten des Unternehmens? ■ Wen kann bzw. muss ein Gläubiger gegebenenfalls verklagen?
Ergebnis-verteilung	■ Was geschieht mit Gewinnen des Unternehmens? ■ Wer trägt die Verluste?
Auflösung	■ Wie kommt es zur Auflösung des Unternehmens?
Vor- und Nachteile	■ zusammenfassende Bewertung der rechtlichen Merkmale

3.7.1 Einzelunternehmung

Charakter	Um eine Einzelunternehmung handelt es sich immer dann, wenn ein Kaufmann ein Handelsgewerbe **alleine** (also **ohne Gesellschafter**, durchaus aber mit Angestellten) und **ohne Haftungsbeschränkung** betreibt. **Rechtsgrundlage** sind **BGB** und **HGB**.
	Die Einzelunternehmung wird im **Handelsregister Abteilung A** eingetragen. Sie hat **keine eigene Rechtspersönlichkeit**. Im Vordergrund steht allein die Person des Unternehmers. In HGB und BGB wird die Einzelunternehmung nicht explizit genannt, vielmehr als selbstverständlich vorausgesetzt.
Gründung	▪ Es ist **kein Mindestkapital** notwendig. ▪ Einen Gründungsvorgang im eigentlichen Sinne gibt es nicht: Die Einzelunternehmung beginnt mit der Entstehung der Kaufmannseigenschaft des Inhabers *(vgl. 3.2)*
Firma (§ 19 HGB)	Firma muss Zusatz „**eingetragener Kaufmann**" oder „**e. K.**" o. Ä. enthalten.
Geschäfts-führung/ Vertretung	Der **Inhaber** führt die Geschäfte und vertritt das Unternehmen nach außen.
Haftung	Für Verbindlichkeiten haftet der Inhaber **unbegrenzt mit Privat- und Geschäftsvermögen.**
Ergebnis-verteilung	**Gewinne** verwendet der Inhaber nach seinem Belieben. **Verluste** hat er selbst zu tragen (auch unter Einbeziehung des Privatvermögens).
Auflösung	▪ **Geschäftsaufgabe** oder **Eröffnung des Insolvenzverfahrens** ▪ Tod des Inhabers führt nicht zur Auflösung, sondern zunächst zur Vererbung des Unternehmens.
Vorteile	▪ kein Mindestkapital ▪ uneingeschränkte Entscheidungsfreiheit ▪ keine Teilung des Gewinns notwendig
Nachteile	▪ alleinige unbeschränkte Haftung ▪ alleinige Verantwortung für Unternehmensführung und Finanzierung

3.7.2 Begriff der Gesellschaft und Gründungsmotive

Unter Gesellschaft versteht man den aller Regel nach **vertraglichen Zusammenschluss** von **mindestens zwei Personen** zur Verfolgung eines **gemeinsamen Zwecks** (hier: Betreiben eines Unternehmens). Allerdings gibt es auch so genannte **„Einmanngesellschaften"**. Diese sind rechtlich aber nur als **GmbH** oder **Aktiengesellschaft (AG)** möglich.

Die Gesellschaften unterteilt man wie folgt:

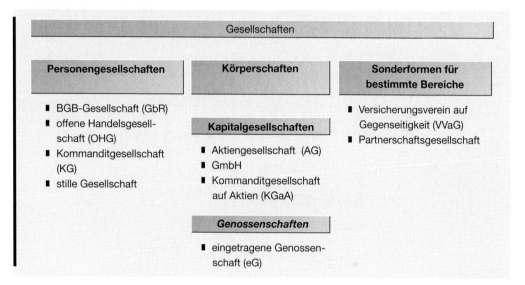

Betrachtet man die Nachteile der Einzelunternehmung, fällt es nicht schwer, unterschiedliche **Motivationen für die Gründung einer Gesellschaft** zu erkennen. Hauptsächlich stehen folgende Überlegungen im Vordergrund:

Übersicht 53:
Rechtsformen der
Unternehmen des
Privatrechts

- **Haftungsbeschränkung**
  Es stehen Rechtsformen zur Verfügung, die es erlauben, die persönliche Haftung der Gesellschafter vollständig auszuschließen (z. B. GmbH, AG). Aber auch eine Haftungsteilung kann als Risikoverminderung bereits erwünscht sein.

- **Kapitalbedarf**
  Gesellschafter leisten eine Einlage in Geld, Sachgütern oder Rechten. Dadurch fließt dem Unternehmen Eigenkapital zu.

- **Arbeitsteilung und Synergieeffekte**
  Gesellschafter bringen oft auch neue Ideen ins Unternehmen. Die anfallende Arbeit kann nach Spezialgebieten aufgeteilt werden. Es entstehen Synergieeffekte (= positive Wirkungen eines Zusammenschlusses z. B. durch sich ergänzende Angebotspalette, Zusammenlegung von Kundendateien etc.).

- **Steuerrechtliche Aspekte**
  Die möglichen Rechtsformen unterliegen einer unterschiedlichen steuerrechtlichen Behandlung. Somit kommt es zu verschiedenen Steuerbelastungen, aber auch zu unterschiedlichen Möglichkeiten der Steuerersparnis.

- **Arbeitnehmermitbestimmung**
  Die Körperschaften unterliegen der Arbeitnehmermitbestimmung im Aufsichtsrat, wenn sie mehr als 500 Arbeitnehmer beschäftigen. Mancher möchte eine solche Mitbestimmung vermeiden.

- **Rechnungslegung und Publizitätspflichten**
  Die Körperschaften unterliegen strengeren Anforderungen bei der Rechnungslegung (Buchführung). Darüber hinaus sind sie auch zur Einreichung von Jahresabschlüssen zum Handelsregister und teilweise zur Veröffentlichung im Bundesanzeiger (Offenlegung) verpflichtet. Je größer eine Gesellschaft, desto umfangreicher sind die Anforderungen. Umfangreiche Publizität wirkt andererseits auch bonitätserhöhend.

3.7.3 Personengesellschaften

BGB-Gesellschaft (GbR)

Charakter	Eine BGB-Gesellschaft ist eine auf **Vertrag** beruhende **Personenvereinigung ohne eigene Rechtspersönlichkeit**, die der Verfolgung eines **gemeinsamen Zwecks** dient. **Rechtsgrundlage** sind die §§ 705 ff. **BGB**.
	Allerdings kann ein **Handelsgewerbe niemals** als **BGB-Gesellschaft** betrieben
aus § 105 HGB	werden. Hierzu ist auf andere Gesellschaftsformen auszuweichen.
	Somit bleiben für die BGB-Gesellschaft folgende Hauptanwendungsgebiete:
	n gemeinsame gewerbliche Tätigkeit von **Nichtkaufleuten**,
	n gemeinschaftliche **freiberufliche Tätigkeit,**
	n sogenannte „**Gelegenheitsgesellschaften**" (z. B. Bankenkonsortien zur Wertpapieremission, ARGE = Arbeitsgemeinschaften im Baugewerbe u. ä.).
	Seit einem BGH-Urteil aus dem Jahr 2001 gilt die BGB-Gesellschaft als teilrechtsfähig (*vgl. OHG weiter unten*). Die BGB-Gesellschaft wird **nicht in ein öffentliches Register eingetragen.**
Gründung	n Die BGB-Gesellschaft entsteht durch einen **Gesellschaftsvertrag** zwischen mindestens **zwei Gesellschaftern**. Der Gesellschaftsvertrag unterliegt **keinem Formzwang**.
§ 718 Abs. 1 BGB	n Ein **Mindestkapital** ist **nicht erforderlich**. Mit Leistung der vertraglich vereinbarten Einlage wird dieses Bestandteil des Gesellschaftsvermögens. Dieses ist sogenanntes **Gesamthandvermögen**, d. h. eine Verfügung hierüber ist grundsätzlich nur gemeinschaftlich durch alle Gesellschafter möglich.

Firma	Da die BGB-Gesellschaft niemals ein kaufmännisches Gewerbe führen kann, hat sie auch **keine Firma im handelsrechtlichen Sinne**. Sie tritt im Geschäftsverkehr unter den Namen ihrer Gesellschafter oder unter einer anderen **Geschäftsbezeichnung** auf. Ein Zusatz wie z.B. „GbR" ist möglich, aber nicht unbedingt erforderlich.
Geschäfts-führung/ Vertretung §§ 709–716 BGB	◻ Die **Geschäftsführung** und **Vertretung** steht den **Gesellschaftern gemeinschaftlich** zu (= Gesamtgeschäftsführung/Gesamtvertretung). ◻ Dies kann im **Gesellschaftsvertrag beliebig abweichend** geregelt werden. Einem von der Geschäftsführung ausgeschlossenen Gesellschafter stehen jederzeitige umfangreiche Kontrollrechte zu.
Haftung §§ 420 ff. BGB	Für Gesellschaftsverbindlichkeiten haften die **Gesellschafter** folgendermaßen: ◻ **gesamtschuldnerisch**, d. h. ein Gläubiger kann von jedem die Begleichung der gesamten Schuld fordern, ◻ **unbegrenzt** mit Privat- und Gesellschaftsvermögen. Klagemöglichkeiten der Gläubiger: ◻ **Klage gegen jeden einzelnen Gesellschafter** (zur Befriedigung aus dem jeweiligen Privatvermögen); ◻ **Klage gegen die Gesellschafter gemeinschaftlich bzw. die Gesellschaft selbst** (zur Befriedigung aus dem Gesellschaftsvermögen).
Ergebnis-verteilung §§ 721 ff. BGB	◻ Jeder Gesellschafter hat (unabhängig von der Höhe seines Beitrages) **gleichen Anteil an Gewinn und Verlust.** ◻ Im **Gesellschaftsvertrag** sind **abweichende Regelungen möglich** und auch die Regel.
Auflösung	Auflösungsgründe sind: ◻ **Auflösungsvertrag**, ◻ **Kündigung** durch einen Gesellschafter, ◻ **Tod** eines Gesellschafters, ◻ **Eröffnung des Insolvenzverfahrens** bei einem Gesellschafter, ◻ **vertragliche Auflösungsgründe** (z. B. Zweck erreicht, Zeitablauf). Im **Gesellschaftsvertrag** kann hiervon **abweichend** geregelt sein, was bei Eintritt eines der oben genannten Ereignisse geschehen soll.
Vorteile	◻ Gesellschaftsunternehmung für Nichtkaufleute möglich ◻ kein Mindestkapital
Nachteile	◻ unbeschränkte persönliche Haftung der Gesellschafter

Offene Handelsgesellschaft

Charakter § 105 HGB	Eine **offene Handelsgesellschaft (OHG)** ist eine ■ auf Vertrag beruhende Personenvereinigung, ■ ohne eigene Rechtspersönlichkeit, ■ die dem gemeinsamen Betrieb eines **Handelsgewerbes** dient (OHG = Personen-**handels**gesellschaft), ■ bei der **alle Gesellschafter unbegrenzt haften,** ■ Gemäß § 105 Abs. 2 HGB können auch Unternehmen, deren Gegenstand nur die Verwaltung eigenen Vermögens ist, die Rechtsform der OHG wählen (z. B. Immobilienverwaltungen). **Rechtsgrundlage** sind §§ 105 ff. **HGB** sowie ergänzend §§ 705 ff. BGB.
§ 124 HGB	Die OHG ist zwar nicht rechtsfähig, aber **teilrechtsfähig.** Das bedeutet: ■ **Die OHG kann eigene Rechte erwerben** (Rechtsinhaber wird die OHG). ■ **Die OHG kann Verbindlichkeiten eingehen** (Schuldner wird die OHG). ■ **Die OHG kann klagen und verklagt werden** (Kläger/Beklagter ist die OHG). Die OHG wird im **Handelsregister in der Abteilung A** eingetragen.
Gründung § 109 HGB § 123 HGB	■ Grundlage der OHG ist ein (formlos möglicher) Gesellschaftsvertrag zwischen mindestens **zwei Gesellschaftern.** Die OHG entsteht **mit Aufnahme der Geschäfte** (istkaufmännisches Gewerbe) oder mit der **Eintragung ins Handelsregister** (kannkaufmännisches Gewerbe). ■ Es ist **kein Mindestkapital erforderlich.**
Firma § 19 Abs. 1 HGB	Die Firma muss den Zusatz „offene Handelsgesellschaft" oder „OHG" o. Ä. enthalten.

*Geschäfts-führung/
Vertretung
§§ 114-118
HGB*

Geschäftsführung

- Für **gewöhnliche Geschäfte** *(vgl. Kap. 3.5.1)* besteht **Einzelgeschäftsführung aller Gesellschafter** bei **Vetorecht** der anderen Gesellschafter.

- Für **außergewöhnliche Geschäfte** (auch Prokuraerteilung) ordnet das Gesetz **Gesamtgeschäftsführung** aller Gesellschafter an.

- Der **Gesellschaftsvertrag** kann hiervon **beliebige Abweichungen** vorsehen. Von der Geschäftsführung ausgeschlossenen Gesellschaftern stehen jederzeitige umfangreiche Kontrollrechte zu.

*§§ 125-127
HGB*

Vertretung

- Es besteht für alle Geschäfte **Einzelvertretung aller Gesellschafter.**
- Die Vertretungsmacht ist in ihrem **Umfang unbeschränkbar.**
- Durch Gesellschaftsvertrag kann **Gesamtvertretung aller oder einzelner Gesellschafter** vereinbart werden (niemals eine *inhaltliche* Beschränkung). Dies ist aber im **Handelsregister** einzutragen.

Die Konsequenz aus der inhaltlichen Unbeschränkbarkeit der Vertretungsmacht zeigt folgendes **Beispiel:**

Gesellschafter A möchte einen Prokuristen einstellen. Gesellschafter B und C sind strikt dagegen. Stellt nun A auf eigene Faust den P ein, ist dieser Arbeitsvertrag trotz des Vetos der B und C wirksam.

Für Gesellschaftsverbindlichkeiten haftet **die OHG selbst** mit dem **Gesellschaftsvermögen.** Außerdem haften die **Gesellschafter** stets folgendermaßen:

*Haftung
§ 124 HGB
§§ 128-130
HGB*

- **unbeschränkt** mit **Privat- und Gesellschaftsvermögen,**
- **gesamtschuldnerisch** *(zu diesem Begriff vgl. BGB-Gesellschaft),*
- **unmittelbar und primär,** d. h. ein Gläubiger kann sich ohne Umweg über die OHG direkt an die Gesellschafter halten.

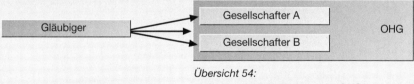

*Übersicht 54:
Haftungsmöglichkeiten bei der OHG*

- Gläubiger kann sich wahlweise an die OHG, Gesellschafter A oder B halten, um seine Forderungen einzutreiben.

Folglich bestehen folgende Klagemöglichkeiten:

- Klage gegen die **Gesellschaft;**
- Klage gegen **einzelne oder alle Gesellschafter.**

Ergebnis-verteilung §§ 120-122 HGB	Soweit im Gesellschaftsvertrag nichts anderes geregelt ist, gilt folgendes:
	Gewinnverteilung Zunächst erhält jeder Gesellschafter eine **Verzinsung** seiner während des Geschäftsjahres vorhandenen Einlage in Höhe von **4 %**. Der dann verbleibende **Rest** wird **nach Köpfen** verteilt. Der Gewinn wird den Kapitalanteilen der Gesellschafter zugeschrieben und kann ausgezahlt werden.
	Der **Verlust** wird **nach Köpfen** verteilt. Der jeweilige Verlustbetrag wird von den Kapitalanteilen abgezogen.
	Somit verändern sich die Kapitalanteile der Gesellschafter in der Regel Jahr für Jahr. Man spricht deshalb auch von **variablen Kapitalanteilen**. Auch ein negativer Kapitalanteil ist möglich.
	Die Gesellschafter haben während des Geschäftsjahres ein **Entnahmerecht** in Höhe von **4 % ihrer zuletzt bilanzierten Einlage.**
Auflösung § 131 HGB	Auflösungsgründe sind:
	Gesellschafterbeschluss;
	gerichtlicher Beschluss;
	Eröffnung des Insolvenzverfahrens der Gesellschaft;
	vertraglich vereinbarte Auflösungsgründe (z. B. Zeitablauf);
Vorteile	kein Mindestkapital
	unternehmerische Arbeits- und Verantwortungsgemeinschaft
	generell erhöhte Kreditwürdigkeit wegen persönlicher Haftung
Nachteile	unbeschränkte persönliche Haftung
	Gesellschafter sind in hohem Maße voneinander abhängig

Kommanditgesellschaft

Charakter § 161 HGB	Wie die OHG ist auch die **Kommanditgesellschaft** eine **nicht rechtsfähige Personenvereinigung**, die den gemeinschaftlichen Betrieb eines **Handelsgewerbes** bezweckt (auch die KG ist eine Personenhandelsgesellschaft). Die KG hat aber, anders als die OHG, **zwei Arten von Gesellschaftern:**
	Gesellschafter, die **unbeschränkt haften (Komplementäre);**
	Gesellschafter, deren **Haftung auf die Höhe ihrer Einlage beschränkt ist** **Kommanditisten).**
	Rechtsgrundlage sind **§§ 161 ff. HGB** mit vielen Verweisen auf die OHG.
§ 124 HGB	Auch die KG ist wie die OHG **teilrechtsfähig.**
	Die KG wird im **Handelsregister in der Abteilung A** eingetragen. Es werden auch die Namen der Kommanditisten und die Höhe der Kommanditeinlage eingetragen.

Gründung § 109 und § 123 HGB	■ Grundlage der KG ist ein (formloser) **Gesellschaftsvertrag** zwischen mindestens **zwei Gesellschaftern**, einem **Vollhafter (Komplementär)** und einem **Teilhafter (Kommanditist)**. Die **KG entsteht mit Aufnahme der Geschäfte** (istkaufmännisches Gewerbe) **oder mit Eintragung ins Handelsregister** (kannkaufmännisches Gewerbe). ■ Ein **Mindestkapital bzw. eine Mindesteinlage** ist nicht erforderlich.
Firma § 19 Abs. 1 HGB	■ Die Firma muss den Zusatz „Kommanditgesellschaft" oder „KG" o. Ä. enthalten.
Geschäfts- führung/ Vertretung § 164 HGB § 166 HGB § 170 HGB	■ Die **Geschäftsführung und Vertretung** der KG obliegt **ausschließlich dem Komplementär bzw. den Komplementären** nach denselben Regeln wie bei OHG-Gesellschaftern (Einzelgeschäftsführung/Einzelvertretung). ■ Bei **außergewöhnlichen Geschäften** steht den Kommanditisten **im Innenverhältnis ein Widerspruchsrecht** zu. Dies hat aber im **Außenverhältnis keine Auswirkung**. ■ Der **Gesellschaftsvertrag** kann eine **Beteiligung der Kommanditisten an der Geschäftsführung** vorsehen. ■ Die **Kontrollrechte** des Kommanditisten beschränken sich auf die Überprüfung des Jahresabschlusses.
Haftung §§ 171 ff. HGB § 176 HGB	■ Die **KG selbst** haftet **mit ihrem Gesellschaftsvermögen**. ■ Die **Komplementäre** haften wie OHG-Gesellschafter (**unbeschränkt, gesamtschuldnerisch, unmittelbar und primär**). ■ Die Haftung der **Kommanditisten ist auf die Höhe der Einlage begrenzt**. ■ Wurde aber die **Einlage** noch **nicht** vollständig **geleistet**, haftet ein **Kommanditist unmittelbar** in Höhe des noch ausstehenden Betrages. Ein Gläubiger kann dann also **direkt** vom Kommanditisten Zahlung verlangen. ■ Bis zur Eintragung im Handelsregister haftet der Kommanditist außerdem unbeschränkt, wenn seine Kommanditisteneigenschaft nicht bekannt ist. Somit ergeben sich die **gleichen Klagemöglichkeiten wie bei der OHG**.

Ergebnis-verteilung § 168 HGB	Soweit der **Gesellschaftsvertrag** nichts anderes festlegt, gilt: ■ **Gewinnverteilung**: Jeder Gesellschafter erhält zunächst eine **Verzinsung** seiner Einlage in Höhe von **4 %**. Der Rest wird in einem **angemessenen Verhältnis** verteilt. Was ein angemessenes Verhältnis ist, ist eine Einzelfallfrage. Zur Beurteilung heranzuziehen sind u. a. die Höhe der Einlage und die persönliche Arbeitsleistung. ■ **Verluste** werden in einem angemessenen Verhältnis verteilt. ■ Gewinne und Verluste werden wie bei der OHG den Kapitalanteilen zu oder von diesen abgeschrieben. Eine Gutschrift erfolgt beim Kommanditisten aber nur, bis die vereinbarte Kommanditeinlage erreicht ist. Darüber hinausgehende Gewinnanteile begründen einen **Anspruch auf Auszahlung**, aber keine Erhöhung der ursprünglich vereinbarten Einlage. ■ Bezüglich **Entnahmerecht** und **Gewinnauszahlung** werden Komplementäre wie OHG-Gesellschafter behandelt.
Auflösung § 131 HGB	Die Auflösungsgründe entsprechen denen der OHG.
Vorteile/ Nachteile	■ für den Komplementär: Eigenkapitalbeschaffung ohne großen Verlust an Leistungbefugnissen; keine fixen Kapitalkosten wie beim Darlehen. ■ für den Kommanditisten: Unternehmensbeteiligung ohne unbegrenztes Haftungsrisiko. ■ im Übrigen: siehe OHG

Stille Gesellschaft

Charakter	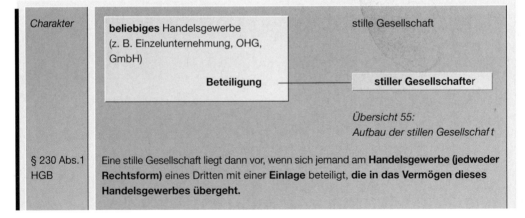

Übersicht 55:
Aufbau der stillen Gesellschaft

§ 230 Abs.1 HGB	Eine stille Gesellschaft liegt dann vor, wenn sich jemand am **Handelsgewerbe (jedweder Rechtsform)** eines Dritten mit einer **Einlage** beteiligt, **die in das Vermögen dieses Handelsgewerbes übergeht.**

Die stille Gesellschaft stellt somit eine **Zwischenform von Kommanditbeteiligung und Darlehen** dar.

■ Von einer KG unterscheidet sie sich aber dadurch, dass der stille Gesellschafter nach außen hin **als Geldgeber „unsichtbar"** bleibt. Ein stiller Gesellschafter wird **nicht ins Handelsregister eingetragen**. Die **Einlage des „Stillen"** wird **nicht** als eigener **Gesellschaftsanteil** verbucht, **sondern** wird dem Inhaber des Unternehmens wie ein Darlehen übereignet und stellt somit eine **Verbindlichkeit** des Unternehmens dar. Man spricht deshalb bei der stillen Gesellschaft auch von einer **reinen Innengesellschaft.**

■ Vom klassischen Darlehen unterscheidet sich die stille Gesellschaft durch **Gewinn-/ Verlustbeteiligung und die Kontrollrechte** des stillen Gesellschafters.

Steuerlich bedeutend ist folgende Unterscheidung:

■ Bei der **„typischen" stillen Gesellschaft** ist der „Stille" nur am Gewinn (gegebenenfalls auch am Verlust), **nicht aber am Geschäftsvermögen beteiligt** (d. h. wird die Gesellschaft beendet, steht ihm nur seine geleistete Einlage, nicht ein entsprechender Anteil am Geschäftsvermögen zu).

■ Bei der **„atypischen" stillen Gesellschaft** hat er eine **Mitunternehmerstellung** inne, ist insbesondere auch am Geschäftsvermögen und/oder an der Geschäftsführung beteiligt.

Gründung	■ Grundlage der stillen Gesellschaft ist ein (formloser) **Gesellschaftsvertrag.** ■ Es besteht **keine gesetzliche Mindesteinlage**
Firma	Der stille Gesellschafter findet **keinerlei Erwähnung in der Firma.**
Geschäfts-führung/ Vertretung § 233 HGB	■ Der „Stille" hat grundsätzlich **keinen Anteil an Geschäftsführung und Vertretung** des Unternehmens. Es steht ihm lediglich ein Kontrollrecht bezüglich des Jahresschlusses zu. ■ Eine gesellschaftsvertragliche Beteiligung an der Geschäftsführung deutet auf eine **„atypische" stille Gesellschaft** hin.
Haftung § 230 Abs. 2 HGB	Der stille Gesellschafter haftet **Dritten gegenüber in keiner Weise.** Sein Risiko ist auf den Verlust seiner Einlage beschränkt.
Ergebnis-verteilung §§ 231, 232 HGB	■ Der „Stille" **muss** am **Gewinn** beteiligt werden. Eine Verlustbeteiligung **kann** vertraglich ausgeschlossen werden. ■ Ist vertraglich nichts vereinbart, hat die Gewinn- und Verlustverteilung **in einem angemessenen Verhältnis** zu erfolgen. ■ Ist eine verlustbeteiligte **Einlage durch Verlust gemindert**, ist sie **zunächst auszugleichen**, erst dann kann eine Gewinnauszahlung erfolgen.

Auflösung §§ 234 ff. HGB	Auflösungsgründe sind: ■ **Auflösungsvertrag** oder **Kündigung,** ■ **Eröffnung des Insolvenzverfahrens oder Tod des Geschäftsinhabers** (nicht: Tod des „Stillen").

3.7.4   Kapitalgesellschaften

Aktiengesellschaft

Charakter §§ 1 und 3 AktG	■ Eine Aktiengesellschaft (AG) ist eine **Gesellschaft mit eigener Rechtspersönlichkeit** (juristische Person). ■ Sie ist **Formkaufmann.** ■ Das **Grundkapital** (oder gezeichnete Kapital) ist **in Aktien zerlegt.** ■ Rechtsgrundlage ist das **Aktiengesetz** (AktG). Die AG wird im **Handelsregister in der Abteilung B** eingetragen.
Gründung § 2 AktG § 7 AktG § 23 AktG § 8 AktG § 9 AktG § 36a AktG	Folgende **Gründungsvoraussetzungen** müssen erfüllt sein: ■ Es genügt **ein Gründer.** ■ Es ist ein **Mindestkapital** von **50 000,00 EUR** notwendig. ■ Grundlage einer AG-Gründung ist eine **notariell beurkundete Satzung.** Diese Satzung hat mindestens zu enthalten: ■ Firma, Sitz der Gesellschaft, Gegenstand des Unternehmens; ■ Höhe des Grundkapitals, Nennbetrag und Gattungen und jeweilige Anzahl der Aktien; Angabe, ob es sich um Inhaber- oder Namensaktien handelt; ■ Zahl der Mitglieder des Vorstandes ■ Form der Bekanntmachung der Gesellschaft; ■ **in die notarielle Urkunde noch aufzunehmen:** Gründer, eingezahlter Betrag des Grundkapitals, Gattung, Nennwert und Kurswert der übernommenen Aktien. Der **Gründungsvorgang** unterliegt einem strengen gesetzlichen Reglement, das hier nur vereinfacht dargestellt werden soll: Die Gründer müssen das **Grundkapital** aufbringen. Im Gegenzug übernehmen sie den **Gegenwert des Grundkapitals in Aktien.** Hierbei gilt: ■ Möglicher **Mindestnennbetrag einer Aktie** sind **1,00 EUR.** ■ Eine **Aktienübernahme unter dem Nennwert** (unter pari) ist **verboten.** ■ Üblich ist es aber, zusätzlich zum Nennwert ein **Aufgeld (Agio)** zu entrichten. Dieses fließt der **Kapitalrücklage** der AG zu. ■ Alternativ zur Nennbetragsaktie können auch **Stückaktien** ausgegeben werden. ■ **Vor der Anmeldung zur Eintragung ins Handelsregister** sind **25 % des Kapitals** (Sacheinlagen 100 %) und das gesamte **Aufgeld einzuzahlen.** **Beispiel:** Es soll eine Aktiengesellschaft mit einem gezeichneten Kapital von 100 000,00 EUR gegründet werden. Die Aktien sollen auf 100,00 EUR lauten. Es wird ein Aufgeld (Agio) von 200,00 EUR pro Aktie vereinbart. Die Einzahlung soll sich auf die Mindesteinzahlung beschränken.

				Gründer erhalten

Bilanz der werdenden AG in EUR		Gründer erhalten

Bilanz der werdenden AG in EUR

Kasse	**225 000**	gez.Kapital	**100 000**
Forderung		Rücklage	**200 000**
gegen			
Gründer	**75 000**		

Gründer erhalten
1000 Aktien à 100 EUR
= 100 000 EUR

Gründer

Gründer zahlen 1000 x 225 EUR ein
(25 EUR als Mindesteinzahlung auf
das gez. Kapital, 200 EUR als Aufgeld)

§ 29 AktG § 41 AktG	Ab dem Zeitpunkt der (notariell beurkundeten) Aktienübernahme ist die Aktiengesellschaft **errichtet** (noch nicht entstanden!). Sie kann die Bezeichnung **AG i.G.** (= in Gründung) führen. Wer für die AG i. G. im Geschäftsverkehr handelt, haftet persönlich.
§§ 30-36 § 37 AktG	▪ Die Gründer bestellen einen **Aufsichtsrat**, dieser ernennt den **Vorstand**. Auch dies ist notariell zu beurkunden. ▪ Es ist ein **Gründungsbericht** zu erstellen, eine **Gründungsprüfung** durch einen Wirtschaftsprüfer zu veranlassen und ein **Antrag auf Eintrag ins Handelsregister zu stellen**. ▪ Mit der Handelsregistereintragung **entsteht** die AG als juristische Person.
Firma § 4 AktG	Die Firma muss den Zusatz „Aktiengesellschaft" oder „AG" enthalten.
Organe §§ 118 ff. AktG	Folgende Organe sind bei der Aktiengesellschaft vorgeschrieben: ▪ **Hauptversammlung**: Sie ist das **Beschlussfassungsorgan** der Aktionäre. Beschlüsse werden durch **Abstimmung mit einfacher Mehrheit** getroffen. Bei **Satzungsänderungen** ist eine **3/4-Mehrheit** erforderlich. Das **Stimmrecht** richtet sich **nach Aktiennennbeträgen** oder **bei Stückaktien nach deren Zahl**. Die Hauptversammlung tritt **mindestens einmal jährlich** zusammen. Die wichtigste Aufgaben der Hauptversammlung sind: ▪ Bestellung des Aufsichtsrates, ▪ Beschluss über die Verwendung des Bilanzgewinnes, ▪ Satzungsänderungen, ▪ Maßnahmen der Kapitalbeschaffung und -herabsetzung, ▪ satzungsmäßige Aufgaben.
§§ 95 ff. AktG § 76 BetrVG 1952 § 1 MitbestG § 1 Montan- MitbestG	**Aufsichtsrat**: Es handelt sich um ein **Überwachungsorgan**, das **von der Hauptversammlung** für eine **Amtszeit** von **4 Jahren gewählt** wird. Der Aufsichtsrat bestellt den Vorstand und überwacht dessen Geschäftsführung. Außerdem ist der Aufsichtsrat **Mitbestimmungsorgan der Arbeitnehmer**: Ab einer Anzahl von mehr als **500 Beschäftigten** setzt er sich zu **1/3** aus **Arbeitnehmervertretern** und nur zu 2/3 aus Vertretern der Kapitaleigner (Aktionäre) zusammen. Sind mehr als **2000** (in der Montanindustrie: 1000) **Arbeitnehmer** beschäftigt, steht deren Vertretern die **Hälfte aller Aufsichtsratssitze** zu. Der Aufsichtsrat hat **mindestens 3, maximal 21 Sitze**.

§ 76 ff. AktG § 33 Mit- bestG § 13 Mon- tan- MitbestG	**Vorstand:** Der Vorstand ist **Leitungsorgan** und **gesetzlicher Vertreter** der AG. Er führt die Geschäfte in eigener Verantwortung und vertritt die AG nach außen. Die **Amtszeit** beträgt **5 Jahre.** Ab einem **Grundkapital von 3 Mio. EUR** muss der Vorstand aus **mindestens zwei Personen** bestehen. Die Satzung kann dies anders regeln. Beschäftigt die AG mehr als **2000 Arbeitnehmer** (Montanindustrie: 1000), so gehört dem Vorstand ein **Arbeitsdirektor** (= unter Mitwirkung der Arbeitnehmer bestelltes Vorstandsmitglied) an. **Gleichzeitige Mitgliedschaft** in Vorstand und **Aufsichtsrat ist unmöglich.**
Geschäfts- führung/ Vertretung §§ 77 ff. AktG	Geschäftsführung und Vertretung obliegen **ausschließlich** dem **Vorstand.** Besteht dieser aus mehreren Mitgliedern, steht dieses Recht allen gemeinschaftlich zu (**Gesamt**geschäfts-führung/-vertretung). Satzungsmäßige Abweichungen sind möglich. Sie sind im Handelsregister einzutragen.
Haftung § 1 AktG	Den Gläubigern einer AG haftet lediglich das **Gesellschaftsvermögen**. Ein Zugriff auf die Gesellschafter (Aktionäre) ist nicht möglich. Eine **Klage** ist somit **gegen die Aktiengesellschaft** selbst zu richten. Häufiger Fehler: Es ist nicht das Grundkapital, das den Gläubigern haftet. Dieses ist lediglich eine feste Rechengröße auf der Passivseite der Bilanz. Vielmehr haften die Werte, die aus diesem Grundkapital entstanden sind. Diese Werte finden Sie auf der Aktivseite der Bilanz. Kurz: Die AG haftet mit der Summe ihrer Aktiva.
Ergebnis- verteilung § 150 AktG §§ 58 ff. AktG	Grundlage der Ergebnisverteilung bildet der **Jahresabschluss**. Dieser weist einen **Jahresüberschuss** (Gewinn) oder **Jahresfehlbetrag** (Verlust) aus. ▪ Vom **Jahresüberschuss** ist zunächst ein etwaiger **Verlustvortrag** auszugleichen. Vom verbleibenden Rest sind **5 %** in die so genannte **„gesetzliche Rücklage"** einzustellen. Diese Pflicht endet aber, wenn gesetzliche Rücklage und Kapitalrücklage zusammen 10 % des Grundkapitals erreicht haben. ▪ Vom dann verbleibenden Betrag können Vorstand und Aufsichtsrat bis zu **50 %** in **satzungsmäßige Rücklagen** einstellen. Die Satzung kann dies aber (bei börsennotierten Gesellschaften nur nach oben) abweichend regeln. Überblick über Grundkapital und Rücklagen einer Aktiengesellschaft: I. gezeichnetes Kapital (Grundkapital) II. Kapitalrücklage (enthält u. a. das Aufgeld der Aktienemission) III. Gewinnrücklage 　　1. gesetzliche Rücklage　　　　3. satzungsmäßige Rücklagen 　　2. Rücklage für eigene Anteile　4. andere Gewinnrücklagen ▪ Über die Verwendung des verbleibenden Gewinns, des so genannten **Bilanzgewinns**, entscheidet die **Hauptversammlung** auf Vorschlag des Vorstandes. Verwendungsmög-lichkeiten sind: **Einstellung in die** (anderen) **Gewinnrücklagen, Auszahlung an die Aktionäre als Dividende, Gewinnvortrag** (= „Verlagerung" des Gewinns ins nächste Geschäftsjahr). ▪ Ein **Jahresfehlbetrag** muss, wenn er nicht **aus den Rücklagen gedeckt** werden kann, ins nächste Jahr vorgetragen werden **(Verlustvortrag)**. Er belastet dann den Jahres-abschluss des folgenden Geschäftsjahres.

Auflösung § 262 AktG	Auflösungsgründe sind: ■ **Hauptversammlungsbeschluss** (3/4-Mehrheit). ■ Eröffnung des **Insolvenzverfahrens**, ■ **satzungsmäßige Auflösungsgründe**.
Vorteile	■ Zugang zum Kapitalmarkt (Aktienbörse) ■ auf Gesellschaftsvermögen beschränkte Haftung
Nachteile	■ hoher Gründungsaufwand ■ Offenlegungspflichten

Gesellschaft mit beschränkter Haftung

Charakter § 1 GmbHG § 13 GmbHG	■ Die **Gesellschaft mit beschränkter Haftung** (GmbH) ist eine Gesellschaft mit **eigener Rechtspersönlichkeit**. Sie kann jeden beliebigen Zweck verfolgen. ■ Wie die AG ist sie **Formkaufmann**. ■ Anders als bei der AG wird das **Stammkapital nicht in Aktien verbrieft**. ■ Rechtsgrundlage ist das **GmbH-Gesetz**. Die GmbH wird im **Handelsregister in der Abteilung B** eingetragen.
Gründung § 5 GmbHG § 2 GmbHG	Folgende **Gründungsvoraussetzungen** müssen erfüllt sein: ■ Es genügt **ein Gründer**. ■ Es ist ein **Mindestkapital von 25 000,00 EUR** erforderlich. ■ Es bedarf eines **notariell beurkundeten Gesellschaftsvertrages**.
§ 3 GmbHG	Mindestbestandteile dieses Gesellschaftsvertrages sind: ■ Firma, Sitz der Gesellschaft, Gegenstand des Unternehmens, ■ Betrag des Stammkapitals, ■ Einlage jedes Gesellschafters (Stammeinlage). Der weitere Gründungsvorgang ähnelt dem der AG, ist aber einfacher:
§ 14 GmbHG § 15 GmbHG	■ Die Gründer müssen das **Stammkapital** aufbringen. Der zu leistende Anteil eines Gesellschafters heißt **Stammeinlage**. Die Höhe der Stammeinlage bestimmt den so genannten **Geschäftsanteil** eines Gesellschafters. Geschäftsanteile sind **nicht börsengängig**. Eine **Veräußerung** an Dritte ist nur durch **notariell beurkundete Abtretung** möglich. **Beispiel:** Unterscheiden Sie die gerade genannten Begriffe sorgfältig: Gründen A, B und C eine GmbH mit einem **Stammkapital** von 25 000,00 EUR und sind als Stammeinlagen 10 000,00 EUR für A, 5 000,00 EUR für B und 10 000,00 EUR für C vereinbart, dann haben A und C einen **Geschäftsanteil** von je 40 %, B hingegen von 20 % an der GmbH.

	Für die Kapitalaufbringung gilt:
§ 5 GmbHG § 7 Abs. 2 u. 3 GmbHG	▪ Die **Mindesthöhe** einer **Stammeinlage** beträgt **100,00 EUR.** ▪ **Vor der Anmeldung zum Handelsregister** müssen auf jede **Stammeinlage min-destens 25 %, auf das Stammkapital insgesamt mindestens 12 500,00 EUR eingezahlt** sein. ▪ **Sacheinlagen** sind zu **100 %** zu leisten.
§ 11 GmbHG	Mit der Kapitalaufbringung ist die GmbH **errichtet** (noch nicht entstanden!). Sie kann sich **GmbH i.G.** nennen. Wie bei der AG gilt: Wer im Geschäftsverkehr für die werdende GmbH auftritt, haftet persönlich.
§ 6 GmbHG §§ 7–8 GmbHG	▪ Schließlich müssen die Gesellschafter einen oder mehrere **Geschäftsführer bestellen.** Hierbei können sie sich auch selbst einsetzen. Es ist des weiteren ein **Antrag auf Eintragung der GmbH im Handelsregister** zu stellen. ▪ Mit dem Handelsregistereintrag entsteht die GmbH als juristische Person.
Firma § 4 GmbHG	Die Firma muss den Zusatz „Gesellschaft mit beschränkter Haftung" oder „GmbH" o. Ä. enthalten.
Organe §§ 45 ff. GmbHG	▪ Die **Gesellschafterversammlung** ist **Beschlussfassungsorgan** der Gesellschaft. Beschlüsse werden mit **einfacher Mehrheit** gefasst. Eine 3/4-Mehrheit ist bei Änderung gesellschaftsvertraglicher Regelungen nötig. Jede **50,00 EUR** eines Geschäftsanteils gewähren **eine Stimme**. Die Gesellschafterversammlung ist **einflussreicher als eine AG-Hauptversammlung.** Hauptaufgaben und Befugnisse der Gesellschafterversammmlung sind: ▪ Bestellung, Abberufung, Überwachung von Geschäftsführern, ▪ (internes) Weisungsrecht gegenüber Geschäftsführung, ▪ Beschluss über Erteilung von Prokura und Handlungsvollmachten, ▪ Beschluss über Gewinnverwendung.
§ 6 GmbHG §§ 35 ff. GmbHG	▪ Die **Geschäftsführung** ist das von der Gesellschafterversammlung berufene **Lei-tungsorgan** und **gesetzlicher Vertreter** der GmbH. Es genügt ein Geschäftsführer. Aufgaben sind **Geschäftsführung** und die **Vertretung** der GmbH nach außen. Wegen der jederzeitigen Abberufungsmöglichkeit erfolgt die Bestellung **nicht zeitlich befristet.**
§ 77 BetrVG 52 § 31 MitbestG §§ 11, 13 Montan- MitbestG	▪ Ein **Aufsichtsrat** ist erst erforderlich, wenn mehr als **500 Arbeitnehmer** beschäftigt werden. Zusammensetzung und Aufgaben richten sich dann nach den bei der AG dargestellten Regelungen. Die **Personalkompetenz** (Geschäftsführungsbestellung) erhält der Aufsichtsrat aber erst ab einer Beschäftigtenzahl von mehr als **2 000** (Montanindustrie: 1000). Auch der Gesellschaftsvertrag kann einen Aufsichtsrat vorsehen.

Geschäfts-führung/ Vertretung §§ 35 ff. GmbHG	Geschäftsführung und Vertretung obliegen **den Geschäftsführern gemeinschaftlich (Gesamt**geschäftsführung/-vertretung). Die Geschäftsführung (Innenverhältnis) ist **den Beschlüssen der Gesellschafterversammlung unterworfen, die Vertretungsmacht** (Außenverhältnis) **ist unbeschränkbar.**
Haftung § 13 GmbHG §§ 26 ff. GmbHG	▪ Den Gläubigern haftet **ausschließlich das Gesellschaftsvermögen.** ▪ Im Gesellschaftsvertrag kann eine (beschränkte oder unbeschränkte) **Nachschusspflicht** der Gesellschafter vorgesehen sein. Nachschüsse werden bei Bedarf durch Gesellschafterbeschluss eingefordert. **Gläubigern steht hierauf weder ein Einfluss noch eine direkte Zugriffsmöglichkeit zu.**
Ergebnis-verteilung § 29 GmbHG	▪ Die Verwendung eines **Jahresüberschusses (Rücklage, Ausschüttung, Gewinnvortrag)** unterliegt dem Beschluss der Gesellschafterversammlung. ▪ Die **Gewinnverteilung** erfolgt nach dem Verhältnis der Geschäftsanteile. ▪ Ein **Jahresfehlbetrag** wird aus den Rücklagen gedeckt oder vorgetragen.
Auflösung § 60 GmbHG	Auflösungsgründe sind: ▪ **Auflösungsbeschluss der Gesellschafterversammlung** (3/4-Mehrheit), ▪ Eröffnung des **Insolvenzverfahrens,** ▪ **satzungsmäßige Auflösungsgründe.**
Vorteile	▪ keine persönliche Haftung bei unvermindertem Einfluss der Gesellschafter ▪ geringerer Gründungsaufwand als AG
Nachteile	▪ gesetzliches Mindestkapital; ▪ kein Börsenzugang; ▪ Offenlegungspflichten

Kommanditgesellschaft auf Aktien

Charakter § 278 AktG	Die **Kommanditgesellschaft auf Aktien** (KGaA) ist im Gegensatz zur Kommanditgesellschaft eine Gesellschaft mit **eigener Rechtspersönlichkeit.** Sie ist **Formkaufmann.** Wie die KG hat auch die KGaA zwei Arten von Gesellschaftern: ▪ Mindestens einen persönlich und unbeschränkt haftenden **Komplementär** und ▪ die **Kommanditaktionäre**, die am in **Aktien** verbrieften Grundkapital beteiligt sind und nicht persönlich haften. Die KGaA ist somit eine Mischform aus Aktiengesellschaft und KG. Deshalb finden sich Regelungen sowohl im **Aktiengesetz** als auch im **HGB.**

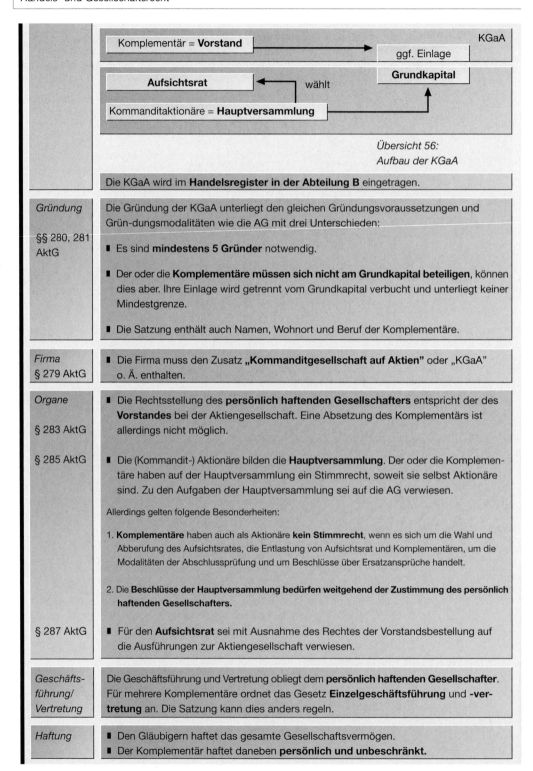

Komplementär = **Vorstand**		KGaA

ggf. Einlage

Grundkapital

Aufsichtsrat	wählt

Kommanditaktionäre = **Hauptversammlung**

Übersicht 56:
Aufbau der KGaA

Die KGaA wird im **Handelsregister in der Abteilung B** eingetragen.

Gründung §§ 280, 281 AktG	Die Gründung der KGaA unterliegt den gleichen Gründungsvoraussetzungen und Grün-dungsmodalitäten wie die AG mit drei Unterschieden: ■ Es sind **mindestens 5 Gründer** notwendig. ■ Der oder die **Komplementäre müssen sich nicht am Grundkapital beteiligen**, können dies aber. Ihre Einlage wird getrennt vom Grundkapital verbucht und unterliegt keiner Mindestgrenze. ■ Die Satzung enthält auch Namen, Wohnort und Beruf der Komplementäre.
Firma § 279 AktG	■ Die Firma muss den Zusatz **„Kommanditgesellschaft auf Aktien"** oder „KGaA" o. Ä. enthalten.
Organe § 283 AktG § 285 AktG § 287 AktG	■ Die Rechtsstellung des **persönlich haftenden Gesellschafters** entspricht der des **Vorstandes** bei der Aktiengesellschaft. Eine Absetzung des Komplementärs ist allerdings nicht möglich. ■ Die (Kommandit-) Aktionäre bilden die **Hauptversammlung**. Der oder die Komplementäre haben auf der Hauptversammlung ein Stimmrecht, soweit sie selbst Aktionäre sind. Zu den Aufgaben der Hauptversammlung sei auf die AG verwiesen. Allerdings gelten folgende Besonderheiten: 1. **Komplementäre** haben auch als Aktionäre **kein Stimmrecht**, wenn es sich um die Wahl und Abberufung des Aufsichtsrates, die Entlastung von Aufsichtsrat und Komplementären, um die Modalitäten der Abschlussprüfung und um Beschlüsse über Ersatzansprüche handelt. 2. Die **Beschlüsse der Hauptversammlung bedürfen weitgehend der Zustimmung des persönlich haftenden Gesellschafters.** ■ Für den **Aufsichtsrat** sei mit Ausnahme des Rechtes der Vorstandsbestellung auf die Ausführungen zur Aktiengesellschaft verwiesen.
Geschäfts-führung/ Vertretung	Die Geschäftsführung und Vertretung obliegt dem **persönlich haftenden Gesellschafter**. Für mehrere Komplementäre ordnet das Gesetz **Einzelgeschäftsführung** und **-vertretung** an. Die Satzung kann dies anders regeln.
Haftung	■ Den Gläubigern haftet das gesamte Gesellschaftsvermögen. ■ Der Komplementär haftet daneben **persönlich und unbeschränkt**.

Ergebnis-verteilung	Trifft die Satzung keine andere Regelung, erfolgt die **Gewinn-** und **Verlustverteilung** für ■ den **Komplementär** nach den für die **KG** geltenden Regeln (vgl. KG), ■ die **Kommanditaktionäre** nach den Regeln der **AG** (vgl. AG).
Auflösung § 289 AktG	Auflösungsgründe sind: ■ **Hauptversammlungsbeschluss** (3/4-Mehrheit) und **Zustimmung des Komplementärs,** ■ **Eröffnung des Insolvenzverfahrens** der Gesellschaft oder des (oder eines) Komplementärs, ■ **satzungsmäßige Auflösungsgründe.**
Vorteile	■ tendenziell erhöhte Kreditwürdigkeit wegen persönlicher Haftung ■ Zugang zum Kapitalmarkt (Aktienbörse) ohne deutlichen „Machtverlust"
Nachteile	■ hohes persönliches Risiko durch unbeschränkte Haftung ■ Offenlegungspflichten

3.7.5 Eingetragene Genossenschaft

Charakter § 1 GenG § 17 GenG	■ Eine Genossenschaft (es gibt nur noch die „eingetragene") ist eine Gesellschaft mit **nicht geschlossener Mitgliederzahl** (d. h. die Aufnahme von neuen Genossen ist jederzeit möglich) und **eigener Rechtspersönlichkeit.** ■ Sie ist **Formkaufmann.** ■ Rechtsgrundlage ist das **Genossenschaftsgesetz.** Genossenschaften werden im **Genossenschaftsregister eingetragen.** Eine Genossenschaft dient der **Förderung des Erwerbs oder der Wirtschaft ihrer Mitglieder.** Ihnen liegt zumeist der genossenschaftliche Grundgedanke **„gemeinsam sind wir stark"** zugrunde. **Beispiele** der wirtschaftlichen Zweckbestimmung einer Genossenschaft: ■ Kreditgenossenschaften (ursprünglich: gegenseitiger Kreditbeistand) ■ Rohstoffgenossenschaften (= gemeinsame Rohstoffbeschaffung) ■ Produktions-/Absatzgenossenschaften (= gemeinsame Herstellung/Verkauf) ■ Einkaufsgenossenschaften (= gemeinsamer Einkauf) ■ Werkgenossenschaften (= gemeinsame Nutzung von Produktionsgütern)
Gründung §§ 4-7 GenG	Es sind folgende **Gründungsvoraussetzungen** zu erfüllen: ■ Es sind **mindestens sieben Gründer** erforderlich. ■ Ein **Mindestkapital** ist **nicht notwendig.** ■ Es muss ein **schriftliches Statut** festgelegt werden.

	Gesetzliche Pflichtbestandteile des Statuts sind:
	▪ Firma, Sitz und Gegenstand der Genossenschaft,
	▪ Regelung der Nachschusspflicht (keine, beschränkt, unbeschränkt),
	▪ Form und Art der Bekanntmachung der Genossenschaft,
	▪ Form der Einberufung und Procedere der Generalversammlung,
	▪ Höhe von Geschäftsanteil und Mindesteinlagen,
	▪ Regelung der gesetzlichen Rücklagen.
§§ 9–13 GenG	Der weitere Gründungsvorgang verläuft folgendermaßen:
	▪ Bestellung von **Aufsichtsrat** und **Vorstand**,
	▪ Einholen einer **Aufnahmebestätigung des zuständigen genossenschaftlichen Prüfungsverbandes**,
	▪ **Antrag auf Eintragung ins Genossenschaftsregister.**
	Mit der Eintragung **entsteht** die Genossenschaft als juristische Person.

§ 7 Nr. 1 GenG
§ 7 a GenG

Besonderheiten gelten bei der **Kapitalaufbringung**:

noch durch Gewinne oder Einzahlungen aufzufüllen		satzungsmäßiger Geschäftsanteil 1 500,00 EUR
Gewinngutschriften 300,00 EUR	Geschäfts- guthaben 450,00 EUR	
Mindesteinzahlung 10 %: 150,00 EUR		

▪ Im Statut wird ein so genannter **Geschäftsanteil** festgelegt. Dieser beziffert einerseits den **von einem Genossen zu tragenden Anteil**, andererseits aber auch die **maximal mögliche Beteiligung eines Genossen**. Hiervon abweichend kann das Statut aber den Erwerb mehrerer Geschäftsanteile erlauben.

▪ Auf den Geschäftsanteil ist eine gesetzliche **Mindesteinlage von 10 %** zu leisten. Das Statut kann hiervon nach oben abweichen.

§ 337 HGB

▪ Das Guthaben des einzelnen Genossen wird als **Geschäftsguthaben** bezeichnet. Gewinne und Verluste mehren und mindern das Geschäftsguthaben. Die **Summe aller Geschäftsguthaben** ist das **in der Bilanz** auszuweisende „Grundkapital" der Genossenschaft.

Firma § 3 GenG	Die Firma muss den Zusatz **„eingetragene Genossenschaft"** oder „eG" enthalten.

Organe

§§ 43 ff. GenG

▪ Die **Generalversammlung** ist das **Beschlussfassungsorgan** der Genossen. Beschlüsse bedürfen einer einfachen, Statusänderung einer 3/4-Mehrheit. **Jeder Genosse hat eine Stimme** (Abstimmung **„nach Köpfen"** nicht „nach Kapital"). Im Statut kann ein Mehrstimmrecht (maximal drei Stimmen) eingeräumt werden. Bei mehr als **1500 Mitgliedern** kann eine **Vertreterversammlung** die Zusammenkunft aller Genossen ersetzen.

§§ 24 ff. GenG

▪ Der **Vorstand** ist **Leitungsorgan** und **gesetzlicher Vertreter** der Genossenschaft. Er führt die Geschäfte der Genossenschaft und vertritt sie nach außen. Der Vorstand besteht aus mindestens **zwei Genossen**, die **von der Generalversammlung** auf unbestimmte Zeit gewählt werden. Die Bestellung ist jederzeit widerruflich.

§§ 36 ff. GenG	■ Der **Aufsichtsrat** ist das **Organ zur Überwachung des Vorstandes**. Er wird ebenfalls **von der Generalversammlung** gewählt und besteht aus mindestens **drei Genossen**. Auch er wird zum **Mitbestimmungsorgan**, wenn die Genossenschaft mehr als 500 bzw. mehr als 2000 Arbeitnehmer beschäftigt. Die dann vorgeschriebene Zusammensetzung wurde bereits bei der AG dargestellt.
Geschäfts-führung/ Vertretung § 25 GenG	Die Vorstandsmitglieder führen die Geschäfte und vertreten die Genossenschaft **gemeinschaftlich Gesamtgeschäftsführung/-vertretung**). Eine andere Regelung im Statut ist möglich und im Genossenschaftsregister einzutragen.
Haftung § 2 GenG §§ 105 ff. GenG	■ Den Gläubigern haftet **ausschließlich das Gesellschaftsvermögen**. ■ Das Statut kann eine **Nachschusspflicht** vorsehen. Ihre Höhe (= **Haftsumme**) kann beschränkt oder unbeschränkt sein. Mindesthöhe einer **beschränkten Nachschuss-pflicht** ist der Betrag eines **Geschäftsanteils**. Im Konkursfall ist die Konkursmasse mit den Nachschüssen aufzufüllen. **Ein direkter Zugriff der Gläubiger auf die Genossen bleibt aber absolut ausgeschlossen.** ■ Im Konkursfall ist außerdem der gegebenenfalls **noch offenstehende Betrag des Geschäftsanteils** an die Genossenschaft zu leisten. Das maximale Risiko eines Genossen errechnet sich demnach wie folgt: **Geschäftsanteil + Haftsumme = Risikosumme** (maximales Verlustrisiko) **Beispiel:** Herr Müller ist Genosse der A eG. Er hat einen Geschäftsanteil von 2 000,00 EUR übernommen und die gesetzliche Mindesteinzahlung geleistet. An Gewinnen wurden ihm 800,00 EUR gutgeschrieben. Im Statut ist eine Nachschusspflicht in der gesetzlichen Mindesthöhe vorgesehen. Die Genossenschaft fällt in Konkurs. Welche Summe hat Herr Müller nun maximal noch zu leisten? **Geschäftsanteil** (2 000,00 EUR) und **Haftsumme** (Nachschusspflicht i. H. v. 2 000,00 EUR) ergeben zusammen die so genannte **Risikosumme** von 4 000,00 EUR. Davon wurden durch Einzahlung (10 % von 2 000,00 EUR = 200,00 EUR) und Gewinngutschriften (800,00 EUR) bereits 1 000,00 EUR getilgt. Es bleibt somit eine Verbindlichkeit von 3 000,00 EUR offen.
Ergebnis-verteilung § 19 GenG	■ **Gewinne** werden (nach Abzug der im Statut geregelten gesetzlichen Rücklage) **im Verhältnis der Geschäftsguthaben** den Geschäftsanteilen der Genossen gutge-schrieben. Ein **Geschäftsanteil** wird so lange **„aufgefüllt"**, bis er vollständig bezahlt ist. Erst dann ist eine Ausschüttung möglich. Allerdings kann dies im Statut abweichend geregelt werden. ■ **Verluste** mindern die Geschäftsguthaben im entsprechenden Verhältnis.
Auflösung §§ 78 ff. GenG	Auflösungsgründe sind: ■ **Auflösungsbeschluss der Generalversammlung** (3/4-Mehrheit), ■ **Eröffnung des Insolvenzverfahrens**, ■ **Beschluss des Registergerichts** (z. B. bei weniger als sieben Genossen).

Vorteile	■ Haftungsbeschränkung auf Gesellschaftsvermögen möglich ■ leichte Kapitalbeschaffung durch Aufnahme neuer Genossen ■ Stimmrecht nach Köpfen gewährleistet Interessengemeinschaft ■ kein hoher Gründungsaufwand
Nachteile	■ „Hürde" der Aufnahme in den genossenschaftlichen Prüfungsverband ■ Haftungsrisiko bei Nachschusspflicht

3.7.6 Bereichsspezifische Unternehmensformen

Partnerschaftsgesellschaft

Charakter § 1 PartGG	■ Die Partnerschaftsgesellschaft (oder Partnerschaft) ist eine **Personenvereinigung ohne eigene Rechtspersönlichkeit.** ■ Sie kann ausschließlich zur Ausübung **Freier Berufe** gebildet werden. ■ Rechtsgrundlage ist das **Partnerschaftsgesellschaftsgesetz**, das weitgehend auf die für die OHG und BGB-Gesellschaft geltenden Regelungen verweist. Freie Berufe sind z. B.: Ärzte, Masseure, Psychologen, Rechtsanwälte, Wirtschaftsprüfer, Steuerberater, beratende Volks- und Betriebswirte, Ingenieure, Architekten, Journalisten, Übersetzer, Künstler, Schriftsteller.
§ 7 Abs. 2 PartGG	Wie die OHG ist auch die Partnerschaft **teilrechtsfähig.** Sie ist im **Partnerschaftsregister** einzutragen.
Gründung §§ 3-5 PartGG	**Gründungsschritte** sind : ■ Abschluss eines **schriftlichen Partnerschaftsvertrages** von mindestens zwei Angehörigen Freier Berufe. Gesetzlicher Mindestinhalt des Vertrages: ■ Name, Sitz und Gegenstand der Partnerschaft, ■ Namen, Berufe und Wohnorte der Partner. ■ **Anmeldung zur Eintragung im Partnerschaftsregister.**
§ 7 Abs. 1 PartGG	Die **Partnerschaft entsteht mit Eintragung** ins Partnerschaftsregister. Die Eintragung ist also **konstitutiv.**
Firma § 2 PartGG	Die Partnerschaft hat **keine Firma**, da sie kein Handelsgewerbe betreibt. Ihr **Name** hat den **Namen mindestens eines Partners** und die Berufsbezeichnung aller in der Partnerschaft vertretenen Berufe zu enthalten. Ein Zusatz **„und Partner"** bzw. **„Partnerschaft"** ist zwingend.

Geschäfts-führung/ Vertretung § 6 PartGG	Es gelten die gleichen Regelungen wie bei der OHG, also grundsätzlich **Einzelgeschäfts-führung** (für gewöhnliche Geschäfte) und **Einzelvertretung**. Im Übrigen sei auf die Ausführungen zur OHG verwiesen.
Haftung § 8 PartGG	■ Gläubigern haftet einerseits das **Vermögen der Partnerschaft**, andererseits haften auch die Partner wie bei der OHG **gesamtschuldnerisch, unbeschränkt, unmittelbar** und **primär**. ■ Die **gesamtschuldnerische Haftung für fehlerhafte Leistungen** ist aber auf einzelne Partner beschränkt, wenn auch nur einzelne mit der Auftragsbearbeitung befasst waren.
Ergebnis-verteilung § 1 Abs. 4 PartGG	Soweit keine vertragliche Vereinbarung getroffen wurde, gilt die Regelung der BGB-Gesellschaft: **Gewinn** und **Verlust** sind nach Köpfen zu verteilen.
Auflösung § 9 PartGG	Die Auflösungsgründe sind **denen der OHG identisch**.
Vor- und Nachteile	Angehörigen Freier Berufe stand zur gemeinschaftlichen Berufsausübung bisher nur die BGB-Gesellschaft offen. Die Partnerschaft bietet insbesondere durch den **Registereintrag und die klaren Haftungs- und Vertretungsregeln** eine den Anforderungen des Geschäftsverkehrs stärker entsprechende Organisationsform. Im Übrigen sei auf die Ausführungen zur OHG verwiesen.

Versicherungsverein auf Gegenseitigkeit

Charakter § 15 ff. VAG	Der Versicherungsverein auf Gegenseitigkeit (VVaG) ist eine spezielle Rechtsform für **privatrechtliche Versicherungsunternehmen**. Der VVaG hat eine **eigene** Rechtspersönlichkeit.
§ 20 VAG § 24 VAG	■ Die Mitglieder sind grundsätzlich auch Versicherungsnehmner des VVaG. ■ Allerdings muss nicht jeder Versicherungsnehmer auch Mitglied sein. ■ Der VVaG finanziert sich durch die Mitgliedsbeiträge. Rechtsgrundlage ist das **„Gesetz über die Beaufsichtigung der privaten Versicherungsunternehmen"** (VAG), welches teils auf das HGB und das AktG verweist.

Gründung § 17 VAG § 22 VAG	Gründungsvoraussetzungen: ■ Mindestens **zwei Gründer** (analog zur GbR), ■ Feststellung einer **notariell beurkundeten Satzung**, ■ Bildung eines so genannten **„Gründungsstocks"** als Anlaufkapital.
§ 15 VAG §§ 30 ff. VAG	Die Rechtsfähigkeit erhält der VVaG durch die **Betriebserlaubnis der Bundesanstalt für Finanzdienstleistungsaufsicht**. Er ist des Weiteren zur **Eintragung ins Handelsregister** anzumelden. Die Eintragung in Abteilung B hat **deklaratorische** Wirkung.
Firma § 18 VAG	Die Firma soll den **Sitz des VVaG** erkennen lassen. Auch der **Hinweis auf die Rechtsform** VVaG ist notwendig.
Organe § 36 VAG § 35 VAG § 34 VAG	■ Die so genannte **„oberste Vertretung"** ist die Versammlung der Mitglieder. Sie hat als **Beschlussfassungsorgan** weitgehend die gleichen Aufgaben und Befugnisse wie die Hauptversammlung einer Aktiengesellschaft. ■ Der **Aufsichtsrat** wird von der „obersten Vertretung" für eine **Amtszeit von vier Jahren** gewählt. Er besteht aus **drei bis höchstens 21 Personen**. Seine Aufgaben entsprechen weitgehend den für den Aufsichtsrat einer AG geltenden Regelungen. ■ Der **Vorstand** ist **Leitungsorgan** und **gesetzlicher Vertreter** des VVaG. Er wird **vom Aufsichtsrat** für eine **Amtszeit** von **5 Jahren bestellt**. Ihm müssen **mindestens zwei Personen** angehören. Seine Befugnisse und Aufgaben entsprechen weitgehend denen des Vorstandes einer AG.
Geschäfts- führung/ Vertretung	Die Aufgabe der **Geschäftsführung und der Vertretung** wird vom **Vorstand** wahrgenommen. Es sei im Übrigen auf die Ausführung zu Geschäftsführung und Vertretung der AG verwiesen.
Haftung § 19 VAG § 24 Abs. 2 VAG	Den Gläubigern **haftet ausschließlich das Vereinsvermögen**. Allerdings haben die Mitglieder grundsätzlich eine **unbeschränkte Nachschusspflicht** gegenüber dem VVaG. Diese kann in der Satzung aber ausgeschlossen bzw. beschränkt werden.
Ergebnis- verteilung § 37 VAG § 38 VAG § 27 VAG	■ **Gewinne** werden (nach Abzug einer in der Satzung zu regelnden Verlustrücklage) **an die Mitglieder verteilt**. Die Satzung hat den Maßstab dieser Verteilung zu regeln, kann aber auch eine andere Verwendung vorsehen. ■ **Verluste** werden durch die Verlustrücklage, den Gründungsstock oder Nachschüsse gedeckt.
Auflösung §§ 42 ff. VAG	Der VVaG wird aufgelöst durch: ■ **Auflösungsbeschluss der „obersten Vertretung"** (3/4-Mehrheit), ■ **Eröffnung des Insolvenzverfahrens**, ■ **satzungsmäßige Auflösungsgründe**.
Vor- und Nachteile	Der VVaG dient der Risikoabdeckung seiner Mitglieder auf der Grundlage des Gegenseitigkeitsprinzips. Insofern entzieht er sich einer Bewertung, da er für dieses Ziel die einzig mögliche Rechtsform darstellt.

3.7.7   Mischformen

GmbH & Co. KG

Charakter	Die GmbH & Co. KG ist eine **Kommanditgesellschaft**, deren persönlich haftender Gesellschafter (Komplementär) eine **GmbH** ist. Es finden somit die Regelungen des **HGB** über die **KG** Anwendung. Soweit die GmbH betroffen ist, gilt das **GmbHG**.

GmbH = Komplementär   GmbH & Co. KG

Kommanditist(en)

Übersicht 57:
Aufbau der GmbH & Co. KG

Als Kommanditgesellschaft ist die GmbH & Co. KG **teilrechtsfähig**. Als Personengesellschaft wird sie im **Handelsregister in der Abteilung A** eingetragen.

Sie müssen also sorgfältigst zwischen der GmbH & Co. KG und ihrem „persönlich haftenden Gesellschafter", der GmbH, trennen, um die Konstruktion zu betrachten: Die GmbH selbst ist natürlich als juristische Person rechtsfähig und im Handelsregister in der Abteilung B zu finden.

Gründung	Die Gründung einer GmbH & Co. KG vollzieht sich in zwei Schritten: ■ **Gründung einer GmbH**: Hierzu sei auf die Ausführungen zur GmbH verwiesen. ■ **Gründung einer KG**: Persönlich haftender Gesellschafter dieser KG wird die GmbH. Kommanditist(en) sind natürliche Personen. Sind die Kommanditisten mit den Gesellschaftern der GmbH identisch, spricht man von einer **„personengleichen GmbH & Co. KG"**; sind sie es nicht, von einer **„personenverschiedenen GmbH & Co. KG"**. Auch eine **„Einmann-GmbH & Co. KG"** ist möglich, wenn der einzige Gesellschafter der GmbH Kommanditist der GmbH & Co. KG ist.
Firma	Die Firma besteht aus der Firma der GmbH mit dem **zwingenden Zusatz GmbH & Co. KG**.
Organe § 4 MitbestG	Die **GmbH & Co. KG** hat als Personengesellschaft **keine Organe**. Etwas anderes gilt natürlich für die GmbH. Beachten Sie, dass die Beschäftigtenzahl der GmbH & Co. KG dann der GmbH zugerechnet wird, wenn GmbH und GmbH & Co. KG zusammen 2000 und mehr Arbeitnehmer haben. Folge: Der Aufsichtsrat der GmbH ist nach den Regeln des Mitbestimmungsgesetzes zu bilden.
Geschäfts- *führung/* *Vertretung*	Geschäftsführung und Vertretung sind Aufgabe der **GmbH-Geschäftsführung**. Herleitung: Die Geschäftsführung und Vertretung einer KG obliegt dem **Komplementär. Komplementär ist** die juristische Person **GmbH**. Für sie handelt ihr **gesetzlicher Vertreter**, nämlich der oder die **Geschäftsführer**.

Haftung	Die „unbeschränkte" Haftung des Komplementärs beschränkt sich nun auf die Haftung der **GmbH mit ihrem Gesellschaftsvermögen**. Die Kommanditisten haften Gläubigern nur in Höhe ihrer noch nicht erbrachten Einlage. **Geklagt werden kann gegen die GmbH & Co. KG und gegen die GmbH.**
Ergebnis-verteilung	Soweit der Gesellschaftsvertrag nichts anderes vorsieht, gelten die bei der **KG** dargestellten Regeln der Gewinn- und Verlustverteilung.
Auflösung	Auflösungsgründe sind mit denen der **KG** identisch.
Vorteile	▪ Möglichkeit einer **„haftungsbeschränkten Personengesellschaft"** ▪ **Steuerersparnis möglich** (durch die unterschiedliche Besteuerung von Kapital- und Personengesellschaften können im **Einzelfall** steuerliche Vorteile realisiert werden)
Nachteile	grundsätzlich **geringere Bonität** als reine Personengesellschaft

Betriebsaufspaltung

> Von einer Betriebsaufspaltung spricht man, wenn **ein Unternehmen** unter Beibehaltung eines einheitlichen wirtschaftlichen Betriebes und zusammengefasster Organisation in **zwei rechtlich selbstständige** Gesellschaften aufgeteilt wird.

Übersicht 58: Betriebsaufspal-tung (Beispiel)

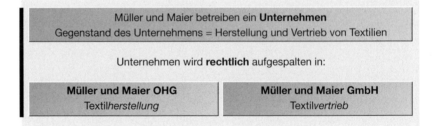

Müller und Maier betreiben ein **Unternehmen**
Gegenstand des Unternehmens = Herstellung und Vertrieb von Textilien

Unternehmen wird **rechtlich** aufgespalten in:

| **Müller und Maier OHG**
Textil*herstellung* | **Müller und Maier GmbH**
Textil*vertrieb* |

Gründe für eine solche Betriebsaufspaltung können sein:

▪ **Reduzierung des Haftungsrisikos** durch „Einschalten" von Kapitalgesellschaften,
▪ **steuerrechtliche Aspekte,**
▪ **betriebswirtschaftliche Gründe** (z. B. getrenntes Auftreten im Geschäftsverkehr wird erwünscht).

4 Spezielle zivil- und handelsrechtliche Fragen für Finanzdienstleister

4.1 Abgrenzung der Vermittler- und Beratertypen

Vermittler oder Berater stellen das Bindeglied zwischen Anbieter von Finanzprodukten und den Kunden dar. Sie können als **Angestellter im Außendienst**, **Handelsvertreter/Agent** oder als **Handelsmakler** auftreten. Mit der unterschiedlichen Rechtsstellung sind verschiedene Rechte und Pflichten verbunden, die in der folgenden Übersicht dargestellt sind.

Übersicht 59: Abgrenzung der Vermittler- und Beratertypen

	Angestellter im Außendienst	Agent		Handelsmakler
Rechtsstellung	Handlungsgehilfe (Arbeitnehmer)	Handelsvertreter (selbstständig)		Handelsmakler (Selbstständiger Kaufmann)
Gesetzliche Grundlagen	§§ 59–75 h HGB	§§ 84–92c HGB	§§ 43–48 VVG	§§ 93–103 HGB
Vertragsverhältnis	Arbeitsvertrag	Agenturvertrag Einfirmen-/Konzernvertreter: Ausschließlichkeit Konkurrenzverbot	Mehrfachvertreter: keine Ausschließlichkeit Tätigkeit für mehrere Anbieter	Geschäftsbesorgungsvertrag
Dauer	ständig	ständig		von Fall zu Fall
Aufgaben/ Pflichten	– Akquisition und Schulung von Vertretern – Betreuung schwieriger Zweige – Wahrnehmung von Spezialaufgaben	Gesetzliche Pflichten – Bemühungspflicht (Vermittlung, Kundenbetreuung) – Sorgfaltspflicht (Qualitätswahrung) – Weisungsfolgepflicht Nebenpflichten – Benachrichtigungs- und Mitteilungspflicht (Weiterleitung von Anträgen und Willenserklärungen von Kunden) – Auskunfts- und Rechenschaftspflicht (z. B. über Beitragseinzug) – Geheimhaltungspflicht		– Aufklärung und Beratung der Kunden (Risikoanalyse, Feststellung des Bedarfs, Überwachung der Einhaltung der Obliegenheiten)
Interessenwahrnehmung	Anbieter	Anbieter		Kunde
Vergütungsanspruch	Festes Gehalt zuzüglich – Provisionen – Fahrtauslagen – Spesen	– Vermittlungs- oder Abschlussprovision (Erst- und Folgeprovision oder Einmalprovision) – Inkasso- oder Verwaltungsprovision – evtl. Zuschüsse zu Bürokosten, Fahrtauslagen, – Altersversorgung		Courtage (Festsetzung der Höhe im Rahmenabkommen mit Anbieter)

4.2 Rechtsstatus als Handelsvertreter/Agent

4.2.1 Handelsvertretertypen

> Wer als **selbstständiger Gewerbetreibender** ständig damit betraut ist, **für einen anderen Unternehmer Geschäfte zu vermitteln** oder **in dessen Namen abzuschließen,** wird als Handelsvertreter gemäß § 84 HGB betrachtet.

Die Vorschriften des Handelsvertreters finden nicht nur dann Anwendung, wenn der Handelsvertreter Kaufmann im Sinne des HGB ist, sondern auch, wenn das Unternehmen des Handelsvertreters nach Art und Umfang einen in kaufmännischer Weise eingerichteten Geschäftsbetrieb *nicht* erfordert *(zu den Kaufmannsregelungen vgl. Kap. 3.2 Kaufmann nach HGB).*

Der Handelsvertreter ist **hinsichtlich des Inhaltes seiner Tätigkeit weisungsgebunden.** Lediglich über das „Ob" und „Wann" unterliegt er keinerlei Weisungen.

Die ständige Betrauung für einen Unternehmer schlägt sich in der Regel im Abschluss eines **Agenturvertrages** nieder. Es wird zwischen dem Vermittlungsvertreter und dem Abschlussvertreter differenziert:

- Der **Vermittlungsvertreter** ist nur mit der bloßen Vermittlung von Geschäften betraut. Er hat keinerlei Abschlussbefugnis. Über das Zustandekommen des Vertrages entscheidet letztlich der Unternehmer, für den er tätig ist (§ 43 VVG).

- Wenn ihm darüber hinaus die Ermächtigung zum Geschäftsabschluss im Namen des Unternehmers erteilt worden ist, ist er **Abschlussvertreter,** d. h. er schließt als Vertreter des Unternehmers die Geschäfte in dessen Namen ab (§ 45 VVG).

Ein Handelsvertreter kann entweder für einen anderen Unternehmer **(Einfirmenvertreter)** oder für mehrere Unternehmen **(Mehrfirmenvertreter)** tätig sein. Der typische Einfirmenvertreter darf auf Grund vertraglicher Vereinbarungen mit dem Unternehmer nicht für andere Firmen tätig sein. In § 92 a HGB ist festgehalten, dass der Bundesminister für Justiz für den Einfirmenvertreter Mindestarbeitsbedingungen hinsichtlich Entlohnung und sozialer Leistungen festlegen kann.

Im Gegensatz zum Handelsmakler ist der Handelsvertreter ständig für mindestens einen bestimmten Unternehmer tätig.

Die Abgrenzung zwischen einem selbstständigen Handelsvertreter und einem angestellten Handlungsgehilfen ist dadurch gegeben, dass der Handelsvertreter im Wesentlichen frei seine Tätigkeit gestalten und seine Arbeitszeit bestimmen kann, und zwar unabhängig davon, ob die Handelsvertretertätigkeit haupt- oder nebenberuflich ausgeübt wird. Für den Handelsvertreter können wiederum so genannte Untervertreter arbeiten.

Stehen diese nur mit dem Handelsvertreter in vertraglicher Beziehung, liegt ein echter Untervertretervertrag vor. Besteht hingegen eine Beziehung zu dem Unternehmer, besteht ein unechter Untervertretervertrag. Dies ist ausschlaggebend dafür, wer an wen die Provision zu zahlen hat.

4.2.2 Rechte und Pflichten des Handelsvertreters

Er unterliegt – im Gegensatz zum kaufmännischen Angestellten – nicht bereits kraft Gesetz einem so genannten Wettbewerbsverbot. Jedoch darf der Vertreter auch ohne dieses gesetzliche Wettbewerbsverbot den Unter-

> Der Handelsvertretervertrag ist ein **Dienstvertrag mit Geschäftsbesorgungscharakter** gemäß §§ 611 und 675 BGB. Aus diesem Vertrag obliegt dem Handelsvertreter die Pflicht, sich um die Vermittlung bzw. den Abschluss von Geschäften zu bemühen, wobei er die Interessen des Unternehmers wahrzunehmen hat (§ 86 HGB).

nehmer nicht durch die Tätigkeit für Konkurrenzbetriebe schädigen.

Der Handelsvertreter ist verpflichtet, dem Unternehmer von jedem Geschäftsabschluss und jeder Vermittlung sofort Mitteilung zu machen. Diese Pflicht kann jedoch zwischen den Parteien so abgeändert werden, dass im Einzelfall lediglich eine wochen- oder monatsweise Mitteilung erfolgt. Der Unternehmer hat die Pflicht, den Handelsvertreter durch die Bereitstellung der erforderlichen Unterlagen und Auskünfte zu unterstützen.

4.2.3 Provisionsanspruch

Die **Vergütung** für die Dienste des Handelsvertreters wird Provision genannt. Das bedeutet: Der Handelsvertreter hat in der Regel nur einen Anspruch auf Vergütung, wenn er einen bestimmten Erfolg herbeigeführt hat. Er wird jedoch nicht für seine Tätigkeit an sich entlohnt. Hierin unterscheidet er sich von einem Handlungsgehilfen, der erfolgsunabhängig eine Vergütung erhält. Der Vertreter hat gemäß § 87 HGB einen Provisionsanspruch für alle während des Handelsvertretervertragsverhältnisses abgeschlossenen Geschäfte,

- die auf seine Tätigkeit zurückgeführt werden können oder

- die mit Dritten abgeschlossen werden, wenn er die Kunden für Geschäfte der gleichen Art einmal geworben hat, d. h. bei so genannten Nachbestellungen. Eine solche Mitwirkung ist beim Abschlussvertreter leicht festzustellen, schwierig dagegen ist es beim Vermittlungsvertreter. Deshalb genügt nach der Rechtsprechung bereits jede Mitverursachung.

Beispiel für eine häufige Form der Mitverursachung:
Der Vermittlungsvertreter versucht zunächst ergebnislos, ein Geschäft zu vermitteln, der Kunde wendet sich später jedoch direkt mit einer Bestellung an den Unternehmer.

Bei der **Bezirksprovision** hat der Handelsvertreter einen Anspruch auf Provision für alle Abschlüsse in dem ihm zugewiesenen Bezirk und zwar auch für die, die ohne seine Mitwirkung in diesem Bezirk entstanden sind.

Allerdings ist es nicht in allen Finanzdienstleistungszweigen üblich, den Vertretern einen bestimmten Bezirk zuzuweisen. Ist dies nicht erfolgt, besteht auch kein Anspruch auf Bezirksprovision.

Wenn der Handelsvertreter vom Kunden das Geld für das abgeschlossene Geschäft erhält, hat er neben seiner Abschluss- bzw. Vermittlungsprovision zusätzlich einen Anspruch auf die **Inkassoprovision** als Leistung für seine Kassiertätigkeit.

Wenn sich der Handelsvertreter persönlich gegenüber den Vertragsparteien verpflichtet, dafür einzustehen, dass das Geschäft erfüllt wird, erhält er dafür eine zusätzliche Provision. Diese nennt man **Delkredereprovision.** Eine solche Vereinbarung ist jedoch nur schriftlich möglich (§ 86 b HGB).

Die Provision ist nach § 87a ff. HGB fällig, sobald und soweit der Unternehmer das Geschäft ausgeführt hat. Abweichende Regelungen können getroffen werden, jedoch hat der Handelsvertreter einen Anspruch auf Vorschuss, der spätestens am 31. des auf die Ausführung des Geschäftes folgenden Monats fällig ist. **Endgültig verdient** ist die Provision jedoch erst dann, wenn derjenige, mit dem ein Geschäft abgeschlossen oder dem ein Geschäft vermittelt wurde, dieses auch erfüllt. Steht allerdings endgültig fest, dass der Dritte nicht leistet, dann entfällt der Provisionsanspruch. Jedoch muss die Nichtleistung unabhängig vom Willen des Unternehmers sein: Wenn der Unternehmer dem zahlungsfähigen Dritten die Zahlung auf freiwilliger Basis erlässt, bleibt der Provisionsanspruch bestehen. Entschließt sich der Unternehmer, ein abgeschlossenes Geschäft nicht auszuführen, bleibt der Provisionsanspruch des Handelsvertreters ebenso bestehen.

Wenn die **Höhe der Provision** nicht vereinbart ist, gilt die orts- und branchenübliche Provision. Sie wird von der Summe berechnet, die der Dritte an den Unternehmer zu zahlen hat. Nachlässe, die der Unternehmer bei Barzahlung gewährt sowie Unkosten des Unternehmers, werden nicht davon abgezogen.

Über die Provision ist monatlich abzurechnen. Eine vertragliche Vereinbarung, die Abrechnung über einen längeren Zeitraum als 3 Monate zu strecken, ist gemäß § 87 c HGB unzulässig. Der Handelsvertreter hat einen Anspruch auf einen Buchauszug aus den Buchführungsunterlagen des Unternehmers, die die von ihm vermittelten oder abgeschlossenen Geschäfte betreffen. Bei Verweigerung dieses Buchauszuges bzw. bei ernsthaften Zweifeln der Richtigkeit kann der Handelsvertreter verlangen, dass ein Wirtschaftsprüfer oder ein vereidigter Buchprüfer die Unterlagen überprüft.

Die Ansprüche aus einem Handelsvertretervertrag **verjähren innerhalb von vier Jahren,** beginnend mit dem Ende des Kalenderjahres, in dem sie fällig geworden sind (§ 88 HGB).

4.2.4 Kündigung des Handelsvertretervertrages

Der unbefristete Handelsvertretervertrag kann nach § 89 HGB von beiden Seiten – mit einer Frist von einem Monat zum Ende eines Kalendermonats – im ersten Jahr der Tätigkeit gekündigt werden. Diese **Kündigungsfrist** verlängert sich bei längerem Vertragsverhältnis auf bis zu 6 Monate. Die Fristen können einzelvertraglich verlängert werden.

Nach Beendigung des Vertragsverhältnisses hat der Handelsvertreter nach § 89 b HGB einen **Ausgleichsanspruch,** wenn der Unternehmer aus der Geschäftsverbindung, die der Handelsvertreter aufgebaut hat, auch nach seinem Ausscheiden erhebliche Vorteile ziehen kann oder wenn der Handelsvertreter auf Grund der Beendigung des Vertragsverhältnisses Provisionsansprüche verliert, auf die er sonst einen Anspruch gehabt hätte.

Das Gesetz hat hinsichtlich der Höhe dieses Ausgleichsanspruches lediglich eine Obergrenze festgelegt. Diese beträgt ein durchschnittliches Jahresgehalt der letzten 5 Jahre. Der Ausgleichsanspruch entfällt allerdings, wenn der Vertreter selbst gekündigt hat und der Kündigungsgrund nicht im Erreichen der Altersgrenze oder in gesundheitlichen Gründen des Vertreters lag. Er entfällt auch dann, wenn der Unternehmer begründet fristlos gekündigt hat oder wenn ein Dritter mit Einverständnis beider Parteien in das Handelsvertreterverhältnis im Wege der Vertragsübernahme eintritt.

Der Handelsvertreter darf auch nach Beendigung seiner Tätigkeit Geschäfts- und Betriebsgeheimnisse des Unternehmers nicht verwerten oder Dritten mitteilen (§ 90 HGB).

4.2.5 Wettbewerbsabrede

Die Parteien können eine nachvertragliche Wettbewerbsabrede nach § 90 a HGB vereinbaren. Diese ist dann so formuliert, dass der Handelsvertreter für eine bestimmte Dauer in einem bestimmten Bezirk in seiner gewerblichen Tätigkeit beschränkt ist. Zur Gültigkeit einer solchen Vereinbarung ist die Schriftform notwendig. Sie darf sich nur auf

- den Bezirk,
- den Kundenkreis und
- die Gegenstände beschränken,
- in dem bzw. mit denen der Handelsvertreter tätig war.

Das Wettbewerbsverbot ist nur bis längstens zwei Jahre nach Beendigung des Vertrages zulässig. Der Handelsvertreter erhält als Ausgleich für die Einschränkung seiner beruflichen Tätigkeit während dieser Zeit eine angemessene Entschädigung. Die Wettbewerbsabrede entfällt jedoch dann, wenn ein Vertragspartner aus wichtigem Grund wegen schuldhaftem Verhalten des anderen kündigt und sich schriftlich innerhalb eines Monats von der Wettbewerbsabrede lossagt.

4.2.6 Sonderregelungen für den Versicherungsvertreter

> Der Versicherungsvertreter ist ein **Handelsvertreter,** der damit betraut ist, **Versicherungsverträge abzuschließen oder zu vermitteln.** Deshalb finden grundsätzlich die allgemeinen Vorschriften über den Handelsvertreter Anwendung, es sei denn, Spezialvorschriften haben Vorrang (§ 92 HGB).

Der Hauptunterschied zwischen dem eigentlichen Handelsvertreter und dem Versicherungsvertreter ist, dass der Handelsvertreter – als Warenvertreter –

Verträge über die Lieferung ganz bestimmter Waren abschließt, während der Versicherungsvertreter langfristige Verträge abschließt oder vermittelt. Nachbestellungen wie beim Warenvertreter spielen deshalb beim Versicherungsvertreter keine Rolle. Im Gegensatz zum Handelsvertreter hat der Versicherungsvertreter Provisionsansprüche nur hinsichtlich der Geschäfte, die auf seine Tätigkeit zurückzuführen sind. Eine Bezirksvertretung gibt es nicht.

Der **Provisionsanspruch** des Versicherungsvertreters ist erst in dem Moment entstanden, in dem der Versicherungsnehmer seine Prämie gezahlt hat. Daraus ergibt sich, dass der Versicherungsnehmer vorleistungsverpflichtet ist und dass die Ausführung des Vertrages durch die Versicherungsgesellschaft grundsätzlich bedeutungslos ist.

Es gilt hierbei der Grundsatz: „Die Provision teilt das Schicksal der Prämie". Fließt die Prämie nicht, ist auch kein Provisionsanspruch entstanden.

Unterbleibt jedoch die Prämienzahlung, weil sich das Versicherungsunternehmen selber nicht vertragstreu verhalten hat, hat der Versicherungsvertreter dennoch einen Provisionsanspruch.

Der Versicherungsvertreter hat, ebenso wie der allgemeine Handelsvertreter, einen Anspruch auf **Vorschussleistung.** Kommt jedoch der Versicherungsnehmer seinen Prämienzahlungspflichten nicht nach, muss er den Vorschuss zurückzahlen (nach § 87 a Abs. 2 HGB). Verstößt jedoch das Versicherungsunternehmen gegen seine vertragliche **Nachbearbeitungspflicht,** besteht keine Rückzahlungspflicht, denn das Unternehmen hat nach Rechtsprechung die Pflicht, dem Vertreter rechtzeitig Stornogefahrmitteilungen zu machen, damit dieser die Möglichkeit der Nachbearbeitung hat und so gefährdete Verträge retten kann.

Der Versicherungsvertreter unterliegt **keinem Wettbewerbsverbot.** Er darf somit gleichzeitig für Konkurrenzunternehmen tätig werden, sofern im Vertrag nichts anderes festgehalten ist.

Hinsichtlich **Kündigungsfristen** gelten die Vorschriften über den Handelsvertreter. Ein Provisionsanspruch für die nach Vertragsbeendigung anfallenden Prämienzahlungen besteht dann, wenn

- die Einmalprämie erst nach Vertragsschluss gezahlt wird oder
- bei noch ausstehenden Raten im Falle von Teilzahlungen oder
- bei Kopplung des Provisionsanspruches an laufende Prämienleistungen.

Der Unternehmer ist verpflichtet, durch eine Nachtragsabrechnung die Provision nach Eingang der Prämie auszuzahlen. Der allgemeine Ausgleichsanspruch nach § 89 b HGB kommt deshalb bei Versicherungsvertretern nur dann zum Einsatz, wenn im Vertrag eine Klausel enthalten ist, wonach jeder Provisionsanspruch mit der Vertragsbeendigung wegfällt (so genannte **Provisionsverzichtsklausel**).

Alle in diesem Abschnitt aufgeführten Regelungen gelten sinngemäß auch für **Bausparkassenvertreter.**

4.3   Rechtsfragen bei Honorarberatung

Der so genannte Honorarberater wird auf Grund eines **Geschäftsbesor-gungsvertrages** gemäß § 675 BGB tätig. Dies ist insbesondere bei der Anlageberatung üblich, bei der nicht nur die Vermittlung, sondern auch die fachkundige Beratung und Beurteilung von Bedeutung ist. Hierfür wird dann ein gesondertes Honorar gezahlt.

Hauptpflicht aus dem Vertrag ist die Beratung auf Grund des entgegengebrachten Vertrauens gegenüber dem Berater. Dieser muss dann besonders fundiert beraten, um so den Kunden in die Lage zu versetzen, das Anlagerisiko objektiv zu beurteilen. Deshalb dürfen nur solche Auskünfte gegeben werden, von deren Richtigkeit und Vollständigkeit sich der Berater auf Grund eigener Prüfung überzeugt hat.

4.4   Berufszulassung und Beaufsichtigung von Finanzdienstleistern

4.4.1   Gewerberechtliche Vorschriften

Zur Zulassung als Finanzdienstleister bedarf es in der Regel einer **Gewerbeerlaubnis gemäß § 34 c Gewerbeordnung.** Voraussetzung ist allerdings, dass der Dienstleister gewerbsmäßig handelt, d. h. dass es sich um eine erlaubte, selbstständige, auf Erzielung von Gewinn bei Dritten und nicht nur gelegentlich ausgeübte Tätigkeit handelt.

§ 34 c GewO schreibt u. a. das Vorhandensein der Erlaubnis bei folgenden Berufsgruppen vor:

- Bei Abschluss von Verträgen über Grundstücke, gewerbliche Räume, Wohnräume und Darlehen. Bei Verträgen über den Erwerb von Investmentanteilen, sonstigen Vermögensanlagen, wie z. B. geschlossene Investmentfonds. Hierunter fällt auch die Vermittlung und der Nachweis von Verträgen, egal ob die Vermittlung erfolgreich oder erfolglos ist. Deshalb ist jede Handelsvertretertätigkeit gewerbeerlaubnispflichtig.

  Bei der Vermittlung von Darlehen besteht keine Erlaubnispflicht, wenn der Vermittler selbst ein Darlehen gibt. Die gewerbsmäßig betriebene Wertpapierverwaltung fällt jedoch nicht hierunter, da der Dienstleister hier nicht als Vermittler, sondern im Namen des Käufers oder Verkäufers auftritt.

  Grundsätzlich fallen Bausparkassen, Finanzinstitute und Kreditinstitute nicht unter die Erlaubnispflicht des § 34 c GewO. Jedoch besteht dann eine Erlaubnispflicht, wenn die Versicherungs- oder Bausparkassenvertreter über ihre eigentliche Tätigkeit hinweg Darlehen zur End- oder Zwischenfinanzierung bei Bauvorhaben vermitteln oder nachweisen. Auch wer als selbstständig Gewerbetreibender regelmäßig und nicht nur gelegentlich für Banken oder Bausparkassen Verträge vermittelt, bedarf der Erlaubnis.

- Bei Bauvorhaben, wenn der Gewerbetreibende als Bauherr auftritt und dazu Vermögenswerte Dritter verwendet oder wenn er als Baubetreuer in fremdem Namen für fremde Rechnung auftritt. Damit nicht Personen einfach die Berufsbezeichnung ändern, um sich der Erlaubnispflicht zu entziehen, hat der Gesetzgeber die Tätigkeiten, bei deren Ausübung es einer Gewerbeerlaubnis bedarf, durch Umschreibung genau eingegrenzt.

Die Gewerbeerlaubnis wird sodann für den Teilbereich des § 34 c GewO erteilt, für die sie beantragt worden ist. D. h. derjenige, der eine Erlaubnis z. B. als Baubetreuer hat, darf nicht zugleich als Darlehensvermittler auftreten.

Verstöße gegen die Erlaubnispflicht stellen den **Bußgeldtatbestand** des § 144 Abs. 1 Nr. 1 h GewO dar; beharrliche Verstöße sogar den **Straftatbestand** des § 148 Abs. 1 GewO.

Die Gewerbeerlaubnis kann nur versagt werden, wenn Tatsachen vorliegen, aus denen sich ableiten lässt, dass der Antragsteller oder derjenige, der mit der Leitung des Betriebes betraut ist, die für den Gewerbebetrieb erforderliche **Zuverlässigkeit** nicht besitzt (§ 35 GewO). Dies ist zum einen der Fall, wenn derjenige in den letzten fünf Jahren vor Stellung des Antrages wegen eines Verbrechens oder wegen Diebstahl, Unterschlagung, Betrug, Untreue, Urkundenfälschung, Hehlerei, Wucher oder einer Insolvenzstraftat rechtskräftig verurteilt worden ist. Zum anderen darf die Erlaubnis versagt werden, wenn über das Vermögen des Antragstellers das Insolvenzverfahren eröffnet worden ist oder er in das Schuldnerverzeichnis der Gerichte eingetragen ist. Das bedeutet im Umkehrschluss, dass, wenn keine solche Tatsachen vorliegen, die Erlaubnis erteilt werden muss.

4.4.2 Richtlinienentwurf der Europäischen Union

Hat der Finanzdienstleister eine entsprechende Gewerbeerlaubnis, so steht einer Tätigkeit als Finanzberater oder -vermittler in der Bundesrepublik Deutschland nichts mehr im Wege, denn es gibt **keine weiteren grundsätzlichen Marktzugangsbarrieren**, wie dies zum Beispiel Anforderungen an eine bestimmte Mindestqualifikation des Finanzdienstleisters sein könnten. Diese Tatsache ist – in einem sonst weitgehend regulierten Land wie der Bundesrepublik – bemerkenswert, zumal es sonst in jedem anderen Land der EU derartige Vorschriften gibt.

Dieser Zustand in der Bundesrepublik wird nicht mehr lange andauern. Die Europäische Kommission geht in der Finanzdienstleistungsbranche – wie in allen anderen Wirtschaftsbereichen auch – von einem gemeinsamen Binnenmarkt in der EU aus. Damit ist auch in dieser Branche eine weitere Annäherung der rechtlichen Regelungen innerhalb der Union notwendig. Aus diesem Grunde wurde die Debatte über

Berufszulassungen und Berufsbeschränkungen durch das Grünbuch der Europäischen Kommission (22.05.1996) neu angeregt. Als Ziel wurde ausdrücklich der Schutz des Verbrauchers in den Vordergrund gestellt. Die auf Grundlage des Grünbuchs in den folgenden Jahren angekündigten Eingriffe der Europäischen Union beziehen sich auf Regelungen des Berufszugangs (z. B. Anforderungen an die Qualifikation, Registrierungs- und Zulassungspflichten) und Regelungen in Bezug auf die Ausübung der beruflichen Tätigkeit (z. B. Regelungen zur ordnungsgemäßen Kundeninformation).

So legte die Europäische Kommission am 25. September 2000 einen entsprechenden **Richtlinienvorschlag für die Vermittlung von Versicherungen** vor, der im Jahr 2003 vom Europäischen Parlament und Europäischen Rat verabschiedet wurde und bis zum 15. Januar 2005 (Deutschland befindet sich im Verzug) in das nationale Recht der Mitgliedsstaaten überführt werden musste (KOM (2000) 511 endg.). Es ist zu erwarten, dass auch in Bezug auf die Vermittlung anderer Finanzdienstleistungsprodukte in den nächsten Jahren vergleichbare Richtlinien erlassen werden.

Die Richtlinie fordert die **Registrierung aller Vermittler**. Voraussetzung für die Registrierung ist die Erfüllung bestimmter Anforderungen an die berufliche Eignung der Vermittler:

1. Besitz der notwendigen allgemeinen, kaufmännischen und fachlichen Kenntnisse und Fähigkeiten

2. Guter Leumund (keine Vorstrafen, kein Insolvenzverfahren etc.)

3. Abschluss einer Berufshaftpflichtversicherung oder Besitz einer anderen gleichwertigen Garantie im Falle beruflicher Fahrlässigkeit (Mindestdeckung 1 Mio. EUR pro Schadensfall, 1,5 Mio. EUR Jahresdeckung)

4. Im Falle der Verwaltung von Kundengeldern: ausreichende finanzielle Leistungsfähigkeit (finanzielle Leistungsfähigkeit soll jederzeit 8 % des jährlichen Nettoeinkommens des Vermittlers betragen; alternativ: Errichtung eines Garantiefonds)

Bei diesen Vorschriften handelt es sich um so genannte Mindestnormen, das bedeutet, dass die einzelnen Mitgliedstaaten für ihr Hoheitsgebiet strengere Vorschriften erlassen können. Die Registrierung ist Voraussetzung für die Ausübung der Tätigkeit! Versicherungsunternehmen dürfen sich der Dienste nicht eingetragener Vermittler nicht bedienen.

Gleichermaßen dem Schutz der Versicherten dienen die **Auskunftspflichten** gegenüber ihren Kunden, denen die Vermittler der Richtlinie entsprechend vor Vertragsabschluss mit dem Kunden und in aller Regel in schriftlicher Form nachkommen müssen. Zu den mitzuteilenden Informationen gehören:

- Identität und Anschrift des Vermittlers

- Angabe des Registers, in dem der Vermittler eingetragen ist

- Direkte oder indirekte Beteiligungen bei über 10 % der Stimmrechte zwischen Vermittler und Versicherungsunternehmen

- Etwaige vertragliche Verpflichtungen, mit einem oder mehreren Versicherungsunternehmen Geschäfte zu machen, sowie die Namen dieser Unternehmen

- Haftbar zu machende Personen im Falle von fahrlässigem Verhalten, Pflichtverletzung oder unzureichender Beratung durch den Vermittler

- Angabe, ob die Beratung des Kunden auf Grundlage eines breiten Spektrums von Versicherungsunternehmen erfolgt oder nur aus einer begrenzten Anzahl von Anbietern (im letzten Fall unter Angabe der Anbieter)

Neben den Auskunftspflichten sind die Vermittler auch verpflichtet, die Wünsche und Bedürfnisse des Kunden und die Gründe für den erteilten Rat schriftlich festzuhalten.

Bei nebenberuflichen Vermittlern haben die Mitgliedstaaten der EU ggf. die Möglichkeit, die Zulassungsbedingungen zu reduzieren. Gleiches gilt in den Fällen, wo die Versicherung eine Zusatzleistung zur Lieferung von Waren oder Erbringung von Dienstleistungen darstellt.

4.4.3 Gesetzentwurf des Bundesrates

Im Januar 1998 wurde ein erster Gesetzesentwurf zur Zulassungsbeschränkung von Finanzdienstleistern durch die alte Bundesregierung abgelehnt. Dieser Gesetzesentwurf wurde damals durch das Land Niedersachsen ins Rollen gebracht.

Dieser Gesetzesvorschlag ist im Herbst 2000 erneut ins Gespräch gebracht worden – wieder durch das Land Niedersachsen. Der „Entwurf eines Gesetzes zur Ausübung der Tätigkeit als Finanzdienstleistungsvermittler und als Versicherungsvermittler ...“ soll hierbei die Registrierungspflichten und Zulassungsbedingungen sowohl von Finanzdienstleistungsvermittlern als auch von Versicherungsvermittlern regeln. Die Bedingungen sollen für beide Vermittlertypen nahezu identisch sein. Auf Grund der Brüsseler Vorgaben kann es allerdings sein, dass die Regelungen für Versicherungsvermittler zeitlich vorgezogen umgesetzt werden.

Auch bei diesem Gesetzentwurf findet sich das bereits oben erwähnte **Register**, in das Finanzdienstleistungsvermittler bei Erfüllung bestimmter Voraussetzungen eingetragen werden:

1. Der Finanzdienstleistungsvermittler muss zuverlässig sein und in geordneten wirtschaftlichen Verhältnissen leben.
2. Der Finanzdienstleistungsvermittler muss im notwendigen Maße allgemeine kaufmännische und fachliche Kenntnisse und Fertigkeiten besitzen, die durch einen vom BaKred anerkannten Abschluss nachzuweisen sind. In Bezug auf die umfassende Finanzvermittlung heißt es im Kommentar ausdrücklich: „Die erforderliche Qualifizierung ... kann ... durch einen kombinierten Abschluss, wie ihn die Industrie- und Handelskammern mit der Bezeichnung ‚Fachberater/Fachberaterin‘ für Finanzdienstleistungen‘ für die Basisqualifizierung und ‚Fachwirt/Fachwirtin für Finanzberatung‘ für die gehobene Qualifizierung als öffentlich-rechtlichen Abschluss anbieten...“ nachgewiesen werden.
3. Der Finanzdienstleistungsvermittler benötigt eine geeignete Haftpflichtversicherung für Vermögensschäden.

Wie kann ich mich auf die Eventualitäten einer Registrierungspflicht vorbereiten?

- Wo steht Ihr Unternehmen und wo soll das Unternehmen zukünftig stehen? (strategische Ausrichtung)
- Wie kommunizieren Sie Ihr Leistungsangebot gegenüber Kunden?
- Sollten Sie tatsächlich noch keine Vermögensschadenhaftpflichtversicherung haben, so ist es auf jeden Fall notwendig, sie in Ihre Kostenrechnung mit einzuplanen.
- Sichern Sie Ihren Qualifikationsnachweis. Da zurzeit nicht klar ist, welche Abschlüsse gegebenenfalls Anerkennung finden, gehen Sie auf Nummer sicher und achten Sie auf öffentlich-rechtliche Abschlüsse (i. d. R. Hochschule oder IHK). Dies gilt insbesondere für Nachwuchskräfte.
- Gehen Sie mit offenen Zahlungen nicht leichtfertig um. Mahnverfahren, eidesstattliche Versicherung und Haftbefehl könnten zukünftig wie ein Berufsverbot wirken.

■ Sorgen Sie dafür, dass Sie gegebenenfalls eine langjährige Tätigkeit nachweisen können (34c, Gewerbeanmeldung). Sollten Sie nur in einem Ausschnittbereich als Finanzvermittler tätig sein, so unterliegen Sie der Gefahr, eine Ausweitung in Zukunft nur mit zusätzlichen Auflagen durchführen zu dürfen. Insofern melden Sie bei den Ämtern eher mehr ausgeführte Tätigkeiten als weniger an.

■ Machen Sie Ihre Steuererklärung gewissenhaft. Kommt man Ihnen zum Beispiel beim Vergessen der Deklarierung von Veräußerungsgewinnen (Spekulationsgewinnen) „auf die Schliche", könnte man Ihnen die persönliche Eignung für die Finanzberatung absprechen.

■ Achten Sie auf eine ordentliche Aktenführung! Bei Prüfungen von Finanzdienstleistern wird der Kundenschutz immer zentrales Thema sein. Hier ist es gut, wenn zu erkennen ist, dass Sie die Betreuung all Ihrer Kunden mit größter Sorgfalt durchführen.

■ Arbeiten Sie mit Kundenerfassungsbögen bzw. -systemen, die den Anforderungen des WphG genügen.

■ Schauen Sie bereits jetzt, mit welchen Pools, Plattformen, KAG's, Maklernetzwerken oder Kreditinstituten Sie gerne umfassend enger zusammenarbeiten möchten. Wenn es später zu einer Anlehnungslösung über Haftungsfreistellungen kommt, können Sie bereits bestehende Kontakte besser nutzen.

4.4.4 Aufsichtsrecht

Besondere Regelungen gelten für so genannte Finanzdienstleistungsinstitute.

Übersicht 60: Checkliste zur Vorbereitung auf evtl. Registrierungspflichten

Nach § 1 Absatz 1a KWG sind **Finanzdienstleistungsinstitute** Unternehmen, die gewerbsmäßig Finanzdienstleistungen erbringen und keine Kreditinstitute sind.

Als **Finanzdienstleistungen** im Sinne dieser Definition gelten:

■ Die Anlagevermittlung bei Finanzinstrumenten,

■ die Abschlussvermittlung bei Finanzinstrumenten,

■ die Finanzportfolioverwaltung,

■ der Eigenhandel eines Unternehmens mit Finanzinstrumenten,

■ die Vermittlung von Einlagengeschäften mit Unternehmen mit Sitz außerhalb des Europäischen Wirtschaftsraumes,

■ die Besorgung von Zahlungsaufträgen sowie

■ der Handel mit Sorten.

Nach § 1 Absatz 11 KWG sind **Finanzinstrumente** Wertpapiere, Geldmarktinstrumente, Devisen, oder Rechnungseinheiten sowie Derivate.

Als Finanzdienstleistung gilt danach auch die Vermittlung von Wertpapieren – grundsätzlich also auch die Vermittlung von Investmentfonds der Kapitalanlagegesellschaften. Allerdings: § 2 Absatz 6 Ziffer 8 KWG schützt bislang Investmentfondsvermittler vor dem harten Wind des KWG's. Dort ist indirekt zu lesen, dass man für die Vermittlung von Investmentfonds noch keine Zulassung als Finanzdienstleistungsinstitut benötigt.

Nicht als Finanzinstrumente im Sinne des KWG's zählen dagegen unter anderem Versicherungspolicen, Bausparverträge, Darlehen (mit Ausnahme von Geldmaklergeschäften), nicht in Wertpapieren verbriefte Unternehmensanteile mit Beteiligung am Unternehmensergebnis (z. B. Kommanditanteile, atypisch stille Beteiligungen, GmbH-Anteile) sowie GbR-Beteiligungen (beispielsweise im Rahmen von Immobilienfonds oder anderen Fondskonstruktionen).

Betreiben Finanzdienstleister Geschäfte der oben genannten Art, so benötigen Sie gemäß §§ 32 ff. KWG die **Zulassung als Finanzdienstleistungsinstitut** durch das Bundesaufsichtsamt für Finanzen (BaFin). Folgende Auflagen sind dann zu erfüllen:

1. Einreichung eines Antrags mit entsprechenden Anlagen beim BaFin.

2. Erforderliche Mittel müssen jederzeit zur Verfügung stehen. Dies muss in einer Form sein, in der auf dieses Kapital jederzeit zurückgegriffen werden kann. Dieses Kapital darf nicht aus Krediten stammen. Für die meisten Finanzdienstleister sind 50 000,00 EUR ausreichend. Je nach Umfang des Geschäftes können aber auch 125 000,00 EUR oder 730 000,00 EUR notwendig werden.

3. Die Geschäftsleiter müssen zuverlässig und fachlich geeignet sein. Nicht zuverlässig ist z. B., wer Vermögensdelikte begangen hat oder wer in seinem privaten oder geschäftlichen Verhalten gezeigt hat, dass von ihm eine solide Geschäftsführung nicht erwartet werden kann. Die fachliche Eignung setzt voraus, dass in ausreichendem Maße theoretische und praktische Kenntnisse in den Geschäften sowie Leitungserfahrung vorliegt. Bei der Prüfung der Eignung handelt es sich natürlich jedesmal um Einzelfallentscheidungen.

Vorgenannte Anforderungen sind für Finanzdienstleistungsinstitute nur die erste Barriere. Eine weitere Herausforderung liegt im laufenden Geschäftsbetrieb. Es kommen ständig umfangreiche Prüfungen und Nachweispflichten auf das Unternehmen zu. Die Antragsgebühren sind vom Umfang des Unternehmens abhängig und betragen mindestens 2 000,00 EUR. Die laufende Aufsicht durch das BaFin verursacht natürlich weitere Kosten.

Eine Alternative zum Status als Finanzdienstleistungsinstitut bietet sich dem Finanzdienstleister in der so genannten **Anlehnungslösung.** Das heißt, er besorgt sich eine „Haftungsfreistellung" eines Kredit- oder Wertpapierhandelsunternehmens.

Diese Ausweichmöglichkeit bietet § 2 Absatz 10 KWG. Dort heißt es, dass ein Unternehmen dann nicht als Finanzdienstleistungsinstitut gilt, „... wenn es die Anlage- oder Abschlussvermittlung ausschließlich für Rechnung und unter Haftung eines Einlagenkreditinstituts oder Wertpapierhandelsunternehmens ..." durchführt.

Hierbei können sowohl Kreditinstitute als auch Kapitalanlagegesellschaften als auch Maklernetzwerke diese Haftungsfunktion übernehmen. Allerdings kann der Makler nicht mehr intensive direkte Kontakte zu mehreren Produktgebern oder Pools pflegen, sondern er muss sich in der Praxis für einen festen Partner entscheiden. Dieser wird sich dann in Zukunft sehr gut überlegen, für wen er dort „seinen Kopf" hinhält. Die internen Auswahlkriterien der Institute für eine Haftungsfreizeichnung werden im Laufe der Jahre sicher hoch werden (spätestens nach den ersten konkreten, spürbaren Haftungsfällen).

4.4.5 Bezeichnungsschutz nach Investmentgesetz

Nach § 3 Investmentgesetz (InvG) dürfen die Bezeichnungen **„Kapitalanlagegesellschaft"**, **„Investmentfonds"** oder **„Investmentgesellschaft"** oder
eine Bezeichnung, in der diese Begriffe allein oder in Zusammensetzungen
mit anderen Worten vorkommen, in der Firma, als Zusatz zur Firma und zu
Geschäfts- und Werbezwecken nur von Kapitalanlagegesellschaften, von
ausländischen Investmentgesellschaften, Verwaltungsgesellschaften und
Vertriebsgesellschaften im Sinne des InvG geführt werden. Die Bezeichnung
„Investmentfonds" darf auch von sonstigen Vertriebsgesellschaften geführt
werden, die Anteile an Sondervermögen, Aktien einer Investmentaktiengesellschaft im Sinne dieses Gesetzes oder ausländische Investmentanteile
vertreiben, die nach Maßgabe dieses Gesetzes öffentlich vertrieben werden
dürfen.

Die Bezeichnung **„Investmentaktiengesellschaft"** darf nur von Investment-
aktiengesellschaften im Sinne der §§ 96 bis 111 InvG geführt werden.

4.4.6 Verbot der Rechts- und Steuerberatung

Finanzdienstleistern ist die Rechts- und Steuerberatung für Ihre Mandanten –
gleich ob entgeltlich oder unentgeltlich – grundsätzlich untersagt.

Das **Recht zur Beratung und Vertretung in Rechtsangelegenheiten ist
Rechtsanwälten vorbehalten** (§ 3 BRAO). Andere Personen dürfen
geschäftsmäßig Rechtsberatung nur dann vornehmen, wenn ihnen nach § 1
RBerG eine behördliche Erlaubnis erteilt wurde. Diese Erlaubnis darf zwingend nur noch für einzelne Sachbereiche erteilt werden. Dazu gehören unter
anderem

- Rentenberater,

- Versicherungsberater für die Beratung und außergerichtliche
  Vertretung gegenüber Versicherern und

- Inkassounternehmen für die außergerichtliche Einziehung von
  Forderungen.

Von der Erlaubnispflicht bestehen in §§ 3 ff. RBerG zahlreiche Ausnahmen,
insbesondere für Personen, die die Bearbeitung von Rechtsangelegenheiten
für andere übernehmen müssen, die in unmittelbarem Zusammenhang mit
ihrer geschäftsmäßigen Tätigkeit stehen (z. B. Wirtschaftsprüfer, Steuerberater, Insolvenz-, Vermögens- und Hausverwalter).

Zur Rechtsberatung vergleichbare Regelungen gelten auch für die **Beratung
und Vertretung in Steuerangelegenheiten, die grundsätzlich Steuer-
beratern und Steuerbevollmächtigten vorbehalten ist** (§ 33 StBG). *Nähere
Information hierzu finden Sie im Teil „Steuern" Kapitel 9.5 dieses Buches.*

5 Beratungs- und Prospekthaftung

5.1 Einführung

Für jeden Finanzdienstleister stellen sich beim Thema „Haftung" existenzielle Fragen: Wofür hafte ich gegenüber meinem Kunden, wenn dieser einen finanziellen Schaden durch ihm vermittelte oder empfohlene Finanzprodukte erleidet? Gibt es einen Unterschied bei Haftungsfragen zwischen Vermittler und Berater? Was kann ich tun, um meine Haftungsrisiken zu minimieren? Das folgende Kapitel möchte diese Fragen im Überblick beantworten.

Fallsituation:

Ort: Irgendwo in Deutschland. Zeitpunkt: Jahresendgeschäft in der Finanzdienstleistungsbranche. Gehen wir exemplarisch vom letzten Quartal des Jahres 2000 aus. Auch Vermittler N.N. hatte jede Menge damit zu tun, die Wünsche seiner vermögenden Privatkunden zu erfüllen, noch in letzter Minute eine Geldanlage zu tätigen, um die drohende Steuerlast zu reduzieren.

Diesen Wunsch wollte sich auch Kunde Unwissend erfüllen. Nachdem der schwächelnde deutsche Immobilienmarkt auch viele geschlossene Immobilienfonds in Deutschland in Mitleidenschaft gezogen hatte, war Anleger Unwissend glücklich darüber, als ihm sein Vermittler einen aktuellen Prospekt für einen geschlossenen US-Immobilienfonds vorlegte. Und was Unwissend dort las, ließ seine Begeisterung weiter steigen: Neben einer Reduzierung seiner Steuerlast erwartete ihn nach Aussage der Beispielrechnungen des Prospekts auch eine überdurchschnittliche Ausschüttung, da auf Grund des jahrelangen Wirtschaftsbooms die Mieten in den USA ein sehr hohes Niveau erreicht hatten.

Doch schon in den ersten Monaten des Jahres 2001 wurden die Erwartungen von Kunde Unwissend durch die Realität eingeholt. Fast täglich konnte er davon lesen, dass die Wirtschaft der USA lahmte und drohte, in eine längere Rezessionsphase zu fallen. Zu allem Unglück erreichte ihn auch noch ein Zwischenbericht vom Initiator des US-Immobilienfonds, der seine Prognose nach unten revidierte. Wutentbrannt nahm Unwissend wieder Kontakt zu Vermittler N.N. auf und beschuldigte ihn, die Beratung nicht sachgerecht vorgenommen zu haben. Dafür wolle er N.N. in die Verantwortung nehmen.

Vermittler N.N. zeigte Verständnis für den Ärger über die schlechte Konjunkturentwicklung in den USA. Er wies Kunde Unwissend jedoch auch darauf hin, dass er schließlich nur Vermittler dieses US-Immobilienfonds sei und eben kein Anlageberater. Folglich hätte er auch nicht die Pflicht gehabt, die Aussagen des Initiators in Frage zu stellen. Außerdem sei er dazu technisch ohnehin nicht in der Lage, denn schließlich sei er in seinem Unternehmen allein tätig, während der Initiator für die Erstellung der Markteinschätzungen eine eigene Fachabteilung unterhalte. Deshalb müsse sich Vermittler N.N. auch auf die Einschätzungen des Initiators verlassen.

Es stellt sich nun die Frage: teilt die Rechtsprechung die Einschätzung der Rechtslage von Vermittler N.N.?

5.2   Begriffsabgrenzungen

5.2.1   Auskunfts- und Beratungspflichten

Auskunfts-und Beratungspflichten werden als Begriff weitestgehend gleich verwendet. Sie haben zum Inhalt, den potenziellen Vertragspartner über Umstände zu unterrichten und ihm Ratschläge für sein Verhalten zu erteilen. Der Rat soll als Basis für die Bewertung von Tatsachen und den aus diesen Tatsachen zu ziehenden Schlussfolgerungen erteilt werden. Bei der Beratungspflicht handelt es sich um ein Werturteil des Beraters, welches innerhalb eines angemessenen Beurteilungsspielraumes zu liegen hat.

Grundsätzlich hat ein Anlageberater oder -vermittler die **Verpflichtung zur wahrheitsgemäßen, klaren und vollständigen Aufklärung**. Er verletzt diese Pflicht nicht nur durch falsche, sondern auch durch unvollständige Auskünfte. Es sind an den Anleger sämtliche Informationen, die verfügbar sind, in vollem Umfange weiterzugeben, soweit dies zur sachgerechten Information erforderlich ist. Das bedeutet auch, dass sich der Anlageberater und -vermittler ständig informieren muss und zwar in allen ihm zur Verfügung stehenden Informationsquellen. Informiert er sich nicht, dann sind die Fehler, die auf Grund des Nichtwissens entstehen, ihm zuzurechnen. Fehlende Sachkunde muss der Berater oder Vermittler – will er Haftungsrisiken umgehen – dem Kunden gegenüber offen legen.

Dies ist auch Vermittler N.N. im obigen Fall vorzuhalten. Denn: die Information, dass die Wirtschaft der USA im letzten Quartal 2000 sich bereits auf dem Weg in die Rezession befand, war zu diesem Zeitpunkt in jeder Tageszeitung zu lesen.

5.2.2   Anlagevermittler und Anlageberater

Fest steht, zwischen Anlagevermittler und Anlageberater gibt es einen rechtlichen Unterschied. Zu beobachten ist aber auch, dass dieser Unterschied in der Rechtsprechung der letzten Jahre zunehmend verwischt und dass die Haftung von Vermittlern weiter geht, als man es zunächst glauben mag. Ein Urteil des Bundesgerichtshofes aus dem Jahr 2000 (Az III ZR 62/99) stellt Vermittler und Berater bei bestimmten Haftungsfragen de facto gleich, so dass letztlich beide prüfen müssen, ob ein Angebot eines Initiators plausibel ist.

So hätte Vermittler N.N. im oben beschriebenen Fall prüfen müssen, ob das Angebot realistisch ist. Dazu gehört auch, eindeutig veraltete und damit in diesem Fall unrealistische Prognoserechnungen aufzudecken. Vermittler N.N. musste im letzten Quartal 2000 bereits wissen, dass optimistische Konjunkturprognosen für die USA der Vergangenheit angehörten. Demzufolge hätte er Kunde Unwissend auch auf die unrealistischen Beispielrechnungen im Prospekt hinweisen müssen. Oder er hätte gegenüber dem Kunden klarstellen müssen, dass er nicht in der Lage ist, die Inhalte des Prospektes zu bewerten. Unterlässt er beides, so unterzieht er sich einem Haftungsrisiko, wenn sich die Kapitalanlage anders entwickelt, als im Prospekt vorhergesagt.

Dieser Haftungsgrundsatz ist nicht gesetzlich geregelt, sondern wurde durch die Rechtsprechung entwickelt. Man bezeichnet dieses Rechtsinstitut als **Prospekthaftung im weiteren Sinne**. Demnach ist jeder Vermittler und Berater haftbar zu machen, der gegenüber dem Kunden einen falschen oder unvollständigen Emissionsprospekt verwendet und sich diesen inhaltlich zu

Eigen macht. Und dieses Haftungsrisiko greift eben auch beim Anlage-vermittler, nicht lediglich beim Berater.

Wo ist dann der Unterschied zwischen Vermittler und Berater? An einen Anla-geberater wendet sich ein Kunde meist dann, wenn er selbst keine ausreichen-den wirtschaftlichen Kenntnisse und keinen weitgehenden Überblick über die verschiedenen Formen und Anbieter von Finanzprodukten hat. Der Kunde ver-langt vom Anlageberater die fachkundige Bewertung und Beurteilung von Kapi-talanlagen unter Berücksichtigung der persönlichen Verhältnisse des Anlegers. Gerade dieser letzte Aspekt, dass die Beratung auf die individuellen Verhält-nisse des Kunden angepasst wird, stellt ein wesentliches Abgrenzungsmerk-mal zwischen Vermittler und Berater dar. Vom Berater kann der Kunde eine Beratung mit persönlichem Zuschnitt erwarten (**anlegergerechte Beratung**). Eine umfassende und sachgerechte Beratung zu den angebotenen Produkten (**objektgerechte Beratung**) allein reicht beim Anlageberater eben nicht aus. Dieser muss auch prüfen, ob die gewählten Angebote dem **Profil des Anlegers** – also seinen persönlichen und finanziellen Verhältnissen – gerecht werden.

Anlegergerechte Beratung	**Objektgerechte Beratung**
Beratungsgrundsatz: „Know your customer!" – „Kenne deinen Kunden!"	Beratungsgrundsatz: „Know your merchandise!" – „Kenne das Anlageobjekt!"
Merkmale des Anlegers: Anlageziele, Risiko-bereitschaft, Bedeutung der Liquidität, Anlage-erfahrung, finanzielle Verhältnisse etc.	Merkmale des Objektes: Rendite, Liquidität, Bonität des Ermittenten, Risiken, einmalige und laufende Kosten, Versteuerung etc.

Übersicht 61: Anlegergerechte und objekt-gerechte Beratung

Die Tätigkeit des Anlageberaters wird regelmäßig vom Kunden bezahlt (so genannte **Honorarberatung**). Das Fehlen dieses Merkmals lässt jedoch noch keinen endgültigen Schluss dahingehend zu, dass es sich um einen Anlagevermittler handelt. Entscheidend sind immer die Umstände des kon-kreten Einzelfalles. So sind Finanzmakler auf Grund der Tatsache, dass sie durch ihren Rechtsstatus ganz besonders der Interessenlage des Kunden verpflichtet sind, regelmäßig eher als Berater, denn als Vermittler einzustu-fen. Dies auch dann, wenn sie ihre Einnahmen stärker über Provisionen als über Honorare erzielen.

Die Tätigkeit des Anlageberaters findet auf Grundlage eines **Auskunfts- und Beratungsvertrages** statt. Dieser muss nicht schriftlich abgeschlossen sein, er kann sich beispielsweise auch aus den Handlungen von Berater und Kunde ergeben (so genanntes schlüssiges oder konkludentes Handeln). Es handelt sich regelmäßig um einen **Dienstvertrag in der speziellen Ausprä-gung des Geschäftsbesorgungsvertrages** (§ 611 BGB i. V. m. § 675 BGB).

Welchen Pflichten unterliegt der Anlageberater aus seinem Vertrag mit dem Kunden?

■ **Informationspflicht**: Dem Kunden müssen alle Informationen wahrheitsgemäß, richtig und vollständig gegeben werden, die für seine Anlageentscheidung wesentliche Bedeutung haben könnten.

- **Beratungspflicht**: Die Beratung des Kunden ist die Hauptpflicht des Anlageberaters. Dieser hat die Pflicht, den Kunden besonders umfassend und genau zu beraten. Dabei hat er anlegerbezogene und objektbezogene Fakten zu beachten. Auf Wunsch des Kunden muss der Berater die dem Kunden übermittelten Informationen und Unterlagen bewerten und beurteilen.

- **Nachforschungspflicht**: Der Kunde darf vom Anlageberater erwarten, dass dieser eigene Nachforschungen zu den von ihm empfohlenen Kapitalanlagen gemacht hat. In welchem Umfang dies notwendig ist, kann nicht generalisiert werden, sondern hängt davon ab, was Kunden redlicherweise bei der konkreten Anlageform erwarten können. Hierbei spielt auch eine Rolle, welchen Eindruck der Berater beim Kunden im Hinblick auf die Intensität der eigenen Produktprüfung erweckt und wie erfahren sowie sorgfältig er sich nach außen darstellt. Anlageberater sind wenigstens verpflichtet, das Anlagekonzept, zu dem sie Auskunft erteilen, auf Plausibilität – insbesondere auf wirtschaftliche Tragfähigkeit – hin zu prüfen.

- **Offenbarungspflicht**: Der Anlageberater hat alle ihm zugänglichen Informationen zu der empfohlenen Kapitalanlage dem Kunden bekanntzugeben, dies schließt selbstverständlich auch die Risiken und Negativmerkmale ein. Dies gilt auch dann, wenn der Anlageberater in seiner eigenen Einschätzung davon ausgeht, dass negative Umstände nicht eintreten werden.

- **Nachvertragliche Aufklärungspflicht**: Auch nach Geschäftsabschluss wirken Verpflichtungen aus dem Beratungsvertrag. Der Anlageberater hat den Kunden nach Vertragsschluss weiterhin über alle erheblichen Informationen zu der Kapitalanlage in Kenntnis zu setzen. Gerade vom Anlageberater wird auch erwartet, dass er auf Grund eigener Fachkenntnisse Fehlverhalten von Initiatoren oder grobe Abweichungen von den Prospektaussagen erkennt (z. B. durch Analyse der Zwischen- und Geschäftsberichte des Initiators) und den Kunden darüber informiert.

Tritt der Finanzdienstleister dem Kunden gegenüber jedoch eindeutig als **Anlagevermittler** auf, so signalisiert er dem Kunden damit, dass er eine bestimmte Kapitalanlage auch im Interesse des Produktanbieters vermittelt und dass er als Vermittler ein eigenes Provisionsinteresse hat. Insofern kann der Kunde sich darauf einstellen, dass der Vermittler seinen Aussagen über die Kapitalanlage einen werbenden Charakter verleiht. Der Kunde ist in seinem Verhältnis gegenüber dem Vermittler stärker auf sich gestellt, als er es bei einem Anlageberater wäre.

Dieser Unterschied zum Anlageberater entbindet den Anlagevermittler jedoch nicht von einer vollständigen und richtigen Beratung über das Kapitalanlageprodukt. Dies reicht auch soweit, dass der Vermittler sich nicht nur auf die in den Prospekten gemachten Angaben des Anbieters verlassen darf, sondern im Zweifelsfall auch zu eigenen Nachforschungen verpflichtet ist bzw. den Kunden darauf hinweisen muss, dass seine Informationslage unvollständig ist. Lediglich eine Beurteilung und Bewertung der Anlagemöglichkeiten kann der Kunde vom Vermittler nicht erwarten. Die Zusammenarbeit zwischen Vermittler und Kunde geschieht – wie beim Anlageberater – auf Grundlage eines Geschäftsbesorgungsvertrages, jedoch mit dem Unterschied, dass der Vertrag lediglich auf die Auskunftserteilung und nicht auf die Beratung ausgerichtet ist. Der Pflichtenkatalog des Anlagevermittlers liest sich deshalb ähnlich, wie der des Anlageberaters. Im Hinblick auf die nicht vorhandene Beratungspflicht werden die Unterschiede deutlich:

■ **Informationspflicht**: wie beim Anlageberater. Es entfällt jedoch die Pflicht zur Bewertung des Anlageprodukts. Die Grenze zwischen wesentlicher Information und Bewertung dieser Information ist oft schwierig festzustellen und kann nur im konkreten Einzelfall bestimmt werden.

■ **Nachforschungspflicht, Offenbarungspflicht, nachvertragliche Aufklärungspflicht**: Inhalt und Umfang analog zum Anlageberater

5.3 Haftungsgrundlagen

5.3.1 Haftung aus Vertrag

Wie zuvor dargestellt, kommt zwischen Finanzdienstleister und Kunde ein Auskunfts- und Beratungsvertrag zustande, durch den ein Anlageberater oder -vermittler zur wahrheitsgemäßen, klaren und vollständigen Aufklärung des Kunden verpflichtet wird.

Grundsätzlich haftet ein Berater oder Vermittler dann, wenn er falsch bzw. unvollständig berät oder falsche bzw. unvollständige Auskünfte gibt. Eine Haftung tritt jedoch nur dann ein, wenn derjenige, dem eine falsche Auskunft gegeben wurde oder der falsch beraten wurde, daraus Konsequenzen zieht. Diese bestehen in der Regel darin, dass der Geschädigte einen Vertrag so abschließt, wie er ihn bei Richtigberatung nicht abgeschlossen hätte.

Anspruchsgrundlage für Fälle der Beraterhaftung ist sehr häufig § 280 Abs. 1 BGB Schadensersatz auf Grund von **Pflichtverletzung** aus Schuldverhältnissen. Die grundsätzliche Erläuterung dieser Anspruchsgrundlage finden Sie *im Kapitel 2.4.9 Leistungsstörungen bei der Vertragserfüllung.*

Hat der Anlageberater beispielsweise seine aus dem Vertrag geschuldete Beratungsleistung erbracht, dabei jedoch die Informationen falsch oder unvollständig trotz besseren Wissens weitergegeben, so kann der Kunde im Falle eines Verlustes Schadensersatz vom Berater auf Grund einer Pflichtverletzung aus dem Schuldverhältnis fordern.

Erst seit gut 20 Jahren befasst sich die Rechtsprechung intensiv mit den Auf-
klärungs- und Beratungspflichten bei der Anlageberatung. Zunächst wurden
Aufklärungspflichten für einzelne Anlageformen entwickelt, erst im Jahr 1993
– im legendären **„Bond-Urteil"** (benannt nach der australischen Bond Cor-
poration, um deren Anleihe es in diesem Streitfall ging) hat der BGH die bis
dahin ergangenen Urteile systematisch zusammengefasst (BGHZ 123,126).
Durch dieses Urteil wurden die Kriterien für eine anleger- und objektgerechte
Beratung geschaffen, die noch heute ihre Gültigkeit haben und auch bei der
Formulierung einschlägiger Gesetze aufgegriffen wurden.

5.3.2 Wertpapierhandelsgesetz (WpHG)

So wurden die Grundsätze der anleger- und objektgerechten Beratung zum
Beispiel im Wertpapierhandelsgesetz aufgegriffen, welches Verpflichtungen
von Wertpapierdienstleistungsunternehmen gegenüber ihren Kunden fest-
legt. Unter Wertpapierdienstleistungsunternehmen versteht das Gesetz im
§ 2 Abs. 4 WpHG:

- Kreditinstitute und

- andere Unternehmen, die an einer inländischen Börse zur Teilnahme am Handel zugelassen sind und die Wertpapierdienstleis-
  tungen erbringen sowie

- Finanzdienstleistungsinstitute.

Auch Personen oder Gesellschaften, die Finanzdienstleistungen erbringen,
jedoch nicht in den Anwendungsbereich des WpHG fallen, sind an den
besonderen Verhaltensregeln dieses Gesetzes zu messen. Dabei ist der Aus-
strahlungskraft des WpHG Rechnung zu tragen.

In den §§ 31–36 des WpHG sind eine Reihe von Verhaltenspflichten hinsichtlich
des börslichen und außerbörslichen Handels von Wertpapieren und Derivaten
geregelt. So muss ein Wertpapierdienstleistungsunternehmen unter anderem
gemäß § 31 WpHG seine Leistungen mit der Sachkenntnis, Sorgfalt und Gewis-
senhaftigkeit erbringen, wie dies im Interesse des Kunden erforderlich ist. Ein
Wertpapierdienstleistungsunternehmen muss seinen Kunden also bestmöglich
beraten (**best advice**). Es muss versuchen, Interessenkonflikte zu vermeiden
und bei unvermeidbaren Konflikten möglichst im Kundeninteresse zu handeln.

Das Wertpapierdienstleistungsunternehmen ist verpflichtet, Kenntnis darüber zu erlangen, inwieweit seine Kunden Erfahrung über die nun in Frage
stehenden Geschäfte besitzen und auch inwieweit deren finanzielle Verhältnisse solche Geschäfte zulassen. Es muss darüber hinaus seinen Kunden
alle zweckdienlichen Informationen weitergeben. Es darf seinen Kunden den
Ankauf- und Verkauf von Geschäften nicht empfehlen, wenn dies nicht im
Interesse des Kunden ist. Den Kauf zu empfehlen, um den Preis für Eigenge-
schäfte zu verändern, ist verboten.

Ein Verstoß gegen diese und weitere in den §§ 31 ff. WpHG aufgelistete
Pflichten führen zu Schadensersatzansprüchen nach dem BGB.

5.3.3 Prospekthaftung

> **Prospekthaftung** bedeutet, dass für Aussagen, die in Veröffentlichungen zu Anlageobjekten, vor allem in Prospekten, gemacht werden, hinsichtlich der Richtigkeit und Vollständigkeit dieser Aussagen eingestanden werden muss und die Unrichtigkeit bzw. Unvollständigkeit Schadensersatzansprüche auslöst.

Die Prospekthaftung geht vor allem davon aus, dass bestimmte Personengruppen auf Grund ihrer wirtschaftlichen und beruflichen Stellung eine Garantenstellung einnehmen, wenn sie bei der Erstellung eines Prospektes mitgewirkt haben (so genannte **Prospekthaftung im engeren Sinne**). Bei diesen Personen handelt es sich unter anderem um Initiatoren, Berater, Wirtschaftsprüfer oder Kreditinstitute.

Wie schon beschrieben, kann Prospekthaftung auch bei Personen eintreten, die auf die Erstellung des Prospekts gar keinen Einfluss gehabt haben, aber sich der Aussagen des Prospekts bedient haben (**Prospekthaftung im weiteren Sinne**).

Die Prospekthaftung ist insbesondere im Verkaufsprospektgesetz, Investmentgesetz (InvestmentG), Börsengesetz sowie im allgemeinen BGB geregelt. Hergeleitet wird der Schadensersatzanspruch aus Prospekthaftung aus dem **Grundsatz des Verschuldens bei Vertragsschluss (c.i.c)** nach § 311 Abs. 2 Ziff. 1 BGB (*siehe Kapitel 2.4.9*) sowie der allgemeinen Vertrauenshaftung.

Grundlage der Haftung ist zum einen, dass sich der Anleger auf die ihm gegebenen Informationen verlassen können muss, denn der Prospekt ist oftmals seine einzige Informationsquelle, um die Anlage objektiv zu beurteilen und das Risiko einzuschätzen. Diese herausragende Bedeutung des Prospekts auf die Entscheidung des Anlegers rechtfertigt die zivilrechtliche Verantwortlichkeit derjenigen, die auf den Inhalt des Prospektes Einfluss genommen haben.

Hinsichtlich des Kaufes von **Investmentanteilen** stellt § 127 InvestmentG eine Norm dar, aus der sich der Schutz von Anlegern gegen falsche Angaben auf Verkaufsprospekten ergibt. Danach kann der Anleger von der Investment-, der Verwaltungs- oder der Vertriebsgesellschaft die Übernahme der gekauften Anteile gegen die Erstattung des gezahlten Betrages verlangen, wenn Angaben, die für die Beurteilung der Gesellschaft von wesentlicher Bedeutung sind, falsch oder unvollständig sind. Es kommt also nicht darauf an, ob der Anleger durch die falschen Angaben irgendeinen Schaden hatte.

Hinsichtlich **börsennotierter Wertpapiere** beruht die Haftung auf §§ 44 ff. BörsG. Hiernach haften die Herausgeber eines Prospektes, auf Grund dessen das Wertpapier zum Börsenhandel zugelassen wurde, für die Richtigkeit der Angaben, die für die Beurteilung des Wertes von Bedeutung sind.

Die Ersatzpflicht der Herausgeber tritt sogar dann ein, wenn im Prospekt bezeichnet ist, dass die Angaben auf dem Prospekt von einer dritten namentlich bezeichneten Person herrühren.

Das **Verkaufsprospektgesetz**, das für Wertpapiere gilt, die in der BRD öffentlich angeboten werden, jedoch nicht an deutschen Börsen gehandelt werden, verweist in § 13 auf die Vorschriften des BörsenG. Das heißt, die Haftung aus dem BörsG ist anzuwenden.

Die höchstrichterliche Rechtsprechung hat die Prospekthaftung auch auf Anlageformen, für die keine speziellen Gesetze existieren (z. B. Geschlossene Fonds), erheblich ausgeweitet. So haftet der Beteiligte an dem Prospekt für die Richtigkeit von Angaben hinsichtlich von wirtschaftlicher Verwertung sowie steuerlicher Absetzbarkeit des Objektes.

Man geht bei derartigen Anlageformen insbesondere davon aus, dass andere Informationen als der Prospekt überhaupt nicht bestehen. Auf Grund dessen hat derjenige, der den Prospekt auf den Markt gebracht hat, auf den Entschluss des Kapitalanlegers Einfluss genommen und muss deshalb dafür einstehen.

5.3.4 Deliktische Haftung

In besonderen Fällen ist auch bei der Beratungs- und Vermittlungshaftung die Haftung aus unerlaubter Handlung nach §§ 823 ff. BGB denkbar. *Bitte vergleichen Sie dazu mit den Ausführungen des Kapitels 2.4.11 Gesetzliche Schuldverhältnisse.*

5.4 Schadensersatzanspruch

5.4.1 Kausalität und Verschulden

Schadensersatzansprüche werden in der Regel nur dann begründet, wenn zwischen dem schädigenden Verhalten und dem eingetretenen Schaden **Kausalität** besteht. Das bedeutet, das Verhalten muss ursächlich für den Schaden sein. Auch muss dem Schädiger ein **Verschulden** zur Last gelegt werden können. Näheres dazu hat bereits das *Kapitel 2.4.8 Schadensersatz* behandelt.

5.4.2 Schadensumfang

Schaden ist jede Einbuße, die jemand infolge des schädigenden Ereignisses an seinen Lebensgütern, wie Eigentum, Vermögen, Gesundheit etc. erleidet. Der Schadensbegriff des BGB umfasst insofern sowohl Vermögens- wie auch Nichtvermögensschäden. Vermögensschäden sind in vollem Umfang zu ersetzen, während bei Nichtvermögensschäden ein Wiederherstellungsanspruch besteht.

Ein **Vermögensschaden** liegt dann vor, wenn der Wert des Vermögens des Geschädigten geringer ist, als der Wert, den das Vermögen ohne das schädigende Ereignis haben würde. Auf Grund dessen ist bei Schadenersatzleistungen der Zustand wiederherzustellen, der ohne das schädigende Ereignis bestehen würde.

Es wird sodann zwischen unmittelbarem und mittelbarem Schaden differenziert. Ein **unmittelbarer Schaden** liegt dann vor, wenn die nachteilige Veränderung am verletzten Rechtsgut selber entstanden ist (Beispiel: Auf Grund der Geldanlage ist das Vermögen geschmälert worden).

Mittelbarer Schaden liegt immer dann vor, wenn durch das schädigende Ereignis sonstige Einbußen verursacht wurden (hier stellt man häufig auf entgangene Gewinne, Zinsen sowie auf Nutzungsausfälle ab).

Bei Anlagegeschäften läge dann ein mittelbarer Schaden vor, wenn der Anleger auf Grund der Anlage in ein bestimmtes Geschäft, durch das er einen unmittelbaren Schaden erlitten hat, sonstige Zinsausfälle erlitten hat. D. h. hat der Anleger in ein Geschäft auf Grund fehlerhafter Aufklärung investiert, dann erhält er seine Einlage als unmittelbaren Schaden ersetzt. Hätte er ohne in das schädigende Geschäft zu investieren sein Geld festverzinslich angelegt oder anlegen können, dann ist der Zinsverlust als mittelbarer Schaden zu ersetzen.

Wenn der Geschädigte allerdings aus dem Schaden wiederum einen Vorteil zieht, z. B. durch steuerliche Abschreibungen, hat er sich diesen anrechnen zu lassen. Außerdem unterliegt der Kunde einer **Schadensminderungspflicht**, z. B. wenn der Berater seinem Kunden im Falle von Kursverlusten beim Anlageobjekt rät, den Schaden durch Verkauf zu begrenzen. Ggf. ist zu prüfen, ob dem Kunden ein **Mitverschulden** an entstandenen Schäden zur Last gelegt werden kann, welches dann die Schadensersatzforderung des Kunden gegenüber seinem Berater entsprechend minimiert.

Beispiele für Mitverschulden:

Je stärker die einschlägige Sachkunde und fachliche Qualifikation des Kunden gegeben ist, desto höher sind die Anforderungen an seine eigene Prüfungspflicht. Von einem Kunden, der beispielsweise schon lange und intensive Erfahrungen mit Kapitalanlagen gesammelt hat, kann man erwarten, dass er bei eindeutig widersprüchlichen oder veralteten Informationen über ein Anlageprodukt nicht ohne Rückfragen blindlings vertraut.

Der Einwand des Mitverschuldens ist auch dann zulässig, wenn der Kunde den Berater nicht darauf hinweist, dass ihm Informationen ganz oder teilweise unverständlich sind. Im Falle des Versprechens einer auch für Unkundige auffällig hohen Rendite kann ebenfalls ein Mitverschulden des Anlegers gegeben sein. Zügellosigkeit von Anlegern wird auf diesem Wege in Gerichtsurteilen bei der Feststellung von Schadenersatzansprüchen mit berücksichtigt.

Bei den Spezialgesetzen aus der Prospekthaftung sind indes nur die unmittelbaren Schäden geregelt. Hinsichtlich der mittelbaren Schäden sind sodann die allgemeinen Grundsätze aus dem BGB heranzuziehen. Dies bedeutet aber wiederum: Während es bei der Prospekthaftung im Allgemeinen nicht auf das Verschulden für einen Ersatzanspruch ankommt, muss bei dem Ersatz von mittelbaren Schäden, die ihre Ursache in Prospekten haben, zumindest Fahrlässigkeit vorliegen.

5.4.3 Beweislast

Grundsätzlich hat der Geschädigte die Beweislast für die objektiven und subjektiven Voraussetzungen des Schadensersatzanspruches. Er muss also das schädigende Handeln beweisen. Daneben hat er die Beweislast für das

Verschulden des Schädigers, den ursächlichen Zusammenhang zwischen Handeln und Erfolg sowie die Entstehung von mittelbarem Schaden. Den Beweis für den Ausschluss der Widerrechtlichkeit sowie für mangelnde Zurechnungsfähigkeit muss dagegen der Schädiger führen.

Die Parteien können allerdings vertraglich Vereinbarungen dahingehend treffen, dass die Beweislast umgekehrt wird.

Die dem Geschädigten obliegende Beweisführung wird in der Rechtsprechung durch die Grundsätze des Anscheinsbeweises erleichtert. Steht danach ein Sachverhalt unstreitig fest, der nach der allgemeinen Lebenserfahrung auf einen bestimmten Geschehensablauf hinweist, so gilt dieser regelmäßige Verlauf im Wege des Anscheinsbeweises als bewiesen.

Bei bestimmten Sachverhalten hat die Gesetzgebung sowie die Rechtsprechung mittlerweile Grundsätze der **Beweislastumkehr** eingeführt. D. h. nicht der Gläubiger muss beweisen, dass der Schuldner den Schaden kausal und schuldhaft verursacht hat, sondern der Schuldner muss beweisen, dass dies gerade nicht der Fall ist.

Insbesondere hat die Rechtsprechung eine Beweislastumkehr in den Fällen bejaht, in denen dem Schuldner eine objektive Pflichtverletzung zur Last gelegt werden kann oder wenn die Schadensursache in sonstiger Weise aus seinem Verantwortungsbereich hervorgegangen ist. Dieser Grundsatz erstreckt sich auf alle Vertragsarten und auch auf vertragsunabhängige Schutzpflichten.

Bei der Prospekthaftung, speziell im InvestmentG, bestehen lediglich Beweislastregeln dahingehend, dass der Anleger beweisen muss, dass der Prospekt fehlerhaft ist. Weitere Umstände, wie Verschulden oder Kausalität zwischen fehlerhaftem Prospekt und Schaden ist nicht erforderlich, da diese, wie oben ausgeführt, nicht die Grundlage der Haftung darstellen.

5.4.4 Haftungsausschluss

Unter bestimmten Voraussetzungen kann die Haftung für einen Schaden trotz Verursachung ausgeschlossen sein.

Der Hauptfall ist, dass vertraglich ein Haftungsausschluss geregelt ist und dieser wirksam ist. Oftmals ist in Verträgen geregelt, dass nur bei grober Fahrlässigkeit und Vorsatz gehaftet wird. Eine solche Klausel ist grundsätzlich wirksam und zwar auch dann, wenn sie durch Allgemeine Geschäftsbedingungen festgelegt wurde. Ein teilweiser Haftungsausschluss kann dann bestehen, wenn der Geschädigte den Schaden mitverursacht hat.

Bei den Spezialgesetzen aus der Prospekthaftung tritt ein Haftungsausschluss bei Anwendung des BörsG und des VerkaufsprospG ein, wenn der Käufer der Papiere die Unrichtigkeit oder Unvollständigkeit des Prospektes bei Kauf kannte.

Beim InvestmentG tritt ein Haftungsausschluss ggf. dann ein, wenn der Verantwortliche nachweist, dass die Falschangaben lediglich leicht oder mittel fahrlässig verursacht wurden.

5.4.5 Verjährung

Grundsätzlich verjähren Ansprüche gemäß § 195 BGB. Allgemeine Schadensersatzansprüche verjähren danach und gemäß § 852 BGB in drei Jahren ab dem Zeitpunkt, in dem der Geschädigte vom Schaden und von der Person des Schadensverursachers Kenntnis hat.

Ansprüche nach dem InvestmentG verjähren 1 Jahr nach Kenntnis des Schadens, aber spätestens 3 Jahre nach Vertragsschluss. Gleiches gilt für Ansprüche nach dem BörsG und dem VerkaufsprospG.

Nach § 37a WPHG verjähren Schadensersatzansprüche für fehlerhafte Wertpapieranlageberatung nach 3 Jahren seit Entstehung des Anspruchs.

5.5 Strafrechtliche Bestimmungen

Neben den oben dargestellten zivilrechtlichen Haftungsbestimmungen können bestimmte Handlungen auch strafrechtlich belangt werden.

5.5.1 Betrug

Gemäß § 263 StGB wird wegen Betruges strafrechtlich verfolgt, wer in der Absicht, sich oder einem Dritten einen rechtswidrigen Vermögensvorteil zu verschaffen,

- einen anderen täuscht und hierdurch

- einen Irrtum erregt oder unterhält, der

- den Getäuschten veranlasst, dass er über sein eigenes Vermögen oder das Vermögen eines anderen verfügt.

Die Tathandlung des Betrugs ist vollendet, wenn der Vermögensschaden eingetreten ist. Nach 263 Abs. 2 StGB ist jedoch bereits der **versuchte Betrug** strafbar. Als Strafe ist eine Freiheitsstrafe bis zu fünf Jahren oder eine Geldstrafe vorgesehen. In besonders schweren Fällen eine Freiheitsstrafe von einem bis zu zehn Jahren.

5.5.2 Kapitalanlagebetrug

Kapitalanlagebetrug nach § 264a StGB ist ein Sonderfall des Betruges. Es macht sich danach strafbar, wer im Zusammenhang mit

- dem Vertrieb von Wertpapieren, Bezugsrechten, oder von Anteilen, die eine Beteiligung an dem Ergebnis eines Unternehmens gewähren sollen oder

- dem Angebot, die Einlage auf solche Anteile zu erhöhen,

in Prospekten oder in Darstellungen oder Übersichten über den Vermögens-
gegenstand hinsichtlich der für die Entscheidung über den Erwerb oder die
Erhöhung erheblichen Umstände gegenüber einem größeren Kreis von Personen unrichtige vorteilhafte Angaben macht oder nachteilige Tatsachen
verschweigt und so Vermögensinteressen der Anleger gefährdet.

Kapitalanlagebetrug kann mit einer Freiheitsstrafe von bis zu drei Jahren
oder Geldstrafe bestraft werden. Bei **tätiger Reue** besteht Straffreiheit, das
heißt, wer vor Erbringung der Einlageleistung den Anleger freiwillig aufklärt,
wird strafrechtlich nicht verurteilt.

5.5.3 Urkundendelikte

Hierunter fallen der Tatbestand der **Urkundenfälschung** (§ 267 StGB) sowie
der **Urkundenunterdrückung und -vernichtung** (§ 274 StGB).

Danach sind das Herstellen und auch der Gebrauch einer unechten Urkunde
oder das Verfälschen einer echten Urkunde oder deren Gebrauch strafbar.
Unter Urkunde wird dabei jeder Gegenstand verstanden, der eine rechts-
erhebliche Gedankenerklärung enthält und einen Aussteller erkennen lässt.

Beispiele: Schriftstücke, Preisetiketten, Fahrkarten, gestempelte KFZ-Kennzeichen

5.5.4 Verleitung zur Börsenspekulation

Auch § 61 BörsG i.V.m. § 23 BörsG hat große strafrechtliche Bedeutung.
Diese Vorschrift schützt beispielsweise Anleger, die unter Ausnutzung ihrer
Unerfahrenheit zu Börsenspekulationsgeschäften (häufige Anwendung:
Börsentermingeschäfte) oder zur Beteiligung an solchen Geschäften verleitet
werden.

Bestraft wird mit bis zu drei Jahren Freiheitsstrafe oder Geldstrafe, wer vorsätzlich handelt.

5.6 Hinweise für die Beratungspraxis

Wie können Sie Ihren Beratungsalltag als Finanzdienstleister organisieren,
um das Haftungsrisiko zu minimieren? In jedem Fall gilt: recherchieren Sie
die Produkte genau. Verlassen Sie sich nicht nur auf die Kurz- und Zwi-
schenberichte, sondern durchleuchten Sie auch zu den von Ihnen vermittelten Produkten die umfassenden Prospekte und recherchieren Sie über
Presse und andere Medien bereits vorliegende Bewertungen der Produkte.
Stellen Sie dem Kunden die Vorteile *und* die Risiken vor. Alternativ: lassen
Sie sich unterschreiben, dass Sie das vermittelte Produkt nicht vollständig
bewerten können oder verweisen Sie auf ein Gutachten zum Produkt durch
Wirtschaftsprüfer, Steuerberater o. ä. Nur so erreichen Sie eine **objekt-
gerechte Beratung**.

Wenn Sie den Kunden auch im Hinblick auf seine persönliche Situation
beraten, so kommen Sie nicht umhin, den Kunden genau und umfassend
kennenzulernen. Nehmen Sie sich ausreichend Zeit, denn eine Ausschnittbe-
fragung der persönlichen Umstände des Kunden kann zur Fehleinschätzung

seiner Situation führen und in der Folge zu einer nicht **anlegergerechten Beratung**. Diese Befragung müssen Sie in angemessenen Abständen wiederholen, insbesondere dann, wenn sich seine persönlichen Lebensumstände geändert haben. Sollten Sie nicht mit einer entsprechenden Kundenbefragung arbeiten, so bietet Ihnen *Übersicht 62* Anregungen für einen möglichen Fragenkatalog.

Abbildung 62:
Aspekte der
Befragung von
Kapitalanlegern

I. Persönliche Verhältnisse des Kundes

- Alter
- Ausbildung
- Beruf
- Familienstand
- Kinder

II. Finanzielle Verhältnisse des Kunden

- Jahreseinkommen (brutto vor Steuern)
- Zusammensetzung des Jahreseinkommens
- Gesamtvermögen (wie teilt es sich auf)
- Woher stammt das aufgebaute Vermögen?
- Wieviel Geld wird monatlich zurückgelegt?
- Ggf. Haushaltsrechnung mit dem Kunden durchführen

III. Anlageerfahrung des Kunden

- Wie oft treffen Sie eine Anlageentscheidung im Jahr?
- Wie groß ist der durchschnittliche Betrag pro Anlageentscheidung?
- Wie haben Sie bisher Ihre Anlageentscheidungen getroffen?
- Welche Medien oder sonstige Entscheidungshilfen haben Sie hinzugezogen?
- Welche Art von Geldanlagen haben Sie bisher bereits getätigt?
- Sind Sie börsentermingeschäftsfähig?
- Haben Sie bereits kreditfinanzierte Kapitalanlagen betrieben?
- Verfolgen Sie regelmäßig Wirtschafts- und Börsennachrichten?

IV. Anlageziele des Kunden

- Welche Anlageziele verfolgen Sie mit Ihren bisherigen Kapitalanlagen?
- Welches Anlageziel verfolgen Sie mit dem Betrag, um den es in der konkreten Anlageberatung geht?
- Für welchen Zeitraum wollen Sie den konkreten Betrag anlegen?
- Wie würden Sie Ihre Anlagementalität beschreiben? (Was ist Ihnen bei Geldanlagen wichtig?)

6   Wettbewerbsrecht und Verbraucherschutz

6.1   Aufgaben des Wettbewerbsrechtes

In einem marktwirtschaftlichen System, so auch in der Sozialen Marktwirtschaft der Bundesrepublik Deutschland, gehört es zu den Aufgaben der Rechtsordnung, den Marktmechanismus im Interesse aller Anbieter und Nachfrager aufrecht zu erhalten und zu schützen. Die Rechtsnormen des Wettbewerbsrechtes haben deshalb vor allem folgende Zielsetzungen:

- Erhaltung des Wettbewerbes,
- Verhinderung eines Ausartens des Wettbewerbes,
- Verbraucherschutz,
- gewerblicher Rechtsschutz, d. h. dem Rechtsinhaber wird die gewerbliche Nutzung seiner Arbeitsergebnisse gesichert.

Gemäß dieser Zielsetzungen haben sich in der Bundesrepublik Deutschland unterschiedliche Rechtskreise auf dem Gebiet des Wettbewerbs- und Verbraucherschutzrechtes herausgebildet:

Unter dem Wettbewerbsrecht im engeren Sinne versteht man

- das **Recht gegen Wettbewerbsbeschränkungen,** das vor allem dem Erhalt des freien Wettbewerbes dient (wichtigstes Gesetz: Gesetz gegen Wettbewerbsbeschränkungen – GWB) und

- das **Recht gegen den unlauteren Wettbewerb,** das vorrangig der Aufrechterhaltung eines fairen Wettbewerbes dient (z. B. Gesetz gegen unlauteren Wettbewerb – UWG, PAngV).

Unterstützt wird das Wettbewerbsrecht durch Bestimmungen

- des **Verbraucherschutzrechtes** (z. B. im BGB),
- des **gewerblichen Schutzrechtes** (z. B. PatentG, MarkenG) sowie
- des **Urheberrechtes** (UrheberG).

Die Grenzen zwischen den genannten Rechtskreisen sind teilweise fließend, was in der Literatur auch zu unterschiedlichen Systematisierungen des Wettbewerbsrechtes führt. So ist beispielsweise jede Bestimmung zur Aufrechterhaltung des Wettbewerbes am Markt mittelbar auch eine Maßnahme zum Verbraucherschutz, da der als Nachfrager am Markt agierende Verbraucher letztlich am meisten von einem funktionierenden Wettbewerb zwischen den Anbietern profitiert.

Fernab jeder rechtstheoretischen Überlegung gilt es jedoch zu erkennen, dass viele Rechtsnormen Einfluss auf die tägliche Geschäftspraxis eines Gewerbetreibenden oder Freiberuflers haben: So wirken sich z. B. das UWG auf die Gestaltung der Werbung, die PAngV auf die Auszeichnung und Gestaltung der Preise aus.

6.2 Gesetz gegen den unlauteren Wettbewerb

In einer Marktwirtschaft ist ein funktionierender Wettbewerb am Markt von herausragender Bedeutung. Wie im Kapitel zuvor dargestellt, ist es vor allem die Aufgabe des GWB, den freien Wettbewerb von jeglichen Beschränkungen frei zu halten.
Andererseits führt zunehmende Konkurrenz häufig dazu, dass auch „unsaubere" Wettbewerbshandlungen eingesetzt werden, um den Wettbewerber zu schädigen und selbst Vorteile am Markt zu erringen. **Aufgabe des UWG (Gesetz gegen unlauteren Wettbewerb) ist deshalb die Sicherung der Qualität des Wettbewerbs.** Der wirtschaftliche Erfolg des Anbieters soll sich allein durch Leistungsmerkmale wie Preis, Qualität, Service usw. entscheiden und nicht durch unlautere Handlungen gestärkt werden. Insofern setzt das UWG der Wettbewerbsfreiheit dort Grenzen, wo der anständige Leistungswettbewerb verletzt wird.

Der deutsche Gesetzgeber hat im Juli 2004 nach langer Diskussion eine Reform des Gesetzes gegen den unlauteren Wettbewerb umgesetzt, durch die auch die aktuelle europäische Rechtsentwicklung in der deutschen Gesetzgebung berücksichtigt wurde.

Die Struktur des UWG wurde in diesem Zusammenhang vollständig renoviert. So wurden neben der auch weiterhin vorhandenen Generalklausel konkrete Fallgruppen im Gesetz abgebildet, wie sie bisher nur durch die Rechtsprechung entwickelt worden waren. Außerdem wurde die liberalere Auffassung zum Wettbewerb im EU-Recht berücksichtigt, in dem beispielsweise das Verbot von Sonderverkäufen gestrichen wurde und somit auch der gesetzliche Regelungsbedarf für Sommer- und Winterschlussverkäufe entfiel.

Neu eingefügt wurde zudem die Möglichkeit, den aufgrund von unlauteren Handlungen erworbenen Gewinn eines Unternehmens zugunsten der Staatskasse abschöpfen zu können.

Das Gesetz entfaltet nach § 1 UWG drei Schutzzwecke:

- **Schutz der Mitbewerber** vor unlauteren Maßnahmen der Konkurrenz (z. B. Rufschädigung);
- **Schutz des Verbrauchers und sonstiger Marktteilnehmer** vor unlauterem Wettbewerb (z. B. vor Irreführung in der Werbung);
- **Schutz der Allgemeinheit** vor verfälschtem Wettbewerb (z. B. durch Lockangebote).

Ein Gesetz, das erfolgreich den „unlauteren Wettbewerb" unterbinden will, muss sich auf ständig ändernde Wettbewerbsbedingungen einstellen können. Man denke nur an die im Laufe der letzten Jahrzehnte nachhaltig veränderten Werbemöglichkeiten und Absatzwege (z. B. durch das Internet).

Damit dies gelingen kann, besteht der Kern des Gesetzes nicht aus konkreten Einzelfallregelungen, sondern aus einer so genannten **großen Generalklausel im § 3 UWG**. § 4 UWG listet dann in nicht abschließender Form Beispiele für unlauteren Wettbewerb im Sinne der Generalklausel auf, zudem finden sich in den §§ 5 ff. UWG Regelungen für einzelne Sondertatbestände, die jedoch ebenfalls Unterfälle der großen Generalklausel sind.

6.2.1 Die große Generalklausel

Die große Generalklausel ist im § 3 UWG wie folgt formuliert:

- **Unlautere Wettbewerbshandlungen**, die geeignet sind, den Wettbewerb zum Nachteil
- der **Mitbewerber**, der **Verbraucher** oder sonstiger **Marktteilnehmer**
- **nicht nur unerheblich** zu beeinträchtigen,
- sind unzulässig.

§ 2 Abs. 1 Ziffer 1 UWG definiert, dass unter Wettbewerbshandlung im Sinne dieses Gesetzes jede Handlung einer Person zu verstehen ist, die das Ziel verfolgt, zugunsten des eigenen oder eines fremden Unternehmens den Absatz oder den Bezug von Waren oder die Erbringung oder den Bezug von Dienstleistungen (einschließlich unbeweglicher Sachen, Rechte und Verpflichtungen) zu fördern.

Unzulässig sind Wettbewerbshandlungen nach § 3 UWG immer dann, wenn sie unlauter und zudem geeignet sind, den Wettbewerb zum Nachteil eines anderen Marktteilnehmers nicht nur unerheblich zu beeinträchtigen. Unter **Marktteilnehmern** versteht das UWG (vgl. § 2 Abs. 1 Ziffer 2 + 3 UWG) zunächst die **Mitbewerber**, also jeden Unternehmer, der mit einem oder mehreren Unternehmern als Anbieter oder Nachfrager von Waren oder Dienstleistungen in einem konkreten Wettbewerbsverhältnis steht. Dies ist naturgemäß zwischen Unternehmen der gleichen Branche und Wirtschaftsstufe gegeben, kann aber auch zwischen Unternehmen verschiedener Wirtschaftsstufen gegeben sein (z. B. wenn der Hersteller auch direkt an den Endverbraucher verkauft). Auch ist es denkbar, dass erst durch eine Werbemaßnahme ein Wettbewerbsverhältnis zwischen Unternehmen verschiedener Branchen und mit unterschiedlichem Kundenkreis geschaffen wird.

Zu letzter Überlegung ein **Beispiel:**
Ein Versicherungsmakler wirbt für sein Angebot an Unfallversicherungen mit folgendem Slogan: „Unfallvorsorge mit der Y-Unfallversicherung ist wichtiger als eine Mullbinde im Haus zu haben". Der Versicherungsmakler stellt mit diesem Motto – ein zuvor nicht bestehendes – Wettbewerbsverhältnis zu Apotheken und Drogerien her.

Zu den Marktteilnehmern zählen außerdem die **Verbraucher** und alle **sonstigen Anbieter oder Nachfrager von Waren oder Dienstleistungen**. Zur Abgrenzung des Verbrauchers vom Unternehmer verweist § 2 Abs. 2 UWG auf die in §§ 13 und 14 BGB gegebenen Definitionen (*vgl. auch Kap. 2.4.12 Verbraucherschutz im BGB*).

Durch die Formulierung, dass die <u>Wettbewerbshandlungen geeignet sein müssen</u>, den Wettbewerb zum Nachteil eines anderen Marktteilnehmers <u>nicht nur unerheblich</u> zu beeinträchtigen, wird Zweierlei deutlich: Zum einen kommt es nicht darauf an, dass der Wettbewerb schon tatsächlich beeinträchtigt ist, allein die Möglichkeit dazu ist schon ausreichend. Zum anderen muss die Wettbewerbshandlung ein gewisses Gewicht für das Wettbewerbsgeschehen und das Wettbewerbsinteresse der geschützten Personenkreise haben. Der Gesetzgeber wollte dadurch die Verfolgung von Bagatellfällen ausschließen, nicht jedoch unlautere Wettbewerbshandlungen zu einem gewissen Teil legalisieren. Die Grenze der **Unerheblichkeit** ist also sehr niedrig anzusetzen. Sie kann beispielsweise auch dann überschritten sein, wenn die Auswirkungen auf einen Marktteilnehmer im konkreten Einzelfall zwar gering sind, andererseits in der Summe aber eine Vielzahl von Marktteilnehmern betroffen ist oder eine nicht unerhebliche Nachahmungsgefahr besteht.

Welche Wettbewerbshandlung im Einzelfall als unlauter zu werten ist, muss durch die Rechtsprechung geklärt werden, denn – wie oben schon dargestellt – wurde das UWG durch die Generalklausel bewusst offen gestaltet. Der Gesetzgeber gibt jedoch im § 4 UWG Beispiele unlauteren Wettbewerbs, die § 3 UWG konkreter werden lassen, andererseits aber als nicht abschließende Aufzählung anzusehen sind. Die im Gesetz genannten Beispiele werden im Folgenden kurz umrissen.

Fallgruppe 1: Beeinträchtigung der Entscheidungsfreiheit durch Druck, in menschenverachtender Weise oder durch sonstigen unangemessenen unsachlichen Einfluss

Anbieter einer Ware oder Leistung verfolgen immer das Ziel, den Abnehmer von der eigenen Leistungsfähigkeit zu überzeugen und ihn zur Abnahme des eigenen Angebotes zu bewegen. Das Gesetz macht klar, dass die Entscheidungsfreiheit eines Marktteilnehmers einem <u>unangemessenen</u> unsachlichen Einfluss unterzogen sein muss, damit eine Wettbewerbshandlung als unlauter anzusehen ist. Dass Werbung regelmäßig eine in gewissem Rahmen unsachliche Beeinflussung des Entscheidungsträgers zum Ziel hat, wird also vom Gesetzgeber akzeptiert. Durch die folgenden Beispiele soll deutlich werden, wann die Gerichte eine derartige unangemessene unsachliche Beeinflussung bejaht haben.

So ist es verboten, Abnehmer einem **psychologischen Kaufzwang** auszusetzen. Dies kann beispielsweise durch **Straßenwerbung** geschehen, bei der Passanten zielgerichtet auf einen Geschäftsabschluss angesprochen werden oder zum Betreten eines Geschäftslokales aufgefordert werden (so genanntes **Anreißen**). Dieser Ansprache kann sich der Passant nur schwer entziehen und sie ist deshalb unzulässig. Das Verteilen von Werbezetteln ist hingegen anonymer und deshalb grundsätzlich erlaubt.

Unangekündigte Vertreterbesuche sind zunächst nicht unlauter nach UWG. Äußert der Kunde jedoch, dass er den Vertreterbesuch nicht wünscht, so ist dieser Wunsch in jedem Fall zu respektieren. Auch die Botschaft über der Klingel „Nicht für Vertreter" o. ä. ist zu beachten. Selbstverständlich ist das Erschleichen von Terminen unter Vorspiegelung falscher Tatsachen als unangemessene unsachliche Beeinflussung zu bewerten.

Beispiel:
Die Übergabe des Preises an den Gewinner eines Preisausschreibens wird mit einem Verkaufsgespräch verknüpft.

Die kostenlose Beförderung von Kunden bzw. die Übernahme von Beförderungskosten z. B. zum Geschäftslokal können ggf. auch einen psychologischen Kaufzwang ausüben, insbesondere dann, wenn der Kunde nicht anonym bleibt (z. B. im firmeneigenen PKW) und der Unternehmer so über die getätigten Einkäufe Kontrolle hat. Des weiteren können derartige Angebote auch als unverhältnismäßiges Anlocken von Kunden gewertet werden, wenn die Kundenbeförderung einen Eigenwert hat.

Beispiel:
Der Zielort ist auch als Ausflugsziel attraktiv bzw. ein Immobilienmakler übernimmt die Flugkosten nach Kalifornien zu Besichtung einer dort gelegenen Immobilie.

Wettbewerbsrechtlich unbedenklich ist die Inzahlungnahme von Parkscheinen und Fahrscheinen der öffentlichen Nahverkehrsmittel zum Ausgleich von Standortnachteilen im Vergleich zur Konkurrenz.

Werbegeschenke sind unlauter nach UWG, wenn sie den Kunden bei seiner Kaufüberlegung unangemessen unsachlich beeinflussen, der Kunde also nicht mehr primär nach Qualität und Preis-/Leistungsverhältnis entscheidet. Der Wert der Werbegeschenke muss im Verhältnis zur Ware oder Dienstleistung angemessen sein, so dass der Empfänger sich nicht zum Kauf verpflichtet fühlt.

Kopplungsangebote zwischen einer (ungewöhnlich günstigen) Nebenware mit dem Hauptangebot sind grundsätzlich unzulässig nach UWG, da ein Kunde, der die Nebenware erwerben möchte, auch zum Erwerb der Hauptware gezwungen ist.

Gefühlsbetonte Werbung: In den meisten Fällen zielt Werbung darauf ab, beim Umworbenen auch Gefühle anzusprechen. Unzulässig ist aber so genannte **Schockwerbung**.

Beispiel:
Ein Finanzdienstleister wirbt mit Bildern von verhungernden Menschen in Afrika mit der Notwendigkeit zur Altersvorsorge.

Werbung kann auch dann unlauter sein, **wenn beim Umworbenen zielgerichtet und planmäßig an das soziale Gewissen** und Gefühle wie Mildtätigkeit, Hilfsbereitschaft, soziales Verantwortungsgefühl oder Umweltbewusstsein appelliert wird, ohne dass die vom Unternehmen angebotene Leistung hierzu einen sachlichen Anlass bietet.

Beispiel:
„Machen Sie mit: Große Spendenaktion zugunsten der Welthungerhilfe! Lassen Sie sich bei uns auch über die Absicherung von Unfallrisiken beraten.“

Der Verbraucher wird durch derartige Werbung unangemessen unsachlich beeinflusst, da der Appell an die Gemeinnützigkeit nur dazu dient, den Umsatz des werbenden Unternehmens zu steigern. Sozialbezogene Werbung ist nur dann sachlich begründet und somit zulässig, wenn das Gewinnstreben des Werbenden durch eine sozialpolitische Zielsetzung ersetzt wird.

Beispiel:
Aktionen karitativer Organisationen wie „Brot für die Welt“ oder der gemeinnützige Postkartenverkauf der Unicef.

Fallgruppe 2: Ausnutzung der geschäftlichen Unerfahrenheit, Leichtgläubigkeit, Angst oder Zwangslage von Verbrauchern

Von dieser Beispielgruppe sollen besonders schutzwürdige Verbrauchergruppen erfasst werden, insbesondere Kinder und Jugendliche, aber auch sprach- und geschäftsungewandte Verbraucher oder Verbraucher in einer Zwangslage. Diese sollen vor der **Ausnutzung Ihrer Unerfahrenheit, Leichtgläubigkeit bzw. der Zwangslage** geschützt werden. Dazu gehört auch der Schutz vor Wettbewerbshandlungen im Vorfeld von verkaufsfördernden Maßnahmen, z. B. die Erhebung der Daten von Kindern und Jugendlichen zu Werbezwecken.

Beispiel:
Ein Versicherungsvermittler ködert Kinder mit Geschenken zur Abgabe ihrer Adressdaten, um später Kinder-Unfallpolicen bewerben zu können.

Werbung mit der Angst kann ebenso unlauter gemäß UWG sein, wenn durch das Ansprechen und Ausnutzen von Angstgefühlen beim Umworbenen der Umsatz gesteigert werden soll, beispielsweise indem die Werbung auf Gesundheitsgefahren oder mögliche Katastrophen hinweist.

Beispiel:
Ein Anlageberater wirbt in einer Inflationsphase mit dem Slogan „Lassen Sie sich beraten und retten Sie ihr Geld vor der Entwertung.“

Fallgruppe 3: Schleichwerbung

Verboten ist nach UWG außerdem, den Wettbewerbscharakter von Wettbewerbshandlungen zu verschleiern. Darunter ist nicht nur die so genannte **Schleichwerbung** in allen denkbaren Medien zu verstehen, sondern auch das Tarnen anderer Wettbewerbshandlungen.

Beispiel:
Ein Finanzberater führt auf einem Stadtfest eine Tombola ohne erkennbare kommerzielle Absicht durch, um die gewonnenen Adressen danach zur Bewerbung seiner Dienstleistungen zu verwenden.

Fallgruppe 4: Unklare Bedingungen bei Verkaufsförderungsmaßnahmen

Durch diese Regelung wird bestimmt, dass Verkaufsförderungsmaßnahmen wie Preisnachlässe, Zugaben oder Geschenke – die auf Verbraucher häufig einen großen Anreiz ausüben – nur zulässig sind, wenn deren Bedingungen für die Inanspruchnahme klar und eindeutig kommuniziert werden.

Beispiel:

Eine Bank wirbt neue Kunden, in dem sie diesen einen relativ hohen Guthabenzins auf dem Girokonto verspricht. Ist dieser Zinssatz z. B. an ein Mindestguthaben bzw. monatlichen Mindesteingang auf dem Konto verbunden oder auch nur auf einen bestimmten Zeitraum begrenzt, so muss dies bereits in der Werbung klar zu erkennen sein.

Fallgruppe 5: Unklare Teilnahmebedingungen bei Preisausschreiben und Gewinnspielen mit Werbecharakter

Gleiches wie bei Verkaufsförderungsmaßnahmen gilt auch bei Preisausschreiben und Gewinnspielen mit Werbecharakter: auch diese sind nur zulässig, wenn deren Teilnahmebedingungen für die Inanspruchnahme klar und eindeutig angegeben werden.

Nicht zwingend ist jedoch die Angabe von Gewinnchancen, da diese aufgrund der nicht begrenzbaren Teilnehmerzahl (*vgl. Kopplungsverbot aus Fallgruppe 6*) nicht seriös vorhersagbar sind. Hingegen könnte eine Irreführung über die Gewinnchancen unlauter im Sinne der Generalklausel nach § 3 UWG sein.

Fallgruppe 6: Kopplung der Teilnahme bei Preisausschreiben und Gewinnspielen an den Erwerb einer Ware bzw. die Inanspruchnahme einer Dienstleistung

Gewinnspiele, Preisausschreiben oder ähnliche Aktionen werden häufig zur Absatzförderung eingesetzt. Diese sind immer dann unlauter, wenn für Verbraucher der Erwerb eines Produktes bzw. die Inanspruchnahme einer Dienstleistung Voraussetzung für die Teilnahme am Gewinnspiel ist. Auch der mittelbare Zwang zum Erwerb des Produktes bzw. der Dienstleistung macht ein Gewinnspiel unzulässig nach UWG.

Beispiel:

Zur Beantwortung einer Preisfrage muss man das Produkt kennen.

Ebenfalls unzulässig ist nach bisheriger deutscher Rechtssprechung, wenn der Kunde durch die Rahmenbedingungen des Gewinnspieles psychologisch unter Kaufzwang gesetzt wird. Diese Regelung wurde jedoch vom Gesetzgeber bewusst nicht in die Fallgruppe 6 aufgenommen, da hier aufgrund der diskutierten EU-Verordnung zur Verkaufsförderung im Binnenmarkt (vgl. KOM (2002) 585 endg.) eine Liberalisierung erwartet wird, sollte die Verordnung Wirklichkeit werden. Bis dahin ist dieser Fall unlauter im Sinne der Generalklausel § 3 UWG.

Beispiel:

Die zur Teilnahme am Gewinnspiel notwendigen Unterlagen sind nur am Verkaufsort erhältlich und können nicht auf dem Postwege anfordert werden. Dadurch, dass sich der Teilnehmer in den Laden begeben muss, kann er sich verpflichtet fühlen, etwas zu kaufen.

Fallgruppe 7: Geschäftsehrverletzungen

Die so genannte **persönliche Bezugnahme** – also Aussagen, die sich auf Kennzeichen, Waren, Dienstleistungen, Tätigkeiten oder persönliche oder geschäftliche Verhältnisse eines Mitbewerbers beziehen – **ist grundsätzlich verboten**. Dies gilt insbesondere in den Fällen der Gruppe 7, in denen durch Meinungsäußerungen – also pauschalen Einschätzungen ohne Sachbezug – der Mitbewerber herabgesetzt oder verunglimpft wird (**Schmähkritik**).

Beispiel:
Über einen Mitbewerber werden Gerüchte gestreut, dass sich dieser bald vom Markt zurückziehen werde, ohne dass diese Information auf Tatsachen beruht.

Fallgruppe 8: Anschwärzung und Kreditschädigung

Im Gegensatz zu den Meinungsäußerungen aus Fallgruppe 7 regelt die Fallgruppe 8 Aussagen zu Tatsachen, die sich auf das Unternehmen eines Mitbewerbers, die Person des Unternehmers oder der Leitung des Unternehmens bzw. auf die angebotenen Waren oder Leistungen beziehen. Denn auch wer Tatsachen über Mitbewerber verbreitet, deren Wahrheitsgehalt er nicht beweisen kann (selbst wenn sie wahr sind) und die geeignet sind, den Betrieb des Unternehmens oder den Kredit des Unternehmers (hier ist sein Ruf gemeint) zu schädigen, handelt unlauter nach UWG.

Wichtig: Selbst wahre und beweisbare persönliche Bezugnahme wird durch die Rechtsprechung als unlauter angesehen, da derartige Tatsachen nichts mit dem Leistungswettbewerb am Kunden zu tun haben.

Beispiel:
Von einem Finanzdienstleister wird durch seinen Konkurrenten behauptet, dass er nicht den Qualifikationsabschluss „Fachwirt für Finanzdienstleistungen (IHK)" besitze oder dass er gerade dabei sei, sein Unternehmen zu veräußern.

Ausnahme: Die Rechtsprechung lässt persönliche Bezugnahme zu, wenn sie in angemessener Weise zur Abwehr rechtswidriger Verhaltensweisen des Konkurrenten eingesetzt werden.

Beispiel:
Warnschreiben bezüglich eines Vertriebs von Investmentfonds, die in Deutschland nicht zugelassen sind.

Weitere Ausnahme: Zulässig sind vertrauliche Mitteilungen, an denen der Mitteilende oder der Empfänger ein berechtigtes Interesse hat.

Beispiel:
Ein Anbieter zeigt seinen Mitbewerber wegen einer ordnungswidrigen Verletzung von Ladenschlussgesetz, Rabattgesetz o. ä. an, da sich dieses Verhalten negativ auf den eigenen Geschäftsverlauf auswirkt.

Fallgruppe 9: Nachahmung

Nachahmung von Waren und Dienstleistungen anderer ist grundsätzlich erlaubt, soweit für diese kein spezieller Rechtsschutz (Patent, Marke, Urheberrecht) existiert.

Nachahmung verhindert dauerhafte Monopolbildung und erhöht den Innovationsdruck in der Wirtschaft, sie ist aus Wettbewerbssicht insofern erwünscht.

<u>Wichtig deshalb:</u> Schutzrechte (Patente, Marken) sofern möglich eintragen lassen. Urheberrechte entstehen automatisch.
Nachahmung gilt jedoch immer dann als **unlauter, wenn**

- mit ihr eine vermeidbare Täuschung über die Herkunft des Produktes oder der Leistung verbunden ist,
- die Wertschätzung der nachgeahmten Ware oder Dienstleistung unangemessen ausgenutzt oder beeinträchtigt wird <u>oder</u>
- die für die Nachahmung erforderlichen Kenntnisse oder Unterlagen unredlich erlangt wurden.

Dies kann insbesondere bei Produkten auftreten, die durch ihre besondere äußere Aufmachung oder technische Gestaltung auf einen bestimmten Hersteller hinweisen. In diesen Fällen verlangt die Rechtsprechung, dass der Nachahmer alles Zumutbare und Erforderliche unternimmt, um eine solche Verwechslung zu vermeiden.

Beispiel:
Eine Billiguhr darf nicht in Art und Aufmachung wie eine Rolex gestaltet sein. Hier kann von dem Nachahmer verlangt werden, dass er eine unterscheidbare Optik findet.

Auch das **Nachahmen fremder Werbung** ist meist als unlauter anzusehen, insbesondere dann, wenn die Werbung einen gewissen Bekanntheitsgrad erreicht hat.

Werbebroschüren, Zeitungsanzeigen o. ä. werden meist in besonderer Form gestaltet, um einen hohen Wiedererkennungseffekt zu erzielen. Die Nachahmung einer derartigen Gestaltung kann somit leicht zu Verwechslungen führen und den Konkurrenten unlauter behindern. Auch bei der Verwendung einer markanten Farbkombination und -gestaltung können Assoziationen auf Produkte und Leistungen eines bestimmten Herstellers entstehen, die bei anderer Gestaltung leicht vermieden werden können, beispielsweise: Maggi-rot-gelb, Milka-lila etc.

Fallgruppe 10: Gezielte Mitbewerberbehinderung

Durch diese Regelung wird eine gezielte Behinderung konkreter Mitbewerber untersagt. „Gezielt" ist dabei so zu werten, dass Aussagen oder Handlungen das Motiv der Mitbewerberbehinderung haben müssen. Die alleinige Behinderung eines Mitbewerbers als Nebeneffekt zu üblichen Verhaltensweisen am Markt ist hingegen nicht zu beanstanden.

Unter die Gruppe der gezielten Mitbewerberbehinderung fällt beispielsweise der **Vernichtungswettbewerb**, also Wettbewerbshandlungen, die in erster Linie darauf ausgerichtet sind, einen Mitbewerber vom Markt endgültig zu verdrängen. Ob dies der Fall ist, ist häufig nur im konkreten Einzelfall festzustellen, da es andererseits im Sinne der Marktwirtschaft ist, dass sich ein Anbieter Vorteile am Markt verschafft.

So ist z. B. auf ein auf gewisse Dauer angelegtes **Preisdumping** – also eine nicht kostendeckende Preisgestaltung – zur Vernichtung eines Konkurrenten eine gezielte Behinderung eines Mitbewerbers, obwohl ein Anbieter grundsätzlich in seiner Preiskalkulation frei ist.

Auch können Wettbewerbshandlungen, die **dem Mitbewerber Kunden ausspannen** sollen, unlauter sein, wenn sie diesen gezielt behindern.

Beispiel:
Ein Anbieter verteilt Werbezettel in unmittelbarer Nähe vor dem Geschäft seines Mitbewerbers.

Ein **Abwerben von Mitarbeitern** der Konkurrenz (Arbeitnehmer, auch Handelsvertreter o. ä.) ist grundsätzlich möglich. Jedoch kann ein Abwerben unlauter sein, wenn das Motiv nicht in der Gewinnung neuer Mitarbeiter für das eigene Unternehmen liegt, sondern vielmehr in der Schädigung des Mitbewerbers. Unlauter ist z. B., wenn der Mitarbeiter zum Vertragsbruch verleitet wird, um die neue Stelle annehmen zu können. Vorsicht: wenn Mitarbeiter aufgrund ihres (bisherigen) Arbeits- oder Handelsvertretervertrages einem Wettbewerbsverbot unterliegen, so dürfen diese grundsätzlich nicht bei ihren bisherigen Kunden werben bzw. von Mitbewerbern beschäftigt werden.

Fallgruppe 11: Rechtsbruch

Handlungen, mit denen sich ein Wettbewerber Vorteile am Markt verschafft und die einen Verstoß gegen gesetzliche Vorschriften darstellen, die auch dazu bestimmt sind im Interesse der Marktteilnehmer das Marktverhalten zu regeln, sind unlauter im Sinne des UWG.

Beispiele:
■ Ein Ladeninhaber lässt sein Geschäft auch über die gesetzlichen Ladenschlusszeiten hinaus geöffnet.
■ Ein Vermögensberater führt Rechts- und Steuerberatung ohne entsprechende Zulassung durch.
■ Bei Haustürgeschäften wird der Käufer nicht über das Widerrufsrecht aufgeklärt.

Weitere Fälle der großen Generalklausel

Wie schon weiter oben besprochen, handelt es sich bei den dargestellten 11 Fallgruppen des § 4 UWG um lediglich beispielhaft vom Gesetzgeber aufgeführte Verstöße gegen das UWG. Auch andere Fälle unlauteren Handelns sind denkbar, sofern im Einzelfall die Voraussetzungen der großen Generalklausel § 3 UWG erfüllt sind. Bei folgenden Beispielen haben Gerichte einen Verstoß gegen § 3 UWG festgestellt:

Die **anlehnende Werbung** ist von der Rechtsprechung als **unlauter** eingestuft worden. Darunter wird Werbung verstanden, in der auf die Leistung, den Ruf oder das Ansehen eines Konkurrenten oder eines Konkurrenzproduktes Bezug genommen wird, um von dessen Image zu profitieren und eine positive Wirkung für das eigene Angebot zu erreichen.

Anlehnende Werbung verwendet z. B. Formulierungen wie „ebenso gut wie" oder „nach Art von". Teils wird in Formulierungen oder Abbildungen auch Bezug auf „Markenzeichen" genommen, z. B. „der Rolls-Royce unter den Hausratversicherungen".

<u>Ausnahme:</u> bei Ersatzteilen oder Zusatzgeräten ist eine Bezugnahme auf das passende Produkt zulässig, soweit es sachlich zur Kennzeichnung notwendig ist.

Beispiele:
„passend für alle Opel-Typen", „IBM-kompatibel" etc.

Die unmittelbare Leistungsübernahme wird grundsätzlich als unlauter gemäß § 3 UWG beurteilt. Im Gegensatz zur Nachahmung erbringt der Wettbewerber bei der unmittelbaren Leistungsübernahme überhaupt keine Eigenleistung mehr, sondern übernimmt die Leistung eines Konkurrenten in unveränderter Form.

Beispiele:
Ein Unternehmen übernimmt einen regelmäßig erscheinenden Informationsdienst eines anderen Anbieters, um diesen an die eigenen Kunden zu versenden.
Auch das Kopieren und Vertreiben eines nicht geschützten Computerprogramms fällt in diese Kategorie.

6.2.2 Irreführende Werbung · die kleine Generalklausel

Wie oben erläutert, stellt § 3 UWG eine umfassende Generalklausel gegen unlauteren Wettbewerb zur Verfügung. Hingegen ist § 5 UWG als so genannte **kleine Generalklausel** konzipiert und regelt das **Verbot irreführender** Werbung. § 5 UWG ist – genau wie die Beispielfälle aus § 4 UWG – ein Unterfall der großen Generalklausel, so dass irreführende Werbung nur dann vorliegt, wenn alle Voraussetzungen der §§ 3 + 5 UWG erfüllt sind.

> Nach § 5 Abs. 1 UWG gilt demnach:
> Unlauter im Sinne von § 3 UWG handelt, wer irreführend wirbt.

Bei der Beurteilung der Frage, ob eine Werbung irreführend ist, sind gemäß § 5 Abs. 2 UWG alle ihre Bestandteile zu berücksichtigen, insbesondere in ihr enthaltene <u>Angaben</u> über:

- **die Merkmale der Waren oder Dienstleistungen** wie Verfügbarkeit, Art, Ausführung, Zusammensetzung, Verfahren und Zeitpunkt der Herstellung oder Erbringung, die Zwecktauglichkeit, Verwendungsmöglichkeit, Menge, Beschaffenheit, die geografische oder betriebliche Herkunft oder die von der Verwendung zu erwartenden Ergebnisse oder die Ergebnisse und wesentlichen Bestandteile von Tests der Waren oder Dienstleistungen;

- **den Anlass des Verkaufs und den Preis** oder die Art und Weise, in der er berechnet wird und die Bedingungen, unter denen die Waren geliefert oder die Dienstleistungen erbracht werden;

- **die geschäftlichen Verhältnisse**, insbesondere die Art, die Eigenschaften und die Rechte des Werbenden, wie seine Identität und sein Vermögen, seine geistigen Eigentumsrechte, seine Befähigung oder seine Auszeichnungen oder Ehrungen.

Der Begriff der **„Angaben"** ist dabei sehr weit auszulegen. Eingeschlossen sind damit nicht nur Wort-, Zahlen- und Zeichenangaben. Gemäß § 5 UWG werden ausdrücklich auch bildliche Darstellungen und sonstige Darstellungsformen (Film, Video etc.) bzw. sonstige Veranstaltungsformen gleichgestellt. **Eine Angabe liegt jedoch nur dann vor, wenn eine derartige Äußerung einen nachprüfbaren Tatsachenkern enthält**. Liegt hingegen nur eine subjektive, nicht nachprüfbare Meinungsäußerung vor, handelt es sich nicht um eine Angabe.

Die Aussage „Banania-Versicherung – die und keine andere!" ist eine reine werbliche Anpreisung und enthält keinen Tatsachenkern, also liegt keine Angabe im Sinne des § 5 UWG vor.
„Banania-Versicherung – wir wollen Ihre Nr. 1 sein!": In diesem Slogan hingegen wird die Tatsache suggeriert, dass Banania-Versicherung die Nr. 1 ist oder sich auf dem Wege dahin befindet. Es liegt also eine Angabe gemäß UWG vor.

Was ist nun unter Irreführung zu verstehen?

> **Irreführung** liegt vor, wenn der Sinn, den eine Angabe nach Auffassung eines nicht unerheblichen Teils der Betrachter hat, von den tatsächlichen geschäftlichen Gegebenheiten abweicht.

Dabei **genügt die Gefahr einer Irreführung** eines nicht unerheblichen Teils der angesprochenen Zielgruppe, gleich ob die Täuschung tatsächlich bereits eingetreten ist oder nicht. Nach einem BGH-Urteil ist es **bereits ausreichend, wenn etwa 10% der Zielgruppe getäuscht werden könnte**.

Aus der Rechtsprechung des BGH hat sich ein Fragenkatalog entwickelt, mit dem Sie prüfen können, ob eine Werbung irreführend sein könnte:

- Liegt überhaupt eine Angabe gemäß UWG vor?
- An welche Zielgruppe wendet sich die Werbung?
- Wie versteht die angesprochene Zielgruppe die konkrete Werbeaussage? (Eine unerhebliche Minderheit mit einem anderen Verständnis ist dabei ohne Bedeutung.)
- Entspricht dieser Eindruck der Zielgruppe den Tatsachen?

Nicht nur bei Falschaussagen liegt Irreführung vor. Auch bei **unvollständigen oder mehrdeutigen Aussagen** ist die Gefahr einer Irreführung in der Werbung groß. Bei der Beurteilung, ob das **Verschweigen einer Tatsache** irreführend ist, sind nach § 5 Abs. 2 Satz 2 UWG insbesondere deren Bedeutung für die Entscheidung zum Vertragsschluss nach der Verkehrsauffassung sowie die Eignung des Verschweigens zur Beeinflussung der Entscheidung zu berücksichtigen.

Beispiel:
Ein Auslaufmodell wird nicht als solches bezeichnet, sondern nur mit einem radikal gesenkten Preis beworben.

Bei so genannter **Blickfangwerbung** darf das Hervorgehobene für sich nicht irreführend sein. Einschränkungen oder Zusatzinformationen im Kleinge-druckten, die die Aussage erst verständlich machen bzw. die Blickfangaus-sage verändern, reichen nicht aus.
Auch so genannte **Schleichwerbung** in Funk und Fernsehen sowie **Anzei-gen unter dem Deckmantel redaktioneller Meldungen** (und ohne eine ein-deutige Kennzeichnung als Anzeige) in Zeitungen und Zeitschriften sind als irreführend anzusehen.

Aus § 5 UWG und der dazu ergangenen Rechtsprechung ergibt sich auch, worüber die Zielgruppe im Einzelnen mit einer Werbeaussage irregeführt werden könnte. Im Folgenden sollen einige ausgewählte Beispiele dies ver-deutlichen.

Irreführung über angebotene Waren oder Leistungen

Der Abnehmer darf nicht über **Qualität oder Beschaffenheit** der Ware oder Leistung in die Irre geführt werden.

So darf mit dem Begriff „Markenqualität" nur geworben werden, wenn es sich auch tatsächlich um Markenware handelt.
Vorsichtiger Umgang ist auch mit den Begriffen „umweltfreundlich" oder „bio" angera-ten. Nur wenn die beworbenen Produkte im Prinzip keine Belastung für die Umwelt bringen bzw. nur natürliche Stoffe enthalten, natürlich wirken und abgebaut werden, sind die Begriffe unbedenklich. In jedem Fall sollte hervorgehen, warum das Produkt als „umweltfreundlich" bezeichnet wird, denn Produkte völlig ohne Umweltbelastung gibt es kaum.

Werbung mit **Testergebnissen** ist grundsätzlich zulässig, jedoch dürfen auch diese nicht dazu genutzt werden, den Käufer zu täuschen.

Der Leser wird im Allgemeinen davon ausgehen, dass zitierte Testergebnisse von der Stiftung Warentest stammen. Wird hingegen auf andere Testergebnisse zurückgegrif-fen, so muss dies erkennbar sein. Angegeben sein sollte auch der Zeitpunkt der Veröf-fentlichung der Testergebnisse. Wird mit Testergebnissen geworben, die bereits einige Jahre zurückliegen, so ist dies nicht zu beanstanden, wenn keine aktuelleren Tester-gebnisse vorliegen und die angebotenen Produkte den damals getesteten Produkten entsprechen und nicht durch wissenschaftlichen Fortschritt überholt sind.
Wurde die Ware mit „sehr gut" bewertet, so kann die Angabe darüber, wie die anderen Produkte des Tests bewertet wurden, regelmäßig entfallen. Liegt hingegen das Testur-teil für das eigene Produkt unter dem Durchschnitt der zusammen getesteten Artikel, so ist auch das Testergebnis der Mitbewerber anzugeben.

Irreführend ist auch die Werbung mit **Selbstverständlichkeiten**, da in diesen Fällen der Eindruck einer besonderen Leistung erweckt wird, die jedoch ohnehin mit dem Produkt verbunden ist.

Beispiel:
Wirbt ein Anlageberater damit, dass er für drei Jahre eine Haftung für fehlerhafte Anlageberatung übernimmt, so ist dies irreführend, da ohnehin jeder Anlageberater kraft Gesetz einer entsprechenden Haftung unterliegt.

Werden zu einem Produkt **Angaben zu seinem Herkunftsland** gemacht, so können damit auch Assoziationen zur Qualität oder Beschaffenheit des Produktes verbunden sein. Insofern können auch derartige Angaben irreführend sein, wenn sie nicht der Tatsache entsprechen.

Beispiel:
Orientteppiche müssen im Orient geknüpft worden sein, ein Produkt mit der Angabe „Made in Germany" muss in der Bundesrepublik Deutschland produziert worden sein.

Auch **Angaben zu Warenmengen oder Warenvorrat** können irreführend nach § 5 UWG sein, wenn sie sich als übertrieben oder auch als untertrieben erweisen.

Beispiel:
So darf beispielsweise die Verpackung nicht durch ungerechtfertigte Größe auf einen großen Packungsinhalt hindeuten, der dann nicht gegeben ist („Mogelpackung").
Die Angabe „Restposten" muss der Wahrheit entsprechen und lässt keinen großen Warenbestand bei diesem Artikel zu.

Unzulässig ist auch die so genannte **„Lockvogelwerbung"**. Hierbei macht der Anbieter ein preislich attraktives Angebot (häufig unter den Selbstkosten), ohne dass das Angebot dann in ausreichender Menge zur Verfügung steht. Interessiert ist der Anbieter nicht am Absatz dieses Produktes, sondern am Verkauf seiner anderen, normal kalkulierten Produkte. Es ist nach § 5 Abs. 5 UWG irreführend, für eine Ware zu werben, die unter Berücksichtigung der Art der Ware sowie der Gestaltung und Verbreitung der Werbung nicht in angemessener Menge zur Befriedigung der zu erwartenden Nachfrage vorgehalten ist. Angemessen ist im Regelfall ein Vorrat für zwei Tage, es sei denn, der Unternehmer weist Gründe nach, die eine geringere Bevorratung rechtfertigen. Entsprechendes gilt für die Werbung für eine Dienstleistung.
Werbeaussagen, die eine **Alleinstellung des Anbieters** (insgesamt oder in einem bestimmten Marktsegment oder bei bestimmten Produkten) zum Ausdruck bringen, müssen sich als richtig erweisen. Andernfalls liegt ein Verstoß gegen § 5 UWG vor.

Werden in Werbeslogans Superlative wie „größte", „meistgekaufte", „höchste" verwendet oder bezeichnet der Anbieter Produkte mit „unschlagbar" oder „konkurrenzlos", so muss sich das Angebot auch an diesen Aussagen messen lassen. Gleiches gilt, wenn der Anbieter sich als „die Nr. 1" bezeichnet.

Irreführung über Preise

Der Preis ist bei Kaufentscheidungen ein sehr wichtiger Faktor. Bereiche, in denen es häufig zur Irreführung über den Preis kommen kann, werden bereits in der Preisangabenverordnung geregelt (*siehe dazu Kapitel 6.3*).

§ 5 UWG erfasst verschiedene Formen sonstiger Irreführungen über den Preis. Zum Beispiel kann durch Schlagworte oder durch die Form der Preisnennung wahrheitswidrig der Eindruck einer besonders günstigen Preisgestaltung erweckt werden.

Bezeichnungen wie „Discountpreis" oder „einmalig günstig" lassen auf einen besonders günstigen Preis schließen.
Bewirbt zum Beispiel ein Möbelhändler seine Angebote unter Nennung der Abholpreise, so muss dies eindeutig erkennbar sein, da dem Käufer bei Anlieferung Zusatzkosten entstehen.

Irreführung über das anbietende Unternehmen

Werbeaussagen werden oftmals mit Angaben über das Unternehmen verbunden. So können mit **Angaben zum Alter, zur Größe, zur Bedeutung oder zur Rechtsform des Unternehmens** größere Leistungsfähigkeit, Erfahrung oder Seriösität tatsächlich verbunden sein oder vom Abnehmer so empfunden werden. Unrichtige Angaben in diesem Bereich können deshalb auch irreführend nach § 5 UWG sein.

Beispiel:
Werden in einem Werbeprospekt beispielsweise falsche Zahlen über Umsatz, Zahl der Mitarbeiter oder die Verkaufsfläche gemacht, so verstößt dies gegen den § 5 UWG. Gleiches gilt für die Altersangabe des Unternehmens, wenn der Betrieb zwischenzeitlich unterbrochen wurde oder die Branche gewechselt wurde.

Irreführend sind auch unrichtige **Angaben zum Inhaber des Unternehmens und zu den Mitarbeitern**.

Beispiel:
So darf zum Beispiel nicht mit akademischen Titeln (Dr. oder Prof.) oder mit Berufsbezeichnungen und Qualifizierungen (Diplom-Kaufmann, Bankkaufmann o. ä.) geworben werden, wenn diese nicht auch tatsächlich vorhanden sind.

6.2.3 Vergleichende Werbung

Die so genannte vergleichende Werbung ist auch in Deutschland seit einigen Jahren entsprechend der EU-Rechtsauffassung grundsätzlich erlaubt. Dies ist im § 6 UWG verankert, der ebenfalls ein Unterfall der großen Generalklausel des UWG ist. § 6 Abs. 1 UWG definiert vergleichende Werbung wie folgt:

> **Vergleichende Werbung** ist jede Werbung, die unmittelbar oder mittelbar einen Mitbewerber oder die von einem Mitbewerber angebotenen Waren oder Dienstleistungen erkennbar macht.

Gemäß § 6 Abs. 2 UWG ist jedoch **vergleichende Werbung unlauter** im Sinne des § 3 UWG, wenn der Vergleich

- sich nicht auf Waren oder Dienstleistungen für den gleichen Bedarf oder dieselbe Zweckbestimmung bezieht;

- nicht objektiv auf eine oder mehrere wesentliche, relevante, nachprüfbare und typische Eigenschaften oder den Preis dieser Waren und Dienstleistungen bezogen ist;

- im geschäftlichen Verkehr zu Verwechslungen zwischen dem Werbenden und einem Mitbewerber oder zwischen den von diesen angebotenen Waren oder Dienstleistungen oder den von ihnen verwendeten Kennzeichen führt;

- die Wertschätzung des von einem Mitbewerber verwendeten Kennzeichens in unlauterer Weise ausnutzt oder beeinträchtigt;

- die Waren, Dienstleistungen, Tätigkeiten oder persönlichen oder geschäftlichen Verhältnisse eines Mitbewerbers herabsetzt oder verunglimpft oder

- eine Ware oder Dienstleistung als Imitation oder Nachahmung einer unter einem geschützten Kennzeichen vertriebenen Ware oder Dienstleistung darstellt.

Bezieht sich die vergleichende Werbung auf ein Angebot mit besonderem Preis oder anderen besonderen Bedingungen, so ist der Zeitraum eindeutig anzugeben, in dem diese besonderen Bedingungen gelten. Ist das Angebot auf ein Kontingent beschränkt, so ist ebenfalls darauf hinzuweisen (§ 6 Abs. 3 UWG).

6.2.4 Unzumutbare Belästigungen

Eine weitere Gruppe von unlauteren Wettbewerbshandlungen als Unterfall der großen Generalklausel ist im § 7 UWG als „unzumutbare Belästigungen" zusammengefasst.

> Unter die Gruppe der **unzumutbaren Belästigungen** fallen Handlungen, die bereits wegen ihrer Art und Weise unabhängig von ihrem Inhalt als Belästigung empfunden werden, weil diese Wettbewerbshandlungen den Empfängern aufgedrängt werden.

Nach dem Willen des Gesetzgebers und mit Blick auf die vielfältigen Erscheinungsformen von belästigenden Wettbewerbshandlungen soll die Schwelle nicht zu hoch anzusetzen sein. Maßgeblich soll sein, ob sich die Belästigung zu einer solchen Intensität verdichtet hat, dass sie von einem großen Teil der Verbraucher als unerträglich empfunden wird.

Im § 7 Abs. 2 UWG hat der Gesetzgeber wiederum einige Beispiele von unzumutbaren Belästigungen aufgeführt, die jedoch nicht abschließend sind und aufgrund der generalklauselartigen Formulierung von § 7 Abs. 1 UWG durch die Rechtsprechung erweitert werden können. Eine unzumutbare Belästigung ist insbesondere anzunehmen:

- bei einer Werbung, obwohl erkennbar ist, dass der **Empfänger diese Werbung** nicht wünscht;

- bei einer Werbung mit **Telefonanrufen** gegenüber Verbrauchern ohne deren Einwilligung oder gegenüber sonstigen Marktteilnehmern ohne deren zumindest mutmaßliche Einwilligung;

- bei einer Werbung unter Verwendung von **automatischen Anrufmaschinen, Faxgeräten oder elektronischer Post**, ohne dass eine Einwilligung der Adressaten vorliegt;

- bei einer Werbung mit Nachrichten, bei der die **Identität des Absenders**, in dessen Auftrag die Nachricht übermittelt wird, verschleiert oder verheimlicht wird oder bei der keine gültige Adresse vorhanden ist, an die der Empfänger eine Aufforderung zur Einstellung solcher Nachrichten richten kann, ohne dass hierfür andere als die Übermittlungskosten nach den Basistarifen entstehen.

Aus diesen Beispielen des Gesetzgebers wird deutlich: Die Ansprache eines Empfängers im Rahmen einer breit gestreuten Werbung setzt in der Regel das Einverständnis des Empfängers voraus bzw. die Möglichkeit, solch einer Werbeform zu widersprechen. Diesem Widerspruch ist dann zwingend Beachtung zu schenken.

Dies gilt beispielsweise bei **Straßenwerbung**, bei der Passanten nicht zielgerichtet auf einen Geschäftsabschluss angesprochen werden dürfen oder zum Betreten eines Geschäftslokales aufgefordert werden dürfen. Das Verteilen von **Werbezetteln** ist hingegen anonymer und deshalb grundsätzlich erlaubt, ebenso wie das Einwerfen von Prospekten in Briefkästen. Die am Briefkasten angebrachte Botschaft „keine Werbung" ist jedoch in jedem Fall zu respektieren. Das Verteilen von Werbung hinter dem Scheibenwischer von Autos ist als eine Form der belästigenden Werbung unzulässig.

Werbung über Telefon, Telefax oder E-Mail (elektronische Post) setzt ein tatsächliches oder zu vermutendes Einverständnis voraus, denn derartige Werbemaßnahmen blockieren die Empfangsgeräte, da in der Regel nur jeweils eine Botschaft in Empfang genommen werden kann bzw. E-Mail-Posteingänge volumenmäßig begrenzt sind. Im Privatbereich stellen derartige Werbemaßnahmen außerdem ein Eindringen in die Privatsphäre dar, im geschäftlichen Bereich stören sie den Betriebsablauf.

Ein **Einverständnis ist bei Privatpersonen die Ausnahme**. Sie sollte vor einem Anruf ausdrücklich erteilt worden sein. Selbst die Frage zu Beginn eines Telefonats, ob der Angerufene mit der Führung eines Werbegespräches einverstanden sei, stellt bereits eine unzulässige Verletzung der Privatsphäre dar.

Als Einverständnis wird gewertet, wenn der Kunde seine Telefonnummer hinterlässt, sofern damit der Wunsch oder die Erkenntnis verbunden ist, dass ein telefonischer Werbekontakt entstehen kann.
Bei Versicherungsunternehmen haben Gerichte dieses Einverständnis des Versicherten aufgrund des dauerhaften Geschäftsverhältnisses unterstellt.
Eindeutiger ist es natürlich, wenn der Kunde mit seiner Unterschrift bestätigt hat, dass er mit telefonischer Kontaktaufnahme einverstanden ist.

Auch im Geschäftsbereich sind unerbetene Werbeanrufe nicht gestattet. Von einem Einverständnis kann aber ausgegangen werden, wenn ein betriebliches Interesse an der beworbenen Leistung vorausgesetzt werden kann (dies ist jedoch sehr eng auszulegen!). Allerdings wird grundsätzlich bei bestehenden Geschäftskontakten von einer entsprechenden Einwilligung ausgegangen.

Telefax-Werbung setzt neben dem tatsächlichen oder zu vermutenden Einverständnis bestehende Geschäftskontakte voraus und außerdem einen Grund, warum gerade diese Versendungsform notwendig war.

Auch das **Zusenden von unbestellter Ware** fällt unter die Kategorie belästigende Werbung. Der Empfänger braucht diese nicht zu bezahlen und auch nicht zurückzusenden.

Ware von geringem Wert (bis etwa 10,00 EUR) darf sofort weggeworfen werden. Höherwertige Gegenstände müssen zumindest einige Zeit aufbewahrt werden. Fordern Sie den Versender unter Fristsetzung zur Abholung auf. Alternative: Die Ware wird dem Absender zurückgesandt (dies können Sie ja auch unfrei vornehmen).

§ 7 Abs. 3 UWG beinhaltet eine **Ausnahmeregelung bei der Verwendung von E-Mail-Werbung**: Eine unzumutbare Belästigung bei einer Werbung ist unter Verwendung elektronischer Post nicht anzunehmen, wenn

- ein Unternehmer im Zusammenhang mit dem Verkauf einer Ware oder Dienstleistung von dem Kunden dessen elektronische Postadresse erhalten hat,

- der Unternehmer die Adresse zur Direktwerbung für eigene ähnliche Waren oder Dienstleistungen verwendet,

- der Kunde der Verwendung nicht widersprochen hat und

- der Kunde bei Erhebung der Adresse und bei jeder Verwendung klar und deutlich darauf hingewiesen wird, dass er der Verwendung jederzeit widersprechen kann, ohne dass hierfür andere als die Übermittlungskosten nach den Basistarifen entstehen.

6.2.5 Wettbewerbsrechtliche Ansprüche und ihre Durchsetzung

Das UWG will nicht nur die Interessen der Mitbewerber am Markt schützen, sondern auch den Verbraucher und die Allgemeinheit vor den Auswüchsen des Wettbewerbes bewahren. Folgerichtig sind im UWG auch bestimmte Dritte zur **Durchsetzung wettbewerbsrechtlicher Ansprüche** zugelassen. Folgende Personen sind dazu berechtigt (§ 8 Abs. 3 UWG):

- Jeder Mitbewerber, also jeder Unternehmer, der mit einem oder mehreren Unternehmern als Anbieter oder Nachfrager von Waren oder Dienstleistungen in einem konkreten Wettbewerbsverhältnis steht.

- Bestimmte Verbände, Vereine oder Körperschaften, sofern diese rechtsfähig sind und soweit ihnen eine erhebliche Zahl von Unternehmern angehört, die Waren oder Dienstleistungen gleicher oder verwandter Art auf demselben Markt vertreiben (z. B. Industrie- und Handelskammern, berufsständische Kammern, Wirtschaftsverbände, Verbraucherverbände).

Folgende Ansprüche können bei wettbewerbswidrigen Handlungen geltend gemacht werden:

- **Anspruch auf Unterlassung** der Rechtsverletzungen nach § 8 Abs. 1 UWG. Ein derartiger Unterlassungsanspruch besteht auch vorbeugend, wenn sich eine drohende wettbewerbswidrige Verhaltensweise konkret abzeichnet.

- **Anspruch auf Beseitigung** einer anhaltenden Störung (z. B. Vernichtung von wettbewerbswidrigem Werbematerial) nach § 8 Abs. 1 UWG, zusätzlich ggf. **Anspruch auf Widerruf oder Richtigstellung**.

- **Anspruch auf Schadensersatz** bei Verschulden des Rechtsverletzers (§ 9 UWG).

- Nach § 10 UWG besteht ein Anspruch auf Herausgabe des durch die unlautere Wettbewerbshandlung erzielten Gewinns an den Bundeshaushalt, sofern die Rechtsverletzung <u>vorsätzlich</u> erfolgte und der <u>Gewinn zu Lasten einer Vielzahl von Abnehmern</u> erzielt wurde. Diese Regelung soll die vorsätzlich auf unlauteren Wettbewerbshandlungen beruhende Gewinnerzielung unattraktiver machen, da aufgrund der Vielzahl der betroffenen Abnehmer andernfalls nicht mit einer vollständigen **Gewinnabschöpfung** aufgrund der Durchsetzung von Schadensersatzansprüchen zu rechnen wäre.

Die **Verjährung bei Beseitigungs-, Unterlassungs- und Schadensersatzansprüchen** setzt gemäß § 11 UWG nach Ablauf von **6 Monaten** ein. Gerechnet wird von dem Zeitpunkt an, in dem der Anspruch entstanden ist, frühestens jedoch ab dem Zeitpunkt, in welchem der Anspruchsberechtigte von der Handlung und von der Person des Verpflichteten erfahren hat. Ohne diese Kenntnis verjähren Schadensersatzansprüche in 10 Jahren ab ihrer Entstehung, spätestens in 30 Jahren von der den Schaden auslösenden Handlung an. Andere Ansprüche verjähren ohne diese Kenntnis nach **3 Jahren** ab Entstehung.

Die **Gewinnabschöpfungsansprüche** nach § 10 UWG verjähren entsprechend der Regelverjährung nach § 195 BGB (*vgl. Kapitel 2.3.6 Verjährung*).

6.2.6 Strafvorschriften im UWG

Neben den oben genannten wettbewerbsrechtlichen Folgen können unlautere **Wettbewerbshandlungen im Einzelfall auch strafrechtliche Konsequenzen** haben. Wer beispielsweise in der Absicht, den Anschein eines besonders günstigen Angebots hervorzurufen, in öffentlichen Bekanntmachungen oder in Mitteilungen, die für einen größeren Kreis von Personen bestimmt sind, durch unwahre Angaben irreführend wirbt, wird mit Freiheitsstrafe bis zu zwei Jahren oder mit Geldstrafe bestraft (§ 16 Abs. 1 UWG).

Auch unter Strafe gestellt ist die **progressive Kundenwerbung** <u>gegenüber Verbrauchern</u> nach dem so genannten „Schneeballsystem" (§ 16 Abs. 2 UWG). Bei der progressiven Kundenwerbung werden Laien - also Nichtkaufleute – bei der Abnahme von Produkten durch das Versprechen von besonderen Vorteilen (z. B. Rabatten, Provisionen, Prämien o. ä.) dazu motiviert, neue Kunden zu werben. Den neuen Kunden werden dann wiederum die gleichen Vorzüge in Aussicht gestellt, wodurch es zu einer „Kettenreaktion" bei der Kundenwerbung kommt. Da vom Laien bei diesem Verfahren leicht übersehen werden kann, dass es zwangsläufig zu einer Marktverengung kommt, je mehr Kunden bereits geworben wurden, ist das Verfahren irreführend und sittenwidrig.

Wichtig: Verboten ist nicht der Einsatz von Laien zur Kundenwerbung, sondern vielmehr das Ausnutzen der beschriebenen Progressivität.

Ebenfalls strafbar sind nach § 17 UWG der **Verrat von Geschäfts- und Betriebsgeheimnissen** z. B. durch Angestellte, gemäß § 18 UWG die **unbefugte Verwertung von Vorlagen**, die im Rahmen des geschäftlichen Verkehrs erlangt wurden und nach § 19 UWG die Anstiftung zu einer derartigen Straftat.

6.3 Preisangabenverordnung

Dem Verbraucher kann nicht zugemutet werden, dass er sich anhand von Teilpreisen oder Preisbestandteilen den Endpreis einer Ware oder Leistung selbst ausrechnen muss. Die Preisangabenverordnung (PAngV) bestimmt deshalb, wie Preisangaben gegenüber Letztverbrauchern zu erfolgen haben.

Als Letztverbraucher gilt nicht nur der Konsument, sondern jeder, der die Ware oder Leistung gemäß ihrer Bestimmung verwendet und nicht weiter umsetzt. Letztverbraucher in diesem Sinne kann also auch ein Wirtschaftsunternehmen sein.

Wer muss die PAngV berücksichtigen

Laut § 1 Abs. 1+2 PAngV jeder, der gegenüber Letztverbrauchern gewerbsmäßig oder regelmäßig in sonstiger Weise Waren oder Leistungen anbietet oder als Anbieter von Waren oder Leistungen unter Angabe von Preisen wirbt. Dies gilt ausdrücklich auch für Angebote über Bildschirm (Internet).

In den in § 9 PAngV festgelegten Ausnahmen gilt die Verordnung u. a. nicht, wenn Waren oder Leistungen gegenüber Letztverbrauchern angeboten oder beworben werden, die diese Waren oder Leistungen in ihrer selbstständigen beruflichen oder gewerblichen oder in ihrer behördlichen oder dienstlichen Tätigkeit verwenden.

Als **oberster Grundsatz** gilt § 1 Abs. 6 PAngV:
Die Preisangaben nach PAngV müssen

- der allgemeinen Verkehrsauffassung und den Grundsätzen von Preisklarheit und Preiswahrheit entsprechen,

- dem Angebot oder der Werbung eindeutig zugeordnet werden können, leicht erkennbar und deutlich lesbar oder sonst gut wahrnehmbar sein.

Konkret bedeutet das: Anzugeben ist in jedem Fall der **Endpreis einer Ware oder Leistung** (§ 1 Abs. 1 PAngV). Unter dem Endpreis einer Ware versteht man den Preis

■ **einschließlich Umsatzsteuer,**

■ **einschließlich sonstiger Preisbestandteile.**

Im Falle der Aufgliederung von Preisen ist der Endpreis hervorzuheben (§ 1 Abs. 6 PAngV). Fallen zusätzlich Liefer- und Versandkosten an, so ist deren Höhe anzugeben.

Die Hervorhebung kann z. B. durch Fettdruck, größeren Schriftyp oder Umrahmung erfolgen.

Soweit es der allgemeinen Verkehrsauffassung entspricht, sind außerdem anzugeben:

■ die Verkaufs- oder Leistungseinheit,
■ die Gütebezeichnung.

Auf die Verhandlungsbereitschaft bezüglich des Preises kann hingewiesen werden.

Beispiel:
Bietet ein Immobilienmakler Objekte für nicht gewerbliche Käufer an, so sind die Endpreise zu nennen, d. h. der Preis muss ggf. vorhandene Nebenkosten, Erschließungskosten, Umsatzsteuer usw. enthalten. Werden die Nebenkosten getrennt ausgewiesen, ist der Endpreis hervorzuheben.

Beim Angebot von Mietwohnungen gilt: Es muss eindeutig sein, ob die Nebenkosten im Mietpreis enthalten sind oder separat abgerechnet werden. Verwenden Sie Angaben wie „einschl. Nebenkosten" oder „+ NK". Begriffe wie „warm", „Kaltmiete" oder „Nettomiete" werden von den Gerichten i. d. R. nicht anerkannt. Eine evtl. zu leistende Kaution ist nach PAngV nicht anzugeben, da diese kein Bestandteil des Mietpreises ist, sondern eine Sicherheitsleistung für die Mietzahlung darstellt.

Neben dem Endpreis muss nach § 2 PAngV auch der so genannte Grundpreis angegeben werden, also der Preis pro Mengeneinheit.

Abweichend von der Verpflichtung zur Angabe des Endpreises lässt das Gesetz **bei Leistungen** (z. B. Beratungsleistungen) die **Angabe von Stundensätzen, Kilometersätzen und anderen Verrechnungssätzen** zu, sofern alle Leistungselemente einschließlich der anteiligen Umsatzsteuer enthalten sind und sofern dies im jeweiligen Fall üblich ist.

Ergänzend zu den beschriebenen allgemeinen Regelungen finden sich in den §§ 3–8 PAngV spezielle Bestimmungen für den Handel, für Versorgungsbetriebe, das Angebot von Leistungen und von Krediten, das Gaststättengewerbe, Tankstätten und Parkplätzen.

§ 5 PAngV regelt die **Preisangaben beim Angebot von Leistungen.** Wer Leistungen anbietet, hat ein Preisverzeichnis mit den Preisen bzw. mit den Verrechnungssätzen für seine wesentlichen Leistungen aufzustellen. Unter den wesentlichen Leistungen sind die Leistungen zu verstehen, die von den Kunden relativ häufig in Anspruch genommen werden. Dieses Verzeichnis ist im Geschäftslokal oder am sonstigen Ort des Leistungsangebotes und – sofern vorhanden – *zusätzlich* im Schaufenster oder Schaukasten anzubringen.

Auf Grund dieser Vorschrift findet man in jeder Bankfiliale sowohl in den Geschäftsräumen als auch im Schaufenster einen Preisaushang mit Zinsen und Gebühren im Mengengeschäft.

Ein Preisaushang ist jedoch nicht vorgeschrieben, wenn Leistungen üblicherweise auf Grund von schriftlichen Angeboten oder schriftlichen Voranschlägen erbracht werden, die auf den Einzelfall abgestellt sind (§ 9 Abs. 8 Ziffer 1 PAngV).

Sehr detaillierte Bestimmungen enthält § 6 PAngV *(lesen! - nicht auf alle Details wird im Folgenden eingegangen)* zu den **Preisangaben bei Krediten.** Bei Krediten muss die Preisangabe als prozentuale jährliche Gesamtbelastung angegeben und als „effektiver Jahreszins" oder – wenn eine Änderung des Zinssatzes oder anderer preisbestimmender Faktoren vorbehalten ist – als „anfänglich effektiver Jahreszins" bezeichnet werden.

> Unter dem **effektiven Jahreszins** versteht man den Zinssatz, mit dem sich der Kredit bei regelmäßigem Kreditverlauf – ausgehend von den tatsächlichen Zahlungen des Kreditgebers und Kreditnehmers – auf der Grundlage taggenauer Verrechnung aller Leistungen und nachschüssiger Zinsbelastung staffelmäßig abrechnen lässt.
>
> In die Berechnung des effektiven Jahreszinssatzes sind die Gesamtkosten des Kredits für den Kreditnehmer einschließlich etwaiger Vermittlungskosten einzubeziehen.
>
> Bei der Berechnung des **anfänglich effektiven Jahreszins** sind die zum Zeitpunkt des Angebotes oder der Werbung geltenden preisbestimmenden Faktoren zugrunde zu legen. Es ist anzugeben, wann preisbestimmende Faktoren geändert werden können (Ende der Zinsbindung angeben!) und auf welchen Zeitraum Damnum, Bearbeitungsgebühren u. a. preisbestimmende Faktoren verrechnet worden sind.
>
> Ist eine Änderung des Zinssatzes oder sonstiger Kosten vorbehalten und ist ihre zahlenmäßige Bestimmung im Zeitpunkt der Berechnung des (anfänglich) effektiven Jahreszinssatzes nicht möglich, so wird bei der Berechnung von der Annahme ausgegangen, dass der Zinssatz oder die sonstigen Kosten gemessen an der ursprünglichen Höhe fest bleiben und bis zum Ende des Kreditvertrages gelten.

Bei **Bauspardarlehen** ist bei der Berechnung des anzugebenden effektiven Jahreszinssatzes davon auszugehen, dass im Zeitpunkt der Kreditauszahlung das vertragliche Mindestsparguthaben angespart ist. Von der Abschlussgebühr ist im Zweifel lediglich der Teil zu berücksichtigen, der auf den Darlehensanteil der Bausparsumme entfällt.

Bei **Kontokorrentkrediten** ist nicht der effektive Jahreszinssatz anzugeben, sondern der Zinssatz pro Jahr und die Zinsbelastungsperiode, sofern diese nicht kürzer ist als drei Monate und keine weiteren Kreditkosten anfallen.

Verstöße gegen die PAngV können mit Bußgeldern geahndet werden.

1 Allgemeines Steuerrecht

1.1 Einführung

Im Steuerrecht ist es wie in anderen Spezialgebieten (z. B. der Molekularbiologie oder der Dackelzucht) auch: Fachbegriffe sind notwendig, damit man sich eine Menge Atem bzw. Papier spart. Einmal definiert, weiß jeder fachlich Vorgebildete, was darunter zu verstehen ist. Oder, manchmal noch wichtiger, was nicht gemeint ist. Und gleichzeitig ist man natürlich auch ein wenig stolz auf seinen Fachwortschatz. So werden Sie im Weiteren immer wieder auf bestimmte Fachbegriffe stoßen, wobei das mitunter Irritierende ist, dass dies oft Wörter wie „Einnahmen" oder „Einkommen" sind, die man auch im Alltag benutzt. Sie haben hier jedoch eine speziellere Bedeutung. Wenn Sie sich die Bedeutungen nach und nach einprägen, so haben Sie es mit dem Steuerrecht sehr viel einfacher.

Zuerst soll es um Sinn, Zweck und dem Wesen von Steuern gehen.
Zum Thema Einnahme-/Ausgabepolitik des Staates ist es sicherlich möglich, unzählige Veröffentlichungen zu finden, die – je nach Intention – die eine oder andere Seite des öffentlichen Budgets kritisieren. Letztlich ist jedoch in weitesten Teilen der Gesellschaft die Tatsache unbestritten, dass der Staat zur Bestreitung öffentlicher Aufgaben, z. B. soziale Sicherung, Verteidigung, Bildung/Wissenschaft oder innere Sicherheit, Geldmittel benötigt. Da sich andererseits bestimmte öffentliche Aufgaben (wie Verteidigung) nicht privatwirtschaftlich über den Markt finanzieren lassen, benötigen die öffentlichen Haushalte andere Einnahmequellen.

Als Beispiel für öffentliche Ausgaben und deren Zusammensetzung finden Sie nachstehend eine Übersicht über die Zusammensetzung des Bundeshaushaltes:

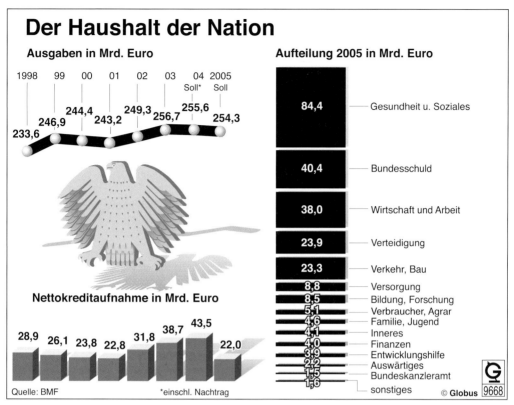

Der Haushalt der Nation

Ausgaben in Mrd. Euro

1998 99 00 01 02 03 04 2005
Soll* Soll

244,4   249,3 255,6
246,9 243,2   256,7   254,3
233,6

Nettokreditaufnahme in Mrd. Euro

28,9 26,1 23,8 22,8 31,8 38,7 43,5   22,0

Quelle: BMF   *einschl. Nachtrag

Aufteilung 2005 in Mrd. Euro

84,4	Gesundheit u. Soziales
40,4	Bundesschuld
38,0	Wirtschaft und Arbeit
23,9	Verteidigung
23,3	Verkehr, Bau
8,8	Versorgung
8,5	Bildung, Forschung
5,1	Verbraucher, Agrar
4,6	Familie, Jugend
4,1	Inneres
4,0	Finanzen
3,9	Entwicklungshilfe
2,2	Auswärtiges
1,5	Bundeskanzleramt
1,6	sonstiges

© Globus 9668

Zuerst werden Sie einige Basisinformationen zum Thema Steuern erhalten. Hierbei geht es zum Beispiel darum, die verschiedenen Steuerarten unterscheiden zu können.

1.2 Die öffentlich-rechtlichen Abgaben

Es stehen im Wesentlichen folgende Einnahmequellen zur Verfügung:

- **öffentlich-rechtliche Abgaben**
  (Steuern, Gebühren, Beiträge),
- **Erwerbseinkünfte**
  (aus Beteiligungen an Unternehmen oder aus eigenen Betrieben),
- **Schuldaufnahme.**

Im Weiteren wird nur auf die öffentlich-rechtlichen Abgaben und hierbei insbesondere auf die Steuern und die dazugehörigen Nebenleistungen eingegangen. Das liegt daran, dass sie einerseits der wichtigste Einnahmeposten für die öffentliche Hand sind und andererseits auch den größten Einfluss auf die private und betriebliche Finanzberatung ausüben.

1.2.1 Steuern

Was Steuern sind, ist in § 3 Abs. 1 der Abgabenordnung (AO) definiert. Die Abgabenordnung ist ein Gesetz, das sich mit dem Verwaltungsverfahren zu Steuern beschäftigt und steuerliche Begriffsbestimmungen beinhaltet. So auch diese:

„Steuern sind Geldleistungen, die nicht eine Gegenleistung für eine beson-dere Leistung darstellen und von einem öffentlich-rechtlichen Gemeinwesen zur Erzielung von Einnahmen allen auferlegt werden, bei denen der Tatbe-stand zutrifft, an den das Gesetz die Leistungspflicht knüpft; die Erzielung von Einnahmen kann Nebenzweck sein. Zölle und Abschöpfungen sind Steuern im Sinne dieses Gesetzes."

Von einer Steuer ist demnach nur zu sprechen, wenn eine Abgabe alle oben genannten Merkmale erfüllt:

- **Geldleistung**
  Alle Steuern werden in Geldmitteln festgesetzt. Abgaben in Natural- oder Dienstleistungen (z. B. Wegerechte) können somit keine Steuern sein.

- **Keine Gegenleistung**
  In Abgrenzung zu den anderen öffentlich-rechtlichen Abgaben erhält der Einzelne keine direkte Gegenleistung.

- **Auferlegt von einem öffentlich-rechtlichen Gemeinwesen**
  Hierunter fallen die Gebietskörperschaften (Bund, Länder, Ge-meinden) und die Religionsgemeinschaften, welche vom Staat als öffentlich-rechtliche Körperschaften anerkannt sind; dies sind die christlichen Hauptkirchen sowie die jüdische Glaubensge-meinschaft. Die Glaubensgemeinschaften, die Steuern erheben dürfen, weichen in den einzelnen Bundesländern voneinander ab.

- **Erzielung von Einnahmen**
  Anders als bei strafweise auferlegten Abgaben ist hier auf die Deckung des Finanzbedarfs abgestellt. Allerdings kann sie auch Nebenzweck sein, wie z. B. bei der Tabaksteuer, die eine Len-kungswirkung für den Konsum haben soll.

- **Allen auferlegt, bei denen der Tatbestand der Leistungs-pflicht zutrifft**
  Gemeint sind die zwei Besteuerungsgrundsätze Tatbestands-mäßigkeit und Gleichmäßigkeit. Das heißt die Steuer darf nur erhoben werden, wenn der im Gesetz festgelegte Tatbestand zutrifft, dann jedoch ohne (willkürliche) Ausnahmen.

1.2.2 Gebühren und Beiträge

Gebühren sind **Entgelte für eine bestimmte öffentliche Leistung**. Man kann sie weiterhin in **Verwaltungsgebühren** (z. B. für die Ausstellung eines Personalausweises) und **Benutzungsgebühren** (z. B. für die Nutzung einer Bibliothek) unterteilen.

Beiträge sind **Entgelte für angebotene öffentliche Leistungen**, ohne dass ein unmittelbarer zeitlicher Zusammenhang zwischen Zahlung und Leistung besteht, z. B. Beiträge zur Arbeitslosenversicherung oder Kurtaxen.

1.2.3 Steuerliche Nebenleistungen

Im Zusammenhang mit Steuern könnten weitere Beträge zu zahlen sein; vielleicht weil man seine Steuern nicht rechtzeitig gezahlt hat oder die Steuererklärung nicht innerhalb der Frist abgab. Diese Beträge nennt man steuerliche Nebenleistungen. Hier finden Sie einen Überblick:

- **Verspätungszuschläge** (§ 152 AO)
  ... können anfallen, wenn Steuererklärungen nicht fristgerecht abgegeben werden.

- **Zinsen** (§§ 233–237 AO)
  ... können aus verschiedenen Gründen entstehen, z. B. im Zusammenhang mit Steuerhinterziehung.

- **Säumniszuschläge** (§ 240 AO)
  ... fallen zwingend an, wenn man seine Steuern nicht fristgemäß zahlt.

- **Zwangsgelder** (§ 329 AO)
  ... kann das Finanzamt dazu nutzen, um ein bestimmtes Verhalten beim Bürger zu erreichen, z. B. seine Steuererklärung abzugeben.

- **Kosten** (§§ 178, 337–345 AO)
  ... fallen meist im Zusammenhang mit der Eintreibung von Steuern an, z. B. Pfändungsgebühren.

Näheres zu Entstehung und Höhe dieser Nebenleistungen finden Sie in *Kapitel 9.4 Fristen, Termine, Verjährung.*

1.3 Einteilung der Steuern

Es bestehen Klassifizierungen, um Steuerarten nach unterschiedlichen Gesichtspunkten einzuteilen. Da jedoch die Gesamtheit der Steuerarten ein in der Historie organisch gewachsenes System ist, besitzen diese Klassifizierungen oft Schwachstellen bzw. Ungenauigkeiten.

1.3.1 Direkte und indirekte Steuern

Steuern kann man danach unterteilen, wer sie an das Finanzamt zahlt und wer sie wirtschaftlich tragen muss. Grundsätzlich gilt:

- **direkte Steuer**   =   **Steuerschuldner und Steuerträger sind identisch**
- **indirekte Steuer** =   **Steuerschuldner und Steuerträger sind unterschiedlich**

Steuerschuldner ist derjenige, der die Steuer nach dem Gesetz schuldet. Steuerträger ist derjenige, der die Steuer wirtschaftlich tragen muss, d. h. aus seinem Vermögen finanziert.

Beispiele:
Beispiel für eine direkte Steuer ist die Einkommensteuer. Hier sind Steuerschuldner und -träger ein und dieselbe Person.
Dagegen ist ein Beispiel für eine indirekte Steuer die Biersteuer. Steuerschuldner ist hierbei derjenige, der die Ware in den freien Verkehr bringt (aus dem Herstellerbetrieb/Bierlager entfernt), während Steuerträger der Verbraucher ist. Man spricht hierbei von der Möglichkeit der Überwälzung der Steuer auf eine andere Person.

Allerdings ist diese Unterscheidung nicht unkritisch, da je nach wirtschaftlicher Stellung bzw. Marktsituation auch „direkte Steuern" wie die Gewerbesteuer oder Grundsteuer überwälzt werden können oder ggfs. auch bei indirekten Steuern der Steuerschuldner die Steuer zu tragen hat, wenn eine Weiterbelastung der Steuer über den Preis nicht möglich ist.

Wichtige direkte Steuern	Wichtige indirekte Steuern
▪ Einkommensteuer	▪ Umsatzsteuer (Mehrwertsteuer)
▪ Körperschaftsteuer	▪ Versicherungsteuer
▪ Erbschaftsteuer / Schenkungsteuer	▪ Mineralölsteuer
▪ Gewerbesteuer	▪ Tabaksteuer
▪ Grundsteuer	▪ Biersteuer

Übersicht 1: direkte und indirekte Steuern

Im Allgemeinen werden indirekte Steuern unter sozialen Gesichtspunkten als bedenklicher angesehen. Dies gilt insbesondere für allgemeine indirekte Steuern wie die Umsatzsteuer, da Haushalte mit geringerem Einkommen prozentual mehr für den Konsum ausgeben müssen als Haushalte mit höherem Einkommen und daher stärker von der Umsatzsteuer betroffen sind. Hinzu kommt, dass die Umsatzsteuer einen linearen Tarif besitzt und daher alle Konsumenten, unabhängig von ihrer wirtschaftlichen Leistungsfähigkeit, mit dem gleichen Steuersatz belastet.

1.3.2 Steuergegenstand

Unterscheidung in der Verwaltung

Diese Einteilung rührt aus der Organisation der Finanzverwaltung her. Dort unterscheidet man:

- Besitz- und Verkehrsteuern (Verwaltung durch Finanzämter),
- Zölle und Verbrauchsteuern (Verwaltung durch Hauptzollämter).

Besitzsteuern sind die Steuern vom Einkommen, Ertrag und Vermögen sowie die Erbschaft- und Schenkungsteuer.

Verkehrsteuern sind die Steuern, die rechtliche bzw. wirtschaftliche Vorgänge besteuern. Hierzu gehören die Umsatzsteuer und die speziellen Verkehrsteuern, z. B. Grunderwerbsteuer.

Zölle sind die Abgaben, die bei der Einfuhr oder Ausfuhr von Gegenständen erhoben werden.

Verbrauchsteuern belasten den Verbrauch von Waren. Hierzu gehören z. B. die Biersteuer oder Mineralölsteuer.

Personen- und Realsteuern

Personensteuern (Subjektsteuern) berücksichtigen bei der Bemessung des Steuerbetrages die persönlichen Verhältnisse (Alter, Familienstand, Gesundheitszustand). Beispiele sind hier die Einkommen- oder Körperschaftsteuer.

Realsteuern (Objektsteuern) belasten bestimmte Gegenstände, ohne dabei die persönlichen Verhältnisse des Eigentümers zu berücksichtigen. Nach § 3 Abs. 3 AO handelt es sich bei der Grundsteuer und der Gewerbesteuer um Realsteuern.

Auch diese Unterteilung hat allerdings ihre Schwächen, da beispielsweise auch die Einkommensteuer eher objektsteuerartige Züge annimmt. Hier werden die in Deutschland erzielten Einkünfte einer im Ausland ansässigen Person oft so besteuert, dass die persönlichen Verhältnisse kaum berücksichtigt werden.

1.3.3 Ertragshoheit

Ein in der Praxis wichtigstes Kriterium ist natürlich: Wem stehen die Steuermillionen und -milliarden zu?
Man kann folgende Empfänger unterscheiden:

- **Bundessteuern** (sie stehen dem Bund allein zu).
- **Landessteuern** (sie stehen den Ländern allein zu).
- **Gemeindesteuern** (sie stehen den Gemeinden allein zu).
- **Gemeinschaftsteuern** (sie sind zwischen Bund und Ländern zu verteilen).

Im Folgenden finden Sie eine Übersicht über wichtige Steuern und ihre Zuordnung. Sie können dies auch in Artikel 106 des Grundgesetzes nachlesen:

Übersicht 2: Steuern nach Ertragshoheit

Gemeinschaftsteuern	Bundessteuern	Landessteuern	Gemeindesteuern
Einkommensteuer	Tabaksteuer	Grunderwerbsteuer	Gewerbesteuer
Körperschaftsteuer	Versicherungsteuer	Kraftfahrzeugsteuer	Grundsteuer
Umsatzsteuer	Mineralölsteuer	Biersteuer	
	Zölle	Erbschaftsteuer	

1.3.4 Steuerliche Abzugsfähigkeit

Außerdem kann man die Steuern danach unterteilen, ob man sie als Betriebsausgaben oder Werbungskosten abziehen könnte, wenn man in der Einkommensteuer den Gewinn oder Überschuss ermittelt. **Nichtabzugsfähig** sind die **Personensteuern** (§ 12 Nr. 3 EStG, § 10 Nr. 2 KStG). Abzugsfähig dagegen sind die **Real-, Verbrauchs-** und **Verkehrsteuern** sowie die **Zölle**.

2 Einkommensteuer

Die Einkommensteuer (ESt) besitzt unter allen Steuerarten in Deutschland sicherlich den höchsten Aufmerksamkeitswert. Dies liegt einerseits daran, dass sie eine **direkte Steuer** ist und damit, anders als beispielsweise die Biersteuer, für jeden sicht- und somit spürbar. Andererseits ist sie in allen ihren Spielarten (veranlagte Einkommensteuer, Lohnsteuer und Kapitalertrag-/Zinsabschlagsteuer) die Steuer mit dem höchsten Aufkommen. Sie bestreitet rund ein Drittel des Bundeshaushaltes und – da sie eine **Gemeinschaftsteuer** ist – einen bedeutenden Anteil der Länder- und Gemeindehaushalte.

Gleichzeitig hat die Einkommensteuer im Vergleich mit anderen Steuerarten das höchste Potenzial an Gerechtigkeit, denn sie berücksichtigt als **Personensteuer** die persönliche Leistungsfähigkeit des einzelnen Menschen. Leider wurde die Steuer ein Opfer des Perfektionismus: Sie soll gleichzeitig gerecht sein und Sonderfälle berücksichtigen, Missbräuche vermeiden, bestimmte Investitionen und die Wirtschaft insgesamt fördern sowie soziale Aspekte beachten. Das führte zu dem komplizierten und sich ständig ändernden Einkommensteuerrecht, das wir heute haben und das gerade durch seine Kompliziertheit und ständigen Änderungen ungerecht ist, Missbräuche begünstigt und Investitionen behindert. Ein typischer Fall von „gut gemeint".

Die Verwaltung klassifiziert diese Steuerart als **Besitzsteuer.**

2.1 Persönliche Steuerpflicht

Der Einkommensteuer unterliegen alle Menschen von der Geburt an bis zum Tod. In § 1 EStG wird in diesem Zusammenhang von natürlichen Personen gesprochen. Diese subjektive Einkommensteuerpflicht betrifft grundsätzlich alle natürlichen Personen, unabhängig von ihrer Staatsangehörigkeit, ihrer Lebensgestaltung oder ihrem Alter.

Umgekehrt bedeutet dies auch, dass juristische Personen nicht der Einkommensteuer unterliegen. Für sie existiert eine andere Art der Personensteuer, nämlich die Körperschaftsteuer (KSt). Die Personengesellschaften wie KG, OHG oder GbR unterliegen selbst weder der ESt noch der KSt. Das Einkommen, das im Rahmen solcher Gesellschaften erzielt wird, ist auf die einzelnen Beteiligten aufzuteilen. Bei jedem Beteiligten wird es so versteuert, als hätte er das Einkommen direkt erzielt. Wenn jemand persönlich einkommensteuerpflichtig ist, so heißt das natürlich nicht, dass auch tatsächlich ESt anfällt. Es hängt dann davon ab, ob und in welchem Umfang Einkommen vorhanden ist, welches zur ESt herangezogen wird.

2.1.1 Arten der Steuerpflicht

Es existieren zwei Arten der Steuerpflicht, welche sich im Umfang der Einkommensteile, die der Steuer unterliegen und auch in der Art der Besteuerung unterscheiden.

Unbeschränkte Steuerpflicht

… bedeutet, dass die natürliche Person in Deutschland mit ihrem „Welteinkommen" steuerpflichtig ist. Es ist also gleichgültig, ob dieses Einkommen aus einem gewerblichen Lebensmittelhandel in Lüneburg, einer vermieteten Eigentumswohnung in Paris oder aus der Ölförderung in Venezuela stammt. Alle Einkommensteile unterliegen grundsätzlich in Deutschland der Einkommensteuer.

Nach § 1 Abs. 1 EStG sind unbeschränkt einkommensteuerpflichtig:

- Natürliche Personen,
- die im **Inland**
- einen **Wohnsitz oder** ihren **gewöhnlichen Aufenthalt** haben.

Wohnsitz bedeutet in diesem Zusammenhang lediglich, dass man über geeignete Wohnräume verfügen kann. Die Verwaltung meint hierzu charmant *„Es genügt eine bescheidene Bleibe"*[1]. Es ist ausreichend, wenn sich einer von mehreren Wohnsitzen im Inland befindet.

Den **gewöhnlichen Aufenthalt** hat man grundsätzlich dort, wo der Lebensmittelpunkt ist. Da dies teilweise schwierig zu beurteilen ist, spricht man vom gewöhnlichen Aufenthalt im Inland, wenn jemand länger als sechs Monate hier verweilt[2].

Auch unbeschränkt steuerpflichtig sind deutsche Staatsangehörige, die ihren Wohnsitz und gewöhnlichen Aufenthalt im Ausland haben, sofern sie Arbeitslohn aus einer öffentlichen Kasse beziehen, z. B. als Diplomat.

Daneben können auch andere Personen unter ganz bestimmten Voraussetzungen der unbeschränkten Steuerpflicht „beitreten". Auch wenn dies auf den ersten Blick wenig Reiz zu haben scheint, so ist es eventuell sinnvoll, wenn man inländische Einkunftsquellen hat. An diesen Status sind viele persönliche Steuervergünstigungen wie Sonderausgabenabzug oder Kinderfreibeträge geknüpft.

Viel öfter liest man demgegenüber von Bestrebungen, der unbeschränkten Steuerpflicht zu entgehen, indem jemand seinen Wohnitz (und gewöhnlichen Aufenthalt) ins Ausland verlagert. Allerdings sind hier die Regelungen des Gesetzes über die Besteuerung bei Auslandsbeziehungen (Außensteuergesetz) zu beachten. Für deutsche Staatsangehörige wird dies nicht selten bedeuten, dass inländische Einkünfte für 10 Jahre einer erweiterten Besteuerung unterliegen, die den Steuervorteil wieder zunichte machen soll.

---

[1] *Anwendungserlass zur Abgabenordnung (AEAO) zu § 8 AO, Tz. 3*
[2] *vgl. § 9 Abs. 2 AO*

Beschränkte Steuerpflicht

… bedeutet, dass nur diejenigen Einkommensteile in Deutschland besteuert werden, die hier ihre Wurzel haben. Sie werden in § 49 EStG abschließend aufgezählt.

Auf der anderen Seite genießen beschränkt Steuerpflichtige nicht die gleichen Vergünstigungen wie unbeschränkt Steuerpflichtige. Insbesondere die Anwendung des Ehegatten-Steuertarifs (Splitting-Tarif) bleibt ihnen versagt und die Berücksichtigung von Kindern ist meist nicht in gleichem Umfang möglich.

2.1.2   Doppelbesteuerung

Die Problematik wird durch folgendes Beispiel deutlich:

Beispiel:
Herr Manz aus Magdeburg besitzt ein Grundstück mit Ferienhaus in Schweden, welches er regelmäßig vermietet.

Unter der Voraussetzung, dass Schweden ein ähnliches System der Besteuerung wie Deutschland kennt, würde es bedeuten, dass das Einkommen, welches aus der Vermietung des Ferienhauses stammt, einmal in Deutschland der Besteuerung unterliegt (unbeschränkte Steuerpflicht, da Wohnsitz in Deutschland) und andererseits in Schweden besteuert wird (beschränkte Steuerpflicht, da „Wurzel" der Einkünfte in Schweden). Hier würde also eine doppelte Besteuerung stattfinden. Wenn man weiterhin annimmt, dass dieser Einkommensteil in beiden Staaten einem Steuersatz von mehr als 50 % unterliegt, so müsste Herr Manz noch Geld „von zu Hause" mitbringen, denn die Steuerbelastung wäre höher als sein Einkommen.

Um dieses zu vermeiden, bestehen verschiedene Möglichkeiten. Die bekannteste sind zwischenstaatliche Abkommen, in denen geregelt wird, wie in solchen Fällen vorzugehen ist bzw. welcher Staat im Einzelfall auf die Besteuerung verzichtet. Sie heißen „Abkommen zur Vermeidung der Doppelbesteuerung" oder kurz gesagt: Doppelbesteuerungsabkommen (DBA).

Eine andere Möglichkeit besteht darin, dass der einzelne Staat in seiner nationalen Gesetzgebung Maßnahmen ergreift, um die Folgen der Doppelbesteuerung zumindest zu lindern. Dies kann beispielsweise durch Anrechnung der ausländischen Steuer oder durch Minderung der Bemessungsgrundlage für die deutsche Steuer erfolgen.

2.2 Überblick und Ermittlung der Einkünfte

Wie errechnet sich nun, wie viel Einkommensteuer man zu zahlen hat? Hängt es von der Lohnsteuerklasse ab? Oder davon, ob man einen Freistellungsauftrag bei seiner Bank abgegeben hat?

Vorweg: Die Einkommensteuer fließt auf verschiedenen Wegen an das Finanzamt:

- Als direkte **Voraus- oder Nachzahlung** auf das Konto des Finanzamts,

- als **Lohnsteuer**, die der Arbeitgeber einbehält und dann an das Finanzamt überweist oder

- als **Kapitalertrag- oder Zinsabschlagsteuer**, die bei Zinsen und anderen Kapitalerträgen gleich von der auszahlenden Stelle einbehalten und an das Finanzamt weitergeleitet wird.

Die Lohnsteuer und die Kapitalertrag-/Zinsabschlagsteuer sind im Grunde nur Vorauszahlungen auf die wirkliche Steuerschuld eines Jahres. In vielen Fällen ist man auch verpflichtet, eine Einkommensteuererklärung beim Finanzamt einzureichen, aus welcher dann die tatsächliche Steuerschuld berechnet wird. Die Vorauszahlungen (Lohnsteuer, Kapitalertrag-/Zinsabschlagsteuer, andere Vorauszahlungen) werden auf die Steuerschuld angerechnet. In anderen Fällen hat man das Recht, eine Einkommensteuererklärung abzugeben (Antragsveranlagung, früher „Lohnsteuerjahresausgleich" genannt).

Die Lohnsteuerklasse oder der Freistellungsauftrag sind daher nur für die Frage wichtig, wie viel Steuer man bereits im Laufe des Jahres an das Finanzamt entrichtet. In dem Moment, in dem man eine Einkommensteuererklärung macht, gleicht sich ein „zu viel" oder „zu wenig" an vorab gezahlter Steuer wieder aus.

2.2.1 Wie wird die Einkommensteuer errechnet?

Los geht es also mit den so genannten „Einkünften", die aus verschiedenen Quellen stammen und dann zusammengerechnet werden, so dass man die Summe der Einkünfte erhält. Danach können noch bestimmte Beträge abgezogen werden und man erhält dann das Einkommen, das für die Einkommensteuer als Berechnungsgrundlage herangezogen wird, das „zu versteuernde Einkommen".

Wie viel Einkommensteuer das ist, hängt vom geltenden Steuertarif ab. Pro Person sind die ersten 7 664,00 EUR steuerfrei. Für höheres Einkommen beginnt die Besteuerung mit 15 % und steigt auf maximal 42 % des zu versteuernden Einkommens. Das ist die tarifliche Einkommensteuer.

Von dieser Steuer können nun wieder verschiedene Beträge abgesetzt werden und es wird gegengerechnet, was das Finanzamt bereits an Lohnsteuer und Kapitalertragsteuer erhalten hat. Wenn man bereits mehr geleistet hat als man müsste, erhält man eine Erstattung, im anderen Falle wird eine Nachzahlung fällig.

Im Einzelnen sieht das so aus:

	Einkünfte aus Land- und Forstwirtschaft (§ 13 EStG)
+	Einkünfte aus Gewerbebetrieb (§ 15 EStG)
+	Einkünfte aus selbständiger Arbeit (§ 18 EStG)
+	Einkünfte aus nichtselbständiger Arbeit (§ 19 EStG)
+	Einkünfte aus Kapitalvermögen (§ 20 EStG)
+	Einkünfte aus Vermietung und Verpachtung (§ 21 EStG)
+	sonstige Einkünfte (§ 22 EStG)
=	**Summe der Einkünfte**
./.	Altersentlastungsbetrag (§ 24 a EStG)
./.	Entlastungsbetrag für Alleinerziehende (§ 24 b EStG)
./.	Freibetrag für Land- und Forstwirte (§ 13 Abs. 3 EStG)
=	**Gesamtbetrag der Einkünfte** (§ 2 Abs. 3 EStG)
./.	Verlustabzug (§ 10 d EStG)
./.	Sonderausgaben (§§ 10 bis 10 c EStG)
./.	außergewöhnliche Belastungen (§§ 33 bis 33 c EStG)
=	**Einkommen** (§ 2 Abs. 4 EStG)
./.	Kinderfreibeträge (§ 32 Abs. 6 EStG)
./.	Härteausgleich (§ 46 Abs. 3 EStG)
=	**zu versteuerndes Einkommen** (§ 2 Abs. 5 EStG)
	⇩
=	**Einkommensteuer (tariflich)**
./.	Steuerermäßigungen (§§ 34 g, 35, 35 a EStG)
./.	anzurechnende Steuerbeträge (Lohnsteuer, Kapitalertragsteuer)
./.	Einkommensteuer-Vorauszahlungen
=	**Erstattung/Nachzahlung zur Einkommensteuer**

Übersicht 3:
Einkommensteuer-
Ermittlungs-
schema

2.2.2 Ermittlung der Einkünfte

Bevor wir die einzelnen Einkünfte berechnen können, müssen wir einen genaueren Blick darauf werfen, welche Tätigkeiten und Erträge durch sie erfasst werden:

Einkunftsart	Was ist darin hauptsächlich enthalten?
1. Einkünfte aus Land- und Forstwirtschaft	Landwirtschaft, Forstwirtschaft, Weinbau, Gartenbau
2. Einkünfte aus Gewerbebetrieb	Jede andere selbstständig ausgeübte Tätigkeit, die nicht zu den „Einkünften aus Land- und Forstwirtschaft" oder zu den „Einkünften aus selbstständiger Arbeit" gehört, z. B. Handel, Handwerk, Dienstleistung
3. Einkünfte aus selbstständiger Arbeit	Hier sind ganz bestimmte selbstständige Tätigkeiten gemeint. Solche, die zu den „freien Berufen" zählen, z. B. Heilberufe, Rechtsanwälte, Dolmetscher

	Einkunftsart	Was ist darin hauptsächlich enthalten?
4.	Einkünfte aus nichtselbstständiger Arbeit	Alle Tätigkeiten als Arbeitnehmer und Bezüge aus einem ehemaligen Arbeitsverhältnis (z. B. Beamtenpensionen)
5.	Einkünfte aus Kapitalvermögen	Vergütungen, die man erhält, weil man jemandem Kapital überlässt: Zinsen, Dividenden. <u>Nicht</u> jedoch: Kursgewinne und -verluste
6.	Einkünfte aus Vermietung und Verpachtung	Vergütungen aus der Überlassung bestimmter Sachen, speziell Immobilien: Mieten, Pachten. <u>Nicht</u> jedoch: Gewinne, Verluste aus dem Verkauf dieser Sachen
7.	sonstige Einkünfte	Ganz bestimmte Einkünfte, die bisher noch nicht erfasst sind, z. B. Renten aus einer gesetzlichen oder privaten Rentenversicherung oder Gewinne und Verluste aus dem Verkauf von Vermögen („Spekulationsgewinne")

Übersicht 4:
Die Einkunftsarten

Diese sieben Einkunftsarten sind – für die Praxis wichtig – nochmals in zwei Gruppen zu unterteilen, die **Gewinneinkunftsarten** und die **Überschusseinkunftsarten**.

Gewinneinkunftsarten:

- Einkünfte aus Land- und Forstwirtschaft
- Einkünfte aus Gewerbebetrieb
- Einkünfte aus selbständiger Arbeit

Überschusseinkunftsarten:

- Einkünfte aus nichtselbständiger Arbeit
- Einkünfte aus Kapitalvermögen
- Einkünfte aus Vermietung und Verpachtung
- sonstige Einkünfte

Warum ist es wichtig diese beiden Gruppen zu kennen? Die Antwort liegt im steuerlichen Umgang mit dem Vermögen, welches zu den Gewinn- oder Überschusseinkunftsarten gehört. Es gilt:
Wird Vermögen im Zusammenhang mit **Gewinneinkunftsarten** genutzt, so spricht man vom **steuerlichen Betriebsvermögen**. Wenn etwas zum Betriebsvermögen gehört, dann ist es immer „steuerverstrickt". Das bedeutet, dass jeder Gewinn oder Verlust aus dem Verkauf des Vermögens steuerlich relevant ist – unabhängig von dem Zeitraum, den es im Eigentum stand. Wenn man beispielsweise nach 30 Jahren eine Immobilie verkauft, in welcher man sein eigenes Hotel betrieben hat (Einkünfte aus Gewerbebetrieb = Gewinneinkunftsart), dann ist der Gewinn aus dem Verkauf steuerpflichtig.

Steht Vermögen im Zusammenhang mit **Überschusseinkunftsarten** oder hat es nichts mit Einkünfteerzielung zu tun, dann nennt man es **steuerliches**

Privatvermögen. Hier gilt der Grundsatz: Gewinne oder Verluste aus dem Verkauf des steuerlichen Privatvermögens fallen nicht unter die Einkommensteuer. Man sagt im Allgemeinen auch, es ist steuerfrei. Natürlich gibt es einige Ausnahmen, schließlich geht es hier um Steuerrecht. Die wichtigste Ausnahme ist Vermögen, welches innerhalb bestimmter Fristen gekauft und wieder verkauft wird („Spekulationsgewinne", *siehe auch Kapitel 2.3.7*).

Gerade bei Immobilien und den möglichen Gewinnen oder Verlusten aus dem Verkauf kann man sich leicht vorstellen, dass es sehr relevant ist, ob diese zu besteuern sind oder nicht.

Außerdem gibt es noch Unterschiede bei der Art, wie man den Gewinn oder Verlust berechnet.

Los geht es aber erst einmal mit dem „Grundfall": Einkünfte werden berechnet, indem man von seinen Einnahmen die Ausgaben abzieht, welche mit den Einnahmen zusammenhängen:

	Einnahmen
./.	Ausgaben (mit den Einnahmen zusammenhängend)
=	Einkünfte

Einnahmen sind die Bruttozuflüsse. In der Literatur werden darunter alle Güter verstanden, die in Form von Geld oder in Geldeswert (z. B. Waren beim Tausch) zufließen.

Beispiel:
Ein Arbeitgeber mietet für den Arbeitnehmer eine Wohnung an und überlässt ihm diese mietfrei. Hier sind die Einnahmen für den Arbeitnehmer die ersparte Miete, die er üblicherweise für eine derartige Wohnung hätte zahlen müssen.

Bei den **Gewinneinkunftsarten** nennt man sie **Betriebseinnahmen**, bei den **Überschusseinkunftsarten** heißen sie einfach nur **Einnahmen**.

Natürlich gibt es auch Einnahmen, die nicht durch das Einkommensteuergesetz erfasst sind, weil sie zu keiner Einkunftsart gehören!

Man nennt diese **nicht (be)steuerbar**, d. h. sie unterliegen nicht dem EStG.

Beispiel:
Paradebeispiel ist hier der Lotteriegewinn. Aber auch der Vermögenszuwachs aus einer gewonnenen Wette gehört dazu oder die erhaltene Erbschaft.

Und auch die Einnahmen, die zu einer Einkunftsart gehören, sind nicht immer steuerpflichtig, denn es gibt auch **steuerfreie Einnahmen**.

Sie sind größtenteils in § 3 EStG aufgezählt. Dazu gehören z. B. die Leistungen aus einer Krankenversicherung, das Kindergeld oder Abfindungen für Arbeitnehmer bis zu einer bestimmten Höhe.

Zu beachten ist bei diesen steuerfreien Einnahmen allerdings, dass einige davon dem so genannten Progressionsvorbehalt unterliegen, d. h. sie erhöhen eventuell den persönlichen Steuersatz *(siehe hierzu auch 2.6.1)*.

Für die **Ausgaben**, die man von seinen Einnahmen abziehen darf, gibt es zwei gesetzliche Definitionen. Fallen sie bei den **Gewinneinkunftsarten** an, nennt man sie **Betriebsausgaben** und das Gesetz definiert ebenso einprägsam wie unpräzise:

„Betriebsausgaben sind die Aufwendungen, die durch den Betrieb veranlasst sind." (§ 4 Abs. 4 EStG)

Diese begriffliche Bestimmung soll dazu dienen, die Betriebsausgaben von den Privatausgaben zu trennen.

Fallen die Ausgaben bei den **Überschusseinkünften** an, nennt man sie **Werbungskosten** und das Gesetz definiert sie als *„Aufwendungen zur Erwerbung, Sicherung und Erhaltung der Einnahmen"* (§ 9 Abs. 1 EStG). In der Rechtsprechung und Praxis wird aber kein Unterschied zu den Betriebsausgaben gesehen.

Konsequenterweise gilt übrigens die „Steuerfreiheit" auch für die Ausgaben: Wenn die Einnahmen also nicht steuerpflichtig sind, dürfen auch die dazugehörigen Ausgaben nicht abgezogen werden[1].

Interessanterweise ist auch im Gesetz festgelegt, dass bestimmte Ausgaben – obwohl sie die genannten Definitionen voll erfüllen – trotz allem nicht von den Einnahmen abgezogen werden dürfen. Man spricht hier von **nichtabzugsfähigen Betriebsausgaben und nichtabzugsfähigen Werbungskosten**.

Übersicht 5:
Einteilung der
Ausgaben

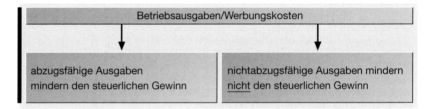

Betriebsausgaben/Werbungskosten	
abzugsfähige Ausgaben mindern den steuerlichen Gewinn	nichtabzugsfähige Ausgaben mindern nicht den steuerlichen Gewinn

---

[1] *§ 3c Abs. 1 EStG*

Wichtige **nichtabzugsfähige Betriebsausgaben/Werbungskosten** sind:

- **Aufwendungen für Geschenke** an Personen (die keine Arbeitnehmer sind), **sobald** die **Anschaffungs-/Herstellungskosten** der Gegenstände pro Empfänger und Wirtschaftsjahr 35,00 EUR **übersteigen.** Das gilt jedoch nicht, wenn die Gegenstände ausschließlich betrieblich nutzbar sind[1].

Beispiel:
Die Strick & Schick GmbH schenkt einem Kunden anlässlich eines größeren Geschäftsabschlusses einen Reisekoffer, dessen Anschaffungskosten 180,00 EUR betrugen. In diesem Falle sind die **gesamten** Kosten nicht abzugsfähig.

- **30% der Bewirtungskosten** aus geschäftlichem Anlass (soweit nicht Arbeitnehmer bewirtet werden). Zu beachten ist, dass diese Kosten besonderen Anforderungen hinsichtlich des Nachweises und der Aufzeichnung genügen müssen: Angabe von Ort, Tag, Teilnehmer, Anlass und Höhe der Aufwendungen der Bewirtung. Die Rechnung muss die einzelnen Posten der Bewirtung erkennen lassen und auch maschinell erstellt sein. Außerdem müssen diese Kosten zeitnah aufgezeichnet werden. Sollten diese Voraussetzungen nicht erfüllt sein, sind sie gesamt nicht abzugsfähig[2].

- **Aufwendungen für Wege zwischen Wohnung und Betriebsstätte** sind pauschal mit den für Arbeitnehmer geltenden Sätzen abgegolten. Wird jedoch ein betriebliches Kraftfahrzeug genutzt, so dürfen die tatsächlichen Kosten maximal die Pauschalsätze erreichen.[3]

Beispiel:
Unternehmerin Heiker fährt an 230 Tagen im Jahr zu Ihrem Betrieb. Die Entfernung beträgt 15 km und der Pkw, den sie nutzt, hatte einen Listenneupreis von 30 000,00 EUR. Da sie kein Fahrtenbuch führt, sind die tatsächlichen Kosten für die Fahrten nach einem gesetzlich festgelegten Verfahren zu schätzen.

Tatsächliche Kosten (fiktiver Wert nach steuerlichen Vorschriften):	
15 km x 0,03 % von 30 000,00 EUR x 12 Monate =	1 620,00 EUR
./. Maximal abzugsfähige Betriebsausgaben:	
15 km x 0,30 EUR x 230 Arbeitstage =	1 035,00 EUR
= nichtabzugsfähige Betriebsausgaben	585,00 EUR

Diese Summe hat nichts mit der privaten Nutzung zu tun. Diese wird extra berechnet und versteuert (siehe S. 390).

---

[1] § 4 Abs. 5 Nr. 1 EStG
[2] § 4 Abs. 5 Nr. 2 EStG
[3] § 4 Abs. 5 Nr. 6 EStG verweist auf die Höchstbeträge, die sich in § 9 Abs. 1 Nr. 4, 5 und Abs. 2 EStG finden

■ Eine wichtige Kategorie der **Reisekosten** stellen die so genannten **Verpflegungsmehraufwendungen** dar. Dies sind die Aufwendungen für Speisen und Getränke, die durch die Reise veranlasst sind. Für diese Aufwendungen können für Reisen im Inland die folgenden Pauschbeträge angesetzt werden; ein Nachweis der höheren tatsächlichen Kosten ist nicht möglich:

Abwesenheit pro Kalendertag	Pauschbetrag
■ 24 Stunden	24,00 EUR
■ über 14 bis unter 24 Stunden	12,00 EUR
■ über 8 bis unter 14 Stunden	6,00 EUR

■ **Aufwendungen für ein Arbeitszimmer**
Gemeint ist hier ein Arbeitszimmer zuhause, also in der Wohnung oder im Haus.
In diesem Falle gilt es Folgendes zu beachten[1]:
– voller Abzug der Aufwendungen, wenn das Zimmer den Mittelpunkt der gesamten beruflichen oder betrieblichen Tätigkeit darstellt
– Abzug der Aufwendungen bis zu einem Betrag von max. 1 250,00 EUR, wenn es für mehr als 50 % der Tätigkeitszeit in Anspruch genommen wird oder kein anderer Arbeitsplatz zur Verfügung steht (z. B. Lehrer, Arzt am Krankenhaus)
– kein Betriebsausgabenabzug in allen anderen Fällen

Von dieser Beschränkung betroffen sind Miete oder Abschreibung des Gebäudes, Energiekosten etc. Nicht jedoch die Arbeitsmittel, die sich in diesem Zimmer befinden.

■ **Unangemessene Aufwendungen,** die im Zusammenhang mit der Lebensführung des Unternehmers oder anderer Personen stehen[2]. Dies ist eine der Regelungen, die im Rahmen von Betriebsprüfungen des Finanzamtes je nach Unternehmens- und Unternehmertyp relativ viel Gesprächsstoff bietet, denn Vergleichsmaßstab für die Unangemessenheit ist die „allgemeine Verkehrsauffassung". Diese tatsächlich zu treffen wird noch schwerer sein, als sie präzise zu beschreiben. Aber als weniger strittig dürfte folgender Fall gelten:

Beispiel:
Herr Karsten, der mit seiner Änderungsschneiderei einen über Jahre gleichbleibenden Jahresumsatz von 40 000,00 EUR und einen Gewinn von 15 000,00 EUR erzielt, kauft sich aus den Mitteln einer Erbschaft einen Sportwagen für 75 000,00 EUR. Von den Betriebsausgaben in Form der AfA (Abschreibung) in Höhe von jährlich 12 500,00 EUR erkennt das Finanzamt nur 5 000,00 EUR als angemessen und damit abzugsfähig an.

---

[1] *§ 4 Abs. 5 Nr. 6b EStG, BMF-Schreiben vom 07.01.2004 (BStBl. 04 I S.143) und 14.09.2004 (BStBl. 04 I S. 861)*
[2] *§ 4 Abs. 5 Nr. 7 EStG*

Die Finanzverwaltung ist jedoch gehalten, diese Vorschrift nur bei erheblicher Überschreitung der Unangemessenheit anzuwenden. Im Kommentar zum EStG von Ludwig Schmidt heißt es: Diese Vorschrift *„will nicht den Mercedes vom Volkswagen abgrenzen, sondern ein übliches Betriebsfahrzeug vom Sportwagen, Rennwagen oder Sportflugzeug."* [1]

Zu beachten ist weiterhin, dass der Großteil dieser Art von Aufwendungen **einzeln** und **getrennt** von den anderen Betriebsausgaben **aufzuzeichnen** ist [2]. Andernfalls werden auch die an sich abzugsfähigen Teile der Betriebsausgaben nicht zum Abzug zugelassen.

Dies geschieht insbesondere dadurch, dass im Rahmen der Finanzbuchführung gesonderte Sachkonten einzurichten sind.

Abgrenzung zu Aufwendungen der Lebensführung

Aus den Begriffsbestimmungen zu Betriebsausgaben und Werbungskosten ist zu ersehen, dass Aufwendungen, die mit der privaten Lebensführung zusammenhängen (z. B. Ernährung, Wohnung, Kleidung), normalerweise nicht abzugsfähig sind. Klargestellt wird dies auch nochmals durch § 12 EStG. Hinsichtlich dieser Abgrenzung sind zwei Bereiche besonders interessant:

- ▪ **Schuldzinsen als Betriebsausgaben** [3]
  Wenn Schuldzinsen anfallen, die nicht direkt mit Investitionsdarlehen zusammenhängen, so ist zu prüfen, ob die Zinsen durch private Vorgänge veranlasst sind. Dies geschieht, indem man – grob gesagt – rechnet, ob Gewinn und private Einlagen ausreichen, um die privaten Entnahmen zu bestreiten. Ist das nicht der Fall, so ist der Schuldzinsenabzug pauschal zu kürzen. Nicht betroffen davon sind betriebliche Schuldzinsen bis 2 050,00 EUR.

---

[1] *so Heinicke in Schmidt, L., Einkommensteuergesetz, 22. Auflage, München, 2003, zu § 4 Tz. 602*
[2] *§ 4 Abs. 7 EStG*
[3] *§ 4 Abs. 4a EStG*

■ **Private Nutzung des betrieblichen Kraftfahrzeugs**[1]

Die Berechnung der privaten Kfz-Nutzung wird grundsätzlich pauschal geregelt. Sie wird pro Monat mit 1 % des inländischen Bruttolistenpreises (d. h. inklusive Umsatzsteuer) + Sonderausstattung zum Zeitpunkt der Erstzulassung angesetzt. Dies gilt für neue Kfz genauso wie für gebraucht erworbene Fahrzeuge. Im Extremfalle kann diese Pauschale leider genauso hoch sein wie die Kfz-Kosten selbst, jedoch auch nicht höher[2]. Die andere Alternative ist die lückenlose Führung eines Fahrtenbuchs mit allen erforderlichen Angaben, in welchem die betrieblichen und privaten Fahrten aufgezeichnet werden.

2.2.3 Arten der Gewinnermittlung (für Gewinneinkunftsarten)

Es existieren vier steuerlich anerkannte Wege, den Gewinn zu ermitteln. Nachfolgend werden die beiden üblichen Wege dargestellt. Daneben gibt es für kleinere Betriebe der Land- und Forstwirtschaft noch eine Gewinnermittlung nach Durchschnittssätzen (§ 13 a EStG), bei der der Gewinn anhand bestimmter Kriterien (wie dem Wert des Betriebes) pauschal ermittelt wird und die so genannte Tonnagebesteuerung für die Handelsschiffahrt (§ 5 a EStG).

Betriebsvermögensvergleich[3]

Diese Methode umschreibt die Bilanzierung. Mit Betriebsvermögen ist das Reinvermögen oder Eigenkapital gemeint:

Aktiva	Bilanz	Passiva
Anlagevermögen und **Umlaufvermögen**	**Eigenkapital** (auch Reinvermögen oder „Betriebsvermögen" genannt) und **Fremdkapital**	

In der Bilanz werden alle Vermögensposten wie Forderungen oder Wertpapiere und alle Schulden berücksichtigt, die zu dem Stichtag vorhanden waren. Daher ist es egal, wann die Gelder tatsächlich fließen.

---

[1] § 6 Abs. 1 Nr. 4 EStG
[2] vgl. BMF-Schreiben vom 21.01.2002, Tz. 14 (BStBl. 02 I S. 148)
[3] nach § 4 Abs. 1 EStG oder § 5 EStG

Die Stände des Eigenkapitals vom Anfang und Ende des Jahres werden um solche Änderungen bereinigt, welche den Gewinn nicht beeinflussen sollen, und miteinander verglichen. Im Einzelnen funktioniert das wie folgt:

Beispiel:

Betriebsvermögen am Schluss des Wirtschaftsjahres (z. B. 31.12.14)	190 000,00 EUR
./. Betriebsvermögen am Schluss des vorherigen Wirtschaftsjahres (z. B. 31.12.13)	180 000,00 EUR
= Unterschiedsbetrag	10 000,00 EUR
+ Entnahmen (z. B. für private Lebensführung)	70 000,00 EUR
./. Einlagen (z. B. Geschenk der Erbtante)	25 000,00 EUR
= Gewinn (oder ggf. Verlust)	55 000,00 EUR

Man muss für steuerliche Zwecke bilanzieren, wenn[1]

- das Handelsgesetzbuch (HGB) oder andere Gesetze es vorschreiben (z. B. nach HGB für eingetragene Kaufleute und Handelsgesellschaften wie KG oder GmbH) oder

- wenn man Gewerbetreibender oder Land-/Forstwirt ist und Umsätze von mehr als 350 000,00 EUR oder einen Gewinn von mehr als 30 000,00 EUR hatte und das Finanzamt einen hierzu auffordert.

Außerdem kann man natürlich freiwillig bilanzieren, um bestimmte steuerliche Gestaltungsmöglichkeiten, wie beispielsweise die Bildung von Rückstellungen, auszunutzen oder weil man einfach einen besseren Überblick über sein Unternehmen haben möchte.

Einnahmenüberschussrechnung[2]

Dies ist die Gewinnermittlungsart für diejenigen, die nicht bilanzieren. Hier werden einfach die Betriebseinnahmen den Betriebsausgaben (jeweils nach Geldflüssen) gegenübergestellt.

Beispiel:

Betriebseinnahmen des Kalenderjahrs	120 000,00 EUR
./. Betriebsausgaben des Kalenderjahrs	80 000,00 EUR
= Gewinn	40 000,00 EUR

Im Übrigen gelten die folgenden Ausführungen zur Überschussermittlung entsprechend.

---

[1] *vgl. §§ 140, 141 AO*
[2] *§ 4 Abs. 3 EStG*

2.2.4 Arten der Überschussermittlung (für Überschusseinkunftsarten)

Hier gibt es nur eine Art der Ermittlung, nämlich:

Beispiel:

Einnahmen des Kalenderjahres	50 000,00 EUR
./. Werbungskosten des Kalenderjahres	20 000,00 EUR
= Überschuss der Einnahmen oder der Werbungskosten	30 000,00 EUR

Sowohl für die Einnahmen als auch die Ausgaben gilt das Geldflussprinzip[1], d. h. Einnahmen/Werbungskosten sind in dem Jahr zu berücksichtigen, in dem sie wirtschaftlich zu- oder abgeflossen sind.

Durchbrochen wird dieses Prinzip bei regelmäßig wiederkehrenden Einnahmen/Werbungskosten, die kurze Zeit vor Anfang/nach Ende des Kalenderjahrs bezogen bzw. geleistet wurden. Als **kurze Zeit** gilt in der Regel ein Zeitraum von **10 Tagen.** In diesem Falle gilt das Zurechnungsprinzip, was bedeutet, dass die Einnahmen/Ausgaben dem Jahr zugerechnet werden, in welches sie wirtschaftlich gehören.

Außerdem gilt, dass die Anschaffungskosten von Anlagevermögen nicht in dem Jahr Berücksichtigung finden, in dem sie gezahlt werden. Sie sind – wie bei Bilanzierern – auf die Nutzungsdauer zu verteilen und finden sich als AfA (Absetzungen für Abnutzung, Abschreibung) in den Werbungskosten wieder. Eine weitere Besonderheit dieser Überschussermittlung liegt darin, dass vereinnahmte Umsatzsteuer und Umsatzsteuer-Erstattungen zu den Einnahmen, gezahlte (auch abzugsfähige) Vorsteuer und gezahlte Umsatzsteuer zu den Ausgaben rechnen.

2.3 Die einzelnen Einkunftsarten

In der Praxis ist es **sehr relevant, welcher der Einkunftsarten die erworbenen Einkünfte zuzurechnen sind.** Das kommt daher, dass verschiedenste Sondervorschriften in den einzelnen Bereichen bestehen, die dazu führen, dass **der betrachtete Vorgang je nach zugerechneter Einkunftsart einem Steuersatz von 0 % bis zum Höchststeuersatz unterliegen kann.**

---

[1] *§ 11 EStG*

2.3.1 Einkünfte aus Land- und Forstwirtschaft (LuF)

Technisch ausgedrückt ist Land- und Forstwirtschaft (LuF) *„die planmäßige Nutzung der natürlichen Kräfte des Bodens zur Erzeugung von Pflanzen und Tieren sowie die Verwertung der dadurch selbstgewonnenen Erzeugnisse."*[1]

Die Abgrenzung zum Gewerbebetrieb findet insbesondere danach statt,
– in welchen Mengen der Betrieb Ware hinzukauft, um sie zu veräußern und
– ob die Tiere, die gehalten werden, grundsätzlich mit eigenen Produkten versorgt werden könnten. Dies geschieht anhand bestimmter Relationen von Wirtschaftsfläche und Viehbestand.

Für die Betriebe der Land- und Forstwirtschaft existieren verschiedenste steuerliche Spezialregelungen, z. B.

- besonderer Gewinnermittlungszeitraum (§ 4a Abs. 1 Nr. 2 EStG),

- besondere Gewinnermittlungsart (§ 13 a EStG),

- Pauschalierung der Betriebsausgaben bei forstwirtschaftlichen Betrieben (§ 51 EStDV),

- Freibetrag in Höhe von 670,00 EUR, sofern die Summe der Einkünfte den Betrag von 30 700,00 EUR nicht übersteigt. Bei zusammenveranlagten Ehegatten verdoppeln sich die Beträge. Dieser Betrag wird von der Summe der Einkünfte abgezogen. (§ 13 Abs. 3 EStG)

- Besondere Freibeträge und Vergünstigungen bei Betriebsverkauf oder Betriebsaufgabe (§§ 14, 14 a EStG).

---

[1] *Richtlinie 135 Abs. 1 EStR*

2.3.2 Einkünfte aus Gewerbebetrieb

Auch für die Einkünfte, die in diese Einkunftsart gehören, existiert eine technische Definition:

Gewerbebetrieb ist eine selbstständige nachhaltige Betätigung, die mit der Absicht, Gewinn zu erzielen, unternommen wird und sich als Beteiligung am allgemeinen wirtschaftlichen Verkehr darstellt, wenn die Betätigung weder als Ausübung von Land- und Forstwirtschaft noch als eine andere selbstständige Arbeit anzusehen ist und den Rahmen der privaten Vermögensverwaltung übersteigt.
Diese Umschreibung ist größtenteils § 15 Abs. 2 EStG entnommen und mit einem von der Steuerrechtsprechung entwickelten Element (Abgrenzung zur Vermögensverwaltung) angereichert.

Wichtig ist die Abgrenzung u. a. deshalb, da die Klassifizierung als Gewerbebetrieb grundsätzlich gleichzeitig Gewerbesteuerpflicht nach § 2 Abs. 1 GewStG auslöst.

Außerdem ist mit den Einkünften aus Gewerbebetrieb auch verbunden, dass das verwendete Vermögen steuerliches Betriebsvermögen wird und damit Gewinne und Verluste aus der Veräußerung immer besteuert werden.

Es ist also unerheblich, ob bzw. wann eine Gewerbeanmeldung nach Gewerbeordnung (GewO) erfolgte oder andere rechtliche Verpflichtungen erfüllt wurden. Ein Gewerbebetrieb liegt dann vor, wenn die genannten steuerlichen Kriterien erfüllt sind.

Was bedeuten die Kriterien im Einzelnen?

■ **Selbstständigkeit...**
heißt, dass man auf eigenes Risiko und auf eigene Verantwortung tätig wird und insoweit nicht weisungsgebunden ist. Dabei ist es nicht unbedingt ausschlaggebend, wie die Tätigkeit oder die Form der Entlohnung vertraglich genannt wird, sondern entscheidend ist das Gesamtbild der Verhältnisse.

Versicherungsvertreter, die Verträge selbst vermitteln, sind in vollem Umfang als selbstständig anzusehen. Das gilt auch dann, wenn sie neben den Provisionsbezügen ein mäßiges festes „Gehalt" beziehen oder nur für ein einziges Versicherungsunternehmen tätig werden dürfen.[1]

■ **Nachhaltigkeit ...**
bedeutet, dass die Absicht besteht, die Tätigkeit zu wiederholen und daraus ständig oder befristet eine Erwerbsquelle zu machen. Da es – genau wie die Gewinnerzielungsabsicht – ein rein subjektives Merkmal ist, versucht man, Rückschlüsse aus objektiven Merkmalen (z. B. tatsächliche Wiederholung) zu ziehen. Die Beweis- bzw. Feststellungslast liegt im Falle des Gewinnes beim Finanzamt und im Falle des Verlustes beim Steuerpflichtigen.

---

[1] *vgl. Richtlinie 134 Abs. 1 EStR*

■ **Gewinnerzielungsabsicht …**

soll als Merkmal die Einkünfte aus Gewerbebetrieb zur so genannten Liebhaberei (Hobby) abgrenzen, die zur privaten Lebensführung gehört. Dabei ist nicht das einzelne Jahr, sondern die gesamte Periode von der Gründung bis zur Veräußerung/ Betriebsaufgabe zu betrachten. In Zweifelsfällen ist die Veranlagung seitens des Finanzamtes gemäß § 165 AO vorläufig durchzuführen *(siehe hierzu Kapitel 3.3).*

■ **Beteiligung am allgemeinen wirtschaftlichen Verkehr …**

bedeutet, dass eine Tätigkeit am Markt gegen Entgelt und für Dritte äußerlich erkennbar angeboten wird. Dieser Tatbestand soll die Einkünfte zu den Vermögensmehrungen abgrenzen, die nicht „am Markt" erzielt werden, z. B. Erbschaften und Schenkungen, Eigenleistungen wie die Reparatur des eigenen Autos.

■ **Keine Land- und Forstwirtschaft, keine andere selbstständige Arbeit …**

Alle vorher genannten Merkmale treffen auch auf die beiden genannten Einkunftsarten zu. Daher wird in einer Negativabgrenzung zuerst geprüft, ob die jeweilige Tätigkeit unter eine der beiden Einkunftsarten fällt. Andernfalls handelt es sich um Einkünfte aus Gewerbebetrieb.

■ **Keine private Vermögensverwaltung**

Wie die gewerbliche Tätigkeit stellt sich auch die private Vermögensverwaltung als Beteiligung am allgemeinen wirtschaftlichen Verkehr dar. Daher muss auch hier eine Abgrenzung erfolgen.

Dies besitzt insbesondere für die Erträge aus dem Verkauf von Grundstücken Relevanz (Stichwort: Gewerblicher Grundstückshandel). Denn die Zurechnung zu den Einkünften aus Gewerbebetrieb kann einerseits bedeuten, dass Grundstücke, die eigentlich nicht unter die Besteuerung fallen würden, einbezogen werden und die Gewinne der Gewerbesteuer unterliegen. Die Rechtsprechung hierzu ist umfangreich, jedoch kann man vereinfacht sagen, dass der Verkauf von drei Objekten innerhalb von 5 Jahren nicht zur Gewerblichkeit führt (3-Objekt-Grenze).[1]

---

[1] *Näheres hierzu z. B. im BMF-Schreiben vom 26.03.2004 (BStBl. 04 I S. 434)*

Nachdem nun die Kriterien für einen Gewerbebetrieb im Sinne des EStG erläutert sind, bleibt festzustellen, in **welchen Formen die Einkünfte aus Gewerbebetrieb auftreten können**. Man unterscheidet:

- Einkünfte aus **gewerblichen Einzelunternehmen**:[1]

  Die wesentlichen Tatsachen sind bereits im Rahmen der Definition des Gewerbebetriebes genannt. Ergänzend anzumerken wäre Folgendes:
  - Gewinne des Einzelunternehmens sind immer der Person zuzurechnen und nicht dem „Unternehmen".
  - Verträge zwischen der „Privatperson" und dem Einzelunternehmen sind weder privat- noch steuerrechtlich anzuerkennen, da es sich um dasselbe Rechtssubjekt handelt.
  - Eine natürliche Person kann mehrere Gewerbebetriebe betreiben.

- Einkünfte aus **gewerblicher Mitunternehmerschaft**[2]

  Personengesellschaften und ähnliche Gebilde werden unter dem Begriff Mitunternehmerschaft zusammengefasst. Diese sind selbst nicht einkommensteuerpflichtig. Die erzielten Einkünfte sind stets den beteiligten natürlichen oder juristischen Personen zuzurechnen und von diesen im Rahmen der ESt oder KSt zu versteuern. Darunter fallen insbesondere:
  - Personenhandelsgesellschaften (**OHG, KG**)
  - **atypisch** stille Gesellschaften
  - Gesellschaften bürgerlichen Rechtes (**GbR**), soweit sie gewerblich tätig sind.

  Diese Einkünfte sind in einem besonderen Verfahren („Gesonderte und einheitliche Feststellung") festzustellen und auf die einzelnen Gesellschafter zu verteilen.

  Zu den Einkünften aus Gewerbebetrieb gehören auch:
  - die **Tätigkeitsvergütungen** der Gesellschafter (Dienstverträge),
  - die **Vergütung** für die **Überlassung von Wirtschaftsgütern** (Miet- oder Pachtverträge),
  - die **Vergütung** für die **Hingabe von Darlehen** (Darlehensverträge).

---

[1] *§ 15 Abs. 1 Nr. 1 i. V. m. Abs. 2 EStG*
[2] *§ 15 Abs. 1 Nr. 2 i. V. m. Abs. 2, 3 EStG*

Diese Arten von Vergütungen sind steuerlich nur für die Verteilung des Gewinns relevant und beeinflussen den Gewinnanteil des jeweiligen Gesellschafters.

Im Bereich der Finanzdienstleistung werden solche gewerblichen Mitunternehmerschaften für Beteiligungsmodelle gewählt. Typische Beispiele sind Schiffsbeteiligungen und Medienfonds. Die gesondert und einheitlich festgestellten Ergebnisanteile werden dem einzelnen Gesellschafter direkt zugerechnet. Regelmäßig werden in der Anfangsphase Verlustanteile zugewiesen, während in der Betriebsphase positive Einkünfte geplant sind. Die zugewiesenen Verluste können dann im zulässigen Rahmen mit anderen Einkünften ausgeglichen (verrechnet) werden.

- Einkünfte aus der **Veräußerung oder Aufgabe eines gewerblichen Betriebs**[1]
  So wie die laufenden Gewinne und Verluste aus gewerblichen Betrieben, zählen natürlich auch die Ergebnisse aus der Aufgabe oder Veräußerung unter diese Einkunftsart. Im Einzelnen fallen in diesen Bereich: Die Aufgabe/Veräußerung eines Betriebes oder organisatorisch selbstständigen Teilbetriebes und der Verkauf eines so genannten Mitunternehmeranteils (z. B. eines gewerblichen KG- oder GbR-Anteils). Hier sind zwei Vergünstigungen zu beachten:
  - steuerfrei bleiben bis zu 45 000,00 EUR, wenn der Veräußerer mindestens 55 Jahre alt oder dauernd berufsunfähig ist. Diesen Freibetrag gibt es allerdings nur ein Mal im Leben
  - bei der Steuerberechnung können sich für diese Einkünfte zwei unterschiedliche Arten von Vergünstigungen ergeben[2] *(siehe hierzu Kapitel 2.6.1).*

- **Veräußerung von Anteilen an Kapitalgesellschaften**[3]
  Sofern jemand (privat) an einer Kapitalgesellschaft zu mindestens 1% beteiligt war, fällt die Hälfte des Veräußerungsergebnisses (Gewinn/Verlust) unter die Einkünfte aus Gewerbebetrieb. Die andere Hälfte ist steuerfrei[4]. Es existiert ein Freibetrag von maximal 9 060,00 EUR.

Eine Besonderheit dieser Einkunftsart ist die Steuerermäßigung wegen der Gewerbesteuer *(siehe hierzu Kapitel 2.6.1).*

---

[1] *nach § 16 EStG*
[2] *vgl. § 34 Abs. 1 bzw. Abs. 3 EStG*
[3] *nach § 17 EStG*
[4] *vgl. § 3 Nr. 40c EStG*

2.3.3 Einkünfte aus selbstständiger Arbeit

Die Abgrenzung zu den gewerblichen Betrieben ist historisch bedingt und stellt in der Praxis eine besondere Schwierigkeit dar, da § 18 EStG selbst keine Definition der selbstständigen Arbeit enthält.

Die Entscheidung hinsichtlich der Einkunftsart besitzt jedoch wirtschaftliche Relevanz, da Personen mit diesen Einkünften u. a.

- nicht der Gewerbesteuer unterliegen,
- nicht unter die Buchführungs- und Bilanzierungspflicht fallen[1],
- eventuell ein „liquiditätsschonenderes" Verfahren im Rahmen der Umsatzsteuerberechnung, unabhängig von der Unternehmensgröße, in Anspruch nehmen können[2].

Die Abgrenzung zu den Einkünften aus Gewerbebetrieb und Land- und Forstwirtschaft geschieht im Allgemeinen nach folgenden Punkten:

- Einsatz von Kapital tritt gegenüber der geistigen Arbeit/eigenen Arbeitskraft in den Hintergrund,
- Ausübung beruht auf Ausbildung (oft Hochschulstudium) und Können[3], außerdem muss die Person persönlich leitend und eigenverantwortlich tätig sein.

Beim Durchlesen der Kriterien beschleicht einen das Gefühl, dass das keine scharfen Abgrenzungskriterien sein können, da dies bei Gewerbetreibenden ebenfalls zutreffen kann. Dies ist wohl der Hauptgrund, warum sich der BFH laufend mit diesem Thema befasst.

Ein Steuerbevollmächtigter wurde vom Finanzgericht Düsseldorf als Gewerbetreibender eingestuft, weil er unter Mitwirkung von 20 Steuerfachgehilfen jährlich bis zu 13.000 Einkommensteuererklärungen bearbeiten ließ. Das Gericht gelangte zu der Überzeugung, dass der Bevollmächtigte bei einem solchen Arbeitsumfang nicht mehr eigenverantwortlich und leitend tätig sein konnte (FG Düsseldorf Urteil vom 17. März 1993).
Auch ein gerichtlich bestellter Versicherungsberater erzielt Einkünfte aus Gewerbebetrieb, da ihm u. a. im Vergleich mit dem Steuerberater oder dem beratenden Betriebswirt die erforderliche Tiefe und Breite des Fachwissens fehle (BFH-Urteil vom 16. Oktober 1997).

Das EStG kennt drei unterschiedliche Arten der selbstständigen Arbeit:

- **freiberufliche Tätigkeit**, dazu gehören Heilberufe (wie Ärzte und Heilpraktiker), rechts- und wirtschaftsberatende Berufe (wie Rechtsanwälte und Steuerberater), naturwissenschaftlich-technische Berufe (wie Architekten und Ingenieure), Journalisten, Dolmetscher und Übersetzer sowie die selbstständige wissenschaftliche, künstlerische, schriftstellerische, unterrichtende oder erzieherische Tätigkeit und ähnliche Berufe.
- **Einnehmer einer staatlichen Lotterie**
- **sonstige selbstständige Tätigkeit**, z. B. aus Testamentsvollstreckung, Vermögensverwaltung, als Aufsichtsratmitglied.

---

[1] *nach §§ 140, 141 AO*
[2] *§ 20 UStG*
[3] *vgl. auch BFH-Urteil vom 10.10.1963 (BStBl. 1964 III S. 120)*

Nicht zu den Berufen, die den freien Berufen ähnlich sind, zählen nach Entscheidungen des BFH: Finanz- und Kreditberater, Finanzanalysten, Bausparkassenaktionsleiter usw. Diese Personengruppen erzielen Einkünfte aus Gewerbebetrieb.

Die selbstständige Tätigkeit kann auch in Form von Personengesellschaften (oft GbR oder auch Partnerschaftsgesellschaft) ausgeübt werden. Fallen jedoch im Rahmen dieser Personengesellschaft neben den selbstständigen auch gewerbliche Tätigkeiten an, so ist der gesamte Gewinn den gewerblichen Einkünften zuzurechnen und unterliegt entsprechend der Gewerbesteuer (so genannte Abfärbe- oder Infektionstheorie).[1] Das gilt nur dann nicht, wenn der gewerbliche Anteil sehr gering ausfällt (z. B. lediglich 1,25 % vom Umsatz).[2]

Die steuerlichen Vergünstigungen bei Betriebs-/Praxisverkauf oder -aufgabe sind die gleichen wie bei Gewerbetreibenden.[3]

2.3.4 Einkünfte aus nichtselbstständiger Arbeit

Diese Einkunftsart betrifft in erster Linie diejenigen, die als Arbeitnehmer beschäftigt sind. Auch wenn der Begriff „nichtselbstständige Arbeit" nicht besonders schmeichelhaft klingt, so soll er doch nur die Abgrenzung der weisungsgebundenen Arbeit zur unternehmerischen (= selbstständigen) Arbeit und damit zu den ersten drei Einkunftsarten dokumentieren.

Die Einkünfte werden, da es sich um eine Überschusseinkunftsart handelt, durch den Abzug der Werbungskosten von den Einnahmen ermittelt.

Ein weiteres Merkmal dieser Einkunftsart ist, dass die Besteuerung direkt an der Quelle stattfindet, d. h. der Staat erhebt die Steuer nicht erst im Nachhinein, sondern bereits in dem Moment, in dem das Geld „aus der Quelle tritt", also ausgezahlt wird, hier in Form der Lohnsteuer.

Einnahmen

Zu den **Einnahmen** aus dieser Einkunftsart gehören **alle Vergütungen und Vergünstigungen,** die von privaten oder öffentlichen Arbeitgebern gewährt werden. Dabei ist es unerheblich, ob es sich um laufende Zahlungen oder Einmalzahlungen handelt. **Auch Vergütungen von früheren Arbeitgebern** (z. B. Ruhegelder, Witwen- und Waisengelder) zählen zu diesen Einnahmen.

Diese Einkunftsart zeichnet sich dadurch aus, dass verschiedene Einnahmen sehr differenziert behandelt werden und dass von der Normalversteuerung über pauschale Steuersätze bis zur Steuerfreiheit alle Besteuerungsarten vorhanden sind. Der Trend in der Gesetzgebung und Rechtsprechung geht jedoch seit einigen Jahren dahin, die Besonderheiten zu eliminieren und der normalen Versteuerung den Vorrang zu geben.

Bezüge, die nicht in Geld bestehen, so genannte Sachbezüge, werden bis zu einem Betrag von 44,00 EUR monatlich nicht erfasst.[4]

---

[1] vgl. § 15 Abs. 3 Nr. 1 EStG
[2] vgl. Hinweis „Geringfügige gewerbliche Tätigkeit" zu Richtlinie 138 Abs. 5 EStR
[3] § 18 Abs. 3 EStG
[4] vgl. § 8 Abs. 2 EStG

Steuerfreie Einnahmen

Nachfolgend eine Auswahl steuerfreier Einnahmen im Rahmen dieser Einkunftsart:

- **Rabatte für Arbeitnehmer** bis zu einem Vorteil von 1 080,00 EUR im Jahr.[1]
- **Abfindungen an Arbeitnehmer** unter bestimmten Voraussetzungen 7 200,00 bis 11 000,00 EUR.[2]
- Zusätzliche **Zahlungen bei Heirat oder bei Geburt eines Kindes** jeweils bis 315,00 EUR.[3]
- Private Nutzung betrieblicher **Computer oder Telekommunikationsgeräte** inklusive Mobiltelefonen durch den Arbeitnehmer.[4]
- **Zinsverbilligungen** für Arbeitnehmer, wenn die Darlehenssumme 2 600,00 EUR nicht übersteigt oder der Jahreseffektivzins mindestens 5,0 % beträgt.[5]

Pauschalversteuerte Einnahmen

In den folgenden Fällen werden die Vorteile/Zuwendungen nicht mit dem persönlichen Steuersatz des Arbeitnehmers, sondern mit einer pauschalen Steuer belegt, die oft der Arbeitgeber trägt. Anders als die normale Lohnsteuer oder die Zinsabschlagsteuer (ZASt) ist diese Pauschalsteuer eine „Abgeltungssteuer", d. h. der Arbeitnehmer braucht diese Einnahmen nicht in seiner persönlichen Steuererklärung anzugeben, kann sich andererseits aber diese Steuer auch nicht auf seine persönliche Steuerschuld anrechnen lassen.

Neben der pauschalen Lohnsteuer und des Solidaritätszuschlags ist auch eine pauschale Lohnkirchensteuer einzubehalten. Pauschal versteuerte Einnahmen sind oft sozialversicherungsfrei.[6]
Zu diesen pauschalversteuerten Einnahmen gehören verbilligte oder unentgeltliche Mahlzeiten oder die geringfügigen Beschäftigungsverhältnisse. („Minijobs")

Betriebliche Altersversorgung – steuerliche Grundlagen

Dieses Thema ist eigentlich ein übergreifendes und könnte auch an anderer Stelle in diesem Buch behandelt werden. Da die betriebliche Altersversorgung aber fast ausschließlich Arbeitnehmer betrifft, passt es gut zu den Einkünften aus nichtselbstständiger Arbeit.

---

[1]   *§ 8 Abs. 3 EStG*
[2]   *§ 3 Nr. 9 EStG*
[3]   *§ 3 Nr. 15 EStG*
[4]   *§ 3 Nr. 45 EStG*
[5]   *Richtlinie 31 Abs. 11 Lohnsteuerrichtlinien (LStR)*
[6]   *§ 2 Arbeitsentgeltverordnung*

Bei der Altersversorgung gibt es zwei generelle Konzepte im deutschen Steuerrecht:

Art	Vorgelagerte Besteuerung	Nachgelagerte Besteuerung
Sparleistung	aus versteuertem Geld	aus unversteuertem Geld oder mit Zuschüssen/Zulagen
Zahlungen im Alter	ganz oder teilweise steuerfrei	steuerpflichtig
Beispiele	Steuerfreie Kapital bildende Lebensversicherung, private Rentenversicherung (klassisch)	Altersvorsorgeverträge ("Riester"), Private Rentenversicherung (Basisvorsorge "Rürup"), meist: betriebliche Altersversorgung

Übersicht 6:
Konzepte der
betrieblichen
Altersversorgung

Die betriebliche Altersversorgung findet sich fast immer im Bereich der nachgelagerten Besteuerung. Im Mittelpunkt steht im Folgenden die Direktversicherung:

1. Direktversicherung

Die Direktversicherung war bis zum Jahreswechsel 2004/2005 ein typischer Weg für vorgelagerte Besteuerung. Allerdings in begünstigter Weise, denn die pauschale Steuer von 20 % zuzüglich Solidaritätszuschlag ist in der Regel günstiger als der persönliche Steuersatz. Wie ist die Situation heute?

Verträge, die auf Grund von vor dem 1. Januar 2005 erteilten Versorgungs-zusagen (Altzusagen) abgeschlossen wurden, können

- entweder pauschal versteuert weitergeführt werden (bis 1 752,00 EUR im Jahr)[1] oder
- auf nachgelagerte Besteuerung umgestellt werden.[2]

Beiträge zu neuen Verträgen werde stets steuerfei gestellt und die Leistungen nachgelagert besteuert. Hier gibt es zwei Maximalbeträge zu beachten:

a) 4 % der Beitragsbemessungsgrenze (West) in der Rentenversiche-rung und
b) zusätzlich 1 800,00 EUR für nach dem 31. Dezember 2004 er-teilte Versorgungszusage (Neuzusagen.)

Darüber hinausgehende Beiträge sind steuerpflichtig.

---

[1] *§ 52 Abs. 52a EStG in Verbindung mit § 40b Abs. 1 EStG in der Fassung vom 31.12.2004*
[2] *§ 3 Nr. 63 EStG, Maximalbetrag 4 % der Beitragsbemessungsgrenze (West) in der Rentenversicherung*

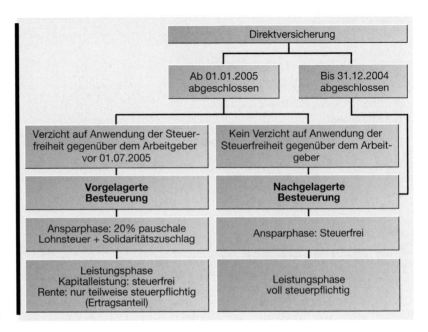

Übersicht 7:
Direktversicherung

Wie sieht es mit der Sozialversicherung aus?
Hier ist zu unterscheiden, wer die Beiträge finanziert. Der Arbeitgeber oder der Arbeitnehmer.

- Arbeitgeberfinanziert:
  Die Leistungen sind sozialversicherungsfrei, wenn sie entweder pauschal versteuert werden oder steuerfrei sind.[1]
- Arbeitnehmerfinanzierung (Entgeltumwandlung):
  Die Leistungen sind bis einschließlich 2008 sozialversicherungsfrei, wenn sie bis zu 4 % der Beitragsbemessungsgrenze in der Rentenversicherung betragen.[2]

Daneben kann man als rentenversicherungspflichtiger Arbeitnehmer auch wählen, dass die Beiträge zur Direktversicherung sowohl der Steuer als auch der Sozialversicherung unterworfen werden. Das sind Vorraussetzungen, damit die Altersvorsorgezulage beantragt oder Abzug als Sonderausgabe vorgenommen werden kann (siehe Seite 427).

---

[1] *§ 2 Abs. 1 Nr. 3 und Abs. 2 Nr. 5 Arbeitsentgeltverordnung (ArEV)*
[2] *§ 2 Abs. 2 Nr. 5 2. Halbsatz ArEV*

2. Die anderen Durchführungswege

Die anderen vier Wege der betrieblichen Altersversorgung finden Sie in folgenden Tabellen zusammengefasst:

Durchführungsweg	Pensionszusage (Direktzusage)	Unterstützungskasse
Besteuerungsart	Nachgelagerte Besteuerung	Nachgelagerte Besteuerung
Sparleistungen	steuerfrei	steuerfrei
Zahlungen im Alter	Steuerpflichtig als Einkünfte aus nichtselbstständiger Arbeit, bei Beginn bis 2040 wird Versorgungsfreibetrag abgezogen[1]	Steuerpflichtig als Einkünfte aus nichtselbstständiger Arbeit, bei Beginn bis 2040 wird Versorgungsfreibetrag abgezogen[2]

Durchführungsweg	Pensionskasse	Pensionsfonds
Besteuerungsart	a) Nachgelagerte Besteuerung und/oder b) Vorgelagerte Besteuerung	Nachgelagerte Besteuerung
Sparleistungen	a) Steuerfrei bis 4 % der Beitragsbemessungsgrenze in der RV + 1 800,00 EUR für Neuzusagen b) Pauschalversteuerung für Altzusagen	a) Steuerfrei bis 4 % der Beitragsbemessungsgrenze in der RV + 1 800,00 EUR für Neuzusagen
Zahlungen im Alter	a) Voll steuerpflichtig als sonstige Einkünfte b) Steuerfreie Einmalzahlung oder nur teilweise Steuerpflicht als sonstige Einkünfte (ggf. in a) und b) aufzuteilen)	Voll steuerpflichtig als sonstige Einkünfte

Übersicht 8: Andere Wege der betrieblichen Altersversorgung

3. Unfallversicherungen[3]

Neben den o. g. Direktversicherungen können auch Beiträge zu einer **Gruppenunfallversicherung** zugunsten des Arbeitnehmers pauschal versteuert werden. Der **Höchstbetrag** ist auf 62,00 EUR pro Arbeitnehmer und Kalenderjahr begrenzt.

Werbungskosten[4]

Es kommen u. a. folgende Werbungskosten in Betracht:

- **Beiträge zu Berufsverbänden**[5], z. B. Gewerkschaften
- **Kosten für Wege zwischen Wohnung und Arbeitsstätte**[6] sind – unabhängig von der Art der Fortbewegung – mit einem pauschalen Satz von 0,30 EUR je km der Entfernung anzusetzen

---

[1] *§ 19 Abs. 2 EStG*
[2] *§ 19 Abs. 2 EStG*
[3] *§ 40 b Abs. 3 EStG*
[4] *§§ 9, 9 a EStG*
[5] *§ 9 Abs. 1 Nr. 3 EStG*
[6] *§ 9 Abs. 1 Nr. 4 EStG*

Wenn kein Kraftfahrzeug benutzt wird, ist jedoch der anzusetzende Betrag auf 4 500,00 EUR begrenzt. Mit diesen Sätzen sind alle laufenden Kosten abgegolten. Daneben können aber außerordentliche Aufwendungen wie Unfallkosten geltend gemacht werden. Zuschüsse der Arbeitgebers mindern die ansatzfähigen Werbungskosten.

■ **Aufwendungen für Arbeitsmittel**[1]
Dies sind Gegenstände, die zur Erledigung dienstlicher Aufgaben dienen, z. B.

- Werkzeuge eines Handwerkers,
- typische Berufskleidung, z. B. Arztkittel oder Amtstracht,
- Aktentasche,
- Fachliteratur, nicht aber Tageszeitungen,
- Büromaterial,
- Schreibtisch, wenn er überwiegend zu dienstlichen Zwecken genutzt wird.

Sind die Arbeitsmittel über einen längeren Zeitraum als ein Jahr selbstständig nutzungsfähig und liegen die Anschaffungskosten (ohne Umsatzsteuer) über 410,00 EUR, so sind die Kosten gleichmäßig auf den Zeitraum der voraussichtlichen Nutzung zu verteilen (Abschreibung/AfA).

■ **Fortbildungskosten**
... sind dann anzunehmen, wenn sie beruflich oder betrieblich veranlasst sind. Sie müssen nach der Berufsausbildung anfallen.

Diese Aufwendungen sind unbegrenzt abzugsfähig, z. B. Prüfungsgebühren, Lehrgangsgebühren, Fahrtkosten (auch zur privaten Arbeitsgemeinschaft), Fachliteratur, Schreibmittel, Unterkunft, Verpflegungsmehraufwand.

■ **Umzugskosten**
liegen vor, wenn der Umzug (auch) aus beruflichen Gründen erfolgt. Dies ist z. B. der Fall, wenn sich die Wegezeiten um eine Stunde pro Tag verkürzen.[2]

Ohne den Einzelnachweis höherer Werbungskosten wird ein Arbeitnehmer-Pauschbetrag in Höhe von 920,00 EUR berücksichtigt. Er wird immer voll gewährt, unabhängig davon, ob die Beschäftigung nur einen Teil des Jahres andauerte. Allerdings darf er – anders als nachgewiesene Werbungskosten – nicht zu negativen Einkünften führen.[3]

Bezieht man Gelder **aus früheren Arbeitsverhältnissen** (z. B. Pensionen, Ruhegelder, Witwen- oder Waisengelder), so genannte Versorgungsbezüge, beträgt der **Werbungskostenpauschbetrag nur 102,00 EUR**.[4] Dafür wird oft ein Versorgungsfreibetrag abgezogen.

---

[1] § 9 Abs. 1 Nr. 6 EStG
[2] vgl. Hinweis „Berufliche Veranlassung" zu Richtlinie 41 LStR
[3] § 9a Nr. 1 a) EStG
[4] § 9a Nr. 1 b) EStG

Versorgungsfreibetrag[1]

Wenn Arbeitslöhne aus früheren Arbeitsverhältnissen bezogen werden (z. B. Pensionen, Ruhegelder, Witwen- oder Waisengelder), ist neben den Werbungskosten bei der Ermittlung der Einkünfte ein besonderer Freibetrag zu gewähren, der Versorgungsfreibetrag.

Nicht zu den Versorgungsbezügen zählen Renten aus der Sozialversicherung, diese werden im Rahmen der sonstigen Einkünfte behandelt.

Der Versorgungsfreibetrag wird von den Einkünften abgezogen und abhängig davon gewährt, wann man die einzelne Rente oder Pension erstmalig erhalten hat. Er ist gestaffelt:

Erstmaliger Bezug der Pension	Versorgungsfreibetrag	+ Zuschlag
2005 oder früher	40,0 %, max. 3 000,00 EUR	+ 900,00 EUR
2006	38,4 %, max. 2 880,00 EUR	+ 864,00 EUR
...	...	...
2039	0,8 %, max. 60,00 EUR	+ 18,00 EUR
2040	kein Versorgungsfreibetrag	

Der einmal festgestellte Versorgungsfreibetrag bleibt für den Rest der Laufzeit bestehen.

2.3.5 Einkünfte aus Kapitalvermögen

Unter dieser Einkunftsart werden die Zuflüsse erfasst, die aus der Überlassung von Kapital stammen, soweit sie nicht im Zusammenhang mit den Einkünften aus Land- und Forstwirtschaft, Gewerbebetrieb, selbstständiger Arbeit oder Vermietung und Verpachtung stehen. Die anderen Einkunftsarten haben demnach Vorrang vor den Einkünften aus Kapitalvermögen.[2]

Beispiel:

Dies bedeutet, dass, wenn z. B. Geldmittel des Bauunternehmens F. X. Obermeier, Nürnberg, als Festgeld oder in einem Geldmarktfonds angelegt werden, diese Erträge als Einkünfte aus Gewerbebetrieb zu behandeln sind. Dementsprechend wird auch kein Sparer-Freibetrag gewährt; die Erteilung eines Freistellungsauftrages ist nicht möglich.

Es ist jedoch möglich, dass Herr Obermeier die Mittel zuvor seinem Unternehmen entnimmt und dann als Privatvermögen anlegt und somit Einkünfte aus Kapitalvermögen erzielt. Folglich erhält er dann auch den o. g. Freibetrag.

Gemeint sind jedoch nur **laufende Einnahmen. Wertveränderungen oder Gewinne** bzw. **Verluste bei der Veräußerung der Kapitalanlage gehören nicht in diese Einkunftsart.** Sie sind – anders als Wertveränderungen im Betriebsvermögen – grundsätzlich nicht (be-)steuerbar, d. h. unterliegen nicht dem Einkommensteuergesetz.

Es existieren nur wenige Ausnahmen von dieser Regel. Die beiden wichtigsten sind die privaten Veräußerungsgeschäfte (als sonstige Einkünfte, *vgl. Kapitel 2.3.7*) und die Veräußerung von (bestimmten) Anteilen an Kapitalgesellschaften (als Einkünfte aus Gewerbebetrieb, *vgl. Kapitel 2.3.2*).

---

[1] *§ 19 Abs. 2 EStG*
[2] *§ 20 Abs. 4 EStG*

Ein weiterer Wesenszug dieser Einkunftsart ist, dass die meisten der Einnahmen mit einer Quellensteuer belastet sind, d. h. bereits die auszahlende Stelle (Quelle) behält einen bestimmten Betrag ein und führt ihn an die Finanzbehörden ab (Kapitalertragsteuer bzw. Zinsabschlagsteuer). Die Einnahmen werden vom EStG folgendermaßen eingeteilt:

- Gewinnanteile und ähnliche Kapitalerträge[1]
- Einnahmen aus stiller Gesellschaft oder partiarischem Darlehen[2]
- Sonstige Zinserträge und Einnahmen aus bestimmten Übertragungsgeschäften[3]

In dieser Reihenfolge werden sie behandelt:

Gewinnanteile und ähnliche Kapitalerträge

Dazu gehören die Ausschüttungen und Bezüge aus der Beteiligung an einer juristischen Person, insbesondere:

- Dividenden und andere Bezüge aus Aktien einer in- oder ausländischen AG oder KGaA,
- offene und verdeckte Gewinnausschüttungen einer GmbH an ihre Gesellschafter,
- offene und verdeckte Ausschüttungen einer Genossenschaft,
- Ausschüttungen auf bestimmte verbriefte und unverbriefte Genussrechte (z. B. Genussscheine),

Da diese Vorschrift Ausschüttungen/Gewinnanteile erfasst, sind im Umkehrschluss Anteile an Verlusten nicht denkbar. **Somit wirken sich Verluste einer juristischen Person auf die Beteiligten steuerlich nicht aus.**

Gewinnausschüttungen im Halbeinkünfteverfahren

Die juristischen Personen, zum Beispiel GmbHs oder AGs, zahlen selbst eine Einkommensteuer, genannt Körperschaftsteuer (KSt). Sie beträgt 25 % des zu versteuernden Einkommens (Gewinns) unabhängig davon wie hoch der Gewinn ist und ob er an die Gesellschafter oder Aktionäre ausgeschüttet wird *(Näheres zur KSt finden Sie in Kapitel 3)*. Erhalten nun die Gesellschafter tatsächlich eine Ausschüttung, so müssen Sie diese nochmals in ihrer eigenen Einkommensteuererklärung angeben. Damit dieses Geld nicht komplett doppelt besteuert wird, ist nur die Hälfte der Ausschüttung beim Anteilseigner steuerpflichtig, die andere Hälfte bleibt steuerfrei.[4]

Von der Ausschüttung ist als Vorauszahlung auch die Kapitalertragsteuer einzubehalten. Sie beträgt 20 % der Bardividende. Bemessungsgrundlage ist der Gesamtbetrag, also sowohl die steuerpflichtige wie die steuerfreie Hälfte.[5]

Beispiel:

Die Schmidt GmbH, an der Herr Schmidt zu 100 % beteiligt ist, erzielte im Kalenderjahr 2006 einen steuerrechtlichen Gewinn i. H. v. 100 000,00 EUR. Der gesamte Gewinn wird ausgeschüttet. Der maßgebliche Steuersatz beträgt 25 %.

---

[1] vgl. § 20 Abs. 1 Nr. 1–2, 9 und 10, Abs. 2 Nr. 1, 2a EStG
[2] vgl. § 20 Abs. 1 Nr. 4, Abs. 2 Nr. 1 EStG
[3] vgl. § 20 Abs. 1 Nr. 5–8, Abs. 2 Nr. 1, 2b, 3, 4 EStG
[4] vgl. § 3 Nr. 40 EStG
[5] vgl. § 43 Abs. 1 Nr. 1 a EStG

Berechnung für die Schmidt GmbH

Brutto-Dividende/-Ausschüttung	100 000,00 EUR
abzgl. 25 % Körperschaftsteuer (KSt)	25 000,00 EUR
5,5 % Solidaritätszuschlag (SolZ) auf KSt	1 375,00 EUR
Bar-Dividende/-Ausschüttung	73 625,00 EUR
abzgl. 20 % Kapitalertragsteuer (KESt)	14 725,00 EUR
5,5 % Solidaritätszuschlag (SolZ) auf KESt	809,88 EUR
Netto-Dividende/-Ausschüttung	58 090,12 EUR

In seiner Einkommensteuererklärung gibt Herr Schmidt die **Bar-Dividende/-Ausschüttung** im Rahmen seiner Einkünfte aus Kapitalvermögen an. Er hat keine weiteren Einkünfte in diesem Jahr. An Abzugsbeträgen (Sonderausgaben, außergewöhnlichen Belastungen usw.) sollen 5 000,00 EUR angefallen sein.

Berechnung für Herrn Schmidt

Einkünfte aus Kapitalvermögen	
Einnahmen	
Bar-Dividende/-Ausschüttung	73 625,00 EUR
davon steuerfrei 50%	36 812,50 EUR
verbleiben steuerpflichtig	36 812,50 EUR
gerundet	36 812,00 EUR
./. Werbungskosten	
Pauschbetrag	51,00 EUR
./. Sparerfreibetrag	1 370,00 EUR
Einkünfte	35 391,00 EUR
= Summe der Einkünfte	35 391,00 EUR
./. Sonderausgaben usw. (siehe oben)	5 000,00 EUR
= zu versteuerndes Einkommen	30 391,00 EUR
Einkommensteuer auf 30 391,00 EUR	5 932,00 EUR
./. bereits als KESt gezahlt	14 725,00 EUR
= Erstattungsanspruch/Guthaben	8 793,00 EUR
Solidaritätszuschlag 5,5 % von 5 932,00 EUR	326,26 EUR
./. bereits als SolZ auf KESt gezahlt	809,88 EUR
= Erstattungsanspruch/Guthaben	483,62 EUR
Gesamte Erstattung vom Finanzamt (ESt + SolZ)	9 276,62 EUR

Einnahmen aus stiller Gesellschaft/partiarischem Darlehen

Während man im Handelsrecht nur die „stille Gesellschaft" kennt[1], so unterscheidet man im Steuerrecht zwei Arten: die typische und die atypische stille Gesellschaft. Die eine Art ist dem Darlehen ähnlicher und gehört damit in das Reich der Einkünfte aus Kapitalvermögen (typische stille Gesellschaft).

Die andere Art ist eher eine Beteiligung am Unternehmen und daher betrieblichen Einkünften, meist den Einkünften aus Gewerbebetrieb, zuzurechnen.

Übersicht 9:
Stille Gesellschaft

Sowohl die Einnahmen des typischen stillen Gesellschafters als auch die Zinseinnahmen des partiarischen Darlehensgebers unterliegen der **25 %igen Kapitalertragsteuer**[2]. Diese hat die auszahlende Stelle einzubehalten.

Sonstige Zinserträge
Unter diesem Punkt finden sich alle anderen Bezüge/Vorteile aus der Überlassung von Kapital, die zuvor nicht genannt wurden; speziell:

- **Zinsen aus Hypotheken, Grundschulden und ähnliche Einnahmen**

- **Erträge aus Lebens- und Rentenversicherungen**
  Ob die Erträge aus solchen Versicherungen steuerfrei und steuerpflichtig sind hängt davon ab wann sie abgeschlossen wurden:

---

[1] *§§ 230 ff. HGB*
[2] *§ 43 Abs. 1 Nr. 3 EStG EStG*

- **Abschluss des Vertrags vor 01.01.1974:**
  Erträge sind generell steuerfrei.[1]
- **Abschluss des Vertrags nach dem 31.12.1973 und vor dem 01.01.2005:**
  Erträge sind steuerfrei wenn bestimmte Voraussetzungen bei der Vertragsgestaltung und während der Laufzeit eingehalten wurden (*vgl. Kapitel 2.4.2 Kapitalbildende Lebensversicherung*).
- **Abschluss des Vertrags nach dem 31.12.2004:**
  Erträge sind zur Hälfte steuerfrei, wenn der Vertrag eine Mindestlaufzeit von 12 Jahren besitzt und die Versicherungsleistung nach Vollendung des 60. Lebensjahres ausgezahlt wird.

- **Zinsen aus sonstigen Kapitalforderungen**
  Hierunter fallen alle Erträge aus Kapitalforderungen jeder Art, wenn
  - die **Rückzahlung des Kapitalvermögens** oder
  - ein **Entgelt für die Überlassung des Kapitalvermögens zugesagt oder gewährt** worden ist, auch wenn die Höhe des Entgelts von einem ungewissen Ereignis abhängt.

Dies bedeutet, dass nur noch solche Erträge nicht dem EStG unterliegen, die mit Unsicherheiten sowohl was die Rückzahlung des Kapitals als auch die „Verzinsung" angeht, behaftet sind und außerhalb der Veräußerungsfrist nach § 23 EStG liegen.

Unerheblich ist, aus welchem Grund die Kapitalforderung besteht. Jegliche Form von vertraglicher oder gesetzlicher Forderung ist erfasst, u. a. die Erträge/Bezüge im Zusammenhang mit folgenden Kapitalforderungen:

- Guthaben bei Kreditinstituten (z. B. Sparbücher oder Sparbriefe)
- Bausparkassenguthaben
- Anleihen und andere Wertpapiere mit festen oder variablen Zinssätzen (Floater, Komibizins etc.)
- Null-Kupon-Anleihen (Zero-Bonds)
- Wandelanleihen
- Darlehen gegenüber Privatpersonen oder Kapitalgesellschaften
- Forderungen gegenüber dem Finanzamt
  aber auch
- Einnahmen aus dem Verkauf von Gewinnansprüchen, z. B. Stückzinsen

Die erhaltenen **Stückzinsen** sind ebenso als Einnahmen zu erfassen wie die normalen Zinszahlungen. Umgekehrt werden gezahlte Stückzinsen als vorab entstandene negative Einnahmen klassifiziert und mindern somit die Einkünfte aus Kapitalvermögen.

---

[1] *§ 52 Abs. 36 Satz 2 EStG*

Werbungskosten

Auch für diese Einkunftsart gilt natürlich die Definition des Werbungskosten-begriffes. Oftmals stellt sich die Frage, ob die Aufwendungen tatsächlich Werbungskosten oder Anschaffungsnebenkosten der Kapitalanlage dar-stellen, welche in dieser Einkunftsart nicht abzugsfähig sind. **Genausowenig stellen Vermögensverluste Werbungskosten dar.**

Nachfolgend einige Beispiele für Werbungskosten:

- ■ **Beratungskosten** beim Erwerb ertragbringender Wertpapiere,

- ■ **Depotkosten** für ertragbringende Wertpapiere,

- ■ **Reisekosten,** z. B. zur Hauptversammlung der AG,

- ■ **Schuldzinsen** im Zusammenhang mit der Anschaffung von ertragbringenden Wertpapieren, soweit nicht ein krasses Miss-verhältnis zwischen gezahlten Zinsen und erhaltenen Kapital-erträgen entsteht.

Die Aufwendungen dürfen nicht mit steuerfreien oder nicht steuerbaren Ein-nahmen zusammenhängen. Es führt dazu, dass man sie nicht als Werbungs-kosten ansetzen kann. Eine Mitveranlassung ist jedoch unschädlich. Gege-benenfalls sind die Anteile zu schätzen. Im Falle von Dividendeneinnahmen beträgt der nichtabzugsfähige Anteil 50 %, da die Dividenden auch nur zur Hälfte steuerpflichtig sind.[1]

Falls also Werbungskosten im Zusammenhang mit Aktien anfallen, z. B. Depotge-bühren oder Reisekosten zu einer Hauptversammlung, sind diese nur hälftig abzugs-fähig.

Zu beachten ist, dass im Zweifel die Einkunftserzielungsabsicht nachzuwei-sen ist, dies bedeutet, dass bezogen auf das einzelne Investment ein Total-überschuss der Einnahmen über die Werbungskosten erreichbar sein muss.

Falls keine oder geringere Werbungskosten nachgewiesen werden, so steht dem Steuerpflichtigen ein **Werbungskosten-Pauschbetrag i. H. v. 51,00 EUR** zu.[2] Der Betrag **verdoppelt sich bei zusammenveranlagten Ehe-gatten auf 102,00 EUR**, auch wenn ein Ehegatte keine Einkünfte aus Kapi-talvermögen hat. Allerdings darf dieser Pauschbetrag – wie andere Pausch-beträge oder Freibeträge auch – nicht zu negativen Einkünften führen.

---

[1] *vgl. § 3c Abs. 2 EStG*
[2] *§ 9 a Nr. 2 EStG*

Sparer-Freibetrag[1]

Für Einkünfte aus Kapitalvermögen existiert ein besonderer Sparer-Freibetrag. Eine Besteuerung findet nur statt, wenn die Einkünfte 1 370,00 EUR – bei zusammenveranlagten Ehepartnern 2 740,00 EUR – übersteigen. Der Freibetrag für Ehepaare gilt unabhängig davon, bei wem die Einkünfte anfallen.

Gestaltungsmöglichkeiten ergeben sich aus der Tatsache, dass jedem Kind ein weiterer Freibetrag im Rahmen der eigenen Einkommensteuererklärung zusteht. Allerdings setzt dies eine steuerlich wirksame Übertragung des Kapitals voraus.

Ausschüttungen aus Investmentfonds

Obwohl Investmentfonds auch mit juristischen Personen zusammenhängen, nämlich mit den Investmentgesellschaften, so werden ihre Ausschüttungen doch ganz anders als z. B. Ausschüttungen einer AG behandelt.

Investmentfonds können die Gelder in unterschiedlichen Dingen anlegen, meistens wird jedoch in Aktien, festverzinsliche Wertpapiere oder Immobilien investiert. Die grundlegende Idee hinter der Besteuerung bei Investmentfonds ist, den Anleger so zu besteuern, als hätte er die Erträge direkt aus den einzelnen Investments erhalten. Wenn er also in einen Aktienfonds investiert, dann soll er so besteuert werden als hätte er die anteiligen Anlagen selbst gehalten ohne den „Umweg" über den Investmentfonds (Transparenzprinzip).

Beispiel:
Frau Gropp hat Geld im Stratega-Aktienfonds angelegt. Der Fonds seinerseits investiert in Aktien deutscher DAX30-Unternehmen. Im Fonds sind folgende Erträge angefallen:

- Dividenden aus den Aktien
- Gewinne aus dem Verkauf von Aktien
- Zinsen aus der kurzfristigen Anlage liquider Mittel

Der Fonds schüttet 5 014,70 EUR aus. Sie setzt aus den genannten Erträgen zusammen. Einen Freistellungsauftrag hat Frau Gropp nicht erteilt. Aus der Steuerbescheinigung zu ihrer Gutschrift geht folgendes hervor:

Ausschüttung bei 1 000 Anteilen		5 500,00 EUR
davon		
Gewinne aus dem Verkauf von Aktien	3 700,00 EUR	
Dividenden (Halbeinkünfteverfahren)	800,00 EUR	
Kapitalertragsteuer 20 % von 800,00 EUR		./. 160,00 EUR
Solidaritätszuschlag 5,5 % von 160,00 EUR		./. 8,80 EUR
Zinsen	1 000,00 EUR	
Zinsabschlagsteuer 30 % von 1 000,00 EUR		./. 300,00 EUR
Solidaritätszuschlag 5,5 % auf 300,00 EUR		./. 16,50 EUR
Gutschrift auf dem Konto		5 014,70 EUR

Die Kapitalertrag-/Zinsabschlagsteuern werden so einbehalten, als ob Frau Gropp die Zinsen beziehungsweise Dividenden direkt erhalten hätte (*mehr zu Kapitalertragsteuern etc. finden Sie in Kapitel 2.9*)

---

[1] vgl. § 20 Abs. 4 EStG

Natürlich gibt es hier einige Besonderheiten zu beachten, denn es geht um Steuerrecht:

- **Immer Einkünfte aus Kapitalvermögen**[1]
  Unabhängig von den Werten, in die der Fonds investiert (Wertpapiere, Immobilien), werden die Erträge beim Anteilseigner, der diese im Privatvermögen hält, als Einkünfte aus Kapitalvermögen erfasst.

- **Ein Versteuerungszeitpunkt**[2]
  Unabhängig davon, wann die Erträge dem Fonds zufließen, so gibt es immer nur einen Besteuerungszeitpunkt für den Anleger. Das ist der Zeitpunkt des Zuflusses beim Anleger selbst.

  Es sind gewinnsammelnde (thesaurierende) und ausschüttende Fonds zu unterscheiden.
  Thesaurierende Fonds:
  Zufluss am Ende des Wirtschaftsjahres des Fonds
  Ausschüttende Fonds:
  Zufluss im Zeitpunkt der tatsächlichen Ausschüttung.

Wichtig ist auch das Thema „Gewinne und Verluste aus Veräußerungen". Hier muss man zwei Ebenen unterscheiden:

a) **Der Anleger verkauft seine Investmentanteile** oder gibt sie an die Investmentgesellschaft zurück.
   Es gelten die normalen steuerlichen Regeln für den Verkauf von Wertpapieren.
   Im Privatvermögen unterliegt der Verkauf innerhalb der einjährigen Veräußerungsfrist der Einkommensteuer, darüber hinaus nicht *(siehe auch Kapitel 2.3.7)*.

b) **Innerhalb des Investmentfonds finden Veräußerungen** von Wertpapieren oder Immobilien **statt**.
   Für Wertpapiere und Immobilien gelten unterschiedliche Regeln:[3]

	Anteile im Privatvermögen
Wertpapierbestand	Veräußerungsgewinne – auch innerhalb der maßgeblichen Veräußerungsfrist von einem Jahr – bleiben unbesteuert
Immobilienbestand	Veräußerungsgewinne aus Immobilien innerhalb der Frist von 10 Jahren sind steuerpflichtig

Übersicht 10: Veräußerungserträge

---

[1] *vgl. § 2 Abs. 1 InvStG*
[2] *vgl. § 2 Abs. 1 InvStG*
[3] *§ 2 Abs. 3 InvStG*

Das Transparenzprinzip und die genannten Besonderheiten führen dazu, dass man bei Investmentfonds den Rechenschaftsbericht oder die Steuerbescheinigung zu Rate ziehen muss, wenn man die steuerlichen Folgen berechnen möchte.

Beispiel:
Wie hoch sind die Einkünfte aus Kapitalvermögen für Frau Gropp (siehe Beispiel Seite 411)? Sie hat keine anderen Einkünfte aus Kapitalvermögen neben der Ausschüttung aus dem Aktienfonds.

Ermittlung der Einkünfte aus Kapitalvermögen
Einnahmen

Ausschüttung bei 1 000 Anteilen	5 500,00 EUR	
davon		
Gewinne aus dem Verkauf von Aktien	3 700,00 EUR	
./. steuerfrei[1]	./. 3 700,00 EUR	0,00 EUR
Dividenden (Halbeinkünfteverfahren)	800,00 EUR	
./. steuerfrei zu 50 %[2]		
	./. 400,00 EUR	400,00 EUR
Zinsen	1 000,00 EUR	1 000,00 EUR
Einnahmen gesamt		1 400,00 EUR
./. Werbungskosten (Pauschbetrag)[3]		51,00 EUR
./. Sparerfreibetrag, maximal 1 370,00 EUR[4]		1 349,00 EUR
Einkünfte aus Kapitalvermögen		0,00 EUR

Die bereits einbehaltene Kapitalertrag- und Zinsabschlagsteuer (460,00 EUR) und der Solidaritätszuschlag (25,30 EUR) werden als Vorauszahlung auf die gesamte Einkommensteuer des Jahres angerechnet beziehungsweise erstattet.

Eine weitere Besonderheit ist der so genannte **Zwischengewinn**.[5] Das sind die zwischen den Ausschüttungsterminen angefallenen steuerpflichtigen Erträge im Investmentfonds, die nicht aus Dividenden oder Verkäufen stammen. Also im Wesentlichen die typischen Zinserträge. Man könnte auch sagen, dass der Zwischengewinn die Stückzinsen des Investmentfonds sind. Er wird börsentäglich von den Investmentgesellschaften veröffentlicht und bei jedem Kauf oder Verkauf aus dem Preis für den Anteil herausgerechnet. Vereinnahmter Zwischengewinn ist eine (positive) Einnahme aus Kapitalvermögen, bezahlter Zwischengewinn stellt negative Einnahmen dar. Der vereinnahmte Zwischengewinn unterliegt der Zinsabschlagsteuer.[6]

---

[1] *§ 2 Abs. 3 Nr. 1 InvStG*
[2] *§ 3 Nr. 40 d) EStG*
[3] *§ 9a Nr. 2 EStG*
[4] *§ 20 Abs. 4 EStG*
[5] *§ 1 Abs. 4 InvStG*
[6] *§ 7 Abs. 1 Nr. 4 InvStG*

2.3.6 Einkünfte aus Vermietung und Verpachtung[1]

Diese Einkunftsart erfasst die Einkünfte, die durch die Vermietung/Verpachtung von bestimmtem Privatvermögen erzielt werden. Der Hauptanwendungsfall ist die **Vermietung/Verpachtung von unbeweglichem Vermögen**[2], also insbesondere von Grund und Boden, Gebäuden, Gebäudeteilen (z. B. Wohnungen), Erbbau-/Erbpachtrechten und erstaunlicherweise auch von in ein Register eingetragenen Schiffen. Jedoch fällt auch die **Vermietung/Verpachtung von Sachinbegriffen, insbesondere von beweglichem Vermögen**[3] darunter. Gemeint sind Wirtschaftsgüter, die in technischer und funktioneller Hinsicht so zusammengehören, dass sie eine Einheit bilden, z. B. das Inventar einer Gaststätte. Die Vermietung von einzelnen Wirtschaftsgütern des Privatvermögens fällt dagegen unter die sonstigen Einkünfte[4]. Daneben sind auch die **Einkünfte aus der Überlassung von Rechten**[5] Teil dieser Einkunftsart, soweit sie nicht von den Urhebern selbst durchgeführt werden.

Nicht in diese Einkunftsart fallen die Gewinne oder Verluste aus der Veräußerung des Vermögengegenstands (z. B. der Immobilie) selbst. Diese könnten lediglich – wenn An- und Verkauf innerhalb bestimmer Fristen erfolgt – zu den sonstigen Einkünften gehören (*vgl. Kapitel 2.3.7*).

Ebenfalls nicht erfasst wird die Selbstnutzung von Wohnraum. Sie ist der privaten Lebensführung zuzurechnen. Steuerlich relevant ist die Selbstnutzung nur für eine Förderung durch das Eigenheimzulagengesetz (*vgl. Kapitel 8*) oder für Baudenkmale oder in Sanierungsgebieten.[6]

Einnahmen

Zu den Einnahmen gehören alle vereinnahmten Mieten, Kostenumlagen und Abstandszahlungen, auch wenn sie vorab oder nachträglich erfolgen (Ausnahme: 10-Tages-Regelung, *vgl. Kapitel 2.2.4*). Für die zu gewerblichen oder sonstigen beruflichen Zwecken (z. B. Arbeitszimmer) genutzten Gebäudeteile ist ertragsteuerlich kein Mietwert oder Ähnliches anzusetzen.

Werbungskosten

Zu den Werbungskosten gehört wieder die gesamte Bandbreite an Aufwendungen, die mit den Einnahmen zusammenhängen. Wobei auch hier die Grundsätze der Nichtabzugsfähigkeit von Aufwendungen die im Zusammenhang mit steuerfreien Einnahmen stehen und der Einkunftserzielungsabsicht zu beachten sind.

Bei Vermietungen kommt es, insbesondere durch Fremdfinanzierung, zu jahrelangen Verlusten. Dies war für die Finanzverwaltung oftmals ein Grund, „Liebhaberei" anzu-

---

[1] *§ 21 EStG*
[2] *§ 21 Abs. 1 Nr. 1 EStG*
[3] *§ 21 Abs. 1 Nr. 2 EStG*
[4] *§ 22 Abs. 3 EStG*
[5] *§ 21 Abs. 3 EStG*
[6] *§ 10 f EStG*

nehmen. Der BFH hat dazu entschieden, dass bei langfristigen Vermietungen dagegen von Einkunftserzielungsabsicht auszugehen ist.[1]

Besondere Brisanz besitzt regelmäßig die Frage, welcher Art die Aufwendungen sind. Man unterscheidet hier:

■ **Anschaffungs- oder Herstellungskosten (AK/HK)**
   Hierzu gehören alle Aufwendungen, die im Zusammenhang mit Erwerb oder Herstellung eines Grundstücks (Grund und Boden sowie Gebäude) stehen. Es zählen auch die Anschaffungsnebenkosten wie Grunderwerbsteuer oder Notarkosten dazu. Alle diese Aufwendungen wirken sich erst über die Jahre durch die AfA steuerlich aus.

■ **Erhaltungsaufwendungen**
   sind sofort als Werbungskosten abzugsfähig.

Dabei ist die Finanzverwaltung meist bemüht, die Aufwendungen der ersten Kategorie zuzurechnen, während die Steuerpflichtigen in der Regel das zweite Genre bevorzugen. Die wichtigsten Zuordnungen finden Sie in folgender Tabelle:

Erhaltungsaufwand	Anschaffungs- oder Herstellungskosten
– Schönheitsreparaturen	– Kaufpreis
– „üblicherweise" anfallender Aufwand	– Kosten für die erstmalige Herstellung
– Aufwendungen im Zusammenhang mit bereits Vorhandenem, ohne den Gebäudestandard zu heben	– Erweiterung eines Gebäudes (neue Fläche)
	– Substanzvermehrung (Einbau von etwas zuvor nicht Vorhandenem, z. B. Lift)
	– Aufwendungen, um eine Wohnung nach dem Kauf nutzbar zu machen
	– Hebung des Gebäudestandards (durch Arbeiten in drei der folgenden Bereiche: Heizung, Sanitär, Elektro, Fenster)
	– Aufwendungen (ohne Umsatzsteuer) in Höhe von 15 % des Kaufpreises, innerhalb von drei Jahren nach Kauf[2]

Bei größeren Erhaltungsaufwendungen an Wohngebäuden ist es möglich, diese nicht im Jahr der Zahlung anzusetzen, sondern die Werbungskosten auf zwei bis fünf Jahre gleichmäßig zu verteilen[3].

---

[1] *vgl. BFH-Urteil vom 30.09.1997 (BStBl. 1998 II Seite 771), BMF-Schreiben vom 04.11.1998 (BStBl. 1998 I, Seite 1444)*

[2] *§ 6 Abs. 1 Nr. 1a EStG*

[3] *§ 82 b EStDV*

Nachfolgend die wichtigsten **Abschreibungsmöglichkeiten** für Gebäude. Der Grund und Boden ist selbst normalerweise nicht abschreibungsfähig, da er sich nicht abnutzt. Beim Kauf müssen daher die Anschaffungskosten auf Gebäude und Grund und Boden aufgeteilt werden. Wenn das Gebäude zu einem Betriebsvermögen gehört, gelten ggf. andere Werte.

- **Lineare AfA**[1]
  - 2,5 % der AK/HK, wenn das Gebäude vor dem 1. Januar 1925 fertiggestellt worden ist
  (entspricht einer Nutzungsdauer von 40 Jahren),
  - 2 % der AK/HK bei späterer Fertigstellung
  (Nutzungsdauer 50 Jahre).
  Eine höhere Abschreibung ist zulässig, wenn die tatsächliche Nutzungsdauer geringer ist.
  Im ersten Jahr der Anschaffung/Herstellung ist die AfA monatsweise zu berechnen.

- **Degressive AfA**[2]
  Kann nur für neu hergestellte Gebäude in Anspruch genommen werden:

  Sofern das Gebäude

  - zu Wohnzwecken dient,
  - selbst hergestellt oder im Jahr der Herstellung angeschafft wurde und
  - der Bauantrag nach dem 31.12.2003 gestellt oder der Vertrag nach diesem Datum geschlossen wurde,

  kann in den ersten zehn Jahren eine AfA von jeweils 4 %, den folgenden acht Jahren von jeweils 2,5 % und in den verbleibenden 32 Jahren von jeweils 1,2 % angesetzt werden[3].

Die degressive AfA wurde in den Voraussetzungen und Abschreibungsverläufen in den letzten Jahrzehnten ständig verändert. Für früher errichtete Gebäude gelten andere Sätze.

Wenn das Gebäude gemischt genutzt wird, also neben Wohnzwecken auch z. B. betrieblichen Zwecken dient, ist der jeweilige Gebäudeteil mit seinem jeweils maßgeblichen AfA-Satz abzuschreiben.

- **Erhöhte AfA**
  Daneben existieren im Immobilienbereich besondere Abschreibungsmöglichkeiten für Gebäude in Sanierungsgebieten (§ 7h EStG) oder Baudenkmale (§ 7i EStG).

Bei der degressiven und erhöhten AfA ist – unabhängig vom Zeitpunkt der Anschaffung/Herstellung – immer der volle Jahresbetrag anzusetzen.

---

[1] *§ 7 Abs. 4 Nr. 2 EStG*
[2] *§ 7 Abs. 5 EStG*
[3] *§ 7 Abs. 5 Nr. 3 c EStG*

2.3.7 Sonstige Einkünfte[1]

Diese letzte der sieben Einkunftsarten kümmert sich um diverse Arten von Einkunftsquellen, die bisher noch nicht erfasst sind. Dies sind:

- Renten und andere wiederkehrende Bezüge,
- Einkünfte aus privaten Veräußerungsgeschäften,
- sonstige Leistungseinkünfte,
- Abgeordnetenbezüge,
- Leistungen aus Altersvorsorgeverträgen und aus Direktversicherungen, Pensionskassen und Pensionsfonds bei nachgelagerter Besteuerung.

Generell ist zu sagen, dass die anderen Einkunftsarten Vorrang vor § 22 EStG genießen, d. h. wenn sich ein Vorgang/eine Tätigkeit unter eine der anderen Einkunftsarten einordnen lässt, ist diese maßgeblich. Nachfolgend sind die einzelnen Formen der sonstigen Einkünfte dargestellt:

Wiederkehrende Bezüge[2]

Dies sind Bezüge, die in Geld oder Geldeswert in einer gewissen Regelmäßigkeit für eine bestimmte Zeit anfallen. Darüberhinaus dürfen sie keiner anderen Einkunftsart zuzurechnen sein. So gehören z. B. Pensionen von früheren Arbeitgebern zu den Einkünften aus nichtselbstständiger Arbeit.

Die in der Praxis wohl wichtigsten Formen sind einerseits die Leibrenten und andererseits die Unterhaltsleistungen zwischen geschiedenen oder dauernd getrennt lebenden Ehegatten.

Bei beiden Einnahmen wird übrigens mindestens ein **Werbungskostenpauschbetrag von 102,00 EUR** berücksichtigt.[3]

1. Leibrenten

Dies sind Renten, bei denen der Zeitraum der Rentenzahlung – zumindest eine gewisse Zeit lang – an das Leben des Rentenempfängers gekoppelt ist. So z. B. bei **Zahlungen aus der gesetzlichen oder privaten Rentenversicherung.**

Zum Jahreswechsel 2004/2005 wurde das System der Rentenbesteuerung umgestellt. Für die **Basisversorgung**, also Renten aus der **gesetzlichen Rentenversicherung**, aus **Versorgungswerken** oder **privaten Basisrenten** („Rüruprenten") soll die Besteuerung zukünftig komplett beim Rentenbezug geschehen. Dafür soll man die Beiträge für diese Versicherungen steuerlich geltend machen können. Das System wird nun bis zum Jahre 2040 schrittweise verändert.

---

[1] § 22 EStG
[2] § 22 Nr. 1, 1 a EStG
[3] § 9 a Nr. 3 EStG

Der Anteil der steuerpflichtigen Rente steigt mit jedem neuen Rentnerjahrgang und mit jeder Rentenerhöhung. Dafür steigt auch der Anteil der Beträge, die man als Sonderausgaben geltend machen kann *(siehe zu Sonderausgaben Kapitel 2.4.2).*

Rentenbeginn	steuerpflichtiger Anteil	steuerfreier Anteil
2005 und früher	50 %	50 %
2006	52 %	48 %
2007	54 %	46 %
...	...	...
2020	80 %	20 %
2021	81 %	19 %
2022	82 %	18 %
...	...	...
2040	100 %	0 %

Der steuerfreie Anteil wird im Jahr des ersten Rentenbezugs ermittelt und bleibt dann fix. Das bedeutet, dass alle regelmäßigen Rentenanpassungen komplett steuerpflichtig werden. Lediglich außergewöhnliche Veränderungen führen auch zu einer Anpassung des steuerfreien Teils.

Beispiel:
Frau Huber erhält ab dem 1. Januar 2004 eine monatliche Rente in Höhe von 1 400,00 EUR von der BfA. Ab 2006 wurde die Rente auf 1 408,00 EUR erhöht. Ihre Einkünfte für 2006 werden folgendermaßen berechnet:

Jahresrente (1 408,00 EUR x 12)	16 896,00 EUR
davon steuerfrei (Rentenbezug ab 2005 und früher)	
Jahresrente 2005: 1 400,00 EUR x 12 Monate x 50 %	8 400,00 EUR
steuerpflichtige Einnahme	8 496,00 EUR
Werbungskosten (Pauschbetrag)	./. 102,00 EUR
sonstige Einkünfte	8 394,00 EUR

Damit die Finanzämter die Rentenversteuerung besser kontrollieren können, müssen die Rentenversicherungsträger, Versorgungswerke, Pensionskassen, Pensionsfonds sowie die Anbieter von privaten Basisrenten und Altersvorsorgeverträgen so genannte **Rentenbezugsmitteilungen** machen.[1]

Bei **privaten Leibrenten** (zum Beispiel aus privaten Rentenversicherungen) wird auch ein prozentualer steuerpflichtiger Satz ermittelt. Damit möchte man die in der Rente enthaltenen Zins- oder Ertragsanteile der Besteuerung unterwerfen. Erreicht wird es dadurch, dass zu Beginn der Rentenzahlung **ein einheitlicher Ertragsanteil für die gesamte Laufzeit** der Rente festgestellt wird. Maßgeblich ist das erreichte Lebensalter des Renten-

---
[1] *§ 22a EStG*

empfängers zu Rentenbeginn. Er ist aus der Tabelle in § 22 Nr. 1 Satz 2 a, bb EStG zu entnehmen. Nur dieser Ertragsanteil unterliegt als Einnahme der Einkommensteuer.

Beispiel:

Frau Huber erhält ab dem 1. Januar 2002 ebenfalls eine monatliche Rente in Höhe von 400,00 EUR aus einer privaten Rentenversicherung. Sie war damals 60 Jahre alt. Ihre Einkünfte für 2006 werden folgendermaßen berechnet:

Jahresrente (400,00 EUR x 12)	4 800,00 EUR
davon steuerpflichtiger Ertragsanteil (22 %)	1 056,00 EUR

Der Werbungskosten-Pauschbetrag wurde bereits bei der BfA-Rente angesetzt (siehe vorheriges Beispiel).

Ist die Rente auch zeitlich begrenzt, wie zum Beispiel Renten aus einer selbstständigen Berufsunfähigkeitsversicherung, so ist der Ertragsanteil eventuell geringer[1].

2. Begrenztes Realsplitting

Normalerweise sind Unterhaltszahlungen von geschiedenen oder dauernd getrennt lebenden Ehepartnern steuerlich nicht zu beachten. Wenn sich allerdings beide Parteien einig sind, so kann vereinbart werden, dass der Zahlende seine Aufwendungen bis maximal 13 805,00 EUR als Sonderausgaben geltend machen kann, während der andere diese Beträge als Einnahmen bei den sonstigen Einkünften anzusetzen und zu versteuern hat.[2] Dies nennt man begrenztes Realsplitting.

Einkünfte aus privaten Veräußerungsgeschäften (Spekulationsgeschäfte)[3]

Erträge aus dem Verkauf von Privatvermögen unterliegen grundsätzlich nicht der Einkommensteuer. Die wichtigsten Ausnahmen sind Verkäufe von Beteiligungen an Kapitalgesellschaften[4] und die im Folgenden behandelten so genannten privaten Veräußerungsgeschäfte.

Private Veräußerungsgeschäfte sind solche, bei denen der **Zeitraum zwischen der Anschaffung und der Veräußerung**

- bei **Grundstücken**[5] und ähnlichen Rechten (wie Erbbaurechten) **nicht mehr als zehn** und

- bei **anderen Wirtschaftsgütern**, insbesondere Wertpapieren, **nicht mehr als ein Jahr** beträgt.

---

[1] § 55 EStDV
[2] Die korrespondierenden Vorschriften sind § 10 Abs. 1 Nr. 1 und § 22 Nr. 1a EStG
[3] § 22 Nr. 2 i. V. m. § 23 EStG
[4] § 17 EStG
[5] Im Steuerrecht – wie auch nach § 94 BGB – umfasst der Begriff Grundstück auch Gebäude als wesentlichen Bestandteil.

Der Gesetzgeber hat bei Immobilien eine Ausnahme gemacht:
Wenn man das Haus oder die Wohnung die komplette Zeit oder zumindest im Jahr des Verkaufs und den beiden vorangegangenen Jahren selbst als Wohnung genutzt hat, ist die Immobilie auch innerhalb der zehn Jahre von der Besteuerung ausgenommen[1].

Die Veräußerung von Betriebsvermögen fällt nicht unter § 23 EStG, sondern unabhängig von der Veräußerungsfrist unter die Einkünfte aus Land- und Forstwirtschaft, Gewerbebetrieb oder selbstständiger Arbeit.

Der Gewinn aus der Wertsteigerung von Privatvermögen bleibt also nach dieser Frist unbesteuert, während er bei Betriebsvermögen auch noch nach 100 Jahren besteuert wird. Dies ist auch der Grund, warum es oftmals günstiger ist – wenn möglich – auch betrieblich genutzte Grundstücke im Privatvermögen zu halten. Allerdings setzt dies mitunter aufwendigere rechtliche Konstruktionen mit verschiedenen Beteiligten voraus. Im Bereich des Erbschaftsteuerrechts ist dagegen das Betriebsvermögen begünstigt.

Für die Berechnung der Veräußerungsfrist ist das schuldrechtliche bzw. Verpflichtigungsgeschäft (z. B. Grundstückskaufvertrag) und nicht das dingliche bzw. Erfüllungsgeschäft (z. B. Eintragung im Grundbuch) maßgeblich.

Wenn der Erwerb des Wirtschaftsgutes unentgeltlich erfolgt, ist das kein Anschaffungsvorgang. Insofern beginnt die Frist nicht (nochmals) zu laufen.[2]

Dies gilt insbesondere beim Erwerb durch:

- Vermächtnis,
- Schenkung,
- Erbschaft.

Beispiel:
Frau Adelheid Ginster erwirbt zum 1. Mai 03 ein bebautes Grundstück für 150 000,00 EUR. Zum 2. Januar 05 schenkt sie es ihrem Sohn Peter Ginster. Dieser veräußert das Grundstück zum 2. Januar 14 für 175 000,00 EUR an einen Dritten. Da die Schenkung nicht als Anschaffungsvorgang gilt, entsteht für Peter Ginster kein steuerpflichtiger Veräußerungsgewinn.
Anders wäre der Vorgang zu beurteilen, wenn er das Grundstück am 1. Mai 13 veräußert. In diesem Falle hätte er nämlich unter Zugrundelegung des ursprünglichen Anschaffungszeitpunktes (1. Mai 03) innerhalb der 10-jährigen Veräußerungsfrist gehandelt. Es wäre also ein Veräußerungsgewinn von 25 000,00 EUR zu versteuern.

Bei der **Veräußerung eines Teils gleicher Wertpapiere,** die sich in einem Sammeldepot befinden, gelten die zuerst angeschafften Wertpapiere als zuerst verkauft ("First-in-First-out")[3]
Differenzgeschäfte (Waren-, Devisentermingeschäfte, Swaps, Index-Optionsgeschäfte, Futures) unterliegen ebenfalls der Besteuerung, sofern der Zeitraum zwischen Erwerb und Beendigung des Rechts auf einen Differenzausgleich, Geldbetrag oder Vorteil nicht mehr als ein Jahr beträgt.

---

[1] *§ 23 Abs. 1 Nr. 2 EStG*
[2] *Hinweis zu Richtlinie 169 „Anschaffung" EStR*
[3] *§ 23 Abs. 1 Nr. 2 EStG*

Da es sich um eine Überschusseinkunftsart handelt, werden die Überschüsse nach bekanntem Verfahren wie folgt ermittelt:

> Veräußerungspreis
> ./. Restwert (fortgeführte Anschaffungskosten)
> ./. Werbungskosten (z.B. Maklercourtage, Anzeigen, Reisekosten)
> = Veräußerungsgewinn oder -verlust

Unter **Restwert** sind die ursprünglichen Anschaffungskosten abzüglich der in Anspruch genommenen AfA, soweit diese bei der Ermittlung der Einkünfte abgezogen worden ist, zu verstehen. Für Wirtschaftsgüter, die vor dem 1. Januar 1996 angeschafft wurden, ist nicht der Restwert, sondern sind die Anschaffungskosten abzuziehen, was natürlich den Gewinn mindert bzw. den Verlust erhöht.

Folgende Besonderheiten sind weiterhin zu beachten:

- Für die Ermittlung der Werbungskosten ist grundsätzlich das so genannte Abflussprinzip[1] maßgebend, d. h. der Zeitpunkt des Geldflusses entscheidet über die Berücksichtigung der Werbungskosten. Davon abweichend sind Werbungskosten im Zusammenhang mit Veräußerungsgeschäften in dem Kalenderjahr zu berücksichtigen, in dem der Verkaufserlös zufließt. Falls sich der Zufluss auf mehrere Jahre verteilt, so sind die Werbungskosten mit dem ersten Teilerlös zu verrechnen, bis sich ein Veräußerungsgewinn von 0,00 EUR ergibt. Bisher nicht verrechnete Werbungskosten sind mit den späteren Teilerlösen zu verrechnen.[2]

- **Verluste aus Veräußerungsgeschäften** können nicht mit anderen positiven Einkünften ausgeglichen werden. Jedoch können die Verluste eines Jahres entsprechende Gewinne des Vorjahres bzw. der Folgejahre mindern.[3]

Um nicht jeden geringen Gewinn aus solchen Geschäften der Besteuerung unterwerfen zu müssen, hat der Gesetzgeber eine **Besteuerungsfreigrenze** in § 23 Abs. 3 EStG festgeschrieben: Von einer Besteuerung wird abgesehen, wenn der **Überschuss weniger als 512,00 EUR beträgt**. Wie eine Freigrenze im Unterschied zu einem Freibetrag (wie z. B. dem Sparerfreibetrag) wirkt, zeigt folgendes Beispiel:

Beispiel:
Herr Heinrich Anklam erzielt aus An- und Verkäufen von Wertpapieren im Kalenderjahr einen Veräußerungsgewinn von 511,99 EUR. Der Gewinn muss nicht versteuert werden, da er weniger als 512,00 EUR beträgt.
Herr Jörg Belzig konnte einen Gewinn i. H. v. 512,00 EUR „verbuchen". Sein gesamter Gewinn muss der Besteuerung unterworfen werden.
Demgegenüber würde ein Freibetrag generell gewährt/abgezogen, so dass ein Freibetrag von 511,99 EUR zu einem maßgeblichen Gewinn von 0,01 EUR führen würde.

---

[1] *§ 11 Abs. 2 EStG*
[2] *Hinweis zu Richtlinie 169 „Werbungskosten" EStR*
[3] *§ 23 Abs. 3 i. V. m. § 10d EStG*

Sonstige Leistungseinkünfte[1]

Unter diese Vorschrift fallen diverse Überschüsse aus Leistungen, die in einem Tun, Dulden oder Unterlassen bestehen können. Im Gesetz stehen folgende Beispiele: Einkünfte aus gelegentlichen Vermittlungen (z. B. von Versicherungsverträgen) und aus der Vermietung beweglicher Gegenstände (z. B. eines Autos). Darüber hinaus zählen u. a. folgende Geschäfte dazu: Aufgabe einer Wohnung gegen Entgelt, Einräumung eines Vorkaufsrechtes gegen Entgelt, entgeltlicher Verzicht auf Rechte, gelegentliche Leistungen gegen Schmier-, Schweige- oder Bestechungsgelder oder auch Prämien aus sog. Stillhalteroptionen.[2]

Es existiert auch für diese Vorgänge eine **Besteuerungsfreigrenze**. Dies bedeutet, dass die Besteuerung unterbleibt, soweit die **Überschüsse weniger als 256,00 EUR betragen**. Für den Verlustausgleich gilt das gleiche wie bei den Veräußerungen.

Abgeordnetenbezüge[3]

Bis in die siebziger Jahre waren Abgeordnetenbezüge steuerfrei. Diese merkwürdige Regelung wurde allerdings durch das Bundesverfassungsgericht für verfassungswidrig erklärt. Seitdem werden diese als sonstige Einkünfte besteuert.

Erfasst werden hauptsächlich Bezüge von Bundestags-, Landtags- und Europaparlamentsabgeordneten. So genannte Aufwandsentschädigungen sind jedoch weiterhin steuerfrei.[4]

Leistungen anderer Bezüge mit nachgelagerter Besteuerung[5]

In dieser Rubrik werden alle Bezüge gesammelt, die nachgelagert besteuert werden und keine Leibrenten sind. Es finden sich hier sowohl die durch Zulage oder Sonderausgabenabzug geförderten Altersvorsorgeverträge[6], aber auch die Zahlungen aus Pensionskassen, Pensionsfonds und Direktversicherungen, die vorher aus steuerfreien Einnahmen gespeist wurden.[7]

Die Zahlungen werden zu 100 % besteuert. Auch wenn das Kapital zum Beispiel aus einer Direktversicherung in einer Summe ausgezahlt wird, ist diese sofort zu versteuern; eine Tarifvergünstigung (*siehe Kapitel 2.6.1*) kommt nicht zum Tragen.

Wenn eine Direktversicherung, eine Pensionskasse oder ein Pensionsfonds teilweise mit vorgelagert besteuertem und teilweise mit nachgelagert besteuertem Geld angespart wurde, ist die Leistung entsprechend aufzuteilen.

---

[1] *§ 22 Nr. 3 EStG*
[2] *Hinweis zu Richtlinie 168a „Einnahmen ..." EStR*
[3] *§ 22 Nr. 4 EStG*
[4] *§ 3 Nr. 12 EStG*
[5] *§ 22 Nr. 5 EStG*
[6] *§§ 10a, 79ff EStG*
[7] *§ 3 Nr. 63 EStG*

2.3.8 Behandlung von Verlusten

Aus den Einkunftsquellen können sich positive oder negative Ergebnisse ergeben. Wie werden Verluste berücksichtigt?

Man geht hier innerhalb eines Jahres in zwei Schritten vor[1]:

1. Innerhalb einer Einkunftsart werden Gewinne/Überschüsse und Verluste miteinander ausgeglichen (Horizontaler Verlustausgleich).

2. Bleiben negative Einkünfte übrig, so kann man diese unbeschränkt mit anderen positiven Einkünften aus anderen Einkunftsarten ausgleichen (Vertikaler Verlustausgleich).

Können nicht alle negativen Einkünfte innerhalb des Jahres ausgeglichen werden, so ist mit einem Betrag von maximal 511 500,00 EUR ein **Rücktrag ins Vorjahr** möglich. Der Verlustabzug wird in dem Vorjahr vor den Sonderausgaben vorgenommen *(vgl. Kapitel 2.2.1)*. Ist dies nicht möglich oder gewünscht, dann sind die Verluste in die **Folgejahre** vorzutragen.[2]

Normalerweise macht auch der Verlustvortrag keine Probleme. Erst ab einem Verlustvolumen von mehr als einer Million Euro (bei Verheirateten ab zwei Millionen Euro) müssen 40 % des Gesamtbetrags der Einkünfte übrig bleiben. Man nennt diese Sperre auch „Mindestbesteuerung".

Leider gibt es auch noch verschiedene individuelle „Ausgleichssperren", von denen sie die drei wichtigsten im Folgenden aufgelistet finden:

- **Verlustzuweisungsgesellschaften und ähnliche Modelle**[3]
  Verluste aus solchen Gesellschaften dürfen nur mit (späteren) Gewinnen aus derselben Quelle, also z. B. demselben Immobilienfonds, ausgeglichen werden. Eine Verrechnung mit anderen Einkünften oder Gewinnen aus anderen Gesellschaften, die unter § 2b EStG fallen, ist nicht möglich. Die Finanzverwaltung geht bei der Prüfung, ob eine derartige Gesellschaft vorliegt, folgendermaßen vor[4]:
  - Ist nach der Prognoserechnung mit einem Verlust von mehr als 50 % des Kapitals zu rechnen? Falls nicht, so ist § 2b nicht anzuwenden (Nichtaufgriffsgrenze).
  - Liegt eine modellhafte Gestaltung (vorgefertigtes Konzept, ein Bündel von Leistungen) vor? Ist dies nicht gegeben, dann greift diese Vorschrift ebenfalls nicht. Beim Erwerb einer Eigentumswohnung von einem Bauträger geht man übrigens normalerweise nicht von einer modellhaften Gestaltung aus.
  - Steht die Erzielung eines steuerlichen Vorteils im Vordergrund? Die Finanzverwaltung sieht diese Voraussetzung als gegeben an, wenn entweder die modellhaft gerechnete Nachsteuerrendite mehr als das doppelte der Vorsteuerrendite beträgt oder besonders auf die anlagebedingten Verluste hingewiesen wird.

---

[1] *§ 2 Abs. 3 EStG*
[2] *§ 10d EStG*
[3] *§ 2b EStG*
[4] *BMF-Schreiben vom 22.08.2001 (BStBl. 2001 I, S. 588)*

Nur wenn alle drei Voraussetzungen gegeben sind, fällt das Modell unter § 2b EStG.

■ **Verlustausgleichsbeschränkung nach § 15a EStG**
Wenn man an einer Personengesellschaft oder einem ähnlichen Gebilde beteiligt ist und nur beschränkt für Verluste der Gesellschaft haftet, greift diese besondere Vorschrift. Dies ist stets der Fall, wenn man als Kommanditist an einer KG beteiligt ist, trifft aber genauso als stiller Gesellschafter zu. Auch bei einem GbR-Gesellschafter kann dies unter Umständen zutreffen, wenn sein Verlustrisiko durch vertragliche Regelungen tatsächlich auf einen bestimmten Betrag begrenzt ist. Das steuerliche Resultat ist, dass man nur diejenigen Verluste mit anderen Einkünften ausgleichen kann, welche man wirtschaftlich auch trägt, sprich für die man haftet (ausgleichsfähige Verluste). Bei einem Kommanditisten ist die Haftung demnach meist auf die geleistete bzw. eingetragene Einlage begrenzt. Höhere Verluste können nur mit späteren Gewinnen aus der gleichen Quelle verrechnet werden (verrechenbare Verluste).

■ **Negative Einkünfte aus Veräußerungsgeschäften**[1] und aus sonstigen Leistungen[2] können jeweils nur mit derartigen positiven Einkünften verrechnet werden.

---

[1] *§ 22 Nr. 2 EStG*
[2] *§ 22 Nr. 3 EStG*

2.4 Sonderausgaben und außergewöhnliche Belastungen

Die Aufwendungen, die in direktem Zusammenhang mit der Erzielung von Einkünften stehen, werden als Betriebsausgaben oder Werbungskosten bei der einzelnen Einkunftsart mindernd berücksichtigt. Demgegenüber sind Aufwendungen, die die private Lebensführung des Steuerpflichtigen betreffen, grundsätzlich vom Abzug ausgeschlossen.[1]

Aus unterschiedlichen Gründen dürfen aber dennoch bestimmte private Aufwendungen das zu versteuernde Einkommen und damit die Steuerlast des Einzelnen mindern. Dies sind:

■ **Sonderausgaben**
sind einerseits Ausgaben, welche die wirtschaftliche Leistungsfähigkeit des Steuerpflichtigen mindern und damit auch im Rahmen der Ermittlung der Einkommensteuer berücksichtigt werden sollen (z. B. unvermeidliche private Ausgaben wie Sozialversicherungsbeiträge) und andererseits Ausgaben, die durch die Steuer begünstigt werden sollen (z. B. Spenden).

■ **außergewöhnliche Belastungen (agB)**
Auch die Abzugsfähigkeit der agB ist vor dem Hintergrund zu sehen, dass die Besteuerung die subjektive Leistungsfähigkeit des Einzelnen berücksichtigen soll. So sind einerseits größere unvermeidliche Aufwendungen (wie Wiederbeschaffung unentbehrlicher Güter nach Brand oder Naturkatastrophen) und andererseits regelmäßige Aufwendungen auf Grund eines Mehrbedarfs (beispielsweise wegen Alter oder Körperbehinderung) berücksichtigungsfähig.

Wenn man sich die berücksichtigungsfähigen Beträge im Hinblick auf die persönliche Leistungsfähigkeit anschaut, so könnte man kritisieren, dass sie in einigen Bereichen über das Ziel hinausschießen (z. B. Berücksichtigung von bestimmten Schulgeldern), während sie in anderen Bereichen unzureichend sind (z. B. Abzugsbeträge im Zusammenhang mit Behinderungen).

---

[1] *§ 12 EStG*

2.4.1 Allgemeines zu Sonderausgaben

Sonderausgaben können bei demjenigen berücksichtigt werden, der die Aufwendungen aufgrund einer eigenen Verpflichtung tatsächlich geleistet hat.

Bei Versicherungsbeiträgen bedeutet dies, dass nur derjenige die Beträge geltend machen darf, der **Versicherungsnehmer** ist **und** durch die **Zahlungen belastet** ist. Ohne Belang ist die Frage, wer Versicherter ist oder wem die Versicherungssumme später zufließt. Eine Ausnahme hiervon besteht nur für zusammen veranlagte Ehegatten. Hier ist es egal, wer die Zahlungen geleistet hat.[1]

Für Sonderausgaben gilt das sog. „Abflussprinzip", es bedeutet, dass sie in dem Kalenderjahr berücksichtigt werden, in welchem sie gezahlt wurden. Unbedeutend ist hierbei für welchen Zeitraum die Zahlung erfolgte.
Sonderausgaben dürfen nur abgezogen werden, wenn die Erstattungen nicht höher sind als die gezahlten Beträge. Auf der anderen Seite werden „negative" Sonderausgaben nicht berücksichtigt. Willkürliche, die voraussichtliche Schuld weit übersteigende Zahlungen, sind nicht abzugsfähig.[2]

2.4.2 Vorsorgeaufwendungen

Bei Vorsorgeaufwendungen handelt es sich um bestimmte Versicherungsbeiträge. Diese sind allerdings nicht unbegrenzt abzugsfähig, sondern nur im Rahmen bestimmter Höchstbeträge. Um die gezahlten Versicherungsbeiträge tatsächlich als Sonderausgaben geltend machen zu können, muss man auch Folgendes beachten:

- Sie dürfen **nicht im Zusammenhang mit steuerfreien Einnahmen** stehen.

---

[1] *Richtlinie 86a EStR*
[2] *Hinweis zu Richtlinie 101 „willkürliche Zahlungen" EStR*

■ Die Beiträge müssen an ein Versicherungsunternehmen mit Sitz oder Betriebserlaubnis in der EU oder an einen Sozialversicherungsträger gezahlt werden.

■ Es darf sich **nicht** um **vermögenswirksame Leistungen** handeln, für die Anspruch auf eine Arbeitnehmersparzulage besteht.

Versicherungsbeiträge

Der Gesetzgeber lässt nicht alle gezahlten Versicherungsbeiträge zum Sonderausgabenabzug zu, sondern nur die, die im Gesetz genannt sind.[1]

Weil sie mit unterschiedlichen Beträgen abzugsfähig sind, kann man sie in zwei Gruppen einteilen:

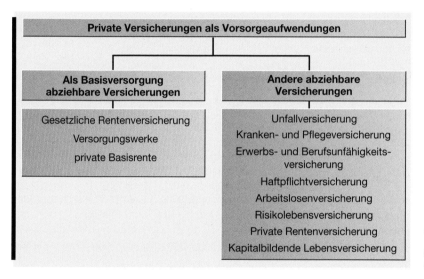

Übersicht 11:
Private
Versicherungen
als Vorsorge-
aufwendungen

Was ist bei den Versicherungen speziell zu beachten?

Versorgungswerke

Für bestimmte Berufe ist eine Pflichtversicherung bei berufsständischen Versorgungswerken vorgesehen. Das gilt zum Beispiel für Ärzte und Rechtsanwälte. Die Beiträge sind aber nur dann abzugsfähig, wenn der Versorgungsumfang dem der gesetzlichen Rentenversicherung entspricht.

Private Basisversorgung

Damit sind solche privaten Rentenversicherungen gemeint, die nicht vor Vollendung des 60. Lebensjahres fällig werden dürfen und außerdem weder vererblich noch beleihbar sein dürfen und nur monatlich ausgezahlt werden.[2] Die private Basisversorgung wird auch als „Rürup-Rente" oder „Schicht-1"-Versicherung bezeichnet.

---

[1] *§ 10 Abs. 1 Nr. 2 und 3 EStG*
[2] *§ 10 Abs. 1 Nr. 2 b) EStG*

Es kann auch eine Erwerbs- oder Berufsunfähigkeit sowie eine Versorgung von Hinterbliebenen mitversichert sein, jedoch müssen mehr als 50 % der Beiträge auf die eigene Altersversorgung entfallen.[1]

Unfallversicherung

Auch die Insassenunfallversicherung kann angesetzt werden. Ein Teil der privaten Unfallversicherung eines Arbeitnehmers deckt auch den beruflichen Bereich ab und kann daher als Werbungskosten bei den Einkünften aus nichtselbstständiger Arbeit angesetzt werden. Im Zweifel entfallen auf den beruflichen Teil 50 % der Beiträge.[2]

Kranken- und Pflegeversicherung

Neben der gesetzlichen Kranken- und Pflegeversicherung sind auch die private Krankenvoll- und -zusatzversicherung abgedeckt. Auch zusätzliche private Pflegeversicherungen sowie Kranken-/Krankenhaustagegeld- und Auslandskrankenversicherung können angesetzt werden.

Erwerbs- und Berufsunfähigkeitsversicherung

Unter diese Rubrik fallen selbstständige Versicherungsverträge. Sind diese Risiken Teil einer Lebens- oder Rentenversicherung, so müssen die Rahmenbedingungen für die Hauptversicherungen beachtet werden; sie teilen dann deren Schicksal.

Haftpflichtversicherung

Jegliche privaten Haftpflichtversicherungen sind ansatzfähig, also neben der privaten Haftpflichtversicherung auch die Jagd- oder Tierhalterhaftpflicht. Ebenso ist die Kfz-Haftpflichtversicherung zu berücksichtigen, selbst wenn die Fahrten zwischen Wohnung und Arbeitsstätte mit der Pauschale als Werbungskosten angesetzt werden.[3]

Arbeitslosenversicherung

Dies sind in erster Linie Beiträge an die gesetzliche Arbeitslosenversicherung.

Risikolebensversicherung

Damit sind auch Sterbegeld- und Erbschaftsteuerversicherungen abgedeckt, wenn diese nur beim Todesfall leisten.

---

[1] *BMF-Schreiben vom 24.02.2005 (BStBl. 2005 I, Seite 429), Tz. 11*
[2] *BMF-Schreiben vom 17.07.2000 (BStBl. 2000 I, Seite 1204)*
[3] *Richtlinie 88 Abs. 2 EStR*

Private Rentenversicherung/Kapitalbildende Lebensversicherung

Es sind nur Verträge begünstigt, wenn sie vor 2005 abgeschlossen und der erste Beitrag entrichtet wurde. Außerdem sind alle Bedingungen zu erfüllen, wie sie bereits vor 2005 galten. Andernfalls ist zu beachten, dass nicht nur der Sonderausgabenabzug, sondern **auch die Steuerfreiheit entfällt.**[1]

- **Mindestlaufzeit von zwölf Jahren**[2]
  Eine vorzeitige Auszahlung, Beitragsverrechnung oder Gutschrift führen zur Steuerschädlichkeit. Dagegen sind Verminderungen wesentlicher Vertragsbestandteile, wie z. B. der Versicherungssumme, unkritisch.[3]

- **Laufende Beitragsleistung**
  Es müssen mindestens fünf Jahresbeiträge geleistet werden.[4]

- **Todesfallschutz mindestens 60 % der Beiträge**[5]
  Das gilt für Verträge, die nach dem 31.03.1996 abgeschlossen wurden.

- **keine fondsgebundenen Lebensversicherungen**[6]
  Die Auszahlungen sind dennoch steuerfrei, wenn die anderen Bedingungen beachtet werden.[7]

- **Keine steuerschädliche Abtretung oder Verpfändung der Ansprüche für Darlehen**[8]
  Von dieser Regel gibt es einige wichtige Ausnahmen. Dabei kommt es auf den Zweck des Darlehens an:

  - Das Darlehen dient rein privaten Zwecken und die Zinsen aus dem Darlehen können nicht als Werbungskosten oder Betriebsausgaben geltend gemacht werden (z. B. Darlehen für privates Kfz oder Immobilie zur Selbstwohnnutzung).

  - Das Darlehen dient ausschließlich dazu, etwas anzuschaffen, was man langfristig benötigt, um Einkünfte zu erzielen (z. B. Maschine für das Unternehmen oder Immobilie zur Vermietung).

Die Versicherungsbeiträge kann man leider nicht unbegrenzt, sondern nur bis zu bestimmten Maximalbeträgen als Sonderausgaben geltend machen.

---

[1] *§ 20 Abs. 1 Nr. 6 i.V.m. § 10 Abs. 1 Nr. 2 b) EStG (beide in der Fassung vom 31.12.2004!)*
[2] *§ 10 Abs. 1 Nr. 2 b) cc), dd) EStG (in der Fassung vom 31.12.2004)*
[3] *BMF-Schreiben vom 22.08.2002 (BStBl. 2002 I, Seite 827), Tz. 40*
[4] *z. B. FinMin Saarland 22.12.1988 (DStR 1989, Seite 112)*
[5] *Richtlinie 88 Abs. 1 EStR*
[6] *§ 10 Abs. 1 Nr. 2 b) Satz EStG (in der Fassung vom 31.12.2004)*
[7] *§ 20 Abs. 1 Nr. 6 Satz 5 EStG (in der Fassung vom 31.12.2004)*
[8] *§ 10 Abs. 2 EStG (in der Fassung vom 31.12.2004), Ausführliche Darstellung: BMF-Schreiben vom 15.6.2000 (BStBl. 2000 I, Seite 1118).*

Berechnung der abzugsfähigen Vorsorgeaufwendungen

Als man sich daran machte, das System der Rentenbesteuerung zu ändern, hat man auch das Berechnungsschema für die Vorsorgeaufwendungen verändert. Mit dem aktuellen System werden gegenüber zuvor in erster Linie die Beiträge zur Basisversorgung gefördert und andere Versicherungen, auch kapitalbildende Lebensversicherungen oder private Rentenversicherungen mit Kapitalwahlrecht sind nur noch in kleinerem Umfange abzugsfähig, oft wirken sie sich gar nicht aus.

Damit nun diese Umstellung die Planung vieler Menschen nicht von einem Tag auf den anderen einfach über den Haufen wirft, wurde eine Übergangsregelung eingeführt: Bis zum Jahr 2019 werden vom Finanzamt die abzugsfähigen Versicherungsbeiträge nach der bisherigen und der neuen Methode berechnet – die günstigere wird angesetzt. Daher schauen wir uns zuerst die aktuelle und dann die bisherige Methode an.

Höchstbetragsberechnung (aktuelle Methode)
Die Berechnung findet in **zwei Schritten** statt:[1]

- **Höchstbetrag zur Basisversorgung** 20 000,00 EUR (bei Verheirateten bis 40 000,00 EUR), gekürzt um einen fiktiven Arbeitgeber- und Arbeitnehmeranteil bei Beamten, Abgeordneten und anderen, die ohne eine Beitragsleistung eine Versorgung erhalten.
  Die Beiträge zur Basisversorgung, bei Sozialversicherungspflichtigen inklusive Arbeitgeberanteil zur gesetzlichen Rentenversicherung, sind mit einem bestimmten Prozentsatz anzusetzen (2005: 60 %, Folgejahre jeweils + 2 %). Der berechnete Betrag ist um den kompletten Arbeitgeberanteil zur Rentenversicherung zu kürzen.

- **Höchstbetrag für andere abziehbare Versicherungen** 2 400,00 EUR, maximal jedoch 1 500,00 EUR für Personen, die einen Anspruch auf vollen oder teilweisen Ersatz der Krankheitskosten haben (Beamte, Soldaten, Richter), für deren Krankenversicherung ein Arbeitgeberanteil gezahlt (sozialversicherungspflichtige Arbeitnehmer) oder ein Anteil übernommen wird (oftmals Rentner). Auch Familienversicherte fallen darunter. Beiträge zu einer kapitalbildenden Lebensversicherung oder Rentenversicherung werden nur mit 88 % der gezahlten Beiträge angesetzt.

Wie wird nun konkret gerechnet?

Beispiel:
Unverheirateter Arbeitnehmer, Alter: 34 Jahre (2006), Bruttogehalt 25 000,00 EUR, folgende Beiträge sind zu berücksichtigen:
Gesetzliche Rentenversicherung (Arbeitnehmer- und Arbeitgeberanteil jeweils) 2 437,50 EUR; Kranken-/Pflege-/Arbeitslosenversicherung (Arbeitnehmeranteil)

---

[1] *§ 10 Abs. 3 und 4 EStG*

2 750,00 EUR; private kapitalbildende Lebensversicherung (abgeschlossen 2003) 700,00 EUR; private Pflegezusatzversicherung 60,00 EUR; Privathaftpflichtversicherung 60,00 EUR; Kfz-Versicherung 800,00 EUR (davon 250,00 EUR für Kfz-Haftpflicht); Rechtsschutzversicherung 150,00 EUR.

	EUR	abzugsfähig EUR
1. Höchstbetrag zur Basisversorgung		
Höchstbetrag von	20 000,00	
Gesetzliche RV (Arbeitnehmeranteil)	2 437,50	
Gesetzliche RV (Arbeitgeberanteil)	2 437,50	
Summe	4 875,00	
davon 62 % (2006)	3 022,50	
Kürzung um Arbeitgeberanteil zur RV	./. 2 437,50	
Berücksichtigungsfähige Beiträge zur Basisvers.	585,00	585,00
2. Höchstbetrag für andere Versicherungen		
Kranken-/Pflege-/Arbeitslosenvers. (AN-Anteil)	2 750,00	
Private kapitalbildende LV 88 % von 700,00 EUR	616,00	
Private Pflegezusatzversicherung	60,00	
Privathaftpflichtversicherung	60,00	
Kfz-Haftpflichtversicherung	250,00	
Summe	3 736,00	
Höchstbetrag	1 500,00	1 500,00
		2 085,00

Es sind 2 085,00 EUR als Vorsorgeaufwendungen abzugsfähig.

Vorsorgepauschale (aktuelle Methode)[1]

Speziell als Arbeitnehmer in der gesetzlichen Sozialversicherung hat man immer abzugsfähige Vorsorgeaufwendungen. Aber auch bei Beamten und anderen Personen kann man davon ausgehen, dass sie Versicherungsbeiträge in bestimmtem Umfange zahlen. Deswegen kann man die Vorsorgeaufwendungen auch gleich bei der Berechnung der Lohnsteuer berücksichtigen. Das geschieht mit einer Vorsorgepauschale (*siehe auch Kapitel 2.8.1*). Die Vorsorgepauschale ist auch der Mindestbetrag, der angesetzt wird, wenn man eine Einkommensteuererklärung macht.

Für sozialversicherungspflichtige Arbeitnehmer wird folgendermaßen gerechnet: Es wird berechnet wie hoch der **Arbeitnehmeranteil in der Rentenversicherung** wäre (50 % des Gesamtbeitrags). Von diesem Wert wird ein bestimmter Prozentsatz angesetzt (2005: 20 %, Folgejahre jeweils + 4 %). Dazu werden 11 % des Arbeitslohns, maximal 1 500,00 EUR addiert.

Für Beamte, Pensionäre, Rentner, Abgeordnete und andere Personen, die eine Altersversorgung ohne eigene Beitragsleistung oder durch steuerfreie Beiträge erworben haben, wird nur der zweite Berechnungsschritt, also 11 % vom Arbeitslohn, durchgeführt.

---

[1] *§ 10c Abs. 2 bis 4 EStG*

Auch hier wird eine Alternativrechnung nach dem bisherigen System für Vorsorgepauschalen durchgeführt und das günstigere angesetzt.

Beispiel:

Unverheirateter Arbeitnehmer, Alter: 34 Jahre (2006), Bruttogehalt 25 000,00 EUR

		abzugsfähig EUR
1. Arbeitslohn x Beitragssatz Rentenversicherung bis Beitragsbemessungsgrenze x 50 % 25 000,00 EUR x 19,5 % x 50 % = 2 437,50 EUR davon 24 %	585,00 EUR	585,00
2. Arbeitslohn x 11 %, maximal 1 500,00 EUR 25 000,00 EUR x 11% = 2 750,00 EUR, maximal		1 500,00
		2 085,00

Die Vorsorgepauschale beträgt 2 085,00 EUR und ist damit genauso hoch wie der Höchstbetrag der tatsächlichen Aufwendungen.

Höchstbetragsberechnung (bisherige Methode)[1]

Die Berechnung findet in **vier Schritten** statt:

- **zusätzlicher Höchstbetrag** (Pflegeversicherungshöchstbetrag) für Beiträge zur freiwilligen Pflegeversicherung bis zu **184,00 EUR** für Personen, die nach dem 31.12.1957 geboren sind.

- **Vorwegabzug**
  Er beträgt max. **3 068,00 EUR,** bei gemeinsam veranlagten **Ehegatten 6 136,00 EUR** und vermindert sich, wenn für den Steuerpflichtigen Vorsorge geleistet wird, ohne dass dieser selbst Aufwendungen tätigt (z. B. Arbeitgeberanteil zur Sozialversicherung, Beamten- oder Abgeordnetenversorgung). Die **Kürzung** beträgt **pauschal 16 %** der Einnahmen aus nichtselbstständiger Arbeit bzw. bei Abgeordneten aus sonstigen Einkünften. Ab 2011 werden maximal 2 700,00 EUR angesetzt. In den Folgejahren wird der Vorwegabzug bis 2020 um jeweils 300,00 EUR abgesenkt. Bei Verheirateten verdoppeln sich die Beträge.

- **Grundhöchstbetrag**
  Er beträgt **1 334,00 EUR** bzw. **2 668,00 EUR**

- **Hälftiger Höchstbetrag**
  50 % der **verbleibenden Vorsorgeaufwendungen,** maximal jedoch 50 % des Grundhöchstbetrages.

Die Beiträge zu **Kapitallebensversicherungen** und **Rentenversicherungen mit Kapitalwahlrecht** werden **mit 88 % der gezahlten Beiträge** berücksichtigt.

---

[1] *§ 10 Abs. 3 EStG (in der Fassung vom 31.12.2004)*

Beispiel:
Betrachtet wird wieder der unverheiratete Arbeitnehmer:

	EUR	abzugsfähig EUR
Gesetzliche Rentenversicherung (Arbeitnehmeranteil)	2 437,50	
Kranken-/Pflege-/Arbeitslosenvers. (Arbeitnehmeranteil)	2 750,00	
Private kapitalbildende LV 88 % von 700,00 EUR	616,00	
Private Pflegezusatzversicherung	60,00	
Privathaftpflichtversicherung	60,00	
Kfz-Haftpflichtversicherung	250,00	
Summe	6 173,50	
gerundet	6 174,00	

Zusätzlicher Höchstbetrag
in Bezug auf die freiwillige Pflegeversicherung $\quad \dfrac{60,00}{6114,00} \longrightarrow$ 60,00

Vorwegabzug 3 068,00 EUR
Kürzung 16 % von 25 000,00 EUR ./. 4 000,00 EUR $\quad \dfrac{0}{6\,114,00} \longrightarrow$ 0

Grundhöchstbetrag $\quad \dfrac{1\,334,00}{4\,780,00} \longrightarrow$ 1 334,00

Hälftiger Höchstbetrag
50 % von 4 780,00 EUR, max. 667,00 EUR $\quad \dfrac{667,00}{4\,113,00} \longrightarrow \dfrac{667,00}{2\,061,00}$

Dies bedeutet, dass im Rahmen der Sonderausgaben 2 061,00 EUR abzugsfähig sind, während sich 4 113,00 EUR steuerlich nicht auswirken. Die aktuelle Berechnungsmethode ist mit 2 085,00 EUR um 24,00 EUR günstiger.

Vorsorgepauschale (bisherige Methode)[1]

Es gibt auch hier wiederum zwei Berechnungsmethoden:

Allgemeine Pauschale (auch ungekürzte Pauschale genannt)

Für alle rentenversicherungspflichtigen Arbeitnehmer und bestimmte andere Personengruppen gilt eine **Pauschale i. H. v. 20 % des** nicht pauschalversteuerten **Arbeitslohnes.** Falls die entsprechenden Voraussetzungen vorliegen, so ist der Arbeitslohn um den Altersentlastungsbetrag bzw. Versorgungsfreibetrag zu kürzen. Für den so errechneten Betrag ist eine **Höchstbetragsberechnung**, ähnlich der bereits dargestellten, durchzuführen.

Besondere Pauschale (auch gekürzte Pauschale genannt):

Diese gilt für die Personen, die in § 10 c Abs. 3 EStG genannt werden (z. B. diejenigen, die in der gesetzlichen Rentenversicherung beitragsfrei waren, wie Beamte, oder die eine Altersrente aus der gesetzlichen Rentenversicherung erhalten haben). Pauschale Berechnung wie oben, jedoch maximal 1 134,00 EUR/2 268,00 EUR (Verheiratete). Es ist keine Höchstbetragsberechnung vorzunehmen.

---

[1] *§10 c Abs. 4 i. V. m. § 10 c EStG (in der Fassung vom 31.12.2004)*

Beispiel:

Betrachtet wird wiederum der unverheiratete rentenversicherungspflichtige Arbeitnehmer, Bruttogehalt 25 000,00 EUR.

		EUR	abzugsfähig EUR
20 % von 25 000,00 EUR		5 000,00	
Vorwegabzug:	3 068,00 EUR		
Kürzung 16 % von 25 000,00 EUR ./. 4 000,00 EUR		0	0
		5 000,00	
Grundhöchstbetrag:		1 334,00	1 334,00
		3 666,00	
hälftiger Höchstbetrag:			
50 % von 3 666,00 EUR maximal 667,00 EUR		667,00	667,00
			2 001,00

Die abziehbare Vorsorgepauschale beträgt demnach 2 001,00 EUR. Mit der aktuellen Berechnungsmethode kommt man mit 2 085,00 EUR auf ein um 81,00 EUR besseres Ergebnis. Es würden daher 2 085,00 EUR angesetzt werden.

Zusätzliche Altersvorsorge[1]

Die steuerliche Förderung des kapitalgedeckten Altersvorsorgevermögens („Riester-Rente") erfolgt entweder durch eine Zulage oder indem man die Sparleistung als Sonderausgabe abzieht. Grundsatz ist immer die Zulageförderung; das Finanzamt prüft jedoch bei der Bearbeitung der Steuererklärung immer, was für den Steuerpflichtigen günstiger ist und berücksichtigt dann ggf. den steuerlichen Vorteil. Insofern ein ähnliches Modell wie bei der steuerlichen Kinderförderung *(vgl. Kapitel 2.5.2)*. Genaueres zu den Voraussetzungen finden Sie in den Kapiteln 2.6.3 und 3.8.3 in Band 1 (Bestellnummer 5966).

Die Sparleistung kann in folgenden Höchstgrenzen als Sonderausgabe abgezogen werden:

Kalenderjahre	Höchstbetrag
2002/2003	525,00 EUR
2004/2005	1 050,00 EUR
2006/2007	1 575,00 EUR

Wird der Altersvorsorgevertrag gekündigt und soll das Vermögen zurückgezahlt werden, so ist dies eine schädliche Verwendung. Die Zulagen und Steuervorteile sind dann zurückzuzahlen. Die Auszahlung ist insgesamt im Rahmen der sonstigen Einkünfte zu besteuern *(vgl. Kapitel 2.3.7)*.

Beispiel:

Herr und Frau Wong sind rentenversicherungspflichtige Arbeitnehmer und haben ein Kind im Alter von fünf Jahren. In 2005 bezogen sie jeweils ein Brutto von 20 000,00 EUR und leisteten in 2006 jeweils 800,00 EUR in ihre Altersvorsorgeverträge. Herr Wong hat Anspruch auf eine Grundzulage von 114,00 EUR[2], Frau Wong auf die Grund- und die Kinderzulage (138,00 EUR)[3], so dass ihr gesamt 252,00 EUR zustehen. Ihr zu versteuerndes Einkommen beträgt 34 188,00 EUR in 2006.

---

[1] § 10 a EStG
[2] § 84 EStG
[3] § 85 EStG

Eigenbeiträge (2 x 800,00 EUR)	1 600,00 EUR
Zulagen (114,00 EUR + 252,00 EUR)	366,00 EUR
Gesamt	2 104,00 EUR
Maximal jedoch	1 575,00 EUR

Zu versteuerndes Einkommen		
(vor Sonderausgaben nach § 10a EStG)	34 188,00 EUR	
Tarifliche Einkommensteuer auf 34 188,00 EUR		4 152,00 EUR
abzüglich Sonderausgaben nach § 10a EStG	./. 1 575,00 EUR	
Zu versteuerndes Einkommen		
(nach Sonderausgaben nach § 10a EStG)	32 613,00 EUR	
Tarifliche Einkommensteuer auf 32 613,00 EUR		3 746,00 EUR
Minderung durch Sonderausgaben		406,00 EUR

Die Minderung durch die Sonderausgaben ist um 40,00 EUR (406,00 EUR gegenüber 366,00 EUR) günstiger als die Zulage. Daher werden die Sonderausgaben angesetzt, die bisher ausgezahlten Zulagen gegen gerechnet und somit die 40,00 EUR als Steuerminderung ausgezahlt.

2.4.3 Übrige Sonderausgaben

Der Rest der Sonderausgaben stellt sich weit weniger einheitlich dar, als dies die Vorsorgeaufwendungen tun.

Es existiert ein **Sonderausgaben-Pauschbetrag** i. H. v. **36,00 EUR bzw. 72,00 EUR** bei gemeinsam Veranlagten, der automatisch gewährt wird, falls keine oder geringere Sonderausgaben dieser Art nachgewiesen werden.[1]

Unterhaltsleistungen an geschiedene oder dauernd getrennt lebende Ehegatten[2]

Der Abzug der Aufwendungen als Sonderausgaben korrespondiert mit dem Ansatz als sonstige Einkünfte beim Empfänger *(vgl. Kapitel 2.3.7)*. Der Höchstbetrag liegt bei 13 805,00 EUR.

Renten und dauernde Lasten[3]

Zum Abzug sind nur ganz bestimmte Arten von Renten und anderen Lasten, die man trägt, zugelassen. In erster Linie sind damit Fälle der so genannten vorweggenommenen Erbfolge gemeint.

Beispiel:

Herr Anton überträgt seiner Tochter ein schuldenfreies Mietshaus unter der Maßgabe, dass er eine monatliche Rente von 500,00 EUR erhält. Unter bestimmten Voraussetzungen kann die Tochter die Rentenzahlung ganz oder teilweise als Sonderausgaben geltend machen. Hintergrund: Sie muss wirtschaftlich einen Teil der Erträge aus dem Miethaus an den Vater abgeben, kann die gezahlte Rente aber nicht bei den Einkünften aus Vermietung und Verpachtung abziehen.[4]

Gezahlte Kirchensteuer[5]

Die als Körperschaften des öffentlichen Rechtes anerkannten Religionsgemeinschaften dürfen auf Grund gesetzlicher Vorschriften von ihren Mitglie-

---

[1] *§ 10 c Abs. 1 EStG*
[2] *§ 10 Abs. 1 Nr. 1 EStG*
[3] *§ 10 Abs. 1 Nr. 1 a EStG*
[4] *Näheres finden Sie z. B. im BMF-Schreiben vom 16.09.2004 (BStBl. 2004 I, Seite 922)*
[5] *§ 10 Abs. 1 Nr. 4 EStG*

dern Geldleistungen erheben. Dies können Zuschläge zur Einkommensteuer, Grundsteuer oder besonders berechnete Kirchgelder sein. Diese gezahlten Beträge sind als Sonderausgaben abzugsfähig.

Steuerberatungskosten[1]

Steuerberatungskosten sind in unbegrenzter Höhe abzugsfähig. Auch hier hat aber, sofern möglich, der Abzug als Betriebsausgaben/Werbungskosten Vorrang. Betreffen die Aufwendungen sowohl Sonderausgaben als auch Betriebsausgaben oder Werbungskosten, so ist eine Aufteilung vorzunehmen. Zu den Steuerberatungskosten gehören neben den Zahlungen an den Steuerberater, z. B.:

- Beiträge zu Lohnsteuerhilfevereinen,
- Fahrtkosten zum Steuerberater,
- Steuerfachliteratur und sogar
- Unfallkosten auf dem Weg zum Steuerberater.

Nicht dazu gehören die Kosten für die Verteidigung in einem Steuerstrafverfahren.

Bis zu einem Betrag i. H. v. 520,00 EUR im Kalenderjahr prüft die Finanzverwaltung die vorgenommene Aufteilung nicht nach.[2]

Aufwendungen für die Berufsausbildung[3]

Abgrenzungsprobleme ergeben sich bei dieser Kategorie im Verhältnis zu den Fortbildungskosten (die in unmittelbarem Zusammenhang mit der Einkünfteerzielung stehen). Während nämlich Fortbildungskosten in unbegrenzter Höhe abzugsfähig sind, darf man Berufsausbildungskosten nur bis 4 000,00 EUR pro Jahr steuerlich geltend machen *(siehe hierzu auch Kapitel 2.3.4, Werbungskosten)*.

Aufwendungen für allgemeinbildende Ausbildungen sind weder Ausbildungs- noch Fortbildungskosten (z. B. für Pkw-Führerschein, hauswirtschaftliche Ausbildung, Fremdsprachenkurse ohne beruflichen Bezug).

Schulgelder[4]

Als Sonderausgaben abzugsfähig sind 30 % der Schulgelder, die für ein Kind an eine Ersatz- oder allgemeinbildende Ergänzungsschule gezahlt werden.

Spenden[5]

Um die öffentlichen Kassen zu entlasten, lässt der Gesetzgeber auch den Abzug von Ausgaben zugunsten bestimmter begünstigter Zwecke zu. Dies soll das private finanzielle Engagement fördern.

---

[1] *§ 10 Abs. 1 Nr. 6 EStG*
[2] *Richtlinie 102 EStR*
[3] *§ 10 Abs. 1 Nr. 7 EStG*
[4] *§ 10 Abs. 1 Nr. 9 EStG*
[5] *§ 10 b EStG*

Man kann hier zwei Gruppen anhand des Spendenzweckes unterscheiden, da unterschiedliche Regelungen existieren:

1. Ausgaben zur Förderung mildtätiger, kirchlicher, religiöser, wissenschaftlicher und besonders förderungswürdiger gemeinnütziger Zwecke

Derartige Spenden sind im Rahmen folgender Höchstbeträge als Sonderausgaben zu berücksichtigen:

- Maximal 5 % des Gesamtbetrags der Einkünfte für Spenden zu wissenschaftlichen, mildtätigen und besonders förderungswürdigen kulturellen Zwecken
  + nochmals maximal 5 % des Gesamtbetrags der Einkünfte für den nicht ansetzbaren Restbetrag und die anderen Spenden (1. Berechnungsmethode) oder

- Maximal 0,2 % der Summe von Umsätzen und Ausgaben für Löhne und Gehälter (2. Berechnungsmethode)

als Sonderausgaben abzugsfähig.

Voraussetzung für den Spendenabzug ist eine Spendenbescheinigung, welche die amtlichen Angaben enthält. Bei Spenden für Katastrophenfälle und Kleinspenden bis 100,00 EUR kann auch der Barzahlungs- bzw. Buchungsbeleg des Kreditinstituts reichen[1].

2. Mitgliedsbeiträge und Spenden an politische Parteien

Für derartige Spenden besteht folgende abweichende Regelung:
Zuerst sind diese Ausgaben, die staatspolitischen Zwecken dienen und an politische Parteien im Sinne des § 2 Parteiengesetz und an Wählervereinigungen geleistet werden, **direkt steuerermäßigend** zu berücksichtigen, d. h. **50 % dieser Mitgliedsbeiträge und Spenden sind direkt von der Steuerschuld des Spendenden abzuziehen.**[2] Der **Höchstbetrag** für einen Abzug liegt bei einer Spendenhöhe von **1 650,00 EUR** entsprechend einem Abzugsbetrag von **825,00 EUR**. Die Beträge verdoppeln sich bei zusammenveranlagten Ehegatten.

Der **übersteigende Betrag** der Spenden an politische Parteien – hier sind die Wählervereinigungen ausgenommen – ist bis zu einem **Höchstbetrag von wiederum 1 650,00 EUR** bzw. **3 300,00 EUR** als Sonderausgaben abzugsfähig.

2.4.4 Außergewöhnliche Belastungen

Ebenso wie Sonderausgaben handelt es sich bei außergewöhnlichen Belastungen um Kosten der privaten Lebensführung, die nicht als Betriebsausgaben oder Werbungskosten berücksichtigungsfähig sind. Dies sind nach § 33 Abs. 1 EStG:

---

[1] *§ 50 Abs. 2 EStDV*
[2] *§ 34 g EStG*

- **zwangsläufig** (Verpflichtung aus rechlichen, sittlichen oder tatsächlichen Gründen) entstandene
- **größere Aufwendungen,** als der überwiegenden Mehrzahl der Steuerpflichtigen gleicher Einkommens- und Familienverhältnisse entstehen.

Auch wenn sie nicht mit Einkünften zusammenhängen, so belasten derartige Aufwendungen das dem Steuerpflichtigen zur Verfügung stehende Einkommen in nicht unerheblicher Weise. Der Gesetzgeber lässt daher in bestimmten Fällen eine Minderung des zu versteuernden Einkommens und somit gleichzeitig eine Minderung der Einkommensteuerlast zu.

Da nur größere Aufwendungen Berücksichtigung finden sollen, wird eine so genannte **zumutbare Belastung** von den entstandenen Aufwendungen abgezogen. Bestimmte Fälle werden auch pauschal berücksichtigt.

Nachfolgend werden sie danach unterschieden, ob die zumutbare Belastung von den Aufwendungen abgezogen werden muss.
Die außergewöhnlichen Belastungen werden nachfolgend nur recht grob skizziert. Im Bedarfsfalle bitte die amtlichen Richtlinien und Hinweise oder weiterführende Literatur hinzuziehen.

Außergewöhnliche Belastungen unter Berücksichtigung zumutbarer Eigenbelastung

In der Generalvorschrift des § 33 EStG werden die außergewöhnlichen Belastungen nicht abschließend aufgezählt, sondern nur allgemein definiert. Typischerweise berücksichtigt werden jedoch Aufwendungen

- für die **Wiederbeschaffung von Hausrat und Kleidung** nach Bränden, Naturkatastrophen, Kriegseinwirkung oder Vertreibung,

- im Zusammenhang mit **Krankheiten,** nicht jedoch Aufwendungen für Diätverpflegung,

- im Zusammenhang mit **Kuren,** soweit ärztlich verordnet,

- entstanden durch **Tod** eines Angehörigen oder ggf. einer anderen nahestehenden Person, soweit sie den Wert des Nachlasses übersteigen,

Die entstandenen Aufwendungen werden gekürzt um

- **Aufwendungsersatz** von dritter Seite (z. B. durch Versicherungen). Dabei sind zu erwartende Erstattungen, die erst in späteren Jahren zufließen, bereits im Jahr der Geltendmachung der außergewöhnlichen Belastung abzuziehen.

- die **zumutbare Belastung.**[1] Diese ist gestaffelt nach Höhe der Einkünfte und Familienstand. Aus der nachstehenden Tabelle ist die Höhe der prozentualen Kürzung gemessen am Gesamtbetrag der Einkünfte ablesbar:

---

[1] § 33 Abs. 3 EStG

Gesamtbetrag der Einkünfte/ persönliche Verhältnisse	bis 15 340,00 EUR	über 15 340,00 EUR bis 51 130,00 EUR	über 51 130,00 EUR
nach Grundtabelle Veranlagte ohne Kinder	5 %	6 %	7 %
nach Splittingtabelle Veranlagte ohne Kinder	4 %	5 %	6 %
bei Steuerpflichtigen mit einem oder zwei Kindern	2 %	3 %	4 %
bei Steuerpflichtigen mit drei oder mehr Kindern	1 %	1 %	2 %

Nach dieser Vorschrift gelten als Kinder des Steuerpflichtigen die, für die er einen (vollen oder halben) Kinderfreibetrag oder Kindergeld erhält.

Im Falle unterschiedlicher außergewöhnlicher Belastungen ist die zumutbare Belastung natürlich nur ein Mal abzuziehen.

Eine besondere Stellung nehmen die **Kinderbetreuungskosten** ein[1]. Dies sind Aufwendungen für Dienstleistungen zur Betreuung eines Kindes, welches das 14. Lebensjahr noch nicht vollendet hat oder sich aufgrund einer Behinderung nicht selbst unterhalten kann. Voraussetzung ist, dass die Eltern erwerbstätig, krank oder selbst behindert sind. Hier existiert eine besondere „zumutbare Eigenbelastung" von 1 548,00 EUR je Kind. Darüber hinausgehende Kosten sind bis zu 1 500,00 EUR zu berücksichtigen.

Übersicht 12: Zumutbare Belastung – Höhe der prozentualen Kürzung

Außergewöhnliche Belastungen ohne Berücksichtigung zumutbarer Eigenbelastung

Nachfolgende Sachverhalte sind als fest umrissene außergewöhnliche Belastung im Gesetz aufgeführt:

■ **Unterhalts-** und **Ausbildungsaufwendungen**[2]
Solche Aufwendungen können als außergewöhnliche Belstungen geltend gemacht werden, wenn eine gesetzliche Unterhaltsverpflichtung besteht oder wenn für den Unterhalt der Person öffentliche Mittel (z. B. Sozialhilfe) gekürzt würden, weil Unterhalt gezahlt wird. Wenn man allerdings für den Unterstützten Kindergeld oder einen Kinderfreibetrag erhält, greift diese Vorschrift nicht. Außerdem darf der Empfänger nur über ein relativ bescheidenes eigenes Vermögen verfügen (bis 15 500,00 EUR). Pro unterstützter Person werden bis zu 7 680,00 EUR anerkannt. Dieser Höchstbetrag vermindert sich jedoch um eigene Einkünfte und Bezüge, die der Empfänger bezieht und welche 624,00 EUR überschreiten.

---

[1] § 33 c EStG
[2] § 33 a Abs. 1

Dies können auch Sachleistungen wie eine unentgeltliche Wohnung oder Ernährung und Kleidung sein. Sachbezüge sind mit ortsüblichen Preisen bzw. den (niedrigsten) Werten der Sachbezugsverordnung anzusetzen.

Für unterstützte Personen, die im Ausland leben, gelten ggf. niedrigere Maximalbeträge[1]. Beim Unterhaltsempfänger unterliegen die Zahlungen nicht der Einkommensteuer.

Innerhalb dieser Kategorie sind auch Unterhaltszahlungen an geschiedene Ehegatten zu erfassen, sofern sie nicht als Sonderausgaben berücksichtigt werden. Der Nachteil, der im Rahmen der außergewöhnlichen Belastung liegt, ist jedoch, dass der Höchstbetrag nur 7 680,00 EUR statt 13 805,00 EUR beträgt und dazu noch um die eigenen Einkünfte und Bezüge des Unterstützten zu kürzen ist. Daher werden sich die Unterhaltszahlungen beim Zahlenden steuerlich oftmals nicht oder nur in sehr geringem Umfange auswirken.

- **Ausbildungsfreibeträge**[2]
  Wenn sich ein Kind des Steuerpflichtigen, für das er einen Kinderfreibetrag oder Kindergeld erhält, in der Berufsausbildung befindet und ihm hierdurch Aufwendungen entstehen, so kann er 924,00 EUR geltend machen, wenn das Kind mindestens 18 Jahre alt und auswärtig untergebracht ist.

  Diese Beträge werden um die eigenen Einkünfte und Bezüge des Kindes gekürzt, die 1 848,00 EUR übersteigen sowie um bezogene öffentliche Ausbildungsbeihilfen.

- **Aufwendungen für Haushaltshilfen** oder Heimunterbringung[3]
  Beträge, die für Hilfen im Haushalt gezahlt werden, können in bestimmter Höhe als außergewöhnliche Belastung geltend gemacht werden.

- **Pauschbeträge für Behinderte,** Hinterbliebene und Pflegepersonen[4]
  Anstelle der einzelnen Aufzeichnung von Aufwendungen, die üblicherweise infolge von Behinderungen auftreten, können auch Pauschbeträge angesetzt werden.

Bei den aufgeführten Beträgen handelt es sich in aller Regel um Jahresbeträge, die ggf. auf die betreffenden Monate aufzuteilen bzw. umzurechnen sind.

---

[1] *BMF-Schreiben vom 17.11.2003 (BStBl. 2003 I, Seite 637)*
[2] *§ 33 a Abs. 2 EStG*
[3] *§ 33 a Abs. 3 EStG*
[4] *§ 33 b EStG*

2.5 Andere Abzugsbeträge und Vergünstigungen bei der Ermittlung des zu versteuernden Einkommens

Nachfolgend finden Sie sozusagen den „Restposten" der Abzugsbeträge, die bisher nicht behandelt wurden. Diese werden an durchaus unterschiedlichen Stellen des Einkommenserrechnungsschemas berücksichtigt und könnten daher aus steuersystematischen Gründen auch an anderen Stellen erläutert werden. Der Übersichtlichkeit halber werden sie hier zusammen behandelt. Es ist jeweils angegeben, an welcher Stelle sie mindernd anzusetzen sind.

2.5.1 Altersentlastungsbetrag[1]

Wenn man Versorgungsbezüge (Pensionen, Betriebsrenten) von seinem ehemaligen Arbeitgeber erhält, so wird ein Versorgungsfreibetrag abgezogen. Bekommt man eine Rente aus der Sozialversicherung, einem Versorgungswerk oder eine andere Leibrente, so wird nur ein Teil als Einnahme versteuert. Da jedoch nicht wenige Menschen ihre Altersversorgung aus anderen Einkunftsquellen (z. B. Einkünfte aus Kapitalvermögen, Vermietung und Verpachtung oder laufende nichtselbstständige Arbeit) sichern, soll der Altersentlastungsbetrag hier einen Ausgleich schaffen. Er wird **von der Summe der Einkünfte abgezogen.** Er gilt für diejenigen, die vor Beginn des betreffenden Kalenderjahres das 64. Lebensjahr beendet haben.

Es gilt die Lebensaltersberechnung nach BGB, so dass jemand, der am 1. Januar 1942 geboren ist, sein 64. Lebensjahr am 31. Dezember 2005 beendet hat und somit die persönliche Voraussetzung für das Kalenderjahr 2006 besitzt.

Der Altersentlastungsbetrag wird folgendermaßen berechnet:

	Arbeitslohn (Bruttolohn/-gehalt)
./.	Versorgungsbezüge
+	**Positive** Summe der Einkünfte, die keine Einkünfte aus nichtselbstständiger Arbeit oder Leibrenten sind
=	Bemessungsgrundlage
	x %-Satz bis Maximalbetrag

Der %-Satz und der Maximalbetrag hängen davon ab, in welchem Jahr man sein 64. Lebensjahr vollendet hat:

Vollendung 64. Lebensjahr	darauf folgendes Kalenderjahr	%-Satz	Maximal
2004	2005	40,0	1 900,00 EUR
2005	2006	38,4	1 824,00 EUR
2006	2007	36,8	1 748,00 EUR
...	...	...	...
2037	2038	1,6	76,00 EUR
2038	2039	0,8	38,00 EUR
2039	2040	0,0	0,00 EUR

---

[1] *§ 24 a EStG*

2.5.2 Begriff „Kinder" im EStG; Kinderfreibetrag und Kindergeld[1]

Im Einkommensteuerrecht taucht des öfteren der Begriff „Kinder" auf. So war bisher u. a. im Zusammenhang mit folgenden Fällen von Kindern die Rede:

- Ausbildungsfreibetrag,
- Berücksichtigung von außergewöhnlichen Belastungen,
- Höhe der zumutbaren Belastung in diesem Zusammenhang,
- Aufwendungen für Kinderbetreuungskosten.

Des Weiteren sind sie steuerlich relevant für den noch darzustellenden

- Kinderfreibetrag,
- Freibetrag für Betreuungs-, Erziehungs-, Ausbildungsbedarf,
- das Kindergeld und
- den Entlastungsbetrag für Alleinerziehende.

Kinder im Sinne des Einkommensteuergesetzes sind

- Kinder, die **im ersten Grad** mit dem Steuerpflichtigen **verwandt** sind. Das sind leibliche und adoptierte Kinder.
- **Pflegekinder.** Dies sind nicht leibliche Kinder, die man in seinen Haushalt aufgenommen hat und zu denen eine familienähnliche Beziehung besteht. Ein Obhuts- und Pflegeverhältnis zu den leiblichen Eltern darf somit nicht mehr vorhanden sein.[2]

Sie können bis zu bestimmten Altersstufen steuerlich berücksichtigt werden:

Altersstufe	Weitere Voraussetzungen
Bis zur Vollendung des 18. Lebensjahrs	——
Das 18., aber noch nicht das 21. Lebensjahr vollendet	arbeitslos und Einkünfte/Bezüge von nicht mehr als 7 680,00 EUR im Jahr (*)
Das 18., aber noch nicht das 27. Lebensjahr vollendet	– in Berufsausbildung (*) – in Übergangszeit zwischen zwei Ausbildungsabschnitten oder vor/nach Zivil-/Wehrdienst (max. 4 Monate) (*) – mangels Ausbildungsplatz keine Berufsausbildung (mehr) – im freiwilligen sozialen oder ökologischen Jahr und Einkünfte/Bezüge von nicht mehr als 7 680,00 EUR
ohne Altersbeschränkung	Das Kind kann sich wegen körperlicher, geistiger oder seelischer Behinderung nicht selbst unterhalten und die Behinderung ist vor Vollendung des 27. Lebensjahrs eingetreten.

(*) Die Lebensaltersgrenzen erhöhen sich um die Zeiten des Zivil- oder Wehrdienstes

Übersicht 13: Berücksichtigung von Kindern

[1] *§ 32, 62 f. EStG*
[2] *Richtlinie 177 Abs. 2 EStR*

Auch Kinder, die im Ausland leben, werden berücksichtigt, allerdings eventuell mit geringeren Beträgen, wenn sich die Kinder außerhalb des Europäischen Wirtschaftsraums (EU + Norwegen, Island, Liechtenstein) aufhalten.

Wenn eines der genannten Kindschaftsverhältnisse besteht, so besteht Anspruch auf **Kindergeld** bzw. einen **Kinderfreibetrag.**

Im Einzelnen bedeutet das:

Das **Kindergeld**[1] beträgt pro Monat

- für das erste, zweite und dritte Kind je 154,00 EUR und
- für das vierte und jedes weitere Kind 179,00 EUR.

Der **Kinderfreibetrag** beträgt für jedes Kind 304,00 EUR pro Monat bzw. 3 648,00 EUR pro Jahr.

Daneben wird für Kinder ein **Freibetrag für den Betreuungs-, Erziehungs- und Ausbildungsbedarf** von 180,00 EUR monatlich bzw. 2 160,00 EUR im Jahr berücksichtigt.

Leider werden Kindergeld- und -freibetrag nicht gleichzeitig, sondern nur alternativ gewährt. Der Regelfall ist, dass das Kindergeld von der Familienkasse der Agentur für Arbeit gezahlt wird und dann das Finanzamt im Rahmen der Einkommensteuerveranlagung prüft, ob die Freibeträge günstiger sind (Günstigerprüfung). Die günstigere Alternative wird automatisch berücksichtigt.

Wenn die Eltern

- geschieden sind oder
- dauernd getrennt leben oder
- einkommensteuerlich getrennt veranlagt werden oder
- es sich um ein uneheliches Kind handelt,

so steht **grundsätzlich jedem Elternteil der halbe Kinderfreibetrag** zu. Diese Regelung gilt aber nur, wenn beide Elternteile unbeschränkt einkommensteuerpflichtig sind. Auf Antrag ist ggf. aber auch die Berücksichtigung des Freibetrages bei nur einem Elternteil möglich.

Zu beachten ist auch Folgendes:
Sowohl das Kindergeld als auch der Kinderfreibetrag werden **monatlich berechnet.** Man erhält also die Vergünstigungen nur für die Monate, in denen die o. g. Voraussetzungen (zumindest zeitweise) bestanden haben.

---

[1] *§ 66 Abs. 1 EStG*

2.5.3   Entlastungsbetrag für Alleinerziehende[1]

Dieser **von der Summe der Einkünfte abzuziehende Freibetrag** i. H. v.
1 308,00 EUR soll die erhöhten finanziellen Belastungen Alleinerziehender
ausgleichen.

Er wird gewährt, wenn

- eine gemeinsame Veranlagung für Ehegatten nicht möglich ist,
  jedoch
- ein Kinderfreibetrag gewährt wird,
- das Kind noch nicht 18 Jahre alt ist,
- das Kind in der Wohnung des Steuerpflichtigen mit Hauptwohn-
  sitz gemeldet ist und
- keine Haushaltsgemeinschaft mit einer anderen Person besteht.

Diese Entlastung ist der Ersatz für den Haushaltsfreibetrag.

2.6   Ermittlung der Einkommensteuer und Veranlagung

Nachdem entsprechend dem Schema zur Ermittlung der Einkommensteuer
das zu versteuernde Einkommen (zvE) ermittelt wurde, kann man nun die
Einkommensteuer berechnen. Die Höhe der Einkommensteuer richtet sich
nach dem geltenden Tarif.

2.6.1   Einkommensteuertarife[2]

Der Steuertarif ist ab 2005 wie folgt gestaltet:

	Steuersatz	zu versteuerndes Einkommen	steuerliche Bezeichnung
ein gewisser Betrag bleibt unbesteuert	0 %	bis 7 664,00 EUR	Grundfreibetrag
darüber hinausgehende Beträge werden mit einem mit der Höhe des zvE ansteigenden Steuersatz belegt	16 % bis 42 %	von 7 665,00 EUR bis 52 151,00 EUR	Progressions- zone
ab einem bestimmten Betrag gilt ein einheitlicher Steuersatz	42 %	ab 52 152,00 EUR	Proportional- zone

Übersicht 14:
Einkommen-
steuertarif 2005

---

[1] *§ 24 b EStG*
[2] *§ 32 a EStG*

Die Zahlen gelten für einzelne Menschen; es ist der so genannte Grundtarif. Für Verheiratete, die gemeinsam versteuert werden, gelten die doppelten Werte, schließlich sind es auch zwei Personen (Splittingtarif). Es bleiben also zum Beispiel 15 328,00 EUR steuerfrei (*Näheres zur Ehegattenveranlagung finden Sie im folgenden Kapitel 2.6.2*).

Beispiel:
Für Gerhard Halm, der nicht zusammen veranlagt wird, bedeutet ein zu versteuerndes Einkommen (zvE) i. H. v. 33 500,00 EUR in 2005 die Festsetzung einer tariflichen Einkommensteuer von 6 951,00 EUR.

An diesem Beispiel können auch folgende Begriffe erläutert werden:

- **Durchschnittssteuersatz**
  Dies ist die prozentuale Steuerbelastung bezogen auf das gesamte zvE.

In unserem Beispiel beträgt der **Durchschnittssteuersatz**
(6 951 : 33 500 · 100 =) **20,75 %.**

- **Grenzsteuersatz** (Marginalsteuersatz)
  Dies ist die prozentuale Steuerbelastung, bezogen auf eine bestimmte Veränderung des zvE.

Beispiel:
Hätte Herr Halm ein um 1 500,00 EUR geringeres zvE (z. B. durch einen zusätzlichen Abzugsbetrag), so stellt sich die Steuerentlastung folgendermaßen dar: Tarifliche ESt für ein zvE von 32 000,00 EUR (33 500–1 500) lt. Grundtabelle 6 454,00 EUR. Dies entspricht einer geringeren ESt von 497,00 EUR. Anders ausgedrückt bedeutet es, dass die Verringerung des zvE um 1 500,00 EUR zu einer ESt-Entlastung von 497,00 EUR führt. Die 1 500,00 EUR sind demnach mit einem **Grenzsteuersatz** von (497 : 1 500 x 100 =) **33,13 %** belastet. Er spart also 33,13 % ESt, bezogen auf die 1 500,00 EUR.

Neben dieser grundsätzlichen Gestaltung des ESt-Tarifes existieren noch weitere Besonderheiten:

- **Steuerermäßigung bei Einkünften aus Gewerbebetrieb**[1]
  Diese Art von Einkünften ist ja in der Regel noch mit einer weiteren Steuer belastet: der Gewerbesteuer. Um diesen Nachteil abzufedern, findet eine pauschale Anrechnung auf die Einkommensteuer statt. Es wird das 1,8-fache des Gewerbesteuer-Messbetrags *(vgl. Kapitel 5.3.1)* angerechnet. Unabhängig davon, wie hoch der Hebesatz der Gemeinde wirklich ist. Die Steuer wird auf maximal 0 reduziert; eine Erstattung findet leider nicht statt.

- **Tarifermäßigungen für Abfindungen, außerordentliche Einkünfte und Vergütungen für mehrjährige Tätigkeiten**[2]
  Da die Einkommensteuer eine Jahressteuer ist und der Einkommensteuertarif so gestaltet ist, dass der Steuersatz bei höherem

---

[1] § 35 EStG
[2] §§ 34, 34 b EStG

zvE ansteigt, führen hohe einmalige Einkünfte zu einer im Verhältnis sehr viel höheren Steuerlast, als wenn sie über mehrere Jahre bezogen würden. Um diesen Nachteil auszugleichen, hat der Gesetzgeber für bestimmte Einkünfte eine Tarifermäßigung installiert. Diese wird erreicht, indem die außerordentlichen Einkünfte rein rechnerisch auf fünf Jahre gleichmäßig verteilt werden. Diese Berechnung findet endgültig in dem Jahr statt, in welchem die Einkünfte anfallen. Daneben werden Gewinne aus Betriebsveräußerungen oder -aufgaben nur mit dem halben durchschnittlichen Steuersatz belastet, wenn der Unternehmer das 55. Lebensjahr vollendet hat oder berufsunfähig ist.

■ Progressionsvorbehalt[1]

In den meisten Fällen wirkt der Progressionsvorbehalt wie eine Tariferhöhung. Der Gedanke dahinter: Im Einkommensteuertarif ist eine soziale Komponente enthalten. Wer wenig Einkommen zur Verfügung hat, der soll auch prozentual weniger Steuern zahlen als derjenige, der sich über ein höheres Einkommen freuen kann. Daher sind die ersten 7 664,00 EUR auch komplett steuerfrei und der Steuersatz für den nächsten Euro beginnt mit 15 % und steigt dann an. Wer nur 5 000,00 EUR in Deutschland zu versteuern hat, aber 100 000,00 EUR an steuerfreien Einkünften bezieht, soll die 5 000,00 zumindest mit dem Satz besteuern, der auch bei einem Einkommen von 105 000,00 EUR anfiele.

Beispiel:

Frau Dankwart arbeitet als kaufmännische Angestellte. Infolge einer längeren Krankheit konnte sie ihren Beruf in der Zeit vom 15. August – 31. Dezember 05 nicht ausüben und erhielt von ihrer Krankenkasse ein nach § 3 Nr. 1 a EStG steuerfreies Krankengeld von 7 500,00 EUR. In der Zeit vom 1. Januar – 14. August 05 bezog sie von ihrem Arbeitgeber ein steuerpflichtiges Bruttogehalt von 19 200,00 EUR. An Sonderausgaben sind 2 300,00 EUR zu berücksichtigen.

Folgendermaßen wäre nach o. g. Beispiel zu berechnen:

Beispiel:

Einnahmen aus nichtselbstständiger Arbeit	19 200,00 EUR	
./. Arbeitnehmer-Pauschbetrag	920,00 EUR	
= Einkünfte aus nichtselbstständiger Arbeit	18 280,00 EUR	18 280,00 EUR
= Summe der Einkünfte		
= Gesamtbetrag der Einkünfte		18 280,00 EUR
./. Sonderausgaben		2 300,00 EUR
= Einkommen		
= zu versteuerndes Einkommen		15 980,00 EUR
Für die Ermittlung des Steuersatzes:		
zu versteuerndes Einkommen		15 980,00 EUR
+ Lohnersatzleistungen (Krankengeld)		7 500,00 EUR
= Bemessungsgrundlage		23 480,00 EUR
Tarifliche Einkommensteuer (lt. Grundtabelle)		3 827,00 EUR
dies entspricht einem durchschnittlichen Steuersatz von		16,2990 %

---

[1] § 32 b EStG

Dieser Steuersatz wird jetzt auf das tatsächlich zu versteuernde Einkommen angewendet:
Festzusetzende ESt = 16,2990 % von 15 980,00 EUR = 2 604,00 EUR

Zum Vergleich: ohne Krankengeld würde die ESt nur 1 798,00 EUR betragen.

Diesem Progressionsvorbehalt unterliegen u. a. Arbeitslosengeld, Kurzarbeitergeld, Schlechtwettergeld, Krankengeld, Mutterschaftsgeld und ausländische Einkünfte, die auf Grund eines Doppelbesteuerungsabkommens (DBA) oder ähnlicher Vereinbarungen steuerfrei sind.

2.6.2 Veranlagungsformen

Veranlagung ist die amtliche Feststellung der Grundlagen der Besteuerung und Festsetzung der Steuer. Das Einkommensteuerrecht kennt zwei grundsätzliche Formen dieser Veranlagung:

- Die **Einzelveranlagung** bzw. für nicht dauernd getrennt lebende Ehegatten die **getrennte** oder **besondere Veranlagung** (nach Grundtarif) und
- die **Zusammenveranlagung** für Ehegatten (nach Splittingtarif)

Für jeden Steuerpflichtigen sind die Besteuerungsgrundlagen einzeln festzustellen und die Steuer entsprechend zu berechnen. Insbesondere gibt es keine gemeinsame Veranlagung mit den Kindern, auch wenn diese minderjährig sind. Besondere Wahlrechte gibt es jedoch für Verheiratete[1]. Dies sind:

Ehegatten, die
- **beide unbeschränkt einkommensteuerpflichtig** sind (für Personen aus anderen Staaten bestehen Sonderregelungen),
- **nicht dauernd getrennt leben** und
- bei denen diese **Voraussetzungen zu einem beliebigen Zeitpunkt** des betreffenden Jahres **bestanden** haben.

Diese Ehegatten haben die Möglichkeit, zwischen den folgenden Veranlagungsformen zu wählen:

- **Zusammenveranlagung**[2]
  Die Einkünfte werden getrennt ermittelt, die Summe der Einkünfte jedoch zusammengerechnet und die Ehegatten von da an als ein Steuerpflichtiger behandelt. Die ESt bemisst sich nach der Splitting-Tabelle. Es wird nur eine Steuererklärung abgegeben. Dies ist oftmals die steuerlich günstigste Variante. Sie kann bei verwitweten Personen auch im Kalenderjahr nach dem Tod des Ehegatten angewendet werden.

---

[1] *§ 26 EStG*
[2] *§ 26 b EStG*

■ **Getrennte Veranlagung**[1]

Das zvE wird in zwei getrennten Vorgängen (Veranlagungen) ermittelt. Die außergewöhnlichen Belastungen werden hälftig aufgeteilt, wenn nicht eine andere Aufteilung beantragt wird. Bei den anderen Sonderausgaben geht es danach, wer sie geleistet hat. Die ESt bemisst sich nach dem Grundtarif. Diese Veranlagungsform bietet sich evtl. an, wenn bei einem Ehegatten steuerfreie Einkünfte unter dem Progressionsvorbehalt und beim anderen steuerpflichtige Einkünfte vorliegen oder wenn bei einem Ehegatten Einkünfte mit Tarifermäßigung angefallen sind.

■ **Besondere Veranlagung im Jahr der Eheschließung**[2]

Die Ehegatten werden wie Einzelpersonen veranlagt. Dies ist evtl. vorteilhaft, wenn einer oder beide Ehegatten Anspruch auf einen Entlastungsbetrag für Alleinerziehende hatten, der bei der Zusammenveranlagung wegfallen würde.

Wird in der Steuererklärung der Ehegatten nicht angegeben, welche Veranlagungsart gewählt wird, so führt das Finanzamt die Zusammenveranlagung durch.

2.6.3 Steuererhebung

Die Art, wie der Staat die festgesetzte Einkommensteuer erhält, hängt von der Art der Einkünfte ab. So findet bei einigen Einkunftsarten ein Steuerabzug bereits direkt in dem Moment statt, in welchem der Steuerpflichtige über die Einkünfte verfügen kann (Quellenabzug). Dies gilt für:

■ **Einkünfte aus nichtselbständiger Arbeit** mittels der **Lohnsteuer,**

■ die meisten **Einkünfte aus Kapitalvermögen** mittels der **Kapitalertragsteuer**/Zinsabschlagsteuer,

■ bestimmte **Einkünfte aus selbständiger Arbeit oder Gewerbebetrieb,** wenn diese von **beschränkt Steuerpflichtigen** erzielt werden, mittels der **Aufsichtsrat-** bzw. **Abzugsteuer**[3],

■ Erbringung von **Bauleistungen** an einen Unternehmer (im Sinne des Umsatzsteuergesetzes) oder eine juristische Person des öffentlichen Rechts mittels **Bauabzugsteuer**[4].

Daneben können seitens der Finanzbehörden Vorauszahlungen auf die zu erwartende Steuerschuld festgesetzt werden. Diese Vorauszahlungen sind dann vierteljährlich zum 10. März, 10. Juni, 10. September und 10. Dezember zu entrichten. Dabei sind die Steuern mindernd zu berücksichtigen, die voraussichtlich bereits „an der Quelle" einbehalten werden. **Diese Vorauszahlungen können (auch auf Antrag des Steuerpflichtigen) angepasst werden, wenn sie nicht den tatsächlichen Verhältnissen entsprechen.**

---

[1] *§ 26 a EStG*
[2] *§ 26 c EStG*
[3] *§ 50 a EStG*
[4] *§§ 48 ff. EStG*

Nachdem eine Veranlagung durchgeführt wurde, werden auf die festgesetzte Einkommensteuer folgende Beträge angerechnet:

- die einbehaltene Lohnsteuer,
- die einbehaltene Kapitalertragsteuer/Zinsabschlagsteuer,
- die einbehaltene Bauabzugsteuer und
- die zu entrichtenden Vorauszahlungen.

Als Zuschlag zur Einkommensteuer wird zusätzlich der Solidaritätszuschlag erhoben.

2.7 Solidaritätszuschlag

Der Solidaritätszuschlag ist keine eigenständige Steuer, sondern – wie der Name schon vermuten lässt – ein Zuschlag zur Einkommensteuer. Er beträgt 5,5 % der festgesetzten Einkommensteuer und ist zeitlich nicht befristet. Der Zuschlag wird berechnet auf:

- die Lohnsteuer,
- die Kapitalertragsteuer,
- Einkommensteuer-Vorauszahlungen und
- veranlagte Einkommensteuer.

Daneben wird er auch als Zuschlag zur Körperschaftsteuer berechnet.

Normalerweise würde man einfach die Einkommensteuer nehmen, die jemand zu zahlen hat und davon 5,5 % wären der zu zahlende Solidaritätszuschlag. Der Gesetzgeber empfand es jedoch als gerechter, wenn man in bestimmten Fällen diese Berechnungsgrundlage korrigiert. Hat man Kinder, so gibt es als staatliche Förderung entweder Kindergeld oder den Kinderfreibetrag. Jedoch wirkt sich nur der Kinderfreibetrag auf die Berechnungsgrundlage der Einkommensteuer aus. Damit diejenigen Eltern, die Kindergeld erhalten nicht dadurch einen höheren Solidaritätszuschlag zahlen müssen, wird eine „Was-wäre-wenn"-Rechnung angestellt: Der Solidaritätszuschlag **wird auf die Einkommensteuer berechnet**, die anfallen würde, wenn die **Kinderfreibeträge** zu berücksichtigen wären. Außerdem werden Korrekturen bezüglich des Halbeinkünfteverfahrens und der Ermäßigung für gewerbliche Einkünfte vorgenommen.[1]

Für Bezieher geringer Einkünfte wird zur Wahrung des Existenzminimums der Solidaritätszuschlag nicht erhoben, wenn die ESt-Schuld 972,00 EUR bzw. 1 944,00 EUR bei Verheirateten nicht übersteigt[2].

---

[1] *§ 51 a Abs. 2 EStG*
[2] *§ 3 Abs. 3 Solidaritätszuschlaggesetz*

2.8 Lohnsteuer

Wie bereits ausgeführt wurde, ist eine der Erhebungsformen der ESt die Lohnsteuer. Sie wird bei Einkünften aus nichtselbständiger Arbeit erhoben.[1] Schuldner ist der Arbeitnehmer, allerdings haftet der Arbeitgeber, da er die Steuer einzubehalten und an das Finanzamt abzuführen hat.

Der Arbeitnehmer hat dem Arbeitgeber eine Lohnsteuerkarte vorzulegen. Nach den Eintragungen auf dieser Steuerkarte richtet sich die Höhe der einzubehaltenden Steuer.

2.8.1 Lohnsteuerklassen[2]

Da es bei einem Massenverfahren wie dem Lohnsteuerabzug für den Arbeitgeber nicht möglich ist (und aus Gründen des Persönlichkeitsschutzes auch gar nicht möglich sein darf), alle für die Höhe der Steuer relevanten persönlichen Verhältnisse beim Arbeitgeber zu kennen, hat man sechs Gruppen gebildet, die einheitliche Besteuerungsmerkmale besitzen. Diese sind:

Steuerklasse I ...
gilt für Arbeitnehmer, die ledig sind oder bei denen die Voraussetzungen für die Steuerklasse III oder IV nicht zutreffen.

Steuerklasse II ...
für Arbeitnehmer, die die Voraussetzungen für Steuerklasse I erfüllen, jedoch daneben zusätzlich den Anspruch auf einen Entlastungsbetrag für Alleinerziehende besitzen.

Steuerklasse III ...
ist für verheiratete Arbeitnehmer zutreffend, die die Voraussetzungen für eine Zusammenveranlagung erfüllen und deren anderer Ehegatte eine Steuerkarte mit der Steuerklasse V besitzt oder keinen Arbeitslohn bezieht.

Steuerklasse IV ...
gilt für verheiratete Arbeitnehmer, die die Voraussetzungen für eine Zusammenveranlagung erfüllen.

Steuerklasse V ...
ist die korrespondierende zu Steuerklasse III.

Steuerklasse VI ...
ist die Steuerklasse, die auf der zweiten oder weiteren Lohnsteuerkarte eingetragen wird, wenn mehrere Arbeitsverhältnisse nebeneinander bestehen bzw. nach der abgerechnet wird, wenn keine Lohnsteuerkarte vorliegt.

---

[1] § 38 EStG
[2] § 38 b EStG

Welche Auswirkungen haben nun die verschiedenen Steuerklassen? Sie wirken sich direkt auf die Höhe der einbehaltenen Lohnsteuer aus, da für die Lohnsteuerberechnung Steuerfreibeträge eingearbeitet sind, die sich nach der jeweiligen Steuerklasse richten. Welche dies sind, können Sie aus der nachfolgenden Tabelle entnehmen. Grundsätzlich gilt natürlich: Je mehr Freibeträge, desto geringer die Lohnsteuer.

Lohnsteuerklasse	I	II	III	IV	V	VI
Grundfreibetrag	7 664	7 664	15 328	7 664		
Arbeitnehmer-Pauschbetrag	920	920	920	920	920	
Sonderausgaben-Pauschbetrag	36	36	78	36		
Entlastungsbetrag für Alleinerziehende		1 308				
Vorsorgepauschale	ja	ja	ja	ja		

Übersicht 15: Lohnsteuerklassen

Die Lohnsteuerkarten für zusammen zu veranlagende Verheiratete werden grundsätzlich mit der Steuerklasse IV ausgestellt. Die Steuerklassenkombination III/V muss beantragt werden.

Neben der allgemeinen Lohnsteuerberechnung existiert eine **besondere Berechnung**, die für Personen gilt, für welche die besondere (oder gekürzte) Vorsorgepauschale zu berechnen ist. Dies sind Steuerpflichtige, die nicht rentenversicherungspflichtig sind oder Altersrente beziehen.

2.8.2 Lohnsteuerkarte und Freibeträge

Die Gemeinden haben jedem Arbeitnehmer eine Lohnsteuerkarte auszustellen, auf der folgende Dinge vermerkt sind:

- Name und Anschrift des Arbeitnehmers,
- Geburtsdatum,
- Steuerklasse,
- Anzahl der Kinder,
- Anzahl der ggf. berücksichtigungsfähigen Kinderfreibeträge sowie
- bestimmte andere Freibeträge (z. B. Pauschbeträge für Behinderte).

Darüber hinaus kann bis 30. November für das laufende Jahr beim Finanzamt beantragt werden, weitere Beträge als Freibeträge einzutragen, z. B.

- Werbungskosten aus nichtselbständiger Arbeit über 920,00 EUR
- Sonderausgaben, die den Sonderausgaben-Pauschbetrag übersteigen,
- berücksichtigungsfähige außergewöhnliche Belastungen oder
- Verluste aus anderen Einkunftsarten.

Dies hat die erfreuliche Folge, dass weniger Lohnsteuer einbehalten wird und man somit nicht auf die Erstattung im Veranlagungsverfahren warten muss, welche man meist erst viele Monate später erhält.

Freibeträge aus den ersten drei Gründen werden nur eingetragen, wenn sie insgesamt mindestens 600,00 EUR ausmachen.[1]

---

[1] *§ 39 a Abs. 2 EStG*

2.9 Kapitalertragsteuer/Zinsabschlag

Die Kapitalertragsteuer ist neben der Lohnsteuer die zweite wichtige Form der Besteuerung „an der Quelle". Erfasst werden hier Einnahmen im Rahmen der Einkünfte aus Kapitalvermögen. Die Steuer ist je nach Art von der auszahlenden Stelle (z. B. Kreditinstitut) oder dem Schuldner der Kapitalerträge einzubehalten.

Es existieren drei unterschiedliche Kapitalertragsteuersätze, die nachfolgend aufgeführt sind. **Die 30 %ige und 35 %ige Kapitalertragsteuer nennt man auch Zinsabschlag.**

20 %	25 %	30 %	35 %
▪ offene und verdeckte Gewinnausschüttungen aus der AG, GmbH, KGaA und eG (Halbeinkünfteverfahren, Bemessungsgrundlage ist die gesamte Bardividende).	▪ Ausschüttungen auf bestimmte Genussscheine ▪ Ausschüttungen an typische stille Gesellschafter ▪ Erträge aus Versicherungen auf den Erlebens- oder Todesfall (z. B. RV, LV), soweit nicht steuerfrei ▪ Zinsen aus Wandelanleihen	Andere als die genannten Kapitalerträge, insbesondere: ▪ aus Guthaben bei Kredit- oder Finanzdienstleistungsinstituten ▪ aus Guthaben bei Bausparkassen ▪ aus Anleihen mit festen oder variablen Zinssätzen (z. B. Floater, Kombizins-Anleihen) ▪ aus dem Verkauf oder der Einlösung von Null-Kupon-Anleihen (Zero-Bonds) ▪ Stückzinsen	▪ wie 30 %, jedoch nur, wenn die Auszahlung auf Grund der Aushändigung von Zinsscheinen erfolgt

Ein 30 %iger (oder evtl. 35 %iger) Steuerabzug muss nicht vorgenommen werden, wenn

Übersicht 16: Kapitalertragsteuersätze

▪ die auszahlende Stelle ein ausländisches Kreditinstitut ist (das gilt auch für ausländische Zweigstellen inländischer Kreditinstitute),

- der Gläubiger der Kapitalerträge ein Steuerausländer ist, d. h. weder Wohnsitz oder gewöhnlichen Aufenthalt bzw. Sitz oder Geschäftsleitung im Inland hat,

- der Gläubiger ein Kreditinstitut ist (Interbankengeschäft),

- es sich um Kapitalerträge aus Sichteinlagen handelt und der Zinssatz oder Bonus nicht mehr als 1 % beträgt,

- es sich um Kapitalerträge aus Bausparguthaben handelt und der Bausparer in diesem Jahr eine Sparzulage erhalten oder eine Wohnungsbauprämie beantragt hat oder

- die Kapitalerträge im Kalenderjahr 10,00 EUR nicht übersteigen und nur einmal jährlich gutgeschrieben werden.

Neben der jeweiligen Kapitalertragsteuer ist der Solidaritätszuschlag einzubehalten. Er beträgt 5,5 % der Steuer.[1]

Bei jeder Person, die Einkünfte aus Kapitalvermögen erzielt, wird für die Berechnung der Einkommensteuer ein Werbungskosten-Pauschbetrag in Höhe von 51,00 EUR und ein Sparer-Freibetrag in Höhe von 1 370,00 EUR berücksichtigt. Pro Person bleibt also ein Betrag von 1 421,00 EUR unbesteuert. Insofern wäre ein Einbehalt von Kapitalertragsteuer für Erträge bis zu dieser Höhe von Einnahmen nicht sinnvoll, da diese Steuer seitens des Finanzamtes wieder erstattet werden müsste. Auf der anderen Seite weiß die auszahlende Stelle (Kreditinstitut) nicht, ob noch weitere Kapitalerträge anfallen und ggfs. die 1 421,00 EUR ausgeschöpft werden.

Aus diesem Grunde darf das Kreditinstitut nur vom Steuerabzug absehen, wenn ihm vom Gläubiger eine entsprechende Bescheinigung vorliegt, in welcher er versichert, dass die 1 421,00 EUR oder entsprechende Teilbeträge hiervon noch nicht durch andere Kapitaleinkünfte „verbraucht" sind: **der Freistellungsauftrag**[2]. Dieser kann auch auf mehrere Kreditinstitute verteilt werden, jedoch darf der gesamte freigestellte Betrag 1 421,00 EUR nicht übersteigen.

Das Bundesamt für Finanzen (BfF) erhält Meldungen von allen Beträgen, von denen kein Steuerabzug vorgenommen wurde. Bei Überschreiten der Höchstbeträge wird eine Kontrollmitteilung an das zuständige Finanzamt des Steuerpflichtigen gesandt. Die Finanzämter haben die Pflicht, diese Fälle sehr genau zu ermitteln.

Die andere Möglichkeit ist, dass dem Kreditinstitut eine Bescheinigung des Finanzamtes vorliegt, dass der Gläubiger nicht zur Einkommensteuer veranlagt wird: die **Nichtveranlagungsbescheinigung** oder NV-Bescheinigung.[3] Diese kann vom Steuerpflichtigen beim Finanzamt beantragt werden. Die Vorlage einer dieser Bescheinigungen erlaubt dem Kreditinstitut, ohne eine Betragsbeschränkung wie beim Freistellungsauftrag vom Steuerabzug abzusehen.

---

[1] § 3 Abs. 1 Nr. 5 Solidaritätszuschlaggesetz
[2] § 44 a Abs. 2 Nr. 1 EStG
[3] § 44 a Abs. 2 Nr. 2 EStG

Eine Besonderheit stellen die gezahlten und erhaltenen Stückzinsen festver-
zinslicher Wertpapiere dar:

- Die erhaltenen Stückzinsen sind normale Einnahmen im Rahmen
  der Einkünfte aus Kapitalvermögen. Sie unterliegen also grundsätzlich dem Abzug von Kapitalertragsteuer.
- Die gezahlten Stückzinsen andererseits sind im Jahr der Zahlung
  als **negative Einnahmen** aus Kapitalvermögen zu behandeln. Sie
  sind mit den positiven Einnahmen des jeweiligen Kalenderjahres
  zu verrechnen.

Hierzu ein Beispiel:

Herr Sturm erwirbt am 1. Februar 14 Rentenpapiere im Nominalwert von 50 000,00
EUR und zum Kurs von 100 %. Der Coupon beträgt 6 %, die Zinsen werden jährlich
nachschüssig am 1. Juli gezahlt. Die Papiere haben eine Laufzeit bis Juli 18.

Zum Zeitpunkt des Kaufes wendet er neben dem Kurswert i. H. v. 50 000,00 EUR und
den anfallenden Transaktionskosten Stückzinsen i. H. v. 1 750,00 EUR (6 % von
50 000,00 EUR für 1. Juli 13 – 31. Januar 14 = 7 Monate) auf. Am 1. Juli 14 erhält er
eine Zinsgutschrift über 3 000,00 EUR.

Seine gesamten Einnahmen des Jahres 14 betragen 3 000,00 EUR ./. 1 750,00 EUR =
1 250,00 EUR.

Nun wäre es nicht sachgerecht, wenn das Kreditinstitut verpflichtet wäre, die
Kapitalertragsteuer von der kompletten Zinsgutschrift einzubehalten, da ja
die tatsächlichen Einnahmen um die gezahlten Stückzinsen geringer sind.

Die Lösung des Problems liegt darin, für jeden Kunden eine so genannte
„Stückzinsdatei" (auch **„Stückzinstopf"** genannt) zu führen, in welcher die
gezahlten Stückzinsen vermerkt sind. Diese negativen Einnahmen werden
mit späteren positiven Einnahmen verrechnet, so dass nicht zuviel Kapitalertragsteuer einbehalten wird. Es können jedoch nur die gezahlten Stückzinsen verrechnet werden, die bis zum Abrechnungstag angefallen sind.[1]
Diese Datei wird zum Jahreswechsel immer auf Null gestellt, um dem Jahres-
bezug der Einkommensteuer gerecht zu werden. Auch ist eine Übernahme
der Datei bei Wechsel der die Wertpapiere verwahrenden Stelle oder eine
Saldierung von positiven und negativen Einnahmen zwischen mehreren Ver-
wahrstellen nicht möglich.

---

[1] *Verfügung OFD Frankfurt a. M. vom 17.05.2004 (DStR 2004, Seite 1831)*

2.10 Veranlagung von Steuerpflichtigen

2.10.1 Veranlagung von Arbeitnehmern

Das Lohnsteuerverfahren ist im Gegensatz zum pauschalen Kapitalertragsteuerabzug relativ aufwendig und berücksichtigt die wichtigsten Dinge, die auf die Besteuerung Einfluss haben wie z. B. Familienstand, Alter, Höhe der Einkünfte, Werbungskosten oder Sonderausgaben. Aus diesem Grunde entfällt oft die gesetzliche Verpflichtung, eine Einkommensteuererklärung abzugeben, wenn die Steuerpflichtigen ganz oder größtenteils Einkünfte beziehen, die dem Lohnsteuerabzug unterliegen.

Es wird keine Veranlagung vorgenommen, wenn nicht einer der folgenden Gründe dafür spricht. Eine Veranlagung muss demnach durchgeführt werden (d. h. eine Einkommensteuererklärung ist einzureichen), wenn bei einem unbeschränkt Steuerpflichtigen insbesondere eine der folgenden Voraussetzungen[1] vorliegt:

- Die Summe der **anderen Einkünfte,** die nicht dem Lohnsteuerabzug unterliegen (vermindert um den Freibetrag für Land- und Forstwirte und den Altersentlastungsbetrag), beträgt in dem Kalenderjahr **mehr als 410,00 EUR.**

- Die Summe der Bezüge, die dem **Progressionsvorbehalt** unterliegen, beträgt in dem Kalenderjahr **mehr als 410,00 EUR.**

- Der Arbeitnehmer hat von mehreren Arbeitgebern parallel Arbeitslohn bezogen.

- Ehegatten haben beide Arbeitslohn bezogen und einer wurde nach Lohnsteuerklasse V oder IV besteuert.

- Der Arbeitnehmer nur die Vorsorgungepauschale nach § 10 c Abs. 3 EStG in Anspruch nehmen kann, die Lohnsteuer jedoch, zumindest zeitweise, mit der vollen Vorsorgepauschale berechnet wurde.

- Ein Freibetrag war auf der Lohnsteuerkarte eingetragen oder der Arbeitnehmer hatte keine Lohnsteuerkarte beim Arbeitgeber abgegeben.

- Eine Ehe wurde aufgelöst oder beendet und einer der beiden hat wieder geheiratet.

---

[1] *§ 46 Abs. 2 EStG*

Des Weiteren **muss** eine **Veranlagung durchgeführt werden, wenn der Steuerpflichtige es verlangt (Antragsveranlagung)**. Diese Regelung ist der Ersatz für den allgemein bekannten, „alten" Lohnsteuer-Jahresausgleich. Durch die Antragsveranlagung ist es möglich, eine Erstattung zuviel einbehaltener Lohnsteuer oder die Anrechnung von anrechnungsfähiger Kapitalertragsteuer oder Körperschaftsteuer zu erreichen.

Anders als beim alten Jahresausgleich ist es aber im Rahmen der Antragsveranlagung möglich, dass eine Nachzahlung entsteht. In diesem Falle besteht jedoch das Recht, den Antrag wieder zurückzuziehen. Falls jedoch die Nachzahlung z. B. aus einem fehlerhaften LSt-Abzug resultiert, so kann man mit einer Zurücknahme die Zahlung nicht vermeiden.

Eine Besonderheit stellt der so genannte „Härteausgleich" nach § 46 Abs. 3 und 5 EStG dar. Hiernach bleiben andere Einkünfte von Arbeitnehmern bis 410,00 EUR unbesteuert. Bei anderen Einkünften von bis 820,00 EUR bleibt zumindest ein Teil derselben ohne Besteuerung.

Die Antragsveranlagung kann bis spätestens zum Ende des zweiten Kalenderjahres nach Ende des betreffenden Jahres beantragt werden.

2.10.2 Veranlagung von Personen, die nicht Arbeitnehmer sind

Es besteht nach § 25 EStG in Verbindung mit § 149 AO generell die Pflicht zur Abgabe einer Einkommensteuererklärung bis zum 31. Mai des Folgejahres. Ausgenommen sind jedoch größtenteils die Arbeitnehmer, die bereits im vorherigen Kapitel behandelt wurden.

In § 56 EStDV sind diejenigen unbeschränkten Steuerpflichtigen, für die eine Pflicht zur Abgabe besteht, nochmals konkretisiert. Es muss eine Steuererklärung abgegeben werden, wenn:

- Einkünfte aus nichtselbstständiger Arbeit bezogen wurden, von denen ein Lohnsteuerabzug vorgenommen wurde und einer der Fälle vorliegt, die auch bei (reinen) Arbeitnehmern zu einer Veranlagungspflicht führen oder

- keine derartigen Einkünfte bezogen wurden und der Gesamtbetrag der Einkünfte mehr als 7 664,00 EUR, bei zusammenveranlagten Ehegatten 15 329,00 EUR betragen hat.

- im Vorjahr ein Verlust festgestellt wurde, der in künftigen Jahren abgezogen werden kann.

3 Körperschaftsteuer

Die Körperschaftsteuer ist als **Einkommensteuer der juristischen Personen** (Körperschaften, Personenvereinigungen und Vermögensmassen) zu verstehen. In erster Linie sind davon die Körperschaften des privaten Rechts, also Aktiengesellschaften, Kommanditgesellschaften auf Aktien, Gesellschaften mit beschränkter Haftung, Genossenschaften und rechtsfähige Vereine betroffen. Daneben unterliegen ihr auch nicht rechtsfähige Vereine.

Als **juristische Personen** werden Personenvereinigungen oder Zweckvermögen bezeichnet, die mit gesetzlich anerkannter rechtlicher Selbstständigkeit ausgestattet sind. Eine juristische Person ist Träger von Rechten und Pflichten, hat Vermögen, kann in eigenem Namen klagen und verklagt werden.

Die Körperschaftsteuer ist zum einen eine **Personensteuer** (und damit nicht als Betriebsausgabe abzugsfähig), zum anderen eine **Gemeinschaftsteuer,** da ihr Aufkommen Bund und Ländern gemeinschaftlich zusteht. Die Gemeinden partizipieren indirekt über eine Umlage. Schließlich handelt es sich nach der Verwaltungspraxis um eine **Besitzsteuer.**

3.1 Steuerpflicht

Wie bei der Einkommensteuer[1] wird bei der Körperschaftsteuer zwischen unbeschränkter und beschränkter Steuerpflicht unterschieden.

Unbeschränkte Steuerpflicht ist gegeben, wenn sich der Sitz oder die Geschäftsleitung[2] von Körperschaften im Inland befinden. Die unbeschränkte Körperschaftsteuerpflicht erstreckt sich nach § 1 Abs. 2 KStG auf sämtliche durch die Körperschaft erzielten Einkünfte, unabhängig davon, wo diese erwirtschaftet werden (Welteinkommensprinzip). Insbesondere Doppelbesteuerungsabkommen schränken dieses Prinzip jedoch ein.

Der **beschränkten Körperschaftsteuerpflicht** gemäß § 2 Nr. 1 KStG unterliegen alle juristischen Personen, die weder ihren Sitz noch ihre Geschäftsleitung im Inland haben. Gegenstand der beschränkten Steuerpflicht sind bestimmte inländische Einkünfte.

---

[1] *im Folgenden wird regelmäßig auf die Vorschriften der Einkommensteuer Bezug genommen. Bitte schlagen Sie bei Interesse in dem entsprechenden Kapitel nach.*
[2] *im Sinne der §§ 10, 11 AO*

3.2   Steuerbefreiungen

§ 5 KStG nennt eine Reihe juristischer Personen, die wegen ihrer volkswirtschaftlichen oder gesellschaftlichen Bedeutung von der Körperschaftsteuer
befreit sind. Dazu gehören unter anderem:

- die staatlichen Lotterieunternehmen,
- das Bundeseisenbahnvermögen,
- die Deutsche Bundesbank,
- die Kreditanstalt für Wiederaufbau und
- die politischen Parteien.

Nachdem festgestellt wurde, wer besteuert wird, stellt sich ggf. die Frage,
was besteuert wird. Dieser soll im Folgenden nachgegangen werden.

3.3   Körperschaftsteuerliches Einkommen

Die Körperschaftsteuer bemisst sich nach dem zu versteuernden Einkommen, welches nach den Vorschriften des Einkommensteuergesetzes unter
zusätzlicher Berücksichtigung der Bestimmungen des Körperschaftsteuergesetzes ermittelt wird.[1] Das Einkommensteuergesetz bildet also das Funda-
ment des Körperschaftsteuerrechts.

Die Grundlage der Besteuerung sind somit die einzelnen Einkünfte, wobei –
auf Grund der Tatsache, dass es sich um Körperschaften handelt – die Erzielung von bestimmten Einkünften kaum denkbar ist; so die Einkünfte aus
nichtselbstständiger Arbeit oder sonstige Einkünfte aus Abgeordnetenbezü-
gen. Körperschaften können somit also auch Einkünfte aus Kapitalvermögen
oder aus Land- und Forstwirtschaft erzielen und erhalten damit ggf. – wie
natürliche Personen auch – einen Sparer-Freibetrag oder einen Freibetrag für
Land- und Forstwirte. Allerdings gibt es im Körperschaftsteuerrecht keine
Sonderausgaben, keine außergewöhnlichen Belastungen und natürlich auch
keine Kinderfreibeträge (leider auch nicht für Tochtergesellschaften), da eine
juristische Person keine private Lebenssphäre besitzt.

Eine Besonderheit ergibt sich für juristische Personen, die nach dem HGB
zur Führung von Büchern verpflichtet sind: die Kapitalgesellschaften (AG,
KGaA, GmbH) und die eingetragene Genossenschaft. Ihre **sämtlichen Einkünfte werden als Einkünfte aus Gewerbebetrieb behandelt.**[2]
Damit ist der nach EStG **ermittelte Gewinn die Ausgangsgröße** für das
körperschaftsteuerliche Einkommen. Die folgenden Ausführungen werden
sich ausschließlich auf diese Kapitalgesellschaften beziehen, da sie die
höchste Praxisrelevanz besitzen.

---

[1]   *§ 7 Abs. 1, 2 KStG und § 8 Abs. 1 KStG*
[2]   *§ 8 Abs. 2 KStG*

Auszugehen ist also vom Steuerbilanzergebnis, das gegebenenfalls aus der Handelsbilanz abzuleiten ist. Dieses Ergebnis ist dann – grob dargestellt – folgendermaßen zu korrigieren:

Steuerbilanzergebnis (Gewinn oder Verlust)

+ **Minderungen des Steuerbilanzergebnisses, die jedoch das Einkommen nicht vermindern dürfen**

(nicht abziehbare Aufwendungen[1], verdeckte Gewinnausschüttungen[2])

./. **Erhöhungen des Steuerbilanzergebnisses, die jedoch das Einkommen nicht erhöhen dürfen**

(steuerfreie Erträge[3], Erträge aus nicht abziehbaren Aufwendungen[4])

= Einkommen vor Verlustabzug

./. Verlustabzug (aus Vor- oder Folgejahren)[5]

= (zu versteuerndes) Einkommen

Zu den einzelnen Komponenten dieser Berechnungen finden Sie nachfolgend einige Erläuterungen.

3.3.1 Nicht abzugsfähige Ausgaben

Zu den nicht abzugsfähigen Ausgaben gehören:

- die bereits bekannten **Ausgaben im Sinne des § 4 Abs. 5 EStG** (z. B. Geschenke an Geschäftsfreunde > 35,00 EUR pro Wirtschaftsjahr und Person) und

- die **Ausgaben, die in § 10 KStG genannt** sind. Dies sind:

    - **Steuern vom Einkommen und sonstige Personensteuern,** insbesondere die Körperschaftsteuer selbst

Die Nichtabzugsfähigkeit dieser Steuern hat zur Folge, dass erstattete und bei der Körperschaft als Einnahme gebuchte Beträge (z. B. erstattete Körperschaftsteuer) vom Einkommen wieder abzuziehen sind. Die Kapitalertragsteuer ist als besondere Erhebungsform der Körperschaftsteuer zu betrachten. Sie ist daher als Personensteuer ebenfalls nicht abzugsfähig.

    - **steuerliche Nebenleistungen**[6], z. B. Säumniszuschläge, Verspätungszuschläge, Zwangsgelder auf nicht abziehbare Steuern

---

[1] *§ 4 Abs. 5 EStG oder § 10 KStG*
[2] *§§ 8 Abs. 3, 8 b KStG*
[3] *§ 3 EStG oder § 9 InvZulG 1999*
[4] *z. B. Erstattungen von nicht abziehbaren Aufwendungen*
[5] *§ 10 d EStG*
[6] *§ 10 Nr. 2 KStG*

– **Geldstrafen**[1]

– die Hälfte der **Vergütungen für Aufsichtsräte,** Beiräte o. Ä.[2]

– **Spenden,** die nicht die Kriterien für die Abzugsfähigkeit nach § 9 KStG erfüllen, insbesondere Spenden an politische Parteien.

3.3.2 Verdeckte Gewinnausschüttungen

Verdeckte Gewinnausschüttungen im Sinne des Körperschaftsteuergesetzes liegen vor, wenn eine körperschaftsteuerpflichtige juristische Person ihren Gesellschaftern **geldwerte Vorteile** zukommen lässt, in deren Genuss eine **gesellschaftsfremde Person nicht** oder **nicht in gleicher Höhe** kommen würde.

Der Begriff der verdeckten Gewinnausschüttung umschreibt auf der Ebene einer juristischen Person dasselbe Phänomen, das bei Einzelgewerbetreibenden bzw. Personengesellschaften die Abgrenzung der betrieblichen von der privaten Sphäre des Unternehmers gewährleisten soll. Bei der einkommensteuerlichen Gewinnermittlung sind nur solche Aufwendungen abziehbar, die durch den Betrieb veranlasst sind.

Auf der Ebene der Kapitalgesellschaften können die maßgeblichen Gesellschafter ihre Stellung dahingehend nutzen, dass sie **durch private Interessen motivierte Vorgänge zu betrieblichen Vorgängen umdeuten.** Rechtsprechung und Gesetzgeber sehen solche Aktivitäten, die zu Minderungen des körperschaftsteuerlichen Einkommens führen, **als Gewinnausschüttungen.** Ausschüttungen stellen eine Verwendung des Gewinns dar und sind damit steuerlich Bestandteil des Einkommens der Kapitalgesellschaft. Ob die Ausschüttung offen oder verdeckt erfolgt, macht für die Höhe des Gewinnes keinen Unterschied. Daher sind Gewinnausschüttungen, wenn sie vorher das Steuerbilanzergebnis vermindert haben, dem Gewinn der Kapitalgesellschaft **hinzuzurechnen.**

Als typische Fälle verdeckter Gewinnausschüttungen kommen folgende Beispiele in Betracht:

- Ein Gesellschafter wird von der Gesellschaft als Geschäftsführer beschäftigt und erhält dafür ein **unangemessen hohes Gehalt.**

- Ein Gesellschafter erhält von der Gesellschaft ein **zinsloses** oder mit außergewöhnlich geringem Zins belastetes **Darlehen.**

- Ein Gesellschafter gewährt der Gesellschaft ein Darlehen zu einem ungewöhnlich **hohen Zinssatz.**

---

[1] *§ 10 Nr. 3 KStG*
[2] *§ 10 Nr. 4 KStG*

- Ein Gesellschafter erbringt für die Gesellschaft **Leistungen** (Warenlieferung, Vermietung von Wirtschaftsgütern, andere Dienstleistungen) **zu ungewöhnlich hohen Preisen** oder bekommt von der Gesellschaft Leistungen zu ungewöhnlich niedrigen Preisen bzw. erhält ungewöhnliche Rabatte.

- Die Gesellschaft **verzichtet auf Rechte,** die ihr gegenüber dem Gesellschafter zustehen.

Besonders akut wirken sich solche Sachverhalte bei so genannten „Ein-Mann-GmbHs" aus, da auf Grund der Identität der handelnden Personen eine angemessene Trennung zwischen privat und betrieblich motivierten Entscheidungen oft nur schwer möglich ist.

Beachten Sie generell, dass in den allermeisten Fällen **Vereinbarungen ausdrücklich, klar und im Voraus getroffen werden müssen,** wenn sie steuerliche Anerkennung finden sollen.

Große Schwierigkeiten bereitet oft die **Entscheidung über die Angemessenheit** bzw. Unangemessenheit einer Vergütung. Die Vergleichbarkeit mit Geschäften, wie sie unter Fremden abgeschlossen werden, ist wegen der Vielfalt wirtschaftlicher Beziehungen oft nicht möglich oder nicht angebracht. Eine Entscheidung über die genaue Höhe einer verdeckten Gewinnausschüttung zu treffen, ist in der Praxis (oft anlässlich von Außenprüfungen) meist das **Ergebnis langwieriger Auseinandersetzungen** zwischen Finanzverwaltung und Steuerpflichtigen.

3.3.3 Steuerfreie Erträge

Bei der Ermittlung des zu versteuernden Einkommens sind die steuerfreien Erträge herauszurechnen. Die wichtigsten Vertreter dieser steuerfreien Erträge sind

- Dividenden und Gewinnausschüttungen von anderen Kapitalgesellschaften und Körperschaften,

- der Gewinn aus dem Verkauf von Anteilen dieser Gesellschaften und

- ausländische Erträge (nach Doppelbesteuerungsabkommen).

Umgekehrt ist bei der Berechnung des steuerpflichtigen Gewinns zu beachten, dass 5 % der steuerfreien Dividenden und Anteilsverkäufe als nichtabzugsfähige Betriebsausgaben gelten[1]. Insofern kann man auch umgekehrt formulieren, dass diese Erträge zu 95 % steuerfrei sind.

---

[1] *§ 8 b Abs. 3 KStG*

3.3.4   Verlustabzug

Auch für juristische Personen gibt es – wie für natürliche Personen – die Möglichkeit, negative Ergebnisse eines Jahres mit Vor- und/oder Folgejahren zu verrechnen.[1]

Nach der Ermittlung des zu versteuernden Einkommens (der Bemessungs-grundlage) wird die Körperschaftsteuer errechnet.

3.4   Körperschaftsteuertarif

Der Steuersatz beträgt einheitlich 25 %[2]. Dabei ist nicht relevant, ob der Gewinn ausgeschüttet wird oder in der Gesellschaft verbleibt (thesauriert) wird.

Es wird zusätzlich ein zeitlich unbefristeter Solidaritätszuschlag von derzeit 5,5 % auf die festgesetzte Körperschaftsteuer erhoben.

---

[1]   *§ 8 Abs. 1 KStG i. V. m. § 10 d EStG*
[2]   *§ 23 Abs. 1 KStG*

4   Gewerbesteuer

Bei der Gewerbesteuer (GewSt) handelt es sich um eine **Realsteuer,** da der Gegenstand der Besteuerung ein Realobjekt, nämlich der Gewerbebetrieb mehr oder minder losgelöst von seinen Anteilseignern ist. Weiterhin ist sie eine **Gemeindesteuer,** da die Berechtigung zur Erhebung dieser Steuer nur den Gemeinden zusteht.[1] Steuerpolitisch stellt die Gewerbesteuer eine wesentliche Finanzierungsquelle der Gemeinden dar, mit der die in den Gemeinden ansässigen Gewerbebetriebe an der Erhaltung und Entwicklung der kommunalen Infrastruktur beteiligt werden sollen. Weiterhin kann man sie als **direkte Steuer** und als **Veranlagungssteuer** klassifizieren. Die Gewerbesteuer ist als **Betriebsausgabe** abzugsfähig.

Besteuert wird der **Gewerbeertrag**, dies ist der berichtigte steuerliche Gewinn des Gewerbebetriebes.

4.1   Steuergegenstand

Der im Inland betriebene **Gewerbebetrieb** unterliegt der Gewerbesteuer.[2] Die Definition des Inlandes folgt den anderen Steuergesetzen.

4.1.1   Begriff des Gewerbebetriebes

Ein Gewerbebetrieb nach dem Gewerbesteuergesetz ist ein gewerbliches Unternehmen im Sinne des Einkommensteuergesetzes *(vgl. 2.3.2).*[3]

4.1.2   Formen des Gewerbebetriebes

Drei Formen des Gewerbebetriebes sind nach § 2 GewStG zu unterscheiden:

- Der Gewerbebetrieb kraft **gewerblicher Betätigung,**
- der Gewerbebetrieb kraft **Rechtsform,**
- der Gewerbebetrieb kraft **wirtschaftlichen Geschäftsbetriebes.**

---

[1] *§ 1 GewStG*
[2] *§ 2 Abs. 1 GewStG*
[3] *§ 2 Abs. 1 Satz 2 GewStG*

Ein Gewerbebetrieb **kraft gewerblicher Betätigung** liegt vor, wenn dieser durch Ausübung einer gewerblichen Tätigkeit zustande kommt und die Tatbestandsmerkmale des § 15 Abs. 2 EStG erfüllt sind.

Beispiel:
Ein Schuhmachermeister macht sich selbstständig und eröffnet in Rostock eine Schuhreparaturwerkstatt. Es liegt ein Gewerbebetrieb kraft gewerblicher Betätigung vor, da alle Tatbestandsmerkmale erfüllt sind.
Ein angestellter Architekt kündigt bei seinem Arbeitgeber und eröffnet in Mainz ein eigenes Architekturbüro. Es liegt kein Gewerbebetrieb vor, da ein Tatbestandsmerkmal nicht erfüllt ist. Es handelt sich nämlich um eine (freiberuflich) selbstständige Tätigkeit im Sinne des § 18 Abs. 1 EStG.

Gewerbebetriebe **kraft Rechtsform** sind Kapitalgesellschaften (z. B. AG, GmbH) und ähnliche juristische Personen.

Beispiel:
Mehrere Architekten gründen eine AG, die nur freiberuflich tätig ist. Die AG ist ein Gewerbebetrieb kraft Rechtsform, da ihre Tätigkeit grundsätzlich als Gewerbe gilt.

Als Gewerbebetriebe gelten auch die Tätigkeiten der sonstigen juristischen Personen des privaten Rechts und der nicht rechtsfähigen Vereine, wenn sie einen **wirtschaftlichen Geschäftsbetrieb** unterhalten (§ 2 Abs. 3 GewStG).

Beispiel:
Der Fußballverein FC Oberhausen e.V. betreibt in seinem Clubgebäude eine Kantine. Damit liegt ein Gewerbebetrieb kraft wirtschaftlichen Geschäftsbetriebs vor, unabhängig davon, ob der Verein beabsichtigt, Gewinn zu erzielen.

Wann beginnt nun die Steuerpflicht eines Gewerbebetriebes?

4.2 Beginn und Ende der Steuerpflicht

Die Gewerbesteuerpflicht von Gewerbebetrieben in Gestalt von **Einzelunternehmen und Personengesellschaften beginnt** grundsätzlich im Zeitpunkt der **Aufnahme der maßgeblichen Tätigkeit** ohne Rücksicht darauf, ob eine behördliche Genehmigung für die Aufnahme des Geschäftsbetriebes oder eine Eintragung in das Handelsregister vorliegt. Ebenso **endet** die Steuerpflicht mit der **tatsächlichen** – nicht nur vorübergehenden – **Einstellung** des Betriebes.

Hingegen **beginnt** die Gewerbesteuerpflicht bei **Kapitalgesellschaften** mit der **Eintragung** in das Handelsregister. Sie kann schon vorher beginnen, wenn die Kapitalgesellschaft bereits vor Eintragung nach außen in Erscheinung tritt, z. B. durch den Kauf von Wirtschaftsgütern des Anlagevermögens.[1] Das **Ende** der Gewerbesteuerpflicht ist erst mit dem **Aufhören der gewerblichen Tätigkeit** gegeben. Dies ist der Zeitpunkt, in dem der Betrieb eingestellt oder spätestens das Vermögen an die Gesellschafter verteilt wird.[2]

---

[1] *Abschnitt 18 Abs. 2 Satz 6 GewStR*
[2] *Abschnitt 19 Abs. 1, 3 GewStR*

4.3 Besteuerungsgrundlagen

Sinn der Gewerbesteuer ist es, die **wirtschaftliche Leistungsfähigkeit des Gewerbebetriebes zu besteuern.** Diese wird nach dem Gewerbeertrag bemessen.

4.3.1 Gewerbeertrag

Der Gewerbeertrag[1] setzt sich zusammen aus dem nach den Normen des Einkommensteuergesetzes oder Körperschaftsteuergesetzes zu ermittelnden **Gewinn zuzüglich der Hinzurechnungen**[2] und **abzüglich der Kürzungen**[3]. Das gleiche gilt natürlich auch für einen Verlust. Im weiteren Verlauf wird aber – ganz positiv denkend – der Einfachheit halber nur von Gewinn gesprochen.

Durch diese Hinzurechnungen und Kürzungen soll gewährleistet sein, dass durch die Gewerbesteuer die **tatsächliche Ertragskraft** des einzelnen Betriebes besteuert wird, da der nach Einkommensteuergesetz bzw. Körperschaftsteuergesetz ermittelte Gewinn vom durch den Gewerbebetrieb erwirtschafteten Gewinn abweichen kann. Dies hängt mit der Art der Finanzierung oder mit Gewinnen/Verlusten aus anderen Gewerbebetrieben (Beteiligungen) zusammen. In dieser Höhe sind dann für Gewerbesteuerzwecke Hinzurechnungen bzw. Kürzungen zu berücksichtigen.

Hinzurechnungen

Zur Ermittlung des Gewerbeertrages müssen dem Gewinn aus Gewerbebetrieb die in § 8 GewStG aufgelisteten Beträge hinzugerechnet werden, soweit sie bei der Gewinnermittlung abgezogen worden sind. Wichtige Hinzurechnungen sind:

- **Die Hälfte der Entgelte für Dauerschulden**
  Hierbei handelt es sich vor allem um Zinsen für Schulden, die mit Gründung, Erwerb oder Erweiterung des Betriebes zusammenhängen oder länger als ein Jahr laufen. Dies können auch Kontokorrentkredite sein, wenn sie ständig in Anspruch genommen werden. Entgelte sind hier insbesondere Zinsen und Disagios.

- **Renten und dauernde Lasten**
  Voraussetzung ist, dass die dauernde Belastung im wirtschaftlichen Zusammenhang mit der Gründung oder dem Erwerb des Betriebes steht.

- **Die gezahlten Gewinnanteile an den echten (typischen) stillen Gesellschafter**

- **Die Hälfte der Miet- und Pachtzinsen** soweit sie nicht für Gebäude, Grund und Boden oder an selbst gewerbesteuerpflichtige Unternehmen gezahlt wurden

- **Die Anteile am Verlust einer in- oder ausländischen Personengesellschaft.**

---

[1] *§ 7 GewStG*
[2] *§ 8 GewStG*
[3] *§ 9 GewStG*

Kürzungen

Die Summe aus Gewinn und Hinzurechnungen ist um die Beträge zu den in § 9 GewStG genannten Tatbeständen zu kürzen. Die wichtigsten Kürzungen sind:

- **1,2 % des Einheitswertes des zum Betriebsvermögen gehörenden Grundbesitzes,**
  der nach den Bestimmungen des Bewertungsgesetzes zu ermitteln ist.

- **Anteile am Gewinn einer in- oder ausländischen Personengesellschaft,**
  soweit die Gewinnanteile bei der Ermittlung des Gewinnes angesetzt worden sind und die Gesellschafter als Mitunternehmer anzusehen sind.

Steuermesszahl und Steuermessbetrag

Zur Ermittlung des **Steuermessbetrages**[1] ist der Gewinn zuzüglich der Hinzurechnungen und abzüglich der Kürzungen noch um einen **eventuellen Gewerbeverlust** aus Vorjahren[2] zu kürzen. Das Ergebnis ist der **Gewerbeertrag,** der auf volle 100,00 EUR abzurunden ist. Von diesem abgerundeten Betrag wird bei natürlichen Personen/Personengesellschaften (nicht bei Kapitalgesellschaften) ein **Freibetrag von 24 500,00 EUR** abgezogen.

Auf den verbleibenden Betrag wird bei natürlichen Personen/Personengesellschaften eine mit steigendem verbleibenden Betrag zunehmende **Steuermesszahl**[3] (maximal 5 %) angewendet. Für Kapitalgesellschaften gilt generell eine Steuermesszahl von 5 %.

---

[1] *§ 11 Abs. 1 GewStG*
[2] *§ 10 a GewStG. Das GewStG kennt keine Verlustrückträge.*
[3] *§ 12 Abs. 2 GewStG*

Ermittlungsschema für den Gewerbeertrag

Zusammengefasst ergibt sich damit folgendes Berechnungsschema:

| | Gewinn aus Gewerbebetrieb |
| + | Hinzurechnungen (§ 8 GewStG) |

| = | Summe des Gewinnes und der Hinzurechnungen |
| ./. | Kürzungen (§ 9 GewStG) |

| = | Maßgebender Gewerbeertrag |
| ./. | Gewerbeverlust (§ 10 a GewStG) |

| = | Gewerbeertrag, abgerundet auf volle 100,00 EUR |
| ./. | Freibetrag für Personenunternehmen (§ 11 GewStG) |

| = | verbleibender Betrag · Steuermesszahl (§ 11 Abs. 2 GewStG) |

| = | **Steuermessbetrag** |

Dabei handelt es sich noch nicht um die Gewerbesteuer, denn diese wird in einem weiteren Schritt berechnet.

4.3.2 Errechnung der Gewerbesteuer

Auf den Steuermessbetrag ist der von jeder Gemeinde individuell zu bestimmende **Hebesatz** anzuwenden (§ 16 Abs. 1 GewStG). Das Ergebnis ist die **Gewerbesteuerschuld.**

Steuermessbetrag · Hebesatz = Gewerbesteuer

Die Hebesätze können je nach Standort um ein Vielfaches abweichen.

Sollte sich der Betrieb über mehrere Gemeinden erstrecken oder in mehreren Gemeinden tätig werden, z. B. durch Büros, Verkaufsstellen oder längerfristige Baustellen, so muss mittels eines besonderen Berechnungsverfahrens dieser einheitliche Steuermessbetrag zerlegt und auf die einzelnen Gemeinden verteilt werden. Auf diese Teilbeträge sind dann die jeweiligen Hebesätze anzuwenden.

5 Grundsteuer

Die Grundsteuer ist eine **Objektsteuer,** da sie an das Vorhandensein von Grundbesitz gebunden ist. Die Grundsteuer wird unabhängig von den persönlichen Verhältnissen des Eigentümers erhoben. Es gibt jedoch einige Befreiungs- und Minderungsmöglichkeiten. Es handelt sich bei der Grundsteuer – wie bei der Gewerbesteuer – um eine **Gemeindesteuer,** daher werden die entsprechenden Hebesätze von den Gemeinden autonom festgesetzt. Weiterhin handelt es sich um eine **direkte Steuer.**

5.1 Steuergegenstand

Der Grundsteuer sind einerseits **Betriebe der Land- und Forstwirtschaft** unterworfen. Zum Betrieb gehören alle Wirtschaftsgüter, die in diesem dauernd benötigt werden. Der festgesetzte Einheitswert für land- und forstwirtschaftliches Vermögen[1] dient als Bemessungsgrundlage.

Andererseits werden durch die Grundsteuer die **im Inland gelegenen Grundstücke** erfasst. Das Bewertungsgesetz[2] unterscheidet dabei verschiedene Grundstücksarten.

Wie in allen Steuergesetzen bestehen von der Besteuerung Ausnahmen, d. h. Befreiungen.

5.2 Befreiungen

Die Grundsteuerbefreiungen nach §§ 3–8 GrStG betreffen grundsätzlich Grundstücke, deren **eigenwirtschaftliche Nutzung** auf Grund objektiver Voraussetzungen praktisch **ausgeschlossen** ist.

Beispiele:
Grundbesitz der dem Gottesdienst dienenden Religionsgesellschaften (§ 4 Nr. 1 GrStG) oder Grundbesitz im Zusammenhang mit Gemeinschaftsunterkünften der Bundeswehr (§ 5 Abs.1 Nr.1 GrStG).

---

[1] *§§ 33 ff. BewG*
[2] *§§ 72, 75 BewG*

5.3 Berechnung der Grundsteuer

Der jeweilige Einheitswert eines Grundstückes ist die Bemessungsgrundlage. Allerdings wird zunächst – wie bei der Gewerbesteuer – durch Anwendung von Steuermesszahlen[1] auf die Einheitswerte ein Steuermessbetrag festgesetzt, deren Höhe je nach Grundstücksart unterschiedlich ist.

Auf den sich ergebenden Steuermessbetrag wird dann der Hebesatz der jeweiligen Gemeinde angewendet.

5.4 Steuerschuldner

Steuerschuldner ist nach § 10 GrStG grundsätzlich der **Eigentümer** im Sinne des BGB. Steuerlich gesprochen derjenige, dem der Einheitswert zum Zeitpunkt seiner Feststellung zuzurechnen ist. Da dieser Wert immer zum 1. Januar eines Jahres festgestellt wird, ist auch derjenige, der ein Grundstück im Laufe eines Jahres verkauft, noch für das gesamte Jahr Steuerschuldner. Neben dem Steuerschuldner haftet aber im Falle rückständiger Grundsteuer auch der Erwerber.[2]

Je nach Größe und Art des Grundstückes lohnt sich daher für den Käufer evtl. die Einholung einer entsprechenden Unbedenklichkeitsbescheinigung vom Finanzamt.

5.5 Erlass und Minderung

Ein Erlass der Grundsteuer kommt bei **Kulturgütern und Grünanlagen**[3] in Betracht. Auch bei wesentlichen **Ertragsminderungen,** die vom Steuerschuldner nicht zu vertreten sind, kommen Erlassbestimmungen[4] zur Anwendung.

Gerade der Erlass der Grundsteuer auf Grund von Ertragsminderungen ist nicht weithin bekannt. Er kann bereits bei einer Minderung von 20 % des normalen Rohertrages beantragt werden. Die Minderung beträgt dann 80 % des Minderungsprozentsatzes. Der Antrag ist bis zum 31. März des folgenden Jahres zu stellen.

5.6 Festsetzung und Erhebung

Die Grundsteuer wird von der zuständigen (Gemeinde-)Behörde für das Kalenderjahr mittels Bescheid festgesetzt. Für Grundstücke in den neuen Ländern ist zur Festsetzung der Steuer eine Steueranmeldung abzugeben, in der die Steuer selbst berechnet wird. Die Steuer wird dann im Laufe des Jahres in vier Raten erhoben. Sie sind fällig im Februar, Mai, August und November, jeweils zum 15. des Monats.

---

[1] *§§ 14, 15 GrStG*
[2] *§ 11 Abs. 2 GrStG*
[3] *§ 32 GrStG*
[4] *§ 33 GrStG*

6 Erbschaft- und Schenkungsteuer

Im Rahmen der finanzwirtschaftlichen Beratung, insbesondere der Vermögensstrukturplanung, können und sollen auch die steuerlichen Belastungen aus dieser Steuerart nicht unberücksichtigt bleiben.

Die Erbschaft- und Schenkungsteuer ist eine **Landessteuer.**

Das Erbschaftsteuergesetz (ErbStG) knüpft an bürgerlich-rechtliche Regelungen, speziell §§ 1922 ff. BGB, an.

6.1 Steuerpflichtige Vorgänge

Diese Steuerart bezieht die Bereicherungen ein, die jemand durch eine freigiebige Zuwendung unter Lebenden (Schenkung) oder von Todes wegen (Erbschaft, Vermächtnis etc.) erhält. Grundsätzlich besteht kein Unterschied zwischen der Erbschaft- und Schenkungsteuer. Nur in Bezug auf bestimmte Freibeträge können sich Unterschiede ergeben. Daher wird im Folgenden auch in Schenkungsfällen nur von der Erbschaftsteuer gesprochen.

Man unterscheidet also:

- **Erwerbe von Todes wegen,** insbesondere
  - den Erbanfall,
  - den Erbersatzanspruch,
  - das Vermächtnis und
  - den geltend gemachten Pflichtteilsanspruch.

- **Schenkungen unter Lebenden**
  Die Definition des ErbStG geht über die des BGB hinaus. So werden hier z. B. auch so genannte unbenannte (ehebedingte) Zuwendungen unter Ehegatten zum Ausgleich für geleistete Mehrarbeit des Ehegatten u. Ä. oder die Ausstattung einer Beteiligung mit einem überhöhten Gewinnanspruch als Schenkung erfasst.

- **Zweckzuwendungen**
  Damit sind Auflagen gemeint, die den Empfänger verpflichten, die Zuwendung zu einem bestimmten, meist gemeinnützigen Zweck zu verwenden.

- **Vermögen einer Familienstiftung oder eines Familienvereines**
  Diese Körperschaften unterliegen alle 30 Jahre mit ihrem Vermögen der Erbschaftsteuer, wenn sie wesentlich im Interesse einer oder mehrerer Familien errichtet wurden.

Wenn bei einem gegenseitigen Vertrag Leistung und Gegenleistung in einem deutlichen Missverhältnis stehen, so wird es sich um eine so genannte **gemischte Schenkung** handeln, die in einen entgeltlichen und einen Schenkungsteil aufzuteilen ist.

6.2 Persönliche Steuerpflicht

Eine Erbschaft, eine Schenkung oder ein anderer genannter Vorgang ist dann steuerpflichtig, wenn eine der beiden daran beteiligten Personen persönlich steuerpflichtig ist. Das Erbschaftsteuergesetz kennt **drei Arten der Steuerpflicht:**

Die wichtigste – natürlich auch aus der Sicht des Finanzamtes – ist die **unbeschränkte Steuerpflicht**. Ihr unterliegen die folgenden Personen:

- natürliche Personen, die ihren Wohnsitz oder gewöhnlichen Aufenthalt im Inland haben,
- deutsche Staatsangehörige, die nicht länger als fünf Jahre im Ausland leben, ohne im Inland einen Wohnsitz zu haben,
- deutsche Staatsangehörige, die bei einer inländischen juristischen Person des öffentlichen Rechtes beschäftigt sind und von der ihren Arbeitslohn beziehen und
- Körperschaften, Personenvereinigungen mit Geschäftsleitung oder Sitz im Inland (denn auch diese können erben).

Wenn **eine** der beteiligten Personen, also entweder Schenker/Erblasser oder Begünstigte unbeschränkt steuerpflichtig ist, so ist das gesamte Vermögen bzw. die gesamte Schenkung (inländisches und ausländisches Vermögen) in Deutschland zu besteuern.

Wenn keiner der beiden unbeschränkt steuerpflichtig ist, so kann die **erweiterte beschränkte Steuerpflicht** nach Außersteuergesetz oder die **beschränkte Steuerpflicht** zutreffen. Die erstgenannte tritt in Erscheinung, wenn der Erblasser oder Schenker in den letzten zehn Jahren unbeschränkt einkommensteuerpflichtig war. Folge ist, dass im Endeffekt das gesamte Vermögen besteuert wird, welches sich im Inland befindet oder mit ihm verbunden ist. Die beschränkte Steuerpflicht umfasst dagegen nur ganz bestimmte inländische Vermögensteile wie Grundstücke oder Betriebsvermögen.

Nachdem geklärt ist, ob sachliche und persönliche Steuerpflicht besteht, stellt sich die Frage, wann die Steuer entsteht, was genau besteuert wird und wie dies zu bewerten ist.

6.3 Steuergegenstand, -entstehung und Bewertung, Steuerbefreiungen

Der Steuer unterliegt nach § 10 ErbStG der so genannte steuerpflichtige Erwerb. Das ist grundsätzlich die Bereicherung des Erwerbers. Im Erbfalle ist demnach folgendermaßen zu berechnen:

> Wert des gesamten Vermögensanfalles
> ./. abzugsfähige Nachlassverbindlichkeiten
> = Bereicherung des Erwerbers

Zu den Nachlassverbindlichkeiten gehören auch die Bestattungskosten und ähnliche Aufwendungen. Es sind ohne Nachweis pauschal 10 300,00 EUR zu berücksichtigen[1].

Es sind nur die Vermögensteile zu berücksichtigen, die zum Vermögen des Erblassers/Schenkers gehören. Dies ist auch bei kapitalbildenden Versicherungen interessant: So sind die Verträge zu berücksichtigen, für die er Versicherungsnehmer, jedoch nicht Bezugsberechtigter, ist; nicht jedoch diejenigen Verträge, bei denen z. B. der Ehepartner Versicherungsnehmer ist und für welche der Versicherungsfall eintritt, wenn der andere Ehepartner verstirbt.

Die Steuer entsteht, wenn die Bereicherung wirtschaftlich eingetreten ist. Bei Erwerben von Todes wegen ist das der Zeitpunkt des Todes des Erblassers. Im Falle der Schenkung ist das der Zeitpunkt der Ausführung der Zuwendung.

Zu diesem Stichtag sind auch die Vermögensgegenstände zu bewerten. Die erbschaftsteuerliche Bewertung richtet sich nach den Vorschriften des Bewertungsgesetzes.

Für verschiedene Fälle bestehen im ErbStG Steuerbefreiungen. Diese sind grundsätzlich in § 13 ErbStG dargestellt. Wichtige **Befreiungsregelungen** sind:

- Zuwendung (Schenkung) eines selbstgenutzten Familienwohnheimes oder eines Anteils daran unter Ehegatten,
- verschiedene Zuwendungen im öffentlichen Interesse,
- Geldzuwendungen (Schenkungen), die eine Person für Pflegeleistungen erhält, bis zur Höhe der entsprechenden Werte des Pflegegeldes,
- bestimmte Versorgungsbezüge, so z. B. Hinterbliebenenbezüge auf beamtenrechtlicher Grundlage, aus der Sozialversicherung und vertragliche Leistungen aus dem Arbeitsverhältnis des Verstorbenen,
- Verzicht auf Geltendmachung des Pflichtteils- oder Erbersatzanspruches und
- Gelegenheitsgeschenke.

---

[1] *§ 10 Abs. 5 Nr. 3 ErbStG*

Bei der Festsetzung des steuerlichen Wertes sind verschiedene (sachliche) Freibeträge zu beachten. Oft hängt die konkrete Höhe des Freibetrages von der Steuerklasse des Erwerbers ab (hierzu finden Sie mehr unter dem nächsten Punkt). Die wichtigsten Freibetragsregelungen finden Sie in der nachfolgenden Übersicht:

	Vermögensgegenstand	(Steuerklasse des Erwerbers), Freibetrag in EUR	
a)	Hausrat (inkl. Wäsche, Kleidung)[1]	(I)	41 000,00
b)	andere bewegliche körperliche Gegenstände[2] (z. B. Sammlungen, Pkws, Kunstgegenstände)[3]	(I) (II und III) für a) + b)	10 300,00 10 300,00
c)	Betriebsvermögen, land- und forstwirtschaftliches Vermögen, Anteile an Kapitalgesellschaften (mind. 25 % Anteil), wenn durch Erbanfall oder im Rahmen der vorweggenommenen Erbfolge erworben[4]	(alle)	225 000,00

Übersicht 17: Freibetragsregelungen

Das **unter c) genannte Vermögen** ist nur mit **65 %** seines Wertes anzusetzen, sofern es den genannten Freibetrag übersteigt[5]. Voraussetzung ist, dass über dieses Vermögen nicht innerhalb der ersten fünf Jahre verfügt wird. Dazu gehört u. a. der Verkauf und die Entnahme von wesentlichem Betriebsvermögen in das Privatvermögen.

Daneben existieren persönliche Freibeträge für bestimmte Personengruppen und Steuerbefreiungen. Diese werden im nächsten Abschnitt behandelt.

6.4 Besteuerung und Besteuerungsverfahren

Nach der Frage der Steuerpflicht und der Bewertung des steuerpflichtigen Erwerbes sind persönliche Freibeträge zu berücksichtigen und auf den dann errechneten Wert der entsprechende Steuersatz anzuwenden.

Für die folgenden Schritte benötigt man die Steuerklasse desjenigen, dessen Erwerb zu besteuern ist. Die Steuerklasse richtet sich nach dem Verwandtschaftsgrad zum Schenker/Erblasser.

Steuerklasse	Personengruppe
Eins (I)	Ehegatte, Kinder/Stiefkinder und deren Abkömmlinge, Eltern und Großeltern (bei Erwerben von Todes wegen)
Zwei (II)	Eltern und Großeltern (soweit sie nicht zu I gehören), Geschwister, Kinder von Geschwistern, Stiefeltern, Schwiegerkinder, Schwiegereltern und geschiedene Ehegatten
Drei (III)	alle anderen Erwerber

Übersicht 18: Steuerklassen

---

[1] *§ 13 Abs. 1 Nr. 1a ErbStG*
[2] *§ 13 Abs. 1 Nr. 1b ErbStG*
[3] *§ 13 Abs. 1 Nr. 1c ErbStG*
[4] *§ 13 a Abs. 1 ErbStG*
[5] *§ 13 a Abs. 2 ErbStG*

Die **persönlichen Freibeträge**[1] lauten im Falle der unbeschränkten Steuerpflicht:

- für Ehegatten   307 000,00 EUR
- für Kinder/Stiefkinder
  und Kinder verstorbener Kinder   205 000,00 EUR
- für die übrigen Personen in Steuerklasse I   51 200,00 EUR
- für Personen der Steuerklasse II   10 300,00 EUR
- für Personen der Steuerklasse III   5 200,00 EUR
- im Falle der beschränkten Steuerpflicht   1 100,00 EUR

Den Kindern und dem Ehegatten steht bei Erwerben von Todes wegen ein weiterer Freibetrag zu: **der Versorgungsfreibetrag**[2]. Er beträgt:

- für den Ehegatten   256 000,00 EUR

Für Kinder steht der Freibetrag im Zusammenhang mit dem Alter des Kindes:

- bis zu 5 Jahren   52 000,00 EUR
- mehr als 5 bis zu 10 Jahren   41 000,00 EUR
- mehr als 10 bis zu 15 Jahren   30 700,00 EUR
- mehr als 15 bis zu 20 Jahren   20 500,00 EUR
- mehr als 20 bis zur Vollendung
  des 27. Lebensjahres   10 300,00 EUR

Diese Freibeträge werden allerdings gekürzt um Versorgungsbezüge, die nicht der Erbschaftsteuer unterliegen.

Ein weiterer Freibetrag wird für den Ehegatten gewährt, wenn mit dem Verstorbenen der gesetzliche Güterstand bestand (Zugewinngemeinschaft). Der so genannte **Zugewinnausgleich** bleibt unbesteuert. Steuerlich ist hierbei allerdings der tatsächliche Zugewinn und nicht die fiktive Größe nach § 1371 BGB gemeint.

Auf den verbleibenden Wert werden die folgenden Steuersätze angewendet[3]:   *Übersicht 19: Steuersätze*

Wert des steuerpflichtigen Erwerbes bis einschließlich EUR	maßgebliche Steuersätze bei den Steuerklassen in %		
	I	II	III
52 000,00	7	12	17
256 000,00	11	17	23
512 000,00	15	22	29
5 113 000,00	19	27	35
12 783 000,00	23	32	41
25 565 000,00	27	37	47
mehr als 25 565 000,00	30	40	50

---

[1] § 16 ErbStG
[2] § 17 ErbStG
[3] § 19 ErbStG

Wird Betriebsvermögen an jemanden verschenkt oder vererbt, der in Steuerklasse II oder III fällt, so wird die Erbschaftsteuer „rabattiert". Technisch wird ausgerechnet welche Steuer auf das Betriebsvermögen bei Steuerklasse I anfallen würde und welche nun anfällt. Der Differenzbetrag wird zu 88 % von der Erbschaftsteuer abgezogen[1].

Je nach Sichtweise ist folgende Regelung ein Vor- oder ein Nachteil:

Erwerbe (Schenkungen und/oder Erwerbe von Todes wegen) zwischen zwei identischen Beteiligten werden **innerhalb von 10 Jahren zusammengerechnet**[2]. Dies bedeutet, positiv gesprochen, dass die Freibeträge alle 10 Jahre gewährt werden. Durch vorweggenommene Erbfolge können hierdurch bei entsprechendem Vermögen beträchtliche steuerliche Vorteile erreicht werden.

Hinzuweisen ist außerdem auf die eventuell **nachteilige Wirkung,** die durch **Einsatz eines Alleinerben** erreicht wird. Dieses Vorgehen ist insbesondere zwischen Ehegatten anzutreffen („Berliner Testament", § 2269 BGB).

Der Nachteil liegt darin, dass einerseits das Vermögen, welches durch den Ehegatten erworben wird, besteuert wird und andererseits die Vermögensteile, die durch Schenkung/Erbschaft usw. vom hinterbliebenen Ehegatten an Kinder und Enkelkinder übergehen, nochmals zu besteuern sind. Ein Nachteil entsteht allerdings nur dann, wenn die Freibeträge überschritten werden.

Für Erbschaft- und Schenkungsfälle bestehen umfangreiche Anzeigepflichten (§§ 30, 33, 34 ErbStG). So sind entsprechende Meldungen an das Finanzamt zu fertigen

- bei Schenkungen:
    - durch den Schenker, Erwerber, Gerichte, Notare, Genehmigungsbehörden und sonstige Urkundspersonen,
- bei Erwerben von Todes wegen:
    - durch Vermögensverwahrer (auch Kreditinstitute), -verwalter und Versicherungsunternehmen, Standesämter, diplomatische Vertreter der BRD (bei Auslandsfällen), Gerichte, Behörden, Beamten und Notare.

Eine Anmeldung durch die Beteiligten ist nicht notwendig, wenn der Erwerb auf einer von einem deutschen Notar eröffneten Verfügung von Todes wegen beruht (Testament, Erbvertrag) oder die Schenkung notariell beurkundet wurde.

Die Anzeigen sind innerhalb von drei Monaten nach Kenntnis des Erwerbes zu erstatten. Daneben werden Kontrollmitteilungen zwischen den verschiedenen Finanzämtern ausgetauscht.

Nach Aufforderung durch das Finanzamt ist eine Steuererklärung innerhalb eines Monats abzugeben. Die Steuer ist wiederum innerhalb eines Monats nach Bekanntgabe des Bescheides fällig. Für die Steuer haftet grundsätzlich der Erwerber. Im Falle der Erbengemeinschaft haften diese gemeinsam.

---

[1] § 19a ErbStG
[2] § 14 ErbStG

7 Umsatzsteuer

Die Umsatzsteuer (USt) ist eine der Steuerarten, von der man nicht nur täglich berührt ist, sondern dies auch dadurch bemerkt, dass sie – anders als Verbrauchsteuern wie die Mineralöl- oder Biersteuer – in den Rechnungen oder Quittungen angegeben ist; entweder als EUR-Betrag, prozentuale Angabe oder beides gleichzeitig. Im Geschäftsverkehr wird sie nicht selten unter der Bezeichnung **„Mehrwertsteuer"** ausgewiesen.

Ziel ist die Besteuerung des privaten Konsums in weiten Bereichen. Dies geschieht, indem die im Geschäftsverkehr erbrachten Lieferungen und Dienstleistungen besteuert werden. Man spricht daher von einer **Verkehrsteuer.**

Es ist nicht praktikabel, den Konsum jedes einzelnen Verbrauchers aufzuzeichnen und diesen dann als Grundlage für die Besteuerung zu nehmen. Aus diesem Grunde ist der Unternehmer, der die Leistungen erbringt, verpflichtet, die Umsatzsteuer von seinem Auftraggeber/Kunden zusätzlich zum Preis für die Leistung zu berechnen, diese aufzuzeichnen, anzumelden und an das Finanzamt abzuführen. Derjenige, der die Steuer an das Finanzamt zahlt (Steuerzahler = Unternehmer) und derjenige, der sie wirtschaftlich trägt (Steuerträger = Endverbraucher) sind meist unterschiedliche Personen. Daher spricht man von einer **indirekten Steuer**.

Besteuerungsziel ist – wie dargestellt – der private Konsum bzw. private Endverbrauch. Nun ist es für den leistenden Unternehmer nicht möglich, festzustellen, ob sein Kunde die Waren oder Dienstleistungen selbst konsumiert oder für sein eigenes Unternehmen und damit für den betrieblichen Leistungsprozess benötigt. Daher ist er verpflichtet, grundsätzlich von jedem Kunden die Umsatzsteuer zu fordern. Damit jedoch die Unternehmen durch die Umsatzsteuer nicht belastet werden, erhalten diese die gezahlte Umsatzsteuer vom Finanzamt zurück **(Vorsteuerabzug).** Die Umsatzsteuer wird in jeder Handels- bzw. Produktionsstufe erhoben **(Allphasen-Umsatzsteuer).**

Das Aufkommen an Umsatzsteuer ist nicht unerheblich. Diese Steuerart zählt zu den wichtigsten Einnahmeposten im Bundeshaushalt. Der Bund ist jedoch nicht der alleinige Empfänger der Umsatzsteuer; sie steht auch anteilmäßig den Ländern zu **(Gemeinschaftsteuer).**

Es ist wichtig zu wissen, dass das Steuerrechtsgebiet „Umsatzsteuer" weitestgehend selbstständig ist. Während das Körperschaft- oder Gewerbesteuerrecht stark auf einkommensteuerliche oder bewertungsrechtliche Begriffe zurückgreift, definiert das Umsatzsteuerrecht Begriffe selbstständig und durchaus unterschiedlich zu den anderen Gebieten (z. B. Unternehmer statt Gewerbetreibender/selbstständig Tätiger). Es existieren nur wenige Schnittstellen zu den anderen Rechtsgebieten (z. B. bei einkommensteuerlich nicht abzugsfähigen Betriebsausgaben).

Aus diesem Grunde ist Vorsicht geboten: Ein Sachverhalt, der einkommensteuerlich auf eine Art zu bewerten ist, kann umsatzsteuerlich ganz anders aussehen.

Nachfolgend eine Darstellung der Funktion des Umsatzsteuer-Systems:

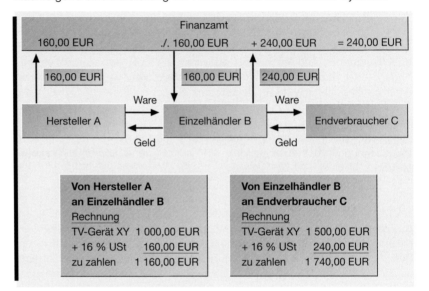

Übersicht 20:
Funktion des
Umsatzsteuer-
Systems

1. Hersteller A verkauft an den Einzelhändler B ein TV-Gerät zu einem Preis (netto = ohne Umsatzsteuer) von 1 000,00 EUR. Zusätzlich muss er von B die Umsatzsteuer (Mehrwertsteuer) verlangen. Diese beträgt hier 16 % des Preises, also 160,00 EUR. Diese 160,00 EUR sind für Hersteller A nur ein durchlaufender Posten, denn er muss diesen Betrag an das für ihn zuständige Finanzamt überweisen.

2. Einzelhändler B zahlt an A die geforderten 1 160,00 EUR (brutto = inklusive Umsatzsteuer). Da er das TV-Gerät nicht für den eigenen Konsum, sondern als Unternehmer zum Zwecke des Weiterverkaufs erworben hat, erhält er vom Finanzamt die enthaltenen 160,00 EUR (Vorsteuer) zurück.

3. Der Einzelhändler B verkauft das Gerät an den Endverbraucher C. Er berechnet ihm einen Preis von 1 500,00 EUR zzgl. der obligatorischen 16 % USt, entsprechend 240,00 EUR. Also, zusammen 1 740,00 EUR. Die von seinem Kunden gezahlten 240,00 EUR Umsatzsteuer muss B an sein Finanzamt abführen. Es ist auch möglich, dass er den Betrag mit seinem Vorsteuer-Erstattungsanspruch verrechnet und somit nur die Differenz von 80,00 EUR zahlt.

4. Endverbraucher C hat das Gerät nicht als Unternehmer für unternehmerische Zwecke, sondern zum privaten Gebrauch gekauft. Entsprechend hat er gegenüber seinem Finanzamt keinen Erstattungsanspruch, sondern muss die gezahlte Umsatzsteuer wirtschaftlich tragen.

7.1 Grundlagen der Besteuerung

Da die Umsatzsteuer eine Verkehrsteuer ist und ihr somit wirtschaftliche Vorgänge unterliegen, gibt es an und für sich keine persönliche Steuerpflicht. Es existiert jedoch eine Personengruppe, deren Aktivitäten in der Regel unter das Umsatzsteuergesetz (UStG) fallen: die Unternehmer.

7.1.1 Unternehmer und Unternehmen

Der Unternehmerbegriff ist viel weitgehender als die einkommensteuerlichen Begriffe Gewerbetreibender oder selbstständig Tätiger.

Unternehmer ist, wer **eine berufliche oder gewerbliche Tätigkeit** (dies ist jede nachhaltige Tätigkeit zur Erzielung von **Einnahmen, auch ohne Gewinnerzielungsabsicht), selbstständig** ausübt.[1]

Es kommt beim Unternehmerbegriff nicht darauf an, ob ertragsteuerlich überhaupt Einkünfte erzielt werden oder ggf. in welcher Einkunftsart. Damit ist auch Unternehmer, wer keine Einkünfte im Sinne des EStG hat (z. B. ein gemeinnütziger Verein im Rahmen seiner begünstigten Tätigkeit), jedoch selbstständig und nachhaltig Einnahmen im Rahmen eines Leistungsaustausches erzielt.

Unternehmer können sein:

- **natürliche Personen,**
- **juristische Personen** (z. B. GmbH oder e. V.) und
- **Personenvereinigungen** (z. B. GbR, OHG oder nicht rechtsfähige Vereine).

Personenvereinigungen sind hier also selbst Steuersubjekt. Entsprechend ist eine eigene Umsatzsteuererklärung abzugeben. Zum Vergleich: Im Einkommensteuerrecht ist die Personenvereinigung selbst nicht Steuersubjekt, die Gewinne/Verluste sind den Beteiligten zuzurechnen und von ihnen zu versteuern.

Das UStG unterscheidet beim Unternehmerbegriff nicht zwischen inländischen und ausländischen Unternehmern. **Das Unternehmen** eines Unternehmers **umfasst jede mögliche unternehmerische Tätigkeit.** Ein Unternehmer hat immer nur ein Unternehmen. Dieses kann sachlich und örtlich verschiedene Betriebe umfassen.

Beispiel:
Herr Jaritz entfaltet folgende Aktivitäten:
- Er ist Inhaber einer Bautischlerei in Greifswald.
- Er ist Mitglied in einem Prüfungsausschuss der örtlichen Handwerkskammer und erhält hierfür eine geringe Vergütung.
- Er besitzt in Wismar ein Geschäft, in dem er Videofilme vermietet.
- Darüberhinaus ist er Eigentümer eines Mehrfamilienhauses in Ilmenau. Die Wohnungen vermietet er an verschiedene Privatpersonen zu Wohnzwecken.
- Mit Frau Spinler betreibt er gemeinsam in der Nähe von Schwerin einen forstwirtschaftlichen Betrieb in der Rechtsform der GbR.
- Er ist an der AM-GmbH in Greifswald, die Spanplatten herstellt, zu 60 % beteiligt.

Zu seinem Unternehmen gehören: die Bautischlerei, die Tätigkeit im Prüfungsausschuss, die Videothek und die Vermietung des Hauses, da er in allen Fällen selbst-

---

[1] *§ 2 UStG*

ständig und nachhaltig Einnahmen erzielt. Es ist unerheblich, welcher einkommensteuerlichen Einkunftsart die einzelnen Aktivitäten zuzurechnen sind. Der forstwirtschaftliche Betrieb und die Tätigkeit der GmbH gehören nicht zu seinem Unternehmen, da sowohl die GbR als auch die GmbH selbst Unternehmer mit eigenem Unternehmen sind.

Für ein Unternehmen ist nur eine Steuererklärung abzugeben.

Nicht jeder, der nur geringfügig selbstständig Einnahmen erzielt, unterliegt sofort den umsatzsteuerlichen Pflichten (inklusive besonderer Aufzeichnungspflichten). Es existiert eine Regelung, nach der Unternehmer mit einem maßgeblichen Vorjahresumsatz von nicht mehr als 17 500,00 EUR und einem voraussichtlichen Umsatz des laufenden Jahres von nicht mehr als 50 000,00 EUR nicht an dem Verfahren teilnehmen müssen (Kleinunternehmer, § 19 UStG). Maßgeblicher Umsatz ist nicht der gesamte Umsatz, sondern im Wesentlichen der steuerpflichtige Teil davon.

7.1.2 Was unterliegt der Umsatzsteuer?

Wenn ein Vorgang vom Umsatzsteuergesetz erfasst wird, so nennt man ihn „steuerbar". Dies bedeutet, dass er dem Gesetz unterliegt und zumindest besteuert werden *könnte*. Um zu wissen, ob er auch besteuert wird, muss man prüfen, ob vielleicht eine Steuerbefreiung existiert. Falls keine Befreiung existiert, ist er tatsächlich steuerpflichtig. Der Begriff „steuerbar" findet neben dem Umsatzsteuergesetz auch in den anderen Steuergesetzen Anwendung.

Beispiel:
Ein Unternehmer in Argentinien liefert Motorenteile an eine Fabrik in Brasilien. Der Vorgang unterliegt nicht dem deutschen UStG. Er ist nicht steuerbar, da er nicht im Inland stattfindet. Man braucht also nicht zu überlegen, ob er umsatzsteuerpflichtig oder – steuerfrei ist.

Ein anderer Unternehmer, ein Zahnarzt, behandelt in Stuttgart einen Privatpatienten. Hierbei handelt es sich um einen Vorgang, der dem Umsatzsteuergesetz unterliegt (sonstige Leistung eines Unternehmers im Rahmen seines Unternehmens im Inland gegen Entgelt, § 1 Abs.1 Nr. 1 UStG). Er ist also steuerbar. Nach § 4 Nr. 14 UStG ist er aber von der Umsatzsteuer befreit.

Das UStG kennt folgende umsatzsteuerliche Vorgänge:

- Die **Lieferungen und sonstigen Leistungen** eines Unternehmers im Rahmen seines Unternehmens im Inland gegen Entgelt.[1] Als Lieferungen gelten auch die Entnahme oder unentgeltliche Lieferung. Ebenso die Verwendung von Gegenständen oder die unentgeltliche Erbringung von Leistungen für Zwecke, die außerhalb des Unternehmens liegen.

- Die **Einfuhr** von Gegenständen in das Inland aus einem Land, das nicht der Europäischen Union angehört.[2]

- Ein Unternehmer erwirbt von einem anderen Unternehmer einen Gegenstand und dieser gelangt aus einem anderen Staat der EU in das Inland (**innergemeinschaftlicher Erwerb**).[3]

---

[1] *§ 1 Abs. 1 Nr. 1 UStG*
[2] *§ 1 Abs. 1 Nr. 4 UStG*
[3] *§ 1 Abs. 1 Nr. 5 UStG*

Damit ein Vorgang steuerbar ist, muss er alle im Gesetz genannten Voraussetzungen (man spricht – fast kriminalistisch – auch von Tatbestandsmerkmalen) erfüllen. Nur dann ist er steuerbar. Dabei ist zu beachten, dass das UStG auch hier eigene Definitionen besitzt, z. B. was Entgelt bedeutet[1] oder was zum Inland im Sinne dieses Gesetzes zählt[2]. Eine besondere Bedeutung besitzt die Prüfung der Frage, ob ein Vorgang im Inland stattfindet. Hier bestehen besonders viele Regelungen, die auch nicht unbedingt mit gesundem Menschenverstand zu erahnen sind[3].

Beispiel:
So gilt die Leistung eines Architekten aus London, der für ein schwedisches Unternehmen eine Bebauungsplanung für ein Grundstück in Trier ausführt, als in Deutschland ausgeführt, da hier das Grundstück liegt. Dies gilt selbst, wenn er und sein Auftraggeber Deutschland noch nie betreten haben[4].

Auf der anderen Seite ist die Beratungsleistung eines Rechtsanwaltes in Bielefeld für einen Mandanten mit Wohnort Bolivien in einer deutschen Erbschaftsangelegenheit umsatzsteuerlich als in Bolivien ausgeführt zu behandeln, weil dort der Auftraggeber seinen Wohnort hat und dieser nicht im Gebiet der Europäischen Union liegt[5].

Der erste Fall wäre demnach in Deutschland umsatzsteuerbar und der zweite nicht.

Bei den vorstehenden Beispielen handelt es sich natürlich nicht unbedingt um Alltagsfälle. Jedoch kann die Umsatzsteuer einigen Zündstoff besitzen. Dies gilt insbesondere für Geschäftsbeziehungen mit Geschäftspartnern aus anderen Staaten oder wenn im Unternehmen sowohl steuerpflichtige als auch steuerfreie Umsätze getätigt werden (wie z. B. in der Immobilienbranche).

7.1.3 Steuerpflicht und Steuerfreiheit

Wenn nun ein Vorgang steuerbar ist, d. h. dem UStG unterliegt, dann ist noch fraglich, ob er vielleicht von der Umsatzsteuer befreit ist.[6] Zu beachten ist hierbei, dass sozusagen **zwei Klassen der Steuerbefreiung** existieren:

a) **steuerfreie Umsätze, die den Abzug von gezahlter Vorsteuer zulassen** (mit Vorsteuerabzugsberechtigung[7]), dies sind **meist exportorientierte Umsätze,** insbesondere die Lieferungen von Gegenständen in Länder, die nicht der EU angehören (Ausfuhrlieferungen[8]), die Lieferungen an Unternehmer und die Lieferung neuer Fahrzeuge in andere Mitgliedsländer der EU (Innergemeinschaftliche Lieferungen u. a.[9]).

b) **steuerfreie Umsätze, die den Abzug von gezahlter Vorsteuer nicht zulassen** (ohne Vorsteuerabzugsberechtigung[10]). Dies sind andere, aus sozialen Erwägungen oder Gründen der steuerlichen Doppelbelastung, befreite Umsätze, zum Beispiel:

---

[1] § 10 Abs. 1 UStG
[2] § 1 Abs. 2 UStG
[3] z. B. §§ 3 Abs. 6, Abs. 7 und Abs. 8 oder § 3 a UStG
[4] § 3 a Abs. 2 Nr.1 c UStG
[5] § 3 a Abs. 3 in Verbindung mit Abs. 4 Nr. 3 UStG
[6] insbesondere nach §§ 4, 4 b oder 5 UStG
[7] § 15 Abs. 3 UStG
[8] § 4 Nr. 1 a UStG
[9] § 4 Nr. 1 b UStG
[10] § 15 Abs. 2 UStG

- **viele Umsätze der Kreditwirtschaft** (z. B. die Gewährung von Krediten; die Umsätze im Geschäft mit Wertpapieren; die Übernahme von Bürgschaften; die Verwaltung von Sondervermögen nach Investmentgesetz; die Umsätze im Geschäft mit Goldbarren und Goldmünzen, die als gesetzliches Zahlungsmittel gelten; nicht jedoch die Verwahrung von Wertpapieren und die Einziehung von Forderungen),[1]

- die **Umsätze, die unter das Grunderwerbsteuergesetz (GrEStG) fallen** (insbesondere der Kauf/Verkauf von Grundstücken),[2]

- die **Leistungen auf Grund eines Versicherungsverhältnisses** (nach Versicherungsteuergesetz),[3]

- die Umsätze aus der **Tätigkeit als Bausparkassen-, Versicherungsvertreter oder -makler,**[4]

- die **Vermietung von Grundstücken oder Grundstücksteilen,** z. B. Wohnungen (soweit nicht im Rahmen von Hotel- oder Pensionsbetrieben oder einzelne Fahrzeugabstellplätze),[5]

- **medizinische Leistungen,** soweit nicht Lieferung von Prothesen, orthopädischen Hilfsmitteln oder tierärztliche Leistungen.[6]

Zur Funktionsweise der zwei Arten der Steuerbefreiung folgende Beispiele:

Die SchmidtFinanz GmbH Hannover kauft zwei PCs zum Preis von je 4 000,00 EUR zzgl. 16 % USt (640,00 EUR) = 4 640,00 EUR. Den einen wird sie selbst ausschließlich für ihre Tätigkeit als Versicherungsmakler einsetzen. Der andere wird an die Barter International Ltd. in Prag verkauft.

Sowohl die Tätigkeit als Versicherungsmakler als auch die Lieferung des PCs nach Prag sind steuerbar. Beide Tätigkeiten sind auch von der Umsatzsteuer befreit (Versicherungsmaklertätigkeit nach § 4 Nr. 11 und Ausfuhrlieferung nach § 4 Nr. 1 a UStG). Hinsichtlich des Abzuges von gezahlter Vorsteuer werden diese aber unterschiedlich behandelt:

Während die Tätigkeit als Versicherungsmakler einen Vorsteuerabzug ausschließt, lässt die Ausfuhrlieferung einen solchen zu.

Dies bedeutet für die SchmidtFinanz GmbH, dass sie von der gezahlten Vorsteuer i. H. v. 1 280,00 EUR (2 x 640,00 EUR) die Vorsteuer vom Finanzamt erstattet bekommt, die mit der Ausfuhrlieferung zusammenhängt, also 640,00 EUR. Die anderen 640,00 EUR sind für die GmbH nicht als Vorsteuer abzugsfähig. Sie stellen eine Betriebsausgabe dar bzw. gehören hier zu den Anschaffungskosten des PCs und gehen über die Abschreibung in die Betriebsausgaben ein. Sie schmälern also den GmbH-Gewinn.

Die Steuerbefreiung ohne die Möglichkeit zum Vorsteuerabzug ist somit die wirtschaftlich schlechtere, da die gezahlten Vorsteuern den Gewinn mindern und den Unternehmer somit zwingen, entsprechend höhere Preise zu verlangen. Im genannten Beispiel war die gezahlte Vorsteuer eindeutig den beiden unterschiedlichen Umsätzen zurechenbar.

---

[1] *§ 4 Nr. 8 UStG*
[2] *§ 4 Nr. 9 a UStG*
[3] *§ 4 Nr. 10 a UStG*
[4] *§ 4 Nr. 11 UStG*
[5] *§ 4 Nr. 12 UStG*
[6] *§ 4 Nr. 14, 16, 17 UStG*

7.1.4   Verzicht auf die Steuerbefreiung[1]

Bei einigen der Umsätze ohne Vorsteuerabzug hat der leistende Unternehmer die Möglichkeit – unter bestimmten Voraussetzungen – auf die Steuerfreiheit zu verzichten[2]. Man spricht hier von einer **Option zum Verzicht auf die Steuerfreiheit.** Was im ersten Moment vielleicht etwas paradox klingt, besitzt einen betriebswirtschaftlichen Hintergrund: Durch Verzicht auf die Steuerbefreiung wird Steuerpflicht erreicht. Wenn die Empfänger der Leistung Unternehmer sind, die ihrerseits zum Vorsteuerabzug berechtigt sind, so ist die durch sie nunmehr zusätzlich zum Preis für die Leistung zu zahlende Umsatzsteuer unkritisch, da ja diese als Vorsteuer wieder vom Finanzamt erstattet wird. Für den leistenden Unternehmer besitzt diese Variante den interessanten Vorteil, dass auch er einen Erstattungsanspruch auf die von ihm selbst gezahlte – zuvor nicht abzugsfähige – Vorsteuer hat. Hierdurch kann ggf. auch ein Preisvorteil erzielt werden, da die gezahlte Vorsteuer nun kein Kostenbestandteil mehr ist. Zur Wirksamkeit ein Beispiel:

Die Draeger KG ist Eigentümer eines Geschäftsgebäudes in Oldenburg/Holstein. Das Gebäude wurde im Jahre 11 erbaut. Die Herstellungskosten des Gebäudes betrugen netto 1 400 000,00 EUR; daneben fielen 224 000,00 EUR an Vorsteuern an. Die Flächen werden allesamt an Unternehmer vermietet, die vollständig zum Vorsteuerabzug berechtigt sind und die Flächen für eigengewerbliche Zwecke nutzen.

Die Leistungen der Draeger KG unterliegen dem UStG, sie sind steuerbar[3]. Weiterhin sind die Leistungen als Vermietung von Grundstücken steuerbefreit[4]. Diese schließen den Vorsteuerabzug aus[5]. Die gezahlten Vorsteuern i. H. v. 224 000,00 EUR sind daher nicht abzugsfähig und somit Teil der Herstellungskosten. Durch den Verzicht auf die Steuerbefreiung[6] und die Behandlung der Umsätze als steuerpflichtig, entsteht die Möglichkeit des Vorsteuerabzuges in voller Höhe über 224 000,00 EUR; mithin ein nicht unbeträchtlicher wirtschaftlicher Vorteil.

Für die Mieter wirkt sich diese Behandlung nicht nachteilig aus, da sie die gezahlte Vorsteuer im Zusammenhang mit der Miete ihrerseits durch das Finanzamt voll erstattet bekommen.

Der Verzicht auf die Steuerbefreiung ist an keine besondere Form gebunden. Er wird dadurch durchgeführt, dass man einen Umsatz einfach als steuerpflichtig behandelt. Eine Option ist möglich, bis die Festsetzung der Umsatzsteuer unanfechtbar ist oder (Festsetzungs-)Verjährung eintritt.

Auch ist man an keinen bestimmten Zeitraum gebunden oder muss sich seinerseits auf die Art der Umsätze festlegen. So wäre es theoretisch denkbar, für jeden einzelnen Raum, den man vermietet, monatlich zwischen Steuerpflicht und Steuerfreiheit zu wechseln. Allerdings wird dies wirtschaftlich keinen Sinn machen: Zwar sind für die Frage, ob Vorsteuer abzugsfähig ist oder nicht, die Verhältnisse im Jahr der Anschaffung maßgeblich, jedoch **besteht eine Berichtigungspflicht, wenn ein Anlagegut später anders verwendet wird[7].**

Der Verzicht auf die Steuerbefreiung ist unter folgenden Voraussetzungen möglich:

---

[1]   *§ 9 UStG*
[2]   *§ 9 UStG*
[3]   *§ 1 Abs. 1 Nr. 1 UStG*
[4]   *§ 4 Nr. 12 a UStG*
[5]   *§ 15 Abs. 2 UStG*
[6]   *§ 9 UStG*
[7]   *§ 15 a UStG*

■ Die Ausübung der Option ist nur bei bestimmten in § 9 UStG genannten Umsätzen möglich. Insbesondere sind dies ein Großteil der Umsätze der Kreditwirtschaft[1] oder Umsätze, die unter das GrEStG fallen[2]. Weiterhin muss der Umsatz an einen anderen Unternehmer für dessen Unternehmen ausgeführt werden oder

■ es handelt sich um Umsätze aus der Vermietung von Grundstücken oder Grundstücksteilen[3], der Umsatz wird an einen anderen Unternehmer für dessen Unternehmen ausgeführt und das Grundstück wird zu unternehmerischen Zwecken genutzt. Für „Neubauten" (Beginn der Errichtung ab 11. November 1993 oder Fertigstellung ab 1. Januar 1998) gilt die Regelung, dass die Räume nur zu Zwecken genutzt werden dürfen, die den Vorsteuerabzug nicht ausschließen.

Die Voraussetzungen sind jeweils vom Leistenden nachzuweisen, was sich im Einzelfall – insbesondere in Bezug auf die Voraussetzungen für „Neubauten" – als schwierig erweisen dürfte. In diesem Falle muss nämlich der Vermieter nachweisen, dass sein Mieter keine Umsätze ausführt, die dessen Vorsteuerabzug ausschließen. Die Zahl der Mieter, die genaue Auskünfte über die Art der von ihnen getätigten Umsätze erteilt, wird eher gering sein. Auch ist eine Nachprüfung der Angaben nur der Finanzverwaltung möglich.

7.2 Bemessungsgrundlage und Steuersätze[4]

Übersicht 21: Bemessungsgrundlage der steuerbaren Leistungen

Nachdem die Frage der Steuerpflicht bzw. Steuerfreiheit geklärt ist, bleibt die Frage, wie hoch der Steuersatz ist und auf welchen Betrag er anzuwenden ist bzw. für welchen Betrag die Steuerbefreiung gilt (Bemessungsgrundlage). Nachfolgend sind die Bemessungsgrundlagen für die einzelnen steuerbaren Vorgänge aufgeführt:

Art der steuerbaren Leistung	maßgebliche Bemessungsgrundlage
Lieferungen und sonstige Leistungen gegen Entgelt	Alles, was der Leistungsempfänger oder ein Dritter für ihn aufwendet, um die Leistung zu erhalten ./. enthaltene Umsatzsteuer = Entgelt Bei Lieferungen/sonstigen Leistungen an nahe stehende Personen, Arbeitnehmer und deren Angehörige muss die Bemessungsgrundlage mindestens so hoch sein wie für unentgeltliche Vorgänge
Entnahme von Gegenständen und andere unentgeltliche Lieferungen	Der Einkaufspreis bzw. die Herstellungskosten zum Zeitpunkt der Entnahme (Wiederbeschaffungspreis für dieses oder ein gleichartiges Wirtschaftsgut)
Verwendung von Gegenständen für Zwecke außerhalb des Unternehmens	Die hierbei entstandenen Ausgaben soweit zumindestteilweiser Vorsteuerabzug möglich war
Andere unentgeltliche sonstige Leistungen	Die bei Ausführung entstandenen Kosten
Einfuhr von Gegenständen	Der Zollwert
Innergemeinschaftlicher Erwerb	Das Entgelt (wie Lieferungen/sonstige Leistungen)

---

[1] § 4 Nr. 8 a–g und k UStG
[2] § 4 Nr. 9 a UStG
[3] § 4 Nr. 12 a UStG
[4] §§ 10, 12 UStG

Das UStG kennt im Wesentlichen zwei Steuersätze:

- den **Normal- oder Regelsteuersatz von 16 %**[1]
  und
- den **ermäßigten Steuersatz von 7 %**.[2]

Aufgezählt im Gesetz sind die Vorgänge, die dem ermäßigten Steuersatz unterliegen. Dies bedeutet umgekehrt, dass alle nicht aufgezählten steuerpflichtigen Vorgänge dem vollen Steuersatz zu unterwerfen sind.

Dem ermäßigten Steuersatz unterliegen beispielsweise die Lieferung der meisten land- und forstwirtschaftlichen Erzeugnisse und von Büchern, Zeitungen und Zeitschriften.

7.3 Vorsteuer und Rechnungen

Der Unternehmer hat – wie bereits dargestellt – gegenüber seinem Finanzamt einen Erstattungsanspruch über die ihm von anderen Unternehmern in Rechnung gestellte Umsatzsteuer (Vorsteuer[3]).

Allerdings kann er die Vorsteuer nicht zurückfordern, wenn diese seinerseits mit bestimmten steuerfreien Umsätzen in Zusammenhang steht.

Weiterhin müssen die Eingangsrechnungen auch bestimmten formellen Anforderungen genügen.

Ein erklecklicher Teil des versagten Vorsteueranspruches dürfte wohl auf ungenügende Eingangsrechnungen zurückzuführen sein. Oftmals fallen diese Fehler aber lange Zeit später in einer Außenprüfung des Finanzamtes (Betriebsprüfung oder USt-Sonderprüfung) auf. Dann ist eine Korrektur der Rechnung durch den Aussteller oft nur noch schwer möglich, da die Geschäftsbeziehungen nicht mehr bestehen oder der Lieferer vielleicht schon nicht mehr existiert.

Eine Rechnung muss nach § 14 UStG die folgenden Angaben enthalten:
- Name und Anschrift des Leistenden,
- Name und Anschrift des Leistungsempfängers,
- die Steuernummer oder Umsatzsteuer-Identifikationsnummer des Leistenden,
- das Ausstellungsdatum der Rechnung,
- eine fortlaufende, nur ein Mal vergebene Rechnungsnummer,
- Menge und Art der gelieferten Gegenstände oder Art und Umfang der Leistung,
- Zeitpunkt der Lieferung oder Leistung oder der Vereinnahmung der Anzahlung,

---

[1] *§ 12 Abs.1 UStG*
[2] *§ 12 Abs. 2 UStG*
[3] *§ 15 Abs. 1 UStG*

- nach Steuersätzen und Steuerbefreiungen aufgeschlüsseltes Entgelt,
- der oder die maßgeblichen Steuersätze und den nach Sätzen aufgeschlüsselten Steuerbetrag oder einen Hinweis auf die Art der Steuerbefreiung.

Es reicht aus, wenn die geforderten Angaben in anderen Dokumenten enthalten sind, auf die in der Rechnung eindeutig verwiesen wird.[1]

Für Rechnungen bis zu einem Gesamtbetrag von 100,00 EUR gilt die Vereinfachung, dass nur der Leistende, das Ausstellungsdatum, die Gegenstände oder die Leistung, Entgelt und Steuerbetrag in einer Summe sowie Steuersatz bzw. Hinweis auf die Steuerbefreiung angegeben sein muss. Vereinfachungen existieren auch für Fahrausweise[2].

Der Unternehmer hat einen Anspruch darauf, dass ihm eine ordnungsgemäße Rechnung ausgestellt wird.

Die Vorsteuer ist in dem Moment erstattungsfähig, wenn

- die Rechnung vorliegt und die in Rechnung gestellte Leistung ausgeführt wurde oder
- die Rechnung vorliegt und diese gezahlt wurde.

Interessant wird es, wenn sich die empfangene Leistung teilweise mit einem Umsatz zusammenhängt, der den Abzug der Vorsteuer zulässt und teilweise mit einem, der diesen ausschließt. In diesem Falle muss die abzugsfähige Vorsteuer anteilig ermittelt werden. Dies kann auf unterschiedliche Weise geschehen. Die Reihenfolge der Methoden ist folgendermaßen:

- direkte Zuordnung der Vorsteuerbeträge
- wirtschaftliche Aufteilung der Vorsteuerbeträge[3]

Beispiel:
Für Dacharbeiten an einem der Dr. Weinert AG gehörenden Gebäude in Minden berechnet die TT&T-GmbH 50 000,00 EUR zzgl. 8 000,00 EUR USt. Das Gebäude besitzt drei Etagen gleicher Größe. Zwei der Geschosse sind an das örtliche Finanzamt steuerfrei, die dritte Etage an einen Blumengroßhandel durch Option steuerpflichtig vermietet.
In diesem Falle würde sich eine Aufteilung anhand der vermieteten Quadratmeter anbieten. Da alle Etagen gleich groß sind, sind entsprechend 2/3 der in Rechnung gestellten Umsatzsteuer nicht abzugsfähig und 1/3 abzugsfähig.

- Aufteilung der Vorsteuerbeträge durch Schätzung[1]

Beispiel:
Der Verein für soziale Dienste e. V., Nauen, kaufte im gesamten Jahr diverses Büromaterial. In den jeweiligen Rechnungen waren Vorsteuern i. H. v. 500,00 EUR ordnungsgemäß ausgewiesen. Dieses Büromaterial wurde sowohl für die steuerpflichtigen unternehmerischen Tätigkeiten (Literaturverkauf und Seminarveranstaltungen) als auch für den nicht unternehmerischen Bereich (Mitgliederverwaltung und Veranstaltung unentgeltlicher Diskussionsforen) verwendet. Anhand des geschätzten Verwaltungsaufwandes in den Bereichen wird der Verteilungsschlüssel 2:3 gewählt.

---

[1] *§ 31 Abs. 1 UStDV*
[2] *§ 34 UStDV*
[3] *§ 15 Abs. 4 Satz 1 UStG*

Eine spezielle Regelung findet man insbesondere im Zusammenhang mit Vorsteuern aus dem Kauf oder der Herstellung von langlebigen Gegenständen (Anlagegütern). Für den Vorsteuerabzug selbst ist die Verwendung im Jahr der Anschaffung maßgeblich. Der gesamte Betrachtungszeitraum beträgt jedoch

- für Grundstücke, Gebäude und ähnliches: 10 Jahre und
- für andere Anlagegüter: 5 Jahre.

Dies bedeutet, dass, wenn sich die Nutzung im Betrachtungszeitraum ändert, d. h. von vorsteuerabzugsberechtigend zu nicht vorsteuerabzugsberechtigend oder umgekehrt, eine Korrektur des Vorsteueranspruches in den Folgejahren durchzuführen ist.

Beispiel:

Die Draeger KG (aus dem Beispiel zu Kapitel 7.1.4) vermietet das Gebäude ab 1. Januar 12 gesamt an eine Versicherungsgesellschaft. Da dieser Mieter nicht berechtigt ist, die komplette Vorsteuer abzuziehen, kann die Draeger KG im Zusammenhang mit der Miete nicht auf die Steuerbefreiung verzichten. Sie muss also steuerfrei (ohne Recht auf Vorsteuerabzug) vermieten. Hierdurch muss sie einen Teil der bereits im Vorjahr im Zusammenhang mit dem Bau erhaltenen Vorsteuer zurückzahlen. Dies bedeutet, für 12 sind 12/120 bzw. 1/10 der ursprünglich abzugsfähigen Vorsteuer von 224 000,00 EUR = 22 400,00 EUR zurückzuzahlen. Diese mindern den einkommensteuerlichen Gewinn bzw. Überschuss des Jahres.

Als Änderung der Nutzung gilt z. B. auch ein Verkauf oder eine Entnahme des Anlagegutes.

---

[1] *§ 15 Abs. 4 Satz 2 UStG*

7.4 Besteuerungsverfahren

7.4.1 Zeitpunkt der Steuerentstehung[1]

Das UStG kennt zwei Arten der Besteuerung:

Die übliche Besteuerungsform ist die **Versteuerung nach vereinbarten Entgelten oder Soll-Versteuerung**[2], d. h. die Steuer entsteht grundsätzlich in dem Moment, wo die Leistung ausgeführt ist oder wenn das Geld vereinnahmt wird, je nachdem, was früher zutrifft. Dies bedeutet, dass auch Anzahlungen voll der Umsatzsteuer unterworfen werden müssen, wenn die Leistungen, für welche das Geld vorab vereinnahmt wurde, selbst steuerbar und steuerpflichtig sind.

Die besondere Besteuerungsform ist die **Versteuerung nach vereinnahmten Entgelten oder Ist-Versteuerung**[3]. Wie der Name schon sagt, entsteht die Steuer grundsätzlich in dem Moment, in dem das Geld vereinnahmt wird. Diese Besteuerungsform muss formlos beim Finanzamt beantragt werden und ist möglich für Unternehmer, die entweder einen Vorjahresgesamtumsatz (besonders zu berechnen, entspricht nicht unbedingt dem gesamten Umsatz) von nicht mehr als 125 000,00 EUR verzeichnen oder die einen freien Beruf[4] ausüben.

Aus Finanzierungsgesichtspunkten ist es sinnvoller, die Ist-Versteuerung zu wählen, da hier die Steuer erst dann entsteht und ggfs. an das Finanzamt abzuführen ist, wenn das Geld vom Kunden bereits geflossen ist. Auf den Zeitpunkt des Vorsteuerabzuges hat die gewählte Besteuerungsform keinen Einfluss.

7.4.2 Steueranmeldungen und andere Erklärungen[5]

Die Umsatzsteuer ist eine Jahressteuer. Anders als beispielsweise bei der Einkommensteuer sind allerdings in den meisten Fällen neben der Jahreserklärung in einem bestimmten Rhythmus so genannte Voranmeldungen abzugeben, in denen die in diesem Zeitraum angefallene Umsatzsteuer, die steuerpflichtigen und steuerfreien Bemessungsgrundlagen und die abzugsfähige Vorsteuer anzugeben sind.

Der Rhythmus hängt von der Höhe der USt-Zahlungen im Vorjahr ab:

---

[1] § 13 UStG
[2] § 16 Abs. 1 UStG
[3] § 20 Abs. 1 UStG
[4] In den Jahren 1996–2006 gilt für Unternehmen in den neuen Bundesländern eine Umsatzgrenze von 500 000,00 EUR.
[5] §§ 18, 18 a UStG

USt-Zahlungen im Vorjahr	Rhythmus
▪ nicht mehr als 512,00 EUR	▪ keine Voranmeldungen
▪ mehr als 512,00 EUR aber nicht mehr als 6 136,00 EUR	▪ vierteljährlich
▪ mehr als 6 136,00 EUR	▪ monatlich

Übersicht 22: Rhythmus der USt-Voranmeldungen

Das Finanzamt kann im Einzelfall aber auch kürzere Zeiträume festlegen. Allerdings nicht kürzer als monatlich. Im ersten Jahr der Tätigkeit und im Folgejahr ist man zur monatlichen Abgabe verpflichtet. Die Voranmeldungen (und die daraus folgenden Zahlungen) müssen bis zum 10. Tag nach Ablauf des Voranmeldungszeitraumes (VZ) beim Finanzamt eingetroffen sein. Für die Zahlungen gilt die Schonfrist nach Abgabenordnung. Da diese Frist nicht gerade üppig bemessen ist, existiert die Möglichkeit, eine dauerhafte Fristverlängerung zu erlangen (Dauerfristverlängerung). Diese verlängert den Abgabezeitraum um einen Monat. Für Unternehmer, die monatliche Voranmeldungen abzugeben haben, macht das Finanzamt dies aber von der Entrichtung einer so genannten Sondervorauszahlung abhängig. Diese beträgt 1/11 der USt-Zahlungen des letzten Jahres und ist gemeinsam mit der Abgabe des Antrages zu entrichten. In der letzten Voranmeldung des jeweiligen Kalenderjahres ist diese Sondervorauszahlung wieder zu verrechnen. Für diese Personengruppe ist der Antrag jährlich neu zu stellen.

Die Jahreserklärung ist bis zum 31. Mai des Folgejahres abzugeben. Sie ist eine Zusammenfassung der Voranmeldungen des Jahres, kann aber auch Vorgänge umfassen, die bisher nicht angemeldet wurden.

7.4.3 Aufzeichnungspflichten und Kontrollrechte

Die Unternehmer, die von der Umsatzsteuer betroffen sind, müssen verschiedene Aufzeichnungspflichten erfüllen. Die allermeisten dieser Pflichten sind jedoch durch eine sauber eingerichtete doppelte Buchhaltung abzudecken.

Das Finanzamt kann zur Kontrolle des Unternehmers **eine anzukündigende Umsatzsteuer-Sonderprüfung** oder auch eine **Umsatzsteuer-Nachschau ohne vorherige Ankündigung**[1] durchführen.

---

[1] *§ 27 b UStG*

489

8   Besondere staatliche Förderungen

Da die Förderungsarten „Wohnungsbauprämie" und „Vermögenswirksame Leistungen" bereits in den Kapiteln 3.8.1 und 3.8.2 des ersten Bandes „Praxiswissen Finanzdienstleistung" (Stam 5966) dargestellt wurden, soll hier lediglich die Eigenheimzulage behandelt werden.

Eigenheimzulage

Diese Zulage stellt, neben Zinsbegünstigungen auf Landesebene, eine wichtige Komponente der staatlichen Förderung von selbstgenutzten Eigenheimen dar.

Wie der Name bereits sagt, handelt es sich hierbei nicht um einen steuerlichen Abzugsbetrag, sondern um einen Geldbetrag, der direkt ausgezahlt wird. Und damit wirkt die Förderung unabhängig von der Höhe des Einkommens gleichmäßig. Voraussetzung ist natürlich, dass man überhaupt unter die Förderung fällt.

Begünstigte Investitionen

Durch die Eigenheimzulage wird die Anschaffung oder Herstellung einer selbstgenutzten Wohnung im Inland bezuschusst. Voraussetzung ist, dass der (bürgerlich-rechtliche oder wirtschaftliche) Eigentümer die aufgewendeten Anschaffungs- oder Herstellungskosten selbst getragen hat.

Es ist dabei unerheblich, ob es sich um eine Wohnung in einem Ein-, Zwei- oder Mehrfamilienhaus oder in einem anderen Gebäude handelt. Ausgenommen sind jedoch Ferien- und Wochenendwohnungen, die in einem ausgewiesenen Sondergebiet für Ferien- und Wochenendhäuser liegen oder die nicht zum dauernden Wohnen geeignet sind.

Der Selbstnutzung ist die unentgeltliche Überlassung an Angehörige[1], z. B. an ein studierendes Kind, gleichgestellt.[2] Diese Überlassung ist also der Zulage nicht abträglich.

Neben den genannten Vorgängen kann auch die Anschaffung von Genossenschaftsanteilen gefördert werden, soweit es sich um bestimmte Wohnungsbaugenossenschaften handelt, die nach dem 1. Januar 1995 in ein Genossenschaftsregister eingetragen wurden. Auf die Fördervoraussetzungen und die Höhe wird hier nicht weiter eingegangen. Die genauen Regelungen finden Sie in § 17 EigZulG.

---

[1]   § 15 AO
[2]   § 4 EigZulG

Höhe der Förderung

Es wird zwischen folgenden Komponenten unterschieden:

- Grundförderung und
- Kinderzulage.

Der **Förderungszeitraum beträgt 8 Jahre.**

Die Höhe der **Grundzulage** bemisst sich nach der Höhe der selbst getragenen Aufwendungen für die Anschaffung oder Herstellung der Wohnung.

Im Falle der **Anschaffung** (also des Kaufs einer bereits bestehenden Wohnung) wird folgendermaßen gerechnet:

	Kaufpreis für das Gebäude bzw. den Gebäudeteil **und** den Grund und Boden
+	Anschaffungsnebenkosten (z. B. Maklergebühren, Grunderwerbsteuer, Notarkosten)
+	Instandhaltungsmaßnahmen (sofern nicht jährlich üblich)
./.	anteilige Instandhaltungsrücklage (bei Eigentumswohnungen)
=	Bemessungsgrundlage

Wenn die Wohnung selbst hergestellt wird (also Bau einer Wohnung) wird berechnet:

	Anschaffungskosten des unbebauten Grundstückes
+	Anschaffungsnebenkosten (z. B. Maklergebühren, Grunderwerbsteuer, Notarkosten)
+	alle Aufwendungen, die notwendig sind, um das Gebäude fertigzustellen
=	Bemessungsgrundlage

Die Grundförderung beträgt **1,0 % der Bemessungsgrundlage, jedoch maximal 1 250,00 EUR jährlich.**

Der gewährte Betrag erhöht sich ggf. um die Kinderzulage. Diese beträgt **800,00 EUR pro Kind und Jahr.** Voraussetzung ist, dass zumindest in einem Teil des Jahres die Voraussetzungen für die steuerliche Berücksichtigung des Kindes bzw. der Kinder vorgelegen haben.

Anspruchsberechtigte

Ein Recht auf die Eigenheimzulage haben alle natürlichen Personen,

- die **unbeschränkt einkommensteuerpflichtig** sind[1],

- deren **addierter Betrag der positiven Einkünfte** im Erstjahr und im Vorjahr **nicht höher als 70 000,00 EUR** bzw. 140 000,00 EUR bei Zusammenveranlagung ist. Diese Grenzen erhöhen sich je zu berücksichtigendem Kind um 30 000,00 EUR.[2]

Die Einkommensgrenze wird nur für die beiden genannten Jahre gemeinsam geprüft. In den folgenden Jahren wird die Höhe der Einkünfte nicht mehr geprüft.

- die **bisher noch keine Förderung** im Rahmen des § 10 e EStG, § 7 b EStG oder nach Eigenheimzulagengesetz erhalten haben (**„Objektverbrauch"** ist noch nicht eingetreten).

Verfahren

Der Antrag auf Eigenheimzulage ist bis zum vierten Jahr nach Ablauf des Jahres zu stellen, in dem der Anspruch entstanden ist.[3] Der Anspruch entsteht in dem Jahr, in dem die Selbstnutzung beginnt. Adressat für den Antrag ist das Finanzamt, welches auch für die Einkommenbesteuerung zuständig ist.

Grundsätzlich wird die Zulage in einem Bescheid für die gesamte Förderungsdauer festgesetzt. Die Eigenheimzulage ist einen Monat nach Bekanntgabe des Bescheides auszuzahlen. Für die Folgejahre erfolgt die Auszahlung jeweils zum 15. März.

Die Eigenheimzulage rechnet nicht zu den Einkünften. Auch werden die steuerlichen Anschaffungs- bzw. Herstellungskosten nicht durch sie vermindert.[4]

---

[1] *§ 1 EigZulG*
[2] *§ 5 EigZulG*
[3] *Festsetzungsverjährung nach § 169 Abs. 2 Nr. 2 AO*
[4] *§ 16 EigZulG*

9 Abgabenordnung

Bei der Abgabenordnung handelt es sich um eine Sammlung von Vorschriften mit meist technischem Charakter, die für alle oder zumindest mehrere Steuerarten gelten. Hier werden Fragen hinsichtlich

- des formellen Verfahrens
  (z. B. „Wie werden Steuern festgesetzt?") und
- des materiellen Rechts
  (z. B. „Wann entstehen bzw. erlöschen Steueransprüche?")

beantwortet.

Falls Sie bereits mit anderen Gebieten des öffentlichen Rechts in Berührung gekommen sind, kennen Sie vielleicht das Verwaltungsverfahrensgesetz (VwVfG). Die AO ist in nicht wenigen Vorschriften vergleichbar mit diesem Gesetz.

9.1 Finanzverwaltung

Verwaltungshoheit

Die Verwaltungshoheit (Recht der Verwaltung) auf dem Gebiet des Steuerrechts wird, wie die Gesetzgebungshoheit und die Ertragshoheit *(vgl. 1.3.3)* im Grundgesetz geregelt. Maßgebend ist hier Art. 108 GG. Danach **werden die Steuern durch Bundes- oder Landesbehörden verwaltet.** Die Aufgabenteilung ergibt sich wie folgt:

- **Bundesfinanzbehörden** verwalten Zölle, Finanzmonopole, bundeseinheitliche Verbrauchsteuern und Abgaben im Rahmen der EU.
- **Landesfinanzbehörden** verwalten **im Auftrage des Bundes** Steuern, die ganz oder teilweise dem Bund zufließen (z. B. Einkommensteuer, Umsatzsteuer oder Körperschaftsteuer).
- **Landesfinanzbehörden** verwalten z. B. die Erbschaft- und Schenkungsteuer, Grunderwerbsteuer, Grundsteuer und Spielbankabgaben.

Die **Verwaltung von Steuern, die den Gemeinden zufließen, ist** (außer in Stadtstaaten) nach Art. 108 GG **den Gemeinden übertragen** worden. Dies gilt für die Realsteuerfestsetzung und die kommunalen Verbrauchsteuern, wie Vergnügung- oder Hundesteuer.

Aufbau

Der Aufbau der Finanzverwaltung ist in §§ 1 und 2 Finanzverwaltungsgesetz (FVG) und in § 6 AO geregelt. Danach ergibt sich folgende Organisation:

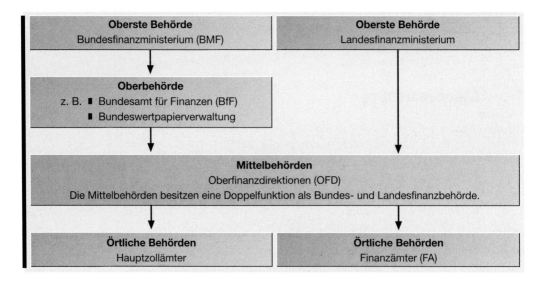

Übersicht 23:
Aufbau der
Finanzverwaltung

9.2 Rechtsquellen im Steuerrecht

Man liest im Zusammenhang mit dem Steuerrecht von Gesetzen, Durchführungsverordnungen, Urteilen und anderen Rechtsquellen. Wie kommen die einzelnen Dinge zustande und für wen gelten sie? Eine grobe Übersicht finden Sie nachfolgend:

Übersicht 24:
Rechtsquellen im
Steuerrecht

Rechtsquellen	Entstehung?	Wer ist daran gebunden?
Gesetz (z. B. EStG)	Durch Gesetzgebungsverfahren. Bei Gesetzen über Bundessteuern ist der Bundestag zuständig, sind Gemeinschaftsteuern betroffen, ist auch der Bundesrat einzubeziehen.	Als Rechtsnorm bindet es alle Akteure (Bürger, Verwaltung und Gerichte)
Durchführungsverordnung (z. B. EStDV)	Im Gesetz kann an bestimmten Stellen eine Ermächtigung verankert sein, eine solche DV zu erlassen. z. B. „Die Bundesregierung wird ermächtigt, mit Zustimmung des Bundesrates Vorschriften zu erlassen über..." Dann folgt eine Aufzählung klar abgegrenzter Gebiete.	Sie ist ebenfalls Rechtsnorm und hat die gleiche Bindungswirkung wie ein Gesetz.

Richtlinie (z. B. EStR)	Sie werden durch das Bundesministerium der Finanzen (BMF) mit Zustimmung des Bundesrates erlassen.	Nur die nachgeordnete Verwaltung. Sie sollen eine einheitliche Rechtsanwendung in allen Vewaltungen gewährleisten.
Hinweise (z. B. Hinweise zu EStR)	Erstellung durch das Bundesministerium der Finanzen	Sie bilden eine Ergänzung zu den Richtlinien.
BMF-Schreiben (Erlasse)	Erstellung durch das Bundesministerium der Finanzen in Zusammenarbeit mit den obersten Landesfinanzbehörden	Bindung der nachgeordneten Verwaltung
OFD-Verfügung	Erstellung durch eine Mittelbehörde (Oberfinanzdirektion)	Bindung der nachgeordneten Verwaltung in dem betreffenden OFD-Bezirk
Urteil eines Finanzgerichts	Entscheidung eines Gerichts in der ersten Instanz des finanzgerichtlichen Verfahrens	Bindung nur für die am Verfahren beteiligten Parteien
Urteil des Bundesfinanzhofs	Entscheidung des obersten Finanzgerichts (zweite Instanz).	Bindung wiederum nur für die am Verfahren beteiligten Parteien. Jedoch auch Bindung der Verwaltung in gleichen Fällen, sobald im Bundessteuerblatt (BStBl.) veröffentlicht.

Auch wenn eine Rechtsquelle für einen selbst direkt keine Relevanz besitzt, weil man nicht daran gebunden ist, so besitzt sie jedoch auch oft Signalcharakter, wie z. B. die Entscheidungen des obersten Finanzgerichts, des BFH.

9.3 Verwaltungsakte, Steuerbescheide

Auf dem Gebiet des Privatrechtes, beispielsweise im Falle eines Dienstvertrages zwischen Kunde und Anlageberater, ist man im Streitfall auf die Entscheidung eines Gerichtes angewiesen. In angenehmerer Situation befinden sich die Behörden. Sie können, etwas spitz formuliert, auf dem Gebiet des öffentlichen Rechtes selbst festlegen, welche Rechtsfolge sich ergibt. Natürlich können diese Entscheidungen gerichtlich überprüft werden. Dies gilt allerdings generell nur, wenn die Entscheidung nicht bereits unanfechtbar ist, d. h. gegen sie nicht mehr vorgegangen werden kann und sie somit „Recht wurde". Dies ist meist nach Ablauf bestimmter Fristen nach Bekanntgabe der Entscheidung der Fall.

Das Mittel, mit denen eine Behörde hoheitliche Vorgänge regelt, ist der Verwaltungsakt. Der steuerliche Verwaltungsakt wird in § 118 AO definiert. Eine spezielle Art des Verwaltungsaktes ist der Steuerbescheid.

Wirksamkeit und Bekanntgabe

„Ein Verwaltungsakt wird gegenüber demjenigen, für den er bestimmt ist oder der von ihm betroffen wird, in dem Zeitpunkt wirksam, in dem er ihm bekanntgegeben wird. Der Verwaltungakt wird mit dem Inhalt wirksam, mit dem er bekanntgegeben wird." (§ 124 AO)

Dementsprechend ist die Bekanntgabe des Verwaltungsaktes Voraussetzung für seine Wirksamkeit. Grundsätzlich unerheblich ist also, wann er unterzeichnet oder abgesandt wurde. Andererseits wird danach ein Verwaltungsakt auch nicht erst nach Ablauf der Einspruchsfrist wirksam.

Wenn ein Bescheid mehrere Personen betrifft, für die unterschiedliche Bestimmungen gelten, so muss er in der Regel jedem Einzelnen bekanntgegeben werden, damit er für jeden Einzelnen wirksam wird. Dies gilt natürlich nicht, wenn gegenüber der Behörde ein gemeinsamer Empfangsbevollmächtiger (z. B. der Geschäftsführer) benannt wurde.

Die Frage, ob bzw. mit welchem Inhalt ein Verwaltungsakt wirksam ist, wird wichtig für die Beurteilung der rechtlichen Situation. Aus der Wirksamkeit folgt:

■ Die grundsätzliche **Bindung der Behörde** an ihren Verwaltungsakt (§ 124 AO).

Beispiel:
Wenn das Finanzamt Eisenhüttenstadt die Stundung einer Steuer bewilligt hat, so kann es diese nicht widerrufen, wenn sich die Situation nicht grundlegend ändert.

■ Der Verwaltungsakt ist **vollziehbar.**

Beispiel:
Da die Adrom GmbH trotz wiederholter Aufforderung keine KSt-Erklärung abgegeben hat, schätzt das zuständige Finanzamt Neumünster das zu versteuernde Einkommen (§ 162 AO) und erlässt einen entsprechenden KSt-Bescheid. Der Bescheid wird nach Bekanntgabe wirksam. Eine sich hieraus ergebene Nachzahlung ist innerhalb eines Monats nach Bekanntgabe des Steuerbescheids zu entrichten (§§ 31 Abs.1 KStG, 36 Abs.4 EStG). **Dies gilt unabhängig von der Frage, ob die geschätzten Besteuerungsgrundlagen korrekt sind oder ein Einspruch eingelegt wurde. Die Zahlung kann nur vermieden werden, wenn ein begründeter Antrag auf Aussetzung der Vollziehung nach § 361 AO seitens der GmbH gestellt und durch das Finanzamt bewilligt wird.**

■ Die **Rechtsbehelfsfrist beginnt zu laufen.**

Beispiel:

Das Finanzamt Düsseldorf-Mitte erlässt gegen Herrn Mautz einen Bescheid über Erb-schaftsteuer. Auf Grund entsprechender Erfahrungen lässt das FA den Bescheid nicht mittels normalem Brief, sondern mit so genannter Postzustellungsurkunde (PZU) zustellen. Da Herr Mautz nicht angetroffen werden konnte, wird er benachrichtigt und der Bescheid beim zuständigen Postamt zur Abholung hinterlegt (niedergelegt).

Der Bescheid gilt in diesem Falle als bekanntgegeben, auch wenn Herr Mautz tatsäch-lich noch keine Kenntnis von seinem Inhalt hat. Somit beginnt die Frist, in der er einen Einspruch gegen den Bescheid einlegen kann, mit Niederlegung des Bescheides. Die Frist beträgt einen Monat (Rechtsbehelfsfrist, § 355 AO). Daran ändert sich auch nichts, wenn er den Bescheid erst nach 6 Wochen vom Postamt abholt. Die Frist ist dann abgelaufen und der Bescheid unanfechtbar. Etwas anderes ergibt sich nur, wenn er ohne Verschulden verhindert war, den Bescheid abzuholen, siehe *Wiedereinsetzung in den vorherigen Stand.*

Grundsätzlich besteht **keine Formvorschrift** für den Erlass eines Verwal-tungsaktes (§ 119 AO).

Demgegenüber sind **für besondere Verwaltungsakte Formvorschriften** vorgesehen; so beispielsweise für den Steuerbescheid. Er ist **schriftlich** zu erlassen. Aber auch hier existieren wiederum für die Verwaltung **mehrere Möglichkeiten:**

■ **Übermittlung mit einfachem Brief per Post**
   Der Verwaltungsakt ist mit Zugang des schriftlichen Verwal-tungsaktes bekanntgegeben. Nach § 122 Abs. 2 AO gilt der Ver-waltungsakt als bekanntgegeben (Zugangsvermutung):
   – im Geltungsbereich der AO (Inland): drei Tage nach der Auf-gabe zur Post,
   – außerhalb des Geltungsbereiches (Ausland): einen Monat nach der Aufgabe zur Post.

   Fällt das Fristende auf einen Sonnabend, Sonntag oder Feiertag, gilt der nächste Werktag.

Diese Zugangsvermutung **gilt auch,** wenn der Bescheid tatsächlich früher zugegan-gen ist oder der Betroffene z. B. durch Abwesenheit tatsächlich erst später Kenntnis erhält. Es handelt sich also nur um eine rechtliche Konstruktion. Der Nachweis eines tatsächlich späteren Zugangs ist jedoch möglich.

■ **Zustellung** (nach Verwaltungszustellungsgesetz, z. B. mit Post-zustellungsurkunde)
■ **öffentliche Bekanntgabe** (z. B. durch Aushang, wobei natürlich die Regelungen des Steuergeheimnisses zu berücksichtigen sind).

Was geschieht, wenn ein Verwaltungsakt Fehler aufweist?

Man spricht von einem **rechtswidrigen** (oder fehlerhaften) Verwaltungsakt, im Gegensatz zu einem rechtmäßigen oder fehlerfreien Verwaltungsakt, wenn er entweder eine **materiell-rechtliche Vorschrift verletzt,** z. B. einen anzuerkennenden Werbungskostenpauschbetrag nicht berücksichtigt, oder formelle **Fehler** aufweist. Dies wäre etwa der Fall, wenn eine örtlich nicht zulässige Behörde den Verwaltungsakt erlässt.

Auch rechtswidrige (oder fehlerhafte) Verwaltungsakte sind wirksam. Die Wirksamkeit tritt nur dann nicht ein, wenn er an einem besonders schwerwiegenden Fehler leidet und dies bei allen in Betracht kommenden Umständen offenkundig ist. (§§ 124 Abs. 3 und 125 AO).
Ein Verwaltungsakt mit einem schwer wiegenden Fehler ist nichtig, d. h. er entfaltet keine Rechtsfolgen.

Korrektur von Verwaltungsakten

Für den Fall, dass fehlerhafte Verwaltungsakte vorliegen, müssen eine oder mehrere Möglichkeiten existieren, um diese auf eigenes Betreiben der Verwaltung oder auf Antrag des Betroffenen zu ändern.

Die Stiftung Warentest ermittelte, dass bei 83 Steuererklärungen in mehr als einem Drittel der Fälle falsche Bescheide ergingen.[1]

Aufhebung und Änderung von Steuerbescheiden

Neben allgemeinen Korrekturregeln (§§ 127, 130 bis 132, 169 AO), welche z. B. besagen, dass eine Änderung nur vor Ablauf der Verjährung möglich ist, existieren für Steuerbescheide u. a. folgende besondere Regelungen:

- ■ Bescheide unter dem **Vorbehalt der Nachprüfung** (§ 164 AO)
  Bis die Verjährung eintritt, kann im Rahmen des Vorbehaltes die Steuerfestsetzung durch Betreiben der **Finanzbehörde oder des Steuerpflichtigen** geändert werden. Dieser Vorbehalt der Nachprüfung findet sich nicht selten auf ESt-Bescheiden, in deren Besteuerungsgrundlagen Einkünfte aus Gewerbebetrieb, selbstständiger Tätigkeit oder Vermietung und Verpachtung enthalten sind. Der Vorteil dieses Vorbehaltes ist, dass der Steuerpflichtige jederzeit, auch nach Ablauf der Einspruchsfrist, Änderungen beantragen kann.

Bestimmte Vorgänge unterliegen generell diesem Vorbehalt. Dazu gehören die Eintragungen auf der Lohnsteuerkarte (z. B. hinsichtlich besonderer Freibeträge), die Festsetzung der Vorauszahlungen (z. B. Einkommensteuervorauszahlung) und Steueranmeldungen (z. B. Umsatzsteuervoranmeldungen).
Es ist möglich, dass dieser Vermerk auf Steuerbescheiden auf eine bevorstehende Außenprüfung hinweist.

---

[1] *test-Heft 2/94, Seite 123*

■ **Vorläufige Bescheide** (§ 165 AO)

Sie sind den zuerst genannten Bescheiden ähnlich, mit dem Unterschied, dass sich die Vorläufigkeit immer auf **einen ganz bestimmten Punkt** des Steuerbescheides bezieht, während der Vorbehalt der Nachprüfung den gesamten Bescheid für Änderungen „offen hält". Bescheide ergehen vorläufig, wenn ungewiss ist, ob die Voraussetzungen für die Entstehung der Steuer eingetreten sind.

Rechtsbehelfsverfahren

Das verfassungsmäßige Recht des Einzelnen, sich gegen Verletzungen seiner Rechte durch den Staat auf dem Rechtswege vor Gericht zu Wehr zu setzen, erstreckt sich uneingeschränkt auch auf Rechtsverletzungen durch Finanzbehörden.

Man unterscheidet hier:

■ **außergerichtliche Rechtsbehelfe**
  – Einspruch (§ 347 AO)
  – Gegendarstellung und Dienstaufsichtsbeschwerde (außerordentliche Rechtsbehelfe)

■ **gerichtliche Rechtsbehelfe**
  – Klage (vor dem Finanzgericht)
  – Revision (vor dem Bundesfinanzhof).

Vor der Zulassung der Klage muss normalerweise der außergerichtliche Rechtsbehelf des Einspruchs ausgeschöpft sein, d. h. der Einspruch muss durch die Finanzbehörde zurückgewiesen sein. Man spricht in diesem Zusammenhang auch von der notwendigen Durchführung des Vorverfahrens.

Da in der Praxis die Einsprüche den Löwenanteil der Rechtsbehelfe ausmachen, wird im Wesentlichen auf diese eingegangen.

Sobald ein Verwaltungsakt wirksam wird, beginnt die Frist zu laufen, in der der Einspruch eingelegt werden kann. **Nach Ablauf dieser Rechtsbehelfsfrist besteht,** soweit die Fehler nicht offenbar sind oder die Tatsachen nicht erst nachträglich bekannt werden, **kein Recht mehr auf Änderung des Verwaltungsaktes.** Man spricht auch von der Unanfechtbarkeit oder Bestandskräftigkeit des Verwaltungsaktes.

Ausnahmen: Bescheide unter dem Vorbehalt der Nachprüfung (§ 164 AO) und vorläufige Bescheide (§ 165 AO).

Die Rechtsbehelfsfrist beträgt grundsätzlich einen Monat. Zur Berechnung der Frist *vgl. 9.4.* Für die Dienstaufsichtsbeschwerde und die Gegendarstellung existieren keine Fristen, sie können jederzeit eingelegt werden.

In der Praxis heißt es auch: „Dienstaufsichtsbeschwerden und Gegendarstellungen sind formlos, fristlos und fruchtlos."

Der **Einspruch** ist der alleinige außergerichtliche Rechtsbehelf gegen Verwaltungsakte im Besteuerungsverfahren.
Er gilt insbesondere für

- **Steuerbescheide**
  (z. B. Bescheid über Einkommensteuer oder den Gewerbesteuermessbetrag),

- **Ablehnungen von Anträgen**
  (z. B. einen Antrag über Stundung einer fälligen Steuerzahlung) und

- **Bescheide über steuerliche Nebenleistungen**
  (z. B. über Verspätungszuschläge)

Vorsicht bei so genannten Folgebescheiden:
Wenn Sie z. B. entdecken, dass Ihr Einkommensteuerbescheid eine fehlerhafte ESt-Schuld ausweist, weil Betriebsausgaben im Zusammenhang mit einer Beteiligung an einem Schiffs(beteiligungs)fonds in Form einer KG nicht berücksichtigt wurden, so ist ein **Einspruch** gegen den ESt-Bescheid in diesem Punkt **sinnlos.**[1]
Vielmehr ist ein Einspruch gegen den Grundlagenbescheid, hier: Bescheid über gesonderte und einheitliche Feststellung des KG-Gewinns, einzulegen. Ihr ESt-Bescheid ist nur Folgebescheid und wird automatisch geändert, wenn sich der Grundlagenbescheid ändert.
Wenn die Rechtsbehelfsfrist dieses Grundlagenbescheides bereits abgelaufen ist, so wird es kaum möglich sein, eine Änderung zu erreichen. Aus diesem Grunde kann man nur raten, Grundlagenbescheide genau „unter die Lupe zu nehmen".
Entsprechendes gilt auch für den Antrag auf Aussetzung der Vollziehung wegen eines fehlerhaften Folgebescheides.

- Der Rechtsbehelf ist schriftlich einzureichen oder zur Niederschrift zu erklären. Andere Formen sind nicht zulässig. Die falsche Bezeichnung des Rechtsbehelfs schadet nicht[2].

- Er ist an die zuständige Behörde zu richten.

Falls er an die falsche Behörde gerichtet ist, so wird er intern an die richtige Stelle weitergeleitet. Doch hat man kein Anrecht auf eine Weiterleitung innerhalb der Rechtsbehelfsfrist, so dass in diesem Falle die Gefahr besteht, dass sie erst dann bei der zuständigen Stelle eintreffen, wenn der Bescheid wegen Fristablaufs bereits unanfechtbar geworden ist.[3]

- Es muss erkennbar sein, wer den Rechtsbehelf eingelegt hat.

- Der Verwaltungsakt, gegen den der Rechtsbehelf gilt, muss erkennbar sein.

---

[1] § 351 Abs. 2 AO
[2] § 357 AO
[3] vgl. auch Anwendungserlass zur Abgabenordnung (AEAO) zu § 357 Abs. 2

Die Begründung ist nicht zwingender Bestandteil des Rechtsbehelfes.

Insofern ist es möglich, einen Rechtsbehelf, der für den gesamten Bescheid gilt, zur **Fristwahrung** einzulegen. Die Begründung kann nachgereicht werden.
Dies wird insbesondere dann getan, wenn ein Bescheid ergeht, dessen Besteuerungs-grundlagen nach § 162 AO geschätzt sind, weil keine Steuererklärungen abgegeben wurden. Die Begründung wird dann später z. B. in Form der Steuererklärungen nach-gereicht.

Die Einsprüche prüft die Behörde, die den Verwaltungsakt erlassen hat. Wenn der Rechtsbehelf formell zulässig ist, so wird jeweils nochmals der gesamte Verwaltungsakt in **vollem Umfang** geprüft. Dies hat zur Folge, dass sich im Falle des **Einspruchs** der Verwaltungsakt nach der Überprüfung für den Beteiligten auch verschlechtern (schönes Amtsdeutsch: „verbösern") kann.

Wenn nach Meinung der Behörde der Rechtsbehelf begründet ist, so kann sie den Verwaltungsakt ändern oder zurücknehmen (erneut schönes Amts-deutsch: dem Rechtsbehelf abhelfen). Falls sie anderer Meinung ist, so wird der Einspruch jedoch zurückgewiesen.

Nach Zurückweisung des außergerichtlichen Rechtsbehelfes ist der gericht-liche Rechtsbehelf möglich. Die Frist für die Klageerhebung beträgt wie-derum einen Monat. Sie beginnt mit der Bekanntgabe der Einspruchsent-scheidung zu laufen.[1]

9.4   Fristen, Termine, Verjährung

Zeitpunkte und insbesondere Zeiträume stellen im Steuerrecht eine wichtige Komponente dar. Nachfolgend sollen die Begriffe sowie die Folgen des Ver-säumens bestimmter Zeitpunkte erläutert werden.
Angaben über die spezifischen Fristen und Termine wie z. B. die Abgabe der Einkommensteuererklärung finden Sie in den entsprechenden Kapiteln zu den einzelnen Steuerarten.

Fristen

Eine Frist ist ein **abgegrenzter Zeitraum,** vor dessen Ablauf eine Handlung oder ein Ereignis wirksam werden muss, um fristgerecht zu sein.[2] Nach Ab-lauf dieser Frist treten bestimmte Rechtsfolgen ein.

Fristberechnung

Um eine Frist berechnen zu können, muss man zuerst den **Fristbeginn** bestimmen. Nach § 108 AO ist die Fristberechnung nach BGB auch für steu-erliche Zwecke relevant. Das BGB kennt zwei Arten von Fristen:

---

[1]   *nach § 47 Abs.1 Finanzgerichtsordnung (FGO)*
[2]   *Anwendungserlass zur AO (AEAO) zu § 108 Nr. 1*

- **Ereignisfristen** nach § 187 Abs. 1 BGB (dies sind im Steuerrecht die gebräuchlichsten): Sie beginnen immer mit dem auf den Tag des Ereignisses folgenden Tag.

Beispiel:

Ein Bescheid über Grunderwerbsteuer wird vom zuständigen Finanzamt am Mittwoch, den 19. Juli, zur Post gegeben und mit normalem Brief versandt. Der Steuerpflichtige hat ihn am nächsten Tag, dem 20. Juli, in den Händen. Nach § 122 Abs. 2 Nr.1 AO gilt er aber erst am dritten Tage nach Aufgabe zur Post als bekanntgegeben (so genannte Zugangsvermutung); hier also am Samstag, den 22. Juli. Die Bekanntgabe ist hier das „Ereignis". Entsprechend beginnt der Fristlauf am nächsten Werktag, also am Montag, den 24. Juli um 00:00 Uhr.

- **Beginnfristen** nach § 187 Abs. 2 BGB (vor allem für die Berechnung des Alters von Personen): Sie beginnen mit dem Tag des Ereignisses.

Die **Fristdauer** kann in Jahren, Monaten, Wochen oder Tagen angegeben sein. Für Rechtsbehelfe ist die Monatsfrist (§§ 355 Abs. 1 AO; 47 Abs.1 FGO) maßgeblich.

Die **Frist endet** jeweils mit dem letzten Tag der Frist um 24:00 Uhr. Bei Fristen, die sich nach Monaten berechnen, ist der Tag des Fristendes einfach der Tag des nächsten Monats mit der gleichen Zahl wie der Ereignistag (§ 188 Abs.2 BGB).

Beispiel:

In unserem o. g. Beispiel wäre die Frist für den Rechtsbehelf entsprechend am 23. August, 24:00 Uhr, abgelaufen.

Falls der entsprechende Tag im folgenden Monat nicht existiert, so nimmt man den letzten Tag des Monats, also z. B. den 28. Februar, statt des nicht vorhandenen 31. Februars. Sollte der letzte Tag der Frist ein Samstag, Sonntag oder gesetzlicher Feiertag sein, so endet die Frist mit Ablauf des nächstfolgenden Werktages (§ 108 Abs. 3 AO).

Folgen versäumter Fristen

Falls steuerliche Fristen versäumt werden, so kann dies unterschiedliche – allerdings in aller Regel negative – Folgen haben, nämlich insbesondere:

- Eintritt von Sanktionen,
- Nichtgewährung von Vergünstigungen, Zulagen etc.,
- Entscheidungen nach Aktenlage der Finanzbehörde,
- Unanfechtbarkeit behördlicher Entscheidungen.

Zu den Sanktionen gehört die **Festsetzung von steuerlichen Nebenleistungen.** Dies sind im Einzelnen:

- **Verspätungszuschläge** (§ 152 AO)
  Sie können festgesetzt werden, wenn der Pflicht zur Abgabe einer Steuererklärung nicht innerhalb der entsprechenden Frist nachgekommen wird. Es handelt sich hierbei um eine **Ermessensentscheidung** der Finanzbehörde, die dabei bestimmte in der Rechtsprechung entwickelte Punkte berücksichtigen muss. Dieser Verspätungszuschlag darf höchstens 10 % der festgesetzten Steuer/des Messbetrages und maximal 25 000,00 EUR betragen.

Die tatsächliche Höhe des etwaigen Verspätungszuschlages wird sich nach Dauer der Verspätung, Höhe der voraussichtlich entstehenden Steuer und „Chronik" des Steuerpflichtigen richten. Er wird i. d. R. mit der Anzahl der Verspätungen steigen.

- **Säumniszuschläge** (§ 240 AO)
  Diese Art von Zuschlägen fallen an, wenn Zahlungen nicht innerhalb der Zahlungsfrist geleistet werden. Sie betragen 1 % des auf 50,00 EUR abgerundeten fälligen Betrages pro angefangenen Monat. Die Festsetzung der Säumniszuschläge liegt nicht im Ermessen der Behörde; sie ist dazu verpflichtet („gebundenes Verwaltungshandeln"). Aber auch hier ist eine **Schonfrist** von drei Tagen zu berücksichtigen. Es besteht nach § 240 Abs. 3 AO ein gesetzliches Recht auf diese Schonfrist. Dies bedeutet, dass Zahlungsverspätungen bis zu drei Tagen nicht geahndet werden, allerdings gilt dies nicht für Barzahlungen oder Zahlungen per Scheck. Zahlungen, die durch eine erteilte Lastschrifteinzugsermächtigung geleistet werden, gelten immer als rechtzeitig entrichtet.

- **Zinsen** (§§ 233 bis 237 AO)
  Die AO kennt unterschiedliche Arten von Zinsen. Die bekanntesten sind vielleicht die so genannte **„Vollverzinsung"** (§ 233 a AO), d. h. alle Steuerforderungen und -verbindlichkeiten werden ab einem bestimmten Zeitpunkt verzinst, und die **Stundungszinsen** (§ 234 AO), die anfallen, wenn das Finanzamt einen Zahlungsaufschub gewährt. Beide betragen jeweils 0,5 % pro **vollen** Monat.

- **Zwangsgelder** (§ 329 AO)
  Diese können festgesetzt werden, wenn ein Steuerpflichtiger seinen Pflichten zur Mitwirkung nicht nachkommt, also beispielsweise seine Steuererklärung nicht abgibt. Es darf bis zu 25 000,00 EUR betragen.

Ein kleiner Trost in diesem Zusammenhang mag sein, dass Zinsen und Säumniszuschläge auf steuerliche Nebenleistungen nicht erhoben werden, also wird z. B. bei verspäteter Zahlung des Verspätungszuschlages kein weiterer Säumniszuschlag erhoben.

Wiedereinsetzung in den vorherigen Stand

Falls ein Steuerpflichtiger ohne sein Verschulden Fristen versäumt, die sich nicht verlängern lassen, so hat er über die Wiedereinsetzung nach § 110 AO einen **Anspruch, rechtlich so gestellt zu werden, als hätte er die Frist nicht versäumt.**

Dieser Antrag auf Wiedereinsetzung ist innerhalb eines Monats nach Wegfall des Hindernisses zu stellen. Innerhalb dieser Frist ist auch die versäumte Handlung nachzuholen. Diese Frist ist nicht verlängerbar; allerdings ist auch hier unter den o. g. Prämissen wiederum ein Antrag auf Wiedereinsetzung möglich.

Beispiel:
Das typische Schulbuchbeispiel in diesem Zusammenhang ist der Steuerpflichtige, der am letzten Tag der Rechtsbehelfsfrist einen Einspruch gegen seinen Steuerbescheid einlegen möchte und auf dem Weg zum Briefkasten/Finanzamt durch einen Unfall verunglückt. In diesem Fall ist es möglich, dass er innerhalb eines Monats nach Abklingen der Krankheit einen Antrag auf Wiedereinsetzung in den vorherigen Stand stellt und gleichzeitig seinen Einspruch einlegt.

Neben diesen verwaltungstechnischen Regelungen ist im Zusammenhang mit der Beratung von Personen in finanziellen Fragen oft von Interesse, ob und inwieweit Aussagen zu konkreten steuerlichen Auswirkungen gemacht werden können, da die „Hilfe in Steuersachen" ein gesetzlich besonders geschützter Bereich ist. Hiermit beschäftigt sich der nächste Abschnitt.

9.5 Hilfeleistung in Steuersachen

Um die Allgemeinheit vor sachunkundiger bzw. unzuverlässiger Hilfe in Steuersachen zu schützen, findet die Freiheit der Berufswahl nach Art. 19 GG eine Einschränkung durch das Steuerberatungsgesetz (StBerG). Hier ist die Frage, wer in welchem Umfang Hilfeleistung in Steuersachen leisten darf, geregelt.

Hilfeleistung

Als Hilfeleistung gilt jede Tätigkeit, die durch Anwendung von Steuerrechtskenntnissen Rat und Hilfe im Zusammenhang mit steuerlichen Rechten/Pflichten leistet. Insbesondere gilt dies für die Felder Steuern sowie Buchführung und Erstellung von Jahresabschlüssen.

Unerheblich ist hierbei, ob diese Hilfeleistung haupt- oder nebenberuflich bzw. entgeltlich oder unentgeltlich erfolgt.

Befugnis

So heißt es in § 2 StBerG, dass Hilfeleistung in Steuersachen geschäfts-mäßig, also selbstständig und in Wiederholungsabsicht, nur von Personen ausgeübt werden darf, die hierzu befugt sind.
Nicht geschäftsmäßig und damit von jedermann durchführbar ist die Hilfe-leistung also nur dann, wenn sie im Rahmen eines Beschäftigungsverhältnis-ses oder nur aus besonderem Anlass im Gelegenheitsfall ausgeübt wird. Hin-sichtlich des Umfanges wird zwischen unbeschränkter Befugnis (§ 3 StBerG) und beschränkter Befugnis (§ 4 StBerG) unterschieden.

Unbeschränkte geschäftsmäßige Hilfeleistung dürfen insbesondere ausüben:

- **Steuerberater, Steuerbevollmächtigte** und Steuerberatungs-gesellschaften

- **Rechtsanwälte,** Rechtsanwaltsgesellschaften, **Wirtschafts-prüfer,** Wirtschaftsprüfungsgesellschaften, **vereidigte Buchprü-fer** und Buchprüfungsgesellschaften

Zur **beschränkten** geschäftsmäßigen Hilfeleistung sind z. B. befugt:

- **Notare und Patentanwälte** im Rahmen ihrer Befugnis nach der Bundesnotarordnung bzw. Patentanwaltsordnung. Allerdings dürfen sie als Vertreter gegenüber Finanzbehörden auch dann nicht zurückgewiesen werden, wenn sie ihre Befugnisse über-schreiten (§ 80 Abs. 5 AO).

- **Verwahrer und Verwalter fremden** oder zu treuen Händen oder zu Sicherungszwecken übereigneten **Vermögens,** soweit sie hinsichtlich dieses Vermögens Hilfe in Steuersachen leisten.

Beispiel:
Folglich kann der Verwalter eines Mietwohngrundstückes bei der Ermittlung der Ein-künfte aus Vermietung und Verpachtung mitwirken, die entsprechende Anlage zur Ein-kommensteuererklärung ausfüllen usw. Wird das gesamte Vermögen verwaltet, so besteht die Befugnis hinsichtlich aller Vermögensgegenstände; folglich darf der Ver-walter bei der Ermittlung aller Einkünfte mitwirken und auch den Vordruck der Einkom-mensteuererklärung ausfüllen. Das gilt auch hinsichtlich der mit den einzelnen Ein-kunftsarten nicht zusammenhängenden Fragen zur Ermittlung des Einkommens, denn der Verwalter muss dafür sorgen, dass die Steuern aus dem verwalteten Vermögen entrichtet werden[1]. Dazu muss er sich einen Überblick über die Höhe der zu entrich-tenden Steuer verschaffen. Das wiederum kann er nur, wenn er die Steuererklärung vollständig ausfüllt.[2]

Allerdings ist diese Auslegung für die „Vermögensteil"-Verwalter (z. B. Hausverwalter) umstritten. So wird in der Kommentierung auch davon ausgegangen, dass Vermö-gensverwalter nur diejenigen sind, die die Interessen des Vermögensinhabers **insge-samt** vertreten.[3]

- **Unternehmer,** die ein Handelsgewerbe (§ 1 Abs. 2 HGB) betrei-ben, **soweit sie in unmittelbarem Zusammenhang mit diesem Geschäft,** das zu ihrem Handelsgewerbe gehört, **ihrem Kunden Hilfe in Steuersachen leisten.**

---

[1] *§ 34 Abs. 1, 3 AO ggf. in Verbindung mit § 35 AO*
[2] *vgl. Kruse in: Tipke/Kruse; Kommentar zur AO und FGO, Köln, § 80, Tz. 81*
[3] *vgl. Gehre: Kommentar zum StBerG, Rz. 7*

Diese Regelung besteht, um dem Unternehmer seine Tätigkeit nicht deshalb unmöglich zu machen oder unnötig zu erschweren, weil sie mit einer (steuer)rechtsberatenden Tätigkeit verbunden ist.

Beispiel:

„Die Hilfeleistung darf nur eine Hilfs- oder Nebentätigkeit im Rahmen der eigentlichen Berufsaufgabe sein (...). Typisches Beispiel: Bankier berät Kunden über den Kauf steuerbegünstigter Wertpapiere. Der geforderte Zusammenhang fehlt, wenn die eigentliche Unternehmertätigkeit auch ohne die Rechtsbesorgung sinnvoll durchgeführt werden kann (...); folglich kann der Vermittler steuerbegünstigter Kapitalanlagen die Kunden über die Höhe der Steuerersparnis aufklären, nicht aber für die Kunden die Herabsetzung der Steuervorauszahlungen beantragen (...)" [1]

- **Arbeitgeber,** soweit sie für ihre Arbeitnehmer Hilfe in Lohnsteuersachen leisten.

- **Lohnsteuerhilfevereine,** soweit sie für ihre Mitglieder Hilfe bei Einkünften aus nichtselbstständiger Arbeit und in geringem Umfang auch in anderen Steuersachen leisten.

- **Inländische Kreditinstitute, Kapitalgesellschaften,** von Kapitalgesellschaften **bestellte Treuhänder** oder **Erwerbs- und Wirtschaftsgenossenschaften** in Bezug auf Anträge zur Erstattung von Kapitalertrag- oder Körperschaftsteuer.

Die o. g. Ausführungen haben allerdings **keine Auswirkung** auf folgende Sachverhalte, d. h. das Verbot der geschäftsmäßigen Hilfeleistung gilt nicht für

- unentgeltliche Hilfeleistung gegenüber Angehörigen im Sinne des § 15 AO,

- Verbuchung laufender Geschäftsvorfälle, die Durchführung laufender Lohnabrechnungen und das Fertigen von Lohnsteueranmeldungen, soweit diese Tätigkeiten von Personen erbracht werden, die nach einem qualifizierten Abschluss oder einer gleichwertigen Ausbildung über eine mindestens dreijährige Erfahrung auf dem Gebiet des Buchhaltungswesens verfügen.

Allerdings bewegen sich Personen, die die laufende Buchführung erstellen, nicht selten auf rechtlich „dünnem Eis", da nicht wenige Tätigkeiten im Zusammenhang mit der Buchführung unter das StBerG fallen (könnten). Eine genaue Prüfung der rechtlichen Situation vor dem Beginn einer derartigen Tätigkeit ist anzuraten.

Im Falle der entdeckten unbefugten Hilfeleistung in Steuersachen ist mit der Festsetzung von nicht unerheblichen Bußgeldern zu rechnen.

---

[1] vgl. *Tipke/Kruse, a. a. O. § 80, Tz. 83*

10 Bewertungsgesetz

Fast immer sind für steuerliche Zwecke Aussagen über den Wert von Gegenständen, Rechten oder Pflichten notwendig. Damit nicht in jedem Steuergesetz identische Regeln für die Bewertung aufgeführt werden müssen, existiert ein allgemeines Steuergesetz, welches genau diese Dinge für alle Steuergesetze regelt: das Bewertungsgesetz. Es enthält selbst keine Vorschriften zu den Formen der Besteuerung. Es ist in diesem Zusammenhang insbesondere für folgende Steuerarten interessant:

- Einkommensteuer,
- Körperschaftsteuer,
- Gewerbesteuer,
- Erbschaft- und Schenkungsteuer,
- Grundsteuer und
- Grunderwerbsteuer.

Es unterscheidet hier allgemeine Bewertungsvorschriften und spezielle Vorschriften, die nach Vermögensarten sortiert sind. Hier gilt die alte juristische Regel, dass das speziellere Recht Vorrang vor dem allgemeinen Recht hat, so dass sich bei der Suche nach der richtigen Bewertung folgende Reihenfolge anbietet:

1. Existiert im Einzelsteuergesetz (z. B. im Einkommensteuergesetz) eine spezielle Bewertungsvorschrift, die zutrifft?
Ja ⇨ Anwendung dieser Vorschrift
Nein ⇨ siehe 2.

2. Existiert im zweiten Teil des Bewertungsgesetzes („Besondere Bewertungsvorschriften") eine entsprechende Regelung?
Ja ⇨ Anwendung dieser Vorschrift
Nein ⇨ siehe 3.

3. Anwendung der Bewertungsregeln im allgemeinen Teil des BewG („Allgemeine Bewertungsvorschriften").

10.1 Allgemeine Bewertungsvorschriften

Die wichtigsten allgemeinen Bewertungsvorschriften lauten:

1. Soweit nichts anderes vorgeschrieben ist, ist immer der **gemeine Wert** zugrunde zu legen.
Dies ist der Veräußerungspreis im normalen Geschäftsverkehr (§ 9 BewG).

2. Wirtschaftsgüter[1], die einem Unternehmen dienen, sind mit dem **Teilwert** zu bewerten.

Das ist der Betrag, den ein Erwerber des ganzen Unternehmens im Rahmen des Gesamtkaufpreises für das einzelne Wirtschaftsgut unter der Voraussetzung ansetzen würde, dass er das Unternehmen weiterführt (§ 10 BewG).

3. Für **Wertpapiere und Anteile** gilt nach § 11 BewG Folgendes:

a) Werden diese im amtlichen Handel, geregelten Markt oder Freiverkehr gehandelt, ist dieser **Kurswert** maßgeblich.

b) Anteile an AG, GmbH oder KGaA werden, wenn sie nicht börsenmäßig gehandelt werden, mit dem **gemeinen Wert** angesetzt.
   Dieser gemeine Wert ist aus Verkäufen, die nicht länger als ein Jahr zurückliegen, abzuleiten oder, falls dies nicht möglich ist, zu schätzen. Hierfür existiert das so genannte „Stuttgarter Verfahren", welches einerseits den Vermögens- und andererseits den Ertragswert eines Unternehmens berücksichtigt.[2]

c) Investmentfondsanteile sind mit dem **Rücknahmepreis** anzusetzen.

4. **Kapitalforderungen und Schulden** sind grundsätzlich mit dem **Nennwert** zu bewerten (§ 12 BewG). Es sei denn, sie sind

a) uneinbringlich ⇨ keine Berücksichtigung,

b) unverzinslich und haben eine Laufzeit, die länger als ein Jahr ist ⇨ Abzinsung mit 5,5 % vornehmen,

c) noch nicht fällige Ansprüche aus Lebens-, Kapital- oder Rentenversicherungen
   ⇨ Bewertung mit 2/3 der eingezahlten Prämien oder nachgewiesenem Rückkaufswert.

Daneben kennt das BewG spezielle Bewertungsvorschriften für bestimmte Arten von Vermögen.

10.2 Vermögensarten

Das zu bewertende Vermögen wird nach § 18 BewG in **drei Vermögensarten** aufgeteilt:

- Land- und forstwirtschaftliches Vermögen (§§ 33–67 BewG),
- Grundvermögen (§§ 68–94 BewG),
- Betriebsvermögen (§§ 95–109 BewG)

In den folgenden Abschnitten werden die zweite und dritte Vermögensart vorgestellt.

---

[1] *Damit sind grundsätzlich alle verkehrsfähigen, also z. B. veräußerbaren Gegenstände, Rechte oder Pflichten gemeint.*
[2] *vgl. Richtlinien 96 ff. ErbStR*

10.2.1 Grundvermögen

Das Grundvermögen setzt sich zusammen aus:

- Grund und Boden sowie den Gebäuden,
- Erbbaurechten,
- Wohnungseigentum (z. B. Eigentumswohnungen) sowie Teileigentum, Wohnungserbbaurechten und Teilbaurechten nach dem Wohnungseigentumsgesetz.

Grundvermögen, welches im Zusammenhang mit land- und forstwirtschaftlichem Vermögen oder Betriebsvermögen steht, ist diesen Vermögensarten zuzurechnen. Praktisch bedeutet dies, dass z. B. Betriebsgrundstücke wie Grundvermögen zu bewerten sind, jedoch dann in das gesamte Betriebsvermögen einzurechnen sind.

Möchte man nun das korrekte Bewertungsverfahren für Grundvermögen wählen, so muss man zuerst wissen, für welche Steuerart die Bewertung benötigt wird. Es existieren nämlich zwei unterschiedliche Bewertungsrahmen, die beide auch noch benötigt werden:

- der **Einheitswert** („altes Verfahren") insbesondere für die Grundsteuer wichtig und
- der **Grundbesitzwert** („neues Verfahren", Bedarfswert) insbesondere für die Erbschaft- und Schenkungsteuer zu ermitteln.

In beiden Fällen werden je nach Grundstücksart (unbebaut, bebaut, Erbbaurechte) Sach- oder Ertragswerte ermittelt. Die Besonderheit liegt jedoch darin, dass die Einheitswerte nach den Wertverhältnissen vom 01.01.1964 bzw. 01.01.1935 in den neuen Ländern, zu berechnen sind. Während die Grundbesitzwerte, je nach Verfahren, von den Wertverhältnissen zum 01.01.1996 ausgehen oder sich aktuellerer Daten bedienen. Hierdurch führen die Grundbesitzwerte in aller Regel zu höheren Ansätzen.

Da die Erbschaft- und Schenkungsteuer die wirtschaftlich relevantere Steuer ist, werden nachfolgend kurz die Prinzipien des Grundbesitzwerts dargestellt.

Art des Grundvermögens	Bewertungsmethode
■ unbebaute Grundstücke	Fläche · Bodenrichtwert (§ 196 BauGB) ./. 20 % Abschlag oder Nachweis des niedrigeren (gemeinen) Wertes
■ Bebautes Grundstück	Nettojahreskaltmiete (Durchschnitt letzter drei Jahre) · 12,5 ./. Altersabschlag (0,5 % p.a., max. 25 %) + Aufschlag 20% (bei nur 1–2 Wohnungen im Gebäude) mindestens jedoch Wert des unbebauten Grundstücks oder Nachweis des niedrigeren (gemeinen) Wertes
■ Sonderfälle	– Falls keine übliche Miete ermittelbar ist: Sachwertverfahren – Sonderregelungen u. a. für Erbbaurechte, Rohbauten

Übersicht 25:
Bewertungs-
methoden des
Grundvermögens

10.2.2 Betriebsvermögen

Das Betriebsvermögen umfasst alle positiven und negativen **Wirtschaftsgüter, die einem Gewerbebetrieb als Hauptzweck dienen** (z. B. Betriebsgrundstücke, Maschinen, Betriebs- und Geschäftseinrichtungen, Waren, Forderungen, Zahlungsmittelbestände, Schulden). Wirtschaftsgüter dienen einem Betriebsvermögen als Hauptzweck und werden **notwendiges Betriebsvermögen** genannt, wenn sie zu mehr als 50 % eigenbetrieblich genutzt werden.[1] Werden dem Betrieb zugeordnete Wirtschaftsgüter zu mehr als 90 % privat genutzt, gehören sie in vollem Umfang zum **notwendigen Privatvermögen.**[2]

Beispiel:
Ein Gewerbetreibender lässt einen Notebook-Computer, der buchmäßig seinem Betriebsvermögen zugewiesen ist, zu 95 % der möglichen Nutzungsdauer durch seinen Sohn beanspruchen. Die betriebliche Nutzung steht eindeutig im Hintergrund. Es handelt sich also um **notwendiges Privatvermögen.** Eine Folge wäre, dass die Abschreibungen insoweit keine Betriebsausgaben darstellen.

Wirtschaftsgüter mit einem betrieblichen Nutzungsanteil von 10 % oder mehr, aber weniger als 50 % können entweder zum Betriebs- oder Privatvermögen zählen **(gewillkürtes Vermögen).**

Wirtschaftsgüter, die zu einem Betriebsvermögen gehören, sind mit ihren Steuerbilanzwerten anzusetzen. Dies gilt jedoch insbesondere nicht für

- ■ Grundstücke,
- ■ Wertpapiere und Anteile an Kapitalgesellschaften sowie
- ■ Beteiligungen an Personengesellschaften.

Für diese gelten die zuvor genannten besonderen Bewertungsvorschriften bzw. -methoden.

---

[1] *vgl. Richtlinie 13 Abs. 1 Satz 4 EStR*
[2] *vgl. Richtlinie 13 Abs. 1 Satz 5 EStR*

Sachwortverzeichnis